MW01222170

Giuseppe Marino

La «Historia Religionis Christianae Japoniae» de Alessandro Valignano (1601)

Giuseppe Marino

La «Historia Religionis Christianae Japoniae» de Alessandro Valignano (1601)

Edición crítica

DE GRUYTER

Este libro ha sido financiado por la Agencia Estatal de Investigación (Ministerio de Ciencia e Innovación) y el Fondo Social Europeo, en el marco del Programa de Ayudas Ramón y Cajal (Referencia de la ayuda: AEI / 10.13039/501100011033).

ISBN 978-3-11-161708-4
e-ISBN (PDF) 978-3-11-161760-2
e-ISBN (EPUB) 978-3-11-161783-1

Library of Congress Control Number: 2024950679

Bibliographic information published by the Deutsche Nationalbibliothek
The Deutsche Nationalbibliothek lists this publication in the Deutsche Nationalbibliografie; detailed bibliographic data are available on the internet at http://dnb.dnb.de.

www.degruyter.com
Questions about General Product Safety Regulation:
productsafety@degruyterbrill.com

Índice

Introducción

Dentro del vasto corpus de fuentes europeas que abordan el contexto de Asia Oriental durante los siglos XVI y XVII, los escritos del jesuita italiano Alessandro Valignano (1539-1606) emergen como un foco de particular interés. En calidad de Visitador de la India, Valignano destaca como una figura de notable influencia y controversia en el ámbito de la misión de cristianización del Oriente Lejano. Si bien su legado no se limita únicamente a su labor en asuntos religiosos, es reconocido principalmente por su audaz enfoque en la adaptación a las complejas y arraigadas costumbres japonesas para la transmisión de la fe cristiana. A través de una amplia gama de medios, que incluyen desde cientos de cartas hasta informes más personales y tratados, Valignano se esforzó por transmitir sus ideas sobre la manera óptima de abordar el crisol cultural nipón. No obstante, es en la obra que se presenta de carácter historiográfico donde Valignano despliega una faceta menos conocida, pero igualmente significativa, la de historiador. Su objetivo principal radica en ofrecer a la audiencia europea una percepción más precisa y matizada de la sociedad japonesa. A través de una meticulosa narrativa histórica, Valignano se propone arrojar luz sobre la complejidad y la riqueza cultural de Japón, un lugar en el que vivió casi diez años, desafiando así las percepciones simplistas y estereotipadas que predominaban en Europa en aquel momento.

La misión de cristianizar Japón encontró un respiro en medio de la persecución cuando la situación política se estabilizó ligeramente tras la muerte del caudillo Toyotomi Hideyoshi (1537–1598). En 1601, Valignano optó por exponer sus puntos de vista de manera distinta, abordando su caso indirectamente a través de un discurso histórico que se desarrolla como un entramado de voces conformadas por fuentes primarias y secundarias, en su última obra significativa, titulada *Del principio y progreso de la religión cristiana en Japón y de la especial providencia de que Nuestro Señor usa con aquella nueva Iglesia que se presenta*. El propósito principal de esta obra –que hoy presentamos totalmente modernizada– es narrar eventos relevantes relacionados con toda la historia de la Iglesia cristiana en Japón. Comienza con la llegada de los portugueses en 1543 al archipiélago nipón y el establecimiento de la primera comunidad cristiana por Francisco Xavier (1506–1552) seis años después, concluyendo con los eventos contemporáneos al mismo Valignano. Aunque inicialmente planeó escribir cinco volúmenes, cada uno centrado en eventos durante el liderazgo de uno de los superiores de la misión, la muerte sorprendió al jesuita italiano justo cuando estaba a punto de comenzar el segundo volumen. Lo que queda, que es el objeto de este libro, es su relato de los primeros veintisiete años de la misión, hasta 1570, con la muerte del sucesor de Xavier, Cosme de Torres (c. 1510–1570).

https://doi.org/10.1515/9783111617602-203

La empresa misionera en Japón inició con un impulso significativo durante los años 1549–1551 gracias a la labor conjunta de los jesuitas Francisco Xavier y sus dos compañeros, Cosme de Torres y Juan Fernández (1526–1567). Este primer período, marcado por los esfuerzos iniciales de evangelización y la adaptación a un entorno cultural completamente nuevo, sentó las bases para la presencia cristiana en Japón. Sin embargo, el verdadero auge y consolidación de la cristiandad japonesa durante los dos decenios subsiguientes se debe en gran medida a la labor apostólica excepcional de Cosme de Torres. Este jesuita español, con una actitud genuinamente cristiana, no solo continuó la obra iniciada por Francisco Xavier, sino que también supo inculcar en sus colaboradores –tanto religiosos como laicos– un profundo compromiso con la misión evangelizadora. Su gran dedicación y su enfoque meticuloso permitieron el avance de la misión de cristianización en Japón, en un contexto que demandaba una adaptación íntegra y sensible a las particularidades culturales de la sociedad japonesa.

La característica principal de las primeras fases misioneras y que confluyen en esta obra de Valignano fue, sin duda alguna, la adaptación completa al medio ambiente japonés en servicio de la fe. Esta interacción cultural, implementada desde los primeros días hasta la muerte de Torres el 2 de octubre de 1570, se manifestó en una serie de estrategias pastorales y educativas que buscaron respetar y comprender profundamente las tradiciones locales. De este modo, los misioneros lograron no solo introducir el cristianismo, sino también integrarlo de manera significativa y respetuosa en la vida cotidiana de los japoneses. Este enfoque no solo facilitó la aceptación del mensaje cristiano, sino que también permitió una simbiosis cultural única, donde las enseñanzas de la fe se entrelazaron con las costumbres y valores japoneses. El legado de Cosme de Torres (y el de Xavier) y su capacidad para promover una interacción cultural profunda y respetuosa fueron fundamentales para la supervivencia y el crecimiento de la Iglesia japonesa durante sus primeros y más difíciles años. Esta herencia cultural hoy es posible observarla en esta *Historia*.

Como subrayó Üçerler, quien además de editar la obra parcialmente por primera vez estudió el método que el Visitador empleó en la narrativa histórica –basada en el lugar común y en aspectos retóricos y literarios que necesitan ser analizados con más detenimiento– a primera vista el deseo de registrar estos años importantes para la posteridad podría parecer una tarea sencilla en términos de historiografía eclesiástica. Sin embargo, un análisis más detenido revela que la obra de Valignano, tanto en contenido como en forma, supera las expectativas del lector moderno. La segunda parte del título de la *Historia*, que menciona la «providencia divina», proporciona la primera pista, y el «Proemio al lector» ofrece una indicación adicional de las razones que lo compelieron a componer una nueva *Historia*. La abundancia de declaraciones inexactas sobre el progreso de la misión en muchos de los relatos publicados anteriormente hacía necesario un relato fiel y minucioso. En opinión del primer estudioso de la obra, Valignano quería demostrar que para comprender el presente y determinar el *modus procedendi* futuro de la Misión, era imprescindible orientarse a través del pasado y, posiblemente, de esta historia eclesiástica de Japón que dictó el mismo Visitador (Üçerler, ff. xx–xxii).

***

Esta edición pertenece al género historiográfico de las llamadas «historias de las misiones», cuyo firme propósito, como afirmó Üçerler, era vindicar la empresa jesuita, ofreciendo una interpretación «autorizada» de la historia de la misión. La obra fue también una respuesta a las críticas de los franciscanos españoles, quienes cuestionaban el monopolio jesuita y portugués sobre la misión, de ahí que Valignano utilizó la historia de la misión para legitimar la labor de los jesuitas en Asia y ofrecer una defensa robusta ante las acusaciones de los frailes. El Visitador de las Misiones de la India, buscaba además persuadir a su audiencia europea acerca de lo que él consideraba la «correcta» interpretación de los desórdenes en el Oriente, apelando al pasado como testigo, concretamente a la Iglesia primitiva. Esta estrategia, derivada de la retórica forense, constituye uno de los rasgos más originales de su obra. Asimismo, la elaboración de un discurso histórico que se revela progresivamente, empleando una terminología barthesiana, como un constructo y una elaboración imaginaria, destaca como otra de sus características distintivas (Üçerler I, f. iii, 5). En un contexto de competencia entre órdenes religiosas por el control y la influencia en las nuevas tierras, el autor reafirmó la posición jesuita mediante una narrativa que destacaba, con una dinámica más realista y un más firme control de la evidencia histórica, la continuidad y el rigor de su misión, comparándola con los primeros tiempos del cristianismo. Así, esta obra no es solo un relato histórico intencionalmente manipulado, cambiable y silogístico, sino también un instrumento de propaganda y justificación teológica y política. Invocando la autoridad de la Iglesia primitiva, Valignano estableció un paralelismo entre las dificultades y éxitos de los primeros cristianos y los desafíos enfrentados por los jesuitas en Asia, sugiriendo que su misión era una extensión legítima de la obra apostólica.

La *Historia* de Valignano representa un esfuerzo sofisticado por utilizar la historiografía como herramienta retórica y heurística, proporcionando una narración intertextual donde diversos textos se entrecruzan con un fin claramente persuasivo que deja poco espacio al punto de vista literario. Siguiendo a Üçerler, podemos afirmar que Valignano buscaba conmover y persuadir a su audiencia, especialmente a las autoridades en Roma, Madrid y Lisboa, de que su interpretación de la agitación religiosa y política en Japón era la versión definitiva. Para lograrlo, reiterando, convocó al pasado como testigo, pero haciendo que contara su historia a través de una serie de textos fundamentales: las *Cartas de Japón*, la *Historia* de Maffei, la *Vida de Xavier* de Tursellino, el *De missione legatorum* de Duarte de Sande, así como los *Annales* de Baronio, Tertuliano y Orígenes. Esta estrategia, consolidada durante el Renacimiento y la Reforma, partía de la creencia de que la historia contenía la clave para resolver los conflictos doctrinales y políticos de la época. En adición al tópico convencional de la «Iglesia Primitiva», asimilado aparentemente de esta disputa, se introduce además el *locus theologicus* de la «divina providencia». A través de este recurso, se adentra en el significado de la marcada ausencia de dones extraordinarios del Espíritu, tales como el poder para realizar milagros y profetizar, en el contexto de la misión. Se infiere que esta carencia de asistencia especial de lo alto debe ser interpretada como una indicación de que los misioneros estaban llamados a confiar en su propia capacidad de discernimiento y creatividad para encontrar nuevas formas de adaptar la fe a la compleja realidad cultural japonesa (Üçerler I, f. vii).

La obra de Valignano trasciende la mera recopilación de hechos históricos; emplea el criticismo histórico y la intertextualidad para construir un discurso no solo persuasivo, sino también autoritativo, mostrando una preocupación constante por aquellos que escribían historias sobre Asia Oriental. En su *Historia*, se distinguen claramente rastros de una intertextualidad positiva, donde se desarrollan los argumentos presentados por otros textos, así como de una intertextualidad negativa, que cuestiona la validez de otros escritos mediante la contradicción directa de sus conclusiones o la presentación indirecta de contraargumentos que desafían sus premisas (Üçerler I: 22). Al entrelazar referencias y citas de diversas fuentes, el jesuita italiano legitima su narrativa y busca establecer una continuidad entre los desafíos enfrentados por los primeros cristianos y los que afrontaban los padres de la Compañía de Jesús en Japón. Esta comparación implícita refuerza la idea de que la misión jesuita es una extensión lícita de la obra apostólica. Así que, el uso de múltiples textos como valiosos testigos permite al Visitador presentar una visión polifónica y multifacética de unas secuencias cronológicas de eventos, enriqueciendo su relato con diversas perspectivas y argumentos. Esta técnica retórica no solo fortalece su posición ante las autoridades eclesiásticas y políticas, sino que también ofrece una defensa robusta contra las críticas de los franciscanos y otros detractores de la misión jesuita. Se trata de una herramienta heurística que cierra la brecha entre los modos de estudio literario e histórico, basada en la premisa de que los textos no existen en un vacío, sino que mantienen una relación dinámica con otros textos, a los cuales aluden de manera positiva o negativa (Üçerler I, f. iii).

La presente edición se propone destacar y analizar estos elementos fundamentales de la misión jesuita en Japón. A través de una revisión meticulosa del texto y un aparato crítico moderno y exhaustivo, buscamos ofrecer a los estudiosos y lectores contemporáneos nacionales e internacionales una comprensión más rica y contextualizada de estos primeros encuentros interculturales y religiosos. Esta edición no solo rinde homenaje a la obra de los primeros misioneros, sino que también invita a una reflexión profunda sobre los desafíos y logros de la evangelización en un contexto cultural tan diverso como fue y es el japonés.

Alessandro Valignano: vida y método misionero

Las diversas fuentes contemporáneas que abordan la vida de Alessandro Valignano, también conocido como Alexandro Valignano o Valignani (Bernard 1938), incluyen cada vez cada vez más referencias bibliográficas específicas (Moran 1993; Luca 2005; Volpi 2011; Lage Correia 2008). No obstante, una mención que destaca de manera concisa y adecuada la trayectoria vital del Visitador fue señalada por el profesor Álvarez-Taladriz, quien parafraseando a Ortega y Gasset, afirmaba: «nada más frecuente en aquel tiempo que biografías divididas por la mitad en una primera etapa libertina o mundanal y una segunda de ascetismo en que reniegan de la primera» (Valignano 1954, I: 6*). Así es como se podría sintetizar extremadamente la vida de este misionero italiano. De modo que, la primera parte de la biografía de Valignano se puede resumir en que nació el 15 de febrero de 1539 en Chieti, ciudad ubicada en los Abruzos, parte del Reino de Nápoles bajo dominio español en aquel entonces, a la que él consideraba su «patria natural».

Procedente de una familia noble italiana, con Giambattista Valignano como padre e Isabella Sangro como madre, ambos herederos con varios privilegios y propiedades, la familia mantenía cierta cercanía con Paulo IV, quien había sido prelado de la diócesis de Chieti. Valignano, formado en derecho, fue influenciado por el humanismo italiano de su época y obtuvo su licenciatura *in utroque iure* en la Universidad de Padua en 1557. Asimismo, la fundación de la Compañía de Jesús en 1540 y la llegada de los primeros europeos a Japón en 1543 también dejaron una profunda huella en su persona (Valignano 1954, I: 4*). Tras volver a Chieti, en 1559 llegó a ser canónigo de la catedral de su ciudad natal y en el 1561 después de ser abad de San Antonio volvió a la Universidad de Padua hasta el año siguiente. Una anécdota notable que refleja la primera etapa libertina en la vida del Visitador ocurrió el 28 de noviembre de 1562, cuando hirió en el rostro a Franceschina Trona, una mujer con antecedentes poco claros, quien al parecer intentó seducirlo. Es altamente improbable que haya habido una conexión amorosa en este evento dado que desde el principio Valignano estaba orientado hacia la vida eclesiástica. A pesar de ello, fue encarcelado durante un año y cuatro meses. En 1563, Valignano escribió una carta a los jueces solicitando la conclusión del juicio, interviniendo posteriormente el nuncio apostólico en Venecia y el renombrado Cardenal Borromeo. A pesar del respaldo de estas influyentes figuras, Valignano tuvo que indemnizar a la mujer con doscientos ducados y se le impuso la condición de abandonar la República de Venecia por un período de cuatro años (Luca 2005, 26–28).

Tras un periodo de arrepentimiento, se inicia la segunda fase «ascética» en la vida de Alessandro Valignano, marcada principalmente por su ingreso en la Compañía de Jesús en mayo de 1566. Pronto, el jesuita italiano se distinguió y ganó renombre como canonista, consolidando su reputación dentro de la orden y profesando sus votos el 18 de mayo de 1567. En los años subsiguientes, Valignano cursó estudios de Filosofía en el Collegio Romano, incluyendo asignaturas de Física y Matemáticas desde 1567 hasta 1569. Durante este periodo, estuvo acompañado por Claudio Acquaviva (1543–1615), quien posteriormente ascendería a General de la Compañía de Jesús. Fue ordenado sacerdote el 25 de febrero de 1570 y, dos años más tarde, fue nombrado rector del Colegio de Macerata, desempeñando este cargo durante un año. Hasta que el 7 de febrero de 1573, expresó su interés al Padre General de la Compañía en ser enviado a la India. Como detalladamente expuso Álvarez-Taladriz, en el contexto de mediados del siglo XVI, se observó un notable incremento en las *Epistolae Indipetarum* por parte de los misioneros y su deseo de viajar a la India, en paralelo al crecimiento del fervor religioso y la devoción hacia Francisco Xavier (Valignano 1954, I: 8*–9*). Esto seguramente debió afectar al jesuita italiano. Asumiendo la encomienda de Visitador de China y Japón, una función equiparable a un lugarteniente en la empresa misionera oriental, Alessandro Valignano se encontraba en la temprana edad de 34 años y con apenas siete años de dedicación a la Orden de Ignacio de Loyola, cuando su conocimiento sobre el Oriente era aún incipiente. El 11 de septiembre de 1573, en Roma, pronunció solemnemente los cinco votos ante la presencia del General, Everardo Mercuriano (1514–1580), y apenas unas semanas después, asumió oficialmente el cargo de Visitador, que ejercería hasta el 31 de octubre de 1595.

✳✳✳

La travesía de Valignano hacia las Indias Orientales comenzó con un itinerario por España. Partiendo de Roma el 26 de septiembre de 1573, se dirigió hacia Génova para embarcarse junto a otros seis jesuitas. El 10 de noviembre llegó a Alicante, y tras breves paradas en Valencia el día 14, continuó su viaje pasando por Cuenca, Villarejo y Huete, hasta arribar a Alcalá el 2 de diciembre. En la emblemática ciudad cervantina permaneció algunos días antes de proseguir su ruta hacia Madrid y luego a Plasencia, donde llegó el 14 de diciembre, antes de finalmente alcanzar Lisboa en la víspera de Navidad del mismo año y ser recibido el 1 de enero de 1574 por el Sebastián I de Portugal «el Deseado» (1554–1578). La expedición, integrada por 42 colaboradores entre sacerdotes, estudiantes y coadjuto-res, partió el 10 de marzo de 1574, pero se vio forzada a retornar debido a las inclemencias del tiempo, reanudando la travesía y zarpando nuevamente el 21 del mismo mes. El 14 de julio de 1574, Valignano y sus compañeros hicieron escala en Mozambique, donde redactó uno de los primeros y más célebres informes sobre los indígenas. En este documento, el Visitador criticó severamente la supu-esta limitada capacidad intelectual de los lugareños (Valignano 1954, I: 9*–17*). Sin embargo, el *Sumario de las cosas de la India*, informe que Valignano elaboró tras su arribo a Goa el 6 de septiembre del mismo año, exhibe características na-rrativas notablemente superiores, tanto en términos de calidad comunicativa como de comprensión del territorio y de la sociedad.

El Visitador llevó a cabo un extenso viaje por la India durante dos años, desde 1575 hasta 1577. Su itinerario comenzó con las residencias al sur de Goa, extendiéndose luego hacia Cochin, donde permaneció un mes. Durante su estan-cia en esta localidad, Valignano recibió enseñanzas clave del rector de la residen-cia jesuita, Francisco Pérez (1515–1583), quien destacó la necesidad imperativa de dominar el idioma local. Este consejo se convirtió en un pilar fundamental del enfoque misionero subsiguiente de Valignano. Su travesía continuó hasta alcan-zar la actual Kollam (o Quilon) y posteriormente Travancore, localizada en la re-gión que hoy en día corresponde al sur de Kerala. En este lugar, donde también Francisco Xavier predicó el cristianismo, el italiano se involucró en una labor de reconstrucción de la Iglesia local. La peregrinación del misionero italiano conti-nuó hasta Cabo Comorín, recorriendo la costa de la Pesquería antes de dirigirse a Punicale y la isla de Manar. Su viaje culminó en Santo Tomé, donde durante cuarenta días tuvo la oportunidad de conocer a los llamados «cristianos anti-guos» y de venerar las reliquias del famoso santo español. En la isla de Chorao, y más específicamente en lo que hoy es Nagapattinam, prosiguió su ruta y reu-nió a los demás padres y hermanos para la Consulta provincial (Valignano 1954, I: 25*–27*).

Entre 1576 y 1577, Valignano emprendió su viaje hacia las misiones del norte de la India, visitando algunos días la residencia de Bassein o Baçaim (hoy Vasai), en compañía del Provincial Rui Vicente (1574–1583). Posteriormente, recorrió Sal-sete, Thane (o Tana), La Trinidad y, finalmente, Bandora –ciudad de la cual de-pendían las aldeas cuyas rentas se asignaban a la misión japonesa– y, conclu-yendo este recorrido antes de volver a Goa, a finales de 1576, pasó por las residencias septentrionales de Chaul y Damán. A principios del año siguiente, vol-vió a visitar el norte de la India, transitando por esas tierras durante aproximada-mente dos meses. En ese periodo, tuvo la oportunidad de regresar a Bassein, esta vez acompañado por el padre Manuel Teixeira (1568– 1635), hasta el 27 de marzo de 1577, fecha en la que retornó a Goa. Fue en este periodo cuando Valignano, a petición del padre General de la Compañía, empezó a recolectar todo el material sobre las cosas dignas de memoria de la misión en la India para luego entregárselo al padre Teixeira, quien a su vez comenzaría a componer un libro que será la *Historia del principio y progreso de la compañía de Jesús en las Indias Orientales 1542–1564* (Valignano 1954, I: 27*–29*).

La siguiente etapa del largo viaje del padre Visitador fue Malaca, ciudad a la que llegó el 19 de octubre de 1577 y en la que permaneció nueve meses. Al concluir su recorrido en la India, comenzó a escribir en italiano, algo inusual para Valignano, la *Historia* sobre esta región, que terminó el 8 de diciembre del mismo año, en el cual, por supuesto, faltaron las secciones dedicadas a China y Japón. El 15 de julio de 1578 se embarcó rumbo a China, pero antes hizo escala en Shangchuan, donde visitó la tumba de Francisco Xavier, y llegó a Macao el 6 de septiembre del mismo año. En Macao, intentó organizar la misión tierra adentro, una empresa que solo logró su compatriota Matteo Ricci (1552–1610) en los años sucesivos. En este puerto chino, comenzó a recoger información sobre el «país del centro», complementándola con la que ya había recolectado en la India de sus compañeros que habían vivido en Macao, como Manuel Teixeira o Baltasar Gago (1518–1583). Fueron estos años en los que su método de infiltración espiritual y adaptación misionera a las costumbres locales comenzó a tomar forma (Valignano 1954, I: 33*–36*).

El 7 de julio de 1579, el Visitador se embarcó nuevamente, esta vez rumbo a Japón, donde se enfrentó a uno de los problemas que más le preocupaba: asegurar los recursos financieros necesarios para el sustento de la Compañía en esas tierras a través de las pancadas obtenidas por la venta de seda. Teniendo en cuenta que el General Mercuriano había prohibido la participación de los jesuitas en el negocio de la seda de Macao, estos subsidios eran objeto de críticas por parte de algunos padres debido a su desviación de la antigua disciplina de la orden, pero fueron necesarios para la continuación de la labor evangélica en aquellas tierras. Además, la mayoría de los jesuitas consideraba el mandato del General muy difícil de cumplir, dada la constante situación de precariedad. Fue así que el General suspendió la ejecución de la determinación que inicialmente había ordenado, a la espera de los nuevos informes que Valignano debía enviarle tras su llegada a Japón (Valignano 1954, I: 37*–50*).

***

Tras su llegada a Kuchinotsu el 25 de julio de 1579, en el séptimo año de la era de Tenshō («rectitud del cielo») en la nao de Leonel de Britto, Valignano describió en varias ocasiones ese mundo tan diferente. El panorama que en este tiempo el Visitador encuentra en el Kyūshū no es de los mejores, ya que esta tierra sigue arrasada por las guerras civiles. Los primeros señores feudales que se acercaron al cristianismo fueron Ōmura Sumitada (1533–1587) conocido como «Don Bartolo-

meo», reducido a tributario de uno de los enemigos de los cristianos Ryūzōji Takanobu (1529–1584), y Ōtomo Sōrin (1530–1587) bautizado como «Francisco» que
tras la llegada del Visitador empezó un periodo de decadencia repentino tras la
derrota causada por su enemigo Shimazu Toyohisa (1570–1600).

Como señaló Álvarez-Taladriz, el Visitador, antes de llegar a Japón, solo contaba con un «conocimiento libresco obtenido en varias de las muchas ediciones
de las cartas de Xavier, Cosme de Torres, Juan Fernández y sus seguidores», pero
sobre todo de las cartas de Maffei en latín, como se demostrará sucesivamente en
esta *Historia*, o de las *Cartas* publicadas en Coímbra. Estas lecturas pudieron
haber despertado en él un cierto fervor hacia las Indias Orientales. Por otro lado,
la positividad de los comentarios de sus compañeros que había leído hasta aquel
entonces contrastó con su percepción directa y con su experiencia al llegar a
Japón. La realidad que Valignano encontró a su llegada a Japón fue bastante negativa. La situación en Kyūshū con los conocidos «señores cristianos» era desola-
dora: en primer lugar, el llamado «Don Andrés», es decir, Arima Yoshisada (1521–
1576), daimio de Hizen, falleció repentinamente y la persecución en su territorio
causó varias apostasías entre los neófitos. En segundo lugar, Ōtomo Sōrin, que a
Valignano desde el principio le pareció un «muy mal cristiano», al perder todos
sus dominios, no pudo resistir la presión de los bonzos y de los capitanes de su
ejército a favor del budismo (Valignano 1954, I: 63*–64*). Por otro lado, lo
que más le impactó negativamente fue constatar que los daimios denominados
cristianos actuaban motivados por intereses mundanos y terrenales, particularmente en relación con la nao portuguesa y sus mercancías. Asimismo, los súbditos
de estos señores feudales se bautizaban no por convicción, sino por no poder ne-
garse a quienes tenían el poder de arrebatarles la vida y sus bienes. Determinado
a invertir esta tendencia, aunque con dudas respecto al método vertical de conversión, especialmente con los señores feudales más jóvenes, Valignano se propuso convertir a la «verdadera religión» a Arima Harunobu (1567–1612), quien,
tras la muerte de su padre, había intensificado la antigua hostilidad con Ryūzōji
Takanobu. Para ayudar al llamado «Arimadono» contra el principal enemigo de
la cristiandad en Japón, según los jesuitas, el Visitador le ofreció 600 cruzados
para mantenimiento, armas, plomo y salitre. Tras convencer al joven Harunobu,
que en esa época contaba con unos veinte años de edad, de abandonar la munda-
nidad y la fornicación, Valignano lo bautizó con el nombre de Protasio (Valignano
1954, I: 81*–89*).

La conversión del joven Harunobu y los acuerdos de paz tras los prolongados
conflictos con Ryūzōji permitieron a Valignano reorganizar la misión en Japón,
establecer sus residencias y el seminario en el territorio de Arima, así como reto-
mar sus labores de escritura. Durante este período, redactó tres documentos importantes: el *Regimiento para el Superior de Japón* (24 de junio de 1580), el *Regi-*

miento que se ha de guardar en los seminarios (28 de junio de 1580) y el *Sumario de las cosas que pertenecen a la provincia de la India Oriental y al gobierno de ella* (agosto de 1580), cuya redacción había comenzado tres años antes. En el primer documento se detalla la organización de la misión de cristianización en Japón, empezando por las tres áreas clave: Shimo, Bungo y Kioto. Además, se aborda el trato que debía dispensarse a los japoneses y se ofrecen diversas sugerencias sobre la organización de las residencias, abarcando aspectos como la limpieza y la atención a los huéspedes, entre otros. El *Regimento* para los seminarios aborda temas similares, aunque se centra en mayor medida en la organización del hogar, la pulcra vestimenta, la alimentación a la japonesa, los estudios de latín, de japonés y de otras ciencias, la formación espiritual, el recogimiento y las distribución de las horas para los seminaristas (Valignano 1954, I: 90*–97*).

En agosto de 1580, en la ciudad de Arima, el Visitador comenzó la primera redacción del *Sumario de la India*, que precedió en algunos años al *Sumario de Japón*, pero ambas obras se completaron en 1583. No obstante, como ha demostrado Álvarez-Taladriz, se nota la distancia de tiempo entre las dos obras, en particular por la visita que el Visitador hizo a Ōtomo Sōrin que será fundamental para rematar las denominadas «Cosas de Japón» (Valignano 1954, I: 97*). Además de toda la labor de promoción de la literatura lingüística y religiosa que el Visitador llevó a cabo, al cual es bien conocida, es importante destacar su empeño en impulsar diversas traducciones al japonés de las *Constituciones* de la Compañía, las *Reglas* y los *Ejercicios espirituales*. Asimismo, se esforzó por facilitar el aprendizaje de la lengua japonesa a sus compañeros, y por acercar la literatura europea a los hermanos japoneses mediante traducciones al idioma nipón. Cabe también subrayar la participación del Visitador en la elaboración del *Catechismus Christianae Fidei in quo secta japonienses confutantur*, obra que él consideraba esencial para refutar las creencias locales y proporcionar una base sólida para la conversión de los japoneses al cristianismo (Valignano 1954, I: 137*–143*).

Tras la Consulta de Bungo, celebrada en Usuki (Ōita) el 27 de octubre de 1580, en la que los jesuitas se reunieron para establecer los principios que amenazaban la misión de la Compañía de Jesús en Japón, Valignano emprendió su viaje hacia Miaco (Kioto). Antes de partir, se dedicó a organizar el seminario y el colegio para niños en Usuki, así como a establecer las disposiciones económicas de la Casa de Probación y del Noviciado. Las continuas ocupaciones retrasaron el viaje, por lo que tuvo que esperar hasta el 8 de marzo de 1581, fecha en la que se embarcó junto con otros compañeros, entre ellos Luís Fróis (1532–1597), desde Funai (Ōita) hacia la capital nipona. Después de aproximadamente diez días, llegaron a Sakai. Posteriormente, pasaron por Kawachi (Ōsaka) y por Takatsuki, donde se alojaron en la fortaleza del famoso samurái converso Takayama Ukon («Dom Justo»), antes de llegar a Kioto y tener la famosa audiencia con Nobunaga el 28 de marzo del mismo año (Valignano 1954, I: 143*–150*), tras la cual el daimio japonés les cedió un terreno en Azuchiyama donde Valignano ordenó el nuevo Seminario (Valignano 1954, I: 143*–150*).

En octubre de 1580 se llevó a cabo la *Consulta de Usuki*, durante la cual todos los misioneros acordaron la necesidad de observar ciertas costumbres al interactuar con los japoneses. A partir de esta reunión, el Visitador, asesorado tanto por hermanos japoneses como por Ōtomo Sōrin, dictó a Luís Fróis en portugués, en octubre de 1582, los *Advertimentos e avisos acerca dos costumbres e catangues de Japão* (Marino 2022; Valignano 1954, I:155*–157*; 1946), como ha sido definida por su primer editor «el más ingenioso entre todos los intentos de adaptar la actividad de los misioneros de la Compañía de Jesús a la primitiva Iglesia japonesa mediante las costumbres de vida del país» (Valignano 1946, 3*).

El 20 de febrero de 1582, Valignano dejó Japón con cuatro enviados nipones, la llamada «Embajada Tenshō» (天正 の 使節), para viajar con ellos a la India y posteriormente a Europa en búsqueda también de un remedio económico para la misión de cristianización de Japón (Valignano 1954, I: 172*–174*). Sin embargo, en Macao tuvieron que esperar desde el 9 de marzo hasta el 31 de diciembre para continuar el viaje. El 7 de abril de 1583, llegaron a Cochin, donde Valignano recibió, hacia el 20 de octubre, una carta del General que lo nombraba Provincial de la India, lo que trastocó todos sus planes. El 28 de octubre, en el puerto de Cochin, concluyó el epílogo del *Sumario de las cosas de Japón*, una de sus obras más significativas (Valignano 1954), así como el *Catálogo de las casas de Japón y de lo que cada año han menester*, obra que había comenzado a redactar a principios de 1582. A pesar de su nueva designación como Provincial, el grupo asignado a la Embajada Tenshō continuó su viaje hacia Europa, llegando finalmente a Roma.

Después de cumplir su misión en Europa, Valignano y los enviados japoneses regresaron a Asia. En 1587, fue nombrado por segunda vez Visitador de la Provincia Índica (incluyendo Japón) y, como tal, emprendió su segundo viaje a Japón desde Goa el 22 de abril de 1588. Lo acompañaron dieciséis compañeros y los cuatro enviados japoneses que regresaban de Europa. El 28 de julio de 1588, llegaron nuevamente a Macao, donde permanecieron hasta el 23 de junio de 1590, y el Visitador se dedicó al aprendizaje de la lengua japonesa. Como enviado del virrey de la India, Valignano llegó a Nagasaki el 21 de julio. Allí, la situación de los cristianos había cambiado considerablemente debido a la persecución que comenzó en 1586. Tras una espera prudente, fue recibido el 3 de marzo de 1591 por Hideyoshi, el gobernante de facto de Japón. El Visitador permaneció en Japón hasta el 9 de octubre de 1592, partiendo hacia Macao el 24 de octubre, donde se quedó hasta mediados de noviembre de 1594 (Valignano 1944, 47*).

Desde el 4 de marzo de 1595, Valignano estuvo nuevamente en Goa, y el 22 de septiembre terminó su mandato como Visitador de la India en sentido estricto.

Desde entonces, se dedicó exclusivamente a los asuntos de Japón y China. El 23 de abril de 1597, dejó definitivamente Goa y llegó a Macao el 20 de julio de ese mismo año, permaneciendo allí hasta mediados de julio de 1598. Luego, emprendió su tercer y último viaje a Japón, llegando el 5 de agosto. Tras una estancia de casi cinco años, dejó Japón para siempre el 15 de enero de 1603 y, después de una tormentosa travesía, llegó a Macao el 10 de febrero. Allí murió el 20 de enero de 1606, con la intención de visitar también China, donde desde 1583 se habían establecido cuatro casas de la Compañía gracias a la labor de Matteo Ricci y de sus compañeros, incluida una en la ciudad imperial de Pekín (Valignano 1944, 48*).

De las tres visitas a Japón (1579–1582; 1590–1592; 1598–1603), el Visitador coincidió con los tres principales gobernantes que llevarán Japón hacia una centralización y unificación feudal de Japón, a saber, Oda Nobunaga (1534–1582), Toyotomi Hideyoshi y Tokugawa Ieyasu (1543–1616). Cada una de las estancias en Japón le llevará hacia la composición de un largo escrito: el *Sumario de las cosas de Japón* (1583) con las *Adiciones del sumario de Japón* (1592), sucesivamente la *Apología de la Compañía de Jesús y de la China* (1598) (Valignano 1998) y, por último, el *Principio y progreso de la religión cristiana en Japón* (1601–1603), obra que se preludia.

✳✳✳

Volviendo a la figura de Valignano, las fuentes hablan de un hombre de alta estatura, esbelto y unos... unos ojos penetrantes y describen a un hombre maduro y equilibrado, aunque en ocasiones resaltan un temperamento propenso a arrebatos de ira, manifestándose en comportamientos abruptos y violentos. Dotado de inteligencia y generosidad, poseía una notable aptitud para la organización y el liderazgo, de hecho, a él se debe buena parte del gobierno de la Compañía en Japón y la estructura del nuevo modo de predicación evangélica adaptado a las costumbres locales niponas. Dormía escasamente, entre tres y cuatro horas, argumentando que ese tiempo no era suficiente para resolver todos los problemas y llevar a cabo las numerosas tareas requeridas en la Orden. Su perspicacia fue fundamental durante el silencio del año en que llegó a Japón, periodo en el cual permaneció «mudo como una estatua»[1], comprendiendo el entorno únicamente a través de las explicaciones de otros, lo que le dejaba desorientado y perdido en

---

1 «Quale superiore più elevato in grado avevo sempre con me i Padri e i migliori interpreti che potessi trovare. Ciononostante trascorsi interamente il primo anno muto come una statua. Comprendevo soltanto quello che mi era detto dagli altri. Ognuno, come facilmente si comprende, riferiva le cose come le capiva, perchè l'intelligenza di cose così importanti non è data a tutti in misura eguale. Perciò, durante quel primo anno non trovai soluzione alcuna al mio disorientamento. Nel secondo anno, con l'esperienza fatta, cominciai a poter giudicare la situazione con maggiore chiarezza. Ed ora, al terzo anno, sono in grado di comprendere come bisogna guidare il

un idioma ajeno (Luca 2005, 130–31; Tolosana 2005, 119–27). Inicialmente, optó por escuchar, reflexionar y evaluar toda la información recibida directamente, en lugar de consultar los habituales informes que llegaban de Japón. Encarnando el ideal del genio renacentista, el Visitador fue un hombre polifacético y multicultural, dotado de una gran energía, vitalidad y un profundo sentido de la intuición. Absorbió principios cristianos y se sumergió en las corrientes del Humanismo y el Renacimiento, dejando un legado indiscutible en su época y más allá.

En lo que respecta al método misionero, Valignano siguió fundamentalmente las ideas de Francisco Xavier y Cosme de Torres, ampliándolas y refinándolas, centrándose principalmente en la conversión de pueblos culturalmente avanzados, especialmente en su élite dirigente reconociendo que, si se conquistaba a los eruditos y líderes, el resto del pueblo los seguiría fácilmente. De esta manera, retomó los planes del santo español para abrir las puertas al Evangelio mediante embajadas y logrando éxito en Japón. En China, si bien este enfoque se consideró como el único viable, no resultó necesario, ya que la embajada prevista del emperador chino al Papa nunca se materializó (Marino 2017). Valignano atribuía gran importancia a mantener una presencia digna y casi pomposa ante las autoridades, por lo que consideraba favorable el uso de embajadas para alcanzar sus objetivos. Asimismo, demostró una comprensión especial para la organización de los territorios misionales, observándose que las numerosas fundaciones establecidas por Xavier resultaron vitales y sostenibles (Valignano 1944, 78*). Sin embargo, es imprescindible reconocer la trascendencia del generalato de Cosme de Torres (1510–1570), como lo evidencia el propio Valignano a lo largo de esta historia. El jesuita valenciano asumió personalmente la responsabilidad de sembrar la semilla evangélica, consolidar los frutos obtenidos y gradualmente organizar la estructura de la misión. Su adaptación al entorno oriental fue total, décadas antes de la llegada del visitador Alessandro Valignano a Japón, a quien también se le atribuyen méritos que corresponden a sus predecesores de manera gratuita.

En todo caso, desde su inicio, el propósito de Valignano no fue el de ajustar las costumbres de los demás a las occidentales, sino todo lo contrario. Por esta razón, muchos jesuitas interpretaron la intención del Visitador como un deseo de emular la Iglesia primitiva y las enseñanzas del apóstol san Pablo (Luca 2005, 6). El primer objetivo de esta adaptación era el de «transferir» o, de manera más precisa, siguiendo el mandato de san Ignacio de Loyola (1491–1556), el de «encontrar a Dios en todas las cosas». Esto implicaba la integración del cuerpo con el espíritu, la acción con la contemplación, lo individual con lo universal, lo divino con lo

---

Giappone: poichè ora ho visto e percorso tutto il Paese e ho inteso le varie opinioni» (Valignano 1946, 19–20).

terrenal (Županov 1999, 22–23). Durante este periodo, la *accomodatio* o adaptación durante la evangelización, generalmente considerada como un método italiano de proselitismo aplicado en la misión y una estrategia de conversión, no solo en Japón sino también en la India y China, generó numerosas disputas entre los jesuitas y otras órdenes (Županov 1999, 4–5). Por lo tanto, era más común seguir y preservar la identidad compartida que defendía el cristianismo frente a las formas culturales y sociales europeas. El primer encuentro que tuvo con los cristianos en el sur de Kyūshū y con el estado de la Iglesia en Shimo (la parte occidental de la isla) resultó bastante decepcionante para el Visitador. La actitud de los neófitos mostraba una escasa dedicación hacia la doctrina cristiana, los Sacramentos y la autoridad espiritual. Al parecer, tanto los *irmãos* («hermanos») como los *dōjuku* (catequistas rapados que renunciaban al mundo terrenal) se quejaban constantemente y vivían insatisfechos. Sin embargo, lo que más impactó a Valignano durante su primera estancia en Asia fue el método misionero del superior de Japón, el portugués Francisco Cabral (c.1533–1609), quien era el principal oponente del jesuita italiano. Cabral adoptaba un procedimiento poco eficaz que mostraba cierta desconfianza y discriminación hacia los propios japoneses (Bourdon 1993, 702). Además, Valignano observó la necesidad de que los misioneros aprendieran con mayor profundidad el idioma japonés, así como la cultura, las costumbres y las formas de cortesía. En particular, debían diferenciarse de la negligencia de los portugueses, tema central de sus *Advertimentos*:

> Para conservar la debida autoridad, es necesario que los padres y los hermanos conozcan muy bien los cumplimientos que tienen que hacer al estilo japonés; y visitando a alguna persona respetuosa, o recibiendo a los visitantes que vienen a verlos, no deben tener ni llevar consigo personas que no saben portarse según el *katagi* (costumbre) de Japón, especialmente los portugueses (europeos), porque esto disminuye mucho la reputación de los padres (Bourdon 1993, 137–39).

Era evidente que, antes de adaptarse a las costumbres locales, los misioneros debían dominar el idioma. Incluso la lectura de los *Advertimentos* requería un conocimiento de algunas palabras japonesas, ya que la obra estaba llena de terminología nipona (Loureiro 2007, 129). En varias ocasiones, el Visitador alertó a la Santa Sede sobre la complejidad de comprender la sociedad japonesa, un país avanzado con una sólida tradición y frecuentemente difícil de entender. Por consiguiente, enfatizó la urgencia de llevar a cabo un estudio exhaustivo de la coyuntura social y, posteriormente, recopilar todas las fuentes más eficaces para intentar narrar la historia del cristianismo en esas tierras.

Repensando la *Historia de Japón*: una perspectiva necesaria

El 25 de marzo de 1601, Valignano dio inicio a la composición de lo que inicialmente denominó como un «tratado», el cual posteriormente evolucionaría hacia la denominación de «Historia». En la *Epístola dedicada al Reverendo Padre General* que precede esta obra que se introduce, el autor expresa su firme propósito de presentar al mundo, y en particular a aquellos carentes de experiencia o conocimiento sobre esta región, el progreso del cristianismo en Japón. En múltiples ocasiones, los miembros de la Compañía de Jesús retrataron las singulares peculiaridades de este territorio, reflexionando sobre las notorias divergencias en cuanto a modalidades de gobierno y estilo de vida, aspectos que, a pesar de las adversidades inherentes a su abordaje desde una perspectiva europea, resultaban trascendentales para su comprensión. Sin embargo, ¿podría argüirse que la prolífica producción de cartas, crónicas, historias y avisos hasta entonces generadas no bastaba? ¿Qué motivó la gestación de esta nueva *Historia*? Y, primordialmente, ¿cuál fue la razón subyacente en tal empeño? ¿Acaso concebía el autor que los europeos aún no habían captado cabalmente las notables disonancias entre Oriente y Occidente?

Según señaló Üçerler, uno de los principales estímulos que impulsaron esta empresa fue la solicitud directa de Giovanni Pietro Maffei (1533–1603) al General de la Compañía de Jesús, Everardo Mercuriano, de encargar a Luís Fróis la composición de una *Historia* sobre la Iglesia en Japón (Üçerler II: xliv), conocida como la célebre *Historia de Japam* (Fróis 1976). La insatisfacción de Valignano con la extensa labor de Fróis lo llevó, años más tarde, a emprender su propia narración de los acontecimientos en la *Historia* que se introduce. De hecho, en la *Epístola dedicatoria para nuestro padre General*, Valignano omite hacer mención del extenso trabajo del historiador portugués, mientras que resalta las deficiencias de las cartas, observando que estas no se:

> [...] escribieron por modo de *Historia* ni con la claridad y distinción que era necesario para poderse bien entender por ser cartas que los nuestros escribieron en varios tiempos y lugares y de diferentes materias con estilo de cartas familiares como quien escribía a sus hermanos [f. 2].

La familiaridad, la falta de claridad, el estilo y la ausencia de una narrativa histórica adecuada fueron aspectos considerados por el Visitador, quien también enfatizó la importancia del «conocimiento o experiencia de la tierra» [f. 2] y el dominio del idioma local, con el propósito de evitar la repetición de información y para que los nuevos misioneros en Japón no reprodujeran constantemente «lo que oían decir a los otros» [f. 2]. Valignano dejó constancia de que consideraba el *opus immensum* de Fróis demasiado extensa como para justificar los esfuerzos de un amanuense que tendría que producir varias copias antes de enviarlas a Europa. La razón de su desaprobación radicaba en que, en su opinión, la obra era confusa, no siempre coherente desde un punto de vista cronológico, y necesitaba revisión además de verificar la coherencia de su propio relato (Üçerler II: f. lii). De hecho, en una carta a Claudio Aquaviva desde Macao el 30 de octubre de 1588, Valignano expresó lo siguiente sobre el estilo de Fróis al redactar la *Carta Annua* sobre el estado de la misión:

> [...] las cosas venían tan indigestas y escritas con tan poca orden, y dependiendo unas cartas de las otras, que causaban grande confusión y hastío . Allende de esto, como el dicho Padre es naturalmente copioso y amplificativo en describir las cosas, y no tiene tanto miramiento ni en inquirir si es verdad o no todo lo que se diz, ni en escoger lo que es bien que se escriba, no me parecieron las dichas cartas hechas de modo que se debiesen enviar de la manera que venían (Üçerler II: f. liii).

Según Valignano, las cartas generaron «perplejidad y confusión» [f. 2] entre los lectores europeos, ya que a menudo se contradecían, estaban repletas de exageraciones y se comprendían muy poco. La amplia difusión de estas misivas, traducidas a varios idiomas y publicadas por las editoriales más prestigiosas de Europa, provocó una fragmentariedad de noticias que Valignano describe como una falta de unidad en la información o «entera noticia» [f. 2] procedente de Japón. Además, la considerable distancia entre Europa y la Santa Sede agravaba la logística informativa. En respuesta a esta situación, Valignano escribió para «suplir esta falta» [f. 2v] de coherencia, eliminando «las cosas que causan duda y perplejidad en las dichas cartas» [f. 2v], ya que la fragmentariedad, la falta de claridad y las contradicciones en la información sobre Japón menguaban la veracidad de la labor misionera y la percepción de la divina providencia. Otro factor significativo fue el temor a que una impresión errónea de Japón y de la misión jesuita, creada por la multitud de cartas individuales, pudiera influir negativamente en la opinión de los europeos, la Santa Sede y la corte portuguesa, reduciendo así el apoyo necesario para los misioneros. Por este motivo, el Visitador ordenó recopilar las cartas en forma de informe anual (las *Cartas Annua*) sobre la misión japonesa, basándose en los apuntes de los acontecimientos que los padres registraban manualmente en un libro (Luca 2005, 130–31).

∗∗∗

Para comprender en su totalidad el pensamiento de Valignano y la «fragmentariedad» que señalaba el Visitador, es necesario retroceder en el tiempo y reconsiderar la gran importancia que San Ignacio de Loyola otorgaba a la correspondencia entre los miembros de la joven Compañía de Jesús. Los primeros jesuitas valoraban profundamente el concepto de edificación (*aedificatio*), así como el ferviente deseo de conocer los éxitos y fracasos de los misioneros en tierras lejanas. Estas cartas eran leídas no solo por religiosos, sino también por un público más amplio que encontraba consuelo y motivación en las narraciones de los misioneros en tierras de infieles. Además, es esencial entender la estructura de gobierno centralizada de la Compañía de Jesús en Roma. Los superiores y, más propiamente, el General debían estar informados sobre el estado de sus instituciones satélites, tales como casas, colegios e iglesias, así como sobre los métodos y dificultades asociados con los esfuerzos de cristianización y catecumenado. Pronto, a las cartas edificantes se les añadió información diversa, lo que tuvo importantes consecuencias, especialmente cuando varios de estos informes se imprimieron y llegaron a un público más amplio. De este modo, la correspondencia misionera no solo cumplía una función interna, sino que también se convirtió en un recurso imprescindible para la historiografía moderna. No obstante, lo que se consideraba edificante debía aparecer en una carta principal, o tal vez *soli* (dirigida solo al Prepósito de la Compañía), mientras que toda la información restante se podía anotar a mano en otra hoja y sellarla. Además, las cartas notoriamente tenían que enviarse por las «tres vías», un método para asegurar su llegada y minimizar el riesgo de pérdida de información crucial (Valignano 1944, 19*–22*).

Este aparente desorden en la correspondencia jesuita pronto se organizó a partir del *Memorial* del portugués Bartolomé Ferrão en 1545, y gracias a la circular emitida por el nuevo secretario, el burgalés Juan Alfonso de Polanco (1517–1576). En esta circular, Polanco presentaba veinte razones que alentaban a los hermanos de la orden a escribir cartas más detalladas, además de proporcionar instrucciones precisas sobre cómo redactarlas. Un claro ejemplo de estas nuevas regulaciones son las cartas de Francisco Xavier desde Mozambique, en las que no solo informaba a sus hermanos sobre el progreso de la misión, sino que también incluía un apartado cuidadosamente separado acerca de las características de las tierras y sus habitantes. El propio jesuita español impulsaba a todos los superiores y hermanos en las misiones a escribir sobre el estado de las comunidades y a compartir noticias edificantes, evitando cuestiones de ofensas personales u otros asuntos de menor importancia (Valignano 1944, 22*–27*).

A principios de 1553, los misioneros enviaron un considerable número de cartas desde las llamadas Indias Orientales a Europa, incluidas las famosas *Cartas annuas* redactadas por el historiador portugués Luís Fróis (1532–1597). Estas cartas se consideran entre los mejores informes escritos del siglo XVI y son particularmente valiosas en ausencia de otras fuentes primarias. La correspondencia entre Asia y Europa comenzó a refinarse considerablemente, proporcionando material muy interesante sobre el estado de las misiones. Esto fue especialmente notable cuando las cartas se dirigían a otros hermanos en Europa, quienes a menudo se tomaban la molestia de copiarlas para prevenir su pérdida y para informar a amigos y benefactores sobre el trabajo de la Compañía en los países donde operaba. Otro método utilizado en la época era dejar las cartas abiertas para que pudieran continuarse en los distintos lugares de las rutas misioneras. Por lo general, los informes se escribían en español o en portugués, pero posteriormente se traducían para los lectores italianos y franceses, aunque esta última tarea no siempre fue posible. La publicación de las cartas de las misiones, especialmente las de Francisco Xavier, no solo facilitó la difusión de la información y la tarea de traducción, sino que también abrió el camino para que la Compañía de Jesús adoptara un nuevo y eficaz método de propaganda misionera a gran escala (Valignano 1944, 27–28).

Sin embargo, el verdadero cambio en las *Cartas* de las Indias Orientales se verificó en 1552, cuando los diversos informes misioneros comenzaron a imprimirse de manera más orgánica. En cada institución misionera se empezó a recopilar cartas y relaciones, copiándose, como ocurrió en Lisboa con el *Codex Ulyssiponensis I*, para luego conservarse cuidadosamente gracias al esmero del secretario de la Compañía. Tras una acumulación significativa de estas epístolas, se decidió publicarlas en forma de libro. A partir de entonces, año tras año, se publicaron informes cada vez más extensos, tanto en español como en italiano (los *Avvisi*), aumentando así la difusión y el impacto de la información sobre las actividades misioneras en las Indias Orientales, y buscando incansablemente a buenos humanistas para ello. De ahí que entre 1563 y 1566 aparecieron primero las *Epistolae Indicae* en Dillingen y más tarde las *Epistolae Japanicae* en Lovaina, las cuales serían imprescindibles para la *Historia* que se preludia. Estas publicaciones, además de abarcar periodos más largos, informaron a todo Occidente sobre el progreso de la Compañía de Jesús en Asia, proporcionando un valioso registro de las actividades misioneras y su impacto en las regiones asiáticas. Así, se publicaron los nuevos *Avvisi* de 1561, la *Copia de las Cartas* de Coímbra de 1565 (1548–63), las *Cartas de Japón* de Coímbra de 1570 (1549–66) y *las Cartas de Japón* de Alcalá de 1575, que eran una traducción abreviada de la edición de Coímbra. En lo que respecta a la India y, en particular, al Colegio de San Pablo, la organización de los archivos y de las cartas, que de por sí eran bastante escasos, era sin duda menos eficiente debido a la intensa ocupación y trabajo de los superiores. Solo durante el provincialato de Valignano, en 1584, se estableció en Goa un archivo provincial siguiendo el modelo del archivo general romano, lo cual tuvo un impacto significativo en toda la historiografía, especialmente en los siglos posteriores (Valignano 1944, 28*–31*).

Ahora bien, es pertinente preguntarse cuándo los jesuitas europeos sintieron la necesidad de escribir las *Historias* misioneras y ecclesiásticas de las Indias Orientales. La respuesta a esta interrogante, como bien explicó Wicki, radica en el proceso natural que emergió a partir del flujo constante de numerosas cartas e informes enviados a Europa. Este proceso fomentó el deseo de una narración más coherente, completa, heterogénea y unificada de los eventos ocurridos en Japón, así como una serie de biografías de los personajes más influyentes de la orden, como los fundadores Ignacio de Loyola y Francisco Xavier. Las composiciones de estas *Historias* no tardaron en llegar y, de hecho, la producción empezó a intensificarse a partir del *Sumario de las cosas más notables que a la institución y progreso de la Compañía de Jesús tocan* (1548) del secretario Polanco, en el que se trata también de la misión de la India (Valignano 1944, 31*–32*). Este impulso inicial marcó el comienzo de una tradición historiográfica dentro de la Compañía de Jesús, cuyo objetivo era documentar y compartir el progreso de sus misiones con un público más amplio, tanto dentro como fuera de la orden. Esta tradición no solo reforzó la cohesión interna y el sentido de propósito entre los jesuitas, sino que también sirvió para informar y motivar a sus benefactores y simpatizantes en Europa, garantizando así un apoyo continuo y sostenido para sus actividades misioneras en las Indias Orientales y otros territorios lejanos.

Después del frustrado intento del humanista español Pedro Juan Perpiñán (1530–1566) de escribir una primera *Historia de la India* y una biografía de San Ignacio, durante el generalato de San Francisco de Borja (1565–1572), se impartieron instrucciones al Visitador de la India de ese entonces, Gonçalo Álvares (¿-1573), para que uno de los padres redactara una breve crónica sobre la Compañía de Jesús en la India y la enviara a Roma. Sin embargo, no se había conservado ninguna copia de las cartas edificantes de la época para escribir dicha obra. Ninguno de los padres quiso aceptar este encargo, probablemente debido a la carga de trabajo, y, además, el Visitador murió en un naufragio mientras viajaba de Macao a Japón. Paralelamente a este contexto, se desenvolvía otro en el seno de la Santa Sede, donde se gestaba la composición de obras relevantes. Un ejemplo emblemático es el de Pedro de Ribadeneira, quien entre los años 1567 y 1568 redactó la renombrada hagiografía *Vita beati patris Ignatii Loyolae*. Esta obra, dedicada a exaltar la vida y virtudes de San Ignacio de Loyola, fundador de la Compañía de Jesús, vio la luz en Nápoles en 1572. Es digno de destacar que dicho trabajo estaba destinado exclusivamente a un público jesuita, lo cual subraya su naturaleza selectiva y su papel como instrumento de formación espiritual para los miembros de la orden. Más allá de su valor edificante, la *Vita* cumplía la función de orientar y preparar a las generaciones venideras de misioneros, quienes encontrarían en ella un modelo de vida y un referente para su labor evangelizadora en distintas partes del mundo. Además, dentro del mismo contexto, se abordaron otros aspectos relevantes en la obra de Ribadeneira, por ejemplo, en el decimosexto capítulo se trata su misión en la India, mientras que en el séptimo capítulo del cuarto libro se ahonda en la actividad de Francisco Xavier en la India y Japón, abordando su fallecimiento, su capacidad para realizar milagros y su carisma profético (Valignano 1944, 33*–34*).

El primer libro que ofrecía un sucinto resumen de los lugares y misiones en las Indias Orientales fue compuesto por el jesuita portugués Manuel da Costa (1541–1604). Tras enviarlo a Roma, este fue traducido al latín por el renombrado humanista Maffei, quien, a pesar de ser aún novicio, ya era considerado un notable traductor. De esta manera, la obra titulada *Rerum a Societate Jesu in Oriente gestarum ad annum usque a Deipara Virgine MDLXVIII Commentarius* vio la luz en Dillingen en 1571. Este trabajo representó un hito significativo en la documentación de las actividades misioneras llevadas a cabo por la Compañía de Jesús en el Oriente y es con mucha probabilidad la primera historia misionera de los jesuitas sobre las Indias Orientales. La labor de Manuel da Costa, en conjunto con la traducción de Maffei, permitió una difusión más amplia y accesible de las experiencias y logros de los jesuitas en esta región del mundo, contribuyendo así al conocimiento de los diferentes lugares donde los padres estaban activos y al aprecio por su labor misionera entre los lectores europeos de la época. Más importante para la estructura de la obra que se preludia es el hecho de que Maffei agregó la traducción al latín de cuarenta cartas de la misión japonesa de los años 1548–1564 bajo el título *De Japonicis Rebus Epistolarum Libri IV*, las cuales se ampliaron en ediciones posteriores (Valignano 1944, 34*–35*). A esto hay que añadir la famosa *Historicarum Indicarum libri XVI* que Maffei publicó en Florencia en 1588, y que Valignano, como se verá, utiliza en varias ocasiones en esta *Historia*, y también en el *Sumario*, para corregir una y otra vez los errores del famoso historiador (Valignano 1954, I: 197*–200*). Hay que añadir que Maffei hizo uso especialmente de las primeras crónicas históricas de Valignano sobre la misión en las Indias Orientales (1583–1588), así como del *Sumario* de 1583. De hecho, el lector de esta *Historia* se dará cuenta de que a medida que la narración se desarrolla, el Visitador aprovecha la oportunidad para modificar y actualizar sus propias declaraciones y opiniones anteriores al citar y luego criticar la *Historia* de Maffei (Üçerler II: f. xlix).

Destacó aún más el *Chronicon* de Juan Alfonso de Polanco, una crónica anual de los primeros años de la historia de la Compañía de Jesús en seis volúmenes que abarca los años 1537 a 1556, hasta la muerte de San Ignacio en 1556. Esta obra es una fuente extensa y de vital importancia que Polanco dictó a un amanuense desconocido en Roma, con la principal intención de que, en sus propias palabras, sirviera como un resumen de la historia de la Compañía y proporcionara una historia universal y verdaderamente cronológica de los eventos dignos de ser recordados. Aunque la obra quedó manuscrita y solo se publicó en el siglo XIX, demuestra que, a pesar de todos estos esfuerzos, no hubo en aquel momento una crónica de las misiones de las Indias Orientales. Ahora bien, es necesario considerar otro aspecto: las limitaciones inherentes a las cartas escritas por testigos presenciales y por aquellos que pretendían narrar los acontecimientos con veracidad. A pesar de la favorable acogida que estas cartas recibían por parte de los lectores, a menudo eran objeto de críticas. Además, había misioneros que no estaban satisfechos con las cartas, ya que estas los dejaban en evidencia. De hecho, algunos de los religiosos que fueron testigos de los acontecimientos, pero que los interpretaron de manera distinta, se sintieron agraviados al ver tantas inexactitudes y esfuerzos para contar la verdad histórica, en un sentido ciceroniano, es decir, como ausencia de malicia e imparcialidad (Valignano 1944, 35*–36*).

En los informes provenientes de la India Oriental, las fuentes que distorsionaban, presentaban de manera parcial o exageraban la información eran evidentes. En primer lugar, estaban los recién llegados a la misión, quienes a menudo mostraban un entusiasmo desmedido por escribir sobre países lejanos y acontecimientos conocidos solo por rumores o información equivocada. Naturalmente, las exageraciones y confusiones eran inevitables. No era lo mismo informar sobre las condiciones climáticas de las diversas regiones visitadas, y, sin embargo, todo esto se englobaba bajo la denominación de «la India». Lo que resulta evidente es que, tanto en estas *Cartas* como en las *Historias*, se cometieron numerosos errores, ya sea en la transcripción, la conversión de divisas, las distancias y los diversos sistemas de medida (como las millas), así como en los nombres de lugares y personas. Además, dado que las cartas no llegaban a Europa en condiciones óptimas para su impresión, eran revisadas, acortadas e incluso ampliadas en diversos lugares como Lisboa, Évora, Coímbra, Roma, entre otros. Por supuesto, estos informes se modificaban con un propósito bien definido: el interés edificante y educativo, esto es, se eliminaba aquello que los lectores podían considerar insignificante o indigno de ser conocido (Valignano 1944, 38*–40*). Sin embargo, tal como explicó Wicki, en Europa suscitaba un profundo interés tanto las tierras recién descubiertas como el proceso de cristianización de las diversas naciones, aspecto corroborado por la existencia de más de cincuenta cartas impresas redactadas por jesuitas acerca de las Indias Orientales.

A pesar de las nobles intenciones que guiaban la empresa histórica llevada a cabo por los misioneros, esta no alcanzó la completitud deseada debido a las imprecisiones e inexactitudes que se filtraban constantemente entre las fuentes, las cuales solo podían ser corregidas mediante la observación directa en el lugar y la consulta con los misioneros pertinentes. Con la llegada del joven Valignano, designado por el General Mercuriano en 1573 como Visitador, se intentó revertir esta tendencia, enviando también a Maffei en 1578 a la península ibérica para que trabajara en los archivos con miras a componer una *Historia* en latín de la India (Valignano 1944, 40*–41*). Estas diligentes investigaciones y correcciones, realizadas por Valignano y Maffei en los archivos, entre ellos el del Escorial, sentaron las bases para una comprensión más precisa y completa de la historia de la Compañía de Jesús en las Indias Orientales. Sus contribuciones no solo mejoraron la calidad de las fuentes históricas disponibles, sino que también enriquecieron el conocimiento sobre la labor misionera y el proceso de cristianización en esta región del mundo. El fruto de dichos esfuerzos solo puede ser apreciado en la actualidad.

$$***$$

El punto de inflexión que llevó a Alessandro Valignano a componer la *Historia* que se preludia fue, sin duda, la lectura y la subsecuente comparación entre las *Cartas* sobre Japón y la realidad del continente nipón que lo rodeaba. Al contrastar estas cartas con los informes que había leído en Europa e India, Valignano se percató de lo alejadas que estaban de la realidad en muchos aspectos. Además, incluso su compañero (*socius*) Lourenço Mexia (1539–1599), quien había viajado con él desde Malaca hasta Macao y de allí a Japón, afirmaba que él y otros –incluido el propio Valignano– habían formado una impresión errónea de las condiciones de la cristiandad en Japón debido a que solo recibían noticias favorables. Estas malinterpretaciones llevaron a los misioneros a imaginar el cristianismo en Japón como una Iglesia joven y floreciente que solo carecía de un obispo y una catedral, y en la que muchos aspirantes nativos podían ser ordenados sacerdotes (Schütte 1980, I: 271). Su desmoralización fue evidente al constatar que todos sus planes de organización de la misión japonesa estaban en peligro. Había sido engañado por estos informes falsos, y existía el riesgo de que los jesuitas en Goa y Roma, la corte real en Lisboa, así como el papa y los cardenales, fueran igualmente desorientados. Basándose en una imagen distorsionada de Japón, era fácil tomar decisiones erróneas, e incluso fatales, respecto a la joven Iglesia misionera. Del mismo modo, los nuevos misioneros llegaban a Japón con ideas incorrectas sobre su campo de misión, lo que provocaba una profunda desilusión al enfrentarse con la realidad como le había ocurrido tanto al Visitador como a sus compañeros. En consecuencia, Valignano centró su atención en abolir este peligroso tipo de informes (Schütte 1980, I: 272).

El cambio se logró a partir de las *Constituciones* de la Compañía de Jesús, que estipulaban que cada cuatro meses el superior local debía enviar a Roma *litteras* edificantes. Más concretamente, a través de la segunda Congregación General en 1565, se estableció una nueva *formula scribendi* que prescribía que, en el futuro, estas cartas se enviaran solo una vez al año y pasaran por varios «filtros», esto es, al escrutinio autorizado de los superiores. Dado que Japón dependía de Macao para su organización postal desde el principio, se habían compuesto varias *Cartas Annuas* antes de la llegada de Valignano a Japón. La gran modificación que introdujo el Visitador fue exigir un estándar más alto que el previamente establecido, insistiendo en un relato objetivo de la verdadera situación. Esto incluía una descripción veraz del esfuerzo misionero: la gente con sus cualidades reales, tanto buenas como malas; los cristianos con su verdadera actitud mental; y las persecuciones y sufrimientos a los que estaban expuestos los misioneros (Schütte 1980, I: 275).

Desde un punto de vista estilístico y narrativo, era necesario reunir todo el ingenio y la elocuencia posible, dos características esenciales para la escritura de una *Historia* digna de este nombre, es decir, una narración histórica fiable y que pudiera expresar, según insistía el Visitador, la «pura verità delle cose», expresión en la que el jesuita italiano insistió con sus colaboradores sobre todo tras ver la positividad de los informes iniciales. Está claro que las «ocupaciones», los tres viajes «de la India a Japón y dos de las Japón a la India» retrasaron la tarea de escritura del jesuita, pero lo que más le debió de sorprender fue la incapacidad entre la escritura por naturaleza estática incapaz expresar y tener el paso del cambiante universo japonés. La firmeza de la escritura no le parecía suficiente para describir el estado de la cuestión cristiana que de año en año iba mudando su forma, debido a los decretos de la política nipona, hasta reducirse cada vez más. De manera que el viaje de vuelta a Japón le resultó ser cada vez un punto de partida, un universo nuevo y reconstruido para adaptar su relato, hasta el último aterrizaje en el que se debió de decidir a zanjar el asunto y tratar de escribir la *Historia* de la Iglesia japonesa a pesar de sus ocupaciones (Schütte 1980, I: 74–75).

El principio activo de la escritura fue pues el mismo que movía a la mayoría de los padres misioneros europeos, es decir, enseñar al mundo la gloria de Dios en tierras de gentilidad narrando las heroicas empresas de los cristianos en Oriente impulsados por la providencia divina. El respeto a la orden, y al padre General llevó a Valignano hacia una redacción meditada y pausada, ya que nos demuestra que su escritura empezó bien antes de la fecha del manuscrito: «ya ha algunos años que comencé a escribir» [f. 1v]. En un principio decidió dividir la obra en tres partes, aunque solo la primera llegará hasta el día de hoy, la cual es la sección que en la *Epístola* afirma que haber «reducido en compendio breve» [f. 1v]. Existe una posibilidad de que también circulara la segunda parte, ya que parece que esta sección tuvo el mismo tratamiento («hecho buena parte de la segunda» [f. 1v]), pero esta se debió de perder. No obstante, a dicha de Valignano, el trabajo se debió de interrumpir exactamente en este punto de la segunda parte debido principalmente a dos razones, a saber, la falta de tiempo y la insuficiencia de «informaciones verdaderas» [f. 1v], argumento sin duda más importante y sobre el que el Visitador no estaba dispuesto a escatimar. La falta de tiempo al que muchas veces hacía referencia determinaba la imposibilidad de contrastar dicha información.

Las condiciones para la redacción de la obra fueron estipuladas por el propio Valignano en el *Proemio* dirigido al lector de la *Historia*. En primer término, aclara que abordará temas seculares únicamente cuando sean imprescindibles para la comprensión de la obra. Esta decisión obedece a un deseo de coherencia temática que el Visitador busca imprimir al texto, ya que optó por circunscribir la obra al ámbito eclesiástico, evitando así la inclusión de materias diversas. La intención queda explícitamente manifestada en el segundo punto de esta breve sección preliminar al texto principal, consistiendo en destacar aquellos elementos en los cuales se evidenció la divina providencia para «comunicar de las gracias y dones de su espíritu» [f. 2v]. Además, se hace énfasis en aquellos aspectos que guardan similitud con los eventos acaecidos en la Iglesia Primitiva, estableciendo así un paralelismo con la emergente Iglesia japonesa. Entre estos aspectos se destacan la evidencia de las persecuciones y los peligros afrontados por los cristianos durante el catecumenado, así como la conservación de los neófitos. También se enfatiza la incorporación e introducción de «las costumbres y preceptos eclesiásticos y en la administración de los sacramentos» [f. 3], elementos que resultaban esenciales para honrar y validar la nueva Iglesia japonesa. No podía faltar en la redacción de esta *Historia* una contestación contundente a las «calumnias que se escribieron y publicaron contra los padres de nuestra Compañía» [f. 3] y a las que Valignano ya había contestado con su *Apología* (Valignano 1998; Lage Correia 2008).

Para enfatizar este aspecto, Valignano desea atribuir y reivindicar para los jesuitas la primacía en la escritura sobre Japón. En el *Proemio*, el Visitador sostiene que eran escasos aquellos que escribían sobre Japón en aquella época y la mayoría, según afirma, «fueron de la Compañía» [f. 4]. Además, al considerar la posibilidad de que otros religiosos de diferentes órdenes desde Filipinas hubieran viajado a Japón y escrito sobre él, Valignano se ve en la obligación de señalar que la calidad de estos escritos se veía disminuida por la falta de experiencia y el escaso conocimiento de las costumbres japonesas. En última instancia, la *Historia* que escribe busca garantizar un sello de calidad sobre la misión en Japón, tomando en cuenta la «larga experiencia de la gente y de las cosas de que se escribe, y que se haya alcanzado con mucha inquisición y diligencia verdadero conocimiento y noticia de ellas» [f. 4v]. En otras palabras, Valignano no solo busca diferenciar su obra de aquellas destinadas al entretenimiento, cuyas afirmaciones poco fundamentadas «dan gusto y parecen verdaderas» [f.4v] pero distan mucho de la verdad, sino que también pretende corregir las «diversas *Historias* y *Relaciones* en las cuales con esta licencia se han dicho muchas cosas apócrifas, inciertas y que se apartan mucho de la verdad» [f.4v]. El examen de las fuentes para el Visitador tenía que ser riguroso, diligente, y sobre todo basado en los «muchos testigos de vista que no me dejarán mentir» [f. 4v]. Por esta razón, y debido a la falta de evidencia, el Visitador decide no incluir en su obra las historias del Japón antiguo relacionadas con el gobierno temporal, tales como las genealogías, las guerras, las sectas budistas y las costumbres de los bonzos, sino limitarse a aquello que hallara «escrito hasta ahora» [f. 4v], como la obra de Maffei o las *Cartas*.

Finalmente, Alessandro Valignano no emprendió la tarea de historiador por voluntad propia, dada su formación académica centrada en el derecho. Según Wicki, fue gracias al encargo de los Generales, Mercuriano antes y Aquaviva después, que el Visitador asumió inicialmente la responsabilidad de elaborar una breve historia de la Orden en la provincia Índica (1944, 35). Posteriormente, en el caso de la *Historia* que se preludia, la narración de los avances de la misión japonesa fue principalmente iniciativa propia. Esto creó lo que para un historiador es fundamental: una continua interacción entre él mismo y los hechos y un interesante balance entre explicaciones descriptivas e interpretaciones históricas. Por otro parte, la designación de un joven de treinta y cinco años, con un temperamento colérico, como Visitador de una provincia tan extensa y de difícil gestión, con poderes casi equivalentes a los del General, fue sin duda una apuesta arriesgada por parte de Mercuriano.

Los manuscritos de la *Historia*

La estructura integral de la obra se articula en cinco libros, que abarcan un período de cincuenta años correspondientes a los mandatos sucesivos de los superiores de la Compañía de Jesús. De esta serie, actualmente sólo se preserva el primero, el cual se edita a partir de dos manuscritos localizados en Londres y Lisboa (*BL*, Add. Ms. 9857 y *AJ*, Cód. Ms. 49-IV-53), sirviendo en este caso el manuscrito de Londres como... el texto principal o base, denominado en la teoría ecdótica angloamericana como el *copy-text*. Adicionalmente, existe una versión que antiguamente formaba parte de la colección *Phillipps-Robinson* (Mss. 3065), la cual se encuentra actualmente en la colección privada de Nicholas Ingleton en Tokio, perteneciente a la editorial Charles E. Tuttle Publishing Co. Lamentablemente, esta versión no ha sido accesible para consulta. Según el académico Üçerler, quien editó una edición parcial de la *Historia* en su tesis doctoral y tuvo acceso al manuscrito de Tokio, esta versión muestra grandes similitudes con la de Lisboa, tanto en la caligrafía como en sus características estructurales (II: xviii). Se sugiere que ambas copias fueron realizadas simultáneamente en Macao a mediados del siglo XVIII. Para la composición de su *Historia* el Visitador hizo uso tanto de fuentes impresas como manuscritas. Sin embargo, la génesis de este material, junto con los criterios y normativas empleadas en su recopilación, revestían una importancia considerable tanto para la historiografía en general como para la obra específica de Valignano. Además, cabe destacar que dicho texto permaneció inédito, lo que, al igual que sucedió con el *Chronicon* de Polanco, lo eximió de críticas en su momento.

En este tipo de obras de carácter eclesiástico, es común iniciar la narrativa con el viaje del Apóstol de la India, Francisco Xavier (1506–1552), y su período de catecumenado. Sin embargo, en contraposición con la *Historia* de la India, en esta ocasión la figura principal no es exclusivamente el santo español. Se extiende el relato para abarcar también el mandato de su discípulo escogido, el valenciano Cosme de Torres (1510–1570), durante un lapso de aproximadamente veinte años, desde 1549 hasta 1570. El segundo libro de la obra habría continuado con la narración de los once años (1570–1581) del polémico superiorato del portugués Francisco Cabral (1529–1609), con el que Valignano tuvo muchas discrepancias (Valignano 1954, I: 163*–169*), durante los cuales la misión en Japón experimentó un significativo crecimiento. Esta fase de expansión constituiría el nexo central del tercer libro, que cubriría los nueve años subsiguientes (1581–1590), período durante el cual se nombró al primer obispo de Japón, el portugués Sebastián Morais (1534–1588). Durante esos años, el recién designado Viceprovincial luso, Gaspar Coelho, intensificó sus esfuerzos para aumentar la cantidad de conversos al cristianismo, aunque se topó con considerables obstáculos a raíz del edicto anticristiano promulgado en 1587 por el líder japonés Toyotomi Hideyoshi. A su vez, el español Pedro Gómez (1535–1600), quien fue Viceprovincial de Japón desde 1590 hasta 1600, y posible protagonista del cuarto libro, también enfrentó estos peligros. Los europeos perseguidos durante este periodo encontraron apoyo en la figura del segundo obispo de Japón, *dom* Pedro Martins (1542–1598). La renovación de la persecución ejecutada por Terazawa Hirotaka (1563–1633) no solo agravó la situación de los cristianos en Japón, sino que también llevó al exilio del obispo a Macao. Finalmente, el quinto volumen, que habría concluido la *Historia* de Valignano, profundizaría en su narrativa histórica durante el periodo en que el jesuita italiano Francesco Pasio (1554–1612) habría ejercido como superior, coincidiendo con el mandato del tercer obispo de Japón, Luís de Cerqueira (1552–1614). Esta etapa, que abarcaría aproximadamente una década, estaría marcada por el fallecimiento de Hideyoshi, el renacimiento del catecumenado en Japón, así como por los conflictos bélicos entre los daimios japoneses.

Es legítimo preguntarse por qué Valignano decidió escribir esta *Historia* en castellano, como sucedió con la mayoría de sus obras. Aunque tenía acceso a copistas, es evidente que Valignano tenía un buen dominio del español antes de salir de Italia. Para comprender su elección de esta lengua franca, es importante recordar una carta ampliamente conocida que envió al General Mercuriano desde Goa el 16 de septiembre de 1577:

> Cuanto a lo que toca a mis cartas, ni el tiempo ni los negocios me dan lugar para las escribir en latín, especialmente porque no estoy en ello tan ejercitado ni tan elegante como es el padre Possevino; y hállome muchas veces en tales partes que ni aun escribanos hallo que

las supiesen escribir. Y la mejor lengua y más común en que las puede escribir parece que fuera la italiana, porque aunque V. P. [*Vestra Paternitas*] y los padres asistentes sean de diversas naciones, como ha tanto tiempo que están en Italia, parece que mejor lo entenderán en italiano; y por esto escribí en la dicha lengua los años pasados; mas ahora ni aun esto es posible de hacer porque no los tengo, que se fueron en diversas misiones. Y queda que la más común y más inteligible lengua en que yo pueda escribir es la castellana, y esta la ha V. P. [*Vestra Paternitas*] de recibir con sus faltas, porque yo que las dicto soy bien ruin castellano, y máximo ahora que tengo hecho una confusión de tres lenguas. Y aunque me atreviera a dictarlas mejor en portugués que en ninguna otra, como esto no se entiende ni sirve nada en Italia, es necesario que las dite en mal castellano. Y para ayuda de costas hacen mucho al caso los escribanos, los cuales porque son todos portugueses y aun muchos de ellos portugueses que nunca vieron ni Portugal ni Castilla, ni saben enmendar el castellano que yo yerro ni lo saben escribir sino con caracteres y ortografía portugués, y por esto V. P. nos perdone a mí y a los escribanos si no podemos en esto satisfacer (Valignano 1954, I: 193*–194*).

Es importante tener en cuenta la relevancia de que los lectores, especialmente aquellos que solo entendían castellano, pudieran acceder y comprender este escrito, así como aprender de los errores del pasado. Como señaló Álvarez-Taladriz, la elección del castellano podría explicarse porque Valignano estaba más versado en este idioma, o quizás debido a las cartas de Maffei, que fueron traducidas al castellano y que Valignano a menudo dejó en español en la *Historia* que se preludia debido a que no se tradujeron al latín. A pesar de que su español está impregnado de lusismos, italianismos y latinismos, estos no afectan al significado ni a la eficacia de su lenguaje, respaldado por su «sentido extranacional de toda su labor» y por la intención de conferir un carácter universal a su empresa (Valignano 1954, I: 194*–195*).

Un último apunte merece la elección de Valignano de modelar su *Historia* según los doce volúmenes de los *Annales ecclesiastici* (1588–1607) de Cesare Baronio (1538–1607) lo cual revela su profunda influencia en el enfoque histórico del jesuita italiano. Este vínculo no solo se limita al formato de la obra, sino que se extiende a la relación personal entre Valignano y el historiador del Lacio, que se remonta al apoyo que el primero brindó al ministerio de Felipe Neri, mentor y amigo de Baronio, que será futuro cardenal romano. Los *Annales* sirvieron como un punto de partida conceptual para la narrativa histórica de Valignano, proporcionando un marco que conectaba la Iglesia primitiva con la incipiente comunidad cristiana en Japón. Además, la consulta de Valignano a este texto durante su tiempo en Oriente no solo iluminó la expansión inicial del cristianismo, sino que también ofreció una comprensión más profunda de su adaptación a las diversas culturas sirio-judea y greco-romana. (Valignano 1954, I: 6*). La lectura de Valignano probablemente reforzó su determinación de alinear el método misionero jesuita en Japón con las prácticas de la Iglesia primitiva. Ya en el capítulo 24 del

Sumario de las cosas de Japón (1583), Valignano había expresado claramente su intención de comparar el progreso del cristianismo en Japón con el de la Iglesia primitiva. Según Álvarez-Taladriz, es probable que las preguntas más frecuentes para el Visitador se hayan centrado en la aparente ausencia de ciertos auxilios sobrenaturales, como milagros y profecías, en Japón, y en la falta de asistencia providencial significativa. Estas carencias debieron plantear un dilema para los jesuitas: ¿debían continuar difundiendo el Evangelio o concentrarse en fortalecer la nueva cristiandad en Japón? (Valignano 1954, I: 187*). La respuesta a esta pregunta fue proporcionada por Valignano en una carta dirigida al Prepósito Mercuriano desde Kuchinotsu, tras una *Consulta*:

> [...] todos concluyeron que las primeras eran más verdaderas y eficaces, y que por eso siempre que se ofreciese ocasión de dilatar la cristiandad en diversos reinos no se perdiese, más antes se procurase de encender el fuego de Dios en todo Japón, confiando en su Divina Providencia que dará modo para se poder conservar, como lo dio entre los escitas y otras naciones bárbaras que los santos apóstoles y discípulos de Cristo nuestro Señor convirtieron. Porque de una gente tan capaz y prudente y tan deseosa de su salvación y sujeta a la razón, como son los japoneses, se puede fácilmente y con razón esto esperar (Valignano 1954, I: 214).

Finalmente, aunque el propósito de esta introducción no es comparar la obra de Baronio con la de Valignano, se puede concluir que, a pesar de que el Visitador afirma haber seguido los *Annales Ecclesiastici* de Baronio como modelo para su propia crónica, basándose en la «verdad histórica» pero también en la elocuencia, existen algunas diferencias sustanciales, como percató Üçerler, entre la forma en que los dos autores organizaron sus respectivas historias. La más notable es la interrupción de la narrativa histórica por parte de Valignano con capítulos temáticos que discuten aspectos geográficos, políticos, económicos, culturales y antropológicos de Japón. Un análisis más detallado y comparativo entre las dos obras podría revelar varios paralelismos significativos entre ellas (Üçerler I: 136–141).

Argumentos

Alessandro Valignano justifica su inicial reticencia a abordar la *Historia* del cristianismo en Japón debido a una serie de dificultades que enfrentaba: primero, la complejidad y las marcadas diferencias culturales entre Japón y Europa representaban un desafío considerable. Las costumbres y el modo de vida en Japón eran tan singulares y distantes de los de Europa que resultaban difíciles de entender y explicar para un europeo como él. Segundo, la falta de tiempo y sus múltiples ocupaciones complicaban aún más su tarea. Sus deberes como Visitador de la misión jesuita en la India, combinados con los frecuentes viajes entre la India y

Japón, dejaban poco margen para dedicarse a la escritura y documentación exhaustiva. En tercer lugar, la naturaleza cambiante y dinámica de la situación en Japón representaba un desafío adicional. Los rápidos cambios políticos, sociales y religiosos en el país dificultaban la tarea de documentar algo estable y certero, ya que lo que era válido en un momento podía volverse obsoleto al siguiente. A pesar de estas dificultades, Valignano se siente finalmente obligado a emprender la tarea de escribir esta *Historia*. Su motivación radica en el deseo de mostrar la providencia divina y la obra de la Compañía de Jesús en Japón, a pesar de las limitaciones personales y las fluctuaciones del entorno japonés. Confía en que su esfuerzo no solo será de beneficio espiritual, sino que también contribuirá a la gloria de Dios y al conocimiento de los cristianos en Europa sobre los avances de la fe en Japón.

El Visitador estructura su obra en cinco géneros de contenido, que se desarrollarán en los cinco libros prometidos, aunque hoy solo contamos con el que se presenta. En primer lugar, se abordará la descripción de la orden y la composición de la *Historia*, donde se tratarán aspectos seculares de Japón necesarios para comprender el contexto eclesiástico. A continuación, se explorará la providencia divina en la Iglesia japonesa, destacando ejemplos de asistencia divina, aunque manifestada de manera diferente a como se observó durante la configuración de la Iglesia primitiva. El tercer género abordará los trabajos y persecuciones de los jesuitas, documentando las dificultades que enfrentaron en Japón y cómo perseveraron con la ayuda divina. Luego, se analizará el seguimiento de la doctrina y el ejemplo de Cristo y los apóstoles, demostrando cómo los jesuitas siguieron las enseñanzas de Cristo en su labor misionera en Japón. Por último, se resolverán dudas y se refutarán calumnias contra la Compañía de Jesús, mostrando la verdad sobre su obra en Japón.

El autor planea dividir la *Historia* en cinco libros, cada uno cubriendo periodos de tiempo correspondientes a los diferentes superiores de la Compañía en Japón. En el primer libro, se abordará el período desde la llegada de Francisco Xavier hasta la gobernación de Cosme de Torres, que abarca un lapso de 20 años. El segundo libro se centrará en la gobernación de Francisco Cabral, que comprende 11 años. En el tercer libro, se tratará desde el inicio de la viceprovincia de Japón bajo Gaspar Coelho, abarcando 9 años. El cuarto libro estará dedicado a la gobernación de Pedro Gómez, que se extiende a lo largo de 10 años. Por último, el quinto libro abordará la gobernación de Francisco Pasio y el obispo Luís Cerqueira en tiempos más recientes a Valignano. La intención es la de subrayar la importancia de una comprensión profunda y una experiencia directa de la cultura japonesa para poder escribir con precisión sobre ella. El autor se compromete a proporcionar una narración clara y detallada, basada en sus propias vivencias y en informes fiables, con el fin de dar a conocer las maravillas que Dios ha obrado a través de la Compañía de Jesús en Japón.

El **primer capítulo** inicia con una detallada descripción de la providencia divina que facilitó el descubrimiento de Japón y la llegada del padre Francisco Xavier a esas tierras. Se enfatiza el rol de Portugal como nación escogida para llevar la luz del Evangelio a regiones lejanas, como la India y Japón. Se mencionan los primeros intentos de descubrimiento de Japón por navegantes portugueses, tales como António Mota, Francisco Zeimoto y António Pexoto en 1542. El texto también relata cómo el japonés Angero, conocido posteriormente como Pablo de Santa Fe, tras su conversión al cristianismo, buscó activamente la verdad evangélica y encontró al padre Xavier en Malaca. El fervor de Angero por abrazar la fe cristiana impresionó al santo español y lo convirtió en una figura central para la posterior misión del padre en Japón. El texto describe las resistencias y las dudas que enfrentó el padre Xavier antes de embarcarse hacia Japón, así como su firme convicción en la misión evangelizadora, a pesar de los peligros y adversidades del viaje. Finalmente, se narra la partida del jesuita español hacia Japón en abril de 1549, acompañado por otros miembros de la Compañía de Jesús y Pablo de Santa Fe, ya convertido y bautizado. La narración subraya la providencia divina y la determinación del padre Xavier en llevar el mensaje del Evangelio a nuevas tierras, desafiando las dificultades y las voces de preocupación que lo rodeaban. La carta del padre Cosme de Torres, intercalada por el autor, revela una historia fascinante de vocación y aventura en el contexto de la expansión misionera del siglo XVI. Su viaje desde España hasta Goa y luego a Japón constituye un relato de búsqueda espiritual, encuentro con diversas culturas y superación de desafíos en el camino hacia la misión. La narrativa del padre Torres refleja la complejidad de su propio camino hacia la Compañía de Jesús. Inicialmente motivado por un deseo de servir a su Señor, su travesía lo lleva a través de variadas tierras y experiencias, desde las islas Canarias hasta la Nueva España (México). Es notable cómo el encuentro con Xavier en Goa marca un punto de inflexión en su vida. La presencia y el ejemplo del santo jesuita despiertan en él el deseo de seguir sus pasos y unirse a la misión en Japón. Esta llamada espiritual se intensifica durante un retiro de oración, donde experimenta un profundo sosiego y decide unirse a la Compañía de Jesús. La decisión de viajar a Japón como compañero de Xavier evidencia el compromiso del padre Torres con la misión evangelizadora y su disposición a enfrentar desafíos y peligros en nombre de la fe. Su relato también destaca la importancia de la confianza en Dios y la fortaleza espiritual para superar los obstáculos en el camino misionero. Las cartas de Xavier citadas por Valignano desde Malaca y Japón proporcionan una perspectiva adicional sobre los desafíos y las experiencias espirituales en la misión. Su énfasis en la confianza en Dios y la resistencia frente a las tentaciones del Demonio reflejan la realidad de la lucha

espiritual en el contexto misionero en un entorno hostil. La carta del padre
Cosme de Torres y las cartas de Javier ofrecen una visión conmovedora y edificante de la vocación misionera en el siglo XVI, resaltando la importancia del compromiso espiritual, la confianza en Dios y la resistencia ante la adversidad en el
camino de la misión.

El **segundo capítulo** de la obra ofrece una exhaustiva visión de la geografía
y la historia de Japón en el siglo XVI, abarcando desde su nombre y origen hasta
su tamaño y ubicación geográfica. Se abordan también las dificultades y los errores comunes en la comprensión de Japón por parte de los europeos, ocasionados
por la falta de información precisa y la limitada comunicación con los nativos japoneses. El capítulo comienza explicando los diversos nombres asignados a Japón
por diferentes culturas y pueblos, tales como «Nippon», «Jipon», «Iripón», «Japão»
e «Islas Platarias». Posteriormente, se analiza el origen y la historia temprana de
Japón, destacando la incertidumbre predominante debido al carácter legendario
de muchas de las antiguas narraciones japonesas. Se sugiere que Japón pudo
haber sido inicialmente poblado por migrantes procedentes de China, considerando la proximidad geográfica y las similitudes culturales entre ambos países.
La descripción geográfica de Japón varía según las fuentes citadas, mostrando discrepancias respecto a su tamaño y ubicación exacta. Se mencionan las opiniones
de varios autores europeos sobre la longitud y la anchura de Japón, así como su
posición relativa a otros países y regiones, como China, la India y la península
coreana. La dificultad de obtener información precisa se atribuye a la limitada
comunicación entre los japoneses y los europeos, así como a la falta de conoci-
mientos cosmográficos entre los primeros exploradores y misioneros europeos en
Japón. Además, las continuas guerras en Japón y la falta de comunicación entre
sus diversas regiones hasta tiempos relativamente recientes a la composición de
la *Historia* complicaron aún más, según Valignano, la comprensión precisa del territorio. El capítulo resalta la contribución del portugués Ignacio Morera, quien
realizó una descripción detallada y precisa de Japón mediante meticulosas mediciones y recopilación de información. Aunque su trabajo representó un avance
significativo, persistían numerosas incertidumbres y desafíos para comprender
plenamente la geografía y la cultura japonesas. La obra compara las percepciones
y mediciones geográficas de Japón entre diversas fuentes, especialmente entre japoneses y portugueses. Un punto destacado es la diferencia en la medición de las
leguas, donde los japoneses utilizan una medida diferente a la de los portugueses,
generando discrepancias en la longitud de Japón. El autor aclara la confusión
sobre la extensión territorial de Japón, señalando la errónea percepción de algunos occidentales que creían que Japón abarcaba áreas mucho más grandes, com-
parables a España, Francia e Italia. Además, se explica la distribución de las tierras al norte de Japón, mencionando regiones como Ezo, poco conocidas por los

japoneses. El texto detalla la división de Japón en tres partes principales –aunque políticamente el autor veía cierta unidad ya que afirmaba «todo Japón no es propiamente más que un solo reino» (f. 13)–, cada una subdividida en reinos o satrapías, indicando que existen discrepancias entre las divisiones reconocidas por los japoneses y las descritas por los europeos. Estas diferencias se reflejan también en las estimaciones de distancia entre Japón y Nueva España, donde algunos autores occidentales cometieron errores basados en información incorrecta o desactualizada. Finalmente, el capítulo menciona las invasiones japonesas de Corea, que llevaron a nuevos descubrimientos geográficos y profundizaron el conocimiento sobre las relaciones de Japón con China y otras tierras al norte.

El **tercer capítulo** narra los primeros esfuerzos del padre Francisco Xavier y sus compañeros en Japón tras su llegada el 15 de agosto de 1549. Se describe cómo el jesuita se sumerge de lleno en la labor misionera, aprendiendo el idioma japonés y traduciendo los principios cristianos. A pesar de las dificultades iniciales y las burlas de los japoneses, el santo español y sus compañeros perseveran en su misión, ganándose el respeto de algunos y el rechazo de otros. La narrativa detalla la recepción inicial amistosa de Xavier por parte del señor local y su posterior persecución por parte de los bonzos. El santo español se ve obligado a abandonar su lugar original de predicación en Kagoshima y dirigirse a otras ciudades, como Hirado, donde encuentra mayor éxito en la conversión de personas al cristianismo. El capítulo destaca la persistencia de Xavier a pesar de la oposición y su determinación de llevar el Evangelio a todas partes. Se describe la travesía del jesuita y sus compañeros desde Hirado hasta Yamaguchi y luego hasta Kioto en su misión de predicar el Evangelio en Japón. A pesar de los peligros y desafíos del camino, incluidos los ladrones, el frío extremo y las dificultades para cruzar los ríos, persistieron en su viaje con determinación y devoción. En Yamaguchi, tuvieron una audiencia con el poderoso daimio local, a quien predicaron sobre la fe cristiana y los principios del Evangelio. Aunque la recepción fue mixta, con algunos mostrando interés y otros burlándose de ellos, los jesuitas continuaron con su misión. Luego se dirigieron a Kioto, la ciudad principal de Japón, donde intentaron hablar con el emperador para obtener permiso para predicar, pero sin éxito. Finalmente, regresaron a Yamaguchi, enfrentando nuevamente los mismos desafíos en el camino de regreso. A pesar de las adversidades, su determinación por difundir la fe cristiana en Japón se mantuvo firme. La intención primordial de este capítulo es la de ilustrar la incansable dedicación y el compromiso del padre Francisco Xavier y sus compañeros en su misión evangelizadora en Japón, destacando su capacidad para superar obstáculos y perseverar a pesar de las dificultades y la oposición.

El **cuarto capítulo** detalla la segunda visita del padre Francisco Xavier a Yamaguchi, donde se disponía a presentar las cartas del virrey y del obispo, junto con los obsequios traídos desde la India, al daimio local. En un principio, estas misivas estaban destinadas al *Dayri* o al señor de la *Tenca*, pero ante la evidente carencia de influencia con ellos, Xavier optó por dirigirse al soberano de Yamaguchi, quien ostentaba el más alto rango de autoridad en el Japón de aquel entonces Para esta ocasión, retornó a Hirado con el fin de recuperar los presentes y documentos previamente depositados. Consciente de que su apariencia descuidada y su comportamiento humilde no resultaban ventajosos en la sociedad japonesa, optó por una transformación en su atavío y conducta, buscando una adaptación más acorde con las costumbres locales, sin menoscabar sus convicciones cristianas. Tras adecuarse con mayor autoridad y recuperar los obsequios y cartas, regresó a Yamaguchi acompañado por el padre Juan Fernández y algunos acompañantes japoneses. Al presentar las cartas y regalos al daimio, este manifestó gran complacencia, comenzando a dispensar al padre Xavier y a sus compañeros un trato más respetuoso y honroso. Incluso le concedió residencia en las casas desocupadas de los bonzos. Emitió un edicto que permitía la predicación pública del cristianismo en todo su dominio, lo que facilitó a los padres iniciar la difusión del Evangelio. Pese a los desafíos y la oposición de los bonzos y otros sectores no cristianos, Xavier perseveró en su labor, logrando la conversión de varios japoneses a la fe cristiana, entre ellos, el hermano Lorenzo. Tras aproximadamente cinco meses en Yamaguchi, el padre Xavier se trasladó a Bungo, donde también cosechó algunas conversiones y estableció relaciones cordiales con el señor local. Finalmente, en noviembre de 1551, partió hacia la India, llevando consigo dos cristianos japoneses como embajadores de buena voluntad. Este capítulo subraya la determinación y el éxito del padre Xavier en su labor evangelizadora en Japón, a pesar de las dificultades y contratiempos encontrados en su senda.

El **quinto capítulo** ofrece una detallada exégesis de la estructura política del Japón en el período histórico abarcado durante la estadía de Xavier. Se resalta la notable distinción de este sistema respecto a otras monarquías, dado que Japón se hallaba fraccionado en sesenta y seis dominios, cada uno regido por un señor de marcada autoridad. Estos dignatarios se agrupaban en dos jerarquías fundamentales: los llamados *Cungues*, considerados la élite noble, y los *Buques*, representantes de un estamento militar de menor rango. La configuración política nipona, si bien arraigada en influencias chinas, experimentó notables matices, particularmente tras los conflictos bélicos entre los líderes militares. A pesar de que ciertos señores, identificados como *Yacatas*, detentaban un poder equiparable al de los monarcas, carecían del título oficial que los distinguiría como tales. La intrincada complejidad de esta estructura política a menudo propiciaba interpretaciones ambiguas, una ambigüedad que el autor se esfuerza por desentrañar en aras de una comprensión más cabal.

El **capítulo sexto** aborda con meticulosidad el sistema de tenencia de tierras y la administración de rentas entre los señores japoneses. Se establece que, según una antigua costumbre del Japón, el dominio total del reino residía en el señor feudal, quien ostentaba la propiedad absoluta de todas las tierras y detentaba el poder de asignarlas entre sus vasallos. Estas concesiones territoriales se otorgaban bajo la condición de que el receptor las administrara y disfrutara, aunque la propiedad primordial permanecía en manos del señor feudal, quien podía revocar la asignación en cualquier momento. Este sistema también implicaba que los señores debían suministrar una cantidad estipulada de soldados para servir al señor feudal, tanto en períodos de paz como en tiempos de conflicto, en proporción a la extensión de las tierras que poseían. La distribución de tierras se regía por una medida conocida como *itchō*, que estimaba la cantidad de tierra capaz de producir diez unidades de arroz, denominadas *koku*. Las rentas se calculaban en base a esta medida de arroz, si bien en la práctica, la cosecha real resultaba ser inferior a la estimada. La asignación de tierras y rentas entre los señores y sus subordinados propiciaba una disparidad entre la riqueza nominal de un señor y su verdadera fortuna, considerablemente menor a la cantidad nominal de arroz atribuida. Asimismo, el capítulo revela cómo los intercambios de reinos, donde los señores negociaban territorios, podían generar cambios rápidos y significativos en la riqueza y el poder de estos. Además, se delinean las características del gobierno japonés, caracterizado por su naturaleza militar, donde el poder y la autoridad emanaban de la fuerza militar y las decisiones del señor feudal. Aunque este sistema pudiera parecer intimidante y riguroso, se argumenta que conllevaba ventajas, tales como la reducción de la violencia y la criminalidad en tiempos de paz, así como una mayor disposición para aceptar la pérdida de bienes y las fluctuaciones en los estados debido a la sujeción a la voluntad del señor feudal. El capítulo proporciona una exhaustiva visión de la estructura política y económica del Japón, destacando su carácter feudal y militarizado, así como las complejidades inherentes a la posesión de tierras y al cálculo de las rentas.

El **capítulo séptimo** de esta *Historia* nos sumerge en una meticulosa exploración de las costumbres y características singulares de Japón durante el período abordado. A través de sus folios, se revelan facetas destacadas de la vida en esta tierra de oriente: Japón, descrito como un territorio mayormente frío y cubierto de nieve, se distingue por una diversidad geográfica que abarca desde áreas fértiles hasta zonas menos productivas. La agricultura, con énfasis en cultivos como el arroz y el trigo, refleja un patrón distinto al del pan comúnmente conocido en otros rincones del mundo. Asimismo, se evocan las pintorescas aguas termales y la majestuosidad de montañas activas, como el imponente monte Fuji o el Unzen. La riqueza natural de Japón se manifiesta en la extracción de metales preciosos de sus entrañas, un tesoro que enriquece los intercambios comerciales con otras naciones. A pesar de una aparente pobreza que permea la vida cotidiana, atribuida en parte a conflictos bélicos y a la opresión de los señores feudales, Japón alberga tesoros ocultos en sus entrañas. Las minas de plata y oro, así como otros recursos como cobre, hierro y algodón, constituyen pilares de la prosperidad nacional. La arquitectura japonesa, reflejo de su compleja historia y cultura, abarca desde ciudades fortificadas hasta aldeas agrícolas, con una diversidad de estilos que van desde las humildes casas de madera hasta los majestuosos templos. Detalles minuciosos sobre las fortificaciones y la disposición urbana se entrelazan en esta narrativa que desvela la vida en el archipiélago. El tejido social de Japón se estructura en torno a cinco órdenes o estados principales, donde conviven nobles, bonzos, ciudadanos, mercaderes y labradores, cada uno con su rol distintivo en la compleja jerarquía feudal. En el plano religioso y espiritual, se revela un universo de creencias intrincadas, con énfasis en las prácticas de los bonzos y la diversidad de sectas que pueblan esta esfera. La adoración a deidades como Amida y Xaca, así como la invocación de «dioses menores» en busca de favores terrenales, tejen el tapiz religioso de esta nación. Las secciones intercaladas de la obra de Maffei destacan la agudeza, sagacidad y docilidad natural de los japoneses, señalando que superan tanto a los orientales como a las naciones occidentales en juicio, docilidad y memoria. Incluso los rústicos y los niños muestran un ingenio fácil y no grosero, aprendiendo rápidamente las letras latinas y las artes liberales, superando en esto a los europeos. Aunque Valignano reconoce las capacidades intelectuales de los japoneses, matiza que estas comparaciones son odiosas y exageradas. A pesar de su buen ingenio y memoria, los japoneses no han desarrollado las ciencias ni ejercitan sus entendimientos en la especulación como en Europa. Sin embargo, son muy hábiles e industriosos en trabajos manuales, debido en parte a su escritura con figuras y caracteres y al uso de pinceles para pintar. Otra sección de Maffei se intercala para describir las costumbres alimenticias japonesas, donde se cultivan arroz y trigo en distintas épocas y se preparan alimentos en forma de sopas o polvos de harina, sin hacer pan como los europeos. Los japoneses no crían animales domésticos comunes en Europa, prefiriendo la carne cazada, y tienen abundantes recursos naturales como lobos, conejos y diversos peces y aves. Utilizan palillos con gran destreza para comer, sin necesidad de limpiarse los dedos. Los ricos ofrecen banquetes espléndidos al estilo chino y la hospitalidad es una virtud destacada, con ceremonias específicas para invitar y brindar. Una de las costumbres más valoradas es la bebida de té (*cha*), apreciada por sus beneficios para la salud y como símbolo de hospitalidad. Valignano reflexiona críticamente sobre las comparaciones entre japoneses y europeos, destacando las diferencias culturales. Reconoce las habilidades y virtudes japonesas, pero advierte contra exagerar su superioridad. Resalta la influencia del comercio y las guerras en la aceptación de costumbres europeas en Japón y critica la búsqueda excesiva de placeres gastronómicos en Europa en contraste con la moderación japonesa. El autor pretende presentar una visión equilibrada de la sociedad japonesa, reconociendo sus virtudes sin idealizarlas y destacando las adaptaciones mutuas entre ambas culturas.

El **capítulo octavo** de la obra presenta un retrato detallado de las costumbres japonesas desde una perspectiva europea de finales de siglo XVI. Valignano citando a Maffei detalla las características físicas y las costumbres de los japoneses. Destaca que se enorgullecen de su apariencia física y se visten con gran cuidado, especialmente los que son considerados hermosos. La mayoría de los japoneses son descritos como personas de temperamento sereno y tardío en sus movimientos. Tienen una robustez física notable y muchos siguen siendo aptos para la guerra hasta los sesenta años. En cuanto al aspecto personal, los hombres japoneses suelen tener barbas pequeñas o ninguna, y tienen costumbres peculiares con respecto al cabello: los niños se pelan la frente y las sienes, mientras que los nobles se afeitan toda la cabeza, dejando solo unos pocos cabellos en el occipucio. Los japoneses muestran una notable paciencia para soportar las necesidades humanas como el hambre, la sed, el calor, el frío y los trabajos duros. Desde pequeños, son entrenados en la caza y se les separa de sus madres para criarlos con dureza y rigor. Para dormir, utilizan esteras en el suelo en lugar de colchones blandos y una piedra o un trozo de madera como almohada. Durante las comidas, se sientan de rodillas sobre el suelo. En cuanto a la limpieza, los japoneses muestran tanto cuidado como los chinos. Maffei también menciona que son aficionados a las armas, prefiriendo espadas curvas y lanzas en la guerra. Visten con diversas prendas según su edad y posición social, utilizando ceremonias y rituales para distinguirse. El texto destaca la diferencia cultural entre los japoneses y los europeos en varios aspectos, como el color favorito (negro y morado), las preferencias alimentarias, el uso de olores y la vestimenta. También menciona que los japoneses son muy meticulosos en sus ceremonias y cortesías, siguiendo estrictas reglas de comportamiento en casi todas las áreas de la vida. Por último, el autor citando a Maffei señala que, a pesar de estas virtudes y costumbres ordenadas, los japoneses tienen vicios y carecen del conocimiento de Dios y la religión verdadera, lo que les lleva a prácticas menos virtuosas como los bailes, juegos y excesos. Aunque no son perfectos, el autor reconoce la moderación y la honestidad general entre los japoneses, en comparación con otras culturas antiguas.

El **noveno capítulo** de la *Historia* se centra en la expansión y consolidación de la misión jesuita en Japón, específicamente en la región de Bungo, durante el período de mediados del siglo XVI. Aquí se detalla cómo llegaron nuevos padres jesuitas a Japón desde la India, enviados por Francisco Xavier, para continuar con la labor evangelizadora iniciada por él y sus primeros compañeros. El capítulo relata la situación política y social de Japón en ese momento, marcada por conflictos internos entre señores feudales y tensiones derivadas de la introducción del cristianismo en un contexto cultural y religioso profundamente arraigado en el budismo y el sintoísmo. La presencia de los padres jesuitas en Bungo, a partir de 1552, bajo la dirección del padre Cosme de Torres y posteriormente del padre Baltasar Gago, representa un esfuerzo por establecer una presencia firme y expandir la fe cristiana entre los japoneses. Uno de los aspectos destacados es la respuesta inicial de los japoneses al mensaje cristiano. Aunque algunos recibieron la fe con entusiasmo, la mayoría de los conversos eran hombres y mujeres humildes, reflejando la enseñanza evangélica de la elección de lo débil y lo vil del mundo para confundir a lo fuerte y sabio. Esta dinámica cultural y espiritual se refleja en las dificultades y contradicciones enfrentadas por los padres jesuitas en su labor evangelizadora. El capítulo también menciona los desafíos que enfrentaron los jesuitas, como las hostilidades de los bonzos y la resistencia de algunos señores feudales. Sin embargo, a pesar de estos obstáculos, los jesuitas lograron establecer una presencia significativa y ganarse el favor de algunos líderes locales, como el rey de Bungo, quien otorgó patentes para la predicación y permitió la conversión de sus súbditos al cristianismo. Además, se destaca la organización y el compromiso de la comunidad cristiana emergente en Bungo. Los cristianos, tanto nuevos como antiguos, demostraron una ferviente devoción y caridad, organizando prácticas de asistencia a los pobres y mostrando un amor fraterno que contrastaba con las divisiones sectarias de la sociedad japonesa de la época. La narración ofrece un panorama detallado de los primeros años de establecimiento y crecimiento de la comunidad cristiana en Bungo, destacando tanto los desafíos enfrentados como los logros alcanzados por los jesuitas en su labor evangelizadora en un contexto cultural y político complejo.

El **décimo capítulo** narra la expansión del cristianismo en Japón en los años 1554 y 1555 describe un periodo de crecimiento significativo y desafíos para la comunidad cristiana en la región. En el año 1554, los misioneros jesuitas experimentaron cierto respiro en Japón, especialmente en Yamaguchi y Bungo, gracias al favor de los señores locales. Este período de calma permitió un aumento notable en el número de cristianos, incluyendo nobles y personas letradas que se convirtieron y jugaron roles clave en la difusión de la fe cristiana. El hermano Duarte da Silva relata en una carta citada por Valignano, que después de la partida del hermano Pedro de Alcaçova hacia la India, en Yamaguchi continuó celebrándose la misa y los sermones con una gran concurrencia de cristianos. En esta ciudad, varios nobles y personas influyentes se convirtieron al cristianismo, atrayendo a numerosos seguidores a través de su ejemplo y enseñanzas. Un destacado converso fue Pablo, un hombre de más de cincuenta años conocido por su erudición y sabiduría, quien abandonó las prácticas tradicionales japonesas por la fe cristiana después de ver los beneficios espirituales de su esposa. Su conversión no solo consolidó la comunidad cristiana en Yamaguchi, sino que también inspiró a otros a seguir su ejemplo. El capítulo también destaca el impacto de la hambruna y las guerras en la región, especialmente en la ciudad de Yamaguchi, donde la población sufrió severamente por la falta de alimentos. En medio de esta crisis humanitaria, el padre Cosme de Torres organizó la distribución de comida entre los más necesitados, lo que no solo alivió el sufrimiento de muchos, sino que también fortaleció la reputación caritativa de los cristianos en la ciudad. En Bungo, la situación fue similar en cuanto al crecimiento de la comunidad cristiana. A pesar de las persecuciones y los rumores difamatorios, los cristianos mostraron una firmeza notable en su fe. La carta de Duarte da Silva menciona cómo los sermones y debates con los bonzos ayudaron a clarificar las diferencias entre el cristianismo y las sectas locales, lo cual fue crucial para la conversión de muchos. Un episodio significativo fue la conversión de más de 260 personas en Kutami, un pueblo de Bungo, donde la intervención de Antonio y Lucas, dos neófitos cristianos, fue fundamental. Esta conversión masiva no solo amplió la base de fieles en la región, sino que también captó la atención del señor local quien mostró interés en el cristianismo y alentó a sus seguidores a seguir su ejemplo. La narración destaca cómo, a pesar de las adversidades como la hambruna y las persecuciones, la fe cristiana no solo sobrevivió, sino que floreció en Japón durante estos años. El testimonio de conversos destacados, la labor caritativa y los esfuerzos misioneros incansables fueron elementos clave que fortalecieron y expandieron la presencia cristiana en Yamaguchi y Bungo, sentando las bases para futuros desarrollos en la región.

El **undécimo capítulo** de la obra de Valignano aborda un período tumultuoso en Japón, específicamente en las regiones de Yamaguchi y Bungo durante el año 1556. Se destacan las guerras civiles que estallaron entre los señores locales y sus vasallos, resultando en la disolución de la residencia de Yamaguchi, liderada por el padre Cosme de Torres. Esta situación causó un gran daño a la cristiandad local, marcada por pérdidas significativas y el forzoso traslado de Torres y sus seguidores a Bungo, donde también enfrentaron múltiples peligros y adversidades. El capítulo detalla cómo, tras estos eventos, el padre Melchior Nunes llega a Japón desde la India con un grupo de compañeros, en un momento caracterizado por continuas perturbaciones y conflictos internos en la región. Nunes, junto con el padre Gaspar Vilela y otros, experimentan dificultades adicionales en su viaje hacia Japón, incluyendo mal tiempo y reveses logísticos. Se subraya la labor misionera y los desafíos enfrentados por los misioneros jesuitas en un ambiente hostil y cambiante, donde las persecuciones, las intrigas políticas y las condiciones adversas complicaron sus esfuerzos por establecer y mantener comunidades cristianas en Japón. A pesar de estos obstáculos, los misioneros perseveraron, adaptándose a las circunstancias locales y buscando nuevas estrategias para la predicación y el servicio pastoral entre los convertidos. Un aspecto destacado en este relato es la fundación y operación de un hospital por parte de los misioneros jesuitas en Bungo. Este hospital no solo sirvió como un centro de atención médica para la comunidad local, sino que también desempeñó un papel crucial en la estrategia misionera al ganar la confianza y el respeto de los lugareños, facilitando así la predicación del Evangelio y la conversión de nuevos fieles. El capítulo culmina con la partida de Melchior Nunes de vuelta a la India debido a su salud deteriorada y las difíciles condiciones en Japón, señalando la fragilidad de los esfuerzos misioneros en medio de las tensiones políticas y sociales reinantes. Este episodio resalta la resiliencia de los misioneros jesuitas y la complejidad de las relaciones entre los japoneses locales, los líderes regionales y los misioneros europeos durante el siglo XVI. En resumen, el capítulo ofrece un vistazo detallado a las luchas internas y externas enfrentadas por los misioneros jesuitas en Japón, ilustrando los desafíos y sacrificios asociados con la propagación del cristianismo en un contexto de conflicto y cambio social.

El **duodécimo capítulo** de la obra de Valignano detalla las difíciles persecuciones que los misioneros jesuitas y los cristianos sufrieron en los años 1557, 1558 y 1559 en Japón. Durante este período, los europeos se enfrentaron a múltiples desafíos que resultaron en la destrucción de sus residencias en lugares como Yamaguchi, Hirado y Hakata. La región experimentó guerras civiles, hambrunas y epidemias que afectaron tanto a cristianos como a no cristianos, exacerbando la situación para los misioneros. En particular, en Yamaguchi, tras la destrucción de la ciudad por conflictos internos y ataques externos, los cristianos sufrieron pérdidas significativas y se vieron obligados a abandonar la región. En Hirado, aunque se construyeron iglesias y se convirtieron numerosos locales al cristianismo, persistieron las acusaciones falsas de los bonzos locales, lo que llevó a una persecución grave contra los cristianos y la expulsión de misioneros como Gaspar Vilela. Similarmente, en Hakata, durante el año 1559 la situación fue tensa, obligando a los misioneros a ajustarse constantemente a las dinámicas políticas y religiosas locales para evitar conflictos mayores. Inicialmente, el padre Baltasar Gago y el hermano Guilherme habían comenzado exitosamente la conversión en esa ciudad, estableciendo una iglesia y ganando algunos convertidos. Sin embargo, tras la Semana Santa, Hakata se convirtió en el epicentro de un conflicto violento. Un grupo enemigo atacó, obligando a los misioneros y sus seguidores a huir hacia Bungo, enfrentándose a persecuciones y peligros extremos en el camino. Durante este tumulto, un cristiano japonés virtuoso, el llamado Andrés de Yamaguchi, fue asesinado por mantener su fe cristiana frente a la hostilidad local. Su muerte, junto con las persecuciones generales, forzó a todos los misioneros a reunirse en Bungo, donde se centraron en la atención a los enfermos y la expansión del hospital, atendiendo a cientos de personas. Además, decidieron buscar una entrada a la ciudad de Miaco, crucial para la estabilidad y expansión de su misión en Japón.

En el **capítulo decimotercero** Valignano contextualiza la historia de la Iglesia en Japón dentro del marco más amplio de la historia de la Iglesia universal y la teología de la providencia divina. Señala cómo la expansión del cristianismo en Japón no fue simplemente el resultado de esfuerzos humanos, sino que fue guiada y sostenida por la intervención divina. Valignano utiliza analogías con la historia de la Iglesia primitiva en el Imperio Romano para ilustrar cómo los desafíos y las persecuciones enfrentadas por los cristianos en Japón pueden ser vistas como paralelos a los obstáculos contra los que lucharon los primeros cristianos bajo el gobierno romano. El capítulo examina detalladamente la resistencia local al cristianismo en Japón, especialmente por parte de los bonzos y otros líderes religiosos y políticos. Valignano no solo describe los eventos históricos, sino que también analiza las motivaciones detrás de esta resistencia y cómo los misioneros respondieron a ella. Este análisis no solo arroja luz sobre la dinámica religiosa y política en Japón en ese momento, sino que también ofrece perspectivas sobre la interacción entre culturas y religiones. Valignano explora el desarrollo teológico y espiritual de la comunidad cristiana en Japón. Examina cómo los primeros convertidos entendieron y practicaron su fe en un contexto cultural y social diferente al de Europa. Este enfoque no solo destaca la adaptabilidad del cristianismo en diferentes contextos culturales, sino que también revela cómo la fe cristiana puede transformar y enriquecer las culturas locales. Un aspecto crucial del capítulo es el impacto de las persecuciones contra los cristianos en Japón y la reflexión teológica sobre el sufrimiento y la providencia divina. Valignano analiza cómo los misioneros y los fieles japoneses interpretaron y respondieron a estas persecuciones desde una perspectiva teológica. Este análisis no solo proporciona una comprensión más profunda del papel del sufrimiento en la vida cristiana, sino que también ilustra cómo la comunidad cristiana en Japón encontró consuelo y fortaleza en su fe durante tiempos de adversidad. Valignano utiliza comparaciones teológicas y referencias bíblicas para fundamentar su análisis y ofrecer una interpretación teológica más profunda de los eventos históricos. Este enfoque ayuda a situar la historia de la Iglesia en Japón dentro del marco más amplio de la religión cristiana y proporciona a los lectores una base sólida para reflexionar sobre el significado y la importancia de estos eventos en la historia de la Iglesia.

El **capítulo decimocuarto** ofrece un análisis profundo y matizado sobre las diferencias entre la Iglesia Primitiva y la Iglesia de Japón en cuanto a los dones y gracias recibidos. Valignano sostiene que, aunque ambas fueron guiadas por la providencia divina, sus contextos históricos y necesidades variaron significativamente. En primer lugar, el autor señala que los apóstoles en la Iglesia Primitiva fueron dotados con dones extraordinarios como lenguas y milagros, necesarios para establecer y afirmar la fe en un mundo hostil y lleno de desafíos. Estos dones eran manifestaciones visibles de la presencia de Dios entre su pueblo. En contraste, la Iglesia de Japón, aunque también enfrentó persecuciones y oposición, no recibió estos mismos dones espectaculares. Valignano argumenta que esto se debe a que las necesidades y desafíos del contexto japonés eran diferentes. La providencia divina se manifestó de manera adaptada, proporcionando los dones y gracias necesarios para la edificación y sostenimiento de la fe en ese contexto particular. Un punto clave es la ausencia de divisiones teológicas y herejías significativas en la Iglesia de Japón, en contraste con las luchas internas enfrentadas por la Iglesia Primitiva. Esto, según Valignano, refleja una gracia especial de unidad y cohesión en la comunidad cristiana japonesa, facilitada por la enseñanza consistente y la dirección pastoral de los misioneros jesuitas. Además, el autor reconoce la influencia del contexto cultural japonés en la forma en que se vivió y practicó la fe cristiana. La adaptación al idioma y las costumbres locales fue crucial para la aceptación y el crecimiento del cristianismo entre los japoneses, a pesar de la oposición de elementos tradicionales como los bonzos. El análisis de Valignano destaca la diversidad de la acción divina a través de diferentes contextos históricos y culturales. La variedad en los dones y gracias recibidos por la Iglesia no disminuye la unidad espiritual del cuerpo de Cristo, sino que revela la sabiduría y la providencia de Dios en la historia de la salvación. Este enfoque ofrece lecciones teológicas profundas sobre la adaptabilidad y la universalidad del mensaje cristiano en diferentes realidades humanas.

El **capítulo decimoquinto** de la obra expone de manera detallada y argumentativa las gracias y mercedes que Dios concede a los misioneros y cristianos en Japón y China para sostener la nueva Iglesia. Valignano destaca cómo estos beneficios divinos no son simplemente provisiones materiales o circunstanciales, sino manifestaciones concretas de la providencia divina que sustenta y guía la labor evangelizadora en un entorno hostil y desafiante. Primero, Valignano subraya el profundo deseo y la motivación excepcional que sienten los miembros de la Compañía de Jesús por abandonar sus hogares en Europa y enfrentar viajes peligrosos hacia tierras desconocidas como Japón y China. Este deseo, argumenta el autor, no surge de motivos superficiales o curiosidad, sino de un llamado interior y una convicción profunda de contribuir a la expansión del Evangelio y la conversión de los pueblos asiáticos. En segundo lugar, destaca la fortaleza y perseverancia de los misioneros frente a desafíos significativos como las barreras lingüísticas, la adaptación a nuevas culturas y las persecuciones por parte de las autoridades locales y religiosas. A pesar de estas adversidades, los misioneros muestran una dedicación inquebrantable, lo cual Valignano interpreta como una gracia especial de Dios que fortalece y sostiene su labor en la propagación de la fe. Valignano también enfatiza la virtud y la castidad observadas entre los misioneros y los convertidos, a pesar de vivir en un entorno propenso a la distracción y el pecado. Esta pureza de vida, argumenta, es un testimonio vivo de la obra divina en sus corazones y una señal tangible de la presencia de Dios en la comunidad cristiana en Asia. Asimismo, el autor describe cómo los misioneros son respetados y valorados por su conocimiento en virtud y doctrina, incluso por aquellos que no comparten su fe. Esta estima y crédito, según Valignano, no se ganan únicamente por habilidades intelectuales, sino por la autenticidad y sinceridad con que viven su fe y manejan asuntos espirituales. Además, el autor relata episodios de protección divina durante períodos de persecución y conflicto, donde los cristianos experimentan milagros y eventos extraordinarios que fortalecen su fe y atraen a más conversos. Estos eventos milagrosos, según el autor, son testimonios vivos del poder y la presencia activa de Dios en la misión de la Compañía de Jesús en Asia. Finalmente, el capítulo destaca cómo Dios provee de manera sobrenatural las necesidades materiales de los misioneros, a pesar de depender completamente de limosnas y carecer de recursos propios. Esta provisión, argumenta Valignano, es una manifestación clara de la providencia divina que sustenta y sostiene la obra evangelizadora en Asia, demostrando que la nueva Iglesia en Japón está guiada por un cuidado paternal y una provisión sobrenatural.

El **capítulo decimosexto** de la obra de Valignano presenta una detallada descripción del modo en que los primeros misioneros jesuitas instituyeron y gobernaron la nueva Iglesia en Japón, siguiendo los principios y doctrinas de los apóstoles y santos de la Primitiva Iglesia. Juan Hernández, en su carta, destaca varios aspectos fundamentales de esta labor misionera. Desde el inicio, los jesuitas se dedicaron intensamente a la instrucción y catequización de los japoneses. Utilizaron catecismos adaptados a la capacidad de los diferentes grupos sociales, refutando las falsas creencias locales y enseñando los fundamentos básicos del cristianismo, como la unicidad de Dios, la inmortalidad del alma y la promesa de salvación por la fe en Cristo. Este método catequético reflejaba el enfoque apostólico de Pablo en Atenas, donde primero desafiaba las creencias paganas locales antes de predicar la doctrina cristiana completa. Además, los misioneros se esforzaron en la formación espiritual de los cristianos, organizando frecuentes predicaciones, misas y conferencias. También establecieron la costumbre de reunirse en hogares para discutir y reflexionar sobre sermones y enseñanzas espirituales, promoviendo así el amor fraternal y la ayuda mutua entre los fieles, tal como se practicaba en la Primitiva Iglesia. Otro aspecto crucial fue el cuidado pastoral hacia los difuntos. Los jesuitas enfatizaron la enseñanza sobre la vida después de la muerte y celebraron solemnemente la conmemoración de los difuntos, predicando sobre el juicio final y la eternidad. La práctica de enterrar a los cristianos con rituales cristianos y mantener una tumba común para los rezos diarios demostraba el compromiso de los misioneros con el bienestar espiritual de la comunidad. Además, se fomentó entre los japoneses la participación activa en la liturgia, animándolos a responder en voz alta y clara durante las misas y a cantar himnos en una forma más solemne y modesta, como un acto de devoción más que de entretenimiento. Esta práctica, que recordaba a las antiguas costumbres cristianas de la Primitiva Iglesia, fortalecía el sentido de comunidad y la adhesión a la fe religiosa. En el capítulo se abordan varios aspectos importantes de la práctica religiosa de los cristianos en Japón durante el período de la Semana Santa y otros momentos litúrgicos significativos. El hermano Juan Hernández, en su carta, relata varios eventos y prácticas devocionales que muestran la intensidad y el fervor con que los cristianos japoneses vivían su fe. Durante la Semana Santa, los cristianos celebraban los oficios divinos con gran devoción. Además de estas representaciones litúrgicas, los cristianos japoneses practicaban disciplinas severas como expresión de penitencia y devoción, especialmente notables los viernes de Cuaresma y el Jueves Santo. Estas disciplinas incluían azotes secos y de sangre, demostrando un compromiso serio con la imitación de los sufrimientos de Cristo. La práctica de la confesión era frecuente entre los cristianos japoneses, quienes se confesaban habitualmente, inicialmente los sábados y posteriormente los domingos por la tarde para no interrumpir sus labores y acostumbrarse a respetar el domingo. La recepción del Santísimo Sacramento también era un momento solemne y esperado, precedido por un riguroso examen espiritual para asegurar que los fieles estuvieran debidamente preparados y conscientes de la solemnidad del sacramento. Además de estas prácticas litúrgicas y sacramentales, los cristianos japoneses representaban escenas bíblicas y otros eventos religiosos en festividades importantes del año litúrgico, como la Natividad y la Pascua. Estas representaciones no solo educaban en la fe, sino que también conmovían profundamente a los espectadores, contribuyendo así a la vivencia intensa de su religión.

El **capítulo decimoséptimo** de 1560 marca el inicio del viaje del padre Gaspar Vilela y el hermano Lorenzo hacia Kioto. Vilela, con la esperanza de obtener apoyo en Hienoyama (Hieizan), una universidad de bonzos ubicada a seis leguas de Kioto, descubrió que el bonzo que buscaba había fallecido. Tras varios intentos infructuosos de resolver disputas con otros bonzos, decidió dirigirse directamente a Kioto, donde enfrentó numerosas dificultades iniciales, incluida la falta de alojamiento debido a la oposición y persecución de los bonzos. En una carta datada en septiembre de 1561, Vilela describe Hienoyama, como una gran sierra habitada por bonzos y que albergaba monasterios, muchos de los cuales habían sido destruidos por las guerras. Aunque orgullosos, estos bonzos mostraban inclinación por el estudio y mostraban potencial para convertirse al cristianismo si se les brindaba la oportunidad de conocer la nueva fe. Al llegar a Kioto durante el invierno, Vilela y Lorenzo encontraron una pequeña casa para alquilar, enfrentándose a una ciudad empobrecida y devastada por conflictos previos. Aunque Kioto había sido en tiempos pasados una ciudad grande y próspera, ahora mostraba menos esplendor debido a la destrucción causada por guerras y fuegos. Gracias a la intervención de un cristiano local, los jesuitas lograron establecer contacto con un influyente caballero en la casa del *Cubo*, a través del cual consiguieron una audiencia con Mioxidono, un poderoso señor de la región. Este encuentro les permitió establecerse más firmemente en la ciudad, aunque continuaron enfrentando la oposición de los bonzos. Persistiendo en su misión, Vilela y Lorenzo se mudaron en varias ocasiones debido a la hostilidad de los bonzos y la población local. A pesar de estas adversidades, comenzaron a atraer seguidores, celebrando los primeros bautismos cristianos en Miaco y ganando adeptos a su fe, a pesar de las calumnias y persecuciones. A lo largo de esos meses, se enfrentaron a numerosas disputas con los bonzos, quienes, aunque derrotados en debates, no cesaban de difamarlos. Finalmente, con la ayuda de Lorenzo, el padre Vilela comenzó a predicar públicamente el evangelio, enfrentando la hostilidad de la gente y los bonzos, quienes los acusaban de ser demonios y de practicar ritos caníbales. A pesar de las enormes dificultades, su fe y perseverancia lograron atraer a numerosos conversos, sentando así las bases del cristianismo en Miaco. En la segunda parte del capítulo, se detalla las dificultades encontradas al transcribir y pronunciar correctamente los nombres japoneses en las cartas enviadas a Europa, lo que resultó en malentendidos y errores en las traducciones latinas. El autor explica cómo los nombres de sectas y lugares japoneses fueron distorsionados durante la transliteración, generando confusiones tanto en Japón como en Europa. A pesar de la pobreza y persecución en Kioto, el padre Gaspar Vilela y el hermano Lorenzo lograron establecer una base sólida para la fe cristiana. Después de enfrentar desplazamientos y conflictos con los bonzos, con la ayuda de caballeros influyentes aseguraron una residencia y lugar de culto en Kioto, marcando un hito crucial en su misión. Vilela menciona que obtuvieron una licencia oficial del gobernador para residir en la ciudad y estar protegidos de futuros ataques. La misión comenzó a atraer a importantes conversos, incluidos bonzos, ciudadanos destacados y eruditos, quienes contribuyeron significativamente a fortalecer y expandir la fe cristiana en Miaco. Sin embargo, también enfrentaron considerables desafíos, incluida la intensa oposición y las calumnias de los bonzos, quienes los acusaban de ser destructivos y de practicar rituales bárbaros. En cierto momento, la persecución se volvió tan severa que los misioneros tuvieron que ocultarse y buscar refugio fuera de la ciudad. Mientras tanto, en Bungo, debido a las constantes guerras, los misioneros se centraron en apoyar a los cristianos ya establecidos. El padre Cosme de Torres envió al padre Baltasar

Gago a la India para obtener más recursos y trabajadores necesarios para la misión en Japón. Gago enfrentó numerosas dificultades en su viaje, llegando a la India en abril de 1562, lo que permitió planificar futuras acciones para fortalecer la misión en Japón.

El **capítulo decimoctavo** se centra en los acontecimientos significativos ocurridos en las regiones de Bungo y Ōmura durante los años 1561 y 1562, un período crucial para la misión jesuita. En 1561, el rey de Bungo consolidó su dominio sobre cinco reinos tras una serie de batallas, lo cual fortaleció su influencia y aseguró la estabilidad regional. Esta coyuntura política favorable permitió a los misioneros cristianos, liderados por el padre Cosme de Torres, retornar a la ciudad de Hakata y reintegrarse en Hirado. Durante este periodo de relativa calma, se facilitó la expansión del cristianismo en la región, con la consolidación de comunidades cristianas sólidas, como testimonia el mismo Cosme de Torres en sus epístolas. Destaca especialmente la labor del hermano Luis de Almeida, quien fue enviado para fortalecer las comunidades cristianas en diversas islas y regiones de Japón, resultando en un notable número de conversiones. Sin embargo, también se destacan tensiones significativas, como el conflicto en Hirado entre los portugueses y el *Tono* local, que evidenció la resistencia hacia los cristianos por parte de ciertos líderes japoneses. Un evento crucial fue la apertura de una nueva oportunidad para el Evangelio en las tierras de Ōmura, facilitada por la negociación de Konoe Bartolomé con Omuradono. Esta iniciativa diplomática allanó el camino para la llegada de los portugueses y la predicación cristiana en Yokoseura, un puerto estratégico cercano a Hirado. El capítulo subraya cómo las victorias políticas y las alianzas estratégicas jugaron un papel fundamental en la expansión del cristianismo en Japón durante este periodo. La construcción de iglesias y la adaptación de los métodos de predicación a las prácticas locales fueron esenciales para la aceptación del cristianismo entre las poblaciones japonesas. Este enfoque sensible a la cultura local no solo facilitó la conversión religiosa, sino que también demostró la habilidad de los misioneros jesuitas para operar en un entorno culturalmente diverso y a menudo hostil. En síntesis, el capítulo proporciona un análisis detallado de cómo factores políticos, diplomáticos y religiosos se entrelazaron para influir en la propagación del cristianismo en Japón durante los años 1561–1562, resaltando el papel crucial desempeñado por los misioneros en condiciones adversas pero prometedoras.

El **decimonoveno capítulo** de la obra de Valignano representa un momento crucial en la historia de la expansión del cristianismo en Japón, específicamente durante el año 1563. En esta sección se destacan las nuevas oportunidades surgidas para la predicación del Evangelio en diversas regiones, particularmente en los puertos frecuentados por los portugueses. El padre Cosme de Torres juega un rol central al establecer contactos significativos con señores locales como Omuradono en la región de Shimo y el señor de Hirado, quienes permitieron la entrada de misioneros y la construcción de iglesias. Omuradono, consciente de los beneficios económicos y políticos que la presencia portuguesa podía aportar, facilitó la labor evangelizadora permitiendo a los misioneros predicar libremente en sus tierras, lo cual condujo a la conversión de numerosos habitantes. De manera similar, el señor de Hirado, a pesar de su inicial hostilidad hacia la fe cristiana, modificó su actitud al observar los beneficios tangibles que la presencia portuguesa y la influencia cristiana podían aportar a su territorio. El capítulo detalla meticulosamente cómo el padre Cosme de Torres, tras sus gestiones en Hirado y Shimo, logró establecer una próspera comunidad cristiana en el puerto de Yokoseura, donde se llevaron a cabo numerosos bautismos. Además, se menciona la expansión hacia otras regiones como Arima y Kuchinotsu, donde los líderes locales mostraron interés en permitir la predicación cristiana. El relato aborda también las dificultades encontradas, particularmente la resistencia de los bonzos y la oposición de algunos gobernantes locales. No obstante, a pesar de estos desafíos, se resalta el éxito inicial en la conversión de figuras prominentes como Omuradono, cuyo interés inicialmente motivado por consideraciones económicas se transformó en un compromiso personal con la fe cristiana. Además, se menciona la llegada significativa de dos padres de la Compañía de Jesús, el portugués Luís Fróis y el italiano Juan Bautista de Monte, quienes fueron recibidos con entusiasmo por la comunidad cristiana existente. La presencia de estos misioneros resultó crucial para consolidar y expandir la fe cristiana en la región, facilitando no solo la realización de bautismos masivos, sino también la instrucción catequética y el establecimiento de comunidades cristianas más organizadas. El capítulo concluye aludiendo al establecimiento estratégico de la Compañía de Jesús en Macao como un punto crucial para las operaciones misioneras en China continental. Este enclave eventualmente se convertiría en un centro fundamental para la propagación del cristianismo en toda la región. Esta sección proporciona un detallado panorama de los esfuerzos misioneros en Japón durante un período crucial de expansión y consolidación del cristianismo. Este período estuvo marcado por significativas conversiones entre la élite japonesa, así como por la llegada oportuna de nuevos misioneros y recursos desde el exterior, sentando las bases para un crecimiento continuo de la fe cristiana en la región.

El **capítulo vigésimo** de la obra de Valignano narra una época tumultuosa en la historia de Omuradono y los misioneros en Japón. En este capítulo, se describe cómo el converso Bartolomé de Ōmura, tras establecer una comunidad cristiana próspera en el puerto de Yokoseura, enfrenta una intensa persecución. La prosperidad inicial se ve truncada por la conjuración de enemigos locales, motivados por el celo religioso y las intrigas políticas. Inicialmente, Bartolomé, con fervor y celo cristiano, promueve la conversión y la construcción de una nueva iglesia, desafiando las tradiciones locales al quemar ídolos y estatuas consideradas sagradas. Estas acciones provocan la ira de los poderes locales, incluidos los parientes de Bartolomé y los bonzos que se oponen a su conversión y a la pérdida de influencia pagana. La situación se complica aún más con la traición de figuras clave, quienes conspiran para asesinar a Bartolomé y a los misioneros durante una ceremonia planeada. A pesar de los esfuerzos por parte de los enemigos para desacreditarlo y destituirlo de su posición, Bartolomé logra evitar la muerte, aunque se ve obligado a abandonar temporalmente su estado y su comunidad en Yocuxiura. Esta persecución no solo pone en peligro su vida, sino que también desencadena una serie de conflictos más amplios en la región, afectando tanto a cristianos como a mercaderes portugueses que frecuentaban el puerto. La situación se vuelve aún más desesperada cuando los locales, desconfiados y temerosos, retienen a los misioneros como rehenes, amenazando con represalias si no se satisfacen sus demandas comerciales. Esta crisis lleva a los misioneros a una situación de angustia y peligro constante, mientras luchan por mantener viva su fe y su esperanza en medio de las adversidades. En resumen, este capítulo es un relato vibrante de persecución, traición y resistencia en un contexto de fervor religioso y luchas políticas en Japón.

El **vigesimoprimer capítulo** de la obra relata una serie de acontecimientos trascendentales en la misión jesuita en Japón durante el inicio del año 1564. Tras el fallecimiento del hermano Duarte da Silva, Don Bartolomé asumió la administración de sus bienes, y los jesuitas fueron reintegrados en las tierras de Arima y Hirado. Además, se destaca la conversión de numerosos habitantes de la región de Kioto al cristianismo. El capítulo se centra principalmente en la situación del padre Cosme de Torres en Takase, donde enfrenta hostilidades por parte de los lugareños. A pesar de los esfuerzos de los bonzos locales por expulsar a los jesuitas, el rey de Bungo interviene en su favor mediante cartas de apoyo. Estas no solo consolidan la posición de los jesuitas, sino que también proporcionan estabilidad y fomentan el avance en la conversión de la población local. Uno de los momentos más destacados es la emisión por parte del rey de Bungo de unas tablas que garantizan la libertad religiosa en su reino y prohíben cualquier oposición a la predicación cristiana bajo amenaza de castigo. Este acto simboliza un respaldo decisivo hacia los jesuitas y marca un punto de inflexión en su aceptación en la región. Además, se relata la enfermedad y el fallecimiento del hermano Duarte da Silva, así como los esfuerzos del padre Cosme de Torres por mantener su labor misionera firme a pesar de las adversidades y la soledad que experimenta en Takase. El capítulo también detalla la peregrinación del padre Luís Fróis al Miaco, por orden del padre Cosme de Torres. Su propósito era acompañar al padre Gaspar Vilela y explorar la región para futuras misiones cristianas. Inicialmente, partieron desde Kuchinotsu hacia Bungo, una distancia de aproxima-

damente 35 leguas. Durante el viaje, enfrentaron contratiempos climáticos que retrasaron su partida por un mes, lo cual fue interpretado por los cristianos locales
como una señal divina para celebrar juntos la fiesta de Navidad. El relato también describe encuentros con diversos cristianos y nobles locales, quienes mostraron hospitalidad y apoyo a la misión religiosa. En resumen, el capítulo ilustra
cómo los jesuitas, mediante el respaldo real y su persistencia frente a la adversidad, logran establecerse y continuar exitosamente su labor misionera en Japón,
ganando terreno significativo en la propagación del cristianismo en la región.

El **vigesimosegundo capítulo** relata una serie de acontecimientos significativos ocurridos en Japón durante el año 1565. Comienza describiendo la expulsión
de los cristianos de Kioto, la capital imperial, como consecuencia del fallecimiento
del *Cubo*. Este suceso obliga a los cristianos a trasladarse a la ciudad de Sakai en
busca de seguridad. Paralelamente, en otra región, la flota de Hirado se enfrenta
en una batalla naval contra una nave portuguesa. El capítulo se enfoca detalladamente en las actividades de los padres jesuitas y la expansión del cristianismo en
diversas áreas como Bungo y Shimabara. Se destaca especialmente la labor del
padre Cosme de Torres en Kuchinotsu y Shimabara, brindando consuelo y fortaleza a la comunidad cristiana local. Simultáneamente, Luis de Almeida viaja
desde Miaco hasta Bungo, donde obtiene permiso del monarca local para establecer una residencia y una iglesia en Usuki, consolidando así la presencia cristiana
en esa región. La segunda parte del capítulo describe cómo la muerte del *Cubo*
desencadena una grave agitación y peligro para los cristianos en Japón. Los bonzos, influyendo sobre Dajondono, comienzan a perseguir a los cristianos, quienes
habían sido favorecidos por el *Cubo*. Dajondono, conocido por su crueldad y su
desdén hacia los cristianos, accede fácilmente a desterrar a los padres cristianos
de Miaco, aunque proporciona escoltas para asegurar su seguridad hasta Sakai.
El conflicto político en Japón se intensifica tras la muerte del *Cubo*. Mioxidono, el
señor de la *Tenca* en ese momento, poseía influencia sobre los reinos del Gokinay,
especialmente en los alrededores de Miaco. Dajondono y otros capitanes buscan
controlar la *Tenca*, desencadenando conflictos internos que culminan en batallas
y asedios. Este capítulo ofrece un detallado contexto de la situación política y religiosa en Japón durante dicho período, ilustrando cómo los cristianos enfrentaban
persecuciones debido a su fe y a las luchas de poder entre los señores japoneses.

El **vigesimotercer capítulo** de la obra de Valignano relata los esfuerzos misioneros en las islas de Gotō, destacando el viaje significativo del hermano Luis
de Almeida y el hermano Lorenzo a estas tierras. En esta sección, se describe inicialmente la escasez natural de recursos en las islas, su dependencia de la pesca y
la sal, así como la recepción inicialmente favorable por parte del señor local
hacia los misioneros. No obstante, pronto enfrentan desafíos significativos, como
enfermedades repentinas interpretadas como castigos divinos según los bonzos

locales. A pesar de estos contratiempos, los misioneros perseveran con la predicación del Evangelio y la práctica médica de Luis de Almeida, quien logra sanar milagrosamente al señor local, ganándose así su confianza y respeto. Este evento marca un punto de inflexión en las relaciones entre los misioneros y la comunidad local, allanando el camino para la conversión de numerosos habitantes de las islas al cristianismo. A pesar de enfrentar desafíos posteriores, como incendios misteriosos y brotes repentinos de enfermedades entre los conversos, el capítulo culmina con la fundación de una iglesia y un creciente número de bautismos, evidenciando el éxito inicial de la misión en las islas de Gotō. En la segunda parte del capítulo, se amplía el panorama sobre la presencia y las actividades de los padres y hermanos jesuitas en los diversos reinos de Japón hacia finales del año 1566, conforme al relato del padre Cosme de Torres. Se destaca la dispersión geográfica de los jesuitas en Japón, con ocho padres y siete hermanos distribuidos en distintas regiones. En el reino de Bungo, el padre Melchor de Figueiredo dirige la principal residencia jesuita en Japón, acompañado por dos hermanos. Este lugar no solo sirve como centro de evangelización, sino que también alberga un hospital donde se llevan a cabo tanto curas médicas como quirúrgicas, lo cual testimonia el compromiso de los jesuitas con la asistencia social y la salud de la población local. Aunque el señor local no profesa la fe cristiana, muestra una actitud favorable hacia la cristiandad y hacia los padres jesuitas. En Hirado, el padre Baltasar da Costa y otros jesuitas están alcanzando un notable éxito en la conversión y consolidación de una comunidad cristiana. Esta región parece ser especialmente fructífera para la evangelización según se describe, con una presencia significativa de fieles. Respecto a las misiones específicas, se destaca el trabajo del padre Gaspar Vilela en el reino de Don Bartolomé, donde el propio monarca se convirtió al cristianismo en 1563. Por otra parte, el padre Juan Bautista y otros compañeros están establecidos en el reino de Arima, bajo la autoridad del hermano mayor de Don Bartolomé. Esta distribución geográfica revela cómo los jesuitas han logrado penetrar en diferentes estratos sociales y regiones de Japón, adaptándose a las particularidades locales y fortaleciendo la fe cristiana en diversos contextos políticos y culturales. Además, se destacan unos éxitos específicos en la evangelización: por ejemplo, el hermano Luis de Almeida fue enviado a dos reinos este año y logró la conversión de numerosos residentes. En Gotō, el hermano Lorenzo ha servido fielmente durante dieciséis años, mientras que en otro lugar conocido como Shiki, el propio señor local se convirtió al cristianismo, subrayando el profundo impacto de la misión jesuita en la región. Finalmente, se aborda la delicada salud del padre Juan Cabral, quien enfrentaba graves problemas de salud en Japón, incluyendo hemorragias y condiciones climáticas adversas que agravaban su estado. Ante esta situación, el padre Cosme de Torres tomó la decisión de repatriarlo a la India en diciembre de 1566, a bordo del navío comandado por Simón de Mendonça. Esta determinación no solo buscaba preservar la salud del padre Cabral, sino también informar al superior provincial sobre la situación en Japón, marcando así el cierre de un año lleno de desafíos y logros para la misión jesuita en tierras japonesas.

El **capítulo vigesimocuarto** de la obra de Valignano narra un período tumultuoso en la historia de Japón, marcado por conflictos bélicos que dificultaron profundamente la labor misionera de los cristianos en el país. Tras el fallecimiento del *Cubo*, la región de Kansai se sumió en una serie de disputas entre señores locales por el control territorial, lo cual inicialmente obstaculizó la expansión del cristianismo en dicha área. No obstante, en 1567, Nobunaga consolidó su dominio sobre la región, poniendo fin a la inestabilidad reinante. En medio de este contexto hostil, el padre Luís Fróis perseveró en su labor misionera en Sakai, celebrando festividades cristianas tanto en público como en secreto. La isla fortaleza de Sanga, donde el apoyo de Sangadono, conocido como «Sancho» tras su conversión al cristianismo, fue fundamental para mantener viva la fe entre los cristianos locales. En otras regiones de Japón como Bungo y Ōmura, los misioneros enfrentaron desafíos similares debido a las guerras y rivalidades locales. A pesar de estas adversidades, lograron conversiones significativas, como en Bungo, donde la fe cristiana ganó terreno gracias al celo de los conversos locales y la predicación de jesuitas como el padre Melchor de Figueiredo. En las islas de Gotō y Shiki, aunque enfrentaron la oposición de bonzos y señores locales, se estableció una comunidad cristiana significativa que, no obstante, debió hacer frente a persecuciones y obstáculos constantes. El capítulo también destaca la figura del hermano Juan Hernández, cuya vida ascética y dedicación a la causa cristiana fueron ejemplares. Su fallecimiento en 1567 fue lamentado, pero su legado de fervor y devoción perduró entre los cristianos locales. La segunda parte del capítulo, el comienza con un discurso del hermano Lorenzo quien con gran gracia y elocuencia, rechaza enérgicamente ante la platea japonesa la idea de múltiples dioses y argumentando de manera convincente sobre la unicidad del Creador y Señor del universo. Su sermón, extenso y persuasivo, duró casi dos horas y dejó a los oyentes profundamente impresionados. Tras el sermón, Vatandono mostró compasión por el padre, quien había sufrido un largo destierro en Sakai. Decidió intervenir personalmente para favorecer al padre con la influencia del *Cubo*, asegurando su retorno a Kioto. Vatandono, entonces gobernador de la ciudad y uno de los principales señores bajo Nobunaga, regresó con los líderes de Sakai a Kioto y cumplió su promesa al padre, negociando con Nobunaga para la restitución de los cristianos. Vatandono se convirtió en un firme defensor de los cristianos durante su vida, protegiéndolos incluso ante la feroz oposición de bonzos y otros detractores. Su apoyo fue crucial, ya que, sin él, la reintegración de los cristianos en Kioto habría sido prácticamente imposible, dada la influencia y el poder de los adversarios de la fe cristiana en la corte de Nobunaga.

El **vigesimoquinto capítulo** relata un período de intensa persecución contra los cristianos en la región de Kansai, desencadenada por la malévola influencia del bonzo Nichijo, quien contaba con la confianza de figuras poderosas como Nobunaga. Nichijo, fervientemente opuesto a la fe cristiana, concibió maquinaciones para desacreditar a los cristianos y a sus defensores, en particular a Vatandono, quien abogaba por la reinstalación de los padres cristianos en Kioto. La persecución alcanzó su punto culminante cuando, siguiendo las instigaciones de Nichijo, el *Dayri* intentó una vez más expulsar a los padres cristianos, a pesar de las patentes otorgadas por Nobunaga que garantizaban su permanencia. Vatandono, comprometido con la causa cristiana, se opuso tenazmente a esta medida y defendió la presencia de los padres ante el *Dayri*, incluso ofreciendo generosos obsequios como gesto de buena voluntad. Ante la negativa del *Dayri* de revocar las patentes y expulsar nuevamente a los cristianos, Nichijo intensificó sus esfuerzos, acusando a Vatandono de traición y manipulando la opinión de Nobunaga. No obstante, la decidida intervención de Vatandono, quien exhibió las patentes y defendió la honorabilidad de los cristianos, logró finalmente evitar su destierro. La narración concluye con la caída en desgracia de Nichijo y otros adversarios de los cristianos. Reconociendo la inocencia de Vatandono, Nobunaga lo restituyó con honores y castigó severamente a aquellos que habían conspirado contra los cristianos y sus defensores. Este capítulo no solo ilustra las adversidades enfrentadas por los cristianos en un Japón beligerante, sino también la manifestación de la justicia divina a través de la protección de los fieles y el castigo de sus detractores.

El **capítulo vigesimosexto**, última sección de la obra, relata un período crucial en la historia de la misión jesuita en Japón, marcado por la llegada del padre Francisco Cabral y los eventos significativos que le siguieron. Durante el inicio del año 1570, los padres se dedicaron fervientemente a la preparación espiritual durante la Cuaresma, obteniendo resultados significativos mediante confesiones y actos de devoción. En este contexto, el rey de Bungo logró una victoria militar sobre sus enemigos, un acontecimiento que los jesuitas aprovecharon estratégicamente para fortalecer la posición de Amacusadono, un aliado cristiano. El padre Cosme de Torres envió al hermano Luis de Almeida a Bungo con cartas de felicitación y apoyo para Amacusadono, asegurando alianzas y estabilidad política en la región. Este gesto resultó crucial, dado que los opositores de Amacusadono, resentidos por su apoyo a los cristianos, habían intentado destituirlo mediante la fuerza. El relato continúa con un episodio dramático durante el regreso del hermano Luis de Almeida a Ōmura, cuando su embarcación fue atacada por piratas, dejándolos a la deriva en medio de adversas condiciones climáticas. Solo gracias a la providencia divina y la asistencia de pescadores locales lograron sobrevivir y alcanzar tierra firme. La llegada del padre Francisco Cabral a Japón provocó gran regocijo entre los misioneros, especialmente el padre Cosme de Torres, quien pronto fallecería, convencido de haber cumplido su misión eclesiástica en Japón. La muerte del padre Cosme de Torres marcó el cierre de una era, aunque dejó un legado invaluable en la consolidación y expansión del cristianismo en Japón, sentando las bases para futuros crecimientos y desafíos. Este capítulo no solo refleja los esfuerzos intensos y los desafíos enfrentados por los jesuitas en tierras lejanas, sino también la profunda influencia espiritual y política que ejercieron en la sociedad japonesa de la época, abriendo el camino para las generaciones venideras de misioneros en la región.

Esta edición

Según Álvarez-Taladriz, «el manuscrito de *Principio*, en la forma que se ha conservado hasta hoy, lejos de ir destinado a la publicidad quería servir de mero borrador para que alguien le diera la mano definitiva y redujese a un solo idioma el texto bilingüe [latín y español] del original» (Valignano 1954, I: 200*). Tras la edición parcial del doctor Antoni Üçerler, se decidió reconstruir este «borrador», según la definición de Álvarez-Taladriz, y no solo parcialmente, sino en su totalidad, unificando el texto y tratando de crear un texto ideal a partir de un solo idioma: el español. Con esto, ya de por sí arriesgado, se preserva el latín original de los textos citados por Valignano –que en su mayoría pertenecen a la obra de Maffei y a las cartas traducidas al latín en el anexo de la *Historiarum Indicarum libri XVI. Selectarum item ex India epistolarum libri IV* (Florencia, 1588)– al pie de página. La razón de esta decisión, un tanto extraña para los amantes de una filología más pura y acostumbrados a textos más fieles a los manuscritos originales, ha sido la de favorecer a los historiadores y lectores de todo el mundo. Aunque muchos estén familiarizados con la historia de Japón, la expansión europea en el Lejano Oriente, el estudio de las misiones, el cristianismo y el sistema del *Padroado* portugués y español, es posible que no estén familiarizados con el latín, ya que el castellano antiguo a menudo presenta varios desafíos. Unificar el texto en español debería facilitar el acceso y comprensión de la obra para un público más amplio, permitiendo que los estudiosos que no dominan el latín puedan igualmente beneficiarse del contenido detallado y riguroso de Valignano. Al mismo tiempo, la preservación del latín original en las notas al pie asegura que los especialistas en filología y aquellos interesados en la fidelidad al texto original tengan acceso a las fuentes primarias. De este modo, se pretende mantener un equilibrio entre accesibilidad y rigor académico, logrando que la obra sea útil tanto para historiadores como para filólogos, y fomentando un diálogo interdisciplinario que enriquezca el entendimiento y análisis del periodo histórico en cuestión.

Como se ha dicho, la estructura de esta edición se rige, por lo general, por dos manuscritos principales: el de la British Library (*BL*)[2], que sirve como texto base, y el de la Biblioteca da Ajuda (*AJ*)[3]. El manuscrito *BL* pertenece a una colección de documentos escritos en castellano y portugués, que provinieron de los archivos de Goa, y que tratan principalmente sobre las misiones de la Compañía de Jesús en Asia Oriental durante los siglos XVI y XVII. Esta colección fue adquirida catalogada por el orientalista británico William Marsden (1754–1836), quien pre-

---

2 *Additional Mss.* 9857.
3 *Jesuítas na Ásia*, 49-IV-54, ff. 244–420.

https://doi.org/10.1515/9783111617602-204

sentó los manuscritos a la Biblioteca Británica entre 1828 y 1835 (Boxer 1949). Más específicamente, la copia de la *Historia* fue donada a la Biblioteca Británica junto con otros nueve volúmenes en folio pertenecientes a la misma colección el 28 de agosto de 1835 (Üçerler II: ff. lxv–lxvi).

Estos dos manuscritos son fundamentales para establecer una versión coherente y precisa del texto de Valignano. Además, para la *Historia Indicarum* de Maffei, se ha utilizado un manuscrito español todavía inédito (M), lo cual añade una dimensión nueva y valiosa a la comprensión de la obra, además de fijar el texto aproximadamente con el lenguaje de la época. La inclusión de este códice casi desconocido permite una comparación detallada y un enriquecimiento del texto base, proporcionando una perspectiva más completa y matizada de la narrativa histórica. Para la versión española de las *Cartas* –ya que no están incluidas en el manuscrito M– se han utilizado las epístolas de la versión Alcalá (CA). Estas epístolas han sido complementadas con documentos esenciales recopilados por Ruíz de Medina, específicamente en sus obras *Documentos del Japón* 1547–1557 (DJ1) y *Documentos del Japón* 1558–1569 (DJ2). Además, se han consultado las *Copias de las Cartas* ..., publicadas en Coímbra (CC) para garantizar una cobertura exhaustiva y precisa de las cartas. La utilización de estas diversas fuentes no solo enriquece el contenido de la edición, sino que también asegura la integridad y autenticidad de la reconstrucción histórica. Este enfoque exhaustivo y meticuloso ofrece a los lectores una obra rigurosa y bien documentada, que refleja fielmente la riqueza y complejidad del periodo histórico en cuestión.

En lo que concierne al manuscrito lisbonense, al ser un códice con muchas lagunas, como confirmó también Üçerler (II: ff. xxxvii–xxxviii), se añaden las variantes al pie de página, donde el lector puede observar, en la mayoría de los casos, una mala lectura del copista que con mucha probabilidad fue João Álvares[4]

---

4 Hermano-coadjutor de la Compañía de Jesús, nacido probablemente en Macao en 1698. Ingresó en la Sociedad de Jesús a los veinte años de edad y era guardián de la Isla Verde cuando, el 5 de julio de 1762, fue arrestado en el Colegio de San Pablo, junto con todos sus compañeros de religión, por órdenes del Marqués de Pombal. El 5 de noviembre del mismo año, embarcó con sus 24 confrades hacia el Fuerte de San Julián de la Barra, situado en la desembocadura del Tajo, en Lisboa. Fue él quien salvó el valioso archivo de San Pablo cuando, a partir de 1758–1759, se dictó la suerte de todos los jesuitas portugueses: quedarse sin casas y sin libertad. En tales circunstancias, Álvares, que había sido colaborador y sucesor del Padre José Montaña en Macao en la copia de los documentos del Archivo de Japón durante la década de 1740–1750, preparó alrededor de 1760 cuatro cajas de madera y colocó en ellas los documentos originales, enviándolos seguidamente a Manila. João Álvares esperaba, sin duda, su devolución tan pronto como pasara la furia de Pombal. Pero esto no ocurrió, pues siete años más tarde, la Compañía de Jesús fue igualmente disuelta en España. Los originales de Macao fueron entonces enviados a Madrid. Hoy podemos consultarlos allí, unas seis a siete mil hojas, tanto en la Real Academia de la Historia como en la

en Macao[5] o por la mano de uno de los ocho o nueve copistas que trabajaron bajo su dirección en Macao alrededor de 1747. No obstante, existen varios casos en los que el códice *AJ* añade palabras o incluso frases que llenan perfectamente los pocos huecos y faltas del manuscrito *BL*, y que en varios casos se incorporan al texto central con «[ ]» o bien se dejan en nota al pie.

Como había anticipado Üçerler, es evidente que *BL* es una copia en limpio del original del 1603–1604 y que probablemente presenta algunas revisiones autógrafas de Valignano, como ocurre en los folios 9–9v en el que se apunta al margen las palabras «nomen», «origen» y «divisam» (II: f. xvi–xvii). Sobre el códice de Tokio (*T*)[6], poco se puede decir, salvo lo que en su momento pudo cotejar Üçerler: que la caligrafía es similar a la *AJ* y que originalmente se presentaba junto con la copia de la segunda parte de la *História* de João Rodrigues, publicada más recientemente en Roma (Rodrigues «Tsûzu» 2019), y que fue copiada por el mismo Álvares en el *scriptorium* de Macao. Al no disponer de la versión de Tokio, no parece apropiado volver a trazar *la Collatio* y el *Stemma codicum* y la *recensio* las cuales ya llevó a cabo de manera impecable Antoni Üçerler en su tesis. Resumiendo muy brevemente sus acertadas conjeturas: BL es el *Codex Antiquior* y, por lo tanto, no es una copia de *AJ* o del manuscrito de Tokio. Asimismo, tanto *AJ* como *T* no son copias de *BL*, al igual que *T* no es una copia de *AJ*; ambos derivan de un subarquetipo común diferente del de BL.

Si bien el manuscrito original, hoy perdido, debió redactarse en Nagasaki entre el 25 de marzo de 1601 y el 25 de julio del mismo año, al menos una copia del original se envió por «la otra vía». Como afirma Üçerler, Valignano compuso la versión original de la *Historia* en cuatro meses: «Y fue Nuestro Señor servido

---

Biblioteca Nacional, gracias a los esfuerzos de Josef Schütte, quien concluyó sus investigaciones alrededor de 1960. Cabe notar, asimismo, que copias de estos originales se encuentran en la Biblioteca de Ajuda en Lisboa, en la colección *Jesuitas en Asia*, con la firma de João Álvares (Dehergne 1973).

5 Como subrayó Üçerler, Macao ocupaba una posición de importancia central para las misiones jesuitas en Asia Oriental en general y para las misiones en China y Japón en particular. La primera residencia de la Compañía en esa ciudad fue fundada en 1565, donde continuó prosperando durante casi dos siglos hasta la supresión de la Orden en el puerto portugués el 5 de julio de 1762. De especial importancia para esta obra fue la residencia y el colegio adyacente de San Pablo, también conocido como la residencia y «Collegio de Madre de Deus», que Valignano había construido al regresar en 1592 de su segundo largo viaje japonés, y que abrió sus puertas en 1594. Fue el primer Collegio de estilo occidental que ofrecía educación universitaria en Asia Oriental. Desde el estallido de la primera persecución importante en Japón con el edicto anti-cristiano de Hideyoshi, la documentación sobre Etiopía, Camboya, Malaca y Macasar llegaron a ser preservados en el «arquivo do Japao» en Macao (II: f. lxviii–lxix).

6 *Philipps* Mss, 3065.

que en cuatro meses acabase la primera parte, que fue grande acierto haberla comenzado y acabarla en aquel tiempo». Dado que, según el colofón, se afirma «Acábese a los 25 de Julio del año 1601», es evidente que comenzó su trabajo en algún momento a finales de marzo de 1601 (II: f. lxiv). Además, uno de los dos manuscritos se envió a Valentim Carvalho[7] en Macao para que se tradujera al latín[8] –esto también explicaría la gran cantidad de citas en el idioma del Lacio de la obra de Maffei (Üçerler II: f. xlvii) con el fin de facilitar el trabajo al jesuita portugués–, mientras que el otro códice permaneció en Nagasaki hasta el 18 de enero, cuando Francisco Rodrigues lo llevó a Macao. Las dos primeras copias a partir del arquetipo *post revisionem* se realizaron en Macao entre el 11 de febrero de 1603 y el 6 de febrero de 1604, entre estas se encuentra *BL*. Posteriormente, se hicieron otras dos copias alrededor de 1610 en Macao. Finalmente, tanto *AJ* como *T* fueron copiados aproximadamente entre 1747 y 1750 en Macao. Cabe señalar que desde el arquetipo *post revisionem*, que estuvo en Macao entre el 11 de febrero de 1603 y el 6 de febrero de 1604, se generaron siete copias distintas, de las cuales hoy quedan solo tres, y dos de ellas servirán para esta edición (Üçerler II: ff. xix–xxxiv).

En relación con la foliación del manuscrito, en *BL* se observan dos conjuntos de numeración de páginas. El primer conjunto, realizado con tinta, comienza en el cuarto folio, en la esquina superior derecha, coincidiendo con el inicio de la «Epístola dedicatoria...». Dado que se presume que esta numeración es la original, se ha decidido adoptarla como referencia principal. El segundo conjunto de numeración, realizado a lápiz, empieza en el primer folio, ubicado ligeramente debajo y a la derecha de la numeración original. Por lo tanto, el folio 1 en la numeración original corresponde al folio 4 en la numeración posterior. Por otro lado, tal y como se anticipó, el texto en español de la *Historia* está marcado por una

---

7 Valentim de Carvalho fue un jesuita portugués que desempeñó un papel importante en las misiones cristianas en Asia durante los siglos XVI y XVII. Fue rector del Colegio de Macao y participó activamente en la misión en China. En 1617, escribió una *Apología* en respuesta a las críticas de los franciscanos, quienes culpaban a los jesuitas por las persecuciones de cristianos en Japón. Carvalho defendió las acciones de su orden y explicó las complicaciones del comercio de seda entre China y Japón, implicando a los comerciantes portugueses y autoridades locales (Cabral Bernabé 2023).

8 También es claro por una carta de Valignano a Aquaviva en 1604 que había enviado al menos una copia de esta versión original a Macao en 1601 con la esperanza de que Valentim Carvalho, el Rector del Colegio Jesuita (Colégio S. Paulo), la tradujera al latín para que la *Historia* pudiera ser enviada a Roma. El Visitador menciona su decepción al descubrir, a su llegada a Macao en 1603, que Carvalho ni siquiera había comenzado la traducción: «Y así en el mismo año de 1601 se la envié aquí para que la compusiese en latín. Mas cuando llegué aquí, hallé que la tenía guardada en una parte sin haber comenzado a escribir ni una sola palabra» (Üçerler II, ff. lxiv).

gran contaminación, a veces léxica, más a menudo morfológica, por el portugués, y en menor medida por el italiano. Ambos se tratarán de explicar al pie de página cuando la comprensión del texto lo necesite.

En cuanto a las citas encontradas en la *Historia*, además de las *Cartas* mencionadas previamente, se deben añadir las referencias a la Vulgata, las cuales se incluirán en notas al pie de página, mientras que el texto central del cuerpo del documento contendrá la traducción al español de la Biblia Reina-Valera (1960). Por otro lado, las citas patrísticas, y específicamente las referencias explícitas a los *Annales* de Baronio, se han mantenido en latín tal como las citó Valignano, dado que hasta la fecha no existe una traducción al español. Por otro lado, para la *Vida* de Francisco Xavier de Horacio Torsellino (T), citada y criticada por Valignano en los primeros capítulos de esta *Historia*, se utiliza la versión castellana titulada *Historia de la entrada de la cristiandad en el reino de Japón y China y en otras partes de las Indias Orientales, y de los hechos y admirable vida del apostólico varón de Dios, el padre Francisco Xavier de la Compañía de Jesús*, impresa en Valladolid por Juan Godínez de Milles en 1603. La obra original de Torsellino fue publicada por primera vez en 1594 en latín, en una edición de cuatro libros, que es la versión referenciada por Valignano. Posteriormente, en 1596, se publicó una edición revisada y ampliada en seis libros. Según Üçerler (II: ff. xlix–l), Valignano no oculta su insatisfacción con la obra de Torsellino. De hecho, frecuentemente cita la biografía con el propósito explícito de corregirla. No obstante, Valignano no fue el único en encontrar fallos en la primera edición. Esta edición se imprimió en ausencia de Torsellino y, como el propio autor admitió, estaba llena de errores. Tras reunir más material de fuentes primarias sobre Japón y China, Torsellino se sintió obligado a producir una edición completamente revisada, que apareció en 1596 que Valignano no consideró. Finalmente, se conservaron en latín todos los pasajes de las obras, cartas e informes citados por el autor que no se encontraron en castellano o que simplemente no fueron traducidos, haciendo una sola excepción con una traducción al portugués de algunas referencias al *De Missione legatorum* de Duarte de Sande, con el fin de facilitar la lectura en un idioma moderno.

✳✳✳

En esta versión se ha llevado a cabo una modernización, adaptación y unificación del antiguo códice de la British Library, incorporando las necesarias variantes del manuscrito lisbonense, conforme a las normas actuales. Ambos manuscritos presentaban una falta de uniformidad tanto en los caracteres gráficos de las palabras como en la acentuación. No obstante, este proceso de actualización ha implicado solo unos pocos cambios, dado que la escritura de Valignano, o del copista en ambos casos, no se aleja significativamente del español contemporáneo. La razón de estas modificaciones ha sido siempre la de perfeccionar y pulir el manuscrito en relación con la ortografía, para facilitar su lectura y divulgación entre lectores menos puristas y más interesados en el contenido.

La actualización del vocabulario no alteró en ningún caso el significado de las palabras castellanas. Esta restauración no afecta al sentido de la narración; si acaso, podría influir en la estética antigua de algunas palabras, proporcionando una perspectiva más pura en relación con el lenguaje vetusto. En cuanto a la morfología, se ha creado la contracción ‹del› debido a que en los manuscritos se mantuvo la sinalefa (por ejemplo, ‹de el›), eliminando también las aglutinaciones como ‹della›. Asimismo, se ha actualizado el uso de los adjetivos ‹neste› y ‹nesse› a ‹en este› y ‹en ese›, respectivamente, y de ‹desta› a ‹de esta›. Por otra parte, se ha mantenido el demostrativo ‹aquesto/a/os/as›, y las vacilaciones en el género de algunos sustantivos (por ejemplo, ‹la mar›). Se ha modernizado el acento en la posposición del pronombre personal del verbo, así como el género de algunos nombres, como ‹chinas› en ‹chino› (o ‹chinos› para el plural) y ‹japón› en ‹japonés› (o ‹japoneses› cuando se refiere al plural). Además, se han perfeccionado y unificado algunos nombres al uso moderno, tales como ‹moción› o ‹monssion› en ‹emoción›, ‹Amacao› en ‹Macao›, ‹priesa› en ‹prisa›, ‹brigas› en ‹bregas›, ‹negoceo› en ‹negocio›, y ‹perlados› en ‹prelados›, ‹vocabulo› en ‹vocablo›, ‹arboredo› en ‹arboleda›, ‹verniz› en ‹barniz›, etc. También se han actualizado adverbios como ‹acima› en ‹encima›, ‹agora› en ‹ahora›, y ‹demás› en ‹además›; el adjetivo ‹undo› en ‹hondo›; y verbos como ‹baptizar› en ‹bautizar›, ‹terná› en ‹tendrá› (o el condicional ‹tenría› en ‹tendría›), ‹alevantar› en ‹levantar›, y ‹recebería› en ‹recibiría›, ‹alvidran› en ‹arbitran›. Esta modernización lingüística se ha realizado con el fin de facilitar la comprensión del texto sin comprometer su autenticidad y fidelidad histórica. Cada cambio ha sido cuidadosamente considerado para mantener la integridad del documento original mientras se mejora su accesibilidad para los lectores contemporáneos.

En cuanto a los nombres japoneses, tanto propios como comunes, se recomienda consultar el *Listado de transliteraciones europeas de los términos asiáticos*. La ortografía de las palabras y nombres japoneses en el manuscrito es generalmente consistente con las reglas de transliteración ideadas por los jesuitas que trabajaban en Japón en los siglos XVI y XVII. La ortografía original ha sido reproducida tal como aparece en los manuscritos. Las formas estándar modernas, transliteradas según el sistema Hepburn, se proporcionan en el *Listado* pero también en las notas al pie. A continuación, se presentan las reglas más comunes de transliteración al alfabeto romano de palabras japonesas que fueron mencionadas diligentemente por Üçerler y que son válidas también para esta edición. Estas no solo se encuentran en esta *Historia* sino también en numerosos otros manuscritos y publicaciones producidas en Japón durante ese período:

(a) El uso de ‹f› en lugar de la ‹h› moderna estándar (por ejemplo, ‹Firando› = ‹Hirado›, ‹Fakata› = ‹Hakata›).

(b) El uso de ‹c› en lugar de ‹ts› (por ejemplo, ‹Cunocuni› = ‹Tsunokuni›).

(c) El uso de ‹c› en lugar de ‹k› antes de ‹a›, ‹o›, ‹u› (por ejemplo, ‹cami› = ‹kami›; ‹Miaco› = ‹Miyako›, ‹cuni› = ‹kuni›) y ‹gu› en lugar de ‹k› antes de ‹e›, ‹i› (por ejemplo, ‹fotoque› = ‹hotoke›, ‹Quimura› = ‹Kimura›).

(d) El uso de ‹x› en lugar de ‹sh› (por ejemplo, ‹Ximabara› = ‹Shimabara›).

(e) El uso de ‹m› que nasaliza la vocal que precede a una consonante sonora como ‹d› y ‹g› (por ejemplo, ‹Firando› = ‹Hirado›, ‹Yamanguchi› = ‹Yamaguchi›, ‹Fingo› = ‹Higo›) (Üçerler II: f. lvii).

Para los nombres europeos, cada uno está adecuadamente contextualizado en las notas a pie de página, aunque los cambios en su mayoría afectan a la forma españolizada de los apellidos. Por ejemplo, ‹Maffeyo› se ha corregido a ‹Maffei›, ‹Turselino› a ‹Torsellino›, y ‹Pedro Dalcaceva› a ‹Pedro de Alcaçova›. Este enfoque asegura que los nombres se presenten de manera precisa y coherente, respetando tanto la ortografía original como las convenciones modernas. Así, se facilita una mejor comprensión y se mantiene la integridad histórica y cultural del texto.

En cuanto a la grafía, se han modernizado algunas consonantes, como la ‹x› y la ‹ç› en su uso antiguo, actualizándolas a ‹j› o ‹s› y ‹z›. Sin embargo, se ha mantenido la grafía de ‹Xavier› por razones históricas y para facilitar su reconocimiento y rastreo telemático. Asimismo, se ha cambiado la ‹v› por ‹u› (por ejemplo, ‹vna› por ‹una›), la ‹v› por ‹b› y viceversa (por ejemplo, ‹uvo› por ‹hubo› y ‹baya› por ‹vaya›). Además, se ha regularizado el uso de b/v, j/g, x/j, c/z, q/c, s/x, e/i, y m/n (por ejemplo, ‹zelo› por ‹celo›). Palabras que carecían de acentuación y cuya falta de acento complicaba la lectura y el significado del texto han sido acentuadas (por ejemplo, ‹más› en lugar de ‹mas›). La puntuación se ha actualizado según los criterios vigentes, una tarea complicada en textos de esta naturaleza, pues puede permitir diversas interpretaciones de la narración. También se ha regularizado el uso de mayúsculas y minúsculas según los estándares contemporáneos. Se han corregido algunos errores de los copistas directamente en el texto, utilizando corchetes para indicar enmiendas y destacando ciertos casos en notas a pie de página. Además, se han corregido las formas latinas incorrectas. Los apellidos notorios y los nombres de lugares se han modernizado según el uso contemporáneo o según se aceptaron al castellano, tal como se encuentran en la mayoría de las ediciones actuales (por ejemplo, ‹Hernandes› por ‹Fernández›). Debido al constante cambio de interlocutores y personajes en la narración, se ha necesitado marcar cada conversación con comillas angulares («...») y crear el estilo directo, el cual no siempre se reproduce en el manuscrito original. Además, se ha reemplazado el uso de paréntesis [(...)], empleados especialmente para incisos en las interlocuciones, por el guion largo (–), un símbolo aceptado hoy por la Real Academia Española, usado frecuentemente en esta edición. Por otro lado, en las citas de las

Cartas, de la obra de Maffei, o de cualquier otra mención, he dejado ‹[...]› en los casos en que el texto de Valignano omite o salta frases y períodos según su intención. Es importante señalar esto porque no se trata de que el texto sea ininteligible, sino del hecho de que Valignano omite deliberadamente la parte señalada. Asimismo, dado que la intención de esta edición es destacar este texto del Visitador, que ha permanecido silenciado durante muchos años, no se harán muchas conexiones con las otras obras de Valignano, ni siquiera con la de Luís Fróis. Esto se dejará para la investigación de otros estudiosos, quienes podrán comparar adecuadamente los textos y la intertextualidad de estas obras.

Bibliografía

AA.VV. *Cartas que los padres y hermanos de la Compañía de Jesús, que andan en los reinos de Japón escribieron a los de la misma Compañía, desde el año de mil y quinientos y cuarenta y nueve, hasta el de mil y quinientos y setenta y uno*. en casa de Juan Íñiguez de Lequerica, 1575.

AA.VV. *Copias de las cartas que los padre y hermanos de la Compañía de Jesús que andan en el Japón escribieron a los de la misma Compañía de la India y Europa, desde el año de M.D.XLVIII que comenzaron hasta el pasado de LXIII, trasladadas de portugués en castellano*. por Juan de Barrera y Juan Álvarez, 1565.

Bernard, Henri. «Valignani ou Valignano, L'auteur véritable du récit de la pre- mière ambassade japonaise en Europe (1582–1590)». *Monumenta Nipponica*, vol. 1, n.° 2, 1938, pp. 378–85.

Bourdon, León. *La Compagnie de Jésus et le Japon: la fondation de la mission japonaise par François Xavier (1547–1551) et les premiers résultats de la prédication chré- tienne sous le supériorat de Cosme de Torres (1551–1570)*. Fondation Calouste Gulbenkian., 1993.

Boxer, Charles. «More about the Marsden Manuscripts in the British Museum». *Journal of the Royal Asiatic Society*, vol. 81, n.° 1–2, 1949, pp. 63–86.

Cabral Bernabé, Renata. «Entre preces e negociações : os jesuítas no Japão dos séculos XVI e XVII». *Dimensões: revista de história da Ufes*, n.° 50, 2023, pp. 129–49.

Charlevoix, Pierre François Xavier de. *Historia del cristianismo en el Japón*. Libreria Religiosa, 1858.

Dehergne, Joseph. *Répertoire des Jésuites de Chine de 1552 à 1800*. Institutum Historicum, 1973.

Fróis, Luís. *Historia de Japam*. Ed. de, de José Wicki, Ministerio de Cultura e Coordenação Científica - Biblioteca Nacional, 1976.

Galvão, António. *Tratado dos descobrimentos antigos e modernos, feitos até a era de 1550...* na Officina Ferreiriana, 1731.

Lach, Donald F. *Asia in the Making of Europe*. The University of Chicago Press, 1965.

Lage Correia, Pedro. *A Concepção de missionação na ‹Apologia› de Valigna- no: estudo sobre a presença jesuíta e franciscana no Japão (1587–1597)*. Centro Científico e Cultural de Macau, 2008.

López-Gay, Jesús. *El Catecumenado en la misión del Japón del S. XVI*. Libreria dell'Università Gregoriana, 1966.

Loureiro, Rui Manuel. *Na companhia dos livros. Manuscritos e impressoes nas missões jesuítas da Ásia 1540–1620*. Universidade de Macau, 2007.

Luca, Augusto. *Alessandro Valignano (1539–1606). La missione come dialogo con i popoli e le culture*. Editrice Missionaria Italiana, 2005.

Lucena, Ioam de. *Historia da vida do padre Francisco de Xavier e do que fizerão na India ...* Pedro Craesbeeck, 1600.

Maffei, Giovanni Pietro. *Historia de las Indias Orientales compuesta por el padre Joan Pedro Maffeo de la Compañía de Jesús y traducida por Francisco de Gottor, tesorero y canónigo de nuestra Señora de la Peña de Calatayud*. Mss de 5789. Biblioteca Nacional de España.

Marino, Giuseppe. «La sombra de Lutero en Japón. Acerca del «nembutsu» de acuerdo a la visión de los misioneros en el siglo XVI». *Dicenda. Cuaderno de Filología Hispánica*, vol. 36, 2018, pp. 267–90.

—. «La transmisión del Renacimiento cultural europeo en China. Un itinerario por las cartas de Alessandro Valignano (1575–1606)». *Studia aurea: revista de literatura española y teoría literaria del Renacimiento y Siglo de Oro*, vol. 11, 2017, pp. 395–428.

—. «Sobre las costumbres de Japón. El texto del primer manual de adaptación occidental para Asia Oriental (1581)». *Nuevas de Indias*, vol. 7, 2022, pp. 111–99.

https://doi.org/10.1515/9783111617602-205

Marino, Giuseppe, y Rebekah Clements. «Iberian Sources on the Imjin War: The Relação Do Fim e Remate Que Teve a Guerra Da Corea (1599)». *Sungkyun Journal of East Asian Studies*, vol. 23, n.º 1, 2023, pp. 27–48, https://doi.org/DOI10.1215/15982661-10336282.

Marino, Giuseppe, y Jaime González Bolado. «De cómo vio Taico los embajadores de la China: Una historia de intrigas, conspiraciones y terremotos durante las negociaciones de paz de la Imjin waeran (1592–1598)». *Revista de Humanidades*, n.º 47, septiembre de 2022, pp. 11–34.

Moran, Joseph Francis. *The Japanese and the Jesuits: Alessandro Valignano in Sexteenth Century Japan*. Routledge, 1993.

Orígenes. *Contra Celso*. B.A.C., 1967.

Ortelius, Abraham. *Theatrum Orbis Terrarum*. Auctoris aere & cura impressum absolutumque apud Aegid. Coppenium Diesth, 1570.

Papinot, Edmond. *Historical and geographical dictionary of Japan*. Frederick Ungar Publishing, 1964.

Ricci, Mateo. *Descripción de China*. Editado por Giuseppe Marino, Trotta, 2023.

Rodrigues, João. *Vocabolario da lingoa de Japam, com adeclaracão em portugues, feito por alguns Padres e Irmaõs da Companhia de Iesu*. 1605.

Rodrigues «Tsûzu», João. *Crónicas desde las Indias Orientales: Segunda parte da História Eclesiástica de Japão y otros escritos por João Rodrigues «Tsûzu» SJ (c.1561–1633)*. Ed. de de Giuseppe Marino, Institutim Historicum S.I., 2019.

Ruíz de Medina, Juan. *Documentos del Japón 1547–1557*. Institutim Historicum S.I., 1990.

Ruiz de Medina, Juan. *Documentos del Japón 1558–1562*. Institutum Historicum, 1995.

Sande, Duarte de. *Diálogo sobre a missão dos embaixadores japoneses*. Imprensa da Universidade de Coímbra, 2009.

Schurhammer, George. *Francisco Javier. Su vida y su tiempo*. Gobierno de Navarra, 1992.

Schütte, Josef Franz. «Ignacio Moreira of Lisbon, Cartographer in Japan 1590–1592». *Imago Mundi*, vol. 16, 1962, pp. 116–28.

—, editor. *Monumenta Missionum Societatis Iesu I. Textus Catalogorum Japoniae (1553–1654)*. Monumenta Historica Societatis Iesu, 1975.

—. *Valignano's Mission Principles for Japan. Volume I. From His Appointment as Visitor until His First Departure from Japan (1573–1582). Part I: The Problem (1573–1580). Part II: The Solution (1580–1582)*. The Institute of Jesuite Sources, 1980.

Sommervogel, Carlos. *Bibliothèque de la Compagnie de Jésus*. Oscar Schepens, 1894.

Tertuliano. *Apología de Quinto Septimio Florente Tertuliano, presbítero de Cartago, contra los gentiles en defensa de los cristianos*. en la oficina de D. Benito Cano, 1789.

Tolosana, Lisón. *La fascinación de la diferencia: La adaptación de los jesuitas al Japón de los samuráis (1546–1592)*. Akal, 2005.

Turselino, Orazio. *Historia de la entrada de la cristiandad en el reino de Japón y China y en otras partes de las Indias Orientales, y de los hechos y admirable vida del apostólico varón de Dios, el padre Francisco Xavier de la Compañía de Jesús, y uno de sus primeros fundadores,*. por Juan Godínez de Milles, 1603.

Üçerler, M. Antoni J. *Sacred Historiography and its Rhetoric in Sixteenth-Century Japan: An Intertextual Study and Partial Critical Edition of Principio y progreso de la religion christiana en Jappon [.] (1601~1603) by Alessandro Valignano*. 1998. Campion Hall, University of Oxford.

Valignano, Alessandro. *Apología de la Compañía de Jesús de Japón y China (1598)*. Eikodo, ed. de José Luis Álvarez-Taladriz, 1998.

—. *Historia del principio y progresso de la Compañía de Jesús en las Indias Orientales (1542–1564)*. Ed. de, de Josef Wicki, Institutim Historicum S.I., 1944.

—. *Il cerimoniale per i missionari del Giappone*. Ed. de, de Josef Franz Schütte, Edizioni di Storia e letterature, 1946.

—. *Libro Primero. Del principio y progreso de la religión cristiana en Japón y de la especial providencia que nuestro Señor usa con aquella nueva iglesia. Compuesto por el padre Alexandre Valignano de la Compañía de Jesús en el año 1601*. 1601. Biblioteca da Ajuda, Jesuita na Ásia, Série da Província do Japão, História da Igreja do Japão.

—. *Sumario de las cosas de Japón (1583). Adiciones del Sumario de Japón (1592),*. Ed. de, de José Luis Alvarez-Taladriz, vol. II, Sophia University, 1954.

Volpi, Vittorio. *Il Visitatore, Alessandro Valignano. Un grande maestro italiano in Asia*. Spirali, 2011.

Županov, Ines G. *Disputed Mission. Jesuit Experiments and Brahmanical Knowled- ge in Seventeenth-century India*. Oxford University Press, 1999.

Breves biografías de los europeos mencionados en la obra

Melchor Núñez Barreto[9] (c.1520–1571), oriundo de Oporto (Portugal), se unió a la Compañía de Jesús en Coímbra en 1543. En 1551, fue destinado a la India para ejercer como rector del colegio de Goa y como Viceprovincial de Extremo Oriente durante la ausencia de Francisco Xavier. Sin embargo, enfrentó la resistencia de algunos miembros de la orden en la India. A su regreso de Japón, Xavier nombró a Núñez Barreto rector del colegio de Bassin (Bazain). En abril de 1552, tras expulsar a varios opositores, Xavier lo designó nuevamente como futuro viceprovincial, en previsión de la muerte de Gaspar Barzeo, la cual ocurrió en octubre de 1553. Dado que Francisco Xavier falleció en 1552, Núñez Barreto asumió el cargo de Provincial en funciones. En 1554, organizó un viaje abrupto para visitar la misión en Japón, lo cual no fue bien recibido ni en la misión ni en la India. A pesar de su interés por establecer una misión en China, este proyecto nunca se materializó. Desde 1557, desempeñó el papel de rector en el colegio de Cochín. A pesar de ciertos rasgos complicados en su carácter, Núñez Barreto fue altamente valorado tanto dentro como fuera de su orden. Falleció en Goa el 10 de agosto de 1571.

Gaspar Vilela (c.1526–1572) nació en Aviz (Portugal). Durante su infancia, recibió educación de los monjes benedictinos. Ya ordenado sacerdote, Vilela ingresó a la Compañía de Jesús en 1553. En abril de 1554, partió hacia Japón como parte de la expedición liderada por Núñez Barreto. Allí, fundó las misiones jesuíticas en Kioto, Sakai, Nara y otros lugares cercanos a la capital japonesa. En 1566 intentó extender su labor misionera a Corea, pero los conflictos civiles en Japón se lo impidieron. Más tarde, en 1569, estableció la primera iglesia en Nagasaki, entonces una pequeña aldea de pescadores. Tras el fallecimiento de Cosme de Torres, Vilela viajó a la India para informar sobre los avances de la misión y reclutar nuevos misioneros. Incapaz de volver a Japón, pasó sus últimos años en Goa, donde falleció a mediados de 1572.

Duarte da Silva (c.1536–1564), originario de Portugal, partió hacia la India bajo circunstancias misteriosas. Posiblemente huérfano desde su infancia, se unió a los jesuitas en Goa a la edad de catorce años. Dos años después, fue seleccionado para acompañar a Gago y Alcáçova en una misión a Japón, donde llegó el 22 de agosto de 1552. Falleció a principios de mayo de 1564 en el puerto de Takase, convirtiéndose en el primer misionero extranjero enterrado en Japón. Muy apreciado por sus colegas y los conversos japoneses, Silva rechazó la ordenación sacerdotal

---

9 *Las breves biografías citadas en esta sección se basan en las biografías encontradas en las obras de Ruíz de Medina y Schütte mencionadas en este libro.*

https://doi.org/10.1515/9783111617602-206

debido a su humildad. Dominaba el japonés, siendo superado solo por Juan Fernández entre los extranjeros.

Duarte de Sande (1547–1599), natural de Guimarlies (Braga), ingresó en la Compañía de Jesús el 27 de junio de 1562 en San Roque (Lisboa), tras completar su noviciado. Inició sus estudios en Artes y posteriormente impartió clases de latín y literatura humanística durante varios años. Prosiguió entonces con su formación teológica y recibió la ordenación sacerdotal. El 24 de marzo de 1578 partió hacia la India, donde ejerció como profesor de teología y desempeñó el cargo de Rector del Colegio Basseinense durante un período de tres años. Luego, alrededor de 1585, se trasladó de la India a Macao, donde ocupó el cargo de Rector del Colegio y de la Casa, así como el puesto de Superior de la Misión China durante un lapso de cuatro años, de 1590 a 1594. A partir del 1 de diciembre de 1594 hasta septiembre de 1597, asumió la función de Rector del Colegio (distinto de la Casa) y, simultáneamente, ejerció como Superior de la Misión China. Permaneció en Macao después de este período y falleció en julio de 1599.

Cosme de Torres (c. 1510–1570), originario de Valencia, España, se destacó inicialmente como catedrático de latinidad en Monte Randa (Mallorca), Valencia y Ulldecona (Tarragona). Más adelante, ejerció como capellán del virrey de Nueva España. Durante su sacerdocio, conoció a Francisco Xavier en la isla de Amboino en 1547, evento que marcó un giro en su carrera. Al año siguiente, ingresó en la Compañía de Jesús en Goa, y en 1549 acompañó a Xavier a Japón, donde desempeñó un papel crucial como superior y organizador de la misión jesuita desde 1551 hasta su muerte en 1570. Torres fue un educador y planificador de notables habilidades, dejando una huella profunda en el desarrollo de la cristiandad japonesa del siglo XVI, reconocida repetidamente por el visitador Alessandro Valignano. Se le atribuye haber iniciado la adaptación de los misioneros a las costumbres orientales, treinta años antes que Matteo Ricci. En 1566, Torres también tomó la iniciativa para promover la evangelización en Corea, aunque su esfuerzo no fructificó debido a circunstancias adversas.

Francisco Cabral nació en São Miguel, Azores (Portugal), hacia el año 1533, hijo de Aires Pires Cabral, Juez del Reino, y Francisca Nunes de Proença, perteneciente a una familia hidalga originaria de Francia. Su educación inicial se llevó a cabo en Lisboa, prosiguiendo sus estudios en Humanidades en la Universidad de Coímbra. En 1550, Francisco se enlistó como soldado en la expedición dirigida por Alfonso de Noronha, virrey de la India. Participó en acciones militares hasta 1552 y, dos años después, decidió cambiar el curso de su vida ingresando en la Compañía de Jesús. Completó estudios de filosofía y teología, ordenándose sacerdote en 1558. Cabral dedicó gran parte de su vida al trabajo misional en la India, donde ocupó cargos de responsabilidad desde joven. En 1568 fue designado para dirigir la misión en Macao y, en 1570, llegó a Japón, donde se estableció en Shiki (Amakusa) como superior de la misión tras el fallecimiento de Cosme de Torres. Aunque respetado por su integridad y su ferviente espíritu apostólico, su gestión como superior de Macao y Japón (1569–1581) estuvo marcada por desafíos, incluyendo su tendencia a sobrevalorar los aportes portugueses y subestimar otras culturas, lo cual generó tensiones con otros miembros de la misión y las autoridades eclesiásticas, como los visitadores Organtino Soldo y Alessandro Valignano. No obstante, su liderazgo también se destacó por la inclusión de numerosos novicios japoneses en la orden jesuita. Debido a problemas de salud y conflictos internos, Cabral solicitó ser relevado de su cargo, lo cual fue aprobado por Valignano. Posteriormente, ocupó diversas posiciones de liderazgo, incluyendo el cargo de rector en Macao (1583–1586), prepósito de la casa profesa de Goa (1587–1592 y 1600–1606), y provincial de la provincia goana (1592–1597). Francisco Cabral falleció el 16 de abril de 1609, dejando un legado complejo marcado tanto por su liderazgo en la expansión misional en Asia como por las controversias durante su administración.

Angero o Yajiro Anxey (Anjirō, también Paulo de Santa Fe) fue un samurái originario de Kagoshima cuyas fechas de nacimiento y fallecimiento aún se desconocen, entabló relación con Francisco Xavier en Malaca en diciembre de 1547 y se reencontró con él posteriormente en Goa (India). Tras convertirse al catolicismo, se ofreció como guía, catequista y posteriormente traductor para la fundación de la misión en Japón, labor en la que perseveró durante varios años. Por razones que aún no se han esclarecido, se vio forzado a adoptar la vida de corsario, una actividad que en el siglo XVI no se consideraba incompatible con la posesión de convicciones religiosas firmes.

Juan Fernández: (1526–1567): Natural de Córdoba (España), cuyo apellido completo era Fernández de Oviedo. Durante sus años jóvenes residió en Lisboa con un hermano suyo, «un comerciante rico y muy respetable», donde sintió la llamada a la vida religiosa y se unió a la Compañía de Jesús en Coímbra el 19 de mayo de 1547. Diez meses más tarde, fue destinado a la India, llegando a Goa el 3 de septiembre de 1548. En el Colegio de San Pablo, además de sus estudios, desempeñó roles como enfermero, encargado de la ropa y sotoministro. Por humildad, declinó la ordenación sacerdotal. Inicialmente, San Francisco Xavier lo destinó a la misión de las Molucas, pero durante el viaje a Malaca, decidió llevarlo como compañero a Japón. Durante su estancia en Goa y la travesía, Fernández estudió el idioma japonés con Angero (Anjirō) de Kagoshima, llegando a dominarlo de tal manera que sirvió como intérprete para Xavier, Cosme de Torres y otros misioneros. Su fructífera labor apostólica estuvo acompañada de una vida espiritual intensa hasta su fallecimiento en Hirado el 26 de junio de 1567, dejando un legado de santidad. Muchas de sus cartas y todos sus otros escritos, incluyendo la primera gramática japonesa y el primer Vocabulario, se han perdido.

Baltasar Gago (c. 1518–1583), natural de Lisboa, ingresó en la Compañía de Jesús en 1546, siendo ordenado clérigo ese mismo año. Sin embargo, su primera misa la celebró en Goa el 4 de septiembre de 1548. Durante cuatro años desempeñó labores pastorales en la India meridional y Ceilán. En 1552, acompañó a Francisco Xavier a China, pero debido a la oposición de Álvaro de Ataide, futuro gobernador de Malaca, fue destinado a Japón, donde comenzó la misión en Bungo en febrero de 1553. Durante su estancia, estableció un dispensario y una casa para niños expósitos, contando con el respaldo de figuras locales como el daimio Yoshishige y el comerciante portugués convertido en jesuita, Luis de Almeida. Desde 1556, se centró en la isla de Hirado y sus alrededores, donde escribió un catecismo japonés, actualmente perdido. En 1557, se trasladó a Hakata para iniciar una nueva misión junto a Guillermo Pereira, pero en la primavera de 1559 tanto la ciudad como la misión fueron destruidas. Tras sufrir una prisión de tres meses y con su salud debilitada, retornó a Funai. En octubre de 1560, navegó hacia la India acompañando al joven jesuita enfermo Rui Pereira, arribando a Goa en abril de 1562. Su salud frágil, agravada por inquietudes personales, limitó su eficacia durante los siguientes 20 años de su segunda estancia en la India, no obstante, fue ampliamente apreciado tanto por la comunidad religiosa como por los laicos.

Pedro (Pero) de Alcaçova (1524–1579), portugués, inició su vida religiosa en Coímbra en 1543. Abandonó la orden por motivos desconocidos después de emitir votos religiosos, pero fue readmitido para un segundo noviciado en Goa, India, en 1548. En 1552, acompañó a Francisco Xavier a China y luego se trasladó a Japón con Baltasar Gago y Duarte da Silva, permaneciendo allí poco más de un año, desde el 14 de agosto de 1552 hasta el 19 de octubre de 1553. Comisionado por Cosme de Torres, regresó a la India en busca de apoyo material y para reclutar misioneros. En 1554, estuvo en Malaca y luego en la isla de Lampacao frente a Cantón, desde donde envió a Japón una remesa de dinero y bienes, la cual fue interceptada por corsarios chinos y no llegó a su destino. De vuelta en la India con el provincial Melchor Núñez, vivió como hermano jesuita hasta su fallecimiento, dedicado al apostolado y a la dirección de un internado adyacente al Collegio de San Pablo de Goa.

Luis de Almeida (c.1523–1583), inicialmente comerciante portugués y posteriormente converso del judaísmo, obtuvo su doctorado en cirugía en Lisboa. En la primavera de 1556, fue aceptado en la Compañía de Jesús por Cosme de Torres en Funai, Japón, siendo confirmado por el provincial Melchor Núñez ese mismo verano. Almeida colaboró estrechamente con Gago para enfrentar el problema del infanticidio en Bungo, dedicando una parte considerable de su fortuna y su conocimiento médico a la fundación y dirección de un orfanato que rápidamente evolucionó hacia el primer hospital de medicina general y cirugía en la historia japonesa. Tres años antes de su fallecimiento, recibió la ordenación sacerdotal en Macao.

Guilherme Pereira (¿–1603), nacido en Lisboa, fue uno de los nueve huérfanos que en 1551 viajaron a la India junto con los padres. Partió a principios de abril de 1554 desde la India hacia el Extremo Oriente con Núñez Barreto, alcanzando Japón a principios de julio de 1556 (en Bungo). Fue admitido en la Compañía de Jesús poco antes del 7 de noviembre de 1557 y prestó un servicio fiel en diversos lugares de Japón, dedicándose especialmente a la catequesis y consejería. Aunque Valignano consideró promoverlo al sacerdocio, Guilherme declinó el honor y la responsabilidad. En febrero de 1598 partió hacia Macao y regresó a Japón en agosto de 1600. Falleció en Arima a finales de septiembre o principios de octubre de 1603.

Fernández Gonzalo (c.1521–1595) originario de Castelo Branco, Portugal, nacido alrededor de 1521. Viajó a la India en una fecha indeterminada y realizó su primer viaje a Japón en el verano de 1557. Regresó a Lampacao-Macao en otoño y luego a Bungo en junio de 1558 en la nave de Guillermo Pereira. A los 37 años, sintió la vocación religiosa y pasó tres meses en Funai con los jesuitas antes de ofrecerse para otro viaje a Macao en busca de ayuda para el hospital de Funai. Realizó su tercer viaje de Macao a Japón en la nave de Rui Barreto, llegando a Hirado en julio de 1559. En diciembre del mismo año, partió hacia Goa, posiblemente acompañado por tres estudiantes japoneses enviados por Cosme de Torres al colegio de San Pablo. Ingresó al noviciado en Goa el 22 de marzo de 1560, cumpliendo una promesa hecha 21 meses antes. Permaneció como jesuita en Goa hasta su muerte en 1595, emitiendo sus votos finales el 26 de marzo de 1576 y residiendo en la casa profesa desde su inauguración en octubre de 1584.

Luís Fróis (1532–1597), fue un destacado misionero jesuita portugués nacido en Lisboa. Ingresó en la Compañía de Jesús en 1548 y partió hacia la India en 1549, donde estudió en Goa antes de ser enviado a Japón en 1563. Desempeñó un papel crucial en la expansión del cristianismo en Japón durante el período Sengoku, y fue conocido por sus detalladas crónicas y cartas que documentaron la vida y la cultura japonesas de la época. Fróis se convirtió en una figura influyente en la corte de Oda Nobunaga, uno de los unificadores de Japón, y fue testigo de eventos históricos significativos, incluyendo la batalla de Nagashino y la muerte de Nobunaga en 1582. Su obra más famosa, *História de Japam*, ofrece una visión exhaustiva de Japón en el siglo XVI, mezclando observaciones culturales y descripciones de la evangelización jesuita. Falleció en Nagasaki en 1597, dejando un legado perdurable como uno de los cronistas más importantes del Japón feudal.

Antonio de Quadros (c.1529–1572), nacido en Santarém, Portugal, ingresó en la Compañía de Jesús a los 15 años en Coímbra, en el año 1544. Arribó a la India en 1555, y al año siguiente asumió el cargo de viceprovincial interino. Desde 1559 hasta su fallecimiento en Goa el 21 de septiembre de 1572, ocupó el puesto de provincial de manera consecutiva en varias ocasiones. Fue altamente elogiado por el visitador Alessandro Valignano por su labor y liderazgo en la misión jesuita en la India.

Aires Sanches (1528–1590) fue un navegante portugués dedicado al comercio en el oriente, destacándose además por sus habilidades musicales y quirúrgicas. En 1561, llegó a Hirado decidido a cambiar su vida. En la ciudad de Funai, solicitó unirse a la Compañía de Jesús y fue aceptado por Cosme de Torres. Desde entonces, empleó su talento en el cuidado de los enfermos en el hospital dirigido por Luis de Almeida, así como en la enseñanza de lectura, escritura, canto y violín a quince niños japoneses y chinos residentes, con el objetivo de mejorar la solemnidad de los ritos divinos, según se registra en los documentos. Aires Sanches es mayormente conocido en Japón como el fundador de la primera escuela de música europea en suelo japonés. Bajo su iniciativa y dirección, se estableció y fortaleció una escolanía y una orquesta de cámara, las cuales sirvieron de precursoras y modelo para las que surgieron posteriormente en los seminarios de Arima y Azuchi, dos décadas más tarde. Fue uno de los primeros misioneros de la joven misión en Japón y se destacó por su profundo dominio del idioma japonés. A propuesta del visitador Alejandro Valignano, en 1579 Aires Sanches fue ordenado sacerdote y se trasladó a Macao. Durante su prolongado apostolado de casi treinta años, se concentró principalmente en la región de Kyūshū: Funai, Yokoseura, Arima, Shiki, Nagasaki, Hirado, Hakata, Akizuki y Ōmura, donde finalmente falleció.

Juan Bautista de Monte (1528–1587), natural de Ferrara, fue el primer jesuita italiano en ser misionero en Japón. Inició sus estudios en Perugia y luego se trasladó a Lisboa, donde aprendió portugués y latín. En Évora, estudió Teología Moral. El 9 de marzo de 1561, zarpó hacia Goa, donde se ordenó sacerdote poco después de su llegada. Al año siguiente, se dirigió a Malaca y pasó el invierno en Macao. Viajó en la nave de don Pedro de Guerra y llegó al puerto de Yokoseura con Luis Fróis el 6 de julio de 1563. Diez días después, Cosme de Torres, rector de la misión, lo envió a la iglesia principal de la ciudad de Funai, donde vivió sus primeros tres años como misionero, adaptándose al entorno y aprendiendo el idioma local. En Arima, su segunda misión, fue superior zonal desde octubre de 1566, con residencia en el puerto de Kuchinotsu. Para el 15 de noviembre, ya había visitado la comunidad de Fukuda y, al regresar a Arima, se dispuso a realizar otro largo viaje por mar para atender a los cristianos de las lejanas islas Gotō. Con ellos permaneció un año y tuvo la dicha de bautizar, entre otros, al primogénito del señor principal de las islas. En noviembre de 1569, regresó a su misión en Bungo y, sucesivamente, fue también superior en el archipiélago de Amakusa y en las montañas de Notsu. En noviembre de 1585, fue trasladado a la misión de las cuatro islas de Hirado. Allí falleció el 7 de septiembre de 1587.

Miguel Vaz (c.1540–1582) nacido en Goa, se unió a la Compañía de Jesús en Kuchinotsu en 1564. Anteriormente, en 1562, había conocido a Juan Bautista de Monte y a Luis Fróis en Malaca, y con ellos invernó en Macao para llegar a Yokoseura, Japón, el 6 de julio de 1563 en la nave de Pedro da Guerra. Su encuentro con los misioneros japoneses lo llevó a abandonar el comercio ultramarino y dedicarse a la vida religiosa, siguiendo el ejemplo de otros conversos como Luis de Almeida, Gonzalo Fernández y Aires Sanches. A petición de Cosme de Torres, superior jesuita en Japón, Vaz regresó a Macao en 1563 para atender las necesidades del Hospital de Funai. En su retorno a Japón en 1564, Torres lo admitió en la Compañía de Jesús en Kuchinotsu. Gracias a su experiencia financiera, Vaz fue encargado de la economía de la misión además de su labor apostólica, cambiando de residencia según las necesidades de la misión y los movimientos del superior Francisco Cabral desde 1570. Vaz desempeñó roles clave en lugares como Kuchinotsu (1567, 1579), Shiki (1568–71), y Nagasaki (1575–77, 1580–82), siendo conocido por su labor como procurador y su compromiso con la conversión. Falleció en Nagasaki en mayo de 1582, luego de 20 años de servicio en la Compañía de Jesús, donde fue valorado por su caridad y dedicación hacia los cristianos locales.

Jácome Gonçalves, nacido en la India, llegó a Japón antes de unirse a la Compañía de Jesús. Su ingreso oficial en la orden ocurrió en 1564, pero tras algunos años de vida religiosa y apostólica, se descubrió que su admisión era inválida debido a que estaba casado. Esta situación fue reportada al visitador Gonzalo Álvarez, quien en 1569 llamó desde Japón a Gaspar Vilela en la India para obtener información directa. El 30 de octubre de 1570, Jácome Gonçalves partió de Japón junto con Gaspar Vilela, y tras llegar a la India renunció oficialmente a su pertenencia a la orden. Posteriormente, falleció en un naufragio.

Baltasar da Costa, se desconoce el lugar exacto de su nacimiento en Portugal, alrededor del año 1538. Ingresó en la Compañía de Jesús en Goa en 1555 y fue ordenado sacerdote al menos en 1563, antes de completar sus estudios de teología. Desde Cochin, se trasladó a Japón en 1564 y comenzó a trabajar en Hirado. En 1570, bendijo el matrimonio de Bartolomé Omura con María Magdalena de Isahaya. A finales de ese mismo año, participó en la Consulta de Shiki convocada por Francisco Cabral. En 1572, mostró señales de desilusión con la vida religiosa y expresó su deseo de regresar a la India, lo cual hizo en 1576. El 23 de octubre de ese año, el visitador Valignano emitió una orden para que regresara a Portugal, con la prohibición de identificarse como jesuita. Se cree que Baltasar da Costa falleció durante el viaje de regreso a Europa.

Melchor de Figueiredo (fecha desconocida). El 6 de julio de 1564, Melchor de Figueiredo salió de Macao rumbo a Japón en la nave de Pedro de Almeida, acompañado por los padres Juan Cabral y Baltasar da Costa. Después de un viaje azaroso de 42 días, relatado por el laico Baltasar González, llegaron el 14 de agosto frente a Yokoseura, en la provincia de Nagasaki. Sin embargo, no desembarcaron debido a que el área estaba desierta por la guerra que había destruido el pueblo y la iglesia. Posteriormente, se dirigieron a Hirado. En mayo, mataron al *Cubo*, y en el mismo año de 1564, Figueiredo fue expulsado de Hirado, por lo que se trasladó a Bungo. Hacia agosto de 1565, Figueiredo pasó a Fukuda, Hirado y Ōmura. Desde allí, escribió una carta a los jesuitas de Macao informando sobre las guerras, Bartolomé de Ōmura, Arima y las naves portuguesas. A principios de 1566, Figueiredo estaba en Shimabara, desde donde escribió que había pasado la mayor parte del año y que no hablaba bien la lengua local. El tono había dado tierras a la Iglesia y había una Misericordia. Cosme de Torres escribió el 24 de octubre de 1566 que Figueiredo estaba en Bungo con dos hermanos, uno de ellos Lorenzo de Hirado, y tenía a su cargo el hospital. El 27 de septiembre de 1567, Figueiredo escribió desde Bungo, es decir, Funai. También solía atender a los cristianos de Usuki, la corte de Ōtomo Yoshishige. En Pentecostés de 1569, se desplazó a Usuki por algunos meses y regresó a Funai al final del verano. El 11 de octubre de 1569, escribió a los jesuitas de la India. De Funai, Figueiredo pasó al puerto de Fukuda para atender pastoralmente a los portugueses de varios navíos que anclaron en ese puerto en 1569 y 1570. Ese año, Figueiredo participó en la fundación del vecino puerto de Nagasaki. En julio, asistió a la Consulta convocada en Shiki por Francisco Cabral, sucesor de Cosme de Torres como superior de Japón. Al terminar la reunión, que duró un mes, volvió a Fukuda, desde donde informó sobre la muerte de Cosme de Torres el 21 de octubre de 1570, ocurrida tres semanas antes.

Listado de transliteraciones europeas de los términos asiáticos recogidos en la obra

TABLA DE CONCORDANCIAS DE LUGARES

Transliteración Europea	Término Nativo
Amacusa	Amakusa 天草
Arima	Arima 有馬
Avangi	Awaji 淡路島
Bungo	Bungo 豊後
Cangoxima	Kagoshima 鹿児島
Cavachi	Kawachi 河内国
Cavaxiri	Kawashiri 川尻町
Chicungo/ Chicugen	Chikuzen 筑前
Chungocu/Chugocu	Chūgoku 中国地方
Cochinoçu/ Cochinocçu	Kochinotsu 口之津
Coray/ Coria/ Corai/ Coree/ Corae	Koryo/Kōrai [Corea] 高麗
Coya	Kōyasan 高野山
Cutami	Kutami
Facata	Hakata 博多
Foccocu	Hokkoku 北国
Figen/ Fingem/ Fijen/Figense	Hizen 肥前
Fingo	Higo 肥後
Fiongo	Hyōgo 兵庫
Firando	Hirado 平戸
Funay/Funai	Ōita 大分市
Goquinai/Goquinay	Gokinai 五畿内
Goqu	Koku 石
Goto	Gotō 五島
Hyu	Iyo no kuni 伊予国

https://doi.org/10.1515/9783111617602-207

(continuación)

Transliteración Europea	Término Nativo
Iqisuqui / Iquinoxima	Iki no shima 壱岐島
Meaco/Miaco [«capital», i.e.: Kioto] *Se unifica todo el texto con ‹Miaco›	Miyako 都
Nangayçaque/ Nangasaqui/ Nangazaqui/ Nagasaqi/ Namgasaqui/ *Nangazaui/ Nangazaque* *Se unifica todo el texto con ‹Nagasaki›	Nagasaki 長崎
Nangato	Nagato (長門市)
Nifongocu	Nihonkoku 日本国
Nambangocu	Nambankoku 南蛮国
Nocçu	Notsu 野津
Omi	Ōmi 近江
Orancai	Uriankhai ウリヤンカイ/ 兀良哈
Osaca/ Oçaca/ Osaça/ Vozaca/ Ozaka	Ōsaka 大阪
Oxu	Ōshū 奥州
Quantou/Quanto	Kantō 関東
Quinocuni	Kishū no kuni 紀州国
Saçuma/ Sazima/ Satçuma/ Sacçuma	Satsuma 薩摩
Sacay/Sacai	*Sakai* 堺市
Suo	Suō 周防国
Tacasuqi	Takatsuki 高槻
Tacuxima	Takeshima 竹島
Tamba	Tanba 丹波
Tanoxima / Tanuxuma	Tanegashima 種子島
Tçunocuni	Tsuno 都農
Tongocu	Tōgoku 東国
Toza/Tosa	Tosa 土佐
Usuqi/Usuqui/Vosuqi	Usuki 臼杵
Voari/ Ovari	Owari 尾張

(continuación)

Transliteración Europea	Término Nativo
Ocu/ Voxu	Oshu 奥州
Vomi	Ōmi 近江国
Vomura/ Omura	Ōmura 大村
Vosaca/ Vosuquim	Ōsaka 大阪
Xicocu/ Xicoqu	Shikoku 四国
Ximabara	Shimabara 島原
Ximo/Ximia	Shimo 下 [id est, Kyūshū 九州]
Xinto	Shintō 神道
Xiqi/Xico	Shiki 志木
Yamanguchi/Yamaguchi/Amanguchi/Yamagucho *Se unifica todo el texto con Yamaguchi	Yamaguchi 山口
Yezo	Ezo 蝦夷
Yocoxiura/Yocuxiura/Vocoxiura *Se unifica con Yocuxiura	Yokoseura (横瀬浦)
Yxe	Ise 伊勢
Yzumi	Izumi 和泉

TABLA DE CONCORDANCIAS DE PERSONAJES

Transliteración Europea	Término Nativo
Amacusadono	Amakusa Hisatane 天草久種
Angero	Anjirō (アンジロー?), Yajirō (ヤジロー, ヤジロウ?) o también Angiró, también conocido con el nombre cristiano portugués Paulo de Santa Fé
Cotendadono/Contendadono/ Antonio Cotenda/	Yasutsune Koteda 籠手田安経
Arimadono	Arima Harunobu 有馬 晴信
Cambacundono/ Conbaconodono/ Quambacusama Quambacondono/ Quamvacondono Quambacudonosama Conbacondono/ Cuauacondono, Quambacu/ Quambacudono	Kampaku(dono) 関白殿 [Toyotomi Hideyoshi]
Daifusama	Tokugawa Ieyasu 徳川 家康
Dajodono/Dajondono/	Matsunaga Hisahide 松永久秀
Doca	Matsura Takanobu 松浦 隆信
Don Bartolomé	*Ōmura Sumitada* 大村純忠
Firandono /Firandodono	Matsura Shigenobu 松浦 鎮信
Gotondono	Gotō Harumasa 五島玄雅
Gojo/Goxo	*Ashikaga Yoshiteru* 足利 義輝
Isafa/Isafaifono	Ryūzōji Ieharu (Isahaya) 龍造寺家晴 (諫早)
Ichibundono	Ichibu Kageyū (市武 景融)
Justo Ucondono	Takayama Ukon 高山右近
Mino Camidono	Hashiba Hidenaga 豊臣秀長
Mioxidono/Mioxindono (se unifica con Mioxidono)	Miyoshi Nagayoshi (Chōkei 長慶) 三好 長慶
Moridono/Morindono	Mōri Motonari 毛利 元就
Naetondono	Naitō Okimori 内藤興盛
Nobunanga	Oda Nobunaga 織田 信長
Reoqui /Riogei/ Fibiarioquien	Hibiya Ryokei 日比屋了珪
Riussa/Riusa Joachin	Konishi Ryūsa 小西隆佐
Sacumandono	Sakuma Nobunori 佐久間信盛

(continuación)

Transliteración Europea	Término Nativo
Taico/ Tayco	Taikō 太閤
Taicosama/ Taycosama [se unifica por Taicosama]	Taikō(sama) 太閤様 [Toyotomi Hideyoshi]
Tçunocamedono Agustinho/ Cunocanmindono *Agostinho/* *Zunocamidono/ Çunocamidono/* *Agustín Junocamindono/* *Agustín Zunochamindono/ Tçunocamidono/* *Tsunocamidono*	Konishi Yukinaga 小西 行長
Omuradono/Omurandono [Se unifica el texto con Omuradono]	*Ōmura Sumitada* 大村純忠
Ximano Camidono/Ximano Camendono/Terazaba/ *Terrazavandono/ Ximanocami/ Ximanocami/* *Terazavandono/* Terazava *Ximandono* [se unifica por Ximadono]	Terazawa Hirotaka 寺沢広高
Vatadono/Vatandono	Wada Koremasa o Wada Iga no kami 和田惟政
Vochidono / Ōuchidono	Ōuchi Yoshinaga (大内 義長)
Yijasu/ Gixasu/ Yeyasu/ Dayfusama	Tokugawa Ieyasu 徳川家康
Yuqi Yamaxirodono	Yuki (Miyoshi) Yamashiro no kami Yasunaga 結城 (三好) 山城守 保長
Xagadono/ Xengan/Xengandono	Arima Haruzumi 有馬 晴純

TABLA DE CONCORDANCIAS DE VOCABLOS MISCELÁNEOS

Transliteración Europea	Término Nativo
Amida	Amida 阿弥陀
Bandu	Bandō 坂東
Bunguios/ Bunguios/ Bonigycios	Bugyō 奉行
Buque	Buke 武家
Cami	Kami 神
Cambaco/ Quampacu/ Cambacu/ Quambaco/ Quambacu/ Qumvaco/ Combaco/ Cuauacondono	Kampaku 関白
Cayu	Okayu お粥
Cha/Chá/Chia	Cha 茶
Chinguio/Chiguio	Chigyō 知行
Chunagon	Chūnagon 中納言
Cocu	Koku 国
Coye	Kun'yomi 訓読み
Cubo	Kubō 公方
Cunge, Cugue, Cungue	Kuge Kuge 公家
Cuni	Kuni 国
Cunixu/Conixu	Kunishū 国衆
Daifu	Daifu 大夫
Daijo	Daijō 大臣
Daijin	Daijin 大臣
Daimeo	Daimyō 大名
Dainagon	Dainagon 大納言
Dainichi/Denichi	Dainichi Nyorai (大日如来)
Dayri/Dayre	*Dairi* 内裏
Dojico/ Dojucus	Dōjuku 同塾
Fachindo	Hachindo 八道

(continuación)

Transliteración Europea	Término Nativo
Faxis	Hashi 箸
Fienoyama/ Frenoyama	Hienoyama 比叡山
Foben	Hōben 方便
Foquexa/ Focquexu	Hokke-shū 法華宗
Fotoque	Hotoke 仏
Guengi	Genji 源氏
Gun	Gun 郡
Feique	Heike 平家
Yacata/ Jacata/ Xacata/	Yakata 屋形
Jenxu	Zenshū 禅宗
Jondaxu/ Jondoxu	Jōdo-shū 浄土宗
Mion/Mio	Myō 妙
Nanginata/ Nanguiratas	*Naginata* 薙刀
Riochi	Ryōchi (領地)
Sacana	Sakana (肴)
Sacazuqui	Sakazuki 杯
Saicocu	Saikoku o Saigoku 西国
Tenca	Tenka 天下
Tendaju	Tendai-shū 天台宗
Tenxo	Tenshō 天承
Tono	*Otona* 乙名
Vo	Ō 王
Xaca	Shaka 釈迦
xiro	Shiru 汁
Ych	Itchō 一丁
yomi	On'yomi 音読み

Siglas

AJ: Alessandro Valignano, Libro Primero. Del principio y progreso de la religión cristiana en Japón y de la especial providencia que nuestro Señor usa con aquella nueva iglesia. Compuesto por el padre Alexandre Valignano de la Compañía de Jesús en el año 1601. Biblioteca da Ajuda, *Jesuita na Ásia*, Série da Província do Japão, História da Igreja do Japão, 1549–1570, Cód. Ms. 49–IV–53, ff. 244–420.

BL: Alessandro Valignano, Libro Primero. Del principio y progreso de la religión cristiana en Japón, y de la especial providencia de que nuestro Señor usa con aquella nueva Iglesia. Compuesto por el padre Alessando Valignano de la Compañía de Jesús en el año 1601. British Library, Add. Ms. 9857, 138 h.

CA: *Cartas que los padres y hermanos de la Compañía de Jesús, que andan en los reinos de Japón escribieron a los de la misma Compañía, desde el año de mil y quinientos y cuarenta y nueve, hasta el de mil y quinientos y setenta y uno*, Alcalá, en casa de Juan Íñiguez de Lequerica, 1575.

CC: *Copias de las cartas que los padre y hermanos de la Compañía de Jesús que andan en el Japón escribieron a los de la misma Compañía de la India y Europa, desde el año de M.D.XLVIII que comenzaron hasta el pasado de LXIII, trasladadas de portugués en castellano*, Coímbra, por Juan de Barrera y Juan Álvarez, 1565.

T: Horacio Turselino, *Historia de la entrada de la cristiandad en el reino de Japón y China y en otras partes de las Indias Orientales, y de los hechos y admirable vida del apostólico varón de Dios, el padre Francisco Xavier de la Compañía de Jesús, y uno de sus primeros fundadores*, Valladolid, por Juan Godínez de Milles, 1603.

M: Joan Pedro Maffeo, *Historia de las Indias Orientales compuesta por el padre Joan Pedro Maffeo de la Compañía de Jesús y traducida por Francisco de Gottor, tesorero y canónigo de nuestra Señora de la Peña de Calatayud*, Biblioteca Nacional de España, Mss/5789, 379 h.

DJ1: Juan Ruíz de Medina, *Documentos del Japón 1547– 1557*, Roma, Instituto Histórico de la Compañía de Jesús, 1990.

DJ2: Juan Ruíz de Medina, *Documentos del Japón 1558– 1562*, Roma, Instituto Histórico de la Compañía de Jesús, 1995.

OR: Orígenes, *Contra Celso*, Madrid, B.A.C., 1967.

AP: Tertuliano, *Apología de Quinto Septimio Florente Tertuliano, presbítero de Cartago, contra los gentiles en defensa de los cristianos*, Madrid, en la oficina de D. Benito Cano, 1789.

DS: Duarte de Sande, *Diálogo sobre a missão dos embaixadores japoneses*, T. II, Coímbra, Imprensa da Universidade de Coímbra, 2009.

DRAE: Real Academia Española, *Diccionario de la lengua española*, 23.ª ed., [versión 23.7 en línea]. <https://dle.rae.es>.

APC: François Antoine Gourcy, *Colección de los apologistas antiguos de la religión christiana...*Madrid, en la imprenta real, 1792.

Historia Religionis Christianae Japoniae

Del principio y progreso de la religión cristiana en Japón,
y de la especial providencia de que nuestro Señor usa
con aquella nueva Iglesia
(1601)

Libro primero

Del principio y progreso de la religión cristiana en Japón, y de la especial providencia de que nuestro Señor usa con aquella nueva Iglesia

Compuesto por el padre Alessandro Valignano de la Compañía de
Jesús en el año
1601

Tabla de los capítulos del Primer Libro de esta obra

[f. 1] Libro primero

Del principio y progreso de la religión cristiana en Japón, y de la especial providencia de que nuestro Señor usa con aquella nueva Iglesia

Epístola dedicatoria para nuestro padre General

Deseando yo y pensando muchas veces de escribir del principio y progreso de la religión cristiana en esta nueva Iglesia de Japón, muy reverendo y religiosísimo padre, con mucha razón me detuvieron y retardaron hasta ahora diversas cosas. Primeramente, me detenía la grandeza y la dificultad de este negocio, porque se me ofrecían para tratar y escribir muchas y graves cosas que por ser tan diferentes y estar tan encontradas con las nuestras de Europa con mucha dificultad se pueden escribir y declarar. De manera que sean bien entendidas de los que no tienen ninguna experiencia ni conocimiento de esta tierra, cuyas propiedades y cualidades son tan extrañas y el modo de gobernar su república tan diferente y las costumbres y modo de vivir tan peregrinas y ajenas de las nuestras que aun a los que estamos entre ellos y los conversamos ya muchos años ha, se hacen dificultosas de entender, cuanto más de explicarlas de manera que los de Europa las entiendan.

Además de esto, me retraía el conocimiento de la insuficiencia de mi ingenio y la falta de elocuencia para escribir cosas tan varias y tan graves. Lo cual con razón me pudiera detener para no ponerme a escribir ni aun otras cosas y materias de su natural con facilidad se declaran y entienden. Allende de esto, me impedían y estorbaban para no poder tomar esta impresa las continuas ocupaciones de mi oficio, en el cual, con tantos, tan varios y tan pesados negocios como a cada paso se ofrecen, y con las muchas navegaciones tan largas y trabajosas que en todo este tiempo fue forzado a hacer visitando estas provincias tan espaciosas, yendo tres veces [f. 1v] ya de la India a Japón y dos del Japón a la India, anduve siempre tan ocupado y distraído que nunca tuve lugar, ni tiempo para emprender cosa tan dificultosa. Finalmente, lo que sobre todo me hacía rehusar esta carrera es haber hallado con la experiencia de tantos años ser las cosas de Japón tan inconstantes y variables de su natural que apenas se puede escribir de él cosa del todo firme y cierta. Porque de tal manera se muda y revuelve todo por momentos que lo que un año se escribe de su estado y del de la cristiandad y de nuestras casas; apenas el año siguiente se puede entender por la grande mudanza y variedad que en las mismas cosas en muy breve espacio se experimenta, lo cual con dificultad yo pudiera creer si no lo hubiera probado por tan larga experiencia.

https://doi.org/10.1515/9783111617602-001

Porque en tres veces que vine de la India a Japón hallé siempre las cosas de esta tierra tan trocadas y mudadas de lo que las dejé que escasamente hallaba rastro a la vuelta de lo que había visto y dejado a la partida. Con todo eso, por otra parte, me movían e incitaban grandemente a escribir esta *Historia* otras muchas y diversas cosas hasta que, finalmente, esta postrera vez que torné a Japón me resolví a tomar entre manos este negocio, hurtando algún tiempo a las muchas ocupaciones de mi oficio.

Lo primero que grandemente me movía era parecerme que no podría carecer de él culpa si por pusilanimidad y desconfianza dejase de manifestar al mundo cosas de que resultaría tanta honra y gloria de Dios, y tanta edificación de los prójimos y con mi inútil silencio hiciese que quedasen escurecidas y sepultadas en perpetuo olvido. Acrecentábase también a esto la obligación que yo tengo así a nuestra mínima Compañía de Jesús –cuyo indigno hijo soy–, como a la virtud de la obediencia que profeso a la Compañía dejando de contar algunas de las muchas mercedes que nuestro Señor le hace tomándola por instrumento para las heroicas empresas que tiene entre manos en este Oriente y gobernándola con tan particular providencia y amor. Y a la obediencia por me haber ordenado primero la buena memoria de nuestro padre Everardo Mercuriano, y después Vuestra Paternidad[10], muchas veces que procurase llevar adelante la *Historia* de nuestra Compañía de la India Oriental y Japón que ya ha algunos años que comencé a escribir; la cual, habiéndome determinado a escribirla dividiéndola en tres partes, y habiendo ya reducido en compendio breve toda la primera parte, y hecho buena parte de la segunda, no pudiendo ir adelante con la obra, parte por falta de tiempo y parte por irme faltando las informaciones verdaderas de muchas cosas que me daban trabajo en averiguarlas y saberlas de raíz, de improviso me hallé desobligado, no sin particular gusto y consuelo [f. 2] mío, de lo que toca a la Historia de la India con los muy doctos y elegantes libros de las *Historias Índicas* que compuso en latín el padre Juan Pedro Maffei[11], y con la *Vida del padre maes-*

---

10 Se trata de Claudio Acquaviva (1543–1615), quien sucedió a Everardo Mercuriano (1514–1580) en el cargo de Prepósito General de la Compañía de Jesús, y que es también el destinatario de esta carta escrita por Valignano.

11 Giovanni Pietro Maffei nació cerca del año 1533 en Bérgamo, ciudad ubicada en la región de Lombardía (Italia), dentro de una familia de la nobleza. Educado en latín, griego y hebreo, pronto destacó por sus destrezas lingüísticas y retóricas. En 1563, asumió la cátedra de Elocuencia en Génova, y al año siguiente fue nombrado Secretario de la misma República. Posteriormente, en 1565, se unió a la Compañía de Jesús en Roma. Maffei fue catedrático de Elocuencia en el Collegio Romano durante seis años, ganándose un reconocimiento por sus traducciones al latín clásico y sus escritos sobre la labor misionera en las posesiones portuguesas de Oriente, especialmente en India y Japón. Por encargo del cardenal Enrique, rey de Portugal, en 1579 viajó a Coímbra, Évora y Lisboa para recopilar información para su obra más significativa, la monumental *Historiarum*

tro Francisco Xavier[12] que escribió también en latín el padre Horacio Torsellino[13] y, finalmente, con la nueva *Historia* que después de esta escrita se ha publicado en lengua portuguesa por el padre Juan de Lucena[14], todos de nuestra Compañía, en los cuales se trata todo lo que yo tenía escrito en la primera parte de mi *Historia* y algo de lo que iba escribiendo en la segunda y esto con más copia de cosas y con mejor y más elegante estilo.

Por lo cual, me determiné a escribir ahora solamente lo que pertenece a esta provincia de Japón, de la cual no se trata en los dichos libros más que lo que toca al principio que el dicho padre Francisco Xavier[15] dio con su venida a la promulgación del santo Evangelio. Y aunque es verdad que así el padre Maffei en los cua-

---

Indicarum –citada por Valignano en este pasaje y a lo largo de la obra–, publicada en 1588 y dedicada a Felipe I. Maffei participó en varios proyectos históricos hasta su fallecimiento en Tívoli en 1603. Para más detalles sobre las obras de Maffei véase: (Sommervogel V: 293–302).

12 Se refiere al *De vita San Francisci Xaverii libri VI* (Roma, 1596), el autor citará siempre la versión en latín aunque el título lo dejará en español.

13 Orazio Torsellino distinguido historiador y literato, nació en Roma en 1545. Desde temprana edad, se incorporó a la Compañía de Jesús, dedicándose por completo al ámbito educativo. Durante veinte años, impartió cátedra de Literatura en el Collegio Romano, desempeñando un papel crucial en la formación de destacados maestros cuyas habilidades brillaron intensamente en la Compañía. Adicionalmente, Torsellino ejerció como director del Seminario Romano, así como de los colegios de Florencia y Loreto. Su vida culminó en Roma el 6 de abril de 1599. Para más detalles sobre las obras de Torsellino véase: (Sommervogel VIII: 655–667)

14 João Lucena, predicador y teólogo portugués, nacido en 1550 en Trancoso, una pequeña localidad de Portugal. Desde joven, Lucena mostró un ferviente interés por la vida religiosa, ingresando al noviciado en Coimbra en 1565. Inicialmente, su carrera académica comenzó en el campo de la Filosofía, donde se dedicó a la enseñanza de las obras de Aristóteles. Sin embargo, su verdadera vocación se manifestó en su elocuencia y habilidad para la predicación, lo que le llevó a dedicarse exclusivamente al ministerio sagrado. Su contribución al ministerio en Portugal fue notable durante la Contrarreforma, destacándose por su capacidad para comunicar los principios cristianos de manera eficaz y accesible. Lucena falleció en Lisboa en el año 1600, dejando un legado importante en la historia eclesiástica portuguesa. Para más detalles sobre las obras de Lucena véase: (Sommervogel II: 888–889). En este caso, y también más adelante, Valignano hace referencia a la *Historia da vida do padre Francisco de Xavier e do que fizerão na India...*, publicada en 1600 por Pedro Crasbeek.

15 San Francisco Xavier, apodado el «Apóstol de las Indias», nació en el castillo de Xavier, situado al pie de los Pirineos, el 7 de abril de 1506. Fue uno de los siete primeros compañeros de San Ignacio de Loyola, quienes hicieron voto en la iglesia de Montmartre en 1534 de dedicarse a la conversión de los no creyentes. A solicitud de Juan III, rey de Portugal, que pedía misioneros para las Indias Orientales, Xavier se embarcó desde Lisboa en 1541. Estableciéndose inicialmente en Goa, difundió el Evangelio a lo largo de la costa de Comorin, en Malaca, las islas Molucas y Japón. Francisco Javier falleció en 1552 en la isla de Shangchuan, a la vista del imperio de China, lugar al cual anhelaba llevar la fe. Fue canonizado por el Papa Gregorio XV en 1622. Sobre la vida y obra de Xavier véase: (Schurhammer 1992).

tro libros que también escribió en latín de las *Cartas de Japón*[16], como otros en algunas *Relaciones* y en diversas cartas de Japón que andan impresas en diversas lenguas, tratan algunas cosas de este reino, todavía como no escribieron por modo de *Historia* ni con la claridad y distinción que era necesario para poderse bien entender por ser cartas que los nuestros escribieron en varios tiempos y lugares y de diferentes materias con estilo de cartas familiares como quien escribía a sus hermanos, escribiendo unos de ellos. Luego, como llegaban a Japón solamente lo que oían decir a los otros sin tener ni noticia de la lengua, ni conocimiento o experiencia de la tierra y otros 17/7/24 17:33:00que, aunque sabían algo de lo uno y de lo otro, todavía ni escribían pareciéndoles que se hubiesen de imprimir sus cartas ni trataban sino de las cosas que acontecían en sus tiempos, que fueron como principio e infancia de esta Iglesia, y después hubo muchas y muy grandes mudanzas y se fue descubriendo mucha tierra. Por todas estas causas, con la muchedumbre y diversidad de tantas cartas, se vino a causar una cierta manera de perplejidad y confusión de suerte que muchas no se entienden y otras parecen contrarias entre sí, y cuan escritas con algunos encarecimientos y exageraciones. De donde nace que, hasta ahora, no se tiene en Europa plena ni entera noticia de esta nación de Japón, ni de las grandes cosas que la divina providencia ha hecho y cada día se digna de hacer maravillosamente por los religiosos de la Compañía en esta nueva Iglesia. Y que, por falta de este conocimiento, esta nobilísima provincia entre todas aquellas que de nuevo se fueron convirtiendo a la fe de Jesucristo nuestro Señor, carezca[17] de las ayudas necesarias para sustentarse e ir adelante, las cuales sin duda no le faltarían si ella fuera [f. 2v] más vecina a nuestra Europa o el sumo Pontífice, supremo vicario de Jesucristo en la tierra, y estos príncipes y señores cristianos, así eclesiásticos como seglares tuvieron más

---

16 Existen al menos tres versiones de estos compendios de *Cartas de Japón*, dos en latín y uno en español, los cuales Valignano tuvo claramente a su disposición mientras escribía. Las cartas originales en castellano y portugués fueron recopiladas y traducidas al latín por Maffei; estas se publicaron y reimprimieron en numerosas ediciones por toda Europa. Hay que recordar que el primer compendio importante de cartas escritas por los misioneros jesuitas en Asia Oriental, traducidas al latín, se publicó en Lovaina en 1566. A esta edición le siguieron pronto dos ediciones revisadas y ampliadas, publicadas por la misma imprenta en Lovaina en 1569 y 1570. Es en estas dos ediciones donde, por primera vez, se encuentran una selección de *Epistolae Japanicae*, publicadas junto con una versión revisada del libro previamente impreso de *Epistolae Indicae*. La persona seleccionada para llevar a cabo esta labor académica fue Maffei, quien, a pesar de su juventud, ya era reconocido por su brillante dominio del latín. Fue así como en 1571 apareció la primera edición en latín de las cartas desde Japón de Maffei, en forma de apéndice a su traducción del comentario de Manuel da Costa sobre las misiones jesuitas en Oriente, el *Rerum a Societate Iesu in Oriente gestarum...* (Dillingen, Sebald Mayer, 1571) (Üçerler II, ff. xlii– xliii).
17 carecía *AJ*.

clara y entera noticia de ellas. Y para suplir esta falta cuanto pudiere de mi parte, confiando en aquel que es verdadera Sabiduría *qui aperuit os mutorum, et linguas infantium fecit disertas*[18], escribiré esta *Historia* declarando las cosas que causan duda y perplejidad en las dichas cartas, de manera que todos las entiendan sujetándome con toda humildad en lo que en ella dijere a la corrección de la santa madre Iglesia romana, y al parecer de Vuestra Paternidad que también tengo en lugar de Dios por superior en la tierra, cuya vida nuestro Señor conserve por muchos años.

De este puerto de Nagasaki, hoy 25 de marzo, día de la Anunciación de nuestra Señora, del año de 1601 en que comencé a escribir este tratado.

---

18 Sabiduría 10, 21: «la sabiduría enseñó a hablar a los mudos / y soltó la lengua de los niños».

Proemio al lector

Habiendo de escribir del origen y progreso de esta nueva Iglesia de Japón, y de la singular providencia con que por estos cincuenta años continuamente desde su principio hasta ahora fue gobernada y encaminada por nuestro Señor, me pareció repartir y reducir esta materia a cinco géneros de cosas. El primero será de las que pertenecen a la orden y composición de esta *Historia*, la cual, porque ha de ser eclesiástica y no profana, solamente se tratará en ella en lo que toca a la monarquía secular de Japón de aquellas cosas sin cuya noticia y conocimiento ni la historia de las mismas cosas eclesiásticas se puede bien ordenar ni declararse las mismas cosas de suerte que se entiendan.

El segundo será de las cosas que clara y abiertamente muestran que la divina providencia asiste con particular amor al gobierno de esta Iglesia y con manifiestos indicios se descubre y hace conocer en ella como lo hacía en el tiempo de la primitiva Iglesia, aunque en el comunicar de las gracias y dones de su espíritu se haya ahora de otra manera con esta Iglesia conforme a la diversidad de los méritos y de los mismos tiempos, no dejando por eso de comunicar a los ministros y prelados que en ella tiene y a los demás cristianos que se convierten a nuestra santa fe los dones y gracias necesarias conforme al beneplácito de su divina voluntad y a lo que juzga ser más conveniente al tiempo y al estado de las cosas que ocurren aquí para su mayor honra y gloria.

El tercer género de cosas que aquí habemos de escribir será tratar de los grandes trabajos, frecuentes persecuciones y peligros espirituales y corporales que los [f. 3] religiosos de nuestra Compañía padecen, y las muchas y casi insuperables dificultades que hallan en Japón para llevar esta empresa adelante la cual hasta ahora está toda a su cargo, así en abrir puertas por diversos reinos a la promulgación del santo Evangelio y comunicar la divina luz de nuestra santa fe a los gentiles que saliendo de las tinieblas y oscuridad de la infidelidad se convierten a ella; como también en conservar los cristianos ya hechos y apacentarlos con doctrina católica y con el uso de los divinos sacramentos, venciendo con la divina gracia todos los contrastes que en todo esto se ofrecen, la cual si nuestro Señor no les comunicase con particular abundancia sería cosa imposible poderlo vencer.

El cuarto será mostrar con ejemplos y razones[19] manifiestas que los padres de nuestra Compañía procuran y procuraron siempre cuanto pudieron conforme a la disposición de la gente y de los tiempos, de seguir la doctrina y pisadas de Cristo nuestro Señor y de sus sagrados apóstoles, y de los demás santos y doctores que dio a su Iglesia, así en la predicación y dilatación de la doctrina y ley evangé-

---

19 corazones *AJ*.

https://doi.org/10.1515/9783111617602-002

lica entre infieles, como en el gobierno de los ya convertidos e incorporados a esta nueva Iglesia y en la introducción de las costumbres y preceptos eclesiásticos y en la administración de los sacramentos, y que por esta vía cogieron abundantes y copiosos frutos para honra y gloria de Dios nuestro Señor y salvación de las ánimas y con grande honra y crédito de esta nueva Iglesia de Japón.

El quinto y último será averiguar y declarar las dudas que acerca de diversas cosas se han de ofrecer en todo el discurso de esta *Historia*, y responder también a diversas calumnias que se escribieron y publicaron contra los padres de nuestra Compañía, mostrando que fueron falsamente levantadas por invención de aquel *qui est mendax et pater mendacis*[20] y con toda modestia sin *sugilar*[21] ni notar a ninguno se dará la descarga y satisfacción necesaria a todas las cosas de que podría nacer alguna duda por falta de experiencia y de conocimiento de las cualidades y costumbres de los japoneses. Para guardar mejor orden y más claridad en esta *Historia*, la dividiremos toda en cinco libros y cada libro tendrá diversos capítulos para que, discurriendo por cinco tiempos según el número de los superiores de nuestra Compañía que gobernaron hasta ahora esta provincia y nueva Iglesia de Japón, se diga con más claridad y distinción lo que en cada uno de estos tiempos aconteció guardando muy cierta la cuenta de los años[22] que son como los huesos y nervios en que se debe armar todo el cuerpo de la *Historia*, y no teniéndose la debida cuenta de ellos, ni puede haber certidumbre ni claridad en ninguna historia.

El primer libro tratará de lo que sucedió al principio que vino a Japón el padre maestro Francisco Xavier, primero pregonero del santo Evangelio en aquel reino, con todo lo además que aconteció por todo el tiempo que el padre Cosme de Torres, que fue hecho [f. 3v] superior por el mismo padre Xavier, gobernó la Compañía y cristiandad de Japón que duró por espacio de veinte años, comenzando desde el fin del año de 49 y llegando el año de 70 en los cuales con pocos obreros de la Compañía y con suma pobreza y grandes trabajos y abatimientos comenzaron a romper este espeso bosque y matorral de Japón y abrir este

---

20 BL anota en el margen la referencia «Job 8», sin embargo, es pertinente señalar que la cita correcta corresponde a Juan 8, 44. Según la versión de la Vulgata, el texto es: «Vos ex patre diabolo estis: et desideria patris vestri vultis facere. Ille homicida erat ab initio, et in veritate non stetit: quia non est veritas in eo: cum loquitur mendacium, ex propriis loquitur, quia mendax est, et pater ejus». En contraste, la traducción de la Reina Valera (1960) ofrece: «Vosotros sois de vuestro padre el diablo, y los deseos de vuestro padre queréis hacer. Él ha sido homicida desde el principio, y no ha permanecido en la verdad, porque no hay verdad en él. Cuando habla mentira, de suyo habla; porque es mentiroso, y padre de mentira».

21 Se trata de un lusismo antiguo que significa ‹insultar› o ‹infamar›.

22 nuestros *AJ*.

eriazo[23] lleno de espinas y abrojos, padeciendo grandes contradicciones y trabajos y costándoles sudores de sangre, abrir en algunos pequeños campos, dándoles una y otra vuelta hasta que estuviesen sazonados y en estado que se pudiese en ellos sembrar la semilla del santo Evangelio y trocarse ellos en tierra buena.

En el segundo libro se tratará de las cosas que sucedieron por el discurso de otros once años, comenzando del año de 70 hasta el de 81, en los cuales el padre Francisco Cabral, segundo superior de Japón gobernó la Compañía, el cual hallando ya el campo abierto y hecho tierra de labor y multiplicándose los obreros fue aumentando esta obra, y cogiendo más copiosos frutos, creciendo tan bien con eso los trabajos y contradicciones, visitando nuestro Señor esta viña con su divina providencia, ahora con aguas de consolación y de dulzura para que con la grande sequedad no se perdiese, ahora con aguas de tribulaciones y persecuciones para que con esto lanzase mayores y más profundas raíces en la tierra.

El tercer libro contiene el tiempo de otros nueve años, desde el año 81 hasta el de 90 en los cuales Japón fue hecho viceprovincia y el padre Gaspar Coelho su Viceprovincial, en cuyos primeros seis años, *Vinea Domini Labaoth extendes palmites suos a mari usque ad mare*[24], creció y se multiplicó grandemente aumentándose el número de los de la Compañía, y tomando esta viceprovincia nueva forma con grande reputación y crédito de nuestra santa ley, y convirtiéndose a ella muchos señores y príncipes con otra mucha gente noble y creciendo el número de los cristianos grandemente. Hasta que, en el año de 87, Quambacudono[25], señor universal de Japón, instigado del enemigo del linaje humano que no podía sufrir acrecentarse tanto nuestra santa fe, y ayudado también para eso de algunos ministros suyos y adversarios nuestros, movió universal persecución con públicos edictos así contra la religión cristiana como contra nuestros padres ministros de ella. De tal manera que se vieron en grandes tribulaciones y aprietos desfalleciendo algunos flacos, y cumpliéndose lo que dijo Cristo nuestro Señor: «Omnis plantatio, quam non plantavit Pater meus, eradicabitur»[26]. Y lanzando las plantas que él plantó más profundas raíces en el tiempo de esta persecución, en la cual también no dejó su divina Majestad de visitar esta su Iglesia dándole grandes ayu-

---

23 Significa ‹erial›, «dicho de una tierra o de un campo: sin cultivar ni labrar» *DRAE*.
24 Salmos 72, 8: «Dominará de mar a mar, / Y desde el río hasta los confines de la tierra».
25 Toyotomi Hideyoshi (豊臣 秀吉, 1537–1598) fue un prominente daimio y sucesor de Oda Nobunaga. Conocido por sus habilidades estratégicas y diplomáticas, Hideyoshi completó la unificación de Japón tras la muerte de Nobunaga. Implementó reformas sociales y económicas significativas, como la codificación de las divisiones sociales y la restricción del uso de armas a la clase samurái. También intentó expandir su dominio mediante invasiones fallidas a Corea. Hideyoshi es recordado como uno de los grandes unificadores de Japón.
26 Mateo 15, 18: «Pero respondiendo él, dijo: "Toda planta que no plantó mi Padre celestial, será desarraigada"».

das y, en el mismo tiempo, también la proveyó de pastor, enviando al reverendísimo don Sebastián de Morales[27] de nuestra Compañía, primer obispo de Japón y persona de mucha virtud y autoridad, aunque viniendo de Portugal para [f. 4] la India pasó de esta vida mortal para la eterna en la misma armada en que venía.

El cuarto libro tratará de lo que aconteció en otros diez años, desde el 1590 hasta el de 1600 gobernando el padre Pedro Gómez[28], segundo Viceprovincial de Japón en los cuales, durante la misma persecución, unas veces creciendo y otras veces ablandando[29], hasta la muerte de Quambacudono. Pasó esta viceprovincia y nueva Iglesia de Japón por grandes peligros y tribulaciones, padeciendo grandes trabajos y pérdidas, aunque la cristiandad nunca dejó de crecer e ir adelante, visitándola nuestro Señor con su divina providencia con enviarle al reverendísimo *dom* Pedro Martins[30] también de nuestra Compañía, segundo obispo de Japón. Aunque por venir en tiempo en que acertó a renovarse la persecución fue echado de su obispado y forzado a volverse a Macao en la misma nave en que había ve-

---

27 Más conocido como Sebastián Morais o Moraes (1534–1588), nació en Funchal, Portugal. Ingresó en la Compañía de Jesús en 1550, ascendiendo hasta alcanzar el cargo de superior en 1577. Felipe II lo propuso como obispo de Funai, la recién establecida sede episcopal de Japón, en 1588. No obstante, falleció en un naufragio en las costas de Mozambique en marzo de ese mismo año (López-Gay 177–178).
28 Pedro Gómez (1535–1600) fue profesor y misionero jesuita. Inició su formación en la Compañía de Jesús en Alcalá de Henares en 1553, tras estudiar siete años de Gramática Latina y Artes. Promovido rápidamente a «maestro» en 1556, se desempeñó como lector de Teología y prefecto de estudios en Coimbra. En 1579, cumpliendo su deseo de misionar en Japón, llegó a Macao en 1581 y a Japón en 1583, donde fue superior en el colegio de Funai y del distrito de Bungo. Durante su estancia, escribió textos de Filosofía y Teología adaptados a los lectores orientales, entre ellos, el *Compendium catholicae Veritatis* (1594), traducido al japonés en Nagasaki. Fue viceprovincial de la misión desde 1590 hasta su muerte en 1600, destacándose como teólogo y filósofo en el contexto de la evangelización en Japón.
29 hablando *AJ*.
30 Pedro Martins (Martínez), nacido en Coímbra en 1542, fue el segundo obispo de Japón. Ingresó a la Compañía de Jesús el 25 de mayo de 1556 en su ciudad natal, donde cursó Artes y comenzó estudios en teología. Entre 1560 y 1575, completó su formación teológica y el curso de Artes en Évora, y fue ordenado sacerdote en 1570. Durante los siguientes años, desempeñó diversos roles en la enseñanza, la predicación y la administración. En 1585, Martins viajó a la India y en septiembre de 1587, fue nombrado Provincial de la Provincia Goana. El 17 de febrero de 1592, fue designado Obispo de Japón durante un Consistorio, y fue consagrado ese mismo año en Goa. En abril de 1593, partió de la India hacia Macao, donde arribó en agosto. Desde agosto de 1596 hasta marzo de 1597, residió en Japón, tiempo durante el cual también actuó como Legado del Virrey de la India y fue recibido en audiencia solemne por Toyotomi Hideyoshi. Dejó Japón en marzo de 1597 y falleció el 18 de febrero de 1598 cerca de Malaca, en el mar (Schütte 1230).

nido por orden de Ximadono[31], gobernador de Quambacudono que entonces se llamaba Taicosama[32]. Y después, yendo desde Macao a la India para buscar remedio a su Iglesia, falleció en la mar, en cuyo lugar envió poco después la divina providencia al reverendísimo *dom* Luís Cerqueira[33] de nuestra Compañía por tercer obispo de Japón.

---

31 Terazawa Hirotaka (1563–1633) fue un daimio japonés, destacado por la construcción del castillo de Karatsu. Originalmente vasallo de Toyotomi Hideyoshi, Hirotaka ascendió a señor de Karatsu en 1595. En la Batalla de Sekigahara, en 1600, se alió con las fuerzas de Tokugawa Ieyasu y fue recompensado con amplios territorios. Entre 1602 y 1608, por mandato de Tokugawa, los dominios vecinos apoyaron la edificación de su nuevo castillo, especialmente en la excavación de los fosos. En 1637, debido a su incapacidad para sofocar la rebelión de Shimabara, el Shogunato confiscó sus tierras, en parte a consecuencia de la sobretasación y la mala gestión administrativa local que contribuyeron al levantamiento poco después de su fallecimiento.

32 Se refiere al cambio de nombre llevado a cabo por Toyotomi Hideyoshi de *Kampaku*, es decir, regente a *Taikō* regente emérito o retirado. Originalmente bautizado como Hiyoshimaru (日吉丸), Hideyoshi cambió su nombre a Kinoshita (木下) y adoptó Tōkichirō (藤吉郎) como apellido familiar. En 1558, al entrar al servicio de Nobunaga, fue conocido como Kochiku (小竹). En 1562, se renombró como Hideyoshi y una década después alteró su apellido a Hashiba (羽柴). En 1573, adoptó el título de Chikuzen no kami (筑前国の神). Fue designado Tandai (探題), un oficial especial del shogunato, en la región de Chūgoku (中国地方) en 1580. Ascendió a Naidajin (内大臣), ministro del interior de la corte imperial, en 1584. Un año después, en 1585, obtuvo el cargo de Kampaku (関白), regente, y en 1586 se convirtió en Daijō daijin (太政大臣), canciller del reino, adoptando el apellido Toyotomi (豊臣). En 1591, fue nombrado Taikō (太閤), regente retirado (Boscaro 1)

33 Luís de Cerqueira (1552–1614), tercer obispo de Japón, de Alvito (Portugal), ingresó en la Compañía de Jesús el 14 de julio de 1566. Tras completar estudios en humanidades, filosofía y teología, hacia finales de 1575 comenzó a trabajar en el Secretariado de la Curia Romana de la Compañía de Jesús en Roma, hasta principios de 1577. Posteriormente, de regreso en su patria, ocupó varios cargos hasta que en enero de 1592 fue informado de su nombramiento como obispo de Japón. Sin embargo, debido a la demora en la recepción de las cartas pontificias, no pudo zarpar hacia la India hasta el 30 de marzo de 1594. Llegó a Goa el 22 de septiembre de 1594 y a Macao el 7 de agosto de 1595. Finalmente, el 5 de agosto de 1598, ingresó a Japón y poco después fue informado sobre la muerte de D. Pedro Martins, quien había fallecido en febrero de 1598 cerca de Malaca. En marzo de 1599, junto con Valignano y muchos otros, se trasladó al Colegio en Kawachinoura, Shimo-Amakusa, y en agosto de 1599 se mudó a la localidad de Shiki en la misma isla, donde permaneció hasta el 28 de octubre de 1599 y 28 de febrero de 1600, aunque ese mismo año regresó a la ciudad de Nagasaki. Se dedicó al estudio del japonés en el Colegio de Kawachinoura y el 25 de marzo de 1601 colocó la primera piedra de la nueva iglesia del Colegio de Nagasaki, que fue inaugurada con una ceremonia solemne el 21 de octubre de 1601 para la construcción de la iglesia del Hospital de San Jacobo (Nagasaki) con sus propias limosnas. Un gran incendio en la ciudad de Nagasaki el 27 de octubre de 1601 destruyó un gran almacén del Señor Obispo. El 18 de diciembre de 1601 consagró la nueva iglesia en Arima y se ocupó de la sepultura del mártir Takeda Simon en el oratorio del jardín del Colegio de Todos los Santos. Falleció el 16 de febrero de 1614 (Schütte 1151–1152).

El quinto libro finalmente proseguirá lo que va aconteciendo en este tiempo de ahora gobernando el mismo obispo *dom* Luís esta su nueva Iglesia y el padre Francisco Pasio[34], tercer viceprovincial de Japón nuestra Compañía. En el cual tiempo, habiendo esta Iglesia recobrado su paz por la muerte de Taicosama[35] se fue brevísimo tiempo dilatando nuestra santa fe por diversos reinos con grande crédito y reputación y creció grandemente el número de los cristianos hasta que, moviéndose gravísima guerra civil entre los que por orden de Taicosama quedaron nombrados para gobernar a Japón, se perturbó todo él, dividiéndose los señores japoneses unos por una parte y otros por otra. Y con la ocasión de estas guerras padeció nuestra Compañía y esta nueva cristiandad muy graves daños y peligros hasta que, finalmente, tornándose a restituir esta paz con la victoria que alcanzó Daifusama[36], que [a]l presente es señor universal de Japón, tornó esta Iglesia y nuestra Compañía a experimentar la singular providencia que nuestro Señor tiene de ella. Y aunque toda esta obra se reparta en cinco libros –como dijimos–, y las cosas que se han de tratar se reduzcan a cinco géneros, todavía no se tratarán de tal manera que cada género de estas cosas se trate en su libro distinto, más en cada uno de los cinco libros se tratará de todos estos cinco géneros de cosas según que acontecieron por el discurso de los tiempos.

La materia parece que será gustosa y provechosa y porque por haberse descubierto Japón de cincuenta años a esta parte hay pocos que escriban de él y estos por la mayor parte fueron de la Compañía sin hasta ahora haber venido a mis manos otros libros que traten de propósito de esta materia, con ellos alegaré.

---

34 Francesco Pasio (1554–1612) nacido en Bolonia ingresó en la Compañía de Jesús el 24 de octubre de 1572, y, tras completar sus estudios en Artes, inició su formación teológica en Lisboa, donde fue ordenado sacerdote en 1578. En el mismo año partió hacia la India y llegó a Goa, donde ejerció como ministro y procurador de la Provincia. El 26 de abril de 1582 se embarcó hacia el Extremo Oriente, llegando a Macao el 7 de agosto de 1582 y a Japón el 25 de julio de 1583. En Japón, Pasio sirvió en diversos lugares, incluyendo Sakai, Bungo y Nagasaki, ocupando varios cargos. En septiembre u octubre de 1600, fue nombrado Viceprovincial de Japón, y en julio de 1611, Visitador de las misiones en Japón y China. El 22 de marzo de 1612 partió de Nagasaki hacia Macao, donde falleció el 30 de agosto de 1612. Autor de varios escritos y cartas, documentó extensamente su labor misional y los eventos significativos en Japón, además de escribir sobre la historia del cristianismo en la región y relatos de martirios. Su influencia y trabajo fueron reconocidos ampliamente en diversos catálogos y otras fuentes históricas documentadas (Schütte 1266–1267).

35 Toyotomi Hideyoshi murió el 8 de septiembre de 1598.

36 Se trata de Tokugawa Ieyasu (1543–1616) fundador y primer shōgun del Shogunato Tokugawa, régimen feudal que ejerció su gobierno en Japón desde la batalla de Sekigahara, en 1600, hasta la Restauración Meiji en 1868. Está reconocido como uno de los tres grandes unificadores de Japón, junto a Oda Nobunaga y Toyotomi Hideyoshi.

Mas porque puede también ser que nuevamente hayan escrito algunos[37] [f. 4v] otros religiosos o seglares que, viniendo por varios casos de las Filipinas, estuvieron en Japón, me pareció advertir aquí que para escribirse con certeza de las calidades y costumbres de tierras tan nuevas y tan apartadas de las nuestras no basta cualquiera vista que se tenga de ellas; mas es necesario que haya muy larga experiencia de la gente y de las cosas de que se escribe, y que se haya alcanzado con mucha inquisición y diligencia verdadero conocimiento y noticia de ellas. Porque de otra manera hacense grandes yerros en estas *Relaciones* y escríbense cosas que, aunque dan gusto y parecen verdaderas a los que están lejos y no saben tanto de la tierra, se apartan mucho de la verdad, y fuera mejor callarlas. Y porque el estar las tierras tan lejos, y haber poco conocimiento de ellas, dan a nuestra curiosidad atrevimiento y licencia para decir y escribir muchas cosas con poca consideración apareciendo que serán creídas y que no se podrán fácilmente averiguar –como se ve en diversas *Historias* y *Relaciones* en las cuales con esta licencia se han dicho muchas cosas apócrifas, inciertas y que se apartan mucho de la verdad–, han de advertir los que las leyeren como se prueba lo que se dice y cuan conforme a la verdad parece. Y porque con la divina gracia yo pretendo que esta *Historia* vaya muy cierta entendiendo qué mal se puede dar gloria a Dios con falsedades y mentiras, procuraré de no escribir ninguna cosa en ella que lo haya primero muy bien examinado y sabido muy de raíz. Lo cual a mí me será mucho más fácil por escribir de cosas que acontecieron en nuestros tiempos, de las cuales hasta ahora hay muchos testigos de vista que no me dejarán mentir, y en la misma tierra adonde ellas acontecieron y lo que más es después de tener mucha experiencia y conocimiento de ella y adonde puedo averiguar, como lo he hecho con diligencia, todas las dudas y perplejidad que me ocurren.

También se advierta que, como al principio dije, no pretendo tratar de raíz de las fábulas y genealogías interminadas[38] de los japoneses que, como dice el apóstol San Pablo: «quaestiones praestant magis quam aedificationem Dei, quae est in fide»[39]; ni tampoco de sus guerras, de sus sectas y costumbres de sus bonzos, sino lo que precisamente fuere necesario para inteligencia de las cosas que de propósito se han de tratar, pues por el mismo Apóstol está escrito: «stultas autem quaestiones, et genealogias, et contentiones, et pugnas legis devita: sunt

---

37 al géneros *AJ*.

38 Término poco específico. En AJ es «internidades», el cual no tiene sentido. Con mucha probabilidad indicaría lo inacabable o inabarcable de las numerosas genealogías japonesas, por esta razón sería «interminables», o mejor, «indeterminadas».

39 1 Timoteo 1,4: «ni presten atención a fábulas y genealogías interminables, que acarrean disputas más bien que edificación de Dios que es por fe, así te encargo ahora».

enim inutiles, et vanae»[40]. Trataré pues principalmente de las cosas tocantes a esta nueva Iglesia y a la Compañía, valiéndome de lo que hallare escrito hasta ahora por los que desde el principio estuvieron aquí examinándolo muy bien primero y porque, sin hacer injuria a otros, entre todos los que de las cosas de Japón escribieron hasta ahora el padre Juan[41] Pedro Maffei escribe con más certeza y con mejor orden, así en sus *Historias Índicas* en varios lugares como en las *Cartas* que tradujo en latín. Alegaré con él muchas veces en esta *Historia*, declarando y acrecentando lo que me pareciere necesario para averiguar y sacar en limpio la verdad de lo que se escribe y para escribirlo de suerte que se entienda.

Puede ser también que ya él en este tiempo haya traducido en latín otras cartas de Japón –como él mismo promete al principio de esta su segunda impresión– que por estar aquí nosotros tan lejos de Europa no hayan aun llegado a nuestras manos. Mas [f. 5] si estas u otras cosas que se hayan escrito acertaren llegar en el tiempo que esta *Historia* se escribe, haremos también de ellas mención y si no entienda el lector que no se dejan de alegar por falta de diligencia[42], mas por no haber tenido hasta ahora noticia de ellas y todo lo que aquí se escribiere será ordenado para gloria de Dios cuyo es todo el bien y a cuya honra[43] se escribe.

Vale.

---

40 Tito 3, 9: «Pero evita las cuestiones necias, y genealogías, y contenciones, y discusiones acerca de la ley; porque son vanas y sin provecho».

41 João *AJ*.

42 Como confirma el manuscrito BL, sobre el final de su libro el autor consiguió añadir las cartas de la segunda reimpresión de Maffei. Esto demuestra que una copia debió de llegar a su mano en Japón alrededor de 1600.

43 Señora *AJ*.

Capítulo 1
Como se descubrió Japón y el padre Xavier fue a él

Aquella divina y soberana Majestad, que con incomprensible providencia e inefable

Sabiduría «Attingit a fine usque ad finem fortiter, et disponit omnia suaviter[44]», de tal manera *ad eterno* infaliblemente ordena y encamina[45] todas las cosas que han de ser por los divinos medios a sus propios fines, que, conforme a su naturaleza, unas necesarias y otras contingentemente se hacen a sus tiempos determinados y alcanzan sus fines. De suerte que ni la infalible disposición de la divina providencia pone necesidad a las causas libres y contingentes, ni tampoco su libertad y contingencia quita[n] alguna cosa de la infalibilidad de la misma providencia divina. Y así viendo[46] en su eternidad determinado de volver a su tiempo los ojos de su clemencia a estas tierras de Japón tan escondidas y remota de nuestra Europa para sacarlas de las tinieblas de la infidelidad en que estaban, y comunicarles la luz resplandeciente de su divino Evangelio, ordenó también los divinos medios[47] que pusiesen en ejecución este su eterno e infalible beneplácito.

Y para principio de esta ejecución escogió la valerosa nación portuguesa, así como ya muchos años atrás la había también escogido para llevar por su medio esta misma luz del Evangelio a otras provincias incógnitas, y con quien hasta entonces no había tenido los de nuestra Europa casi ningún trato o comercio. Por lo cual, se puede con razón llamar dichosa esta noble nación, más que por otros muchos dones y mercedes que de nuestro Señor ha recibido, pues la escogió para llevar esta divina luz entre tantas y tan bárbaras naciones como están desde Portugal a la India Oriental, y entre tantas y tan extendidas provincias como hay por todas estas partes orientales, comunicando por su medio a diversas naciones y reinos el verdadero conocimiento de nuestro Creador y Salvador, y dando para esto a los portugueses tan grande ánimo y tan señaladas y milagrosas victorias contra tantas y tan belicosas naciones que procuraron impedir esta obra para la cual ellos fueron escogidos por Dios nuestro Señor, como largamente se lee en las

---

44 Sabiduría 8, 1: «Se despliega vigorosamente de un confín al otro del mundo y gobierna de excelente manera el universo».
45 determina *AJ*.
46 habiendo *AJ*.
47 remedios *AJ*.

https://doi.org/10.1515/9783111617602-003

Historias Índicas[48]. Hasta que, finalmente, los escogió para el descubrimiento de estas dos nobles naciones de la China y Japón que también para ellos tenía reservado, y por su medio llamó nuestro Señor muchos de estas naciones al conocimiento de su santa ley, como lo vemos ahora.

Y porque el descubrimiento de la China se hizo por ellos muchos años antes, como largamente se trata en sus *Historias*[49], aunque el entrar por la China adentro a predicar el Evangelio, aconteció muchos años después de se haber publicado en Japón de la manera que en su lugar diremos, trataremos ahora [f. 5v] del descubrimiento de Japón. El modo pues como se descubrió, cuenta el padre Maffei en el duodécimo libro de sus *Historias Índicas* por estas palabras[50]: «En lo además una cosa hizo muy insigne su virreinato es, a saber, que por este tiempo fue antes descubierta para los nuestros la tierra de Japón [M f. 276v]». Y tratando más abajo del modo y personas que lo descubrieron, acrecienta estas palabras[51]:

> El título y honra de haber descubierto primero estas tierras de Japón se atribuyen muchos portugueses a sí propios, pero yo antes doy crédito a Antonio Galván[52] en aquel libro que escribió de los descubridores del nuevo mundo, en el cual claramente dice que António Mota, Francisco Zeimoto y António Pexoto partiéndose de la ciudad de Droda de Si[am] para la China que fueron arrebatados con un viento pertinaz a las islas del Japón en el año de mil y quinientos cuarenta y dos, cuando el visorrey Sosa –como decíamos arriba– tomó a su mano el gobierno de la India [M, f. 284][53].

---

48 Se refiere a la obra de Maffei.
49 Recientemente, se ha publicado una traducción al español de un fragmento de la obra de Matteo Ricci (Trotta, 2023), en la cual se detalla minuciosamente las dificultades que enfrentaron los misioneros para adentrarse en el interior de China.
50 «Caeterum sosapreturam una res maxime feit insigne aperta perid tempus et primum cognita nostri homonib, terra Japonia».
51 «Adita primum eius terrae titulum decus ve et alij quidem Lusitani ad setra Hunt: sed ego Antonio Galvano crediderim, in eo libro quem de inventoribus orbis novi conscripsti aperte narranti, Antonium Motam, Franciscum Zeimotum, et Antonium Peixo tum cum ex orbe sionis dodras peterent Sinas, pertinaci, vento ad insulas Japoniorum abreptos anno seculi huius 42 cum Soma (uti dicebamos) Indiam Provincia regendam accepisset».
52 Se refiere a António Galvão, también conocido como Antonio Galvano, cronista y administrador colonial portugués en las Islas Molucas. Fue el primero en presentar un relato exhaustivo de todas las principales exploraciones llevadas a cabo hasta 1550 por portugueses y españoles. Su obra se destaca por su notable precisión, especialmente el *Tratado dos descobrimentos antigos e modernos*, publicado inicialmente en Lisboa en 1563 y traducido al inglés por Richard Hakluyt en 1601.
53 Se refiere al siguiente pasaje en la obra de la obra de Galvão: «No anno de 542 achandose Diogo de Freita no reino de Sião na cidade Dodra Capitão de hum navio lhe fugirão três portugueses em hum junco que hia pera a China, chamavaõse Antonio de Mota, Francisco Zeimoto, e Antonio Pexoto. Hindose caminho pera tomar porto na Cidade de Liampo, que està em trinta e tnatos gros daltura, lhe deu tal tormenta à popa, que os apartou da terra, e em poucos dias ao Levante virão huma Ilha em trinta e dous grãos, a que chamão os Japoens, que parecem ser

De manera que, por lo que se ve en estas palabras, el descubrimiento de Japón fue hecho cuanto a los hombres acaso, aunque por infalible providencia de nuestro Señor en el año de 42, reinando en Portugal el serenísimo rey Don Juan III[54]. Y para que también en esto descubramos la particular providencia de nuestro Señor, y la manera que él ordena que concurran a sus tiempos las causas libres para ejecutar el beneplácito de su divina voluntad, en el mismo año que se descubrió Japón llegó el padre Francisco Xavier a la India que había poco después de llevar la luz del Evangelio a los japoneses. Porque, como refiere el mismo Maffei tratando de la llegada del dicho Martín Alfonso de Sosa[55], gobernador de la India con el padre Xavier, dice así[56]:

> El visorrey Sosa deseando por algunas ciertas causas adelantarse, en la primera ocasión que se ofreció de poder navegar, se adelantó en una de las más ligeras naves, sin querer dejar de llevar en su compañía al padre Xavier, aunque no estaba convalecido del todo. [...] Finalmente arribaron a Goa a seis días del mes de mayo de año de mil y quinientos cuarenta y dos [M, f. 268v].

Y lo mismo dice en la *Vida del padre Francisco Xavier* y es cosa cierta. En el mismo año de cuarenta y dos movió nuestro Señor al padre Cosme de Torres a salir de Nueva España adonde estaba muy bien acomodado para ir[57] a las islas Malucas y encontrarse allí con el padre Xavier y, después, irse de allí a Goa a entrar en la Compañía para ser compañero del mismo padre Xavier en esta jornada de Japón y hacer tanto como allí hizo, como adelante diremos. De manera que parece que estuvo Dios nuestro Señor esperando para descubrirse Japón por la venida del padre maestro Francisco porque bien pocos días después de su llegada a la India se descubrió, y así como empresa que estaba aparejada para él luego que supo de este descubrimiento se determinó de ir allá. Porque habiendo ido de la India a Maluco y estando ya de vuelta en Malaca en el año de cuarenta y siete, por las nuevas que allí tuvo de aquel reino y de la disposición que había para se poder plantar en él nuestra santa fe, se resolvió de ir allá.

---

aquellas Sipangas de que tanto fallaõ as Escrituras, e suas riquezas: e assi estas tambēm tem ouro, e muito prata, e outras riquezas» (94-95).

54 Juan III de Avis, apodado «el Piadoso» (1502-1557).

55 Martim Afonso de Sousa (Vila Viçosa, 1500 - Lisboa, 21 de julio de 1571) fue un ilustre noble, marino y militar portugués, recordado por su papel en la primera expedición colonizadora de Brasil y por haber servido como gobernador de la India portuguesa entre 1542 y 1545.

56 «Praetor Sosa, quod certis de causis praevenire cuperet; quae prima facultas navigandi fuit, rostrata maiore celeriter antecessit, neque Xaverium, viribus utcunque receptis ab se divelli permisit. [...]. Goam denique anno seculi huis quadragesimo secundo perventum est pridie nonas Maias».

57 venir *AJ*.

Por donde se ve como se engañó Torsellino cuando tratando de esto en la *Vida del padre Xavier* dijo: «De esta región del Japón no tuvieron noticia alguna los antiguos. Descubrieronla a caso unos portugueses, llevados de un recio temporal, y comenzaron a contratar con los naturales, diez años antes que el padre Francisco aportase a ella [T, f. 166v]»[58]. Porque no fueron diez años los que pasaron hasta resolverse el padre de ir allá, mas solo cinco y siete hasta su llegada a aquel reino. Todo lo cual escribe Maffei así como pasó al principio del libro catorce de sus *Historias Índicas* por estas palabras[59]:

En el mismo tiempo que sucedían estas cosas en la India se abrió también una grande puerta al Evangelio fuera de toda esperanza en las últimas tierras del orbe. Había un hombre principal en Japón llamado Angero[60] en un lugar marítimo nombrado Cangoxima[61]. Este caballero habiendo tomado amistad con los mercaderes portugueses fue informado de ellos en conversaciones ordinarias de los misterios de la religión cristiana y juntamente de la vida y cosas que había hecho el padre Xavier y sus compañeros. Concibió de aquí poco a poco el japonés tan grande deseo de abrazar aquella verdad evangélica y de conocer al padre Xavier que para buscarle no dudó de meterse por aquel ancho y no conocido mar sin temor alguno. Partiéndose pues de Japón, llevando por guías a los mismos portugueses, finalmente después de diversos peligros y dificultades halló, con grande regocijo su ánima, al padre Xavier en Malaca, el cual volviendo de las Molucas a la India, había reparado en aquella ciudad, y como el padre también había oídos muchas cosas maravillosas de los japoneses, se regocijó mucho de la venida y vista de aquellos extranjeros japoneses. Y no cesaban después de preguntar las diversas cosas en las pláticas que con ellos tenías, los cuales a todas ellas les respondían muy bien, mostrando todos en sus respuestas mucha prudencia, particularmente el caballero Angero el cual era dotado de una singular inclinación y huma-

---

58 «Haec aut omnis regio antiquitati peritus ignota casu Lusitanis eo tempestate ab reptis, decennio antequam eo veniret Xaverius inventa, conciliari comercio caeperat».
59 «Sub idem tempus (que era el año de 47) in ultimas quoque terras porte praeter spem et expectationem ingens Evangelio patuit. Angerus erat in Japone quidam, maritimo in oppido Cangoxima honesto loco natus, requi quod [f. 6] Saxumam appelant. Is, contracta cum Lusitanis institoribus amicitia, de religionis Chriftianae myfterijs, ac simul de Xaverij sacerdotis vita rebusque quas gereret, multa ex ijs in familiari sermone percepit. Inde paulatim, et veritatis et Xaverij tanto studio est captus, uti ad eum inquirendum, vasto et ignoto sese mari absque ulla dubitatione crediderit. Profectus ducibus Lusitanis iisdem, post varios errores atque discrimina, Malacae Xaverium (qui e Molucis Indiam repetens eadem in urbe substiterat) summa fua cum animi voluptate convenit, atque ut Pater item de Iaponijs mira quaedam audierat, advenarum congressu et aspectu valde laetatus; crebris deinde colloquijs varia ex ijsdem sciscitari non destitit. Per commode ad singula respondebant: minimeque vulgaris inesse cunctis, ac praesertim Angero, tum indoles, tum humanitas visa. Ergo Xaverius, ut primum Indica negotia transegisset, Iaponios (quod iam ante cogitarat) omnino adire constituit. Haec Maffeuys».
60 Este nombre se unifica en todo el texto en lugar de «Anjirō».
61 Kagoshima, es la ciudad capital de la prefectura de Kagoshima, sobre la región de Kyūshū en la isla de Kyūshū, al suroeste de Japón.

nidad. Así que determinó el padre Xavier en concertando las cosas de la India lo más presto que le fuese posible ir al Japón, lo cual ya antes había pensado [M, f. 311].

Mas, para que esto se entienda mejor y se vea cómo la divina providencia concurrió particularmente en esta obra y en un cierto modo forzó a este Japón gentil a encontrarse con el padre Xavier, pondré aquí parte de una carta que el mismo Angero, llamado Pablo de Santa Fe después de hecho cristiano, escribió a los padres de la Compañía a los 29 de noviembre de 1548[62] traducida en latín por el mismo padre Maffei[63], en la cual dándoles cuenta de esto dice así[64]:

---

62 AJ lee erróneamente «1543».

63 Se refiere al más grande compendio en latín de las cartas jesuitas desde las Indias Orientales publicado en Lovaina por Rugterius Velpius en 1566 con el título de *Epistolae Indicae de stupendis et praeclaris rebus, quas divina bonita in India et variis insulis per Societate nominis Iesu operari dignata est, in tam copiosa Gentium ad fide conversione.* Más concretamente, la sección que utilizará Valignano en este volumen para para (casi) todas las cartas citadas de los jesuitas será la selección de las *Epistolae Iapanicae*, publicada en las primeras dos ediciones (1569 y 1570).

64 «Cum in Iapone (quod meum patrium solum est) caeca illa superstitionum caligine mersus iacerem; ad bonziorum coenobium, infestas mihi quorumdam tanquam in asylum forte confugeram. Eodem, comercij causa Lufitanorum appulsa erat nauis: in quibus Alvarus Vazius mihi iam antea notus, cognitare, primo si una fecum vellem decedere, pro amicitia mihi sese liberaliter obtulit: deinde, cum id, ob eius nondum expedita negotia, longius esse prospiceret, mihi que foret in mora periculum; paranti profectionem amico, qui propinquo in portu stationem habebat, me per litteras commendavit. Eas ego comfestim, intempesta nocte cum pertulissem; ut in re tiepida, non cuierant inscript.e Ferdinando, sed Georgio Alvaro naviculario, per imprudentiam reddidi. Isme benignissime exceptum abduxit, eo confiliosut me ad Francisci Xauerij, quicum erat ei magna necssitudo, familiaritatem adiungeret: cum interea et concilianda voluntatis mea et) informandi ad, religionem animi gratia, multa partim de viri vita, rebusque, quas gereret, partim etiam de Christiane disciplina institutis quotidie mihi narraret. Hisego sermonibus, paulatim non folum cognoscendi hominis, verum etiam Christiana studio religionis exarseram. Itaque cum Malacam pervenissemus, sacro fonte iam tum essem ablutus, si per Episcopi Vicarium licuisset, qui cognito rerum mearum ftatu; ob eam maxime caussam me baptizari prohibuit, quod post, facra suscepta, ad uxorem ethnicam mihi redeundum negabat. Quo circa infectare, cum nec Xaverium ibi, ut putaveram, offendissem, et maturus iam reditus effet in patriam; ad Sinarum regionem nauigaui [f. 6v], que distat ab Japone 200 circiter lecarum intervallo ut inde in Japonem prima quaque nauigandi facultate traijcerem. A Sinis, cum in conspectu ore Japoniae venissemus, nec plus 20, leucis a terra abessemus; repente (aussima teterrimas totius quatridui tempestate in eundem exquo solveramus Sinarum portum reiecti; descendimus. Hic mihi et naufragi metu perterrito, et intimis religionum stimulis agitato, quid agerem incerta ac solicitamente deliberanti, ecce Lusitanus Alvarus Vazius occurrit: is, cuius præcipue benefisio me ex Japone evafisse narravi. Miratus cur discessissem Malaca, et simul audito maris periculo quod adieram, suadere institit mihi, secum denuo. Malacam reverterer: ad cuius hortatiorim Laurentj quoque Bottellij auctoritas accessit, hominis honorati, cum diceret non dubitare sese, quin Xauerius Malaca propediem esset futurus, qui me in Diui Pauli Collegium Goam perduceret, Christiana doctrina diligentius excolendum, et inde revertenti in patriam mihi aliquem e Societate comitem esset daturus. Placuit consilium, itaque rurfus veni Malacam: ibi

Estando en mi tierra de Japón y siendo gentío sucediome por una causa matase un hombre. Acogime a un monasterio de la tierra de frailes, que es coito como aquí las iglesias por escapar. En este tiempo estaba un navío de portugueses que iba allí a tratar, entre los cuales había uno por nombre Álvaro Vaz[65] que de antes ya me conocía, y sabiendo lo que me acaeciera me dijo que si quería venir para su tierra. Yo le dije que sí. Y porque él estaba de espacio y no estaba aviado, [dijo] que me daría una carta para un don Hernando[66], hidalgo, que estaba en otro puerto, ya para partir, de la misa cuesta. Y yendo a buscarlo me partí de noche por no ser preso. Acaso fui a topar con un portugués por nombre Jorge Álvarez[67], capitán de navío, pareciéndome que daba la carta al hidalgo. El cual Jorge Álvarez me truje consigo y me hizo mucho gasalhado, trayéndome en su voluntad para entregar al padre mío maestro Francisco, de quien es grande amigo. Contándome de su vida y de lo que hacía, me vino gran deseo de me ver con él.

Y caminando venimos ter a Malaca. Y por el camino este Jorge Álvarez me informó qué cosa era ser cristiano, y ya venía algún tanto dispuesto para aceptar el bautismo, y cada vez crecía en mayores deseos de eso. Y luego me hiciera cristiano de esta llegada primera a Malaca si el vicario de allí me bautizara. Porque preguntándome qué hombre era y qué estado

---

in ipso descensu opportune mihi fit obviam, qui me ex Japone asportaverat, Georgius Alvarus. Is me continuo ad Xauerium deduxit, tunc forte in templo solennia nuptiarum sacra facientem: quis essem, cuius rei causa venirem exposui. Quibus ille auditis, tantam vultu verbisque, animi lætitiam ostendit, me que, nactum iam aliquam Lusitania lingua consuetudinem, ita et tum accepit comiter, et de inceps benigne amicique, tractavit et ego vicissimi congressu hominis et aspectu ni que adeo sum recreatus; ut satis appareret, totam eam itineris mei rationem institutam fuisse divinitus. Mox ad Collegium Diui Pauli reversurus, quod neophiti Christiani in promontorio Comorini erant ei ex itinere invisendi, me una cum Georgio Alvaro via breviori premisit. Goam tenvimus initio mensis Martij, anno post. Virginis partum 1548. Eodem ipse quoque pervenit quarto vel quinto post die: sane celeriter. Cuius adventu gavisus sum vehemeter, quippe iam ipsius humanitate ac prudentia mirabiliter captus. In Collegio deinde edocti quacunque ad Baptismum erant necessaria, ego et famuli, quos mecum ex Japone adduxeram; mense Maio in sequenti, in templo maximo, per manus Episcopi, festo ipso Spiritus sancti die, Baptismi sacra suscepimus. Xauerius Japonicam provinciam cogitat me ducet secum. Hactenus Paulus alim Angerus.

65 «Los portugueses hicieron cuanto pudieron para aliviar al que tan francamente les había abierto su corazón, pero partieron sin conseguirlo. Angero comunicó sus penas interiores dos años después, como lo había, como lo había hecho a los tres mercaderes, a otro portugués, llamado Álvaro Vaz, que había ido a comerciar a Cangoxima. Vaz que había conocido en Malaca al P. Francisco Xavier y estaba entusiasmado con las conversaciones prodigiosas que le había visto hacer, trató de obligar al japonés a que partiese a las Indias y se presentase al santo Apóstol, diciéndole: «Es un hombre querido del Cielo, y estoy seguro de que los atractivos de su conversación con a divina sabiduría de sus consejos desvanecerán en un momento la tristeza que os devora». Angero sintió la necesidad de seguir el consejo de Vaz pero no se atrevió a resolverse... (Charlevoix, 31).

66 Don Hernando o Fernando. Se trata de D. Fernando de Meneses.

67 Comerciante portugués y capitán de su propio navío, entabló amistad con Xavier probablemente en la India. Coincidió con él en Malaca cuando preparaba su viaje a Japón en el otoño-invierno de 1545 y lo hospedó en el otoño de 1552 en la isla de Sanshoan, cercana a Cantón. Ambos fallecieron en 1552; Álvarez en Malaca, como le había profetizado Xavier, y este último en la isla de Sanshoan.

era el mío, dándole cuenta cómo era casado y que había de tornar para mi casa, me impidió el bautismo, diciendo que no había de tornar a hacer vida con mujer gentil. Y viniendo en este tiempo la monzón para caminar para mi tierra, me embarqué en un navío que iba a la China, para de allí, siendo tiempo y yendo navío, me pasase otra vez en Japón.

Y siendo en la China y yendo en el viaje de Japón que es camino de siete u ocho días, serán doscientas leguas; y ya perto[68], que estaríamos a veinte de la cuesta de Japón y a la vista de ella, vino una tormenta deshecha, tan grande, de la tierra, por la prora y con tanta oscuridad que se no sabían dar a consejo. Y duró cuatro días con sus noches, llamando por misericordia, que en tanto aprieto se veían. Y de esta vuelta fue necesario tornar a tomar el puerto de la China de donde partimos.

Y tornando a la China, como digo, y viendo la pasada tormenta, y que mi deseo de ser cristiano y ser instruido en la fe me seguía, estaba así sin me saber determinar en lo que hiciese. De esta tornada a la China encontré el Álvaro Vaz que primero en mi tierra me comentó y habló que me viniese. Y espantado cómo yo así me viniera de Malaca y el tiempo nos botara allí, y estando con un navío prestes de camino para Malaca, me dije que volviese con él. Y así me indujo a eso un Lourenço Botelho[69], personas honradas, diciendo que me tornase a Malaca, que le parecía que ya allí hallaría al padre maestro Francisco, y que de allí me vendría a la India, a Goa, a San Pablo, que me instruiría en la fe y que algún padre iría conmigo a Japón. Pareciome bien lo que me dijeron y holgué de hacer este viaje.

Y viniendo y llegando a Malaca, topando [con] Jorge Alvarez, [el] que primero me trajera, me llevó luego al padre maestro Francisco, que en la tierra estaba. Y lo topamos en una iglesia de Nuestra Señora haciendo un casamiento y que me entregó a él y dio larga cuenta de mí. Holgó tanto el padre maestro Francisco de me ver y abrazar que bien parecía venir esto por Dios ordenado. Y cada vez lo voy más sintiendo en mi alma, yo asaz de bien consolado y satisfecho con su vista. Ya antán entendía alguna cosa de portugués y hablaba alguna palabra.

Ordenó entonces el padre que yo viniese a este colegio de San Pablo en compañía del dicho Jorge Álvarez que para esta ciudad de Goa venía. Y el padre, por otra vía, caminó a visitar los cristianos del Cabo de Comorín y de allí se volver a este Collegio. Pero no hizo mucha tardanza, que entrando yo en Collegio en la entrada de marzo de 1548, de ahí a cuatro o cinco días llegó el padre maestro Francisco, que fue asaz de consolación para mí, porque de la primera vista quedé muy edificado y deseé de amor de le servir y nunca de él me apartar.

Y estando aquí en este Collegio aprendiendo e instruyéndome en la fe, recibí agua de bautismo en mayo del dicho año, día del Espíritu Santo en la fe, por el obispo. Y así en el dicho día un criado mío que truje de Japón, que también aquí está [DJ1, pp. 40-43].

Después de Pablo bautizado, y bien instruido en el Collegio de Goa por espacio de un año, y haber dado el padre Xavier la orden que convenía a la India, aparejándose para ir a Japón cuenta Maffei las dificultades que se le ofrecieron por estas palabras[70]:

---

68 Es lusismo, significa «cerca».

69 No se dispone de información sobre este mercader portugués.

70 «Interim vero, Japonicam ad expeditionem, instante iam die, se ipse diligenter parabat. Is ubi percrebuit rumor, piorum greges ad illum protinus lacrymabundi conveniunt, monent, obsecrant, obtestantur ne semet ultro tam anticipitem ac periculosam in aleam det; neu publicam

En este medio acercándose ya el día para la navegación del Japón, se aparejaba con mucha diligencia el padre Xavier. Creciendo pues este rumor de la partida del padre Xavier, los rebaños de las ovejas de Cristo llenos de dolor y lágrimas se fueron luego para él, al cual amonestaron, rogaron y suplicaron que no se metiese voluntariamente en una tan dudosa y peligrosa navegación, ni pusiese en tan manifiesta ruina la salud pública de la religión cristiana, la cual principalmente consistía en su vida. Poníanle delante muchas cosas y dificultades, las cuales bastaran a espantar y apartar de semejante camino el más animoso y fuerte hombre del mundo. Proponíanle primero la grande distancia del camino, porque había

---

rem, quae ipsius vel in primis nitatur capite, eiusmodi consilijs tantum in discrimen adducat. Sane quam multa erant, quae quamlibet animosum hominem ac fortem, absterrere a tali itinere possent. Primum ipsa longinquitas, quippe leucas amplius mille trecentas [f. 7] distat a Goanis finibus terra Japonia. De in multis in regionibus, ac praesertim circa Somatram ac Sinas, mare a piratis insessum, itemque a Sinarum praesidijs, quae saepenumero in peregrinos omnes nullo discrimine tamquam in hostes invadant. Idque tum erat extimescendum magis, quod Sinas inter et Lusitanos nondum essent plane reconciliata commercia, neque locus foret Sinarum ullus, quo Lusitanis ad contrahendum aperte descendere, aut ubi tuto commorari liceret. Memorabantur et varijs locis insidiosa vada syrtesque, nondum ad plenum ijs cursibus exploratis. Itemque Eoi pelagi natura, quod faevum, et vastum, et vorticosum, totas haud raro naves absorbet, et super haec, praecipuus nautarum terror, ecnephias typhon; suetus in ea vel maxime plaga furere: et ipsa cum oneribus vectoribusque navigia, in asperum saepe littus ac saxa torquere. Cum haec et alia multa ad timorem proponerentur, satisque mirari se posse amici negarent, cur tanto rerum usu, tali sapientia, vir tantis periculis objiceret sponte sese; relictaque in vicino segete, cujus ipsemet sementem feciffet, tam longinqua, tam operosa tam incerti proventus novalia peteret. Ast ego (inquit ille) satis mirari non possum, cui infinitam Dei vim paeriter et clementiam quotidianis praeconiis celebrare soliti, eidem nunc potentiae ac bonitati, meo potissimum in capite diffidatis. [...] Ita ne vero? Ad levissimam incertamque praedam, per densas acies, micantes gladios, et volitantia tela caeco impetu ruet miles; inanes honorum titulos, et speciosa vocabula, nihil aut modicum duratura, ambitiosus per summam indignitatem atque miseriam, quotidianis obsequiis, adulatione servili, valetudinis damno, patrimonij profusione captabit; sordidarum mercium causa, quæque dum taxat corpori serviunt, et vetustate facillime corrumpuntur, institor ac navicularius, terra unde ortum habet, relicta, veluti ruptis naturae: faederibus, ventorum ac maris irae sese permittat; obiectusque fluctibus ac piratis, ignotum orbem, peregrinarum avium instar, ignota semper littora pererrabit; nos, propagandæ religionis, amplificandi Chriftiani nominis, omnipotentis Dei demerendi; servandi humani generis gratia; inopiam, aerumnas, incommoda, mortem denique recusabimus? Praesertim cum illorum temporarios labores, ab improba plerunque cupiditate profectos, mortemque unam, altera saepe mors, et sempiterni labores, atque infiniti cruciatus excipiant. Nostram industriam operamque, si in officio ac fide ad extremum usque perstemus, beatissima aeternitas, immortales coronae, immensa praemia maneant. Nihil ergo sit tanti, quo nostra de Deo, deque hominibus benemerendi studia retardentur. [...] Proinde facessant querelae absint complorationes, singultus ac suspiria sileant. Quin potius, uti Christianos, et Dei hominumque amantes decet, meam hanc expeditionem, faustis (ut ita dicam) ominibus, et studio incensis apud Deum suffragationibus prosequimini. Hisce dictis levato utcunque moerore, conscendit navim (Aprili mense, anno post Chriftum natum 1549. Comites habuit [f. 7v] e Societate Cosmum Turrianum, et Joannem Fernandum Hispanos de externis, Paulum famulosque Iaponios. Haec Maffeuys.

desde los límites de Goa hasta tierra del Japón más de mil y trescientas leguas. Además de esto, le decían que en muchas partes y regiones y principalmente cerca de Sumatra y de la China estaba la mar muy infestada de corsarios, y también con los presidios de los chinos, los cuales la más veces acometían a los peregrinos sin diferencia alguna como si fuesen sus enemigos. Lo cual principalmente se debía entonces temer más, porque entre los chinos y portugueses no tenían comercio ni trato de amistad, ni había algún lugar de los chinos, adonde pudiesen acudir con seguridad los portugueses para la comunicación, o adonde pudiesen estar sin peligro. Contábanle también los engañosos vados y sirtes que había en muchas partes los cuales hasta entonces no los sabían por no haberlos bien navegado. Decíanle también de la naturaleza del mar oriental, que era muy tempestuoso, descubierto y lleno de remolinos, el cual tragaba todas las naves, o, a lo menos, eran pocas las que se escapaban. Además de esto que era grande el temor que tenían los marineros a los furiosos vientos que de ordinario corrían allí, con cuya furia eran arrebatadas las naves de los pasajeros con sus cargas y mercancías, y las hacía pedazos muchas veces en aquellos peñascos. Como le fuesen propuestas al padre Xavier estas y otras muchas cosas para causarle temor y se maravillasen mucho sus amigos de que un varón que tenía tan grande experiencia de cosas y era adornado de tanta prudencia, si quisiese de su voluntad ofrecer a tantos peligros y que, dejando aquella cercana mies la cual el mismo había sembrado por su amo, quisiese ir a buscar otra tan lejos tan trabajosa, tan incierta y sin esperanza de fruto. Pero el santo padre Xavier le respondió:

«Yo –dice él– me maravillo mucho, de que estando vosotros, hijos míos, acostumbrados a predicar y engrandecer cada día la infinita fortaleza y clemencia de Dios que ahora desconfiéis de su potencia y bondad principalmente contra mi vida. [...] ¿Por ventura el soldado con un ciego ímpetu no se mete por un incierto y ligero interés del robo por medio de los cerrados escuadrones entre las resplandecientes espadas, y entre las pelotas de artillería que vuelan por todas partes? ¿y el ambicioso por unos vanos títulos de honras y dignidades que ni son de sustancia, ni duran mucho no anda en muchos trabajos y miserias por medio de cotidianos servicios, lisonjeando como criado, y perdiendo su salud y contento y derramando su hacienda? ¿y, finalmente, el mercader, por ocasión que solamente sirven al cuerpo y que facilísimamente se pierden con la vejez, no deja su tierra adonde nació, rompiendo las leyes de naturaleza y se entrega a la ira y tempestades de la mar, a los vientos y corsarios, arrodeando el nuevo y no conocido orbe y sus puertos a manera de aves peregrinas? ¿pues nosotros para predicar la religión cristiana, para dilatar el nombre de Dios y alcanzar la misericordia del Omnipotente, reusaremos la pobreza, los trabajos, las miserias y la misma muerte? Particularmente que los trabajos de aquellos son temporales y muchas veces tienen su origen de una insaciable codicia, y así después de la una muerte corporal se sigue casi de ordinario la otra muerte eterna y perpetuos trabajos y dolores infinitos. Pero al contrario nuestra industria y diligencia si perseveramos en el oficio y fe hasta la muerte nos están aparejadas coronas inmortales de gloria, premios infinitos y una eternidad beatísima. Así que ninguna cosa por dificultosa que sea nos impedirá para dejar de emplearnos en servicio de Dios, y en el provecho de las alas de los prójimos. [...] Así que por esto paren ya las quejas, cesen los lloros, no se oigan suspiros y gemidos, antes bien como conviene a cristianos y a personas amadas de Dios y de los hombres favoreced esta mi jornada acerca de mi Dios con dichosos agüeros que dicen y con un fervoroso deseo y oración».

Habiendo dicho estas cosas el padre Xavier y alanzado la tristeza todo lo que pudo, se embarcó el mes de abril del año de mil y quinientos cuarenta y nueve. Llevó consigo al padre Cosme Turriano y al padre Joan Fernando[71], españoles padres de la Compañía, de los extranjeros llevó a Pablo y a sus criados japoneses. [T, ff. 311v-313v]

Mas, para que mejor se entienda lo que adelante diremos del dicho padre Cosme de Torres, pondré aquí parte de una carta que él mismo escribió de Goa a 25 de marzo del año de 1549 para los padres y hermanos de la Compañía de Portugal, en que tratando de su vocación y del modo maravilloso por donde nuestro Señor lo trujo a la Compañía y lo hizo compañero del padre Francisco Xavier en esta empresa de Japón. Dice así[72]:

---

71 Se refiere a Cosme de Torres y a Juan Fernández.

72 «Quando multa mihi per hos dies ac magna de Christo ex domestica Sociorum, qui ex istis regnis huc veniunt, praesertim vero Francisci Xauerii consuetudine discere datum est, ut communicem vobiscum hanc animi mei laetitiam, Patres in Christo fratresque brevibus enarrare eonstitui, quo pacto Dominus me suam in hanc Societatem vocarit. Antehac, tametsi propenso in religionem fui femper animo, multae me tamen variaeque cupiditates a proposito retardarunt. Anno redempti generis humani 1538. Nescio quid ut quaererem, profectus ab Hispali, Cannarias primum seu Fortunatas, tum Divi Dominici, quam appellant, complures praterea alias insulas petii, de quibus, quod satis iam nota sunt, me nihil attinet scribere. Vidi etiam continentem, quam novam Hispania vocant, fertilitatis eximiae: in qua, Dominicanorum et Franciscanorum opera, magnus Christianorum numerus cernitur. Ibi quadriennio ferme per summam saecularium rerum omnium abundantiam ac satietatem exacto, cum maius quiddam atque solidius, quasi divinas, animus meus appeteret. Kalendis Januarijs, anni 1542, sex navium classem nactus, Occidentem versus pergere intendi. Cum quincum iam et quinquagesimum diem in alto, procul ab omni terrae conspectu navigassemus; ad insulas denique venimus multas numero, magnitudine perexiguas, loco depressas; quarum incolae, nudi, pisce tantum atque arborun folijs victitabant. Hic dies octo substitimus, decimo inde die insulam conspeximus amoenissimam, frequentibus ac proceris admodum confitam palmis: sed nos vehemens venti vis descensu prohibuit. [...] Inde cum ad Septentrionem navigaremus, vento adversante cursum ad meridiem avertimus, parvamque in insulam descendimus, carne et oryza abundantem. Sesquiannum circiter ibi traduximus. [...] Hinc de noftris ad 400 amissis, paene coacti discedere, contendimus ad Malucum; quo in loco mora ferme biennii facta, quod classi nostrae novam in Hispaniam reditus non patebat, de sacerdotum aliquot, virorumque nobilium comitum nostrorum sententia, cum Praefecto Lusitanorum qui erat ibidem, transegimus ut nos in hasce Indiae regiones adduceret. In eo itinere insulam attigimus; quae dicitur Amboinus. Ibi Xaverium reperi: cuius primo congressu in ipsius imitationem sum vehementer incensus, itaque repente eius vestigiis institissem, nisi Episcopum Goae prius invisere decrevissem. Quo circa meum illi animum aperire in praesentia superfedi. Goam inde perventum est. Ibi me statim ad Episcopum contuli aquo exceptus liberaliter, [f. 8] et Ecclesia cuiusdam administrationi praepositus, in eo munere quinque circiter mensium spatio ita sum versatus, ut me graves interea fere semper curae cogitationesque, vexarent. Quibus defatigato iam animo cum nullam plane requiem invinirem, ad nostrum hoc Divi Paulli Collegium veni, meque Patris Nicolai qui totam Collegio Rector praeerat, familiaritatem dedi. Ab eo cum genus vitae disciplinamque, Societatis domesticam cognovissem, valde mihi, praesertim auctoritate Xaverii iam ante permoto, res tota placuit: cumque ex instituto Societatis iccirco tantisper anegotijs removissem, ut, mente quoad poffem a sensibus avocata, omnem cogitationem in Dei

Y queriéndome consolar con mis padres y hermanos en Cristo, de quien tanto he sabido y conocido, por el padre maestro Francisco y los demás padres, que de esos reinos vienen a estas partes determiné, padres y hermanos míos en Cristo, referirles brevemente el modo cómo el Señor me llamó a esta su Compañía. En el año de 1538 me partí de Sevilla, buscando lo que yo no sabía porque, aunque mi propósito fue siempre de servir al Señor, nunca faltaban otros deseos en mi alma que me dilataban este propósito. Prosiguiendo mi camino, llegué a las islas de Canarias y de Santo Domingo, y a otras muchas, cuyas calidades por ser tan manifiestas no contaré. Vi en este camino la tierra firme que llaman Nueva España, en la cual estuve casi cuatro años. Es tierra muy fértil y tiene grande número de cristianos, porque los padres de Santo Domingo y San Francisco que ahí están han trabajado mucho en traer aquellas almas al verdadero conocimiento de su Dios. Habiendo estado en esta tierra el tiempo que dije, con toda la abundancia temporal que podía desear. No contento con esto, porque deseaba mi alma lo que yo no entendía, me partí con otros seis navíos, primero día de noviembre, de mil y quinientos y cuarenta y dos, para las Islas de Poniente.

Y después de haber navegado casi cincuenta y cinco días sin ver tierra, llegamos a unas islas muchas en número, más bajas y pequeñas en cuantidad, cuyos moradores andaban desnudos, y se sustentaban solamente de pescados y hojas de árboles. Estuvimos en estas islas ocho días, y partimos ahí a diez días, a otra isla muy grande, en la cual había muchas y muy altas palmas, y por causa de un grande viento, no pudimos desembarcar en ella. [...] Acabado este tiempo, proseguimos nuestro viaje navegando para el norte y no pudiendo pasar adelante, nos fue necesario tornar para el Medio día. En este camino desembarcamos en una isla pequeña, donde había abundancia de carnes y arroz, estuvimos en ella casi año y medio. [...] Murieron aquí trescientas personas y más, por lo cual nos partimos de ella y fuimos a Maluco, donde estuvimos casi dos años. Y porque nuestras naos no podían tornar para la Nueva España, concertámonos –por parecer de algunos caballeros y sacerdotes de nuestra armada– con el capitán de los portugueses, que ahí estaba, que nos trajese para estas partes de la India. Partidos de Maluco, venimos a una isla, que llaman Abueno[73], donde hallé al padre maestro Francisco, con cuya vista se imprimió en mi alma un deseo de imitarle y seguir sus pisadas. Mas no lo hice luego, porque determiné de ve-

---

beneficiis erga me perpendendis, et in exigenda praeteritae vitae mea ratione defigerem. Tertio die postquam rem sum aggressus, ita me repente securum, et ab angoribus liberum vacuumque persensi; ut egomet ipse rei novitatem mirarer, mihique posthac in Societate omnino vivendum ac permanendum esse decernerem. Id contigit anno superiore decimo tertio Kalendis Aprilis, quo ipso tempore Xaverii quoque magnopere me confirmavit adventus, cum salutis meae caussa consulto missus in hanc urbem a Domino videretur. Unde ille Paullo post discedens, ut promontorii Comorini Christianos inviseret, curam mihi reliquit, pueris domi quos alimus, privatim quotidie, plebi autem in templo singulis Dominicis diebus Christianae rudimenta doctrinae, et Divi Matthaei Evangelium explanandi. Intulit etiam sermonem de terra Iaponiae, [...] et simul significavit esse sibi in animo, cum e Comorino redierit, in eam insulam proficisci, et me secum ducere, quod ego singularis beneficii loco a Domino accipio; et paratus, quocunque ille volverit, sequi, id unum laboro, ne in patrem totius consolationis Deum pro immensa eius in me benignitate ingratus reperiar. [...] Nostra in Japonem profectio in proximum Aprilem mensem paratur. Haec Cosmum Turrianus».

73 Se trata de la isla de Ambon llamada antiguamente isla de Amboina, es una isla de Indonesia perteneciente al archipiélago de las Molucas.

nirme primero a presentar al arzobispo de Goa, y así me partí de él sin le dar cuenta de esto. Y prosiguiendo nuestro camino, llegamos a esta ciudad de Goa; fuime luego a presentar al arzobispo, el cual me recibió con mucha caridad y me encomendó que sirviese un curado de una iglesia. Aceptelo y servilo cuatro o cinco meses, sin hallar en este tiempo descanso en mi ánima. A cuya causa, viéndome afligido con muchos y varios pensamientos, me vine a este Collegio de San Pablo, donde hablé al padre Nicolás[74], que entonces era rector. Y preguntándole el modo de vivir que había en esta Compañía, como yo estaba ya algún tanto movido con la vista del padre maestro Francisco, contentome mucho el modo de vivir de ella, y determiné luego de recogerme algunos días y, a apartados de los negocios del mundo, darme un poco a la oración, examinando mi vida pasada y las mercedes que de Dios tenía recibidas, al modo que la Compañía acostumbra.

Al tercer de estos días que me recogí, sentí tan grande sosiego y reposo en mi alma, que no lo podría declarar. Espantándome de la novedad que veía en mí, determiné de pedir la Compañía. En este tiempo, que era veinte de marzo de mil y quinientos y cuarenta y ocho, llegó aquí el padre maestro Francisco, con cuya vista me consolé mucho porque parece que el Señor le traía para mi bien a esta ciudad de Goa, de donde después de algunos días, se partió a visitar los cristianos del Cabo de Comorin, dejándome ordenado, que enseñase la doctrina a los mozos de la casa, y declarase el Evangelio de San Mateo, y que los domingos a la tarde hiciese lo mismo en la iglesia. Antes de su partida, me dio relación de una tierra que llaman Japón, diciendo que deseaba llevare consigo. [...] Yo me ofrecí a ellos, y acepté la merced grande que nuestro Señor me hacía, y así estoy apercibido para acompañar al padre por doquiera que fuera, dando muchas gracias a Dios, que da tanta consolación a quien con algún deseo le busca. [...] Partiremos de aquí para Japón en el mes de abril de mil y quinientos y cuarenta y nueve [*CA*, ff. 34v-35v]

Quise poner aquí esta carta del padre Cosme de Torres así para mostrar quién él era y la vocación[75] que tuvo para entrar en la Compañía, como también por haberlo nuestro Señor escogido en el mismo año de cuarenta y dos en que Japón descubrió y el padre Xavier llegó a la India –como dijimos– para ser no solo compañero del dicho padre maestro Francisco Xavier, mas también elegido de él por prepósito superior de Japón, el cual hizo y padeció en él grandes cosas en servicio de nuestro Señor por espacio de veinte años continuos que tuvo el cuidado y gobierno de la Compañía y de aquella nueva Iglesia. Y con este padre y con otro hermano fue el padre Xavier a aquel reino llevando[76] cartas del Virrey de la

---

74 Nicolao Lancillotto (? - 1558), originario de Urbino (Italia), se unió a la recién fundada Compañía de Jesús en 1541. Al año siguiente, se trasladó a Coímbra (Portugal), para continuar sus estudios. Fue ordenado sacerdote en 1545 y partió hacia la India. En el colegio de Goa, enseñó clásicos latinos y fue rector desde su llegada hasta 1548. En 1549, Francisco Javier lo nombró superior de los jesuitas en el sur de la India. Fundó y dirigió el colegio de Kollam (Coulan) para los «cristianos de Santo Tomé» y de la Pesquería hasta su muerte.

75 ocasión *AJ*.

76 llevando consigo *AJ*.

India[77], y del arzobispo de Goa[78] con un presente de diversas cosas que el Virrey le dio para el Rey de Japón[79] y el capitán de Malaca[80] acrecentó algunas cosas a este presente para con él tener mejor entrada con el señor de la tierra adonde acertase allegar. Y conforme a esta determinación dice Maffei en el mismo libro citado[81]:

> Fueron primero de Goa a Cochin y de allí llegaron a Malaca al fin de mayo. Deseando los padres partirse de allí para la jornada que habían emprendido, no hallaron para esto ninguna nave portuguesa. Había en el puerto de Malaca un navío llamado «junco» de unos chinos, y era verdaderamente de un infame corsario y vulgarmente le llamaban el «junto del ladrón». Concertose con este corsario el padre Xavier, tanta confianza como esta tenía en su entendimiento de la tutela divina y tan grande deseo de librar a los japoneses de la servidumbre de los demonios, para que dejando a la mano izquierda a los chinos, los llevase luego a él y a sus compañeros al Japón. Partiéronse de allí a veinte y cuatro de junio día del glorioso San Juan Bautista. Después de muchos trabajos de navegación y de mil engaños de los marineros, arribaron finalmente a Cangoxima patria como hemos dicho de Angero o Pablo a quince días de agosto en la festividad de la Asunción de la Virgen a los cielos [M, f. 313v].

Con este tan grande y tan copioso ejército de un solo padre que aún era novicio y de un hermano, que aún no tenía ningunas órdenes en otro el padre Xavier en Japón a dar batalla a toda su idolatría, y de lo que le aconteció en este camino hasta llegar allá tenemos dos cartas que andan también impresas en diversas lenguas escritas por el mismo padre Xavier: una, desde Malaca a los 22 de junio, estando ya para embarcarse para Japón y, la otra, después de haber llegado hecha a los 5 de noviembre, ambas del año de 1549. De las cuales, por ser muy largas, no pondré aquí sino algunos documentos que en ella da a los nuestros, dignos sin falta del espíritu de un tan santo varón. En la primera dice así[82]:

---

77 Pedro de Mascarenhas (1484-1555)
78 Se trata del franciscano João de Albuquerque, (1537-1553).
79 Go-Nara Tennō (1497 -1557) fue el 105º emperador de Japón, de acuerdo al orden tradicional de sucesión.
80 Álvaro de Ataíde de Gama nombrado capitán de la flota de Malaca en la década de 1540.
81 «Cocinum ab Goa primum, inde Malacam exeunte Maio venere. Hic patri quo intenderat pergere cupienti, navis Lusitanorum nulla sese obtulit. Iuncus erat Sinarum in Malacensi portu, et quidem piratica infamis, vulgo latronis iuncum appellabant. Cum hoc ipso latrone Xaverius (tanta inerat eius menti fiducia diuinae tutelae, tantus ardor liberandi ab daemonum servitute Iaponios) certa [f. 8v] mercede paciscitur, uti relictis ad laevam Sinis; ipsum et comites in Iaponem extemplo perducat. Solvere octavo kalendas Julias, ipso Divi Ioannis Baptistae die natali. Post multa navigationis incommoda, et nautarum fraudes, Cangoximam. Angeri, uti dictum est, patriam attigere decimo octavo kalendas Septembris, qui dies Assumptae in coelum Deiparae Virgini sacer est. Haec Maffeyus».
82 «Illud quidem occurrit mihi saepenumero, quod aliquando patrem nostrum Ignatium audivi dicentem: omnibus iis, qui in Societate nostra versantur, summo studio conatuque elaborandum

Casi siempre tengo delante de los ojos lo que muchas veces oí decir a nuestro padre Ignacio[83], que los de nuestra Compañía habían mucho de trabajar por vencer y despedir de sí todos los temores que impiden a los hombres la fe y esperanza en Dios, tomando medios para esto convenientes. Y así como hay diferencia del que confía en Dios, teniendo todo lo necesario al que pone su confianza en Dios, privándose por su amor y ejemplo de todas las cosas no solamente superfluas, mas aun necesarias, así también hay mucha diferencia de los que tienen fe y esperanza en Dios, estando fuera de los peligros de la muerte, aquellos que solo por su amor, confiados todos en su bondad, se ponen voluntariamente en peligros continuos vivieren, sin otro fin, mas que por servir a Dios, que en breve tiempo vendrán a aborrecer la vida y desear la muerte, para vivir y reinar para siempre con Dios nuestro Señor en el cielo, pues esta vida no es vida, sino una continuada muerte y destierro de la gloria para la cual fuimos criados [CA, ff. 37-37v].

En la otra carta escrita ya desde Japón dando cuenta en el principio de su llegado dice así[84]:

Con la mucha ayuda y favor que Vuestra Merced nos dio, así en darnos tan abundantemente lo necesario para para nuestra navegación, y presentes para estos señores y tan buen navío en que viniésemos, llegamos a Japón día de nuestra Señora de agosto [CA, f. 46v].

Y después de tratar de cuánto procuró el Demonio en aquella navegación estorbar su ida a Japón añade estas palabras[85]:

---

esse, ut inanes ab se timores et caetera cuncta depellant, quae homini, quo minus totam in uno Deo spem collocet, impedimento esse consuevere. Porro, quem ad modum interest inter eos, quorum ita spes est in Deo reposita, ut rebus tamen affluant neceffariis, et eos qui ob id ipsum ut Christum imitarentur, et soli Deo confiderent, omnibus sese vitae praesidiis exverunt; sic procul dubio multum refert, utrum quis, cum unicum habere fe profiteatur in Dei bonitate perfugium, tum in tuto et quasi in umbra se exerceat: an, alia re proposita sibi nulla praeter Dei honorem gloriamque, sese caput que; suum volens vidensque in discrimen offerat paene quotidie: cuiusmodi si quis existat; nem illum ego propediem seculi taedio, migrandique; ad Dominum desiderio affectum iri crediderim: quando quidem haec hominum quae dicitur vita, mors perpetua potius, ac triste quoddam a coelestibus regnis exsilium est».

83 Ignacio de Loyola (1491-1556) fundador de la Compañía de Jesús.

84 «Japonem Deo adspirante attigimus Augusto mense, die Assumptioni Mariae Virginis sacro, cum festo ipso Divi Ioannis Baptistae die natali, Malaca sub vesperam solvissemus».

85 «Cuius de minis atque terroribus, quibus ille mortales nactus occasionem, aggreditur, quod multa mihi eo die nocteque Dei beneficio contigit experiri, quamquam ea fane cognitu utilia sunt, tamen brevitatis causa caetera praetermittam. Unum illud summatim attingam, huiusmodi ipsius petitiones eludi nulla ratione facilius, quam animi magnitudine quadam ac securitate praestanda, non illa quidem, quæ propriis viribus, sed quae unius Dei tutela praesidioque nitatur. Venisse tempus ulciscendi sui, crebro mihi ponebat ob oculos. Sed magis tali in re ac tempore nobis timendum est, ne fixam in Deo fiduciam, quae debet cem firmissima remittamus, quam ne ab hoste (qui nihil valet nisi Domino permittente) vincamur. Porro, quid nobis in extremo spiritu futurum est, fratres cum debilitatis [f. 9] corporis animique viribus graviori quam unquam antea

El día que nos acontecieron estos desastres, quiso Dios nuestro Señor hacerme tanta merced de quererme dar a sentir y conocer por experiencia muchas cosas acerca de los fieros y espantosos temores que el Demonio pone cuando Dios se lo permite, y él halla mucha oportunidad para ponerlos. Y los remedios de que hombre debe usar cuando en semejante trabajos se halla contra las tentaciones del enemigo. Por ser largos de contar, los dejo de escribir por no ser ellos para notar. La suma de todos los remedios en tales tiempos es mostrar muy grande ánimo al enemigo, desconfiando hombre totalmente de sí y confiando mucho en Dios, puestas todas las fuerzas y esperanza en él. Y con tan gran valedor y defensor, guardarse de mostrar cobardía no dudando de la victoria. Muchas veces me ponía el Demonio delante de los ojos que en parte estábamos do se vengaría. Y como él no pueda hacer más mal de cuanto Dios nuestro Señor le da lugar, más se ha de temer en semejantes tiempos la desconfianza en Dios que la fuerza del enemigo. ¡Oh, hermanos! ¿qué será de nosotros a la hora de la muerte, si en la vida no nos aparejamos y disponemos a saber esperar y confiar en Dios? Pues en aquella hora nos habeos de ver en mayores tentaciones, trabajos y peligros que jamás nos vimos, así del alma como del cuerpo. [CA, f. 39].

Trata aquí el padre Xavier tantas veces de estos terrores y miedos, así por la experiencia que tuvo de lo mucho que el Demonio procura atemorizar los que acometen semejantes empresas, como también por los mares de Japón que de su natural son muy tempestuosos; no eran entonces tan conocidos ni tan navegados como ahora lo son. Y, finalmente, porque entendía cuán grande ánimo e coraje era necesario que tuviesen los que en aquellos principios habían de pasar a Japón para entrar en batalla con el mismo infierno y sacarle de las uñas la rica presa de las almas redimidas por la sangre de Jesucristo, habiéndose de hallar allí cercados de muy grandes dificultades, rodeados de persecuciones y desamparados de todo abrigo y ayuda humana y por eso los[86] quería muy fundados en la Compañía de nuestro Señor.

---

tentatione vexabimur, nisi per otium prius spem totam in Deo reponere, atque adeum tempestive cofugere didicerimus?».
86 AJ lee «y pero solos».

Capítulo 2
De la descripción de Japón y de su división

Esta provincia o reino de Japón se llama por diversos nombres[87], porque los naturales le llaman «Nippon» o «Nifon»[88], que en su lengua quiere decir «Principio del sol», pretendiendo significar por esta palabra que está en las partes orientales de la China, y los chinos le llaman «Jipon» que quiere decir lo mismo. Marco Veneto[89], como se refiere en el *Theatrum orbis terram* de Abraham Ortelio[90], le llamó Zipangria[91], y parece que tendría este nombre entre los tártaros, aunque en la relación que de él y de sus calidades y costumbres da, pone diversas cosas que van totalmente fuera del camino como hombre que no lo vio, sino que por vía de los tártaros –que entonces señoreaban la China y fueron allá con sus armadas pretendiendo conquistarlo, aunque por defenderse de ellos los japoneses muy valerosamente no pudieron salir con su intento[92]– tuvo alguna noticia en confuso de él[93]. Los coraigines[94] le llaman «Iripón»[95], y los portugueses «Japão», y los castella-

---

87 En este capítulo se encuentran tres únicas anotaciones al margen. La primera es «Nomes», en referencia a los nombres que se le atribuían a Japón; la segunda es «Origen», que trata las historias del Japón antiguo. La siguiente se verá más adelante.

88 Son los nombres nativos para el país en japonés. «Nippon» (日本) y «Nihon» (otra pronunciación de los mismos caracteres) se utilizan comúnmente en Japón para referirse al país. El nombre «Nippon» se compone de dos caracteres chinos: 日 (ni) que significa «sol» y 本 (hon) que significa «origen», por lo que «Nippon» se traduce literalmente como «el origen del sol». Esta denominación refleja la posición geográfica de Japón al este del continente asiático, lo que lo convierte en el «lugar donde nace el sol», un concepto que también está presente en el término «Tierra del Sol Naciente», utilizado para describir a Japón Este nombre también conlleva una referencia a Amaterasu Ō-Mikami que es la diosa del sol en la mitología japonesa.

89 Se refiere al mercader veneciano Marco Polo (1254–1324) explorador y mercader veneciano, conocido por sus extensos viajes a través de Asia y por su detallada descripción de las culturas y geografías que encontró en sus viajes.

90 Abraham Ortelius (1527–1598) fue un geógrafo y cartógrafo flamenco autor del *Theatrum Orbis Terrarum* (1570), considerado el primer atlas moderno.

91 Zipangaria *AJ*. En realidad Ortelio escribe «Zipangri » pero también lo de nominó «Iapan» (1570).

92 sus intentos *AJ*.

93 Según Donald F. Lach, las primeras menciones de Japón en Europa aparecen en el libro de Marco Polo, quien vivió en la corte mongola durante la preparación de la invasión de Japón. En sus relatos, el mercader veneciano se refiere a Japón como «Cipangu» (651–729).

94 Los coreanos.

95 Irapón *AJ*. «Ilbon» (일본) en coreano. Este término se compone de los caracteres hanja 日 (il), que significa «sol», y 本 (bon), que significa «origen», similar a «Nippon» o «Nihon» en japonés.

https://doi.org/10.1515/9783111617602-004

nos hasta ahora le llamaron las «Islas Platarias»[96], aunque generalmente también corre ya entre ellos este nombre común de «Japón».

Cuanto a lo que toca a su origen y principio no se puede saber cosa cierta por lo que se halla escrito en sus *Historias* porque, aunque tratan de él diversas cosas, todas por la mayor parte son fabulosas tratando de Japón como de nación producida de los *Camis*[97] que fingen que bajaron del cielo. Mas, lo que de sus Escrituras se puede colegir por más cierto es que estas islas había ya más de dos mil ciento y tantos años que se gobernaron por sus reyes cuya decendencia saben desde el principio hasta ahora. Lo que probablemente se puede creer es que fueron pobladas estas islas por gente que vino de la China porque, como ellas están a la parte oriental de aquel gran reino y no muy lejos de él, y la China es un reino muy extendido [f. 9v] y muy poderoso que en otros tiempos, fue haciendo por estas partes orientales grandes conquistas, y extendiendo mucho parece que también de allá se poblaron estas islas.

Además de esto, la fisionomía de sus rostros tiene mucha semejanza con los chinos, y con ellos tuvieron *ab antiquo* siempre comunicación sin tener ni conocer casi ninguna otra nación; y de ellos tomaron las letras o figuras de que usan y también mucha parte de la lengua, aunque hicieron en una cosa y otra una manera de mezcla acomodando las palabras con diversa pronunciación[98] y la letra con quebramiento de los caracteres a su modo que está hecha ahora escritura y

---

96 Las Islas Platarias, también conocidas como las Islas de Plata, eran unas islas míticas que aparecían en los mapas europeos durante la Edad Media y el Renacimiento. Estas islas, como muchas otras islas legendarias de la época, eran el resultado de relatos de exploradores y navegantes que mezclaban hechos reales con fantasía. Las Islas Platarias, en particular, fueron mencionadas en algunos textos y mapas antiguos como lugares de gran riqueza y abundancia, sin embargo, no tenían una ubicación geográfica precisa y formaban parte del imaginario colectivo de la época sobre tierras lejanas y exóticas.

97 Papinot dice: «Kami (en chinos, *shin*, espíritu): Los dioses y diosas del sintoísmo» (250); es decir, las deidades japonesas originales. El mismo Valignano afirmaba en la primera *Historia* (1542–1564): «Cuanto a lo que toca a la religión de los japoneses hay entre ellos muchas y diversas sectas, de las cuales unas son proprias suyas de japoneses y otras tomaron de los chinos. Porque primeramente tienen dos maneras de dioses: unos que llaman *Camis*, y otros que llaman *Fotoques*, y los unos y los otros tenían primero en suma veneración. Los *Camis* son los dioses antiguos de los japoneses, los cuales comúnmente fueron reyes, y otros fueron hombres señalados que hubo en Japón; y de estos cuentan historias tan imposibles, sucias y de burla, como fueron siempre las historias de los dioses de los gentiles. Y estos *Camis* son más honrados en Japón por una falsa opinión de que pueden en este mundo alguna cosa y que fueron de progenie de reyes y *cùngues* de Japón, que por creerse de ellos que den salvación ni puedan en el otro mundo alguna cosa» (154).

98 diversas pronunciaciones *AJ*.

lengua propia que no se entienden en ella con los chinos, más luego se ve que desciende de una la otra. Y los bonzos de sus sectas y los demás hombres doctos en su escritura siempre conservaron también los caracteres y letras chinas en sus propias figuras. Y por la escritura de ellas se entienden unos con otros porque significan las mismas cosas, aunque ellas se llamen de una manera entre los chinos y de otra entre los japoneses.

Allende de esto, de la China recibieron las principales leyes y sectas que entre ellos hay, las cuales tuvieron siempre escrita en los mismos caracteres chinos, y de la China también tomaron las artes y ciencias que tienen y el modo de su gobierno y las más de sus costumbres, como diremos en su lugar, aunque todas estas cosas acomodaron a su modo, y con el discurso del tiempo, y con las grandes mudanzas que sucedieron así en el reino de la China como en Japón se vinieron[99] grandemente a diferenciar en su manera y costumbres los unos de los otros. Y los reyes se enviaban entre sí embajadores teniendo el de Japón una cierta manera de reconocimiento al rey de la China hasta que no de muchos años a esta parte, por diferencias que tuvieron entre sí, vinieron a quebrar de[l] todo como ahora están, principalmente por la nueva conquista que estos años pasados intentó hacer Quambacudono del reino de la Coria[100], sujeto a los chinos, aunque no salió con ella[101].

Contiene este estado y señorío de Japón diversas islas[102], mas redúcense a tres mayores y acerca de su descripción hubo hasta ahora diversas opiniones. Los japoneses tenían antiguamente su mapa de todas ellas, mas porque no sabían de cosmografía, ni de los grados y altura de los polos no tenían cosa cierta, ni bien trazada ni sabían propiamente la postura y altura en que estaban. Mas conforme a

---

99 vieron *AJ*.

100 Corea.

101 Se refiere las invasiones japonesas de Corea (1592–1598), conocidas como Imjin Waeran, uno de los conflictos asiáticos que mayor impacto ha tenido en la historia mundial. Tras lograr la unificación de Japón y haber sometido al resto de daimios bajo su control, el caudillo Toyotomi Hideyoshi se lanzó a la invasión de la península coreana, constituyendo esta acción el paso inicial de un proyecto de conquista continental cuyo fin último era el sometimiento de China y la consiguiente subyugación de Asia. Para tal ambiciosa y arriesgada empresa, Hideyoshi movilizó un colosal contingente militar de 158.700 hombres, a los que hay que sumar los casi 100.000 reservistas que aguardaron junto a él en tierras japonesas. Todo este potencial humano fue empleado durante seis años (1592–1598) en un sangriento conflicto que concluyó sin que ninguna nación se alzase triunfante: Corea, el escenario de la guerra, sufrió una destrucción solo comparable a la acontecida en 1950; la dinastía china Ming, que había acudido al rescate de su estado tributario, sufrió graves pérdidas, humanas y materiales, que posibilitaron su caída a manos de los manchúes; y Japón, que fracasó en su intento de erigirse como la dominadora de todo el continente, acabó inmersa en una guerra civil que finalizó con el establecimiento del gobierno Tokugawa y el cierre de las fronteras del país (Véase: Marino y González Bolado 2022; Marino y Clements 2023)

102 El autor anota «divisam», con referencia a la subdivisión de los reinos japoneses.

lo que dicen, hacen la longitud de Japón unos de seiscientas leguas y otros aún más. En una información que anda impresa en italiano y se envió de Goa, luego al principio de su descubrimiento, conforme a la que dio Pablo de Santa Fe de Japón, se dice que está en la misma altura que Italia, y que es larga corriendo de Oriente a Occidente mil ochocientas millas, y ancha novecientas[103]. Mas en esta *Relación* andan también otras cosas que, o por Pablo ser mal entendido en Goa o por ellos las contar mal, queriendo acomodar las cosas de Japón a las nuestras van exageradas y dichas con encarecimiento. Y se cuentan algunas [f. 10] cosas, especialmente de los bonzos que tendrían necesidad de mucho examen.

Otros padres en el principio escribieron que era Japón tan grande como toda España, Francia e Italia y que iba corriendo muy adelante para el Polo de Norte. El padre Duarte de Sande tratando de esto en el libro [que] hizo *De Missione legatorum Iaponiorum* en el coloquio 34 dice así[104]:

> Para voltarmos, pois, ao nosso Japão, embora esteja desenhado neste breve espaço, verificando os graus, mostra-se claramente que ele se estende no sentido de Sul para Norte em linha recta, do trigésimo primeiro para o quadragésimo grau, e que a sua longitude, que se mede do Ocaso para o Nascente, compreende mais de trezentas léguas europeias ou quinhentas japonesas [DS, p. 750].

El padre Horacio Torsellino en la *Vida del padre Francisco Xavier*, en el principio del tercer libro la describe[105] de esta manera[106]:

---

103 En los DJ1, Ruíz de Medina identificó este documento como un informe de Lancillotto titulado *In questo quaderno se contene la informatione de una insula che se è discoperta nuevamente nella parte setentrionale, chiamata Giapan*. Las frases que criticó Valignano son las siguientes: «Dice che nella parte de settentrione, abasso della Cina per la parte d'Oriente, nella mesma altura de Italia, discoprirno li mercadanti portuguesi una isula chiamata Giapan la qual insula dicono essere longa da levante a ponente sei cento legue, e larga trecento». No obstante, como afirmó Ruíz de Medina «La afirmación de Lancillotto no es correda. La latitud geográfica de Tanegashima equivale a la de El Cairo, casi 800 km por debajo de Siracusa en Sicilia. Edo [Tokio] se corresponde con la costa norte de Marruecos, al sur de la Península Ibérica» (DJ1 50).
104 «Ut ergo ad nostram Iaponiam redeamus, quanvis hoc loco brevi spatio sit effecta gradibus tamen spectatis manifestem ostenditur, eam a trigesimo primo gradu, usque ad quadragesimum recta via ab Austro ad septentrionum procurrere. Longitudinem tamen eius, quae ab occasu ad ortum est, ultra trecentas europeas leucas, quingentas vero Iaponicas includere». Hasta la fecha no se encuentra una versión en español del *De Missione legatorum* de Duarte de Sante.
105 escribe *AJ*.
106 «Japonia, ultima Orientis regio extremae adjacet descriptio Asiae; tota insulis constat, modicis fretis euripisque discreta. De ejus magnitudine, sive ob perpetuos et intestinorum bellorum tumultus, sive ob circumjacentium scopulorum ac sirtium terrores, nihil dum satis comperti habemus. In longitudinem millia passuum amplius DC, in latitudinem, ubi plurirum XC, ubi minimum XXX patere perhibetur. Spectat a septentrione Scytas quos Tartaros vocamus, ab occidente

Es el Japón, la postrera región del Oriente, está arrimado a los confines de Asia, es todo islas apartadas no mucho unas de otras con angostos canales y estrechos de mar. Lo que se sabe de su tamaño y grandeza es lo que aquí dice por relación de un portugués inteligente de estas cosas, que tomó poco ha la medida de toda aquella región. Tiene de largo casi trescientas leguas, y tiene la figura poco diferente de Italia, y es casi igual en grandeza, solo se diferencia en que Italia no está aislada toda, sino pegada por una parte firme. De la parte del Norte mira hacia lo postrero de la Escitia o Tartaria, por el Occidente a la China, por el lado del Oriente tiene a la Nueva España, y esta distante de ella menos de ciento y setenta leguas, de Goa casi dos mil [T, ff. 165v–166].

El padre Maffei en el libro duodécimo de sus *Historias Índicas* la describe así[107]:

Toda la largueza de aquella tierra se extiende casi en doscientas leguas según cuentan, pero la ancheza no igual con mucho con la largueza, porque en algunas par[tes] no tiene de ancheza sino diez leguas y en otras a lo sumo llega hasta treinta leguas. De su circuito no hay opinión ni razón cierta. Entiéndese por el Aguador hacia el Polo septentrional en treinta grados casi hasta los treinta y ocho. Por la parte de Oriente está enfrente de la Nueva España, apartado con intervalo de ciento y cincuenta leguas. A la parte de septentrión mira a los escitas o tártaros y otros pueblos no conocidos por su ferocidad. Por la parte de Poniente está opuesta a la China, apartada con una varia distancia por el grande arrodeo y vueltas de los puertos, porque desde la ciudad de Liampo, que es límite de los reinos chinos hacia el Oriente, se cuentan sesenta leguas hasta la isla Goto[108] del Japón que es la primera que topan los navegantes, pero después de Amacan[109] mercado occidental de los chinos, adonde negocian casi todos los portugueses, hay de distancia doscientas y noventa y siete leguas. Hacia la parte de mediodía tiene un muy extendido mar, el cual tiene unas tierras incógnitas desde las cuales es fama que en otros tiempos aportaron acaso ciertos marineros al Japón, sin haber partida de allí [M, f. 277].

---

vergit ad Sinas, ab Oriente novae Hispaniae obversa est, minus quingentorum millium intervalo».

107 «Huic nequaquam respondet latitudo: decem tantum alicubi patet; summum triginta non amplius. De ambitu nihil dum certi proditum est. Iacet ab Aequatore in Arctum a trigesimo gradu ad trigesimum fere octavum. Ab Oriente obversa est novae Hispaniae, centum et quinquaginta leucarum intervallo. A Septentrione, Scythas vel Tartaros, et alios ignotae feritatis populos. Ab Occidente adspicit Sinas, varia prolittorum flexu exursuve distantia siquidem ab urbe Liampo, qui Sinatum regnis in ortum est limes; ad Iaponis insulam Gotum, quae prima inde navigantibus occurrit, leucas numerant sexaginta, ab Amacano autem occiduo Sinarum emporio, ubi Lusitani ferme negotiantur, ad eandem Gotum, leucarum ducentarum nonaginta septem traiectus est. Amerindie, vasto mari interfuso, inexploratas habet terras, e quibus casu nautas olim quosdam in Iaponem delatos fama est, neque inde solvisse».

108 Las islas Gotō (五島列島) literalmente «archipiélago de las cinco islas», son un grupo de islas de Japón situadas en el mar de Japón, al oeste de la isla de Kyūshū.

109 Macao.

En diversas figuras que pone el *Teatrum orbis*[110] de Japón y en otras diversas descripciones del mundo que se imprimieron hasta el año 1590 se ve que va la descripción de Japón, cuanto a la figura y al sitio muy errada. Ahora con el ayuda de Dios diremos primero algunas causas[111] de estos yerros y contrariedades y, después, discurriendo por lo que estos autores dijeron, declararemos lo que más de cierto hasta ahora se sabe [f. 10v].

Cuanto a lo que toca a lo primero, la principal causa de todas estas diferencias y contrariedades nació de la ignorancia que hasta ahora hubo[112] de Japón no solo entre los naturales de él, que no saben, como se ha dicho, de cosmografía, mas también entre los nuestros y los portugueses que allá fueron. Y la razón de esto es –la cual se ha de notar porque servirá para muchas cosas que se dirán[113] adelante en que se hallan yerros– porque es cosa muy averiguada. Como decía en el proemio, que para se dar cierta y fiel relación de las cosas particulares y menudas de una provincia, no basta cualquiera conocimiento que se tenga de ella, mas es necesario haber hecho mucho estudio y usado mucha diligencia para tomar verdadera información de las cosas y averiguarlas bien. Porque, aún entre los naturales de las mismas provincias en que nacieron, se hallan siempre muy pocos que puedan dar buena cuenta y razón de sus particularidades, aunque sean provincias muy conocidas. Y por esto no es de espantar si los portugueses que no van comúnmente más que para hacer sus mercadorías con los japoneses, y no salen de ciertos puertos a los cuales acostumbran ir con sus naves, no saben dar buena razón de las particularidades de Japón. Y casi lo mismo se puede decir de los nuestros, especialmente de los que fueron a Japón en sus principios porque, aunque estuvieron en Japón por mucho tiempo y tuvieron muchas más noticias del que los portugueses mercadores, todavía como ellos estuvieron siempre ocupados en otros ministerios más importantes de su oficio, y ordinariamente no estaban sino entre cristianos y a do hace conversión, no pudieron entender con curiosidades tan particulares, ni averiguarlas como si de propósito hubieron de componer un libro para se imprimir y publicarse por el mundo. Mas fueron escribiendo unos conforme a la relación que tuvieron sin saber bien aún la lengua, ni tener mucha experiencia de Japón, y otros lo que buenamente pudieron entender con el trato, y conversación que tuvieron con los japoneses y así hablando de una tierra tan remota y tan poco conocida hasta ahora, y que tiene costumbres y modo de gobierno tan diferentes a los nuestros de Europa, no es de espantar si muchas cosas no pudieron saber ni averiguar también como era necesario. Pues, por ex-

---

110 La obra de Abraham Ortelio previamente citada.
111 cosas *AJ*.
112 tuvo *AJ*.
113 dieron *AJ*.

periencia, vemos que muchos historiadores, aunque trataron de provincias bien conocidas, en llegando a tratar de sus costumbres y más cosas particulares, por mucho estudio que hicieron, faltaron y se engañaron en muchas cosas. Porque como dice un autor:

> In tanta rerum sylva, numquam offendere miraculi instar est. Historiae enim conscribendam quanta sit difficultas si initio esset ignoratum usus docuit[114].

Allende de esto, con las continuas guerras que hubo en Japón hasta que Quambacudono,[115] de pocos años a esta parte, lo sujetó todo, había tan poca comunicación de unos reinos con otros que cuando yo [f. 11] vine la primera vez a Japón, habrá veinte y dos años, no sabíamos de los reinos que están por la parte del norte casi ninguna cosa. Y con la conquista que hizo Quambacudono se fue grandemente descubriendo la tierra. De manera que, cuando volví la segunda vez a Japón en el año de 1590, un portugués que sabía de cosmografía, llamado Ignacio Morera[116], que fue conmigo al[117] Miaco, hizo muy grande diligencia para poder hacer verdadera descripción de Japón, tomando la altura cierta y verdadera por muchas partes por do fue, e informándose con mucha curiosidad de las más partes a do él no pudo ir. Y aunque por los japoneses no saber de esta arte, como dijimos, no pudo averiguar de cierto lo que era necesario para hacer un mapa y descripción verdadera de Japón con las particularidades que eran necesarias, todavía hizo la mejor y más cierta descripción que hasta ahora se ha hecho. Y cuanto a las partes que él vio fue hecha con mucha curiosidad y certeza y en lo además escribió con mucha probabilidad lo que pudo alcanzar por las informaciones que tomó. Y porque el ver esta descripción ayudaría mucho para lo que tratamos y para lo que dijere adelante en esta *Historia*, va puesta aquí reducida en pequeña forma.

Ahora, volviendo a tratar de lo que hasta ahora dijeron los que escribieron acerca de la grandeza de Japón, que es la segunda cosa, conforme a la diferencia de la medida de las leguas que hay entre los japoneses y los portugueses, y también conforme al rumo y término por do midieron Japón, se diferenciaron en esta

---

114 El autor mencionado por Valignano es el historiador jesuita Juan de Mariana (1563–1624). La cita se encuentra en el prólogo de su *Historia general de España*, dedicada a Felipe III. A pesar de que la obra fue traducida en varias ocasiones, los traductores omitieron estas frases en sus versiones castellanas. No obstante, se podrían traducir de la siguiente manera: «En una selva de tantas cosas, no tropezar nunca es algo parecido a un milagro. Pues la experiencia ha enseñado cuán difícil es escribir historia, aunque al principio esto fuera desconocido».

115 Toyotomi Hideyoshi.

116 Ignacio Monteiro o Moreira (este último parece ser la versión más correcta del apellido), cartógrafo portugués en Japón en los años 1590–1592. En las *Adiciones del Sumario de Japón* (1592) de Valignano aparece como «Ignacio montero» (Véase: Schütte 1962: 116–128).

117 a la corte del *AJ*.

descripción. Los japoneses miden las leguas de tal manera que conforme a lo que el dicho Ignacio Morera averiguó, tres leguas suyas, hacen dos leguas de las portuguesas. Y por esta medida la longitud que los naturales dan de seiscientas leguas a Japón es de cuatrocientas de las nuestras. Y, de esta manera, tomando su longitud desde la punta más baja de Satsuma[118] que está en treinta grados y dos tercios y corre por[119] la tierra adentro del nordeste a lo sudeste, al otro cabo de Japón que está conforme a la estimación del mismo en treinta y nueve grados del Norte, porque no se sabe aún su medida cierta, serán cuatrocientas leguas de las nuestras. Y por no entender Pablo[120] esta diferencia dijo en su *Relación* que era de mil ochocientas millas que son seiscientas leguas. Mas en la anchura erró mucho haciéndola de trescientas leguas, y por esta *Relación* se engañaron muchos de los nuestros.

Allende de esto, supieron algunos de ellos que, por el cabo de Japón, que está por la parte del norte, hay otras islas y tierras que van corriendo tan adelante por el Norte que los japoneses no saben aun su término y creyeron que aquellas tierras también pertenecían a Japón. Y por eso dijeron algunos de ellos que iba la tierra de Japón corriendo muy adelante para el Polo de Norte, y que les parecía que se encontraría con Alamaña[121], y las partes septentrionales. Y, por esto, imaginaron que era Japón tan grande como España [f. 11v] Francia e Italia. Y en la verdad, si aquella tierra que está por la parte de Norte perteneciera a Japón fuera mayor aun de lo que ellos decían. Mas después se supo de cierto que, aunque hay aquella tierra que va corriendo para el norte sin se saber su fin, empero no pertenecía[122] a Japón, mas una isla llamada Yezo[123] –y no ‹Iesu› como va nombrada en un capítulo impreso en varias lenguas de una carta del padre[124] Teixeira[125]– que

---

118 Actualmente constituye la parte occidental de la prefectura de Kagoshima, en la isla de Kyūshū.

119 A *AJ*.

120 Pablo de Santa Fe, es decir, Anjirō.

121 Alemania.

122 pertenece *AJ*.

123 Se trata de Ezo (también deletreado como Yezo o Yeso) que es un término japonés que históricamente hacía referencia al territorio situado al norte de la isla japonesa de Honshū. Esta área incluía la isla septentrional de Hokkaidō, la cual modificó su denominación de Ezo a Hokkaido en 1869; en ocasiones, también se consideraban la isla de Sajalín y las islas Kuriles como parte de esta región.

124 carta del padre Manoel Texeira *AJ*.

125 Manoel Teixeira, a finales de abril (27 o 28 de abril) de 1563, salió de la India acompañado por el Francisco Pérez y Andrea Pinto; quienes escoltaban al Legado Real enviado al Rey de China. Llegaron a Malaca el 13 de junio de 1563 y a Macao el 29 de julio de 1563. Sin embargo, la misión fue primero retrasada y luego impedida por las autoridades chinas. Los compañeros fundaron una Residencia en Macao en 1565, siendo el primer Superior Francisco Pérez y el segundo

está con un brazo pequeño de mar *afastada*[126] de Japón, es de otra nación bárbara que tiene algún comercio con los japoneses que están en aquel cabo.

La más tierra que va por cima de ella corriendo es tierra firme; incógnita a los japoneses y[127] portugueses, que pertenece propiamente a los escitas o tártaros. Por el contrario, los dos padres, Maffei y Torsellino, hicieron esta tierra mucho más pequeña de lo que es en la verdad, porque parece que[128] tuvieron respeto solamente a la medida de la isla mayor que, por no ser aún del todo descubierta cuando tuvieron aquellas informaciones de Japón, les escribiría alguno que era de doscientas leguas. Y también yo tuve esta información la primera vez que fui a Japón, y que tuviesen respecto solo a la medida de esta isla mayor, parece por lo que añade Horacio Torsellino, diciendo[129]:

> La mayor parte de estas tres partes, y la que está más distante de la India, es la que se llama propiamente Japón; y ella da el nombre a las demás [T, f. 166].

Mas en esto se engañó, primero en decir que la isla mayor se llama propiamente Japón, pues entre los naturales no se dice tal cosa y, de la misma manera, llama Japón todas estas islas. Allende de esto, se engañaron ambos los padres en hacer cuanto a la longitud esta isla mayor de doscientas leguas, porque, conforme a lo que averiguó Ignacio Morera, esta isla, solamente comenzando de él un cabo que está por la parte occidental del reino de Nangato[130] hasta el cabo que está por la otra parte oriental del reino de Voxu[131], corriendo de les nordeste a [oes sudveste][132] es de trescientas leguas.

También se engañaron aún más en decir que su anchura en partes no eran más que diez leguas y en otras, *ad summum*, treinta, porque, aunque tomando solo la anchura de esta isla mayor por la parte que está para Occidente, es estrecha

---

en orden cronológico el padre Teixeira. Pero pronto fue llamado de vuelta a la India, de donde partió en 1567 y regresó a la India poco después del 25 de enero de 1568. Las cartas que escribió y que hoy se encuentran son las siguientes: 10 de febrero de 1571, desde Cochín, al General; 7 de enero de 1572, desde Cochín, al General; 5 de febrero de 1572, desde Cochín, al General; 15 de febrero de 1572, desde Cochín, al General; 15 de enero de 1573, desde Cochín, al General (Véase Schütte 1975).

126 Lusismo que en este caso significa ‹lejos de› Japón.

127 y a los portugueses *AJ*.

128 lo tuvieron *AJ*.

129 «Harum Partium longe maxima, eademque ab India remotissima, proprio vocabulo Japon dicitur, quae reliquae regioni nomen dedit».

130 Nagato, lugar situado en el extremo occidental de la isla de Honshū de Japón.

131 Ōshū es una ciudad localizada en la prefectura de Iwate.

132 Pudo haber un error en el manuscrito *O* ya que lo más correcto sería de «noreste a sureste».

hasta llegar al mar de Sacai[133] y de Vosaca[134]. Todavía, de ahí adelante se va haciendo más ancha, y al cabo de ella, es además de cien leguas de anchura, como se puede ver en la figura que va aquí puesta de su mapa[135]. Allende de esto, la anchura de Japón no se ha de tomar solamente por sola esta parte, mas por todas ellas juntas, porque aún son entre sí divididas por un brazo de mar, es tan estrecho y tan lleno de varias islas que están en medio de estas partes que, a los que navegan por ellas, parece en un cierto modo todo tierra firme, porque son las islas tan espesas y tan metidas unas con otras que, por todo aquel camino, cuando se va navegando, se halla hombre casi siempre rodeado de tierra sin ver por do haya de salir. Y así, como se va adelante se van descubriendo aberturas entre unas isletas y otras, y el pasar por este [f. 12] camino, especialmente en tiempo de verano, es cosa muy aplacible y de mucha hermosura. Y, tomando de esta manera la anchura de Japón, incluyendo las islas todas, es muy mayor de lo que los padres escriben, porque será universalmente de más de sesenta leguas de las nuestras de anchura, y por la otra parte que sube al norte, de más de cien, como se podrá más fácilmente ver en su descripción.

Lo que se ha dicho hasta ahora, alegando al padre Torsellino, fue conforme a lo que él escribió en la primera impresión de la *Vida del padre maestro Francisco Xavier*, mas en la segunda impresión[136] que vino a mis manos, después de se haber compuesto este libro, se enmendó diciendo casi lo mismo que yo escribo, porque dice que la isla de Japón es de largura novecientas millas que son trescientas leguas, y de anchura por la mayor parte de ciento y ochenta millas que son sesenta leguas portuguesas. Mas, sobre todo, se engañaron estos dos padres en decir el uno que distaba por la parte oriental de Nueva España quinientas millas, y el otro ciento cincuenta leguas, y no sé por cuya información dieron en este yerro, porque conforme a lo que dicen los que navegan de Nueva España cada año a las Filipinas, y se ve en la carta de marear de que usan los españoles y los portugueses, está Japón por aquella parte lejos de Nueva España como mil quinientas leguas poco más o menos. Y aunque la cuesta de Nueva España va corriendo muy adelante para Japón, hasta dar en la punta de California, y de ahí adelante subiendo de suerte a Noroeste por tierras incógnitas, se va alongando mucho de Japón. Algunos quieren decir que aquella tierra se va continuando con

---

133 Sakai, ciudad localizada en la prefectura de Ōsaka.

134 Ōsaka, ubicada en la isla principal del archipiélago Honshū, en la desembocadura del río Yodo en la bahía de Osaka.

135 Tendrá en cuenta la obra de Abraham Ortelio al hacer esta afirmación.

136 La primera versión del *De Vitae* fue publicada originalmente en latín en cuatro volúmenes en 1594, con una edición revisada en seis volúmenes en 1596. Ambas ediciones se publicaron en Roma. Valignano recurre principalmente a la versión de 1594 para formular sus críticas (Üçerler II, f. li).

la otra que corre por la parte del Norte por [en]cima de Japón; todavía otros, con mayor probabilidad, tienen que por el mar está cortada una de otra por las grandes corrientes de aguas que se hallan por aquella parte, y así se ha hallado[137] que es verdad, porque los ingleses dicen que es cierto que hay pasaje y ellos procuraron de venir por aquella parte del norte de su tierra a la China y Japón,[138] y hasta ahora no pudieron pasar porque es necesario que suban tan alto que hallan incomparables fríos de manera que se congela la mar y les impide el pasaje.

Ahora, con esta guerra que los años pasados hicieron los japoneses entrando por el reino de Coray[139], se descubrieron muchas cosas que se no sabían primero con tanta certeza; porque por el cabo superior de Japón, que está por la parte occidental, se mete entre la China y Japón el reino de Coray, que por una parte va continuando con la China, a cuya obediencia están los coraigines[140]. Y, por otra parte, confinan con una especie de tártaros que llaman *orancay*[141] que es una tierra muy grande que va corriendo por toda la parte del norte cuanto dura la longitud toda de Japón, y va mucho más adelante por tierras incógnitas. Y esta es la que algunos quieren decir que va continuando con la otra tierra incógnita que va a dar a Nueva España, mas –como se ha dicho– se engañan, y entre esta tierra y el cabo superior de Japón se mete otra isla grande llamada Yezo[142]. Mas como ambos hablan[143] de esta descripción con duda y con resguardo acrecentado *uti fertur, et nihil dum satis comperti habemus*[144], merecen excusa, por ventura, que se engañaron con la vecindad de las Islas Filipinas, que están poco de doscientas cincuentas leguas de Japón. Y porque las Filipinas [f. 12v] se conquistan de[145] Nueva España y están debajo de su gobierno, y de allá vienen a ellas cada año naves y gente, se pudieran con esto engañar, diciendo que Japón estaba cerca de Nueva España. Mas

---

137 halló *AJ*.
138 tierra a la China y Japón con sus naves *AJ*.
139 Corea.
140 Los coreanos.
141 Proveniente de Uriankhai (ウリヤンカイ/兀良哈), este término alude a una etnia turco-mongola que, a lo largo de la historia, ocupó extensas regiones de Mongolia, China y Siberia. Durante los siglos XIV y XV, dichos grupos étnicos llevaron a cabo incursiones en el área septentrional de China y en la frontera con Corea, lo que llevó a que los textos de la dinastía Joseon los denominaran como Orangkae 오랑캐 («salvajes»). Se ha sugerido que los chinos utilizaron los mismos caracteres que conforman «Uriankhai» para referirse a los *yurchen*, el pueblo que habitaba Manchuria y la frontera septentrional de la península coreana. Esta denominación fue finalmente adoptada por los japoneses y, consecuentemente, por los misioneros europeos.
142 Ezo.
143 hallan *AJ*.
144 En español se podría traducir: «Como suele decirse, en tanto no lo hemos comprobado».
145 son de la Conquista *AJ*.

allende de las Filipinas [ser en] islas que están poco más o menos de dos mil leguas apartada de ella, no están por la parte oriental de Japón, mas por la parte que va para sudueste[146], como se ve claramente en la carta de marear. Cuanto a la división de Japón, Torsellino dice de esta manera[147]:

> Pero, por ser tres las principales y mayores islas del Japón, se divide todo él en tres partes, que toman los nombres de las tres principales islas, aunque cada parte de estas tres se divide en otras muchas islas menores. La mayor de estas tres partes, y la que está más distante de la India, es la que se llama propiamente Japón, y ella da el nombre a las demás. Tiene de largo esta parte doscientas y cincuenta leguas. Su latitud no es uniforme, sino muy desigual; la mayor es de ochenta leguas. Hay en ella cincuenta y tres reinos pequeños, porque, en siendo un señor de una ciudad, se llama «rey», aunque muchos de ellos son bien ricos y poderosos, especialmente los que son señores de más que un reino. Aquí está la ciudad del Miaco, que en otro tiempo fu cabeza de todo el Japón y ahora lo es de muchos reinos.
>
> Después del Japón, la mayor isla en grandeza es el reino de Ximo[148], que dicen tiene cincuenta leguas de longitud, de latitud veinte y cuatro. Es el más cercano a la China, y el que está menos distante de la India. Tiene nueve reinos, uno de ellos es el de Satsuma, adonde dijimos aportó el padre Francisco. La tercera parte que está en medio de estas dos, se llama Xico, o Xicoco[149]. Es la mitad menor que el reino que se llama Ximo, no tiene más de cuatro reinos [T, ff. 166–166v].

Maffei la divide también de esta manera[150]:

> Lo que vulgarmente llaman Japón, son principalmente tres islas, las cuales están divididas de otras islas menores con un pequeño pedazo de mar y también las arrodean aquellas pequeñas islas. La primera y mayor isla de estas de Japón se reparte en cincuenta y tres satrapías o reinos; la cabeza de ella es la ciudad de Miaco de la cual toma el nombre toda la isla.

---

146 Suroeste.

147 «Iaponia autem omnis (quoniam tres sunt insulae magnitudine praecipuae) in partes dividitur tres, quae ab insulis maioribus nominatae, insularum minorum complures attributas habent. Harum partium longe máxima, eademque ab India remotissima, proprio vocabulo Japon dicitur, quae reliquae regioni nomen dedit. In ea tria et quinquaginta regna sunt, et Meacus urbs olim Iaponiae omnis, nunc plurimorum regnorum caput. Secundum Iaponem magnitudine atque opibus praestat Ximus, Sinis proxima, minimeque distants ab India, regnis distincta novem in quibus Saxumanum est, quo Xauerium appulsum diximus. Tertia Insula inter has interiecta Xicus vocatur, regna continens omnino quatuor».

148 Shimo.

149 Shikoku.

150 «Quem igitur vulgo Iaponem vocant, eae praecipuae tres insulae sunt, circumfusis aliis minoribus, interfluo euripo disiunctae. Prima et maxima, in satrapias aut regna tria et quinquaginta dividitur: eius caput est urbs Meacum; inde insula tota denominatur. Alteram Ximum appellant; haec satrapijs regnis ve censetur novem; nobilissimas habet urbes, Vosuquim et Funaium regni Bungensis. Tertia dicitur Xicocum: satrapias aut regna continet non plus quatuor; insignis maxime Tosa urbe regni cognominis; ita Iaponis vel regna, vel satrapiae (sunt enim complures in quas vocabulum regni minime convenit) in universum numerantur sexaginta sex».

A la segunda isla llaman Ximia[151], la cual se divide en nueve satrapías y reinos. Tienen nobilísimas ciudades como son Vosuquim[152] y Funai[153], llamase el reino de Bungo[154] de una ciudad de este nombre. Llámase la tercera isla Xicocu[155], la cual no tiene sino cuatro satrapías o reinos. La ciudad principal se llama Tosa del nombre del reino. De esta manera contienen todos los reinos del Japón o satrapías –porque hay muchas satrapías que no les cuadra el nombre de reinos– en número de sesenta y seis reinos o satrapías casi [M, ff. 276v–277].

Cuanto a esta división es cierta de la manera que dicen, aunque propiamente la isla mayor no tiene en sí más que cincuenta reinos, mas porque tiene otras tres islas alrededor de sí, contadas también por reinos que son Avangi[156], Sando[157] y Oqui[158], se cuenta[n] estas con los más señoríos que están en esta isla[159], mas ni ella –como dijimos– se llama propiamente Japón, como Torsellino dice, ni tampoco se llama Miaco, como da a entender Maffei. Aunque la cabeza principal de toda ella es la ciudad real de Miaco[160], y la tercera isla más pequeña se llama Xicocu, como Maffei dice, y no Xico, como dice el otro, que parece que fue yerro de la impresa, habiendo de decir Xicocu y no Xico.

Acerca de lo que dice Maffei de las dos ciudades de Usuqui[161] y Funai, así era en el tiempo en que el reino de Bungo estaba en su prosperidad, pero ahora, con las guerras y mudanzas que allí hubo, quedaron muy destruidas y apocadas. Y, aunque la división que es ahora corriente es esta que los padres escriben, todavía entre los naturales se divide también de otra manera, repartiendo todo Japón en ocho partes que llaman *fachindo*[162], que quiere decir ocho caminos o partes. Y

---

151 Shimo.
152 Ōsaka.
153 Funai, hoy Ōita, fue durante siglos la ciudad residencial de los daimyō de la familia Ōtomo.
154 La provincia de Bungo fue una antigua provincia de Japón, que actualmente forma parte de la prefectura de Ōita.
155 Shikoku.
156 La isla de Awaji (淡路島, Awajishima) es una isla de Japón que pertenece a la prefectura de Hyōgo. Históricamente, Awaji constituía una provincia denominada Awaji, establecida desde el siglo VII. Esta provincia formaba parte de la región de Nankaidō.
157 La isla de Sado es una pequeña isla costera de Japón, ubicada en las aguas del mar de Japón, frente a la costa occidental de la isla principal de Honshū, de la cual está separada por el estrecho de Sado.
158 La provincia de Oki (因幡国 Oki-no-kuni) fue una entidad administrativa japonesa que abarcaba las islas Oki, situadas en el mar de Japón, frente a las costas de las provincias de Izumo y Hōki.
159 en las islas *AJ*.
160 Kioto.
161 Usuki.
162 Hachindo (八道) los ochos distritos del Japón feudal.

cada parte contiene, conforme a su repartición, diversos de estos reinos o satrapías, y cada una de estas sesenta y seis partes se dividen en otras menores que llaman *cuni*[163].

También dividen [f. 13] de otra manera estos reinos, porque la isla mediana de nueve reinos, llamada Ximo, que quiere decir parte baja o inferior, se llama también Saicocu[164], que quiere decir «reinos occidentales». Y la isla más pequeña se llama Xicocu, que quiere decir «cuatro reinos», y la parte de la isla mayor occidental, que comprehende muchos reinos, se llama Chungocu[165], que quiere decir «reinos que están en el medio». Otra parte que está por [en]cima de los reinos de Miaco se llama Foccocu[166] que quiere decir «reino del Norte»; otra parte llaman Goquinay[167], que quiere decir «cinco reinos», que son los que están alrededor de Miaco que propiamente pertenecen a la monarquía de Japón, que llaman *Tenca*[168], porque era comúnmente estos cinco reservados al rey de Japón. Y el que se hace señor de ellos se llama «señor de la *Tenca*». Otra parte se llama Tongocu[169] que quiere decir reinos que están de la parte oriental, en los cuales se comprehenden los reinos que por otro nombre llaman Quanto[170]; y la otra parte que contiene la cabeza más alta de Japón para la parte del norte se llama Ocu o Voxu[171], que aunque es contado por un reino solo es el mayor de Japón, y que contiene tanta tierra como seis u ocho de los otros juntos. Y acerca de estos sesenta y seis reinos, ad-

---

163 Durante el periodo feudal, Japón estaba dividido en provincias (国, kuni), que a su vez se subdividían en distritos (郡, gun) y aldeas (里, sato). El número y la disposición de estas unidades variaban con el tiempo y dependían del periodo histórico y la región específica.

164 Saigoku (西国, literalmente «país del oeste»), a veces pronunciado «Saikoku», es un nombre antiguo para lo que hoy se conoce como Kansai (関西). Esta región comprende seis prefecturas: Ōsaka, Kioto, Hyōgo, Shiga, Nara y Wakayama.

165 La región de Chūgoku (中国地方) se encuentra en la parte occidental de Honshū, la isla principal de Japón.

166 Hokkoku.

167 Go-Kinai, las Cinco Provincias Centrales (Yamato, Yamashiro, Settsu, Kawachi e Izumi).

168 En el léxico jesuita, Tenka (天下) equivalía a «monarquía o imperio» (Rodrigues, p. 254).

169 La palabra «Tōgoku» (東国) en japonés se traduce literalmente como «país del este» o «región oriental.» Históricamente, en el contexto del Japón feudal, «Tōgoku» se refería a las provincias orientales de Japón, en particular las ubicadas al este de la región de Kansai.

170 La región de Kantō (関東) constituye un área geográfica de Honshū, la isla principal de Japón. Sus límites coinciden, aproximadamente, con la extensión de la llanura de Kantō. Está conformada por las prefecturas de Gunma, Tochigi, Ibaraki, Saitama, Chiba, Kanagawa y la Metrópolis de Tokio.

171 Goxu *AJ*.

vierte muy bien Maffei llamándolo satrapías, *sunt enim* –como él dice– *complures inquas vocabulum regni minimi convenit*[172]. Porque, en la verdad, ninguna de estas partes –puesto que algunas de ellas, bien grandes, es propiamente reino– ni por tales son tenidas por los naturales, pues, como diremos adelante en su lugar, todo Japón no es propiamente más que un solo reino.

---

172 Vuelve a repetir una frase de la cita anterior «porque hay muchas satrapías que no les cuadra el nombre de reinos».

Capítulo 3
Fue el padre Xavier a Miaco y de ahí volvió a Yamaguchi

Habiendo llegado el padre Xavier a Japón con sus compañeros a los 15 de agosto del año 49, día de la Asunción de Nuestra Señora, como dijimos, escribi[ó] muy bien Maffei lo que allí pasó diciendo así[173]:

> Fue recibido el padre Xavier amigablemente de los parientes y domésticos de Pablo, o Angero, y apenas habían descansado de los trabajos de la navegación los compañeros del padre Xavier, cuando puso todo su pensamiento y cuidado el padre en los negocios de la religión cristiana. Comenzó lo primero luego a aprender los primeros rudimentos de la lengua japónica con mucho cuidado, como si fuera un niño, trabajando en esto de día y de noche. Después, gastó muchos días con grandísimo trabajo y miseria en traducir en aquella lengua los principales fundamentos y preceptos de la fe cristiana. Y, aunque le ayudó mucho a esto Pablo, pero con todo eso por la dificultad del negocio y por la alteza de los misterios y no entender bien la lengua, le costó al padre mucho trabajo. Finalmente, habiendo escrito en un libro estas cosas de la mejor manera que entonces se pudo hacer, comenzó el padre Xavier juntamente con sus compañeros a enseñar al pueblo como quien iba letreando y balbuciendo la lengua que no entendía[174]. Acudió luego a ellos grande concurso

---

173 «Xaverius a Pauli propinquis atque domesticis amanter exceptus, vixdum recreatis a maritima iactatione comitibus, ad Christianam rem animum adiecit. Linguae primum Iaponicae rudimentis ad instar pueruli summo studio ac sedulitate institit operam dare. In praecipuis de in fidei Christianae capitibus convertendis, quamquam enixe adiuvante Paulo, tamen ob rei difficultatem, et misteriorum altitudinem, et linguarum inscitiam, complures dies ingenti labore miseria quem desudatum est. Postremo, ijs in codicem ut cumque relatis, ex eo codice Xaverius balbutire ad populum una cum sociis cepit. Magni exemplo concursus ad eos facti, atque, ut procacia et acuta sunt Iaponiorum ingenia, ridere alii solaecos barbariemque; alii quid ea lectione significaretur, ambigere; alii peregrinum habitum cultumque demirari: alii etiam, communis consuetudinis ac morum ignaros, probris et cavillis petulanter incessere. Nec deerant, qui eiusmodi ludibria detestati, miserarentur innoxios; nec spernendum utique genus hominum interpretarentur esse, qui tam remotis e regionibus, docendi tantum gratia, periculo maximo, nulla mercede venissent. Xaverius interea sociique nihil de studio et cotentione remittere. Ad haec, normam [f. 13v] eam tenere vivendi, tamque illustria sobrietatis, patientiae, mansuetudinis, omniumque virtutum exemplam praebere; uti veram ac salutarem doctrinam afferre se, factis moribusque multo magis, quam dictis aut scriptis ostenderent».

174 Se trata del catecismo meticulosamente preparado por el padre Xavier, con la valiosa colaboración de Anjirō, quien desempeñó un papel fundamental en su desarrollo y elaboración. «El catecismo tenía dos partes y llegó a ser un libro bastante extenso. La primera parte trataba de la creación del mundo hasta el advenimiento de Cristo; la segunda, de la vida de Cristo hasta el Juicio Final. Como los japoneses no tenían conocimiento de una creación del universo, fueron tratados con detalla la creación del mundo, la caída de los ángeles y el castigo del orgulloso Luci-

https://doi.org/10.1515/9783111617602-005

y multitud de gentes, y como son agudos y engañosos los ingenios de los japoneses, se reían de los barbarismos de los nuestros. Unos no entendían lo que significaba aquella lección; otros se admiraban del hábito y trato tan peregrino; y otros, también ignorantes de la costumbre común y de las buenas obras de aquellos padres, se burlaban desvergonzadamente de ellos con afrentas y cavilaciones fingidas. No faltaban algunos que, compadeciéndose de los padres que estaban sin culpa, aborrecían aquellas afrentas que les hacían, y les parecía que no se debía menospreciar semejante género de hombres, los cuales, sin ningún interés, habían venido de tan remotas regiones y con tan grande peligro solo para enseñarles la ley evangélica. Entretanto, el padre Xavier y sus compañeros no cesaban un punto de su intento y acostumbrado ejercicio; y, demás de esto procuraban tener tal manera de vivir y tan ilustre abstinencia, dando de sí tan señalados ejemplos de paciencia, mansedumbre y de otras muchas virtudes, que verdaderamente que parecía muy claro que la doctrina verdadera y saludable que ellos traían más la predicaban con sus buenas obras y ejercicios que no con palabras ni con escritos [M, ff. 313v–314].

Fue el padre Xavier muy bien recibido del señor de la tierra en el principio porque pretendía de trabar amistad con los portugueses para que viniesen con sus naves a vender mercaderías a su tierra[175], por los grandes intereses que esperaba sacar de ello. Mas después, se comenzaron a hacer algunos cristianos y los bonzos entendieron el gran mal que les podría venir dilatándose nuestra santa ley, le aconteció lo que San Pablo escribe de sí que le aconteció en Éfeso, escribiendo en la primera de los Corintios[176]: «porque se me ha abierto puerta grande y eficaz, y muchos son los adversarios». Porque los bonzos se levantaron fuertemente contra él, y apenas comenzó a hacer cristianos cuando movieron contra él persecución, haciendo con el señor de la tierra que prohibiese esta ley. El cual, con esto y con ver que el año siguiente fueron los portugueses con sus navíos[177] a otra tierra y no a su puerto, describió lo que en su corazón tenían. Lo cual todo cuenta Maffei por estas palabras[178]:

---

fer, la creación del hombre y su estado ante de caer en pecado. El libro estaba dividido en seis épocas. Las cinco primeras se referían al Antiguo Testamento» (Schurhammer 1992, IV: 136–137). Más adelante, este «libro» será mencionado en varias ocasiones.

175 a sus tierras *AJ*.

176 I Corintios 16, 9: «Ostium enim mihi apertum est magnum, et evidens: et adversarii multi».

177 naves *AJ*.

178 «Inde haud leviter commoveri civitas coepta, nostrisque non ad magistratus modo, sed etiam ad Regem qui tum extra oppidum agebat, Paulo praesertim adnitente, facile patuit aditus commercium is Lusitanorum avide iam dudum expetebat, quos ad vicina emporia cum preciosis oneribus commeare didicerat. Apud eos, quod plurimum gratia et auctoritate Xaverium valere Paulus et famuli testarentur, valde sese illi comem et humanum initio praebuit. Quin etiam prolatam a Paulo, Christi et sactissimae Virginis matris imaginem veneratus, idipsum fieri ab omnibus, qui aderant, imperavit: ac praedicandi Evagelii, et baptizandae ritu Christiano gentis potestatem haud gravate concessit, eaque; de republica edicta proposuit. Ac Bonzii etiam superstitionum Iaponicarum antistites, vel novitatis gratia capti, vel suis opibus ac maiestate consisi: cum nihil

Comenzóse con esto a conmover mucho la ciudad, y así no solamente tuvieron los nuestros libre entrada con los magistrados de la ciudad, sino que también les fue concedida fácilmente licencia para hablar al rey, que entonces estaba fuera de la ciudad, procurando mucho esto Pablo Angero. Deseaba este rey mucho antes el comercio y trato de los portugueses, los cuales él había entendido que habían llegado a los cercanos mercados con mercaderías de mucho valor. Y porque Pablo y sus criados le aseguraban al rey que el padre Xavier podía mucho con los portugueses en amor y gracia, se le mostró al principio muy afable y humano. Además de esto, mostrándole Pablo una imagen de Cristo nuestro Señor y otra de la santísima Virgen María, su madre, las adoró el rey con mucha devoción y mandó a todos los que estaban allí presentes que hiciesen lo mismo. Y también dio licencia sin mucha dificultad a los nuestros para predicar el sagrado Evangelio, y que pudiesen bautizar a los que se convirtiesen conforme a la costumbre cristiana, sobre lo cual publicó un edicto real. También los bonzos[179] –ya hemos hablado de este género de hombre–, que eran como prelados de las supersticiones de los japoneses, movidos o con el gusto de la novedad o confiados en sus riquezas y majestad, no teniendo miedo que unos extranjeros, y particularmente gente no conocida, les pudiesen desacreditar de su antigua autoridad, parece que entonces favorecían al padre Xavier. Así que, de esta manera, se comenzó poco a poco a introducir nuestra religión cristiana en aquella ciudad.

Primeramente, se bautizaron la mujer de Pablo y una hija suya; y después hicieron también esto mismo sus deudos y muchos amigos suyos, predicándoles y amonestándoles el mismo Pablo de día y de noche con mucho espíritu. Siguieron después otros muchos el ejemplo de estos, a los cuales el padre Xavier principalmente favorecía con su industria y trabajo continuo, amonestándolos a la virtud y piedad cristiana. Tenía intención el padre

---

ab ignotis praesertim externisque sibi metuetent favere tum quidem Xaverio videbantur. Ergo Christiana paulatim sacra in urbem inducta. Pauli primum uxor et filia, tum propinqui et amici complures, eodem Paulo dies noctesque hortante, monente, docente, ad baptismum adducti. Hosce deinceps alii subsequuti; quibus ad virtutem ac pietatem excolendis, operam Xaverius in primis impendebat assiduam. Decretum erat illi, simulatque aliquem eius linguae usum nactus foret, Iaponis caput Meacum adire, et quo expeditior ad caeteros praedicatio esset, Regi primum ipsi vel Imperatori, quem universo Iaponi praeesse audierat, Evangelium afferre: sed Regis praecipue Cangoximani promissis ac precibus, et oblata rei bene gerendae spe, diutius quam cogitarat in eadem urbe detentus est. Inter haec, negotiatores Lusitanis cum mercibus Firandum regni Figensis appulerant, Id ubi Cangoximae cognitum est; periniquo tulit animo Rex, vicinos dynastas insperatis augeri opibus, at se diuturna lucri adventitij expectatione frustrati. Ex eo tempore sensim aversari Xaverium caepit, et ab ipsius doctrina praeceptisque refugere. Bonzii quoque, posteaquam Christianis institutis vitia sua reprehendi Evangelii luce [f. 14] mendacia prodi, sanctissimis decretis convelli nefaria dogmata, denique discipulos et sectatores abse avocari animadverterunt; immutata subito voluntate, Xaverium exsecrari, fictis criminibus ipsum et socios in invidiam adducere, publice privatimque maledictis lacerare atque poscindere, offensum iam Regis animum novis in dies facibus instigare. Neque ab incepto destitere; quo ad revocato priore edicto, rursus poena capitali sancitum est, nequis omnino, relictis patriis avitisque nova et peregrina sacra susciperet. Xaverius, aequitate animi ac summissione furentes lenire nequicquam conatus multaque et gravia perpessus incommoda, Meacum quod pridem intenderat, abire decrevit. Haec Maffeyus.

179 Monjes budistas.

Xavier, en sabiendo la lengua japónica razonablemente, de ir a la ciudad de Miaco, que era la cabeza y ciudad principal del imperio del Japón, y para que fuese más fácil la predicación del Evangelio para los demás, pensaba primeramente tratar esto con el mismo rey o emperador que gobernaba a todo el Japón, y predicarle la ley evangélica. Pero, con las promesas y ruegos del rey de Cangoxima, y con la esperanza que tenía el padre del buen suceso de aquellas nuevas plantas, fue detenido en aquella ciudad más de lo que él había pensado. En estos días habían arribado los mercaderes portugueses con sus mercaderías a Firando[180] ciudad del reino Figense[181].

Cuando tuvo noticia de esto, el rey de Cangoxima[182] sintió mucha pena de ver que los cercanos sátrapas y señores se enriquecían con el trato de los portugueses y que él era engañado con una larga esperanza de que gozaría de aquel adventicio provecho. Desde este tiempo, comenzó poco a poco a mostrarse aquel príncipe indignado contra el padre Xavier y a apartarse de su doctrina y preceptos. También los bonzos, cuando vieron que con los institutos cristianos se reprehendían sus vicios, y que con la luz del Evangelio se descubrían sus mentiras, y que con los santísimos decretos cristianos se arrancaban sus falsas supersticiones, y finalmente que sus discípulos seguían a los nuestros, mudando repentinamente su voluntad, aquellos ministros del demonio, comenzaron a maldecir al padre Xavier. Procuraron desacreditarle con el pueblo a él y a sus compañeros con fingidas maldades, reaprehendiéndole pública y particularmente con mil traiciones, instigando cada día más con nuevas llamas de ira al ánimo ofendido del rey. Los cuales no desistieron de su mal propósito hasta tanto que, haciendo revocar el primer edicto que el rey había publicado a favor de los cristianos, mandó después por otro que ninguno, a pena de la vida, pudiese recibir la nueva ley del Evangelio ni apartarse de su antigua religión de sus pasados. El padre Xavier, no obstante esto, procuraba aplacar a los alterados y furiosos con una grande equidad y sumisión de ánimo, pero padeciendo en esto muchos y graves trabajos sin provecho, se determinó ir a la ciudad de Miaco[183], como ya antes lo había pensado [M, ff. 314–315].

De este lugar de Satsuma, escribió el padre Xavier una carta muy larga a sus hermanos con la data de 5 de noviembre, poco más de dos meses y medio después de haber lle[g]ado allá, la cual anda impresa en varias lenguas y por extenso fue también hecha en latín por Maffei en la primera impresión que se hizo de sus cartas, aunque la segunda va cortada. En en la cual, entre muchas, decía tres cosas que me pareció que no debía dejar de referir en esta *Historia*.

La primera era tratar de los graves pecados y tan poco conocidos como había en aquel reino; la segunda, de la grande ocasión que hallaba ahí para él se aprove-

---

180 Hirado es una ciudad japonesa localizada en la prefectura de Nagasaki.

181 Se refiere a la provincia de Hizen (肥前国) fue una antigua provincia de Japón que correspondía a las actuales prefecturas de Saga y Nagasaki. Hizen limitaba con las provincias de Chikuzen y Chikugo. No incluía las islas de Iki y Tsushima, las cuales ahora forman parte de la prefectura de Nagasaki.

182 Se identifica a Shimazu Takahisa (1514–1571) como el daimio de Satsuma (Schurhammer 1992, IV: 75–83).

183 Kioto.

char; la tercera, el recelo de ser perseguido de los bonzos y aparejo[184] que para eso hacía, aunque hasta entonces le trataban bien. Y acerca de la primera dice así[185]:

> De dos cosas me espanté mucho en esta tierra. La una, ver cuán grande y cuán abominables pecados se tienen en poco, y la causa es porque los pasados se acostumbraron a vivir en ellos y los presentes tomaron ejemplo de ellos. Ved que, como la continuación en los pecados que son contra naturaleza corrompe los naturales, así también el continuo descuido en las imperfecciones destruye y deshace la perfección. La segunda es ver que los legos viven mejor en su estado que los bonzos en el suyo, y, con ser esto manifiesto, es para maravillar la estima en que los tienen. Hay mucho yerro entre estos bonzos y los que más saben, estos los tienen mayores [CA. f. 40].

Acerca de la segunda dice así[186]:

---

184 AJ lee «apareció».

185 «Duo praecipue in hac terra mihi paene stuporem incutiunt. Alterum, quam gravia quamque nefanda peccata, quam nihili fiant. Atque id nimirum accidit maxime patrum culpa: qui traditam sibi tum a natura, tum aliquam fortasse etiam a majoribus normam recte vivendi, corruptam ipsi deinceps ac depravatam posteris reliquerunt: ut ex hoc, obiter illud etiam appareat, quem ad modum in communi vita, naturales igniculi probitatis, pugnantibus cum natura vitiis paullatim penitus extinguuntur: sic in vita perfecta, virtutum habitus licet iam constitutos, nisi assidua ac diligens cura adhibita sit, remissioribus officiis labefactari sensim; ac destrui. Alterum est, cur hi sacerdotes, cum nec integritate, nec innocentia sint cum saecularibus comparandi, tanto nihilominus apud eos in honore atque existimatione sint. Et quamquam in magna omnes pravitate summaque opinionum perversitate versantur: tamen qui sapientia praestare videntur ceteris, praecipuum dignitatis obtinent locum».

186 «Cum linguae subsidium nobis (ut speramus) accesserit, tum res multo melius (Deo bene iuvante) procedet. Nam nunc quidem inter eos veluti quaedam simulacra versamur, multa illi denobis loquuntur, et conferunt inter se, nos iudelicet obmutescimus, dumque hujus linguæ elementa percipimus, cogimur quasi repuarescere. Cuius aetatis quemdmodum mores imitamur, sic utinam candorem ac simplicitatem recuperare possemus. Quam tamen ad rem multum nos loci opportunitas adjuvabit. Etenim remotis adeo in regionibus, inter impios. Daemonum cultores ab amicorum consepctu longissime positi, omnique poene [f. 14v] mortalium ope ac solatio destituti, nimirum nostrimet paullatim obliviscimur: nosque in Deum totos necessario effundimus. Quod secus, ubi Christiana viget religio, fieri consuevit, parentum quippe, vel patriae caritas affinitates, necessitudines, amicitiae, ad omnes corporis animaeque usus parata subsidia, Deum inter et homines interponunt fere sese: atque inde sensim ipsius Dei subrepit oblivio quocirca eximiam in nos, hoc etiam nomine. Dei benignitatem experimur qui cum, hac suscipienda peregrinatione, aliquod praestare nos illi putaremus obsequjum; ipsi nos potius singulari eiusdem beneficio affectos, multisque vinculis solutos agnoscimus quae spem nostram ac fidem, quo minus crescerent, distinebant quae ipsius in nos tanta merita, ne male locata sint, neve nostra culpa ingratique animi vitio divinae erga nos beneficentiae exarescat flumen, vos etiam istic quaeso, nobis in agendis gratiis subvenite. Ad haec illud quoque non leve commodum accedit, quod deliciis iis, quae alibi carnis stimulos irritare, enimique et corporis vires solent infringere; hic caremus omnino. Etenim Japonii nullum altile mactant vel comedunt, pisce vescuntur interdum, oryza et tritico non abundant: herbis et arborum fructibus ut plurimum victitant. Et quidem ita prospera

Placerá a nuestro Señor darnos lengua para que les podamos hablar cosas de Dios, porque entonces, con su divina gracia, haremos mucho fruto. Ahora estamos entre ellos como unas estatuas. Ellos hablan y dicen de nosotros muchas cosas, y nosotros por no entender la lengua, callamos. Y, entretanto que la aprendemos, nos conviene ser como niños, para aprenderla; y pluguiese a Dios lo fuésemos en la verdadera simplicidad y pureza de ánimo. Forzado nos es tomar medios y disponemos a ser como ellos, así en aprender la lengua como en mostrar simplicidad de niños que carecen de malicia. Y para esto nos hizo muy particulares mercedes nuestro Señor en traernos entre infieles, para que no nos descuidemos de nosotros, pues esta tierra es toda de idólatras y enemigos de Cristo, y no tenemos en qué poder confiar ni esperar sino en Dios. Pues acá ni tenemos parientes ni amigos, antes todos enemigos del Creador del cielo y de la tierra.

En otras partes, donde nuestro Creador y Redentor es conocido, las criaturas suelen poner impedimentos para descuidarse de Dios, como es el amor de padres, conocidos y amigos, y de la propia tierra, y el tener lo necesario, así en salud, como en enfermedad, teniendo bienes temporales o amigos espirituales que suplen en las dolencias. Mas acá, en tierras tan remotas, sobre todo, lo que más nos esfuerza es esperar en Dios y carecer de personas que en espíritu nos ayuden.

Considerando estas tan grandes mercedes que nuestro Señor nos hace, con otras muchas, estamos confusos de que pensábamos hacerle algún servicio en venir a estas partes a acrecentar su santa fe, y ahora, por su bondad, nos ha dado claramente a entender la merced que nos tiene hecha, tan inmensa en traernos a Japón, librándonos del amor de muchas criaturas que nos podían impedir a tener mayor fe, confianza y esperanza en Él. Por amor de nuestro Señor, que nos ayudéis a darle gracias por tan grandes mercedes, para que no caigamos en pecado de ingratitud, pues a lo que tratan de servir a Dios, este pecado es causa que Dios deje de hacerle mayores mercedes.

También es necesario daros parte de otras mercedes que Dios nos hace, por las cuales nos da conocimiento, por su misericordia, para que nos ayudéis a darle gracias siempre por ellas. Y es que en otras partes, la abundancia de los mantenimientos corporales suele ser causa y ocasión que los desordenados apetitos salgan con la suya, quedando muchas veces desfavorecida la virtud de la abstinencia, de que los hombres, así en las almas como en los cuerpos, padecen notable detrimento. Hízonos Dios tanta merced en traernos a estas partes, las cuales carecen de estas abundancias, porque aunque quisiésemos dar estas superfluidades al cuerpo, no lo lleva la tierra, porque no matan ni comen cosa que crían. Algunas veces comen pescado. Hay también arroz y trigo, aunque poco. Hay muchas yerbas de que se mantienen y frutas. Vive la gente muy sana, a maravilla, y hay muchos viejos. Bien se ve en los japoneses cómo nuestra naturaleza se sustenta con poco, aunque no hay cosa que la contente [CA, ff. 43v–44].

---

valitudine ad multam usque senectutem utuntur, ut facile appareat, quam paucis sit, eadem quae alioquin est insatiabilis, natura nostra contenta».

Cuanto a lo que toca a la tercera cosa, hablando de los bonzos, dice así[187]:

Y es que gran parte de los japoneses son bonzos, y estos son muy obedecidos en la tierra donde están, aunque sus pecados son manifiestos a todos. Y la causa porque son tenidos en mucho me parece que es la abstinencia grande que hacen que: nunca comen carne ni pescado, sino yerbas, fruta y arroz, y esto una vez cada día y muy regladamente, y no beben vino.

Por esta continua abstinencia que hacen, y porque no tienen trato con mujeres, especialmente los que andan vestidos de negros como clérigos, so pena de perder la vida, y por saber contar algunas historias, o por mejor decir, fábulas de las cosas en que creen, los tienen en gran veneración. Y no será mucho, por tener nosotros tan contrarias opiniones en el conocimiento de Dios y de cómo se han de salvar las almas, ser de los bonzos perseguidos más que de palabra.

Lo que nosotros pretendemos en estas partes es traer a las gentes al conocimiento de su Creador, Redentor y Salvador Jesucristo. Vivimos con mucha confianza que él nos dará fuerza para llevarlo adelante. La gente seglar no me parece que nos ha de contradecir ni perseguir, cuanto es de su parte, si no fuere por mucha importunación de los bonzos.

Nosotros no pretendemos diferencias con ellos, ni tampoco por su temor habemos de dejar de hablar de la gloria de Dios, y de la salvación de las almas, pues ellos no nos pueden hacer más mal de lo que Dios les permitiere. Y el mal que por su parte nos viniere es merced que nuestro Señor nos hará, si por su amor y servicio y celo de las almas, nos cortaren el hilo de la vida, siendo ellos instrumentos para que esta continua muerte en que vivimos se acabe y se cumplan en breve nuestros deseos [CA, ff. 44–44v].

De esta persecución que después padeció, hablando Torsellino, dice así[188]:

---

187 «Eorum qui nefaria huius insulae sacra procurant, magna est multitudo, ii carne, pisce, vinosque, suis legibus abstinent: semel tantum quotidie cibum, et eum quidem exiguum capiunt: complures etiam, clericorum ferme retinentes ornatum, capitalis metu supplicii a mulierum consuetudine prohibentur. Quibus illi rebus, et antiquitatis peritia quadam et superstitionum suarum fabulis enarrandis, magnam sibi auctoritatem apud Iaponios compararunt. Horum decretis atque institutis quod vehementer adeo, Christiana quam profitemur doctrina adversatur; valde suspicamur fore, ut licet in praesentia nobis favere videantur, tamen cum res paullatim progredi ceperit, nostram in perniciem tum saeviant ipsi, tum vero populum concitent, alioqui per se minime nobis infestum. Fixum autem ac certum est nobis, sicut ab omni prorsus contumelia et iurgiis abstinere, ta ab gentibus ad cognitionem conditoris liberatorisque, nostri Domini Jesu Christi vocandis nulla ratione desistere. Quod si evenerit, ut in caussa tam honesta, tamque pio ao Salutari negotio vitam ponamus; nae nos id in magni beneficii loco accipiemus a Domino, cuius praeceptis, animarum salutem corporis nostri iactura mercari jubemur».

188 «Cangoximae cum iamque laeta neophytorum seges niteret subito procella a Bonziis concitata rei Christianae ingentem intulit calamitatem, quae Xaverio gravior omni martyrio accidit. Multi iam caelestis numinis instinctu christiana susceperant sacra, plures ad Christi religionem perspecta veritas pelliciebat, cum Evangelii cursum (id quod tanto ante Franciscus [f. 15] providerat) Bonzii averterunt. Nam Christiana religione inducta, cuius incrementum eos fefellerat, Deorum religionem, suamque autoritatem, ad ludibrium recedisse intuentes, enim vero flagrare ira, odio furere coeperunt. Ergo non magis dolore quam Diabolo stimulante, ad Regem frequentes

[. . .] y teniendo ya en buen punto los negocios de la cristiandad, con esperanza de coger una copiosa cosecha de nuevos cristianos, de repente se levantó una terrible borrasca y tempestad contra los cristianos procurada por los bonzos, la cual fue para el padre Francisco más pesada que lo fuera cualquiera género de martirio. Habían ya bautizádose muchos, y más eran los que, convencidos con la verdad del Evangelio, querían ya recibir la fe. Pero estorbaron este bien los bonzos, atajando el feliz progreso, cosa que el padre Francisco había entendido mucho antes.

Porque comenzando los bonzos a caer en la cuenta de que cuanto iba creciendo el negocio de la fe, y el número de los fieles, tanto se iba disminuyendo el culto de sus dioses y su autoridad, y que ya ni ellos ni a sus dioses les respetaban, sino que hacían burla de ellos. Llenáronse de odio e indignación, y movidos lo uno del Demonio, lo otro de su pena y dolor, acuden todos al rey, dícenle con muy encarecidas palabras que advirtiese muy bien lo que hacía y mirase con tiempo por sí y por el bien público y común, porque si consentían que sus vasallos recibiesen religiones peregrinas, forzosamente habían de venir los dioses de su patria a ser despreciados y enojados ellos por esto y airados con él

¿Qué duda había sino que vendría a ser muy presto destruida la ciudad de Cangoxima y todo su reino? Que si era tan ciego que no veía que la religión de Cristo era totalmente opuesta a la de Japón y que cuanto se acrecentaba la de Cristo nuestro Señor y se disminuía la de Japón. Que si no sabía y entendía que les pesaba entrañablemente a sus dioses y lo sentían mucho que se descubriesen y manifestasen a los peregrinos y extranjeros sus secretos y misterios. Y que aunque el pueblo erraba y los ofendía en esto, pero que mucho más los ofendía el rey, que lo sabía y entendía y que mirase bien la ira de los dioses mientras más dilataban y alargaban el castigo era mayor.

Y que el fin los fundadores e instituidores de la religión de los reinos de Japón vendrían a tomar cruel venganza de los ciudadanos de Cangoxima por un agravio y afrenta tan grande, y el pecado y culpa de unos pocos ciudadanos había de llover sobre el rey y sobre toda la ciudad, y así que si estimaba en algo las ceremonias, ritos y sectas antiguas su patria, y si tenía todavía el respeto que a sus dioses debía o procurase conservar su amistad o temiese a lo menos su ira.

---

coeunt, graviter sane severeque illi denuntiantes. Videret etiam atque etiam quid ageret; dum integra resesset, suae communique prospiceret saluti, si suos populares peregrinas religiones suscipere pateretur, profecto Deos patrios passim ludibrio futuros. Quibus iratis, cui dubium esse, quin Cangoxima, Regnumque eius universum brevi evertendum foret? An vero non videret Christianam religionem Iaponicæ penitus adversari; tantumque de illa demi quotidie, quantum Christianæ accederet? An ignoraret acerbissimum patriis Diis inurere dolorem, quicunque patria sacra postferret peregrinis? Leviorem culpam esse peccantis populi, quam regis in peccato alieno conniventis caelestes iras mora fieri acriores. Iaponicae quippe religionis conditores haud dubie, pro tanta contumelia, debitas de Cangoximanis expetituros poenas et paucorum impietatem Regi, regnoque exitio futuram. Quare si quis ei patriarum cerimoniarum, si quis Deorum respectus memoria ve esset, eorum vel gratiam spectaret, vel formidaret iram. Hac Bonziorum oratione ille perterritus, et simul commercii Lusitanorum spe frustratus, protinus cum vinculorum mortisque minis edicit, atque interdicit, ut omnes patriam retineant religionem, neu quisquam in posterum Christianis mysteriis initietur. Hæc ille».

Atemorizado el rey[189] con estas razones, que le decían los bonzos y desconfiado ya de tener contratación con los portugueses como deseaba, mandó por edicto público que nadie so pena de muerte dejase su antigua religión ni se hiciese cristiano [T, ff. 177–178v].

Después de pasar un año viendo que, con la persecución que los bonzos le hacían y con los edictos que había publicado el señor de Satsuma, que ninguno se hiciese cristiano, no podía aprovechar allí, determinó pasarse para Firando, adonde en aquel año de 1550 había llegado navío de portugueses, y de allí para la real ciudad de Miaco, como lo escribe el mismo Maffei por estas palabras[190]:

Llegaba el número de los cristianos que había en la ciudad de Cangoxima a cien personas. Encomendó el padre Xavier este pequeño rebaño de fieles a Pablo, y él, al fin de este año, llorando y suspirando los nuevos cristianos de aquella ciudad de Cangoxima, se partió con los padres Cosme Turriano[191] y Joan Fernando[192] para los portugueses que estaban en la ciudad de Fu recibido allí con grandísimo regocijo de los portugueses y, por medio de ellos, los recibió también el reyezuelo[193] en su amistad y gracia con mucha honra, el cual luego concedió al padre Xavier lo que tanto deseaba, a saber, licencia para poder predicar y sembrar la simiente del santo Evangelio.

Ya tenían los padres un poco de más noticia de la lengua japónica, para saber mejor entender los preceptos de nuestra sagrada religión. Así que, parte predicando y parte leyendo a unos y a otros, según las ocasiones que se ofrecían en aquel libro que habían compuesto los nuestros, y además de esto viviendo ellos delante los ojos de todos con mucha inocencia, humildad y castidad, convirtieron con esto dentro de pocos días en la ciudad de Firando más gente que en Cangoxima en todo el año [M, f. 219].

---

189 Shimazu Takahisa (島津貴久1514–1571). Para más información véase la obra de Schurhammer (1992, IV: 160).
190 «Christianorum numerus in urbe Cangoxima ad centum ferme pervenerat. Paruulum eum gregem, Paulo commendat. Ipse, vertente anno, moerentibus lugentibusque neophytis, et gratias immortales agentibus optimo patri, Firandum ad Lusitanos cum Cosmo Turriano, et Joanne Fernando progreditur. Ibi vero, cum a Lusitanis ipsis ingenti gratulatione, tum in eorum gratiam ab Regulo perhonorifice acceptus est; et quod optabat unum, illico facta legis Evangelicae promulgandae potestas. Iam linguae Paulo maiorem notitiam novi praecones erant nacti. Ergo, partim dicendo, partim aliis aliisque, prout res postulabat, periochis e codice recitandis, et super hæc, in oculis omnium innocenter, et castae vivendo, plures paucis diebus Firandi, quam toto anno Cangoximae ad Christum adiunxere. Hæc Maffeyus».
191 Cosme de Torres.
192 Juan Fernández.
193 Se trata de Matsūra Takanobu (松浦 隆信, 1529–1599), también conocido como «Taqua Nombo», fue un prominente daimio del siglo XVI y el 25º señor hereditario del clan Matsūra, que gobernaba Hirado. Su liderazgo se caracterizó por una significativa actividad política y militar durante un período tumultuoso en la historia de Japón (Schurhammer 1992, IV: 173–180).

Es Firando una Isla que está en el reino de Fingen,[194] cuyo señor es como un conde o marqués entre nosotros, aunque los portugueses y los padres lo llamaban entonces «rey de Firando»[195], el cual era un [f. 15v] gentil harto obstinado en su ley y que después, hasta ahora, se mostró siempre muy contrario y enemigo de la cristiandad. Mas entonces, con el deseo que tenía de los portugueses ir a su puerto, con mucha facilidad dio licencia al padre Xavier que hiciese en sus tierras cristianos, y se hicieron en breves días al pie de ciento. Y de allí se fue luego el padre para otra ciudad con intención de ir al Miaco, descubriendo tierras, como el mismo padre lo dice en una carta que yo hallé en la India escrita por él a nuestros hermanos en el año de 51, y no anda entre las otras impresas, en que, tratando de esta su partida de Satsuma dice así:

> Estuvimos un año en Satsuma e hicimos algunos cristianos con la lección del libro que les leíamos, en el cual están declaradas las cosas de nuestra santa fe. Y se dejaron de hacer más por el temor que tenían[196] al señor de la tierra[197]. Porque los bonzos, viendo que nuestra santa ley iba en crecimiento, le fueron a la mano, diciéndole que, dejándonos el ir así y consintiendo que se hiciesen cristianos, se indignarían los *Camis* y *Fotoques*[198] y le darían algún grave castigo, y harían que perdiese su tierra. Y de tal manera se hubieron con él que prohibió, so pena de muerte, que ninguno se hiciese cristiano.
>
> Por do no pudiendo por entonces hacer más fruto allí, nos fuimos para otra tierra, despidiéndose de nos los cristianos con muchas lágrimas por el grande amor que ya nos tenían, dándonos muchos agradecimientos por el trabajo que lleváramos[199] en les enseñar el modo como se habían de salvar. Y con ellos quedó Pablo de Santa Fe, nuestro compañero y su natural, para los doctrinar.
>
> Y en otra tierra a do fuimos, llamada Firando, nos recibió el señor de ella con mucho amor y buen recibimiento, y en pocos días se hicieron allí algunos cien cristianos, con lo que el hermano Juan Hernández, que ya sabía hablar mediocremente, les predicaba y con el libro[200] que les leía sacado en lengua de Japón[201].

---

194 Figen *AJ*. Es decir, Hizen.
195 Se refiere al mismo Matsūra Takanobu.
196 tenía *AJ*.
197 La narración vuelve atrás, y en este caso se trata del daimio de Satsuma, Shimazu Takahisa. Conocido por su astucia política y habilidad militar, Takahisa jugó un papel crucial en la expansión del dominio de la familia Shimazu durante el período Sengoku. En 1549, dio la bienvenida a Xavier y a otros misioneros jesuitas, lo que marcó el inicio del contacto significativo entre Japón y los europeos. A pesar de las tensiones y desafíos internos, su gobierno es recordado por la apertura inicial hacia el cristianismo y la promoción de relaciones comerciales con los portugueses.
198 Plural europeizado de *kami* y *hotoke*, las deidades sintoístas y budistas.
199 llevaremos *AJ*.
200 El catecismo.
201 La carta parece ser inédita, ya que no se encuentra en ninguna de las obras que recopilan los escritos de Francisco Xavier. El episodio narrado coincide con el mencionado anteriormente por Valignano, antes de que los jesuitas abandonaran Satsuma.

Esto es lo que dice en el principio de la carta. Y porque su deseo era de ir para Miaco y hablar con el rey de Japón[202], se partió dentro de pocos días de Firando. Y entendiendo que en la ciudad de Yamaguchi[203] estaba otro rey poderoso[204], quiso ir primero allá. Y todo lo que hizo y padeció en esta peregrinación, hasta volver la segunda vez a Yamaguchi, que está en el reino llamado Suo[205], uno de aquellos que están por aquella parte que dijimos que llaman Chungocu, lo escribe Maffei con su elegante estilo tan cierta y distintamente que no hay para qué lo decir sino por sus mismas palabras, en que dice así[206]:

> Dejando encomendados a estos el padre Xavier al padre Cosme Turriano, se partió él con el padre Fernando a la ciudad de Miaco cerca del mes de octubre, haciendo ya grandes fríos, y llegó a Amanguchi, cien leguas más delante de Firando. Era entonces aquella ciudad muy grande, porque después fue muchas veces destruida a fuego y a sangre, y estaba asentada casi en el ombligo del Japón. Y tenía un rey[207] muy poderoso, cuyo señorío se extendía mucho por todas partes.

---

202 Es decir, Oda Nobunaga.

203 Se trata de Ōuchi Yoshitaka (大内 義隆, 1507 –1551), un daimio japonés del período Sengoku, conocido por su poder en la región de Chūgoku y su influencia en la política y cultura de Japón. Fue el líder del clan Ōuchi, que controlaba la provincia de Suō y partes de otras provincias vecinas. Yoshitaka es recordado por su mecenazgo cultural, especialmente por su apoyo a la poesía, el arte y la arquitectura. Sin embargo, su gobierno también fue marcado por conflictos internos y externos, que finalmente llevaron a su caída. En 1551, después de una rebelión dirigida por Sue Harukata, uno de sus vasallos, Ōuchi Yoshitaka fue obligado a cometer *seppuku*.

204 Ciudad situada en el extremo oeste de la isla de Honshū, es la capital de la Prefectura de Yamaguchi.

205 La provincia de Suō (周防国, Suō no Kuni) fue una antigua provincia de Japón situada en la región de Chūgoku, en la actual prefectura de Yamaguchi. Fue conocida por su importancia estratégica y su desarrollo cultural y económico bajo el dominio del clan Ōuchi durante el período Sengoku.

206 «Is Cosmi Turriani curae fideique concreditis, Xaverius cum Fernando Meacum petens, circa Octobris initium, saeviente iam hyeme, Amangutium, leucas fere centum a Firando processit. Ea tum erat urbs perampla (nam aliquoties de in ferro et flammis eversa est) in Iaponis ferme umbilico sita, ac Regem habebat longe late que imperantem. Ad eum Xaverius accitus Fernando comite accessit. Ille de uno coeli terraeque conditore, de lapsu angelorum hominumque, de Redemptore generis humani Iesu Christo Dei filio, de sempiternis poenis ac praemiis, ex eo quem dixi libro multa expromenti Fernando, unius horae spatio mirum in modum attentas aures praebuit, dein, ut sine honore, [f. 16] ita sine iniuria utrunque dimisit. Eadem ferme noftri quotidie bis ad circumfusam multitudinem per vicos et compita praedicabant, obsoleto ac peregrino vestitu, nulla pompa vel apparatu verborum. Nihil initio tam novum aut absurdum ad Amangutianorum aures oculosque accidere potuit. Ergo, non plebis tantum insanae, sed etiam nobilium infesto clamore, sibilisque et cachinnis explosi; et omni petulantiae genere vexati sunt nullo prorsus operae pretio. Hæc ille».

207 Ōuchi Yoshitaka.

Siendo llamado Xavier, le fue a visitar con su compañero, el padre Joan Fernando[208]. Comenzaron los padres a predicarle de un Creador del cielo y de la tierra, de la caída de los ángeles malos y de los hombres, y de cómo Cristo Jesús, hijo de Dios, redimió el linaje humano y, finalmente, de los premios del cielo para los buenos y de las penas eternas del infierno para los malos. Leyéndole también muchas otras cosas el padre Fernando de aquel libro[209] que hemos dicho, todo lo cual oyó por espacio de una hora el rey con muy gratos oídos y, después, así como los había recibido, sin hacerle honra alguna, de la misma manera los despidió sin injuriarlos.

También los padres predicaban dos veces casi cada día estas mismas cosas a la multitud popular que los arrodeaba en las plazas y cantones de la ciudad, estando con aquel vestido no acostumbrado entre aquellos bárbaros, sin pompa alguna ni con aparato de palabras retóricas. No parece que entonces se les pudo ofrecer cosa más nueva ni absurda a los ojos y oídos de los Amanguchianos que esto. Así que no solamente les parecía locura, sino que también los nobles se burlaban de los padres con voces, risas y donaires, atormentándolos con todo género de escarnios, sin hacer caso alguno de ellos. . . [M, ff. 315–315v].

Por las cuales palabras, parece que el padre Xavier en Yamaguchi le aconteció lo mismo que aconteció en Atenas a San Pablo, del cual dice la Escritura en los Actos de los Apóstoles[210]:

Mientras Pablo los esperaba en Atenas, su espíritu se enardecía viendo la ciudad entregada a la idolatría. Así que discutía en la sinagoga con los judíos y piadosos, y en la plaza cada día con los que concurrían. Y algunos filósofos de los epicúreos y de los estoicos disputaban con él; y unos decían: «¿qué querrá decir este palabrero?». Y otros: «parece que es predicador de nuevos dioses»; porque les predicaba el Evangelio de Jesús, y de la resurrección. Y tomándole, le trajeron al Areópago, diciendo: «¿podremos saber qué es esta nueva enseñanza de que hablas? Pues traes a nuestros oídos cosas extrañas. Queremos, pues, saber qué quiere decir esto. Porque todos los atenienses y los extranjeros residentes allí, en ninguna otra cosa se interesaban sino en decir o en oír algo nuevo. [. . .] Pero cuando oyeron lo de la resurrección de los muertos, unos se burlaban, y otros decían: «ya te oiremos acerca de esto otra vez». Y así Pablo salió de en medio de ellos. Mas algunos creyeron, juntándose con él; entre los cuales estaba Dionisio el Areopagita, una mujer llamada Dámaris, y otros con ellos[211].

---

208 Juan Fernández.
209 El catecismo redactado por Xavier con la ayuda de Anjirō.
210 «incitabatur spiritus ejus in ipso, videns idolatriae deditam civitatem. Disputabat igitur in synagoga cum Judaeis et colentibus, et in foro, per omnes dies ad eos qui aderant. Quidam autem epicurei et stoici philosophi disserebant cum eo, et quidam dicebant: Quid vult seminiverbius hic dicere? Alii vero: Novorum daemoniorum videtur annuntiator esse: quia Jesum et resurrectionem annuntiabat eis.Et apprehensum eum ad Areopagum duxerunt, dicentes: Possumus scire quae est haec nova, quae a te dicitur, doctrina? Nova enim quaedam infers auribus nostris: volumus ergo scire quidnam velint haec esse. [. . .] Cum audissent autem resurrectionem mortuorum, quidam quidem irridebant, quidam vero dixerunt: Audiemus te de hoc iterum. Sic Paulus exivit de medio eorum. Quidam vero viri adhaerentes ei, crediderunt». El autor omite desde el 22 hasta el 31 de este pasaje bíblico.
211 Actos 17, 16–34.

Después, escribiendo lo que le aconteció en la ida del Miaco, Maffei dice así[212]:

Partiéndose los padres de allí [Yamaguchi] para Miaco, les duró el camino cerca de dos meses, el cual fue para ellos muy áspero y difícil, por ser infestado de ladrones y corsarios, y estar los bosques y selvas llenas de hielo y de nieve, y demás de esto, estando impedidos con las aguas y estuarios de la mar. Emprendieron este camino los padres sin ningún presidios ni socorro humano, y así no se puede creer cuán extraordinarios trabajos y peligros padecieron en este viaje por aquellas no conocidas regiones por tierra y por mar. Iban a pie y llevaban a cuestas la poquilla ropa que tenían; llevaban en las mangas unos bollos medios cocidos de maíz[213] (llámanle el vulgo *avela*[214]), con los cuales mataban el hambre, y con el agua que corría por allí apagaban la sed. Como no sabían los caminos, ni por qué parte habían de huir las asechanzas de los ladrones, eran forzados a ir siguiendo a los pasajeros que iban a priesa y a caballo, yendo los pobres padres a pie con sus hábitos largos y descalzos, porque aquel año, por las muchas aguas que caían y ser en invierno, venían los ríos y arroyos crecidos, y los más los habían de pasarlos por el vado. Así que, por ir siguiendo a los que caminaban a priesa y a caballo, y con el cansancio de llevar a cuestas sus vestidos y cosillas necesarias, y demás de esto, como los caminos estaban muy resbaladizos y no se podían asegurar los pies en ellos, caían mil veces con mucho peligro en tierra, y con la injuria de los hielos y nieves se les hincharon mucho los pies de tal manera que era lástima el verlos.

---

212 «Haec per eos dies Amangutij gesta. Meacum inde abeuntes, duorum fere mensium iter excepit difficile et asperum, a latronibus atque piratis insessum; nive geluque, sylvis ac saltibus; ad haec, interveniente pelago vel aestuarijs impeditum. Id iter ingressi humano praesidio nullo, difficile dictu est quam gravia, quam acerba ignotis regionibus terra marique pertulerint, pedites ambulabant, et quidem in humeros elata sarcinula. In manicas oryzae semitostae indiderant bolos (avelam vulgus appellat) eo cibo famem, aqua profluente sitim levabant. Ignari viarum, et simul quo latronum insidias effugerent, indigenas equites citato gradu, nunquam talari deposita veste persequebantur excalceati, quod eo anni tempore torrentes amnesque occurrerent vado superandi non pauci. Itaque partim antecedentium festinatione, partim etiam assidua sarcinae vectatione lassi, ad haec lubrica plerumque via incerto ac fallente vestigio corruebant, pedibus interim glaciei et algoris iniuria miserandum in modum intumescentibus: ac noctu demum imbre perfusi, fame et algore confecti, si cubi tecto saltem agresti reciperentur, alia hospitalitate nulla; praeclare videlicet secum agi putabant. Nam in pagis quidem et oppidis, praeter caetera vulgi ludibria, interdum etim lapidibus petebantur. Ast ubi transmittendum esset mare, vix atque; aegere tandem in naves admissi, pecudum instar in ipsam paene sentinam detrudi consueverant. Per eiusmodi vexationes atque miserias cum ad urbem denique Meacum sospites haud [f. 16v] sine miraculo pervenissent; minime idoneum sationi Evangelicae tempus, cuncta bello flagratia, surdas ad salutaria monita et obstructas incolarum aures offendunt. Ad ipsum vero Imperatorem, quamquam adhibita diligentia conatuque, adspirare non licuit, ergo, terrae natura, gentisque moribus in praesentia ut cumque exploratis, per easdem difficultates, iisdem itineribus, eodem ferme spatio temporis, Amangutium revertentur. Ibi, quod sese haud iniquum illis ante praebuerat Rex, certum erat fixum que Xaverio, terram eam rursus omni arte moliri, curaque et labore, quoad eius fieri posset, sterilitatem soli maciemque pervincere. Haec Maffeyus».
213 La traducción es imprecisa ya que Maffei se refiere al arroz «oryzae».
214 «*avila*: *avel*, *avela*, del malabar avil o del tamul aval, arroz cocido y tostado» (DJ1, 23).

Cuando llegaba la noche, todos estaban calados de agua y consumidos con el hambre y con el hielo, y si acaso en alguna parte los recogían encubiertos, porque para ellos no había otra posada, les parecía que se usaba de mucha clemencia con ellos. Porque en las aldeas y lugares, sin las afrentas y deshonras que el vulgo les hacía, muchas veces los apedreaban. Cuando habían de pasar la mar, con mucha dificultad los dejaban entrar en las naves, y como si fueran puercos, los encerraban en la sentina[215] de la nave. Por medio de estos trabajos y miserias, finalmente llegaron a la ciudad de Miaco no sin grande milagro, pero fue en tiempo muy desacomodado para poder cumplir los padres su deseo de sembrar el santo Evangelio, por estar toda puesta en armas y guerras, con lo cual hallaron sordas las orejas de los ciudadanos para oír los saludables consejos y amonestaciones que les daban. No pudieron ver ni hablar los padres al emperador del Japón, aunque para esto hicieron muchas diligencias y pusieron grande cuidado. Así que, habiendo por entonces conocido los nuestros cuanto les fue posible la naturaleza de aquella tierra y las costumbres de sus moradores, se volvieron a Amanguchi con las mismas dificultades, por los propios mismos caminos y casi en el mismo espacio de tiempo en que habían venido. Y porqué el rey de Amanguchi al principio no se les había mostrado contrario, estaba determinado el padre Xavier de procurar otra vez ablandar y volver a cultivar aquella tierra con todo el cuidado y trabajo posible, venciendo con su constancia la esterilidad de aquella infructuosa tierra [M, ff. 315–316].

Y para que con verdad se entienda lo que el padre aquí dice, primero se ha de saber que las cien leguas que dice que hay de Firando a Yamaguchi son leguas[216] de Japón, que serán sesenta y tantas de las nuestras, porque esta es la verdadera distancia que entre ellas hay. Y esta ciudad se llama Yamaguchi que quiere decir en su lengua «entrada de monte», y no Amanguchi como aquí la llama. Después de esto, cuando dice que yendo de Yamaguchi para Miaco gastaron cerca de dos meses, se ha también de entender que gastaron dos meses entre la ida y vuelta de Miaco para Yamaguchi, porque en la verdad así fue. Y de Yamaguchi al Miaco habrá cerca de otras ciento y cuarenta leguas de Japón, que son noventa y cinco o poco más de las nuestras, aunque gastó cuatro meses en esta jornada desde el tiempo que partió de Firando hasta volver la segunda vez a Yamaguchi, como expresamente lo declara el mismo padre Xavier en una su carta. También, cuando dice que hacía bolos de arroz torrado que se llama *avela*, se ha de saber que así en Japón como en la India usan los naturales de comer estos granos de arroz torrado al fuego, y en la India se llama *avela*, mas en Japón se llama *yaquigome*[217]

---

215 «Cavidad inferior de la nave, que está sobre la quilla y en la que se reúnen las aguas que, de diferentes procedencias, se filtran por los costados y cubierta del buque, de donde son expulsadas después por las bombas» *DRAE*.

216 Por legua japonesa se refiere al RI(里). Un *ri* corresponde aproximadamente a 3.93 km-

217 En japonés es 焼き米 Este término se refiere a «arroz tostado» o «arroz asado». En el contexto de alimentos o comidas, el arroz tostado puede ser utilizado como un tentempié o como un ingrediente en otros platos.

que quiere decir propiamente arroz tostado; mas de este[218] no se hacen bolos, aunque en Japón se hacen así de harina de arroz como de trigo.

Finalmente, en lo que dice que iban a pie y atrás de los caballeros naturales, se entiende que esto algunas veces les aconteció cuando iban por tierra y pasaban por lugares incognitos y sospechosos de haber[219] salteadores y ladrones. Porque mucha parte de este camino hicieron ellos en embarcaciones, a do también fueron tan maltratados como Maffei lo escribe. Y todo esto se sacó de una carta del padre Cosme de Torres escrita en el año de 51 a nuestros hermanos de la India, que en vulgar va impresa en varias lenguas, aunque en latín va algo cortada, en que tratando de este viaje que hizo el padre Francisco con su compañero y de lo que en ella padeció dice así:

Partieron en el fin[220] de octubre, cuando en esta tierra comienzan los fríos y nieves, pero el padre Francisco, por el gran fuego del amor de Dios que tiene en manifestar su santa fe católica, ni los fríos ni las nieves, ni el temor de la gente no conocida, le pudieron impedir camino tan peligroso. Tanto que, navegando en ciertos pasos de mar[221] que pasaron, había muchos ladrones, por cuya causa pasaban a las veces debajo las cubiertas de los barcos por no ser conocidos. Y cuando caminaban por tierra iban como mozos de espuelas[222] tras de algunos caballeros, corriendo por no errar el camino. Y llegando de noche a las posadas, con harto frío y hambre y mojados, no hallaban ningún género de [f. 17] abrigo. Otras veces, por las grandes nieves y fríos se les hinchaban las piernas, otras caían en el camino por ser áspero y llevar él hato a cuestas[223] y en los lugares y ciudades donde llegaban eran muchas veces apedreados por los muchachos en las plazas y calles.

Y más abajo dice:

Por no ser largo, no cuento por menudo los vituperios, hambres e fríos que pasó andando por estas partes por espacio de cuatro meses, desque partió de Firando siempre a pie y muchas veces descalzo por los grandes y muchos ríos que hay en esta tierra y lluvias tan frecuentes.

También el mismo padre Xavier, en la carta que dice arriba que hallé en la India, escrita por él en el año de 51 a nuestros hermanos, dándoles cuenta de lo que había pasado con este viaje que hacían al propósito de esto que vamos diciendo:

En Firando, dejando con los cristianos al padre Cosme de Torres, fuimos el hermano Juan Hernández[224] y yo a una ciudad de más de diez mil vecinos llamada Yamaguchi, a do deter-

---

218 de este modo *AJ.*
219 tener *AJ.*
220 al fin *AJ.*
221 pasas el mar *AJ.*
222 mozos despúes las tras *AJ.*
223 llevar él harto a cuestas *AJ.*
224 Juan Fernández.

minamos por muchos días de predicar por las rúas y calles dos veces al día, leyendo por aquel libro que llevábamos y haciendo algunas pláticas acerca de lo que se decía en él. Y era mucha la gente que acudía, y muchas veces éramos llamados a casas de grandes caballeros, de los cuales éramos preguntados de muchas cosas. Y unos[225] mostraban contento de lo que oían y otros mofaban de ello,[226] y a otros les preciaba[227] de oír la ley que predicábamos. Y cuando vamos por las calles, los niños y más gente nos perseguían haciendo burla de nosotros, unos diciendo una cosa y otros otra, y llamándonos[228] diversos nombres de *zombaria*[229]. Y después fuimos llamados del duque y señor de la ciudad[230], y preguntados por él de muchas cosas, y diciéndole que veníamos a predicar la ley de Dios y de Jesucristo, su hijo nuestro Salvador, sin la cual ninguno se puede salvar. Quiso oír qué ley era la que predicábamos y por eso le leímos mucha parte de lo que estaba escrito en el libro[231]. Oyendo él por más de una hora con grande[232] atención y después, sin otra cosa, nos despidió. Y perseverando en esta ciudad predicando muchos días por las calles y casas y viendo cuán poco era el fruto que se hacía, determinamos de ir al Miaco, que es la ciudad más principal de todo Japón, y pusimos en este camino dos meses hasta volver a Yamaguchi, pasando muchos trabajos y peligros por causa de las muchas guerras que había por los lugares por do íbamos, y no hablo de los grandes fríos que hacen por aquellas partes y de los muchos salteadores que hay por los caminos. Llegados al Miaco, estuvimos allí algunos días trabajando por hablar con el rey para le pedir licencia de predicar la ley de Dios en su reino, mas no le pudimos hablar y no hallando ninguna disposición en aquella gente para manifestar el Evangelio, así por las muchas guerras como por no haber en ella aparejo para se hacer fruto, nos tornamos a esta ciudad de Yamaguchi. Hasta aquí el padre Xavier[233].

Y aunque él no encarezca[234] tanto lo mucho que padecieron por su modestia y porque por el mucho deseo que tenía de padecer por amor de Dios, no le parecía nunca mucho lo que padecía. Todavía, conforme a lo que el hermano Juan Hernández, que fue hombre de mucha virtud, refería y a lo que muestra la experiencia y razón no podían dejar de padecer muy graves cosas. Porque como eran nuevos [f. 17v] en Japón y sabían de esta lengua y costumbres muy poco y se trataban tan diferentemente[235] de lo que se usa en Japón, y en todas las partes, había guerras eran tenidos por hombres bajos y despreciados de todos, y no podían dejar

---

225 y nos *AJ*.
226 ellos *AJ*.
227 pasaba *AJ*.
228 llamándonos con *AJ*.
229 Lusismo que significa ‹mofa›, ‹escarnio›.
230 Ōuchi Yoshitaka.
231 Se refiere al catecismo elaborado por Xavier con la colaboración de Anjirō.
232 Mucha *AJ*.
233 Según el autor, esta es la continuación de la carta inédita de Xavier que introdujo unos folios atrás y precisamente en el 15v del manuscrito londinense.
234 encarecía *AJ*.
235 diferente *AJ*.

de padecer hambres y fríos, y pasar por muchas incomodidades y peligros. De esto, también hablando el padre Belchor Nunes[236] en una carta que escribió de Cochin a los 10 de enero del año 58 después que volvió de Japón, dice estas palabras[237]:

> Son tan parientes, los bonzos, de los señores por quien el rey se rige, y son tan nuestros contrarios porque descubrimos sus maldades al pueblo, y dicen tantos falsos testimonios contra nosotros a la gente, que me parece que el mayor contrario que hay en Japón contra el Evangelio son los bonzos, y mucho más que los demonios.
>
> Y así, ellos eran los mayores contrarios que el padre Maestro Francisco, que está en gloria, allá tenía. Porque aunque él no lo decía, he yo sabido ahora que padeció en Japón muchos trabajos, andando a pie, y yendo desde Tanaxuma[238] a Miaco en el tiempo que allí estuvo, predicando en todas partes y en casa de los mismos bonzos y señores, haciendo vida apostólica, comiendo lo que los de Japón, que es más penitencia que comer raíces de yerbas; y con el grande frío, trayendo una bernia a las cuestas, y muchas veces yendo por mozo de espuela de señores japoneses para poder pasar sin peligro de ladrones, yendo corriendo con la bernia a cuestas detrás de aquello con quien iba.
>
> Era tan severo en reprehender los pecados e idolatrías de los japoneses, que el hermano Joan Fernández[239], que esto me contaba y era su intérprete, temblaba de miedo según la libertad con que se había con todos los señores. Y dice este hermano que él no iba a buscar sino morir por la fe y honra de nuestro Señor Jesucristo [DJ2, pp. 98–99].

---

236 Se refiere a Melchor Núñez Barreto (c.1520–1571).

237 «Sunt autem Bonzii cum regni proceribus affinitate conjuncti, nobis vero, quod plebi eorum scelera fraudesque detegimus, iniquissimi, tantisque mendanciis populum onerant, nihil ut Evangelio in his terris majori impedimento esse videatur. Quod idem Francisco quoque Xaverio ufuveniffe nunc demum cognovi. Quot ille in iis locis: incommoda superavit, cum pedibus iter assidue faceret, cum per vias ædesque Bonziorum, ac principum concionaretur, vulgaribusque cibariis, quæ insipidissima sunt victitaret. In magnis vero frigoribus, instar famuli a pedibus, Japonios equites citato gressu persequebatur talari veste nunquam deposita, et quidem sarcinula onustus, ut eo comitatu insidias latronum effugeret. Idem in castigandis Japoniorum flagitiis et superstitionibus adeo fuit liber ac vehemens, ut trepidaret comes eius, qui mihi haec deinde cuncta narravit. Quoties ille puerorum insectantium vociferationes, iurgia, lapidationes constanti semper, invictoque animo pertulit. Mortem vero pro Christo usque adeo optabat, ut eam ultro paene quaerere videretur. Haec ille».

238 Se trata de Tanegashima, una isla situada en el archipiélago de Ōsumi, en la prefectura de Kagoshima, Japón. Conocida principalmente por su importancia histórica y su rol en la exploración espacial contemporánea, Tanegashima tiene una rica herencia cultural y natural. La isla de Tanegashima es famosa por ser el lugar donde los europeos (portugueses) introdujeron las armas de fuego en Japón en 1543.

239 Juan Fernández.

Capítulo 4
Lo que hizo el padre Xavier la segunda vez en Yamaguchi hasta volver para la India

En Febrero de 51, habiendo vuelto el padre Xavier de Miaco a Yamaguchi la segunda vez, y viendo que por entonces no tenía entrada con otro mayor señor, se
resolvió de presentar[240] a este rey las cartas del virrey y del obispo con los presentes que trajera de la India. Las cuales, hasta entonces, no había querido dar a ninguno, porque las guardaba para dar al *Dayri*[241], o al señor de la *Tenca*, mas después
que supo el poco poder que tenía el *Dayri*. Y también él entonces señoreaba las partes de Miaco, y que no tuvo remedio para les hablar, le pareció darlas a este que
era señor de muchos reinos, y que era entonces el más poderoso de Japón. Y para
esto, fue de nuevo a Firando para tomar los presentes y cartas que dejara allí. Y,
hablando por experiencia que el ir tan mal vestido y roto y el tratarse con tanto
desprecio de este mundo, no solo no le ayudaba, mas aun le impedía mucho para
hacer en Japón lo que pretendía a gloria de nuestro Señor, por estar los japoneses
metidos en tantas ceremonias y aparatos exteriores que no le daban entrada por
no tener conocimiento de la humildad cristiana ni de semejantes mortificaciones,
determinó vestirse y tratarse de ahí delante de otra manera y no le aprovechó esto
poco, así como lo escribe muy bien Maffei por estas palabras[242]:

---

240 representar *AJ*.

241 La palabra *Dairi* (内裏) se refiere al complejo del palacio imperial en Japón, especialmente
durante los períodos Heian y posteriores. Este término se utiliza para describir la residencia oficial del emperador y su corte. El *Dairi* no solo era el centro administrativo del gobierno imperial,
sino también un importante símbolo cultural y político del poder imperial. Además, es una palabra que en ocasiones se usa para designar al propio emperador: «paços do rei. Às vezes se toma
pelo mesmo rei» (Rodrigues 1605, 70).

242 «Ergo, terrae natura, gentisque moribus in praesentia utcunque exploratis, per easdem difficultates, iisdem itineribus, eodem ferme spatio temporis, Amangutium revertuntur. Ibi, quod se [f. 18]
se haud iniquum illis ante praebuerat Rex, certum erat fixum que Xaverio, terram eam rursus
omni arte moliri, curaque et labore, quoad eius fieri posset, sterilitatem soli maciemque pervincere.
Et quoniam experiendo cognorat, Iaponios, bonziorum fuco et ostentationi assuetos, plurimum ex-
terna moveri specie, et animi bona ferme corporis habitu cultuque metiri; ad eorum mores, quantum sine peccato liceret, in praesentia conformare sese; et Christi causa non nihil ad illorum salutem extrinsecus mutuari in animum induxit. Ergo, priusquam ad opus aggrederetur, Firandum
accurrit. Ibi, Lusitani regis impensa videlicet, augustioribus vestimentis induitur, commendatitias
ad Iaponios Reges litteras, quas ab Indiae Praetore et Goano Episcopo sibi traditas, interim ibi reli-
querat, sumit, nec non a Malacensi Praefecto munera Iaponiis ante id tempus ignota. In iis erat Lu-
sitana vestis, vinumque praenobile, musica sambuca, et horologium ex iis, quae inaequali ponde-
rum examine, pluriumque rotarum denticulis inter se se implicatis, lento motu ac perpetuo,

https://doi.org/10.1515/9783111617602-006

Así que, habiendo por entonces conocido los nuestros cuanto les fue posible la naturaleza de aquella tierra, y las costumbres de sus moradores, se volvieron a Amanguchi con las mismas dificultades, por los propios caminos y casi en el mismo espacio de tiempo en que habían venido. Porque el rey de Amanguchi[243], al principio, no se les había mostrado contrario, estaba determinado el padre Xavier de procurar otra vez a ablandar y volver a cultivar aquella tierra con todo el cuidado y trabajo posible, venciendo con su constancia la esterilidad de aquella infructuosa tierra. Y como, con la experiencia, había conocido que los japo-

---

temporum intervalla distinguunt, quam Europaeae solertiae machinam gentes illae sine fine fine mirantur. Hisce rebus in iumenta impositis, ipse, praeter Ioannem Fernandum duobus tribus ve Iaponiis comitatus, Amangutium redit: litteras et munera offert Regi: quibus ille magnopere delectatus, ac simul comitum numero admonitus, et novi habitus dignitate; caput cum consiliariis contulit, iisdemque approbantibus, maiore deinceps in honore Xaverium habuit. Ac primum, auri argentique non levi pondere munificentiam aduenae remunerari contendit: quae cum Xaverius ob firmato consilio cuncta reiecisset; altitudinem animi suspiciens Rex, vacuas Bonziorum aedes illi ad habitandum adsignat; de in publica per vicos edicta proponit, placere sibi, non Amangutii modo, verum etiam ómnibus suae ditionis finibus regnisque, unius Dei legem ac religionem declarari palam; eamque cuilibet amplecti liberum esse: legis eius ac religionis interpretes nulla ratione laedi vel impediri. Sub haec Evangelici praecones ad instituta munia quam acerrimo studio retulere sese. Interdiu, in areis trivijsque conciones habebant; noctu, confluentibus ad fe omnium ordinum, aetatum, sexum utriusque mortalibus aures ac responsa praebebant. Erat autem tanta frequentia celebritasque, uti coetum aedes ipsae non caperent; alii quae in publico inaudissent, privatim ac per otium avere nosse: alii etiam, animi causa, incomptam ac rudem peregrinorum atque hospitum irritare linguam, et cum effuso adstantium cachinno de industria disputationem extrahere. Alii, denique variis interrogationibus etiam atque etiam fatigare doctores novos. Huic tantae curiositati cum ab Dei servis partim ex vetere historia, partim e physica ratione, partim e Theologorum decretis atque responsis identidem satisfieret; illi, voluptatum illecebris irretiti videlicet, in stultitiae tenebris et caeno flagitiorum nihilominus haerebant. Neque tamen id circo Xaverius despondere animum, quin potius omnem in partem versare semet, caeptisque acrister ac perseveranter instare. Cum aliquot iam menses crudum aridumque novale tractasset, ac nullodum fructu, divini verbi [18v] semina proiecisset, tandem e proscisso ac saepius iterato solo christianae fidei germen emicuit. Germinis eius origo fuit ejusmodi. Concionanti, ut solebat, in publica via Fernando, praeteriens e plebe nescio quis, attracta præpingui saliva, repente in mediam inspuit faciem. Ille, sine perturbatione ulla sputum linteolo abstergit: ac ne verbo quidem reddito, cæptam orationem eodem prorsus tenore vultuque prosequitur. Id contemplatus ex auditoribus quidam haud imperitus rerum æstimator (ex quo facile intelligas, ad permovendos ad virtutum animos, facta dictis quanto antecellant) cæpit cogitare apud se; profecto nobilissimum atque adeo divinum philofophiae genus esse; quod homines ad tantam aequitatem animi constantiamque perduceret. Dimissa dein concione, domum ad Fernandum venit; praecipua Christianae fidei capita legesque probe cognoscit: postremo, certis precationibus. Mosisque decalogo, ac symbolo Apostolorum e catechismi formula memoriter haustis, Amangutianorum omnium primus, anteactae vitae detestatus peccata, sacro fonte renascitur. Hunc alii deinceps divino impulsu imitati, quorum ad quingentos brevi pervenit numerus. Et quidem ita in proposito firmi stabilesque; uti per varias deinde clades et bellica infortunia, et nefarias Bonziorum conspirationis, magistris ac pastoribus haud semel orbati, suis tamen ipsi moribus ac vitae ratione Christianam fidem et disciplinam in hoc usque tempus religiose coluerint. Haec ille».
243 Ōuchi Yoshitaka.

neses estaban acostumbrados a la apariencias y ostentación de los bonzos y que se movían mucho más con las apariencias exteriores y que medían los bienes del ánimo casi con el hábito y servicio del cuerpo, determinó por entonces conformarse con ellos en sus costumbres en cuanto se pudiese hacer sin pecado ni ofensa de Dios, para la salud de las almas de aquellas gentes y de la causa de Cristo, mudarse en alguna cosa en lo exterior. Así que, antes de comenzar esta empresa, acudió a la ciudad de Firando, adonde a costa del rey de Portugal[244] se vistió con más autoridad que antes, y tomó también las cartas que traía en su recomendación para los reyes japoneses del pretor virrey de la India, y del obispo de Goa[245], las cuales se había dejado allí sin quererse aprovechar de ellas, y juntamente con esto, sacó algunos presentes que le había dado el capitán de Malaca, los cuales no conocían hasta entonces los japoneses. Había entre otras cosas unas vestiduras portuguesas, y vino muy escogido, un instrumento de música y un hermoso reloj de aquellos que, con el movimiento circular de sus pequeñas ruedas, van poco a poco siempre andando, y vienen a repartirnos los espacios de los tiempos en concertadas horas. Esta máquina y destreza de los de Europa les causó grande admiración a los japoneses. Poniendo estas cosas en una cabalgadura, volvió el padre Xavier con el padre Joan Fernando[246] y dos o tres japoneses de compañía a la ciudad de Amanguchi. Presentó al rey las cartas y dones que les traía, con los cuales se holgó mucho el rey, y juntamente con esto, viendo el número de compañeros que traía y el hábito honroso que vestía, tratando con los de su consejo sobre la petición de los padres, y con la voluntad de todos, tuvo de allí adelante en más honra al padre Xavier de lo que antes acostumbraba. Y primeramente, les envió el rey a los padres un grande presente de oro y de plata en recompensa de lo que ellos le habían dado, pero como el padre Xavier no lo quisiese recibir con un propósito firme, conociendo el rey la alteza del ánimo del padre Xavier, le señaló para su habitación las casas vacías de los bonzos.

Después de esto, publicó el rey un edicto por el cual decía que era su voluntad que no solamente en la ciudad de Amanguchi sino también en todos los límites de su señorío y reino se pudiese predicar públicamente la ley y religión de un solo Dios verdadero. Y que fuese lícito a cualquiera persona abrazar aquella religión. Y que a los pregoneros de ella ninguno fuese osado impedirles su oficio por ningún camino, ni hacerles daño alguno. Comenzaron con esto los padres a pregonar el santo Evangelio y a ejercitarse con mucho cuidado en los acostumbrados oficios de su instituto. Predicaban de día en las plazas y calles de la ciudad, y a las noches daban audiencia y respuestas a la multitud de las gentes de diversas edades y sexos que acudían a ellos. Eran tan grande la multitud que acudía allí que no podían caber dentro de la casa. Unos deseaban saber más despacio las cosas que habían oído en público, otros también por curiosidad y deleite gustaban de burlarse de la mal pronunciada y ruda lengua de los peregrinos y extranjeros huéspedes, y disputaban con ellos de industria con grande risa y escarnio de los que estaban allí presentes, y finalmente, otros fatigaban a los nuevos predicadores una y otra vez con varias preguntas que les hacían. A estas grandes curiosidades les satisfacían a sus deseos los siervos de Dios parte con la Sagrada Escritura, parte con la razón filosófica natural, y parte con los decretos y respuestas

---

244 El rey de Portugal era João III de Avis, apodado «el Piadoso» (1502–1557), quien reinó desde 1521 hasta 1557.
245 Se refiere Pedro de Mascarenhas (1484–1555) y del franciscano João de Albuquerque, (1537–1553).
246 Juan Fernández.

de los sagrados teólogos, pero con todo eso como estaban ellos enredados con la dulzura de sus vicios se quedaban apegados en el cieno de sus maldades y metidos en las tinieblas de su necedad. No perdió con todo eso el ánimo el padre Xavier, antes bien acudía el mismo a todas partes y perseveraba con mayor instancia y cuidado en los ejercicios acostumbrados. Habiendo gastado ya algunos meses el padre Xavier en cultivar aquella inculta y endurecida tierra, y como hasta entonces no hubiese dado fruto alguno la semilla de la palabra de Dios, finalmente aquella tierra labrada con tanta perseverancia comenzó a dar fruto de fe cristiana. El principio de este fruto fue este: predicando como solía un día el padre Joan Fernando en una calle pública, y pasando por allí un hombre popular, recogiendo en la boca una sucia y copiosa saliva, la escupió repentinamente en medio del rostro del padre, el cual, sin mostrar turbación alguna, se limpió con un paño la cara y sin decirle palabra prosiguió su sermón comenzando con el mismo espíritu y serenidad de rostro que antes.

Considerando esto uno de los oyentes, hombre prudente y que sabía bien ponderar las cosas –de aquí se puede fácilmente conocer cuánto más mueven los ánimos a la virtud las obras y ejemplos que no las palabras solas–, comenzó a considerar dentro de su entendimiento que verdaderamente era nobilísimo y casi divino aquel género de filosofía, pues llevaba a los hombres a tanta equidad y constancia de ánimo como aquel. Acabado el sermón, se fue luego a la posada el padre Fernando, del cual fue enseñado bastantemente en los principales preceptos y leyes de la fe cristiana, y tomando finalmente de memoria ciertas oraciones, los mandamientos de la ley de Dios, y el credo de los apóstoles sacado de la fórmula del catecismo que los padres habían hecho, se bautizó siendo el primero de todos los de Amanguchi que se confesó y aborreció los pacados pasados. Imitaron después a este otros muchos con un divino impulso y movimiento de Dios, lo cuales dentro de pocos días llegaron a número de quinientas personas y verdaderamente permanecieron firmes y estables en su buen propósito de tal manera que después entre las diversas ruinas que sucedieron y entre los trabajos de las guerras y entre las conspiraciones de los bonzos, y siendo muchas veces desamparados de sus maestros y pastores, pero con todo eso conservaron ellos hasta este tiempo con mucha religión la fe y disciplina cristiana con sus buenas costumbres y manera de vida que habían recibidos [M, ff. 316–317v].

Detúvose el padre Xavier cerca de cinco meses en Yamaguchi, haciendo en el medio de mucha contradicción grande fruto, porque le aconteció lo que también se cuenta de San Esteban en los Actos de los Apóstoles[247]:

Entonces se levantaron unos de la sinagoga llamada de los Libertos, y de los de Cirene, de Alejandría, de Cilicia y de Asia, disputando con Esteban. Pero no podían resistir a la sabiduría y al Espíritu con que hablaba. Entonces sobornaron a unos para que dijesen que le habían oído hablar palabras blasfemas contra Moisés y contra Dios[248].

---

247 «Quod surrexerunt autem quidam de synagoga quae appellatur Libertinorum, et Cyrenensium, et Alexandrinorum, et eorum qui erant a Cilicia, et Asia, disputantes cum Stephano: et non poterant resistere sapientiae, et Spiritui qui loquebatur. Tunc summiserunt viros, qui dicerent se audivisse eum dicentem verba blasphemiae in Moysen et in Deum».
248 Hechos 6, 9–11.

Porque, de la misma manera, indignados grandemente los bonzos que estaban en aquella ciudad de diversas sectas, iban muchos de ellos a disputar con el padre, proponiéndoles diversas cuestiones y enigmas, mas como por experiencia hallaron que quedaban siempre convencidos y avergonzados, comenzaron a dar muchos falsos testigos contra ellos para irritar la plebe. Y, acerca de las varias preguntas y cuestiones que acostumbraban poner a los nuestros, hay una carta muy larga del hermano Juan Hernández escrita a los 20 de octubre de 1551, que, por ser larga, no la pongo aquí, mas entre las otras cosas dice estas[249]:

> Preguntaron nos una vez de qué materia había Dios criado el alma, porqué ya sabían ellos que el cuerpo constaba de los cuatro elementos. [. . .] Preguntaronle entonces qué color y qué figura tenía el alma. [. . .] Otros preguntaron qué cosa era el Demonio. [. . .] Otros preguntaron que si todas las cosas que Dios crio eran buenas, ¿cómo había criado a Lucifer, espíritu malo y soberbio? [. . .] Dijeron ellos, que si Dios era tan misericordioso y nos crio para la gloria, ¿por qué nos puso tan dificultoso el camino para ir a ella? [. . .] Los que estas y otras preguntas hacían eran tantos que hinchan la casa desde la mañana hasta la noche. [. . .]. Los bonzos de esta tierra dicen mucho mal de nosotros, porque los reprehendemos de sus pecados. Unos dicen que el Demonio habló por un ídolo y dijo que nosotros éramos sus discípulos y que muchos vieron caer en casa del Rey un rayo el cual echaba el Demonio por nuestra causa. Otros nos pretenden injuriar diciéndonos que comemos carne humana [CA, ff. 50v–53].

Mas el padre Xavier se hubo[250] de tal manera con estos bonzos con su prudencia y santidad, ahora hablándoles blandamente, ahora desengañándolos y convenciéndolos, y ahora reaprehendiéndolos que hacía conocer a los japoneses que por no se poder defender de otra manera inventaban los bonzos estas mentiras y otras falsas blasfemias, como lo escribe Torsellino por estas palabras[251]:

---

249 «Quaesitu est, ex qua materia Deus animum condidisset: nam corpus quidem e quatuor constare elementis non ignorabant. Qui color animi, quae nam esset species? Quaesiere alij, daemones quid nam essent. Cur si erant cuncta, quae Deus faceret bona, Luciferum Spiritum malum et contumacem creasset. Percontabantur aliiquid esset Deus, ubi esset, num aspici posset: alii; cur Deus cum sit adeo clemens, aditum gloriae tantis difficultatibus circunseperit. Denique tantus erat a matutino tempore usque ad vesperam haec et alia sciscitantium numeros, domus ut oppleretur. Bonzij nos, quod eorum scelera [f. 19] arguimus, maledictis insectari non desinunt. Confinxere quidam ex iis, diabolum e simulacro pronunciasse, nos ipsius esse discipulos: eundem nostra de caussa e caelo, multis inspectantibus, regiam fulmine perculisse. Quidam etiam humanae carnis voracitatem, nobis exprobrant. Haec ille». Según afirma el mismo Valignano, esta cita es una selección de preguntas que los japoneses les plantearon a los padres.
250 AJ lee «uno».
251 «Ergo Bonzii ludibrii, damnique impatientes, ira et invidia furere in Christianos; in suis concionibus eodem tempore habitis multa in Deum impie iactare, multa contumeliose, quae in ipsos convenirent, in Franciscum evomere, minaciter Iaponibus denuntiare. Iaponiam, simul Christianae legis iugum accepisset, interituram. Sed eorum contumeliae magis ipsis odium, quam Xaverio contemptum crearunt. Iapones enim haud dubii Bonziorum maledicta ex invidia, ac malevo-

Con esto los bonzos, llenos ya de ira y de impaciencia, comenzaron a encruelecerse contra los cristianos, y a decir en los púlpitos –predicando al mismo tiempo que el padre Francisco– muchas blasfemias contra Dios, y muchos baldones contra el padre Xavier, los cuales cuadraban a ellos harto mejor, y a amenazar al reino de Japón, que en recibiendo la fe de Cristo había de ser todo destruido. Pero esto más servía de acrecentar el odio que contra ellos ya el pueblo tenía, que de engendrar en los ánimos mala voluntad contra el padre Francisco, porque viendo el pueblo que estas afrentosas palabras, que decían y estas maldiciones que echaban, les nacían de envidia y mala voluntad, no solo publicaban ser esto así, sino defendían al padre Francisco como hombre sin culpa, volviendo en alabanza suya la murmuración y afrentas de los bonzos [T, ff. 192v–193].

Y entre los que convirtió en aquella ciudad a nuestra fe, fueron los primeros que le hospedaron en aquella tierra con algunos sus parientes, llamando al marido Tomé y María a su mujer. Y con esto, pagándoles muy bien el hospedaje. Convirtió también en aquel tiempo a un hombre que era medio ciego, que se llamó Lorenzo, y después entró en la Compañía y fue grande instrumento para la salvación de muchos; de lo cual corazón dijo Torsellino en la *Vida del padre Xavier* estas palabras[252]:

Tomaron otros luego ejemplo, y entre ellos se convirtió un japonés, a quien llamaron Lorenzo, bizco de un ojo, pero fue tanta luz que en los ojos de su alma nuestro Señor le comunicó que renunciando todas las cosas se consagró a Cristo, con gran provecho del Japón, porque entrando después en la Compañía, salió extremado predicador y convirtió innumerables japoneses a la fe [T, f. 187].

Del padre Xavier fue recibido en casa, mas por hermano fue recibido después de muchos años por el padre Cosme de Torres. Entretanto, porque comenzó a haber grandes revueltas en aquellos reinos de Chungocu, levantándose algunos señores contra su rey, y en el julio o agosto siguiente llegó un navío de portugueses a Bungo con cartas de la India para el padre Xavier. Se resolvió de llamar al padre Cosme de Torres, que estaba en Firando, para le dejar con el cuidado de aquella cristiandad de Yamaguchi, a quien él había dado buen principio y pasarse para Bungo para abrir también allí alguna puerta al santo Evangelio. Y entretanto, el padre Cosme de Torres no había gastado el tiempo mal en Firando. Porque él también había convertido a nuestra santa fe los caseros que los hospedaron en su casa, con sus hijos y familia, y algunos parientes, y había hecho otros muchos cristianos,

---

lentia oriri, non solum idipsum praedicare, sed innoxio etiam favere coeperunt, invidiorum obtrectatione in laudem, favoremque cedente». Haec ille.

252 «Inter hos Laurentius quidam Luscus tantum animo divinae lucis accepit, ut nuntio rebus humanis remisso, totum se Deo consecraret, magno cum Iaponiae emolumento. Is namque in Societatem a Xaverio adscriptus, egregius deinte concionator extitit; populariumque suorum quam plurimos ad Evangelij. Haec ille».

y encaminándolos bien en aquel tiempo, mas llamado por el padre Xavier para Yamaguchi. Consolando los cristianos de Firando y prometiéndoles que tendría buen
cuidado de ellos, se fue para Yamaguchi, con cuya llegada, [19v] y con las buenas
nuevas de la cristiandad de Firando que el padre le trajo, alegrándose grandemente
el padre Xavier se determinó de ir para Bungo y de allí para la India. Así, porque
estando a su cargo había ya mucho tiempo que estaba ausente, como también para
enviar obrero a Japón y emprender otra empresa de nuevo más peligrosa que era
entrar en la China, de lo cual hablando Maffei dice así[253]:

> Habiéndose acabado ya el año, arribado otra nave de los portugueses al puerto de Bungo, el
> cual reino llamado así está apartado de la ciudad de Amanguchi cerca de cuarenta leguas.
> Habiendo recibido cartas, el padre Xavier con estos tuvo aviso en ellas del estado de las
> cosas de las Indias. Y así, le pareció que debía volver otras cosas, por lo que avisaban que
> era muy necesaria allí su presencia, y además de esto, para enviar de allí a otras partes
> adonde fuese necesario nuevos predicadores y obreros de los que habían venido de Portu-
> gal, y porque había entendido también que entre todas aquellas cercanas naciones era muy
> grande el nombre y autoridad de los chinos. Tenía allá a predicar la gracia de santo Evange-
> lio, conjeturando con una probable razón, que si ganaba para Dios aquellas gentes, que des-
> pués con semejante ganancia fácilmente convertiría a todos los japoneses [M, f. 317v].

Y después, en otro lugar, hablando de esto mismo, dice[254]:

> El padre Xavier, partiéndose del Japón para la India del Japón con intención de volver de
> allí a los puertos de los chinos, confirmó primeramente antes de su partida los ánimos de
> los cristianos. Dejó por pastores de las ovejas de Amanguchi al padre Cosme Turriano, y al
> padre Joan Fernández[255], y él se fue derecho para la ciudad de Bungo, adonde tenía aviso
> que había arribado una nave portuguesa. Era entonces rey de Bungo un mocito el cual es-
> taba envuelto en las oscuras tinieblas de los errores gentílicos, pero con todo eso conociendo
> cuan grande era la virtud del padre Xavier y la mucha autoridad que tenía con los portugue-

---

253 «Lusitanorum alia navis portum Bungi tenuerat, quo nomine regnum Amangutio distat leucas circiter quatraginta. Ab iis de statu rerum Indicarum Xaverius cum litteras accepisset, cum
alias ob causas eam sibi provinciam repetendam existimabat, tum vero, uti rursus, inde quocunque opus foret, supplementum e nova copia mitteret. Simul, quoniam apud omnes circa nationes
magnum nomen Sinarum, magnam auctoritatem comperere ese: primo quoque tempore Sinas
ipsos Evangelii gratia adire cogitabat, haud absurda ratione coniectans, si gentem illam Christo
lucratus foret, eius lucri accessionem facili negotio postmodum universos fore Iaponios».
254 «Xaverius igitur ex Japonem Indiam, ex India retro Sinarum littora petiturus, primum Christianos in digressu confirmat. Cosmum Turrianum, et Ioannem Fernandum, Amanguntiano prae-
ficit gregi, ipse in Bungum, quo Lusitanorum appulsam audierat navem, recta contendit. Rex erat
Bungi adolescens, et coecis errorum tenebris involutus. Attamen cognito quanta Xaverii esset virtus, quanta etiam apud Lusitanos auctoritas, (quorum ille, ut plerique eius tractus dynastae, commercium ac societatem expetebat) advenienti patri sese valde humanum et honorificum praebuit: abeunti, comitem e suis familiaribus cum epistola et donis ad Indiae Praetorem dedit».
255 Esto es, Cosme de Torres y Juan Fernández.

ses, el comercio y la amistad de los cuales deseaba mucho casi como todos los demás señores y reyezuelos de aquel paso, se le mostró muy humano y liberal en su venida, y cuando
se partió de allí envió algunos que le acompañasen de sus familiares con cartas y presentes
para el pretor virrey de la India [M, f. 346v].

Detúvose el padre Xavier en Bungo cerca de dos meses, porque fue allá en septiembre de 1551, y partió después en noviembre. En el tiempo que estuvo allí, hizo
algunos cristianos y tomó grande amistad con el rey, el cual[256] prometió que se
enviase allí padres. Los recibiría muy bien en su tierra y les daría licencia que
pudiesen hacer cristianos. Y no solo lo hizo así, favoreciendo a los nuestros siendo
gentil por mucho tiempo, como adelante diremos, mas también se hizo cristiano.
De lo cual, hablando Maffei, dice así[257]:

> Usó también después de esta misma humanidad y benevolencia con los padres de la Compa-
> ñía que fueron enviados después al Japón, asignándoles casa en su reino y dándoles entrada
> para alcanzar la familiaridad y amor de los reyes cercanos por medio de sus embajadores y
> cartas que les escribió. Además de esto, tuvo muy particular cuidado de la salud y defensa de
> los padres con una extraordinaria fidelidad y constancia, y con grandísimo peligro de todas
> sus cosas en medio de fortísimas tempestades de guerra y sediciones que padeció. Y, final-
> mente, veinte y ocho años después que se partió el padre Francisco Xavier, recibiendo nuestra
> sagrada religión cristiana, porque hasta entonces no lo había osado hacer con el miedo de la
> severidad de aquella disciplina de los [brahmanes] y de los populares movimientos, el cual se
> llamó en el bautismo don Francisco, en memoria del santo varón Xavier [M, f. 346v].

De esta manera, dejando[258] el padre Xavier en poco más de dos años que estuvo
en Japón hechos[259] algunos cristianos en el reino de Satsuma, y abierta la puerta
al Evangelio, y a la conversión en Firando, Yamaguchi y Bungo, se embarcó en
Noviembre [f. 20] de 51 para la India, llevando consigo allende del embajador que
el rey de Bungo enviaba al virrey, otros dos cristianos, Mateo de Yamaguchi[260] y

---

256 el cual le prometió *AJ*.
257 «Idem Rex, caeteris e Societate, qui in Iaponem postea missi sunt, eandem humanitatem ac
benevolentiam praestitit; proprium in suo regno domicilium adsignavit; aditum ad Regum finiti-
morum familiaritatem gratiamque litteris ac nuntiis muniit: quin etiam, in maximo rerum suarum discrimine, inter gravissimas bellorum ac seditionum procellas, eorum saluti et incolumitati
praecipua fide curaque consuluit; ac duodetrigessimo demum post Xaverii prosectionem anno,
Christiana sacra suscipiens, quae ad id usque tempus metu severioris disciplinae fuerat aversa-
tus, de tanti patris nomine Franciscum appellari se volvit. Haec ille».
258 descansó *AJ*.
259 hecho *AJ*.
260 «Otro, que recibió en el bautismo el nombre de *Matheus*, era un joven pobre y originario de
Yamaguchi. Como hizo Bernardo en Kagoshima, decidió por amor al Padre, quedarse en su compañía. Se distinguía por su humildad y espíritu de fe». En nota: «[. . .] prestó al Padre 36 pardaos en
Japón y le acompañó a Goa para ir a Portugal y Roma con Bernardo» (Schurhammer 1992, IV: 296).

Bernardo de Satsuma[261] para los enviar a Roma, como dice el mismo Maffei por estas palabras[262]:

> El padre Xavier, menos del embajador que decíamos del rey de Bungo, escogió del número de los cristianos otros dos varones bien enseñados y prudentes llamados Mateo y Bernardo para enviarlos a Roma como por muestra de la buena inclinación japónica. El uno de estos murió en Goa, el otro con más feliz suceso llegó a Roma y el padre Ignacio lo recibió en la Compañía, y cuanto más encubierto estaba para el vulgo, tanto con más facilidad y con mayor atención pudo contemplar mejor las exquisitas ceremonias de la Iglesia Romana y las religiones y aparatos sagrados.
>
> Visitó muchas veces los templos principales de aquella santa ciudad con grande fruto de su alma y con mucho aumento de su piedad cristiana, y volviéndose después a su patria, para poder informar los japoneses de las muchas cosas que había visto, le dio en Portugal una mortal enfermedad de la cual murió en Coímbra con mucho sentimiento de todos. Partiose el padre Xavier con estos compañeros de Bungo el mes de noviembre del año de mil y quinientos cincuenta y uno y en pocos días arribó a Sanctián[263], isla de los chinos, adonde acudían por aquellos tiempos los portugueses, la cual estaba apartada treinta leguas de la ciudad de Cantón [M, f. 347].

Mas porque yo no pretendo de escribir aquí la vida del padre Xavier, ni de lo que hizo después que de la India volvió para la China, acabando su vida a los dos de diciembre de 1552 en la misma isla de Sanchuam[264], no trataré más de él, remi-

---

261 «El primero que se hizo cristiano fue un joven pobre de la clase de los guerreros, un samurái natura de Kagoshima que en el bautismo recibió el nombre de *Bernardo* y cobró tal efecto al Padre Maestro Francisco que en adelante no se separó de su lado. Es verdad que no tenía apariencia atractiva pero era humilde, inteligente, piadoso, dado a la oración y tan deseoso de saber que hizo grandes progresos en el conocimiento de la doctrina cristiana» (Schurhammer 1992, IV: 84).
262 «Caeterum Xaverius, praeter Bungensem, de quo dicebamus, Regis internuntium, ex ipso criam etiam fidelium numero viros duos egregie cordatos assumpsit, Matthaeum, et Bernardum, ad urbem usque Romam Iaponicae indolis exempli causa mittendos. Quorum alterum Goae mors abstulit, alter, quo intenderat, cursu feliciore pervenit, et ab Ignatio in Societatem acceptus, quo in vulgus obscurior, eo per otium attentior, exquisitas Ecclesiae Romanae caeremonias, religionesque, et sacrorum apparatum est contemplatus; celeberrima sanctae urbis templa insigni cum animi fructu, ac pietatis incremento non semel obiit; patriam deinde repetens, multa Iaponiis narraturus; in Lusitania letali correptus morbo, Conimbrigae supremum vitae actum haud sine plausu peregit. Hisce ergo comitibus a Bungo Xaverius Novembri mense anni quinquagessimi primi, paucis diebus pervenit ad Sinarum insulam Sanctianum, quo comeabant per ea tempora Lusitani, leucas ab urbe Cantone triginta. Haec ille».
263 La isla Shangchuan (en chino, 上川岛; pinyin, Shàngchuāndǎo), también transcrita como Sanchón, Schangschwan, Sancian, Sancion, Sanchão y Chang-Chuang, Sanchuam, y a veces conocida como la isla de San Juan, es una isla situada en aguas del mar de China Meridional, frente a la costa sur de China, en la provincia de Guangdong.
264 Shangchuan.

tiéndome a lo que escribieron así Maffei, como Torsellino, y el padre Lucena en su *Vida*. Y bástame haber tratado de él en cuanto dio principio al Evangelio en Japón, del cual Japón con verdad se puede llamar apóstol como en la India los portugueses siempre lo llamaron.

En este tiempo, luego después de la partida del padre Francisco Xavier de Yamaguchi, el padre Cosme de Torres y el hermano Juan Hernández comenzaron a padecer grandes persecuciones y trabajos, porque algunos señores de aquel reino mataron al rey, y pusieron fuego en la ciudad de Yamaguchi, y los bonzos y más gentiles daban la culpa de esto a los nuestros, diciendo que por haber ellos venido a aquel reino se revolvieron guerras[265] de aquella manera. De lo cual, escribiendo el mismo padre Cosme de Torres en una carta escrita a los 8 de septiembre, dice así[266]:

> Después que nuestro padre maestro Francisco, que sea en gloria, me dejó en Amanguche, viendo el Demonio el fruto que se podía hacer con la denunciación de la palabra de Dios, puso sus impedimentos, moviendo guerras y discordias entre el rey y sus vasallos[267]. De manera que, veinte días después que llegué a Amanguche, mataron al rey y a sus hijos, y alzaron por rey a un hermano del rey de Bungo, quedando discordia entre los señores del reino, porque unos querían recibir al nuevo rey, y otros no [CA, ff. 78v–79][268].

---

265 se revolviera em guerras *AJ*.

266 «Ex quo tempore a Francisco Xaverio, qui postea migravit e vita, Amangutii sum relictus res per humani generis adversarium minime tranquillae fuerunt, qui cum intelligeret quantum Evangelii promulgatione proficeretus, omni ratione eam impedire conatus est, bellum enim Regem inter ac pupulares eius ita perniciosum excitavit, ut vigesimo post meum adventum die, Rege ipso cum filiis interfecto, alium, qui Regis Bungi erat frater, in magna tamen principum fissensione suffecerint».

267 «En paz, aparente estaba el señorío de Suō cuya corte lucía el prestigioso sobrenombre de Nishi no Miyako [Miaco], Capital del Oeste, por el impulso que su daimyō Ōuchi Yoshitaka dio a la cultura y al arte, y por su contacto comercial con el continente. Xavier la había visitado dos veces, y a la tercera, hacia la mitad de marzo de 1550, la hizo centro de la misión. Yoshitaka respondió a los regalos de Xavier dando su licencia para extender la religión y ofreciendo la donación de un viejo templo budista deshabitado. La paz y la vida de Yoshitaka duraron sólo hasta el fin de setiembre. La ciudad de Yamaguchi ardió. Xavier estaba
entonces en la ciudad de Funai, llamado por el capitán de otra nave portuguesa recién llegada e invitado de paso por Ōtomo Yoshishige [Ōtomo Sōrin], daimyō de Bungo, que deseaba tener misioneros en sus tierras. Cosme de Torres había dejado Hirado para suplir en Yamaguchi a Xavier, que partió de Japón para la India el 22 de noviembre después de pedir un préstamo de 300 cruzados para que Torres reconstruyera el viejo templo donado por Yoshitaka. Iba a Goa con el plan de reclutar nuevos misioneros. Yamaguchi vio llegar en 1552 al nuevo daimyō Ouchi Yoshinaga, sobrino de Yoshitaka y hermano menor de Yoshishige de Bungo» (DJ1, 28*).

268 Esta carta es del año 1577.

Y en otra del hermano Juan Hernández escrita para el padre Francisco Xavier a los 20 de octubre del año 51, hablando más largamente[269] dice así[270]:

> Pasamos tanto peligro de ser muertos que fue claramente milagro que hizo nuestro Señor en nos librar. Porque por espacio de ocho días estuvo la ciudad siempre dada a fuego y sangre a no más que «¡viva quien vence!». Y muchos mataban a otros para se vengar y otros para les robar lo que tenían. De manera que en todo este tiempo siempre andaban a buscarnos para nos matar, unos por la gran mala voluntad que nos tienen, otros para nos robar, pensando que teníamos algo.
>
> Después de haber escondido nuestro fatillo, mandó el padre a Antonio a casa de la mujer de Naetondono[271], diciéndole que nos aconsejase lo que haríamos. Ella nos mandó decir que fuésemos luego a su casa. Nosotros, yendo por el camino, topamos muchos escuadrones de gente armados de punta en blanco, y pasando nosotros por entre ellos decían: «A estos de Chenjiquu[272] matémoslos, porque por su causa ha venido tanto mal». Porque ellos dijeron que los santos de palo y de piedra no podían salvar a las gentes ni aun a sí mismos.

---

269 de esto *AJ*.

270 «Commotum est in oppido bellum, quod regis obi tu deinde sedatum est, adeo exitiosum ac grave, ut urbs octo dierum spatio conflag raret incendiis, et sanguine redundaret, quippe sublatis legibus impu ne victrix ubique graffabatur improbitas, passim homicidia, passim rapinae. Atque eo sane toto tempore nos ad caedem inquirebamur assidue, partim ab iis, qui nos oderant, partim ab iis qui nostras [f. 20v] qualescunque farcinulas adamaverant: itaque magno in discrimine vitae saepe versati sumus. Verum ex omnibus periculis eripuit nos clementissima Domini mater, quae clientes adeo praecipua cura tuetur suos. Cum enim status rerum esset huiusmodi; Cosmus Antonium misit ad Naetondoni uxorem, ut ab ea consilium peteret, illa jussit nobis renuntiari, ut confestim veniremus ad se. Porro inter eundum complures in catervas armatorum incidimus: ii inter se per eorum ordines transeuntibus nobis, quin ajunt, e medio tollimus hosce de Cengecu (sic enim Europaeos appellant) quandoquidem ipsorum culpa, lignea vel lapidea simulacra, neque aliis, neque sibi salutem dare posse negantium. Dii indignati, excitata discordia, tantam huic populo cladem intulere? [. . .] Ex eo discrimine elapsi, Naetondoni domum pervenimus, cuius uxor dato puero, qui prosequeretur, nos ad Bonziorum monasterium, quos ea suis alebat sumptibus, amandavit. Illi vero graviter nobis offensi, respuere: daemonas dicere, nec locum excipiendo tam improbo hominum generi sibi superesse. Cur nos Deus, qui habitat in caelis, cuius legem exponeremus, ex iis periculis non in caelum eriperet? Tamen ad extremum sive Dominae metu, sive famuli precibus adducti, phani particulam nobis ad hospitium assignarunt. Ibi toto biduo commoratos mulier nos domum suam rursus accersit, et in posticis aedium partibus ambulatiunculam quandam nobis ad diversandum attribuit. Hic nos quot periculis, quot laboribus perfuncti fuerimus, ne longior sim, in praesentia sileo. Haec Joannes Fernandus».

271 Naitō Okimori (内藤興盛 1495–1554) fue un influyente daimyō del período Sengoku en Japón. Nacido en la provincia de Mikawa, Okimori destacó por su lealtad al clan Oda y más tarde al clan Toyotomi. Su valentía en el campo de batalla y su habilidad para gestionar sus feudos lo convirtieron en una figura clave en la historia militar y política de la época (DJ1, 235–237).

272 El término japonés «Tenjiku» (天竺) tiene sus raíces en la antigua India, siendo utilizado en la literatura japonesa y textos budistas para referirse a esta mítica tierra de sabiduría y espiritualidad. Originalmente derivado del sánscrito «Tianzhu», que los chinos utilizaron para hablar de la India, «Tenjiku» ha trascendido su significado geográfico, adoptando connotaciones simbólicas

[. . .] De manera que así, habiendo pasado por aquel peligro, llegamos a casa de Nae-tondono, la mujer del cual nos mandó con un su capellán a un monesterio al cual ella da renta. Los padres del cual, por ser mucho nuestros enemigos, no nos querían recibir, di-ciendo que éramos demonios y que no tenían lugar para gente tan mala. Y que si nosotros declarábamos la ley de Dios que está en el cielo, por qué no nos llevaba entonces al cielo a librar de aquellos peligros. En fin, por medio de la señora y a ruegos del capellán, nos deja-ron estar en un rinconcillo de la iglesia. Pasados dos días y dos noches fuimos en compañía de la señora para su casa, la cual nos dio a las espaldas de sus aposentos un portillo por do las mujeres de su casa pasan a las necesarias, donde estuvimos hasta que se pacificó la gue-rra. Dios sabe los peligros que pasamos, de los cuales no daré a Vuestra Reverencia larga cuenta por no ser prolijo [DJ1, pp. 258–260].

Y con esto se concluyó el suceso de los nuestros en Japón de este año de 51.

de exotismo y lejanía. A lo largo de la historia japonesa, este término ha sido empleado para evo-car la riqueza cultural y espiritual de la India, así como para describir regiones lejanas y exóticas en general (DJ1, 80).

Capítulo 5
Trátase de la monarquía de Japón y cómo estaba en aquel tiempo

Ya que hemos escrito el principio que dio el padre Xavier a la cristiandad de Japón y su tornada a la India, antes que tratemos de la venida de otros padres de allá envió, y del progreso de la cristiandad comenzada, será bien que demos noticia de algunas cosas de Japón por las cuales mejor se entienda lo que arriba está dicho, y de lo que adelante se dijere. Lo cual servirá también para declaración de muchas dudas que se pueden ofrecer y entender también muchas cosas que sin esto se dejan mal entender en diversas cartas que los nuestros escribieron de Japón, y andan impresas en varias lenguas. Lo cual con brevedad en pocos capítulos concluiremos. Pues siendo esta *Historia* eclesiástica, no sufre que de propósito nos metamos en lo seglar y comenzando por la monarquía de Japón, primeramente, declaremos cómo puede ser que, no siendo aquella tierra de mayor grandeza de lo que hemos dicho, sea repartida en sesenta y seis reinos, y tenga tantos reyes y tan poderosos que hacen tan grandes ejércitos como en muchas de aquellas cartas se escribe. Y por qué causa los señores de estos reinos se llaman unas veces «reyes» en las cartas, otras «duques» y otras con otros diversos nombres que son propios de Japón, porque no se entendiendo[273] estas y otras cosas que iremos, con la ayuda de Dios, declarando en su lugar, no se puede hacer en Europa verdadero concepto de las cosas de Japón, y queda hombre con una cierta manera de confusión y perplejidad acerca de las cosas [f. 21] que se escriben que muchas veces quita parte del crédito y también del gusto que se hallaría en las dichas cosas.

Para lo cual se ha de saber que, por ser lengua y el gobierno de Japón tan diferente de nuestra Europa que nunca tuvieron entre sí ninguna comunicación, tienen también diferentes nombres, de los cuales, aunque algunos se pueden en alguna manera acomodar a los nuestros, todavía no caen tan al natural que se pueda propiamente decir que significan las mismas cosas. Y así, estos nombres de dignidades que nos llamamos de ‹emperador›, ‹rey›, ‹duques›, ‹marqueses› y ‹condes›, ni en Japón los hay llamados por estos nombres, ni los nombres con que ellos llaman caen tan al propio con lo que significan estos nombres en Europa, mas porque en Europa no se entiende la significación de sus nombres.

---

273 se entiendo *AJ*.

https://doi.org/10.1515/9783111617602-007

Los portugueses y los nuestros, cuando hablan o escriben a[274] los de Europa los llaman por los nuestros nombres para que de esta manera se entienda lo que dicen, y en el apropiar estos nombres se pueda[275] fácilmente errar, especialmente por los que no saben su propia significación. Y así no se puede dejar de declarar alguna cosa[276] de lo que toca a este imperio, y de los nombres y dignidades de los señores japoneses. Para lo cual se ha de saber que Japón no tuvo nunca más que un solo rey a quien se pueda dar propiamente este nombre, porque a él solo llaman *Teivo*[277], que quiere decir propiamente «rey», que llaman por otro nombre *Dayri* y también *Vo*[278].

Debajo de este rey, que era señor universal de todo Japón, estaban repartido todos los grandes y señores de Japón en dos órdenes. La primera y mayor era de aquellos que se llamaban *Cungues*[279] y la otra inferior era de aquellos que se llamaban *Buques*[280], que en su lengua quiere decir propiamente «soldados». Los *Cungues* eran tenidos por hombres de casta real[281] que se gloriaban de defender de los *Camis* celestiales[282], y estos eran propiamente los grandes de Japón, y los que tenían continua entrada y trato con el rey. Y eran los más ricos y poderosos que y tenían mientras estuvieron los reyes en su prosperidad mayores cargos en el gobierno del reino y mayores dignidades, de las cuales había muchas y grandes entre ellos. Porque dicen los naturales que tenían cien grados de dignidades, de las cuales unas pertenecían propiamente a los oficios que tenían en la casa real, como son ahora en las casas de nuestros reyes de Europa los oficios de mayor-

---

274 con *AJ*.

275 puede *AJ*.

276 algunas cosas *AJ*.

277 La palabra japonesa *teiō* «帝王» se compone de los kanjis «帝» (emperador) y «王» (rey). Juntos, significan «emperador» o «monarca supremo». Aunque en Japón el término más común para el emperador es *tennō* «天皇», «帝王» también puede usarse en sentido figurado para describir a una persona con gran influencia o poder en su campo.

278 Vou *AJ*. La palabra japonesa «王» (ō) significa «rey» o «monarca» Este carácter kanji representa a una figura de autoridad y liderazgo en un reino. Se utiliza tanto en contextos históricos para referirse a reyes antiguos, como en contextos modernos para describir a líderes destacados en diferentes campos.

279 El término *Kuge* (公家) se refiere a la clase aristocrática que servía en la corte imperial de Japón. Estos nobles tenían una posición de alto estatus y eran responsables de diversas funciones administrativas, culturales y ceremoniales en la corte imperial.

280 Duques *AJ*. *Buke* (武家) es un término japonés que se refiere a la clase guerrera o samurái, que desempeñó un papel crucial en la historia de Japón, especialmente desde el período Kamakura hasta el final del período Edo.

281 tal *AJ*.

282 Los *kami* (神) celestiales son un subgrupo particular de *kami* que residen en los cielos y están asociados con el cielo, el sol, la luna y otros elementos celestiales.

domo mayor, de camarero mayor, de caballerizo mayor, y de otros semejantes oficiales, unos mayores y otros menores.

Otras dignidades no solo tenían su lugar y precedencia en la Casa del Rey, mas eran también oficios pertenecientes al mando y gobierno del reino, como son ahora delante de los nuestros reyes el oficio de condestable, de mariscal, almirante, presidente del consejo real y otros semejantes. Y estas maneras de dignidades y oficios significan los nombres[283] de *Chunagon*[284], *Dainagon*[285], *Daifu*[286], *Daijo*[287], *Daijin*[288], *Quambaco*[289] y otros semejantes de que hasta ahora se honran y glorían los señores japoneses, las cuales eran propias de *Cungues*. Entre los que se llaman *Buques*, que son los soldados, aunque eran de[290] orden inferior a los *Cungues*, habían también muchas y grandes [dignidades][291]. Y la cabeza de todas ellas era la dignidad que llaman *Cubo*[292], que era superintendente y como capitán general de la milicia y de los más capitanes de los soldados.

Y después de los *Cubos*, que eran comúnmente dos, uno de los cuales tenían la superintendencia de los reinos que están del Miaco para el Oriente, y el [f. 21v]

---

283 hombres *AJ*.

284 *Chūnagon* (中納言) era un título cortesano en la antigua burocracia japonesa, utilizado principalmente durante los períodos Heian y Kamakura. Traducido como «consejero medio», el *Chūnagon* asesoraba al emperador, supervisaba la administración y organizaba ceremonias. Aunque su poder disminuyó con el ascenso del shogunato, mantuvo su importancia en la corte imperial.

285 *Diagon AJ*. *Dainagon* (大納言) era un título cortesano de alto rango en la antigua burocracia japonesa, principalmente durante los períodos Heian y Kamakura. Traducido como «gran consejero», el Dainagon asesoraba al emperador, gestionaba importantes asuntos administrativos y desempeñaba un papel crucial en las ceremonias de la corte. Este título, superior al de Chunagon, denotaba un estatus significativo en la jerarquía imperial.

286 El término *Daifu* (大夫) en japonés se utilizaba como título honorífico para altos funcionarios de la corte imperial. Estos individuos desempeñaban roles cruciales en la administración gubernamental y en ceremonias imperiales. Además, *Daifu* también se refería a médicos en la medicina tradicional japonesa, destacando su respeto y posición social.

287 *Daijō* (大臣) es una palabra japonesa que se traduce como «ministro». Se refiere a los funcionarios de alto rango en el gobierno japonés que presidían sobre el Gran Consejo de estado, y controlaba a los oficiales del estado.

288 Daijin (大臣) es otro término en japonés similar a *Daijō* (大臣) pero se utiliza específicamente para referirse a los ministros del gabinete japonés.

289 *Kampaku* (関白) es un título histórico en Japón que se traduce como «Regente». En el pasado, el *Kampaku* era un puesto de gran poder en la corte imperial japonesa, actuando como regente en ausencia de un emperador menor de edad o incapacitado.

290 del *AJ*.

291 Añadido por AJ y omitido por BL.

292 El término Kubō (公方) en japonés se refiere históricamente a un título utilizado para designar a figuras de autoridad, especialmente durante el período Muromachi (1336–1573). El término se usó para referirse a los shogunes que gobernaron la ciudad.

otro de los que están para el Occidente. Tenían el segundo lugar los que eran llamados *Yacatas*[293], de los cuales unos asistían por consejeros de los *Cubos*, gobernando toda la milicia de Japón, y otros tenían superintendencia de la milicia particular en las sesenta y seis partes en que está repartido este reino. Y debajo de ellos estaban otros capitanes y dignidades. Y aunque estos tenían el cuidado de la milicia y de la ejecución de hacer guerras y justicias conforme a lo que el rey mandaba, todavía, porque ellos eran propiamente más ejecutores de lo que mandaban los *Cungues* que estaban con el rey, gobernaban el reino y las rentas reales, eran de orden muy inferior como se ha dicho. Y los que el rey quería favorecer y darles entrada en su casa y alguna parte en el gobierno, había de levantar primero a esta dignidad de *Cungues*. Y mientras se guardó en Japón esta orden, que duró por muchas edades, era el rey muy venerado y obedecido de todos, y era muy bien servido y con grande estado.

Esta manera de gobierno y de distinción con sus dignidades tomaron los reyes de Japón de los reyes de la China en tiempo que tenía entre sí comunicación, porque de la misma manera están repartid[a]s las dignidades en la China entre los mandarines o *leutias*[294], como ellos llaman, porque uno son soldados y otros letrados, y los unos y los otros tienen diversos grados de dignidades que da el rey, por los cuales van ellos subiendo a grandes grados que en sustancia son los mismos que dijimos que había entre los japoneses. Y puede ser que en otros tiempos del todo procediesen de una misma manera en esto los japoneses y los chinos. Mas con el tiempo vino a haber mucha diferencia, porque después que el gobierno de los chinos se redujo a un solo rey y a la orden que ahora hay de letrados, se diferenciaron en dos cosas grandemente en esta manera de gobierno de los japoneses.

La primera que[295] entre los chinos como estas dignidades que no pertenecen a la milicia se dan solamente a letrados, y los[296] que tienen más letras, prudencia y buenas partes las alcanzan mayores, ganándolas, como se dice, cada uno por su lanza. De aquí se sigue que no van[297] por generación y sucesión de padres a hijos, y así no hay entre los chinos propiamente nobleza por generación, si no son[298]

---

293 En este caso el término *Yakata* (館形) se refiere a un señor feudal, al igual que afirma Rodrigues en el *Vocabulario da Lingoa de Japam*, aunque sería más apropiado asociarlo a la residencia de un noble, como un miembro de la corte o un samurái. Durante el shogunato Muromachi y el shogunato Edo, también era un título honorífico otorgado al jefe de una familia samurái prestigiosa o distinguida, así como al señor de un gran dominio.

294 *leotias AJ*. Sería más correcto *laotie* o *laodie* que expresa el honorífico de «venerable señor» en este caso en plural.

295 porque *AJ*.

296 y a los *AJ*.

297 por nueva *AJ*.

298 sino solo *AJ*.

algunos como a manera de mayorazgos, que tienen[299] algunos hijos y descendientes de los mismos reyes de la China. Mas los japoneses, como no van[300] por letras y van estas dignidades entre los nobles que lo son de su generación, se precian de la antigüedad y nobleza de sus familias, de la misma manera que hacen los hidalgos en Europa.

La segunda diferencia fue que los chinos como se gobernaron por letras supieron tener mano en su poder, y mando[301] conservando de tal manera el gobierno de la China en sí, y los mandarines, soldados en su propio grado inferior al de los letrados que aunque tengan también ellos grandes dignidades no pueden casi nada, y todos son gobernados y mandados por letrados. Mas en Japón, los *Cungues*, como hombres que se dieron a pasatiempos y a buena vida juntamente con su rey, sin tener cuenta[302] con armas ni con letras gastando la vida en banquetes, comedias, músicas y danzas, y en otras ociosidades y delicias quedaron como mujeres, y con esto dieron[303] los *Buques*, que son soldados, en[304] ir poco a poco metiéndose en el gobierno y que finalmente despreciándose de ser gobernados por gente tan afeminada, viniesen a atraer así todo el mundo[305] y gobierno y aunque por algún tiempo hicieron también grande caso del rey y de los *Cungues*.

Finalmente, después que los *Cubos*, cabezas de las dos familias *Guengi*[306] y *Feique*[307] muy afamados [f. 22] en Japón vinieron a guerra campal entre sí habrá poco más de 500 años. El *Cubo* que quedó vencedor totalmente usurpó para sí el mando e imperio de Japón dejando al rey y a los *Cungues* solamente el nombre casi vacío de sus dignidades y desde aquel tiempo se mudó totalmente el gobierno

---

299 mayorazgo que tiene *AJ*.
300 nueva *AJ*.
301 mano *AJ*.
302 cuentas *AJ*.
303 ocasión a los *AJ*.
304 de *AJ*.
305 mando *AJ*.
306 *Guensi AJ*. Los Genji (源氏), también conocidos como Minamoto, fueron un clan aristocrático japonés descendiente de los emperadores que desempeñó un papel crucial en la historia de Japón. Fundado por el emperador Saga en el siglo IX, el clan ganó notoriedad durante las guerras del período Heian, particularmente en la Guerra Genpei (1180–1185), que resultó en el establecimiento del shogunato Kamakura por Minamoto no Yoritomo. Su influencia política y militar dejó un legado duradero, y su historia fue inmortalizada en la obra literaria *Genji Monogatari*.
307 *Feiqi AJ*. Los Heike (平家), también conocidos como Taira, fueron un influyente clan samurái japonés durante los períodos Heian y Kamakura. Fundado por el emperador Kanmu en el siglo IX, el clan Taira alcanzó el poder bajo el liderazgo de Taira no Kiyomori, quien consolidó su control en la corte imperial. Su rivalidad con los Minamoto culminó en la Guerra Genpei (1180–1185), que terminó con su derrota en la Batalla de Dan-no-ura. La caída de los Heike marcó el fin de su dominio y el ascenso del shogunato Kamakura.

de Japón y toda la valía y poder se[308] puso en las armas y el *Cubo* que era cabeza de los *Buques* quedó por señor de la *Tenca* y monarquía de Japón. Y los *Yacatas*, que eran las mayores dignidades que había en este grado, quedaron también muy grandes señores porque el *Cubo* repartió entre ellos diversos estados, y ellos que tenían las armas en la mano,[309] ocuparon otros. Y no habiendo ya propio rey y señor natural, comenzaron a tratarse como señores absolutos, quitando también la obediencia y sujeción al *Cubo*. Y de esta manera, repartido el gobierno de Japón entre muchos, y haciéndose cada cual señor de lo que[310] podía, se vino a ponen Japón en una continua guerra y perturbación. Y aunque los que ocuparon[311] el señorío de Miaco y de los cinco reinos de Goquinay se llamaron siempre señores de la *Tenca*, todavía no solo no eran obedecidos de los más señores de Japón, mas vinieron a tener tan poco que ni aún eran señores de aquellos cinco reinos, hasta que –como en su lugar diremos– vino en nuestros tiempos Nobunaga[312], que se hizo señor de más de la mitad de Japón. Y después de él vino Quambacudono[313], que lo acabó de señorear perfectamente todo y lo redujo en el estado en que está ahora, que todos reconocen al señor de la *Tenca* con tanta obediencia y sujeción que ni aún en el tiempo que gobernaban sus reyes eran tan obedecidos como lo es el señor de la *Tenca* ahora.

En el tiempo que corrían las cosas con tantas guerras y confusiones, los señores de la *Tenca*, aunque quitaron todo el mando y las rentas de Japón al rey y a los *Cungues*, todavía siempre conservaron el nombre del rey, y de las más dignidades de los *Cungues* en el Miaco, dándoles cada año[314] alguna cosa con que se pudiesen sustentar. Y siempre quedó al mismo rey la potestad que primero tenía de dar los títulos y las dignidades así de los soldados como de los *Cungues*. Mas quedole tan limitado que finalmente ahora no las da, sino conforme a lo que el señor de la *Tenca* quiere, y el *Dayri* no hace más que ejecutar en esto lo que él manda, porque finalmente ni tiene estado ni qué comer sino cuanto el señor de la *Tenca* quiere. Y porque en las edades pasadas los señores de la *Tenca* tenían tan

---

308 le *AJ*.
309 en las manos *AJ*.
310 cual *AJ*.
311 ocupaban *AJ*.
312 Oda Nobunaga (織田 信長, 1534–1582) fue un destacado daimio del período Sengoku. Conocido por su audacia y habilidades militares, Nobunaga inició el proceso de unificación de Japón mediante la conquista de gran parte del territorio japonés. Implementó importantes reformas administrativas y económicas, y promovió el comercio y el uso de armas de fuego. Su carrera fue abruptamente interrumpida cuando fue traicionado por uno de sus generales, Akechi Mitsuhide, y murió en el incidente de Honnō-ji en 1582.
313 Toyotomi Hideyoshi.
314 uno *AJ*.

poco, como dijimos, daban también tan poco al *Dayri* y a los *Cungues* que vivían[315] miserablemente, hasta que Nobunaga, y después mucho más Quambacudono, con el mucho poder que tenían, les vinieron a proveer muy bien, poniéndolos en grande[316] estado, aunque sin tener ningún mando ni gobierno.

Mas dejando para su tiempo lo que pasa ahora, cuando el padre Xavier vino a Japón, era señor de la *Tenca* un gentil llamado Mioxidono[317], que ni aun era señor de los cinco reinos de Goqinay. Y aunque gobernaba como capitán del *Cubo*, el *Cubo* podía bien poco, y el *Dayri* con los *Cungues* vivían[318] miserablemente. Y todos los más reinos que están de Miaco para las partes orientales eran ocupados de diversos señores y *Yacatas*, de los cuales muchos eran más poderosos que el mismo señor de la *Tenca*. Por estotra [f. 22v] parte, que está del Miaco para Occidente[319], por algún tiempo fue más poderoso que cuantos había en Japón, el rey que en las cartas se llama de Yamaguchi, porque era señor de todos los reinos que se dicen Chungocu, que son más de doce o catorce, aunque al tiempo que vino el padre Francisco estaban ya perturbados y el *Yacata* de ellos, que se llamaba Ochidono[320], no era tan obedecido como eso.

En estos nueve reinos que llaman Ximo o Saicocu, el más poderoso señor de todos era el *Yacata* de Bungo[321], que tenía tres reinos enteros y mucho poder con todos otros que también después conquistó por suyos. Después de él era el *Yacata* de Satsuma[322] que tenía dos reinos, y en aquel tiempo tenía también mucho nom-

---

315 bebía *AJ*.

316 metiéndole en mucho *AJ*.

317 Miyoshi Nagayoshi (三好 長慶), conocido comúnmente como Chōkei (長慶), fue un influyente daimio japonés reconocido como el líder principal del clan Miyoshi. Nació el 10 de marzo de 1522 y falleció el 10 de agosto de 1564. Hijo mayor de Miyoshi Motonaga, inicialmente conocido como Norinaga o Nagayoshi y titular del cargo de Chikuzen no kami, Chōkei emergió como una figura central en las turbulentas luchas de poder en el Kinai (región central de Japón) durante el siglo XVI. Su ascenso al poder estuvo marcado por enfrentamientos estratégicos clave, incluyendo su conflicto con su tío Masanaga por el control del clan Miyoshi. Chōkei se destacó por su capacidad para manipular al shōgun Ashikaga Yoshiteru en beneficio propio, asegurando su dominio sobre Kioto en 1550 y obteniendo importantes títulos y posiciones dentro del gobierno. Sin embargo, su reinado estuvo marcado por conflictos internos y traiciones, como la muerte de su hijo Yoshioki por envenenamiento en 1563, presuntamente por orden de Matsunaga Hisahide. Considerado el hombre más poderoso de Kinai desde 1550 hasta su prematura muerte a los 42 años, Miyoshi Chōkei fue también un notable mecenas cultural.

318 estaban *AJ*.

319 occidental *AJ*.

320 Ōuchi Yoshitaka.

321 Ōtomo Yoshishige [Ōtomo Sōrin].

322 Shimazu Takahisa.

bre y poder, [y]^{323} el *Yacata* de Arima^{324} porque entonces era señor de casi todo el reino de Fijen^{325}. Los portugueses, como no salen de los puertos a do vienen con las naves a vender sus mercaderías y no saben la lengua ni las costumbres de Japón, acostumbraban^{326} llamar «reis»^{327} a todos los señores en cuyos puertos estaban, y así no solo llamaban «reis» a los *Yacatas*, mas también al de Firando^{328}, al de Vomura^{329} y a otros señores de más pequeño estado.

El padre Xavier llamaba^{330} duques los señores de Satsuma^{331}, de Yamaguchi^{332} y de Bungo^{333}, porque entendiendo que el señor de la *Tenca* era de su natural sobre todos ellos les daba este nombre de «duques», reservando el nombre del rey al *Dayri* y al señor de la *Tenca*. Algunos de los más padres que no supieron al principio tanto de estas cosas se fueron por algún tiempo con los portugueses llamando a todos «reis» como ellos los llamaban y al *Cubo* que tenían por señor de la *Tenca*. Algunos de los más padres que no supieron al principio tanto de estas cosas se fueron por algún tiempo con los portugueses llamando a todos «reis» como ellos los llamaban, y al *Cubo* que tenían por señor de la *Tenca* llamaban «emperador», y al *Dayri* que por una parte entendían que daba las dignidades y títulos eclesiásticos y seglares y por otra no tenía ningún mando imaginaron que era como entre los gentiles romanos el Pontífice Máximo. Mas después que fueron teniendo más experiencia y conocimiento de Japón, reservaron este nombre de «rey» para los *Yacatas*, y al que señoreaba^{334} la *Tenca*, al *Cubo* y al *Dayri* llamaron por sus nombres propios, pareciéndoles como era en la verdad que los *Yacatas* por ser ya señores absolutos tenían forma, estado y poder de «reis», y que no se darían bien a entender en Europa llamándolos «duques», así porque estas sesenta

---

323 AJ añade la conjunción mientras que BL la omite.
324 Por las fechas no se trata de Arima Harunobu (有馬 晴信, 1567–1612) sino de su padre Arima Yoshisada (有馬義貞 1521–1576) fue un señor feudal japonés nacido en 1521 y fallecido en 1576. Se destacó como gobernante de la región de Shimabara en Hizen y ostentó el título de Shûri-taiyû. Yoshisada, hijo de Arima Haruzumi, enfrentó desafíos durante su mandato debido a las continuas guerras con el clan Ryūzōji. Sufrió una derrota ante Ryūzōji Takanobu en 1563 y en 1570 envió tropas para apoyar a los Ōtomo en su propia lucha contra Takanobu (culminando en la Batalla de Iyama). Finalmente, en 1571, cedió el poder en favor de su hermano menor Harunobu.
325 Fijin *AJ*.
326 acostumbraban a llamar *AJ*.
327 Reyes.
328 Matsūra Takanobu.
329 Ōmura Sumitada.
330 llama *AJ*.
331 Shimazu Takahisa.
332 Ōuchi Yoshitaka.
333 Ōtomo Yoshishige [Ōtomo Sōrin].
334 señoreaba de la *AJ*.

y seis partes se llaman por este nombre *Cocu*[335] que significan en su lengua «reino», como llaman *Nifongocu*[336] al reino de Japón, y *Nambangocu*[337] los reinos de la India y *Tongocu*[338] [al reino de la China][339], y llamándose estas partes «reinos», parecía que propiamente los *Yacatas* que eran señores se podían llamar «reis».

Allende de esto, cada una de estas sesenta y seis partes se reparte –como dijimos– en diversos *Gun[e]s*[340] y en cada *Gun*[341] hay por lo menos una ciudad o fortaleza principal con otros muchos pueblos, los cuales son de algunos caballeros sujetos al que es señor. Y porque estos caballeros son los *Tonos*[342] pequeños de Japón, y tienen todos mero y místico imperio sobre sus vasallos. Son estos señores de los *Gun[e]s* también poderosos en Japón y conforme a lo que estos *Gunes* son más pequeños o mayores y a la posesión que ellos tienen de un solo o demás *Gunes* y a la diversidad de las dignidades que tienen los podríamos llamar «condes», «marqueses» y «duques». Y por eso, a los *Yacatas* que tienen muchos de estos por sus vasallos, parecía que se les podría dar nombre de «reyes». Allende de esto, el poder de estos *Yacatas* era muy grande, poque conforme a lo que diremos después, aunque estas sesenta y seis partes no tienen tanta latitud de tierra que baste para hacer cada una de ellas un reino.

---

335 Koku国.

336 Se trata del término japonés *Nihonkoku* (日本国) utilizado para referirse a Japón.

337 *Nambankoku* (南蛮国) se refiere a «país de los bárbaros del sur» o «país de los bárbaros del sur» en japonés. Históricamente, el término *Namban* (南蛮) se utilizaba en Japón durante los períodos Muromachi y Edo para referirse a los pueblos del sudeste asiático y, más específicamente, a los europeos que llegaron a Japón por mar desde el sur durante el siglo XVI, especialmente los portugueses y los españoles. *Koku* o *kuni* «国» significa «país» o «nación». Así que *Nambankoku* (南蛮国) se puede traducir como «país de los bárbaros del sur» o simplemente «país del sur», haciendo referencia a los países extranjeros del sur como la India desde la perspectiva histórica japonesa.

338 *Tōgoku* 東国 ignifica «país del este» o «región oriental». Históricamente, en Japón, este término se ha usado para referirse a las regiones orientales del país, como la región de Kantō.

339 AJ añade esta importante especificación, mientras que BL la omite.

340 AJ lee «*Gunos*».

341 *Gun* (郡)en japonés generalmente se utiliza como sufijo para indicar una unidad administrativa o incluso militar. En este caso significa «distrito» o «contea».

342 Los *Otonas* 乙名, representativos de una distinción nobiliaria equiparable a las baronías en el contexto japonés, desempeñaban un papel fundamental en el armazón del estamento militar de la sociedad nipona, dada su preeminencia numérica. Es plausible que esta preponderancia haya motivado a los jesuitas a emplear el término *Tono* de manera genérica para referirse a la totalidad de los señores cristianos, prescindiendo de sus títulos específicos. Así, los miembros de la Compañía de Jesús adoptaron *Tono* como una designación abarcadora que incluía a todos los nobles feudales japoneses, sin distinción de jerarquía, fortuna o extensión territorial.

Todavía [f. 23] por la manera de gobierno que ellos tienen, cualquiera que sea señor de una de estas partes enteras tiene mucha gente soldadesca y mucho poder en Japón. Y *Yacatas* había y ha algunos señores ahora que, por tener diversas partes de estas, ponían treinta, cuarenta y cincuenta mil hombres en campo, lo que no pueden hacer en Europa sino reyes. Y por esto, los padres llamaban reyes a estos *Yacatas*, así como también España, que ahora es de un solo rey, se dividía antiguamente en muchos reinos y en muchos reyes. Y de esto hablando el padre Duarte de Sande en el coloquio octavo del libro que hizo *De missione legatorum Japoniorum*, respondiendo a la pregunta que se hacía si los *Yacatas* japoneses eran como los nuestros reyes, dice así[343]:

> É assim em grande parte, embora exista alguna diferença entre os reis europeus e os nossos *Yacatas* japoneses. Na medida em que os *Yacatas* possuem reinos inteiros, e têm sob o seu pode varios *Cunixuos*[344] que são semelhantes aos marqueses e condes, reúmem grandes exércitos, vivem segundo o seu direito e têm capacidade de mover guerra contra os seus inimigos, podem ser chamados reis. Mas na medida em que têm territórios menores sob a su jurisdição e rendimentos muito menores e reconhecem como seu superior o *Dayro* ou até o *Cubo* que tem lugar de *Dayro*, de modo algum reproduzem os reis europeus. Eu diria antes, portanto, que eles são semelhantes aos grão-duques que, embora sejam os principais entre os restantes titulares, estão de alguma forma abaixo do imperador e cedem o passo aos reis. E digo semelhantes, não em grandeza de rendimentos, mas pelo poder da sua jurisdição e pela possibilidade de exercerem o dominio. Quanto à dignidade do *Dayro*, podemos afirma com certeza que ela é régia e que os *Cungos* e *Cunixuos* são como marqueses e condes, donde os chamamos pela comun designação de *Daymeoscuos*, isto é, varões de grande nome, assim como designamos os europeus por titulares e nobres [DS, pp. 182–184].

---

343 «Est ita magna ex parte, etsi nonnullum interiicitur discrimen inter Reges Europeos, et nostros Iaponicos Yacattas. Quatenus enim Yacattae regna integra possident, et sub sua potestate habent varios Cunixuos, qui Marchionum et Comitum similes sunt, magnos exercitus conflant suo denique iure vivunt, et bella adversus hostes movere possunt, Reges appellari querunt. Quoad vero fines iursditionis suae angustiores habent, et reditus multo minores et Dayrum, sino et Cubum, qui locum Dayri tenent, superiorem agnoscunt, Reges Europeos nequa quam exprimunt. Potius ergo dixerim eos similes esse magnorum Ducum, qui quamvis inter reliquos Dynastas sint praetipui, Imperatori aliqua ratione subsunt, et Regibus cedunt, similes autem dico non redituum, magnitudine sed iursditioni potentia et exercendi dominatus facultate. Dayri autem dignitatem certissime affirmare possumus, esse regiam. Cungos vero et Cunixuos esse velut Marchiones et Comites unde communi nomine Daymioxuos appellamus idest magni nominis viros, quomodo Europeos primates et optimates vocitamus. Haec ille».

344 *Kunishū* 国衆 o señores provinciales, eran jefes locales en Japón que gobernaban sobre provincias con considerable autonomía durante los períodos Kamakura, Muromachi y Sengoku. Su influencia y poder variaban, pero eran actores clave en la política regional y nacional, especialmente durante el tumultuoso período Sengoku. Rodrígues apunta: «*Cunixu*. Os principaes do reino. Palabra que corre em Bungo. Item. Os do reino» (f. 65v).

Mas porque estos *Yacatas* están casi todos deshechos y, de muchos años a esta parte, los señores de la *Tenca* van quitando este nombre de *Yacatas*, y a ninguno lo dan, ahora que todos reconocen el señor de la *Tenca* ninguno de los más señores se puede llamar con razón rey, ni el señor de la *Tenca* aunque tiene el mando y poder propio de rey, nunca se llamó ni se llama por este nombre, ni fue llamado de otros, mas toma algún título de los mayores que ha entre los *Cungues* llamándose o *Daifu* o *Cubo* como este que gobierna ahora, o *Daijo* o *Daijin* como se llama[345] Nobunaga, o Quambacu como el que fue entre estos dos.

También se ha de saber que allende de la mudanza que hay de los nombres en Japón que se varían conforme a lo que se va subiendo; así en la edad como en la dignidad universalmente los señores y caballeros japoneses tienen en un mismo tiempo cuatro nombre: el primero es el propio y particular de cada uno con el cual se firman en las cartas haciendo debajo de él alguna en señal, inventada por cada uno, que llaman en España «guardas», de la cual no puede usar otro ninguno so pena de muerte y de falsario. El segundo nombre es de su propia familia y sobrenombre [f. 23v] el cual nunca se muda. El tercero es el nombre de la dignidad que tiene, ahora sea de soldados, ahora de *Cungues*, porque en este tiempo todas estas dignidades van de mistura y estos nombres de dignidades por una manera se llaman por propio vocablo de Japón, y de otra manera por vocablo de los chinos, y de ambos los japoneses usan indiferentemente, y así quedan con cuatro nombres. Y porque son nombrados por ellos indistintamente en Japón, de aquí nace que también los padres escribiendo llaman por estos diversos nombres una misma persona de quien van hablando conforme a lo que se les ofrece, de lo cual se causa a las veces en Europa alguna confusión, pareciendo que son diversas personas aquellas de quien se habla, pues se hallan diversos nombres. Y a todos estos nombres acostumbran los japoneses acrecentar por honra una de estas dos palabras, *scilicet*, -*Sama*[346] o -*Dono*[347], como verbigracia diciendo Quambacudono, o Quambacusama, o *Quambacudonosama*; y así de los más nombres en lo cual también se repara en Europa pareciendo que otro es *Quambacu* y otro *Quambacusama*. Y conforme a esto que dijimos, se ha de entender lo que dijo Maffei con su acostumbrada elegancia por estas palabras en el libro duodécimo de su *Historia Índica*[348]:

---

345 llamó *AJ*.

346 *Sama* (様) es un sufijo honorífico muy respetuoso y formal utilizado para dirigirse a personas de estatus superior, clientes, y dioses, y también en correspondencia comercial.

347 *Dano AJ. Dono* (殿) es un sufijo honorífico históricamente usado para referirse a samuráis y nobles, equivalente a «señor» o «mi señor».

348 «Sane Iaponium omne nomen uni quondam parebat Imperatori, cui titulus Vo, seu Dayri: quoad is diuturna pace in delicia atque; socordiam resoluts; praefectis et satrapis ac praecipue Cubis (sic enim duo primarii vocabantur, quorum alter deinde extinxit alternum) contemptui

Antiguamente, toda la nación de los japoneses obedecía a un solo emperador, cuyo título era *Vo*, o *Dayre*,[349] hasta tanto que este con la continua paz y deleites vino a hacerse muy descuidado y flojo, con lo cual vino a ser menospreciado de los capitanes de los *Cubos*, porque así se llamaban dos príncipes de los más poderosos, el uno de los cuales quitó después la vida al otro[350]. Los capitanes y soldados habiendo tolerado algún tiempo esto, comenzaron después a menospreciar a su rey, y finalmente tomando el freno con los dientes, rompieron su paciencia y cada uno por su parte acometió aquel grande imperio. Y de esta manera en un momento se deshizo en diferentes partes y señoríos aquella antigua unidad de imperio, quedándole solamente hasta el día de hoy al *Dayre* el derecho de repartir a los caballeros los títulos de las honras, los cuales de la misma manera son mudados por la variedad de los grados, y son señalados con ciertos caracteres de adonde saca el *Dayre* grande cantidad de dineros, pero en lo de más tiene aquella dignidad como encomendada. Es tenido por el más supremo y poderoso de todos los japoneses aquel que ocupare con armas la famosa ciudad de Miaco, y los nobilísimos reinos y fortalezas cercanos de Miaco (llaman vulgarmente todo aquel espacio *Tensa* con un vocablo común) [M, f. 283v].

En estas postreras palabras, en lugar de aquella palabra ‹Tensam›[351] había de decía Goquinay porque por este nombre se llaman los cinco reinos que están alrededor de Miaco, y el nombre que se dice ‹*Tenca*› y no ‹*Tensa*›, no significa los reinos alrededor de Miaco, mas la monarquía de Japón. Y así, quien tuviere los reinos de Goquinay se llaman señor de la *Tenca*, *id est*, de la monarquía de Japón.

---

caepit esse. Viri ergo militares, talem aliquandiu perpessi, mox indignati dominum, randem abrupere fraenos, et suam invasere quisque provinciam. Ita, momento unitas illa, et maximi contextus Imperii multas in partes, ac veluti fragmenta dissiliit; ius tantum Dayri mansit in hunc usque diem, honorum vocabula proceribus dividendi, quae prograduum varietate mutantur identidem, certisque characteribus designantur. Inde haud spernendas cogit pecunias alioqui paene precariam obtinet dignitatem. Summus vero et potentissimus Iaponiorum omnium habetur ille, quisquis Meacum et Miaco finitima nobilissima regna (quem tractum communi cognomine Tensam appellant) armis atque arcibus occuparit».

349 Parece que Maffei está haciendo referencia a Jinmu Tennō (神武天皇), quien vivió entre el 711 a.C. y el 585 a.C., reconocido como el fundador y el primer emperador de Japón según el orden tradicional de sucesión, de acuerdo con el *Nihon Shoki* y el *Kojiki*.

350 Debería tratarse de Suizei Tennō (綏靖天皇), hijo de Jinmu Tennō, según relata el *Kojiki*, ascendió al trono después de verse obligado a eliminar a su hermanastro mayor, el príncipe Tagishi. Este último había forzado a la emperatriz Isuke-yori, madre de Suizei y segunda esposa del emperador fallecido, a casarse con él con el fin de legitimar su acceso al trono.

351 Naturalmente Valignano cita la palabra «Tensa» en latín «Tensam» y la cita no solo para criticarla sino para corregirla también, ya que sería «Tenca».

Capítulo 6
Trátase del modo con que se poseen las tierras y se cuentan las rentas en Japón

[f. 24] Apenas se pueden entender muchas cosas de las que se escriben y pasan en Japón si no se supiere bien el modo cómo los señores japoneses poseen sus tierras y cómo cuentan sus rentas. Y, por eso, es necesario tratar algo de esto, para lo cual se ha de saber que por antiquísim[a] costumbre de Japón, que es ya prescrito, y como de *iure gentis*, todo el reino de Japón de tal manera era del rey que ni un palmo de tierra había en todo el[352] que no fuese suyo propio, y nunca por ninguna dádiva que hiciese dejaba la propiedad de ello. Y así, hay un dicho entre ellos que ninguna cosa hay en Japón que no sea del rey. Y todo lo que daba por una cierta manera de gobierno, quedando siempre la propiedad por suya y pudiendo quitar las tierras y señoríos que daba cuando a él le pareciese. Y así en las cartas y patentes que hacía, cuando daban algunas tierras, no usaban[353] de otra palabra que esta de «depositar»[354], diciendo que depositaba en las manos de fulano tal reino, o tales tierras para las gobernar y gozar de ellas. Y estando esto que ni los mismos reyes lo podían quitar a sus herederos, de manera que la dádiva que ellos hacían no la pudiesen revocar sus hijos que le sucedían, siempre que les pareciese este mismo dominio y modo de repartir y dar. Guardan ahora los señores de la *Tenca* mas por otra parte aquellos a quien[es] se da algún reino o señorío que da tan absoluto señor del que no solo tiene en todo el mero[355] y místico imperio y toma para sí todo lo que a aquel reino o señorío rende, si el rey expresamente no reserva alguna cosa para sí, y más también distribuye aquellas tierras y rentas a sus criados y soldados como mejor le parece, con la misma condición que las puede volver a tomar cuando quisiere. Y los señores a quien de esta manera se da el gobierno da algunas tierras o reinos quedan obligados, conforme a la medida de las tierras, de servir con tanta gente de caballo y de pie a su costa al señor de la *Tenca*, así en el tiempo de paz como de guerra. Y los señores para poder acudir al servicio conforme a la obligación que tienen, reparten también entre diversos capitanes, sus parientes y criados, parte[356] de aquellas tierras

---

352 al *AJ*.
353 usaba *AJ*.
354 Probablemente se refiere al verbo 「預ける」 (azukeru). El mismo Rodrigues en su *Vocabulario* dice: «*Azzucaribito*. Pessoa depositada» (f. 18).
355 moro *AJ*.
356 partes *AJ*. Además, añade: obligándolos también a acudir a su servicio en tiempo de paz y de guerra con número de gente proporcionada a la medida *AJ*.

https://doi.org/10.1515/9783111617602-008

que a ellos[357] da y estos también las reparten con otros que quedan sus inferiores con las mismas obligaciones que ellos tienen. Y esta parte de tierra que se da a cada uno, ahora sea pequeña, ahora grande, aunque sea todo un reino, se llaman en Japón *Riochi*[358], o *Chinguio*[359].La repartición de estas tierras se hace toda por una medida que llaman en Japón *Ichó*[360], que es una cierta cuantidad de tierra que los japoneses arbitran que, sembrada de arroz, puede dar diez medidas de las que llaman *Goqu*[361]. Y por esta medida de *Goqu* que la tierra rende se mide toda la renta de los señores y caballeros japoneses. Y aunque la medida de las tierras se varía en diversos tiempos en Japón, siendo una vez mayor y otra menor que[362], conforme a eso también se varió la obligación y número de la gente. Todavía, la medida que corre ahora es esta: que cada *Ychó* se arbitra [f. 24v] a diez *Goqus*, y para[363] cada cien *Goqus* está[364] obligado el que los tiene a tener cuatro personas que puedan servir en la guerra, allende de la gente labradora que no entra en este número. La cual gente labradora está repartida de tal manera por las mismas tierras, por las aldeas y[365] campos, que conforme a la cantidad de las tierras que cada uno tiene hay también la cuantía de labradores que las puedan labrar. Los cuales

---

357 aquellos *AJ*.

358 Ryōchi (領地) es un término japonés que se traduce como «territorio» o «dominio feudal». En el contexto del sistema feudal japonés, se refiere al área geográfica controlada por un daimyo o señor feudal, que incluye tierras agrícolas, aldeas y otros recursos. Estos dominios eran esenciales para el poder y la economía de los señores feudales, ya que los ingresos generados sostenían su autoridad y capacidad militar. Rodrigues apunta: «*Riôchi*. Erdade, ou terras, ou renda» (f. 210v).

359 *Chiguio AJ*. La palabra «Chinguio» puede estar relacionada con el término *Chigyō* (知行), un que se refiere a la administración y control de un territorio asignado a un vasallo. *Chigyō* implica no solo la propiedad de la tierra, sino también la responsabilidad de administrar y recaudar impuestos de esa tierra en nombre del señor feudal. Rodrigues anota «*Chiguiô*.i.*Riôchi*. Terras de renda» (f. 47v).

360 *Itchio AJ*. Se refiere a la palabra *itchō* (一丁) que es una medida tradicional japonesa utilizada para medir la cantidad de tierra, especialmente en el contexto agrícola. Una *chō* (丁) es una unidad de medida de superficie, que es aproximadamente igual a 2.45 acres en el sistema métrico moderno. Por lo tanto, *itchō* (一丁) se traduciría literalmente como «una *chō*» y se usaría para indicar una parcela de tierra de tamaño específico.

361 El *Koku* (石) es una unidad de volumen que equivale a aproximadamente 180 litros o alrededor de 150 kilogramos de arroz. Un koku era históricamente suficiente para alimentar a una persona durante un año, lo que lo convierte en una medida clave para evaluar la riqueza y capacidad agrícola de una tierra. «En la era de Tokugawa (1603–1868) un daimio poseía al menos 10.000koku (1 *koku** 180 litros de arroz) de renta sin contar otros terrenos no cultivables pero productivos» (DJ1: 25*).

362 y *AJ*.

363 por *AJ*.

364 es *AJ*.

365 por campos *AJ*.

tienen obligación de labrar y sembrar a su costa sin los señores gastar nada en ello y reparten después de esta manera que de las tierras que son para sembrar arroz que es su propio mantenimiento, tomar[366] comúnmente los señores las dos partes y la tercera queda para los labradores. Mas porque los japoneses antes que venga el tiempo de sembrar el arroz, acostumbran también sembrar las mismas tierras, o parte de ellas de cebada y trigo, todo lo que de estas tierras que en Japón propiamente llaman *Taas*[367], sacan los labradores. Allende de la tercera parte del arroz queda[368] comúnmente para ellos, y las de más tierras en que por[369] falta de agua no pueden sembrar arroz y llaman por su propio nombre *Fataque*[370], siembran trigo y de otras cosas. Y la mitad comúnmente de lo que sacan queda para ellos, y la otra mitad para sus señores, mas por esto que para ellos queda y porque el lugar a do moran con sus casas, son también obligados a acudir cada mes tanto días al servicio de su señor[371], así en[372] llevar las cosas necesarias para el uso de la guerra cuando van a ella, como también para el más servicio bajo de sus casas, dándoles en este tiempo los señores una cierta medida de arroz, y[373] de otros legumbres para comer.

Mas volviendo al modo de medir la tierra y contar sus rentas, los japoneses en la cuenta de ella toda la tierra reducen a medida de *Goqus* de arroz, aunque parte de ella por ser seca o montuosa no se puede sembrar de arroz contando tantos *Ychos* de ella por un solo *Ycho* de tierras de que saca arroz. Y así en el contar de sus rentas dicen: «Fulano tiene tantos *Goqus* de arroz», cuanto por esta avaluación se estima que puede render aquella tierra a razón de cada diez *Goqus* de arroz por un *Ycho*, y aunque toda la tierra se arbitre como se rendiese de esta manera. Lo que pasa en la verdad es que aunque en algunas partes por la tierra ser buena se saca de ella los diez *Goqus* de cada *Ycho* conforme al nombre que tiene, todavía la medida en este tiempo va tan estrecha que cuando comúnmente se saca por cada *Ycho* a razón de cinco o seis *Goqus* de arroz se dan por contentos, y así quedan en la verdad teniendo muchos menos renta de lo que tienen en el

---

366 toman *AJ*.

367 El término *Ta* (田) que aquí se usa al plural significa campos de arroz o arrozales, como confirma Rodrigues: «*Ta*. Varzeas de arroz» (f. 233v).

368 quedan *AJ*.

369 por ser falta *AJ*.

370 Se trata del término *hatake* (畑) que se refiere a un campo destinado al cultivo de diversos productos agrícolas, excluyendo el arroz debido a la falta de agua necesaria para su cultivo inundado. Según Rodrigues: «Fataqe. Quintal, orta, campo, onde se semea qualquer cousa ficando arroz» (f. 82)

371 sus señores *AJ*.

372 de *AJ*.

373 o *AJ*.

nombre. De todo esto que está dicho se entienden muchas cosas claramente que con dificultad se podría bien entender no se sabiendo esto.

La primera es que por cuanto toda la tierra se da por el señor de la *Tenca* [f. 25], de la manera que está dicho, para los señores la repartir entre sus criados y soldados como ellos quieren, y de estas sesenta y seis partes en que se reparte Japón unas renden por la contía que está dicho doscientos o trescientos mil *Goqus* de arroz, y otros cuatrocientos o quinientos mil. Por esto se dice entre los japoneses que los que tienen estos reinos tienen doscientos, trescientos, cuatrocientos y quinientos mil *Goqus* de renta, y los que tienen más de estas partes tienen también más renta[374] conforme a lo que se saca de ellas. Mas por cuanto ellos la reparten entre sus capitanes dando a unos, verbigracia, diez mil *Goqus* de renta, y a otros veinte o treinta mil y a otros cuatro o cinco mil, etc., no sacan los señores para sí sino aquella renta que para su gasto[375] y de su casa reservan. Y aunque primero para tener muchos soldados[376] reservan muy poco para sí y de algunos años a esta parte que se fueron haciendo más prudentes comúnmente acostumbran reservar para sí la tercera parte de la tierra. De esto también se siguió que por cuanto los nuestros escribieron a las veces en sus cartas que tal y tal señor tenía trescientos o cuatrocientos mil *Goqus* de arroz de renta, y en Japón cada *Goqu* de arroz vale comúnmente un ducado de los nuestros[377] poco más o menos. Los impresores que en Europa imprimen las cartas abreviando esta cuenta dijeron en la impresión que tenían trescientos o cuatrocientos mil ducados de renta, pareciéndole que de esta manera en Europa se entendería mejor. La cual, escribiéndose por una parte que los señores son pobres de dinero y, por otra, diciéndose que tienen tan gruesa renta, parecía una manera de contradicción que causaba confusión en los entendimientos. Mas aunque es verdad que el común modo de hablar en Japón, es decir, que el tal señor tiene trescientos o cuatrocientos mil *Goqus* de renta, porque este modo de contar se entiende de otra manera en nuestra tierra de lo que corre en Japón, pues allá se entiende de la renta que cada señor saca de la tierra como suya propia y no de lo que rende toda la tierra como se entiende en Japón.

Allende de esto, en Japón la renta en la verdad es siempre mucho menos *in re* de lo que es en el nombre, y está repartida de tal manera entre sus capitanes, soldados y labradores que, como digo, apenas se reserva la tercera parte de ella para su señor. Y así, el que tiene trescientos mil *Goqus* de renta, no reservando para sí más que los cien mil, y de esto no sacando en la verdad más que cincuenta o sesenta mil *Goqus* de arroz, se sigue que en la verdad no tiene para sus gastos y

---

374 rentas *AJ*.
375 sus gastos *AJ*.
376 mucha gente soldadesca *AJ*.
377 o poco más *AJ*.

de su casa más que cincuenta o sesenta mil ducados de renta. Y el que se dice que tiene tras mil *Goqus* no sacará para sí en la verdad más quinientos o seiscientos ducados de renta. Aunque es verdad que allende de esto tienen otros provechos de sus tierras, y grande servicio de gente, y de estos mismo hablando el padre Duarte de Sande en el coloquio nono de su libro dice así[378]:

> E para começar já, gostaría que em primeiro lugar soubésseis que a conta dos rendimentos anuais é calculada de modo muito diferente na Europa do que é usado no Japão. Com efeito, no nosso Japão, a soma de todos os frutos que se colhem duma aldeia ou dum dominio, costuma ser feita e calculada, por forma tal que o senhor é creditado com o posse dos rendimentos anuais que são recebidos dos campos do seu dominio, quando, todavía, ele não se apodera de todos os frutos, mas distribui a maior parte deles por senhores inferiores como são os tonos e outros semelhantes. Por tanto, todas as veces que dizemos que um yacata colhe em cada ano tantos milhares de mios de arroz, não deve entender-se como se ele os recolhesse todos nos seus celeiros, mas que os divide por todos aqueles que obedecem à sua jurisdição, por forma que a divisão chega até aos próprios colonos dos campos. Daqui resulta que de todo o monte, cabe ao yacata cerca da oitava parte. Portanto, quem quer que entre nós é creditado com a posse de cinquenta mil das nossas medidas, a que chamamos góquios, apenas desvía para o seu uso seis our sete mil. Por isso, a grandeza própria e genuina dos rendimentos de cada yacata ou titular não pode calcular-se correctamente do número de tanto módios, quanto a maior partence aos restantes senhores inferiores, mas só debe ter-se conta da parte de que ele usufrui com a sua familia [DS, p. 188].

Con esto también se entiende que los señores de estas sesenta y seis partes son en la verdad señores grandes y muchos mayores son los que tienen tres, cuatro o seis de estas partes juntas. Porque como por cada cien *Goqus* haya obligación de llevar cuatro personas para la guerra allende de los labradores que acarretan, el que tuviere doscientos mil *Goqus* de renta, tiene ocho mil soldados que están siempre a punto, y están pagos, como se dice, para la paz y para la guerra. Y así,

---

378 «Atque; ut iam inde exordiar, illud imprimis vos scire velim redituum [f. 25v] annuorum rationem longe aliter in Europa atque, in nostra Iaponia subduci. In nostra namque Iaponia summa omnium fructuum, quot ex aliquo pago, vel alicuius domini ditione colliguntur, ita fieri, ac supputari solet, ut eos reditus annuos ille dominus possidere censeatur, qui ex ditionis eius agris recipiuntur cum tamen non omnibus ille fructibus potiatur, sed eorum maximam partem in inferiores dominos, quales sunt toni, aliique similes, distribuat. Quoties ergo dicimus Yacattam aliquem tot millia modiorim orizae singulis annis demetere, non ita intelligendum est, quasi omnia illa in horrea sua recondat, sed in omnes eos, qui ipsius iurisditioni parent tita dividat ut ad ipsos agrarum etiam colonos deviat. Unde fit ut ex toto cumulo octava fere pars ad Yacatta redeat. Quicunque igitur quinquaginta millia nostrarum mensuarum, quas goguios dicimus, possidere apud nos censetur, vix sex, aut septem millia in suos usus convertit, qua decausa redituum amplitudo propria, acgermana uni uscuiusque Yacattae vel, dinasta, ex tam multorum modiorum numero recte conijci no potest, cum maxima pars ad caeteros inferiores dominos pertineat, sed eius tantum partis est habenda ratio, cua ipse cum sua familia fruitur. Haec ille».

quien tiene cuatro o cinco de estas partes de Japón tiene conforme a sus rentas veinte y cinco y treinta y cuarenta mil hombres de guerra. Y porque cada uno en Japón tiene mero y místico[379] imperio sin apelación al superior mayor sobre los criados que debajo de su mano tiene, y les puede quitar a su voluntad la vida y la renta, y todos tienen obligación de servir en tiempo de paz y de guerra a sus señores, son ellos[380] muy bien servidos y acompañados y tienen a la verdad cuanto a esto forma y poder de reyes. Y poniendo mucha gente en campo gastan muy poco. Y cuanto el gobierno de este tiempo es todo de *jure belli*, gobernándose como soldados que están siempre en armas. El juicio y la justicia se averigua muy de priesa entre ellos, y las penas y los castigos son severos como se acostumbra[381] hacer también en nuestras tierras en el campo entre soldados adonde hay guerra. De esto también se entiende que no hay ninguno en Japón que tenga tierras que no sea soldados en acto, y así también son soldados todos los señores y más [f. 26] nobleza de la tierra, y exceptuando los bonzos, de los cuales hablaremos en su lugar. Ningún otro hombre en Japón puede tener sin su particular obligación ni un palmo de tierra, porque aún los mercaderes y otros artificios que están por las ciudades y lugares, y no son soldados, ni tienen ningunas tierras, con todos los marineros, pescadores y labradores. Por el lugar de las mismas casas en que moran, son obligados[382] a acudir al servicio de sus señores, en cuyas tierras están, conforme a sus leyes y obligaciones que tienen. Y todo esto corre[383] en Japón con mucho rigor, como se hace en nuestra tierra en tiempo de guerra.

De aquí también se entiende cuáles son las truecas de los reinos en Japón, que ellos en su lengua llaman *Cuningaye*[384] que quiere propiamente decir «truecas de reinos», y cuán fácilmente pierden los estados los señores y cómo en brevísimo tiempo y casi en un momento quedan de poderosos y ricos, flacos y pobres[385]. Porque cuando el señor de la *Tenca* trueca un reino, como lo hacen a[386] su voluntad muy fácil y frecuentemente en estos tiempos, en saliéndose de él el señor que tenía aquel reino para se pasar para otra parte, lleva[387] consigo toda la gente soldadesca y noble de la tierra. Los cuales son obligados, so pena de muerte, a irse todos con él

---

379 AJ lee «misto».
380 AJ lee «estos señores».
381 se acostumbra de hacer *AJ*.
382 son soldados, digo son obligados *AJ*.
383 anda *AJ*.
384 No se encuentra esta palabra en el japonés moderno en cambio parece ser que Rodrigues confirma: «*Cunigaye*. O trocar dos reinos, ou terras como custumão fazer os senhores em Iapão» (f. 65)
385 AJ lee «tan flacos y tan pobres».
386 en *AJ*.
387 llevan *AJ*.

como gente que los tiene por sus soldados y los sustenta, y solamente quedan en el reino los labradores y mercaderes con los más artífices y gente baja que son obligados a quedarse en la tierra. Y así, como este despeja la tierra para la dejar a otro señor a quien se da aquel reino, así también el reino que él recibe en trueca se despuebla de toda la nobleza y gente soldadesca que estaba en él, repartiéndole este que lo toma entre su gente.

De la misma manera, cuando el señor de la *Tenca* por algún delito, o por otra causa achacosa o verdadera, quita el[388] estado a un señor, sin le dar ninguna recompensa, ahora le tome para sí y ahora lo de para otro, no solo pierde su estado aquel señor, mas todos sus parientes con la más gente noble y soldadesca. *Ipso facto* pierden todas las tierras y rentas que tenían en aquel estado, quedando para el mismo señor de la *Tenca* o para otro señor a quien se da aquel estado, porque como ellos lo tenían de mano de su señor como hombres que eran sus criados, y la tierra toda fuera dada al mismo señor, en perdiéndose él quedan todos perdidos y sin nada. Y si no es lo que pueden llevar consigo con mucha priesa no solo pierden las tierras más también todo el proveimiento y alhajas[389] de sus casas. Porque los que vienen a tomar posesión de aquel estado cuando de esta manera por algún delito se pierde, se dan mucha priesa para quedar con todo y hacer que no saquen nada. Y como en un momento los señores con todos sus parientes y criados quedan desposeídos no solo de las tierras y rentas, mas también de las casas y alhajas que tenían, quedan luego de todo perdidos en pobreza [f. 26v] muy grande y sin tener ningún remedio.

Cuando el señor de la *Tenca* era poco obedecido y los *Yacatas* y más señores estaban levantados, haciendo cada uno cabeza por sí, ni él podía hacer estas truecas ni los mismos *Yacatas* las podían hacer fácilmente en sus tierras[390]. Ni los *Yacatas* obedecían al señor de la *Tenca*, ni los *Cunixus*[391] y más *Tonos* tanto a sus *Yacatas* que pudiesen hacer lo que quisiese[392] con ellos, porque luego se rebelaban con la gente que estaba debajo de su mando y se recogían en sus fortalezas, haciéndose de la parte del otro *Yacata*. Y así, era necesario que los señores, para se sustentar en sus estados, tuviesen grande cuenta con los más *Tonos* y capitanes que estaban debajo de él, los cuales de tal manera se unían y confederaban[393]

---

388 su *AJ*.

389 allagas *AJ*.

390 en sus tierras porque Japón ardía todo en guerra *AJ*.

391 *Conixus AJ*.

392 querían *AJ*.

393 consideraban *AJ*.

entre sí que ni sus señores podían hacer lo que querían contra ellos, y muchas veces no podían hacer más que lo que ellos querían. Mas, después que Quambacudono[394] se hizo señor de todo Japón, le acomodó a su modo, reduciéndole a la perfecta dependencia del señor de la *Tenca*, trocando de unos reinos para otros casi todos los señores y haciendo leyes con las cuales no solo el señor de la *Tenca* pudiese hacer a su voluntad estas truecas, mas de la misma manera cada uno de los señores las pudiese hacer como quisiesen en los reinos y estados que tenían. Y con esto, aunque los señores de Japón quedan ahora más sujeto al señor de la *Tenca*, todavía quedan en los estados que tienen para con sus vasallos y criados más obedecidos, y más absolutos señores de lo que nunca fueron. Y este es el estado que Japón tiene ahora, el cual pliega a nuestro Señor que conserve en la paz en que está por muchos años.

Y de todo esto que dijimos se entenderán[395] adelante, en el progreso de esta *Historia* muchas cosas que sin esto podrían mal entender, y conforme a la declaración que aquí hicimos, también se ha de entender lo que muy compendiosamente dice Maffei por estas palabras[396]:

> El primero es de aquellos que tienen señorío e imperio y que gozan de las cosas, a los cuales todos los llaman con un nombre común: *Tonos*. Aunque entre estos mismos *Tonos* hay después otros grados de dignidad, como entre nosotros los de reyes, duques, marqueses y condes. Todos estos abundan mucho no tanto de oro y dinero, cuanto de las demás riquezas y parentela. Porque, siendo levantados al reino y señorío, reparten los campos (reservándose para sí el derecho del campo, sin cargarles algún tributo sobre él) entre los soldados y entre sus amigos, para los gocen con esta condición: que en tiempo de paz sirvan al rey en los oficios que les señalan y que, cuando hay guerra, vayan a ella a sus costas, proveyéndose ellos de los mantenimientos y las demás cosas necesarias. De esta manera, sucede que aunque estos reyes tienen grande falta de dineros, pero con todo eso tienen la majestad y fuerza real y autoridad de su imperio en la multitud de los soldados, en la frecuencia de los cortesanos que siguen su palacio, y en todo el demás aparato que es necesario [M, f. 280].

---

394 Toyotomi Hideyoshi (1537–1598).

395 entendieran *AJ*.

396 «Primus, ordo eorum qui cum imperio sunt, rerumque potiuntur: hosce communi cunctos nomine Tonos appellant, quamquam inter ipsos Tonos alii dein exstant dignitatis grandus, uti apud nos Regum Ducum, Marchionum, et Comitum. Ii omnes, non tam auro pecuniave: quam caeteris opibus, et clientelis abundant. Quippe ad regnum evecti, militibus amicisque agros (iure fundi sibi retento, ac nullo imposito vectigali) dividunt ea lege fruendos, ut et in pace, descriptis ordine ministerijs appareant, Regi; et in bello, suis ipsi cibarijs ac reliquo sumptu militiam obeant, sic fit, uti dynastae quamquam in magna numorum inopia, tamen et multitudine bellatorum et aulae frequentia caeteroque apparatu, vim imperij, ac speciem regiae maiestatis obtineant».

Y en otra parte, más abajo, dice[397]:

> No tienen casi ningún género de fuero; no usan forma de derecho civil, ni respuestas de doctores; no fianza; no cárcel; no testigos; no juicio; no citación de los culpados ni poder responder por su causa. Todo el derecho consiste en las armas o en la voluntad de los príncipes, porque en el arbitrio de estos está el peligro temeroso de la vida y, juntamente, de la muerte para los caballeros y capitanes. En los capitanes está el de los ciudadanos, y en los ciudadanos el de su familia. Lo que han hecho los inferiores con la potestad de su oficio no acostumbra ser revocado por los superiores, ni desecho con nuevo conocimiento. Pero los príncipes y reyes, aunque están verdaderamente desapercibidos del presidio y favor de los soldados extranjeros y mercenarios, y por esta ocasión muy acomodados para ser ofendido de los extranjeros, con todo eso, con una bárbara arrogancia, como hemos contado de los chinos, quieren ser adorados y muy servidos de todos. Están siempre rodeados de soldados armados, no dejan entrar a nadie sin, o con mucha dificultad adonde ellos están, ni se dejan hablar sino rara veces. Antes bien, cubriéndose el rostro, tratan y responden por señas o por escrito, y oyen con pesadumbre si les hablan en compañía de otros. No tienen ningún recurso los reyes en la caridad del pueblo; antes bien, el miedo rige todas las cosas, de adonde nace un ordinario aborrecimiento. Suceden muchas conspiraciones y de aquí salen secretas rebeliones. Y así, quitando en ellas muchas veces los cetros reales a los que los tienen, los dan a unos y a otros con una grande turbación de cosas. No se hallan antiguos imperios en estas gentes, ni tampoco hay largas descendencias de príncipes que se continúa de padres a hijos por muchos años [M, ff. 283–283v].

Esta manera de gobierno, aunque parezca y en la verdad es temerosa y espantosa por no vivir ninguno seguro en su estado y ser ocasionado para los señores hacer muchas sinrazones, con todo eso, a los japoneses que están a ellos acostumbrados, ni parece tan duro ni fuera de razón. Porque, gobernándose todo Japón propiamente por vía de milicia, como un ejército de capitanes y soldados, así como en nuestras tierras el rey o capitán general del ejército tiene sumo poder para hacer y deshacer capitanes y los más oficiales y magistrados del ejército, y encomendar la guarda de los lugares y fortalezas a quien mejor les parece, y tirarlos de ellas y

---

397 «Forensis res, nullae propemodum, non iuris civilis formulae; non responsa prudentum, non vadimonia, non carcer; non iudicium testiumve reiectio; non citatio [f. 27] reorum, aut causae dicendae potestas. Ius totum in armis, aut principum placitis: horum in proceres, ducesque; ducum in cives; civium in suam cuique familiam formidabile vitae pariter ac neceis arbitrium: neque ab inferioribus acta pro potestate a superioribus in cognitionem revocari, aut rescindi consuevere. Ipsi autem dynastae, Regesve, quamquam ab externo ac mercenario milite plane imparati, atque ob idipsum indigenis vehementer obnoxij; tamen barbaro quodam fastu, uti de Sina retulimus, adorari coliqve se volunt: stipati armatorum caterva, difficiles aditus, delicatas praebent aures. Aductoque vultu nutibus ferme vel scriptis agunt: sermonem gravate consociant, nil opis habent in populi caritate repositum: regit omnia metus: huic adiuctum est odium: inde crebrae et occulte conspirationes, ac seditiones erumpunt, excussoque rectores, sceptrum ad alios aliosque, in summa rerum omnium pertubatione transfertur. Vetusta imperia et principum longa serie deductas imagines, oppido paucas reperias. Haec ille».

mandarlos para otra parte conforme a lo que parece que conviene para bien de la guerra que hace y de la provincia que administra, y procede en la justicia y en los castigos con otra orden y otra severidad que in tiempo de paz, dando también a los capitanes autoridad para hacer en sus soldados castigos apresados y rigurosos, sin haber[398] ni procuradores ni abogados en los juicios que hacen, así también parece a los japoneses que su gobierno, que todo es militar, va con razón y gobernado bien de esta manera.

Allende de esto, dos grandes comodidades se siguen de esta manera de gobierno, aunque tenga otras incomodidades. La primera es que, con todo este rigor, quitadas las muertes y los robos que se siguen en el tiempo que hay guerra, hay menos muertes violentas en Japón y menos males de lo que hay en otros reinos a do se vive con más leyes y más orden de juicio. Porque, con pocas leyes, con esta manera de gobierno, cuando no hay guerra entre ellos y se vive en paz, como ahora, debajo de un señor universal de Japón, no hay entre los particulares ni las parcialidades[399] y homicidios que hay en otros reinos con los odios intestinos que de ellos se siguen entre las ciudades[400], ni ladrones o corsarios, ni en la mar ni en la tierra con los furtos y rapinas que se hallan en otras partes. No hay demandas y lites entre los naturales [f. 27v], con las fraudes, falsedades y otras maldades que se siguen de ellas. Mas todos viven con mucha paz entre sí y los que están debajo de un mismo señor, sin haber perturbación entre ellos. Otra comodidad que se sigue de este gobierno es que, como todo lo que ellos tienen depende de la voluntad de sus señores, no se aficionan tanto a las cosas que poseen. Mas viven siempre[401] una manera de preparación de poderlas perder con facilidad, y con este aparejo sufren después fácilmente y con igual ánimo la pérdida de sus haciendas y la mudanza de sus estados. Lo cual, después que reciben la luz del santo Evangelio, ayuda mucho y es grande disposición para el bien y provecho de sus ánimas.

---

398 ver *AJ*.

399 Debe ser un lusismo que se halla en los dos manuscritos para significar una «preferencia injusta».

400 ciudadanos *AJ*.

401 siempre con una manera *AJ*.

Capítulo 7
Trátase de las cualidades de Japón y de algunas costumbres de esta nación

Ya que dijimos cuanto bastaba de la monarquía y modo del gobierno de los japoneses, ahora trataremos algo de sus costumbres y cualidades, y de otras cosas pertenecientes a esta tierra, las cuales también ayudan grandemente para lo que adelante se dijere en esta *Historia*. Y porque Maffei las describe[402] muy cierta y compendiosamente, las contaremos por sus mismas palabras. Mas, porque en algunas cosas hubo mudanza en este tiempo y otras tienen necesidad de alguna declaración para entenderse bien, iremos acrecentando y declarando lo que nos pareciere sobre ellas. Hablando de la cualidad de la tierra dice estas palabras[403]:

> La tierra, por la mayor parte, es muy fría y está cubierta de nieve y no es muy fértil. En unas partes cogen en el mes de septiembre el *maíz*[404], este es el común mantenimiento de todos, y en otros lugares cogen también el trigo en el mes de mayo, pero no hacen pan según nuestra costumbre, sino un cierto género de pedazos desechos como sopas, o polvos de harinas desechos. Es sano y templado su cielo, tiene buenas aguas. Hay en algunas partes unas aguas calientes como baños, las cuales los médicos aplican para diversas enfermedades. Y aunque a cada paso hay muchos montes altos y cortados, pero particularmente se ven dos: el uno de los cuales, cuyo nombre no se sabe, siempre está vomitando grandes llamaradas de fuego, y a su altura y cumbre suelen subir algunos hombres en romería como

---

402 la escribe *AJ*.

403 «Tellus maxima ex parte, nivalis ac frígida, neque; admodum ferax. Septembri mense oryzam (is cibus est communis omnium) quibusdam etiam locis Maio triticum metunt: neque ex eo panis more nostro, sed genus quoddam offae, seu polentae conficiunt. Salubris coeli temperies: aquae bonae: calidas etiam alicubi, medicos in usus emicare cognitum est. Editi praeruptique montes cum alij passim, tum duo praecipua nobilitate visuntur, quorum alter, incertae appellationis, assidue flammas evomit; inque eius cacumine, certis hominibus, postquam voti causa diu se maceraverint, splendida circunfusus nube sese cacodaemon ostendit; alter Figenoiama nomine, leucarum aliquot ascensu trans nube attollitur. E terrae visceribus incolae varia effodiunt metalla et longinquas nationes ea merce pelliciunt. Arbores vel ad amaenitatem, vel ad fructum serunt haud ab similis nostris. Unius tamen, quae palmam imitatur, ignoto nomine, admirabile prorsus ingenium. Siquidem (uti perhibent) humorem quemlibet reformidat: si forte maduerit, contrahit illico sese, ac veluti pestifero contactu marcescit. Remedio est, avulsam radicitus in sole siccare; et in vacuum scrobem scoriam ferri contusam, vel sitientem [f. 28] arenam infundere: ibi, postquam aruerit, rursus depacta, revirescit, ac pristinum nitorem decoremque recipit. Rami quoque decidui seu defracti, si clavo ad truncum affigan tur, velut insiti coalescunt. Plurima vero varijs locis exsurgit cedrus, tantae proceritatis, et crassitudinis, ut inde, fabri, basilicarum columnas et cuiuslibet quamvis capacis onerariae malos efficiant. Haec ille».

404 La traducción adecuada sería «arroz» en lugar de «maíz».

https://doi.org/10.1515/9783111617602-009

por voto, y después que allí han hecho áspera penitencia, se les muestra la figura del Demonio envuelto en una resplandeciente nube. El otro monte se llama Figenoyama[405], cuya subida tiene algunas leguas de tal manera que su altura parece que sobrepuja a las nubes. Sacan los moradores de las entrañas de la tierra diversos metales y enriquecen con aquella mercaduría las remotas naciones. Plantan muchos árboles así en la verdor como en el fruto, pero entre todos hay un árbol de nombre no conocido que parece a la palma y es de admirable naturaleza, porque –según afirman– aborrece cualquiera humedad; si acaso se moja se encoja luego en sí mismo, y como si fuera tocado de una cosa pestilencial o ponzoñosa, se agosta y seca. Para volver lo a su antiguo frescor, arrancándolo de raíz, lo secan al sol y lo meten en un hoyo en tierra cubierto con escoria de hierro, o lo envuelven en arena muy seca, adonde después que ha reverdecido, lo vuelven otra vez a plantar de nuevo, y viene de esta manera a cobrar su antigua hermosura y verdor. Sus ramos, también, cuando se caen o los arrancan, si los vuelven enclavar en el tronco con un clavo, tornan a echar un clavo, tornan a echar hoja y fruta como si los hubieran engerido. Críanse en diversas partes muchos cedros, los cuales son tan altos y de tanta groseza que los oficiales hacen de ellos hermosas columnas para los templos, y también sirven para mástiles de naves, por muy grande que sean [M, ff. 277–227v].

Cuanto a lo que toca a la cualidad de la tierra, por estar –como dijimos–, desde los treinta hasta los treinta y nueve grados del norte, es tierra fría y de nieves, pero no tan fría, a mi parece[r] como algunas partes de España e Italia. Aunque por tener ellos sus casas menos abrigadas y no[406] de paredes de piedra y cal gruesas como las nuestras, y los vientos agudos sentirán, por ventura, el frío más los nuestros aquí, que en España e Italia.

Cuanto a la fertilidad de la tierra, aunque en muchas partes es montuosa y por falta de granjearla parece estéril, con todo eso de su natural es muy fértil y fresca, así por ser regada de [muchos][407] ríos, como porque en todo el año llueve muy frecuentemente que la hace muy fructífera. Y así, sin nunca descansar, la siembran cada año, no solo una vez más dos y tres, porque de las mismas tierras de que cogen arroz cogen[408] primero cebada y[409] trigo, y de las otras sacan continuo fruto con diversas cosas que siembran en ellas.

Tiene también muchos y muy grandes árboles de diversas suertes, de que sacan muy gruesa y buena madera[410] de que hacen casas y templos, y se podrían también hacer naves y todo otro género de embarcaciones. Y aunque no hay pro-

---

405 Se refiere al conocido monte Fuji.

406 y unos *AJ*.

407 BL lee «nuestros», sin embargo, este término no tiene mucho sentido, por esta razón es oportuno añadir la versión de AJ que lee «muchos».

408 También *AJ*.

409 o *AJ*.

410 saca muy rica madera *AJ*.

piamente cedros, hay otros árboles de muy buen olor y de mucha dura[411] que son tan altos y[412] gruesos como cedros, los cuales, por no ser conocidos en Europa por los nombres que aquí tienen y tener tanta semejanza con los cedros, así Maffei como muchos de los padres en sus cartas los llamaron por este nombre. Y parece que ninguna parte de Europa le lleva ventaja en la madera.

Es verdad que aunque la tierra, con las frecuentes lluvias, es fértil de su natural, los japoneses parte por falta de industria y no saber sacar de ella el fruto que podrían sacar si la beneficiasen como hacen en Europa los nuestros, parte por las continuas guerras y modo de su gobierno que impide a hacer las benefactorías que hacen los que tienen las tierras y haciendas por propias, no se aprovechan[413] tanto de ellas ni sacan[414] el fruto que podrían, contentándose solamente con el arroz y otras semillas que siembran. Y buen testigo de la fertilidad de la tierra es el haber estado con continuas guerras por espacio de quinientos años poco, más o menos, sin tener casi ningún comercio de mercaderías con otras naciones, y con todo eso tenían con que se sustentar siempre, siendo tan poblada de gente. También es verdad que, por ser la tierra tan húmeda con las[415] continuas lluvias, no son las frutas que salen de ellas tan sustanciales ni [f. 28v] tan sabrosas comúnmente como son las nuestras, y teniendo muchas y muy lindas variedades de flores, con las cuales los japoneses grandemente huelgan, no tienen casi ninguna de ellas olor, aunque no les falta fruta muy buena y sabrosa, unas que son las mismas de nuestra tierra[416] y otras suyas[417] propias.

También acerca de Japón se ha escrito en diversas cartas muchas veces que es tierra muy pobre, y a la verdad, los japoneses que viven[418] en ella son comúnmente pobres. [Y los labradores y demás gente plebeya son en este tiempo tan pobres][419] que casi no se sabe hombre cómo viven ni de qué se sustentan, porque grande número de ellos vive y se sustenta mucha parte del año de raíces, de yerbas y de unas ciertas bellotas pequeñas que se hallan en los montes. Y aun[420] también los hombres honrados y caballeros tienen harto poco y padecen mucha necesidad y pobreza, porque los señores de la tierra los exprimen y chupan de tal manera que, fuera de los mismos señores, en los más hay poca riqueza. Y

---

411 dura y que son *AJ*.
412 y tan *AJ*.
413 aprovecha *AJ*.
414 saca *AJ*.
415 tan *AJ*.
416 nuestras tierras *AJ*.
417 sus *AJ*.
418 moran *AJ*.
419 BL omite esta frase.
420 van *AJ*.

mucho más pobres los hace[421] la manera de su gobierno, tan dependiente de sus señores y las continuas truecas y mudanzas que ellos hacen en sus tierras.

[Por lo cual], la necesidad y pobreza que en Japón hay es muy grande y en otros tiempos a mí mismo me pareció, considerando lo poco con que se sustentan, que la tierra era pobrísima. Y así no es mucho que se hayan escrito muchas cosas acerca de su pobreza. Mas por otra parte no se puede en la verdad llamar pobre el reino de Japón, porque allende de la fertilidad que hemos dicho que tiene de su natural la tierra, hay en él muchos y muy grandes señores que de algunos años a esta parte acrecentaron mucho sus rentas y van juntando tesoro. Y en Japón hay en diversas partes muy ricas minas de plata con azogue y con otros ingenios que nuestros europeos usan, serían por ventura tan ricas conforme a lo que dicen algunos españoles como las del Perú, y por estos ellos las llaman las «Islas Platearias». Ni sacan tan poco de ellas que los portugueses cada año no lleven[422] de Japón para Macao más de quinientos mil ducados en plata de las haciendas que llevan en su nave[423].

Y los japoneses gastan cada año más de mil y quinientos picos de seda en sus vestidos y aderezos y grandísimo número de piezas de damascos, rasos y terciopelos[424] y de otras suertes de seda que los portugueses traen con mucha cuantidad de almizcle, aquila, calambac y otras haciendas de mucho precio y así no se puede llamar pobre un reino de donde tanta plata sale y adonde todo esto se gasta. Tienen también algunos minerales de oro que de algunos años a esta parte se van[425] descubriendo y apurando cada día más tanto que adonde los portugueses traían de la China a Japón cada año más de dos mil panes de oro de que hacían más de doscientos mil ducados. Y además de ocho años a esta parte no llevan[426] ningún oro por lo mucho que se saca [f. 29] de las minas dentro del propio reino y si las supiesen mejor beneficiar se sacaría mucho más de ellas como dijimos[427] de las de plata.

Además de esto, hay muchas minas de cobre y grande cantidad de hierro, de que se proveen las Filipinas y Nueva España. Y no menos se halla estaño y azufre y salitre de que hacen pólvora muy refinada. Es también tierra muy abundante de algodón y cáñamo, de que no solamente se proveen los naturales, mas llevan también mucho para fuera. No tratando aquí del arroz, trigo, cebada y otros géne-

---

421 hacen *AJ*.
422 llevan *AJ*.
423 les llevaban en su nao *AJ*.
424 raso y terciopelo *AJ*.
425 una *AJ*.
426 lleva *AJ*.
427 dijimos que de *AJ*.

ros de legumbres de que los naturales se sustentan sin les venir de fuera ningunos mantenimientos, antes con el nuevo comercio que tienen con las Filipinas salen de él muchos navíos cargados de harinas, carnes y otros mantenimientos. De todo lo cual se entiende que, de su natural, Japón más es reino rico que pobre, aunque, como está dicho, los naturales de él, con la opresión de sus señores y con las continuas mudanzas y guerras, padecen grandes hambres y pobreza.

Acerca de lo que dice Maffei de los montes que se hallan en Japón, espantosos el uno por echar[428] continuamente llamas de fuego y, el otro, por se levantar por [ar]riba de las nubes. En Japón se hallan diversos [montes espantosos que están en][429] diversos reinos, de los cuales unos echan continuamente fuego, y otros, humo y también ceniza a las veces. Y en las tierras de Arima está otro que llaman Ungen[430], harto espantoso, que parece un lugar del infierno por las espantosas concavidades que en cima tiene y por el grande hedor de azufre y lugares de agua hirviente[431] que están en diversas partes. Mas, sobre todo espantoso el monte alto que llama Maffei «Figenoyama»[432] que se llama «Fuginoyama» y no «Fige». El cual, allende de ser el más alto que hay en Japón, es todo alrededor redondo y, hasta la mitad de él, está lleno de arboleda y con continuas nieves, y del medio hasta lo alto[433] está todo seco y descalabrado. Y en la cumbre de él está una grande abertura tan profunda que no se le halla hondo y tan espantosa que parece una boca del infierno, echando continuamente humo y, a las veces, fuego.

Cuanto al árbol que Maffei dice que es semejante a la palma y que con cualquier humor se marchita, la información que Maffei tuvo no sé por[434] quién fue demasiadamente encarecida en algunas cosas. La verdad es que este árbol, aunque en la figura se parece con la palma, es muy diferente en la altura y en el fruto. Porque esta, que en Japón se llama «sotet[435]», es árbol muy bajo y que no da ningún fruto, ni sirve en Japón mas que para hermosura, porque huelgan

---

428 hallar *AJ*.

429 BL omite este importante fragmento.

430 Se refiere al monte Unzen (雲仙岳, Unzendake) es un volcán activo situado en la península de Shimabara, en la prefectura de Nagasaki. Es conocido por su actividad volcánica, que incluye erupciones significativas, fumarolas y emisiones de gases sulfurosos, características que han dado lugar a descripciones históricas que lo comparan con un lugar infernal.

431 hirviendo *AJ*.

432 Finginoyama *AJ*. El monte Fuji (富士山), también conocido como Fujiyama.

433 la riba *AJ*.

434 porqué *AJ*.

435 «El *sotetsu* (蘇鉄), conocido científicamente como *cycas revoluta*, es una planta de la familia de las cícadas. Aunque tiene una apariencia similar a una palma, es diferente en altura y no produce frutos. En Japón, se cultiva principalmente por su valor ornamental y es una planta común en los jardines japoneses, apreciada por su capacidad para recrear la vista y embellecer los espa-

grandemente los japoneses de tenerlos en sus jardines, que hacen muy frescos y muy al natural, sin haber en ellos ninguna cosa de fruto mas, solamente cosas que recreen[436] la vista, y este arbolico es una de ellas. El cual no es tan enemigo del agua y de humedad como dijeron a Maffei, pues está siempre descubierto a nieves y lluvias. Es verdad que cuando toma tanta humedad en la raíz que la daña y que se va[437] marchitando [f. 29v], el remedio que tiene es quitarla de la tierra y enjugarlo al sol, mas no tanto que quede del todo seco, y después la tornan a plantar, como escribe Maffei, y reverdece. Y huelga mucho con hierro y por esto se llama «sotet», que quiere decir «árbol que revive con hierro», [y así, cuando se va secando, acostumbran meterse algunos clavos de hierro][438] y con esto reverdece. Mas no se entiende que haya de estar del todo seco,[439] porque entonces ningún hierro basta para le tornar a dar vida, y de su natural es este árbol de mucha dura. Tratando después Maffei de la habitación y casas[440] de los japoneses, dice de esta manera[441]:

> Usan algunos las casas de madera por los ordinarios terremotos que hay, pero con todo eso muchos las hacen de piedra desde los fundamentos con mucha hermosura y arte. Edifican además de estos templos magníficos y suntuosos conventos de religiosos y religiosas; aunque al tiempo que yo escribía esta *Historia*, vino nueva como el poderoso tirano Nobunaga había asolado muchos de estos conventos, no tanto con el deseo de avanzar la religión cristiana, cuanto con un aborrecimiento implacable que tenía a todas las religiones y supersticiones [M, f. 278v].

Acerca de lo cual, se ha de saber que los japoneses en este tiempo de ahora hacen tres maneras de poblaciones: las primeras y más nobles es de las ciudades que hacen a manera de fortalezas los señores japoneses[442], escogiendo cada uno de ellos un lugar principal en su estado en que moran ellos con todos los principales caballeros y gente nobles de sus tierras, los cuales ellos fortifican cuanto mejor pueden, y aunque no tienen la fortaleza y estabilidad de las nuestras, todavía[443]

---

cios verdes. Rodrigues también los compara con las palmeras: «*Sotet*. Huãs arvores que ha nas nivas de Iapão a maneira de palmeiras» (f. 227).

436 recrean *AJ*.

437 una *AJ*.

438 BL omite esta frase.

439 y porque *AJ*.

440 casa *AJ*.

441 «Ligneis plerique ob crebros terraemotus, quidam tamen ab imo lapideis utuntur aedibus, elegantia atque arte visendis. Magnifica item exstruunt templa et sacerdotum utriusque sexus ampla et sumptuosa coenobia: quamquam ingentem eorum numerum, haec scribentibus nobis, praepollens tyrannus Nobunanga, non tam Christianae rei studio, quam exsecrabili quodam omnium religionum ac supertstitionum odio, nuper evertisse nuntiabatur».

442 de Japón *AJ*.

443 toda *AJ*.

hacen a su modo muy nobles y grandes fortalezas, porque las cercan con sus cavas muy anchas y hondas, y con[444] paredes y baluartes que aunque de piedra en sosa sin cal, y sin las labrar compónenlas de tal manera que parecen muy bien y son muy fuertes para los que no tienen uso de artillería, como ellos nunca tuvieron hasta ahora, aunque ya en estos tiempos, después de la guerra de Coray[445] a do hallaron muchas piezas puesto que pequeñas y cortas, ya comienzan a valerse de ellas, y en estas[446] fortalezas obligan ellos a morar todos los más caballeros y capitanes que están en su estado o reino haciendo en ellas sus casas, aunque también tienen otras en sus propias tierras, y reparten estas fortalezas y ciudades con sus calles derechas y anchas que con esto y con el grande concurso que en ellas hay de gente y nobleza se hacen muy buenas ciudades.

Mas, porque las casas son hechas todas de madera y con las frecuentes quemas y mudanzas que padecen, no son de mucha dura. Y aunque los señores procuran hacer estas ciudades lo mejor que pueden, no son ni de la grandeza ni de la hermosura de las nuestras, puesto que, en lo además, como dice Maffei, hacen sus casas hermosas y de muy buena arquitectura. Y considerando cuántas veces, con guerras y con desastres, se queman sus ciudades, y cuántas veces, conforme al apetito de sus señores, se truecan y mudan, es más para espantar hallarse en Japón las ciudades de la manera que se hallan, que no de no ser tan grandes ni tan hermosas como son las nuestras, que duran siempre por ser de piedra y cal. Con todo eso, muchas de ellas son muy buenas y grandes y[447] bien concertadas, y los [f. 30] señores de la *Tenca* hacen algunas de tanta hermosura[448] y grandeza que, sacado[449] la fortaleza de las nuestras, no son en lo demás inferiores y son mucho para ver en toda parte.

La segunda manera de poblaciones son algunas ciudades que son propias de mercaderes, de las cuales en otro tiempo había casi en cada reino, a lo menos una muy grande y principal, mas, con las continuas guerras y revueltas y destrucciones, hay ahora pocas de estas que se puedan llamar ciudades, y las que hay no son tan grandes y[450] tan hermosas que se puedan comparar con las de Europa. Y las más son pequeñas y habitadas[451] de pobres mercaderes y otros oficiales mecánicos que ejercitan sus artes.

---

444 sus paredes *AJ*.
445 Las invasiones japonesas de Corea, un conflicto bélico que tuvo lugar entre 1592 y 1598, representaron un acontecimiento crucial en la historia de Asia, involucrando a Japón, China y Corea en una serie de intensas confrontaciones.
446 y nuestras *AJ*.
447 muy bien *AJ*.
448 tantas hermosuras *AJ*.
449 sacada *AJ*.
450 ni *AJ*.
451 abatidas *AJ*.

La tercera manera de poblaciones son las aldeas, que comúnmente son de labradores, aunque muchos de ellos están más derramados por los campos que juntos en un lugar, acomodándose a hacer sus casas cerca de los lugares que han de cultivar[452]. Cuanto a lo que toca a los templos y monasterios de los bonzos, había en Japón muchos y muy grandes, mas, como Maffei dice, primero Nobunaga y después Quambacudono hicieron en ello tan grande destrucción que se hallan ahora tan pocos, como diremos en su lugar.

Conforme a la división de los lugares que está dicha[453], se divide también la cualidad y orden de la gente, que Maffei describe de esta manera[454]:

Pero aunque en estas cosas son tan diferentes de nuestras costumbres, con todo eso, en concertar los estados y órdenes de los hombres, no difieren mucho de la razón y forma de los

---

452 lembrar *AJ*.

453 hecha *AJ*.

454 «Iidem tamen in constituendis hominum classibus ordinibusue, haud absimile nostro discrimen ac rationem sequuntur. Ordines ij, quinque praecipui. Primus, eorum qui cum imperio sunt, rerumque potiuntur: [. . .] qui omnes, non tam auro pecuniave: quam caeteris opibus, et clientelis abundant. [. . .] Illud vero praeclarum, quod animo excelso, non morte demum aut ultima necessitate cogente excedunt gubernaculo, sed ubi urgere caepit senium, certis ad victum cultum ve sibi praedijs reservatis, filium aut si quem alium successorem destinarunt, artibus regnandi ac praeceptis imbutum, plerunque ipsimet in solio collocant; ac iuvenilem eius aetatem exinde prudentia, rerum usu consilijs iuvant. Quod ipsum apud nos ab Carolo Quinto Caesare, quo latius ac felicius imperabat, eo maiore moderationis ac sapientiae laude factum animadvertimus. Altera Iaponiorum classis, eorum est qui nefaria gentis illius procurant sacra, capitae ac mento prorsus abraso, inter quotidiana et occulta flagitia et stupra, coelibem nihilominus ac sobriam professi vitam, atque ad mortales decipiendos, conciliandae pecuniae causa, in omne argumentum sanctimoniae gravitatisque compositi. Ijdem nobilium ac divitum exequias ducunt, et alternantibus in odaeo choris, carmina suo more decantant, et dicendi copia et facultate praestantes, concionibus populum arbitratu suo circumagunt. Variae ac multae numerantur eorum sectae: nec desunt qui ad quandam Rhodiorum equitum speciem (Christianos quippe ritus hac etiam ex parte malus effingit Daemon) bellicas una cum religione res tractent, sed communi omnes appellatione Bonzij vocitantur, honesto loco nati plerique: nam [f. 30v] proceres, multitudine liberorum, et angustia rei familiaris urgente, ex ijs aliquos ad Bonziorum instituta ac familias aggregant. Multa insuper varijs habent locis gymnasia, quas Academias dicimus, copiosis instructa vectigalibus; atque ob eas res praecipuum, ante hanc hominum aetatem, toto Iapone obtinebant honoris ac dignitatis locum; sed post illatas in ea loca faces Evangelij, fraudesque vulgo nudari et coargui caeptas, multum videlicet universo generi de auctoritate atque existimatione decessit. Tertius ordo, civium ac reliquae nobilitatis est; e quibus, in cultu Regum plurimi, ac simul inimilitaris gloriae studio consenescut; nec pauci, artibus ijs quas ipsi liberales existimant, atque inter caetera pangendis carminibus delectantur. Sequuntur institores, ac sellularij, et variarum opifices rerum, egregia ferme solertia. Multas armorum habent fabricas; atque ipsi etiam typis ad impressionem utuntur. Postremus est agricolarum locus, et eorum qui propter inopiam, in ditiorum famulatu ac ministerio victitant, quorum longe maior quam apud nos multitudo censetur. Haec Maffeius».

nuestros. Tienen cinco órdenes o estados principales de gente. El primero es de aquellos que tienen señorío e imperio y que gozan de las cosas [. . .]. Todos estos abundan mucho, no tanto de oro y dinero, cuanto de las demás riquezas y parentela [. . .]. Pero, entre otras cosas, tienen una por cierto digna de mucha consideración: que con ánimo muy levantado no dejan el reino con la muerte, o, forzados con alguna última necesidad, sino que, cuando se ven ya viejos para poder llevar la carga del reino, reservándose para su comida y servicio algunas heredades y campos, enseñando los preceptos y artes de reinar a su hijo o a otro que han señalado para reinar, les entregan ellos mismos el gobierno del reino, asentándolos en el trono real; y, después, con el uso que tienen ya de las cosas, con su prudencia y buenos consejos, favorecen y ayudan la juvenil edad del nuevo rey. Esto mismo hizo entre nosotros el emperador Carlos Quinto, rey de España, el cual, tanto cuanto mayor señorío tenía y gobernaba con más felicidad, conocimos también en esto haber sido más esclarecida su moderación y prudencia.

El segundo estado es de los bonzos, que tienen cuidado de los reprobados ritos y sacrificios de aquella gente, los cuales llevan en la cabeza y barba rapada y, entre sus cotidianas y ocultas maldades y deshonestidades, con todo eso, profesan una vida sobria y, para engañar a los hombres y sacar dineros, andan con mucha modestia, mostrando santidad y gravedad, aunque fingida. Hacen estos los entierros y mortuorios de los nobles y ricos, y cantan a coros ciertos versos según su costumbre. Son muy copiosos en hablar y, así, sus sermones se andan floreando a su gusto, entreteniendo con esto fácilmente al pueblo. Son muchas y diversas las sectas de estos, porque hay unos que, juntamente con las cosas de su religión, usan también las armas a cierta semejanza de los Caballeros de Rhodes, porque también el demonio por esta parte ha querido fingir esta costumbre de los cristianos. Los cuales, todos son llamados con nombre de «bonzos», los más de estos son bien nacidos y caballeros, porque como son pobres los caballeros y tienen muchos hijos, con la necesidad de las cosas necesarias al sustento humano, son forzados algunos a seguir los institutos de los bonzos, juntándose a su compañía. Tienen, demás de estos, en diversos lugares muchas casas o escuelas, que nosotros decimos, las cuales están dotadas de grandes rentas y, por esta ocasión, tenían antiguamente en todo Japón el primer lugar de honra y autoridad estos bonzos. Pero, después que ha entrado en aquellas regiones la luz del sagrado Evangelio, y se han comenzado a descubrir y a reprehender por los nuestros sus engaños y maldades, han perdido con el vulgo mucho de su autoridad y estimación.

El tercer orden de gente es de los ciudadanos y de la demás nobleza, de los cuales muchos envejecen en el servicio de los reyes en sus palacios, y también otros en el ejercicios y honras de la guerra. Y muchos también se ocupan en las artes que ellos piensan ser liberales, y entre todas se deleitan mucho en cantar algunos versos. Síguense después los mercaderes, los oficiales mecánicos y otros muchos artífices de diversas cosas que son gentiles oficiales casi todos. Tienen muchas oficinas de armas y usan también de moldes para la impresión de los libros. En el último lugar están los labradores y aquellos que, por su pobreza, están sirviendo y debajo el mando de los ricos y poderosos, y de esta pobre gente hay mayor número y multitud que no entre nosotros [M, ff. 280–280v].

Cuanto a lo que toca a los *Tonos*, ya arriba dijimos lo que había que decir. Solamente diré, acerca de lo que dice[455] aquí, que no son tan ricos de oro y de plata

---

455 hace *AJ*.

como de otras cosas. Es cierto que primero eran de plata muy pobres y hacían tan poca estima del dinero que todos los caballeros y señores, universalmente, hacían profesión de no conocer plata ni tocarla con sus manos. Mas, después que Nobunaga y Quambacudono fueron señores de la *Tenca* y, por experiencia, entendieron que el dinero es el nervio de la guerra, y allende de esto se comenzaron a usar estos destierros y truecas[456] de reinos tan frecuentes, los señores y caballeros[457] abrieron los ojos y todos procuran ahora cuanto pueden de acumular plata. Y por esto, porque dice Torsellino en la *Vida del padre Xavier* por estas palabras[458]:

> Y, andando preguntando a unos y a otros, halló que la gente tenía buenos y fáciles naturales, ajenos de engaños, nada codiciosos ni avarientos, porque cuanto menos hay de riqueza, tanto suele haber menos de avaricia. Y son muy pocas las riquezas que tienen de oro y plata, y de cosas semejantes. Antes, ninguna cosa hay más afrentosa entre ellos que ser mercaderes o usar oficio de esta manera, con fin de enriquecerse [T, ff. 167–167v].

Aunque en otros tiempos así pasaba, en la verdad de algunos años a esta parte del todo se trocaron, y ahora los señores y caballeros, y el mismo señor de la *Tenca*, son los primeros que tratan de mercaderías y de ayuntar plata cuanto pueden. Y por eso envían a comprar seda y otras piezas que traen los portugueses a Japón en su nave.

Cuanto a lo que toca a los bonzos, y a la variedad de sus sectas, mucho había que decir. Mas porque no hay para que extendernos mucho en ellas, bastará lo que sucintamente el mismo Maffei dice por estas palabras[459]:

---

456 trueca *AJ*.

457 caballeros japoneses *AJ*.

458 Iaponios auros, divitiis, copiis haudquaquam affluere; verum talium rerum studio minime teneri. Nec ahud magis in contumeliam accipere, quam mercatura, aut arte alia, rem augere *AJ*.

459 «Magistris religionum ac sapientiae utuntur ijs quos dixi bonzijs. Hi, vario alioquin dogmate, mendaticjsque, omnes tamen (quod facili negocio deprehendas) in tollenda pariter Dei providentia, et animorum immortalitate consentiunt. Inter docendum interest, quod impietatem hanc pauci palam[f. 31], et promiscue cunctis hominibus; alij non nisi nobilibus ac dynastis ex arcano tradunt: vulgus ac multitudinem, tartari metu in officio continendam affirmant. Duobus hisce generibus interiecti scelere et amentia sunt, qui veteres quosdam importores. Amidam, et Xacam suppliciter adorandos inculcant plebi, verbisque; conceptis deprecandos identidem, neque id per haesitationem angoremve, sed animo plane securo; certaque, si tantum hi rite invocentur, salutis, aeternae fiducia; quippe quorum utriusque, dum in terris agerent, tanta durities et asperitas vitae fuerit ad generis humani luenda peccata, uti ultra solicitum esse de superum pace veniaque, aut hoc nomine corpus divexare quenquam, vel quoquomodo poenas delictorum ab semet exigere, non modo stultum et supervananeum, sed in ipsos beatae vitae parentes contumeliosum ac nefarium sit. Hoc bonzij multi e privatim et publice suadere non desinunt, nequitia Lutherianae persimili: ut unum utriusque auctorem facile agnoscas. Porro, quos dixi, Amidam et Xacam, et si qua sunt alia primae notae numina, a quibus futurae vitae bona expetantur, patrio cognomine, Fotoques vocant. Alios dein habent veluti minorum gentium Deos, bonae valetudinis, liberorum pecuniae, et eorum quae ad corpus attinent,

Tienen por maestros de sus religiosos y de las demás facultades a aquellos que hemos dicho que se llaman bonzos. Estos, aunque tienen varias doctrinas y falsedades (fácilmente los hallaréis cada hora en mil mentiras), con todo eso todos conforman en quitar juntamente la providencia de Dios y la inmortalidad de las almas. Usan de alguna diversidad en el enseñar porque a unos no se les da nada que esta impiedad la oigan públicamente, pocos o muchos, generalmente. Pero otros bonzos hay que no se enseñan sus mayores secretos, sino a los caballeros y a los nobles, y afirman que el vulgo y la multitud del pueblo se ha de tener sujeta con el miedo del infierno. Con estas dos maneras de maldad y locura mezclan mil desatinos, y afirman y persuaden al pueblo que adoren con mucha veneración a dos varones santos llamados Amida[460] y Xaca[461], y que con ciertas oraciones pidan su favor. Y esto sin poner duda alguna en ello, ni con pena, sino con un ánimo seguro, y con una cierta esperanza de su salvación, solo con pedir la ayuda de estos. Dicen que cuando vivían estos en la tierra, que tuvieron tanta aspereza de vida, e hicieron tanta penitencia, para alcanzar el perdón de los pecados del linaje humano, que no había ya para qué tener cuidado de la paz ni perdón de los dioses, ni tampoco era necesario atormentar ninguno su cuerpo, ni pedir satisfacción a sí mismo de las penas de sus pecados. Pues no solamente sería esto necedad y cosa superflua, sino que también sería afrentoso para aquellos sus dioses que gozaban de la dichosa vida del cielo. No cesan de enseñar estos muchos bonzos, y lo persuaden públicamente y en particular, lo cual es semejante a la maldad y error de Lutero[462], para que fácilmente se vea ser uno mismo el autor de este desatino. Así que a los que dice Amida y Xaca, y si acaso tienen otros santos conocidos, de los cuales piensan alcanzar los bienes de la vida eterna, a estos tales los llaman en su lengua *Fotoques*. Tienen, demás de estos, otros como menores dioses para las gentes comunes, a los cuales acuden en las cosas que tocan a los cuerpos como son la salud, los hijos, las riquezas y otras cosas semejantes, y a estos dioses los llaman *Camis*, los cuales antiguamente habían sido reyes, o hijos de reyes, o había inventado alguna cosa insigne, o hecho alguna hazaña famosa, y habían alcanzado por esto gloria de falsa deidad. Cuentan los bonzos de la vida y hazañas de estos muchas cosas absurdas, dignas de risa y abominables, a la manera que los poetas griegos escribieron las cosas de Júpiter, de Saturno, de Baco y de los demás falsos dioses que tenían [M, ff. 281v–282].

Cuanto a lo que toca a sus universidades y academias, en la verdad los bonzos las tenían muy grandes y muy ricas, y eran ellos tantos y estaban tan bien acomoda-

---

largitores: hosce, Camis appellant, Reges olim ipsos, Regum ve filios, aut invento quopiam, insigni ve alio facinore, falsae divinitatis gloriam consequutos. Horum de vita, rebusque gestis, uti de Iove, Saturno, Libero, caeterisque inanibus Dijs Graeci poetae, absurda quaedam et ridenda, et turpia fabulantur. Haec ille».

460 Amida se refiere a Amitābha, un Buda celestial en la tradición del budismo Mahayana. Amitābha es conocido como el «Buda de la Luz Infinita» y es particularmente venerado en las escuelas de la Tierra Pura del budismo.

461 Xaca se refiere a Shakyamuni o Shākyamuni, que es otro nombre para el Buda histórico, Siddhartha Gautama. Shakyamuni Buda es el fundador del budismo y es conocido como el «Sabio del Clan Shakya». Vivió y enseñó en el noreste de la India en el siglo VI a.C. y sus enseñanzas forman la base de la tradición budista.

462 Sobre esta cuestión véase: Marino, 2018.

dos que gozaban lo mejor de la tierra. Mas después que con la entrada del Evangelio comenzaron los señores gentiles a entender que eran por ellos engañados, y Nobunaga y después Quambacudono hicieron en ellos tan grandes destrucciones[463], ni tienen ahora universidades ni rentas, y quedaron tan apocados que de las veinte partes que eran apenas, habrá ahora una sola parte de ellos. Y de la misma manera a los bonzos llamados *Negoros*[464] que Maffei dice que eran a semejanza[465] de los Caballeros de Rhodes, porque hacían profesión de soldados muy valientes y tenían[466] grande poder, Quambacudono los mató y destruyó a todos, de manera que se deshizo aquella secta y ahora no hay ninguno de ellos.

De la lengua natural de la tierra y de su escritura hablando Maffei dice de esta manera[467]:

> El lenguaje de los japoneses es uno general para todos, pero con todo eso es tan vario y diferente este mismo lenguaje, que verdaderamente parece muy diverso, porque para cada cosa tienen muchos vocablos, de los cuales los unos son de menosprecios, otros de honras, los otros los plebeyos y, finalmente, los hombres hablan con unos vocablos y las mujeres con otros. Además de esto, de una manera hablan y de otra manera escriben, y en las cartas usan diferentes vocablos que en los libros. Tienen muchos libros así en prosa como en apacibles versos. Además de esto usan ciertas señales cada uno de los cuales comprende en sí una o muchas dicciones conforme a la costumbre de los egipcios y chinos. Algunos autores de los nuestros que saben bien conocer el valor de las cosas, dicen que hace ventaja la lengua japonesa, a la latina, o, en el mismo género, o, en la copia abundante que tiene de vocablos. Así que para aprenderla tienen necesidad de grande trabajo y mucho tiempo [M, ff. 278v–179].

Acerca de lo cual para que la cosa se entienda con verdad como pasa, se ha de advertir primero que cuando se dice que de otros vocablos usan los príncipes

---

463 destrucciones en ellos *AJ*.

464 *Nengoros AJ*. El *Negoro-shū* (根来衆) era una orden de monjes guerreros con sede en el templo Negoro-ji, ubicado en la provincia japonesa de Kii. Eran conocidos por su habilidad tanto con armas de fuego como con armas tradicionales de monjes como la *naginata*. A finales del siglo XVI, Negoro-ji y otros monasterios guerreros fueron asediados. En 1585, el templo fue completamente incendiado por las fuerzas de Toyotomi Hideyoshi, reduciéndolo a cenizas.

465 a manera *AJ*.

466 tenía *AJ*.

467 «Sermo Iaponiorum, unus et communis est omnium sed ita varius idem et multiplex, uti plures haud immerito videantur esse. Quippe uniuscuiusque notionis [f. 31v] ac rei, multa vocabula sunt, quorum alia contemptus, alia honoris causa; alia apud principes, alia apud plebem; alia denique viri, alia foeminae usurpant. Ad haec, aliter epístolas, aliter volumina, librosque conficiunt: habent autem plurimos, tum soluta oratione, tum elegantissimo versu conscriptos. Porro notis utuntur eiusmodi; quarum singulae singulas, vel plures etiam dictiones. Aegyptio ac Sinensi more, contineant. Ad summam, a nostris haud imperitis rerum aestimatoribus, Iaponica lingua, Latinae, vel genere ipso, vel ubertate praefertur. Itaque ad perdiscendum et magnis laboris et longi temporis indiget. Haec Maffeyus».

cuando hablan y de otros la plebe, y de unos finalmente los hombres y de otros las mujeres y que de otra manera hablan de lo que escriben, aunque así pasa en la verdad esta diferencia está solamente en algunos vocablos particulares porque finalmente la lengua es la misma y todos entre sí se entienden y también se diferencia algo conforme a la diversidad de los reinos en la pronunciación de los vocablos y en la terminación[468] de los verbos y en otras partículas de cortesías.

Hay también mucha diferencias en lo que escribe en los libros que se componen y en lo que se escribe en las cartas, porque el estilo es muy diverso y así, como dice Maffei, es necesario mucho tiempo y estudio para aprender bien estas cosas, mas con la mucha industria y diligencia que los nuestros usaron en reducir su lengua a arte hecha a nuestro modo y componer vocabularios con que estas cosas se declaran y otros libros por los cuales ellos aprenden se tiene facilitado mucho la dificultad que había primero en aprender esta lengua. Es también verdad que la lengua de Japón es muy copiosa y elegante, mas cuanto al preferirla a la latina parece cosa odiosa, aunque bien se puede decir que de suyo es más cortes y honrosa[469], porque allende de tener así para los verbos, como para los nombres ciertas partículas de honra que grandemente los levanta, haciéndolos muy corteses y honrosos con que sin duda queda esta lengua muy varia, cortés y elegante.

Tiene también otra manera de cortesía que ninguno, por grande y poderoso que sea, hablando, puede usurpar para sí ninguna de las partículas ni de los verbos que tienen honra, mas han de hablar con los verbos y palabras comunes y humildes en todo cuanto habla en primera persona de sí, y solo se puede usar de ellas para honrar a los otros, y conforme a las personas y cosas de que se habla, así han de usar de los vocablos y partículas de honra, teniéndose respeto cuando se habla no solo a las personas [f. 32] con quien se habla, mas también a las personas y a las cosas de que se trata, y conforme a eso se ha de usar de los verbos comunes, o de los honrados, y así, de su natural, la misma lengua enseña la cortesía y buena crianza a los hombres. De lo cual hablando también Torsellino dice así[470]:

---

468 determinación *AJ*.

469 hermosa *AJ*.

470 «Iaponicum sermonem, quamquam naturam haud sane difficilem, tamen studia Iaponum ad summam difficultatem perduxerant. Nihil illa lingua copiosius est. Ad varias rerum notiones varie significandas, permagnam habet verborum idem significantium sylvam, et in hisce usurpandis elegantiam quandam, et quasi saporem vernaculum. Non temere quaelibet, assumuntur vocabula, sed (ut alia grandiora, alia humiliora sunt) ad rerum personarumque. Accomodantur decorum. Ataque etiam (quod permirum est) longe aliter loquuntur ac scribunt. Sermo alius vivorum est, alius mulierum, aliis literarum notis epistolae, aliis libri conscribuntur. Quae copia varietasque tum loquendi, tum scribendi, ad perdiscendum, multum et operae requirit, et temporis. Nec licet cuiquam urbano in hoc genere esse negligenti. Si quid enim ab eorum ratione de-

Porque aunque la lengua del Japón de suyo no es muy dificultosa de aprender, pero la curiosidad de los ingenios de los japoneses ha hecho que lo venga a ser. Y así no hay ya en el mundo lengua más copiosa y abundante que ella. Para nombra y significar una cosa tienen y mil nombres y palabras inventadas, y en el uso de ellas tienen grande delecto y distinción, porque en esto está la elegancia y primor de la lengua. Y así no usan de cualquiera palabra o nombre que tiene una cosa para ser signífica o nombrada, sino unas veces echan mano de una dicción otras de otra, como son las personas con quien tratan o casas de que hablan. Si las personas con quien hablan son personas graves, o lo son los negocios de que tratan, usan de palabras y dicciones graves, si humildes de palabras humildes, y lo que más espanta, escriben diferentemente de cómo hablan y hablan de otra manera de cómo escriben. Las mujeres usan de términos distintos de los que usan los hombres, con unos caracteres escriben cartas, con otros imprimen libros. Esta variedad, así en el hablar como en el escribir, obliga a mucho cuidado y trabajo al que quiere deprender la lengua, y hace que gaste en esto mucho tiempo, y no puede uno descuidarse en esto si quiere no ser tenido por rústico y grosero. Porque tantico que yerre en una palabrica o use de ella fuera de tiempo, le tienen por necio y poco avisado, y le silban y hacen burla de él, como los que saben bien la lengua latina, suelen ofenderse de oír un solecismo o barbarismo [T, ff. 170v–171].

Asimismo, tratando Maffei del ingenio y capacidad de esta gente dice así[471]:

Estas gentes son generalmente agudas, sagaces y de una muy dócil naturaleza, y así hacen ventaja en juicio, docilidad y memoria no solamente a los orientales, sino también a las naciones occidentales, lo cual se conoce claramente en los rústicos y en los niños, porque los rústicos tienen casi las costumbres de los mismos ciudadanos con harta urbanidad, son dotados de un genio fácil y nada grosero; los niños aprenden más fácilmente y presto que los nuestros de Europa la latinidad y las letras y artes liberales [M, ff. 280v–281].

Cuanto a su ingenio y policía, la verdad es que, así por respeto de la lengua que enseña la cortesía –como dijimos–, como también porque todos finalmente con la obligación que tienen a sus señores se crían y conversan en las cortes, son universalmente muy corteses y bien criados. Cuanto a lo que dice que los japoneses también exceden en el ingenio y memoria no solo a los demás orientales, mas también a los europeos y que aprenden nuestras letras latinas y las artes más de prisa que los europeos, estas comparaciones –como dije– son odiosas y esta en la verdad fue demasiadamente encarecida porque, aunque es verdad lo que dijo Torsellino, por estas palabras[472]:

---

flectas, tanquam homo imperitus, ac rusticanus ludibrio sis, haud secus quam apud nos, qui in Latina lingua barbaris odiosisque verbis aures offendunt delicatas. Haec Turselinus».

471 «In Universum, acuta, sagax, ac bene a natura informata gens est: iudicio, docilitate, memoria, non Eois modo, sed etiam Hesperijs nationibus antecellit: quaeres in rusticis ac pueris liquido cernitur. Illi, urbanos peane mores, vegetum ingenium, ac minime agrestem indolem praeseferunt. Hi, celerius multo quam Europaei nostri, latinas, et litteras, et artes arripiunt. Haec ille».

472 «Iaponica porro gens, si cum Indis conferatur, colore alba, natura bellicossima, caeteras nationes nuper repartas virtutes ac probitate longe antecedit».

Los japoneses en comparación de los indios son blancos, de su natural son belicosísimos, y en virtud y bondad y buen término, hacen conocida ventaja a todas las naciones, que de poco acá se han descubierto [T, f. 167].

Y aunque también es verdad que ella es gente de muy buen ingenio y buena memoria, todavía como hasta ahora no tuvieron ciencias, ni están sus entendimientos ejercitados en la especulación[473] de ellas como están los de Europa. No se puede en ninguna manera decir que tienen más ingenio y habilidad para aprenderlas que los de Europa, mas basta decirse de ellos que tienen habilidad para las aprender. Es verdad que en obras [f. 32v] de mano son muy hábiles e industriosos, y porque ellos escriben por figuras y caracteres con plumas que son propiamente pinceles para pintar, y tienen naturalmente los dedos más delgados y tiernos que los nuestros[474], aprenden con más facilidad a pintar y a escribir nuestra letra de lo que hacen comúnmente los europeos. Y puede ser que escribiéndose de los niños japoneses[475] que aprendían más fácilmente a escribir nuestra letra latina[476] que los europeos, por no entenderse esto bien, se tomase de aquí ocasión para se decir que aprendían la letra latina y las artes más de prisa que los de Europa.

Tratando también Maffei del mantenimiento de la tierra dice así[477]:

En unas partes cogen en el mes de septiembre el maíz[478] (este es el común mantenimiento de todos), y en otros lugares cogen también el trigo en el mes de mayo, pero no hacen pan según pan según nuestra costumbre, sino un cierto género de pedazos deshechos como sopas o polvos de harina deshechos. [. . .] No crían los japoneses ningún género de animales en casa como ovejas, puercos, gallinas, ánsares, ni otras aves sucias domésticas de esta calidad. Si han de comer carne ha de ser del campo. Crían en los campos manadas de bueyes y de caballos para la guerra; andan por los bosques y peñascos muchos lobos, conejos, puercos, jabalíes y ciervos. Vense volar por los aires diferentes géneros de aves como son faisanes, ána-

---

473 explicación *AJ*.
474 las manos más delgadas y tiernas que las nuestras *AJ*.
475 de Japón *AJ*.
476 nuestras letras latinas *AJ*.
477 «Septembri mense oryzam (is cibus est communis omnium) quibusdam etiam locis Maio triticum metunt: neque ex eo panes mores nostro, sed genus quoddam offae, seu polentae conficiunt. [. . .] Ex aminantium genere, oves, porcum, gallinam, anserem faedasque alias domi haud quamquam alunt Iaponijs, si caro gustanda sit, ferina vescuntur. Campos, boum et equorum militarium Armenta: saltus atque dumeta, lupi, cuniculi, apri, cervi pererrant. E volatilibus, phasiani, anates amnicae, palumbes, turtures, cortunices, ac sylvestres gallinae cernuntur. Pisce cum alio abundant incolae, tum vero fluviatili, trutta, seu silare, et marina tanquam alosa; huic honos plurimus. Butyrum nesciunt: olivo carent: factitio utuntur, e cetis ad littus eiectis: pinaes taedas ac faces, alicubi etiam paleas ad lumen adhibet vulgus».
478 El autor nuevamente menciona las primeras cinco líneas de la obra de Maffei, donde el traductor comete un error de interpretación al cambiar «maíz» por «arroz».

des de agua, palomas, tórtolas, codornices y gallinas campestres. Tienen grande abundancia de pescados, en los ríos y truchas y en la mar sábalos que son los más preciados pescados. No conoces la manteca, no tienen aceite, pero con todo eso lo hacen de ballenas, usan hachas y candelas de teda, y en otras partes el vulgo se sirve para esto de la paja [M. ff. 277–277v].

Y más abajo acrecienta[479]:

Usan para comer dos palillos con los cuales cogen la comida con tanta destreza, que ni se les cae el bocado ni tienen necesidad de paño de mesa para limpiarse los dedos. [. . .] Los pobres y particularmente los que moran cerca de la mar, comen hierbas, maíz[480] y pescados. Los ricos adornan los convites espléndida y copiosamente a la usanza de los chinos: para cada servicio mudan a cada huésped una mesa sin manteles de la cual es cedro, o de pino, de casi un palmo de alta y de dos pies en cuadro muy limpia y pintada con diversos y hermosos colores. Vienen adrezados los manjares en forma de una pirámide, cubiertos con oro, y puestos unos ramillos de ciprés para hermosearlos más. Y algunas veces también ponen en hermosos platos aves enteras con las cabezas y pies muy dorados. Reciben con mucho regocijo y de buena gana al huésped y convidado. Tienen muchas leyes con exquisitas ceremonias para convidar y brindar, las cuales todas las guardan con grande puntualidad. No tienen noticia de vino de cepas, hacen cierto género de vino sacado del maíz[481] [M, f. 278].

Turselinus vero ita[482]:

Son amicísimos de caza y no comen carne si no es cazada. Aborrecen la carne de vaca, ternera, carnero, como nosotros la de perros o de caballo. Abstiénense de leche y queso, como

---

479 «Paxillulis item ipsi duobus inter edendum, ita scienter utuntur, uti neque excidat quicquam, nec digitorum tersu opus sit. [. . .] Tenuiores, ad mare praesertim, victitant herbis, oryza, pisce: divites, ad consuetudinem Sinarum, ornant splendide atque apparati convivium. In singula fercula, sine linteis aut mappis mutatur sua cuique convivae mensa e cedro pinuve, palmi fere altitudine, binum dodrantium quadro, nitidissima, lectissimisque distincta coloribus. Cibi confecti, in pyramidem exstruuntur, auro conspersi, cupressinis ramulis ad gratiam prominentibus. Nonnumquam etiam, nostro pedibusque inauratis aves integrae nobilibus patinis inferuntur. Hospitem et convivam hilare ac libenter accipiunt. Convivandi, ac propinandi multas babent leges cum ritibus exquisitis: hasce cuncti diligenter observant. Usum vitis ignorant. Oryza exprimunt vinum. Haec Maffeyus».

480 Se refiere al arroz.

481 Una vez más se presenta el error de traducción. De hecho, la bebida similar al vino mencionada por Maffei es el sake, el cual no se elabora a partir de arroz (o maíz).

482 «Venatione delectantur in primis: nec carnem gustant, nisi venatione quaesitam: a vervecina, suilla, bubula, vitulina non minus abhorrent, quam nos a canima, equinave. A lacte autem et caseo abstinent, similiter ut nos a crudo sanguine. Gallinas et anseres alunt, non tam cibi quam animi voluptatisque causa. Itaque cum raro carne, eaque ferina vescuntur: plerunque pisce, pomis, oleribus, oryza vivunt: temperantiaeque beneficio commoda secundaque utuntur valetudine. Plerique ad extremam perveniunt aetatem; nisi vis aut casus [f. 33] aliquis interveniat. Ut vel haec gens, quae tam bene vivit parvo, documentum sit, naturam paucis esse contentam, etsi cupiditas nunquam expleatur. Haec ille».

nosotros de comer sangre cruda, porque les parece que lo es. Crían muchas gallinas y patos, no tanto para su sustento, como para su entretenimiento, de suerte que comen pocas veces carne, y esa no sino de monte, las más veces comen pescado, manzanas, berzas, legumbres, arroz y andan siempre sanos, porque son muy templados y así los más llegan a edad decrépita, si no es que les suceda algún caso de desastrado. Finalmente, se echa de ver en esta gente tan templada y parca, que la naturaleza se contenta con poco, aunque el apetito no se harte y satisfaga [T, f. 168].

Acerca de todo esto, la verdad es que cuando se escribieron estas cosas los japoneses grandemente aborrecían comer toda suerte de carne que no fuese de caza, y de la misma manera universalmente aborrecían nuestros comeres, y aun se escandalizaban de saber que los nuestros comiesen carne de vaca y de puerco. Y así fue necesario por mucho tiempo abstenerse de estas cosas y usar de sus comeres que de su natural hasta se acostumbrar a ellos, no son menos aborrecibles[483] a los europeos, de lo que eran entonces a ellos los nuestros. Mas de algunos años a esta parte, con el comercio de los portugueses, y con la guerra larga que tuvieron en Coray[484], fueron tomando gusto en comer las gallinas y las carnes de puerco y de vaca y otros guisados nuestros de tal manera que no hacen casi banquete ahora en que no entren algunas cosas de las nuestras. Usan también frecuentemente convidarse unos a otros y en los convites se tratan espléndida y ornadamente, como lo escribe Maffei, mas en el comer ordinario sin duda que aun los ricos y caballeros grandes se tratan muy parcamente en comparación de los europeos, contentándose con poca cosa lo que podría avergonzar [a][485] los cristianos de Europa que, apartándose de la parsimonia que nos enseñó Jesucristo, van buscando tantas invenciones de comeres para contentar el gusto que muchos parece que más viven para comer de lo que comen para vivir y, justamente, se les siguen por pena del demasiado comer muchas y graves enfermedades, y acortárseles también las vidas.

Entre las otras cosas de que grandemente se huelgan los japoneses y de que hacen grande estima y caudal es una bebida de agua caliente con los polvos de una yerba medicinal y estomacal que llaman *cha*[486], así por el provecho que hallan en ella, como también porque *ab antiquo* entre ellos es cosa muy estimada y con que muestran mucha familiaridad y benevolencia a los huéspedes y tienen

---

483 aborrecidos *AJ*.
484 Corea.
485 Se omite en BL.
486 En japonés, la palabra *cha* (茶) se refiere específicamente al té, tanto en términos de la planta (*Camellia sinensis*) como a la bebida que se prepara con sus hojas.

para el uso de ella algunas piezas que son de grande precio[487] y muy estimadas. Y de esto, hablando Maffei, dice estas palabras[488]:

> Pero casi los más se contentan y les agrada mucho el beber agua casi hirviendo, echando encima unos polvos de *cha* de la cual arriba hemos hecho mención. Son muy diligentes acerca de esta bebida, y muchas veces los príncipes se ocupan en mezclar con sus propias manos esta bebida para sus amigos, honrándolos con esta ceremonia. Y tienen señaladas para este ministerio ciertas partes de sus casas, adonde hay de continuo fuego, y en él unos vasos de hierro colado, de los cuales se da de beber a los que vienen y van cuando son sus amigos. Pero a los huéspedes cuando se van, les muestran sus tesoros y les convidan con ellos, los cuales les acerca de ellos son estos los más estimados. Estos son casi los instrumentos de la bebida que hemos dicho: el fuego y la olla sobre sus trípodes y un aparador con muchos vasos de tierra o tazas, conchas y otros vasillos pequeños llenos de la misma yerba o adonde se guardan los polvos que hacen de ella misma. Estas cosas, que no las conocen ni las entienden sino los muy ejercitados en ellas, las tienen los japoneses en tanta estimación y valor (pues estas cosas se estiman según la opinión de las gentes) como nosotros las sortijas con hermosas piedras y como cualquier collar lleno de rubíes y esmeraldas. Es grande el valor y ornato que les da los oficiales a las espadas, las cuales llevan desnudas sin vainas y se estima el valor de alguna en cinco mil ducados. Tienen también en mucho unas hojas delicadas de papel, en las cuales están pintadas de negro unas aves o árboles dibujadas con pincel por escogidos pintores, con que entretienen la vista de los ojos. Estas cosas, como hemos dicho, las estiman mucho los japoneses, principalmente los caballeros y nobles y las anteponen ambiciosamente a todas las otras cosas [M, ff. 278–278v].

Acerca del uso de esta bebida y del modo y ceremonias que usan en ella, mucho había que decir, por ser una de las cosas de que se hace más cuenta en Japón.

---

487 grandes precios *AJ*.

488 «Sed ipsi quoque ante omnia delectantur haustibus aquae paene ferventis, insperso quem supradiximus pulvere Chia. Circa eam potionem diligentissimi sunt, ac principes interdum viri suis ipsi manibus eidem temporadae, ac miscendae, amicorum honoris causa dant operam: certasque habent aedium partes, huic ministerio dicatas: in iis foculus assidue stat, cortina e ferro liquato superimposita. Inde, venientibus et abeuntibus amicis pocula perrigunt: hospitibus vero, in digressu, contemplandam etiam offerunt gazam quae apud eos maximi fit. Ea ferme sunt illius quam dixi potionis instrumenta focus et olla cum tripode, infundibulum, figlini calices, cochlearia, et vascula tum herbae ipsi, tum pulveri qui ex ea conficitur, adservando. Haec, utique certi generis, quod non nisi peritus eiusmodi rerum inspector intelligat, haud [f. 33v] inferiore apud Iaponios habentur loco (quando quidem haec opinione gentium constant) quam apud Europaeos anuli gemmati, et baccata monilia. Mira etiam dignitas, omni ornatu remoto, nudis gladiorum laminis certorum opificum. Prorsus, uti nonnullae aureorum quinque circiter millitibus aestimentur. Magnus insuper honos papyri plagulis quibusdam laevoris eximij, in quibus, atro manochromate singulae tantum aves, arboresue, nobilium artificum penicillo pictae retinent oculos. Haec igitur, ut dixi, Iaponij, dynastae, praesertim, et avide sibi comparant, et alijs ambitiose proponunt. Haec ille».

Mas, allende de lo que está dicho y del provecho que hallan para su salud en esta bebida, el lugar para ella deputado, sin entrar en esto ninguna suerte de superstición, es tenido en mucha veneración y estima entre los señores japoneses. Y adonde, cuando están, se tratan con mucha honestidad y decencia, teniendo por cosa aborrecible hablar ni hacer cosa alguna indecente o poco[489] honesta.

---

489 menos *AJ*.

Capítulo 8
De otras cualidades y costumbres de los japoneses

Otras cualidades y costumbres tienen los japoneses que Maffei cuenta por estas palabras[490]:

> Si acaso algunos son de alta disposición de cuerpo y hermosos, se glorían mucho de esto, y se precian de ir muy bien vestidos. Son los más de los japoneses dotados de una viveza tardía y sosegada; tienen seguras y firmes fuerzas corporales, y la edad para seguir la guerra se extiende hasta los sesenta años. Crían pequeña barba; acerca del cabello, tienen diversa costumbre, los niños se pelan la frente y sienes con unas espincetas[491]; los labradores y plebeyos se rapan la mitad de la cabeza, pero los caballeros y nobles, toda la cabeza casi, dejando solamente en el colodrillo unos pocos cabellos. Y si alguno se los toca, se tiene por cosa de grande injuria. Sufren los japoneses con admirable paciencia las necesidades humanas, como el hambre, la sed, el calor, el frío, las vigilias y los demás trabajos. En nasciendo los niños, luego, aunque haga grandes fríos, los llevan a lavar al río. En quitándoles la leche, los ejercitan en la caza, y los tienen en lugares ásperos lejos de sus madres o nodrizas, porque conocen que no hay cosa que más enternezca los ánimos ni las fuerzas que el criarlos con blandura y regalo. Para dormir, tienden en tierra una estera en lugar de blandos colchones, adonde ponen por cabecera una piedra o un pedazo de madera; sírveles también esto de mesa para comer, están cuando comen de rodilla asentados sobre las piernas. Tienen tanto cuidado de la limpieza como los chinos. [. . .]. Entran descalzos a cenar en las mesas, por no ensuciar la cubierta que les sirve de manteles [M, ff. 277v–278].

Acerca de las costumbres de los japoneses habría mucho que decir, y aun[492] los que aquí estamos, con dificultad acabamos de entenderlos, cuanto menos se po-

---

490 «Procera statura, si cui contigerit, et decoro corporum habitu gloriantur. Lenta plerisque vivacitas; firmae vires: in sexagesimum usque annum militaris aetas extenditur. Barbam alunt modicam: in capillo varius est mos: volsella depilant, pueri sinciput, plebeij ac rustici dimidium caput, viri nobiles totum ferme, paucis ad occipitium relictis capillis, quos attigisse quempiam, contumeliae loco vel maximae ducitur. Mortalitatis incommoda famen, sitim, aestum, algorem, vigilias, laboresquem admirabili patientia tolerant, in lucem editi, vel hyeme summa, protinus lavandi ad flumina deferentur. Ab ubere avulsi, venatu exercentur, et procul a matre ac nutrice locis habentur asperis, quod ita sentiant, nulla re magis infringi animos, quam molli ac blanda educatione. Storeis, culcutrae in modum tumentibus, nitidisque, pavimenta consternunt. In ijs et somnum subiecto, cervicibus lapide vel tigillo, et cibum capiunt genibus nixi, cruribus insidentes. Munditiarum apud eos haud minor quam apud Sinas cura. [. . .] Caenationem intrant excalceati, ne catastromata calcando coinquinet. Haec Maffeyus».
491 Es decir, unas pinzas.
492 aunque *AJ*.

https://doi.org/10.1515/9783111617602-010

drán escribir tan al gusto en Portugal o en Roma, especialmente porque las costumbres de las gentes se van mudando a cada paso [f. 34].

Ellos en la verdad comúnmente son pequeños de estatura y, cuanto al criar poca barba, más propiamente se puede decir que no la tienen, porque comúnmente son desbarbados de su natural, y los que alcanzan esta dicha de tenerla, alégranse[493] mucho y la crían. Y en otros tiempos arrancaban los cabellos de la cabeza, haciéndose todos por artificios calvos, mas de algunos años a nosotros a esta parte se quitaron de este trabajo y así ahora no lo hacen,[494] contentándose con rapar la cabeza, dejando por detrás una *guedelha*[495] que[496] atan y conciertan de tal manera que les da mucha gracia. Y mientras tienen esta, por mucho que rapen todos lo más de la cabeza, no se llaman rapados, mas solamente después que rapan esta *guedelha*, lo cual hacen o por muerte de sus señores, aunque entonces muchos las cortan, mas no la rapan porque es señal de luto, y después dejan crecer, o porque se quieren quitar del trafago de este mundo y de la vida soldadesca, y entonces de[497] todo la rapan y quedan como hombres ancianos respetados de los mancebos y fuera de muchas obligaciones que los otros tienen.

Son también amigos de caza, especialmente de halcones, los señores y caballeros, y se crían a manera de los lacedemonios, con aspereza y con se acostumbrar a padecer hambres, fríos y otras incomodidades, mas no en tanta manera que desde niños se aparten de sus madres y amas para ser criados en lugares ásperos. Mas críanse en sus casas con mucha nobleza y servicio, como se crían los señores y caballeros de Europa, aunque con más aspereza y verdaderamente se crían para soldados, y así sufren a su tiempo estas incomodidades grandemente, como el padre lo escribe. Y aunque fácilmente en el verano dormirán reclinando la cabeza sobre[498] una piedra –como el padre aquí dice–, su común uso es tener[499] por almohada una cosa de madera limpia y bien labrada o hecha como[500] mimbres delgados y entretejidos cubiertos de barniz que ellos usan, con que quedan galanas y pulidas[501]. Y ya no faltan[502] muchos que, con la conver-

---

493 huelga *AJ*.
494 mas contentándose *AJ*.
495 Lusismo que en español se traduciría con el término ‹guedeja›, es decir, cabellera larga.
496 de los que atan *AJ*.
497 del *AJ*.
498 en *AJ*.
499 servirse *AJ*.
500 de *AJ*.
501 limpias *AJ*.
502 falan *AJ*.

sión[503] de los portugueses, aprendieron a[504] usar de camas blandas y de almohadas de seda y lienzo delgado.

Tratando también Maffei de las armas y vestidos de que usan dice de esta manera[505]:

Es muy aficionada a las armas aquella gente; usan en la guerra menos de los arcabuces y arcos y saetas unas espadas torcidas como alfanjes y dagas (a los doce años se ciñen estas armas), las cuales están tan finamente templadas con acero que cortan nuestro hierro sin recibir ellas en sí ningún daño. Llevan en la cabeza unos morriones listados con oro, o con plata, y en ellos una cresta como una navaja o false, que ellos llaman *nanguinata*[506]. Usan también de lanzas, las cuales hacen ventaja a las nuestras en ligereza y en largueza. En el vestir suelen hacer diferencia así en la niñez como en la mocedad, usando varios modos, y esto lo hacen con solemnes ceremonias y aparato. En lo demás, los que ya son de madura edad llevan una aljuba, o ropa larga de diferente color, la cual se quitan en llegando a casa, pero cuando han de salir de fuera, se las echan encima que lleguen igualmente a tierra por todas partes, y las atan junto a las renes con un delicado ñudo. Pónense encima cierto género de vestidura o túnica corta, llámase en su lenguaje *quimon*[507], cuyas mangas no pasan de los codos abajo. Estas túnicas llevan el verano sencillas y tejidas muy ligerísimamente, pero en invierno las llevan más recias y aforradas, y también cubiertas con seda, y porque con el viento no se hinchen, o levanten las pespuntan con muy grande artificio y curiosidad. Usan unos zapatos o chinelas descubiertas por arriba, a manera de sandalias o zapatos de

---

503 conversación *AJ*.

504 de *AJ*.

505 «Armis vero apprime dedita gens est. Ea sunt, praeter ferream fistulam, arcumque et saggitas, gladius incurvus, et pugio (queis abduodecimo aetatis annos se se praecingunt) tam egregia chalybis temperatura, uti ferrum nostrum acie propemodum illaesa diffindat. Accedit pilum auro argentove bracteatum, falce praefixum: nanguinatam appellant. Hastis item egregie utuntur, quae nostras et levitate, et longitudine superant. Amictus ab infantia ad iuventutem sumunt varios. Idque cum caeremoniis, et solemni apparatu. Caeterum, qui adulti iam sunt, talarem gestant versicolorem [f. 34v] tunicam. Hanc domi demittunt; prodituri autem, in caligas infundunt, ad imum aequaliter laxas; easque circa renes levi subligant nodo. Tunicae amiculum superinduntum breviorem (quimonen vocant) manicis non ultra cubitos eminentibus. Hasce vestes per aestatem gerunt simplices, ac substilissimo texto: per hyemem scilicet densiores ac duplices, inserto item serico tomento, easque, ne incommode tumeant, perquam artificiose perpungunt. Calceis crepidisue sine obstragulo, sandaliorum instar, utuntur, corneo ad extremum exstante hemiclo, quem firmitatis causa, primum inter et secundum inserunt digitos. Flabella gerunt, tum ad velandam faciem, tum ad auram colligendam, auro sericoque intertexta. Sub umbella ferme proceres, alioquin aperto capite, in sole pariter ac pluvia uterque sexus incedit. Haec ille».

506 La *naginata* (薙刀) es un arma tradicional japonesa similar a una alabarda, consistente en una hoja larga y curva montada en el extremo de una asta. Originalmente utilizada por la clase samurái de Japón feudal, la *naginata* se empleaba tanto en combate montado como a pie. Era especialmente efectiva contra caballería debido a su alcance y versatilidad. Rodrigues apunta: «*Naguinata*. Hûa maneira de alabarda que tem o ferro como de fouce yoçadoura» (f. 174).

507 Kimono.

frailes francisc[anos], y en lo último tienen un medio cerco de cuerno, el cual meten entre el primero y segundo dedo del pie, para seguridad que no se les salgan. Llevan unos *venta-llos*[508] tejidos de seda y oro para cubrirse el rostro y también para hacerse viento. Los nobles casi siempre llevan unos guardasoles o toldillos, porque de otra manera todos hombres y mujeres llevan descubiertas las cabezas al sol y al agua [M, f. 279].

Acerca de sus armas y modo de vestir mucho había que decir, mas basta lo que Maffei ha dicho. Solamente se hace saber que, aunque la verdad es que en el tiempo que él lo escribió, no había en Japón ninguno[509] alto ni bajo que no fuese siempre armado con espada y puñal, todavía después que Quambacudono con graves leyes, so pena de muerte, prohibió que ninguna persona pudiese traer espada ni puñal sino solamente los soldados, y porque todos los nobles lo son de la manera que dijimos,[510] ellos solos con sus criados y más gente que tiene obligación de ir a la guerra traen ahora espada y puñal y todos los mercaderes, artífices, labradores y gente baja no traen ninguna cosa suerte de armas por las ciudades y lugares, sacado[511] cuchillos, de que para su uso se sirven. Y también traen otras armas cuando van de viaje de una parte para otra, y no sabemos cuánto esto durará, aunque parece que mientras dominarán los señores de la *Tenca* todo Japón, harán guardar esta ley, como hacen ahora, mas sin duda que esta gente es de su natural muy belicosa.

Cuanto a lo que toca a los vestidos, aunque Maffei describe muy bien aquellos de que trata, hay entre ellos otras maneras de vestidos. Y por muy bien que se pinten, apenas se puede su manera de vestido entender si no se ve, mas sin duda que el de los soldados es muy limpio, vistoso y galano y comúnmente andan todos vestidos de seda. Y el vestido de que se sirven los rapados y todos los demás universalmente es honesto y grave y, si no son los labradores, marineros y gente baja, todos los más que pueden se visten de seda, por do gastan en Japón cada año mil y quinientos picos de seda o más, como dijimos.

Cuanto a las más costumbres va Maffei adelante diciendo así[512]:

---

508 Abanicos.
509 ninguno ni alto *AJ*.
510 a ellos *AJ*.
511 sacados *AJ*.
512 «Pauperlas dedecori aut probro est nulli: vix etiam in multis agnoscitur adeo accurate familiarem dispensat rem, et prosua tenuitate concinni ac nitentes incendunt [f. 35]. [Maledicta, furta, impiam temeré iurandi consuetudinem, aleae genus omne aversantur]. Famae gloriae que avidissimi, dignitatis vero supra quam credi possit retinentes ae que summi atque infimi sunt. Nullam non modo contumeliae speciem, sed ne dictum quidem Paulo asperius ferunt. Ergo reverentur inter se, praecipue nobiles, certantque officijs et honore verborum. Quin, ipsi rerum vilissimarum artifices, quique se in die locant, comiter appelandi, si eorum uti velis industria. Nam alio-

La pobreza no la tienen por deshonra ni afrenta. Gastan con tanto cuidado su hacienda y andan tan bien vestidos y compuestos casi todos que apenas se puede conocer entre muchos cuál sea pobre. Aborrecen las maldiciones, los hurtos y la mala costumbre de jurar temerariamente y todo género de juegos de dados y naipes. Son muy deseosos de fama y gloria, pero sobre todo conservan con mucho cuidado más de lo que se puede creer su dignidad igualmente los poderosos y los pobres. Y no solo no sufren una muestra de deshonra, pero ni aun una palabra un poco áspera. Así que se honran y reverencian mucho entre sí, principalmente los nobles, y compiten a porfía entre sí con servicios y palabras de honra. De la misma manera, a los oficiales de las cosas más viles de la República, ya los que están para ser alquilados cada día, los habéis de tratar y hablar amigablemente si os queréis aprovechar de su industria, aunque sea a costa de vuestro dinero, porque de otra manera se enojan mucho y dejando el instrumento de su oficio desisten luego de la obra comenzada. Guardan con el vulgo de tal manera la constancia y el decoro los nobles que, aunque se vean en trabajo y peligro, se apartan de él muy a poco y sin muestra alguna de temor. Y procuran con mucho cuidado que en sus palabras y obras no se muestre cosa alguna indecente o de temor. Y por esto mismo están ya muy enseñados en saber reprimir las perturbaciones del ánimo, las enfermedades y el ímpetu en lo exterior. Y principalmente todas las señales de la ira las saben cubrir, o a lo menos revolverlas al sentido contrario, porque entonces echan el paso más sosegado y muestran el rostro más regocijado. Tienen por cosa de ánimo vil la destemplanza de la lengua, y así jamás se oyen voces, ni riñas en público entre los populares, ni en casa entre marido y mujer, ni entre padres ni hijos, ni entre amos y mozos. Lo que han de hacer lo hacen sosegada y gravemente; si sucede alguna cosa odiosa y de enojo, van

---

quin irritatur, ac spreto lucello, caeptum opus abijciunt. Constantiam ac decorum ita custodiunt vulgo, ut vel ab imminente ruina, sensim ac sine trepidatione ulla recedant. Caventque diligenter, ne quid abiectum, aut timidum, vel in dictis vel in factis appareat. Atque ob id ipsum, animi perturbationes, aegritudines, impetus, in speciem cohibere, atque irae praesertim notas omnes obruere, vel portius incontrarium flectere didicerunt. Tum enim et gradus lentior et frons hilarior est. Intemperantiam vero linguae, maximo animo minime dignam putant. Ac proinde vociferationes ac iurgia, neque inter populares in publico, neque domi inter maritum uxoremque, parentes ac liberos, herum ac famulos audiuntur. Sedate graviterque quod agendum est, agitur. Siquid odiosius accidit, internuntij commeant: quin etiam, inter ipsas noxiorum paenas, convitia removetur, et verborum acerbitas. Provocationes autem ac rixae, contra quam apud nos, admodum rarae. Ferociam illi minasque in tempora belli reservant. Iam vero (quae haud postrema amicitiae lex est) mutuis in congressibus, domestica incommoda, necessitates, aerumnas, amicis haud temere impertiunt: tristitiam et curas egregie condunt: neque alienam pacem et incundidatem, ineptis querimonijs, et supervacaneo moerore solicitant: ab alijs interrogati, rem totam vel renidentes elevant, vel certe modica significatione pertringunt. Denique asperis atque adversis in rebus, plane incredibilem animi aequitatem ostendunt, ac velut in gradu perstant. Et quicquid evenit, sine gemitu excipiunt: credo, ipsa varietate casuum edocti, et inconstantia rerum humanarum, quae in iis regionibus vel maxime viget. Infimae sortis homines ad regis celsitudinem evehi repente, alios e summo fastigio ad ima praecipitari, paene quotidianum est. Hac illi vicissitudine scilitet eruditi, laetissima quaeque sic optant, ut interim difficillima cogitent. Firmus autem est animus ad quae diu meditatus ac praeparatus accedit. Neque provectae solum aetatis eam laudes: in puerorum consuetudine, atque adeo in ipsis lusibus et remissione animorum, senilis prope maturitas, et moderatio quaedam elucet. Haec Maffeyus».

de la una parte a la otra algunos mensajeros para tratar del remedio, y demás de esto, aun entre las mismas penas de los culpados se alanzan las deshonras y la dureza de palabras. Pero los desafíos y riñas suceden rarísimamente entre ellos, y muy diferentemente que entre nosotros; su ferocidad y amenazas las guardan ellos para el tiempo de la guerra y contra sus enemigos. Pero viniendo ya a tratar de las amistades que entre sí tienen, de sus competencias y adversidades, que no es la última ley de la amistad, dan parte con mucha razón a sus amigos de sus trabajos domésticos, de sus necesidades y angustias. Saben disimular muy bien su tristeza y sus cuidados: no solicitan la paz ajena ni la alegría con impertinente quejas ni con sobrada tristeza. Siendo preguntados por otros de sus cosas tristes, alegres, levantan todo el negocio de punto y lo relatan todo con mucho contento o con una ligera significación lo abrevian. Y finalmente, en las cosas ásperas y adversas, muestran verdaderamente una increíble equidad y constancia de ánimo y están parece que como en un ser, y cualquiera cosa que les sucede por muy penosa que sea, la reciben sin lágrimas ni muestra de sentimiento alguno. Yo creo que están enseñados a esto con la variedad grande que sucede de casos notables y con la inconstancia de las cosas humanas que principalmente parece que es más ordinaria en aquellas regiones. Porque muchas veces se ven hombres bajos y comunes ser levantados repentinamente al trono y alteza real; y, al contrario, otros son derribados desde el más alto estado hasta la última miseria, lo cual sucede allí casi cada día. Así que, enseñados con esta ordinaria mudanza, de tal manera desean cada uno las cosas de mucho contento que entretanto piensan también en los más peligros y adversas. Es el ánimo del hombre firme para lo que ya una vez ha comprendido antes, y así abraza las cosas con más seguridad cuando las tiene prevenidas de antes. Estas alabanzas no solamente se atribuyen a los varones japoneses de madura edad, sino que también se ve en las costumbres de los muchachos, y también en sus mismos juegos y entretenimientos de sus ánimos, resplandece en ellos una madurez de viejos y una cierta moderación de hombres muy asentados [M, ff. 282–282v].

Sin duda [f. 35v] describe muy bien Maffei las costumbres y cualidades de los japoneses, y entonces cuando escribía, porque la gente labradora era en su cualidad más rica y bien acomodada que los soldados porque engañaban mucho a los señores en la medida de las tierras, eran también soberbios y se trataban también ellos como si fueran soldados. Y así no sufrían ninguna palabra injuriosa o descortés, y en cualquiera revuelta tomaban sus armas y a las veces podían ellos tanto o más que los soldados. Mas después que Quambacudono mandó medir con tanta exacción las tierras, haciendo leyes de lo que ellos habían de pagar, y les quitó a todos las armas[513], quedó la[514] gente labradora tan pobre y humillada que ahora con mucha dificultad se sustenta y no tiene los bríos que tenía[515] primero, antes está de tal manera sujeta[516] a los soldados que hacen lo

---

513 todas las armas *AJ*.
514 esta *AJ*.
515 tenían *AJ*.
516 antes están de tal manera sujetos *AJ*.

que quieren de ella[517], y no solo les dicen ahora palabras pesadas, mas también cuando es necesario usan del palo contra ellos. Y sin duda que se trocó Japón mucho en esta parte y ahora muchos señores hacen cárceles, a do aprenden[518] esta gente común cuando es necesario, aunque comúnmente no se prenden en ellos sino muy pocos, y para matar y queda Japón ahora muy mejorado en esta parte. Porque estos labradores eran en otro tiempo intolerables, mas de esto que Maffei escribe se puede bien entender cuánta es la noble policía y cortesía de los japoneses que sin duda ninguna es tal que se puede comparar con ley de las nuestras naciones de Europa. Y el que es señor universal de Japón, aunque no tiene para las guerras el uso de caballería, artellería, galeras y naves que tienen los nuestros, se pueden[519] en el poder y en el servicio y en la grandeza de los señores y vasallos que tienen igualar fácilmente con los reyes de Europa. Mas tratando[520] de la grande diversidad que hay en las costumbres entre los japoneses y los europeos dice estas palabras[521]:

> Entre los colores tienen por el más regocijado y de fiesta el prieto, o negro, y el violado. El blanco les sirve de tristeza y luto. No se puede creer cuán diferentes son en otras muchas

---

517 de ellos *AJ*.
518 aprenden en ellos esta gente *AJ*.
519 puede *AJ*.
520 mostrando *AJ*.
521 «E coloribus festum habent nigrum atque puniceum: albus in luctu est. Ac plurimis quoque alijs in rebus, credi, vix potest, quantopere a nostro, victus eorum et cultus abhorreat. In olfactu, suffitus nostros minime ferunt; alia ipsi quaedam odoramenta succedunt. In gustu, nostras illi epulas, nos vicissim illorum condimenta aspernamur. Aquam nos gelidam, illi calefactam aestate pariter et hyeme potant. In auditu, symphoniam eorum, nostrae aures omnino refugiunt. Nobis, dentium, in candore; illis, quod mirere, in ipsa nigritie decor est. Itaque atro quodam eos pigmento identidem inficiunt. Foeminas in publico viri et cognati praecedunt, famuli [f. 36] subsequuntur. Equum nos ab laeva, illi ab dextra conscendunt. Inter salutandum, nos caput; illi, perlevi crepidarum, vel sandaliorum excussu, pedes aperiunt. Advenienti amico nos adsurgimus, illi subsidunt. Nobis gemmae, illis ferrea, vel fictilia vasa in honore sunt. Iam, in curationibus, nos dulcia, et bene cocta, illi salsa, et acria, et cruda, aegrotis apponunt: nos, pullos et altilia; illi pisces atque conchlylia. Pharmacis nos ferme olidis et amaris: illi perquam suavibus et odoratis utuntur. Nos crebro sanguinem, illi nunquam eliciunt. Atque aliis item in generibus ita multa observant eiusmodi; ut si minus plantis (neque enim id probe dum exploratum est) moribus certe orbi nostro plane opposite videantur esse. Neque vero, cur ita faciant, probabilem plerunque rationem afferre non possunt. Ut illa: sidere quam attolli, maioris venerationis in licium: cuiuslibet usus vasa, quam nullius commodi lapillos, quantavis mercede, sapientius emi: frigida comprimi fibras, irritari tussim, et pectoris vitia, restingui nativos ignes: fervida foveri calorem insitum; laxari meatus, eoque facilius levari sitim; aegro, quas appetant natura potiones, non quas horreat, propinari: sanguini, quippe vehiculo vitae, parci o portere defendunt, et alioqui, non minus illis Europaei, quam Europaeis illi ridiculi sunt. Ac, si quando per munditiarum aut elegantiae contentionem, ut sit, cavillis agetur; par pari nobis egregie referunt. Haec ille».

cosas de nosotros y en el comer y servicio de casa. En los sahumerios y olores no pueden sufrir los que nosotros usamos por regalo y deleite: en lugar de estos olores tienen ellos otros muy diferentes. En el comer y gusto ellos no pueden comer nuestros manjares y, al contrario, nosotros aborrecemos los suyos. Nosotros bebemos el agua e[n]friada con nieve el verano, y ellos muy caliente en el verano y en el invierno. Su música de sinfonías no la pueden sufrir nuestros oídos, aunque la nuestra bien les agrada a ellos. Nosotros procuramos traer blancos los dientes, y lo que me admira ellos tienen por hermosura llevarlos muy negros, así que para esto usan de cierto género de lavatorio a menudo con que los ponen negros. Cuando salen las mujeres de casa en público las acompañan y van delante sus maridos y parientes, y los criados van detrás. Nosotros subimos a caballo por la parte izquierda del caballo, y ellos al contrario por la derecha. Nosotros hacemos la cortesía cuando nos saludamos descubriéndonos las cabezas, pero ellos usan para esto un ligero descubrir el pie de los pantuflos o sándalos que llevan. Cuando nos vienen a visitar nuestros amigos, nos levantamos nosotros por cortesía, y ellos se están asentados en semejantes ocasiones. Nosotros estimamos las piedras preciosas, ellos tienen mucho los vasos de hierro o de barro. En las enfermedades y curas usamos nosotros cosas dulces y manjares bien cocidos, ellos les dan a sus enfermos cosas saladas y agrias, y manjares crudos; nosotros les damos pollos y aves, ellos les ponen peces y conchas. Nosotros usamos casi siempre medicinas de mal olor y amargas, pero ellos muy olorosas y suaves. Nosotros nos sangramos a menudo, y ellos jamás se sacan gota de sangre. Y de esta manera guardan otras muchas cosas semejantes a esta que si acaso no es las hiervas o plantas –porque hasta ahora no sabemos de cierto esto– ciertamente que en todas las demás cosas son al parecer muy diferentes a nosotros, y en las costumbres muy contrarios. Si les preguntan acaso porqué hacen esto, no dejan muchas veces de dar razones muy probables de esto. Pero con todo eso suelen defender bien sus costumbres y no con malas razones, como son decir que estar asentado es indicio de mayor veneración que no el levantarse; que los vasos son acomodados para muchas cosas más que no las pedrezuelas finas; que las cosas frías reprimen el calor, acarrean la tos y gastan el pecho y apagan el calor natural, pero que las cosas calientes conservan el calor natural del hombre, ablandan las vías de la orina, y que más fácilmente apagan la sed. Dicen que al enfermo antes le han de dar las bebidas suaves que apetecen la naturaleza, que no las que aborrece; la sangre dicen que es el carro de la vida, y que así no conviene sacarla, ni enflaquecerla; de manera que no menos se ríen ellos de las cosas de los de Europa, que eso se burlan de las suyas. Y si algunas veces se levanta competencia o porfía, como es ordinario sobre la limpieza o hermosura por vía de donaire y risa con los nuestros, responden con harta igualdad y dan buena razón de todo lo que hacen [M, ff. 279–279v].

Acerca de la diferencia y contrariedad que hay entre los japoneses y los de Europa en las costumbres, en la lengua, en el modo de vestir, de comer, de asentar, de conversar, de holgar y de otras diversas cosas en la verdad es tan grande que mal se puede entender sino de los que lo ven y lo que es más para espantar que sus costumbres no son ni descorteses ni[522] bárbar[a]s, mas antes muy corteses y puest[a]s en razón. Porque en la verdad la policía, la limpieza y cortesía de los japoneses y la prudencia en su modo de proceder no cede a ninguna otra nación

---

522 ni tan bárbara *AJ*.

de las nuestras y conforme a algunos principios universales que ellos tienen en su manera de república y de gobierno que dan sus costumbres tan propios, racionales y acomodados a los japoneses como los nuestros son entre los de Europa. Antes de tal manera van sus costumbres ordenad[a]s que se no hacen en Japón casi ninguna cosa que no tenga sus leyes particulares del modo se han de hacer, y, haciéndolas de otro modo, quedan malhechas contra la policía y buena crianza de Japón. Y así en el modo de comer, de hacer los convites y banquetes, de recibir los huéspedes, de enviar diversas manera de presentes, de componer una casa, de cabalgar, de usar de toda manera de armas en escribir las cartas, y en todas las más cosas particulares, hay tanta manera de puntos y complementos y tanta leyes de cortesía que sin dudas es cosa de espanto[523] [f. 36v] como van tan bien ordenadas todas sus cosas y aunque por ser tan diferentes de las nuestras en los principios los de Europa las extrañan[524] y todos hallamos muy grande dificultad en comprenderlas[525] y acomodarnos a ellas. Todavía, después que se tiene más experiencia y conocimiento,[526] parecen bien y puestas en mucha razón[527] tanto que años otros mismos no nos parecen menos acomodadas, corteses y racionales que las nuestras.

Con todo eso, como dijimos, muchas de nuestras cosas les van pareciendo bien porque también a ellos con el uso se hacen acomodadas nuestras cosas y no todos los nuestros olores les descontentan, sino lo que son fuertes, como de incienso *beijoin*[528], ni tampoco todas sus medicinas son suaves y olorosas, mas muchas de ellas son amargosas, aunque hay otras que son olorosas y suaves y todas universalmente no son tan asquerosas como las nuestras. Finalmente, las contrariedades y diversidades que hay entre ellos y nosotros en las costumbres no causan[529] en ellos falta de policía y buena crianza, ni los hacen en ninguna manera bárbaros porque en la verdad no se les puede dar este nombre. Mas para que también examinemos lo que dice Maffei qué se halla en ellos de mal, pondremos aquí sus palabras en que dice así[530]:

---

523 de como *AJ.*

524 las nuestras *AJ.*

525 aprenderlas *AJ.*

526 y conocimiento de Japón *AJ.*

527 puesta en muchas razones *AJ.*

528 besvin *AJ.* El «beijoin» es una variación de la palabra «benjuí», que se refiere a una resina aromática obtenida del árbol del género *styrax*. El benjuí se usa comúnmente en la fabricación de inciensos, perfumes y medicinas tradicionales.

529 casan *AJ.*

530 «Haec ferme Iaponiorum bona: quae tamen eadem, ingenti malorum cumulo compensari nil ambigas. Ac primum, in Dei cultu, quod potissimum iustitiae munus est; et infinibus bonorum ac malorum, una cum caeteris quae Christum ignorant gentibus, miserandum in morum errat. [. . .]

Estas son casi las más buenas costumbres y lo mejor que tienen los japoneses pero, con todo eso, estas cosas las tienen mezcladas con un grande cúmulo de vicios con los cuales borran todo. Primeramente, van muy herrados en la religión y culto de Dios, careciendo con esto del más principal don de la justicia, y así en los fines de los buenos y de los malos están en unas ciegas tinieblas como las demás gentes que ignoran a Cristo. [. . .]. De esta manera y con estos documentos abominables han venido poco a poco los japoneses a apagar los rayos de la verdadera luz que Dios les había dado, y se desnudan de los magisterios de la conciencia, y rompiendo los encerramientos de la honestidad y pudicicia se van desenfrenadamente tras los bailes, juegos, borracheras y deshonestidades, y van a dar apresuradamente en aquel profundo y eterno caos del infierno, como caminantes ciegos que son guiados de otros ciegos. Y estos mismos por conservar la gravedad y constancia acostumbrándose desde niños a encubrir las acciones y movimientos de sus ánimos, fácilmente se hacen de prudentes, astutos, pérfidos y cavilosos. De adonde tienen un maldito cuidado de disimular y un deseo de engañar a sus enemigos, y así cuando aborrecen mucho a uno le miran de tal manera entonces con unos tan familiares ojos que parece compite su sencillez con una verdadera fe y llana simplicidad [M, ff. 282–282v].

Acerca de lo cual no hay que dudar, sino que a do falta el conocimiento de Dios y la religión verdadera y reina la idolatría hay siempre mucha maldad y falsedad. Todavía se puede con verdad decir que ninguna gentilidad –entrando también en este número los romanos cuando eran gentiles– fue tan modesta y honesta como son los japoneses, porque aunque no falten muchos pecados entre ellos, todavía en la verdad no hay entre ellos las deshonestidades públicas y autorizadas como hubo siempre entre otras gentilidades. Porque ni las sectas [f. 37] de sus bonzos cuentan de sus *Fotoques* las deshonestidades de Júpiter, de Venus, de Cupido y de otros dioses bien deshonestos que adoraban aun los romanos. Porque, aunque digan muchas fábulas de ellos, todavía todas son de virtud y deshonestidad y ellos encomiendan en sus sectas mucho el apartarse de los sentidos y de las cosas de este mundo y dan también muy buenos preceptos morales. Allende de esto, no hacen ninguna manera de fiestas ni de otras cosas en público que parezcan deshonestas, como hacían los romanos la fiesta de Flora, su diosa, de Venus, de Príapo, de Baco y de otros demonios torpes, porque en Japón todas sus fiestas son modestas y honestas en lo exterior. Allende de esto, es gente universalmente muy

---

Inde Iaponij paulatim extinctis quae Deus indiderat, veritatis igniculis, conscentiae magisterium exuunt, effractisque pudicitiae claustris, in choreas, ludos, compotationes, ac venerem intemperanter effusi, coeci cum coecis ducibus viatores ad sempiternum interitum pracipiti celeritate festinant. Iidem, per causam retinaendae gravitatis atque constantiae, dum animorum sensa motusque a primis annis obtegere ac celare adsuescunt, facili deflexu, a prudentia ad austutiam, calliditatem, perfidiamque degenerant. Inde pravum simulandi studium, et fallendi certamen. Uti quemque pessime oderunt, ita familiarissimis oculis intuentur: bona fides, et aperta simplicitas, et candor illuditur. Haec ille».

sujeta a la razón y que fácilmente se convence[531] con las razones que les damos acerca de haber un Dios solo, creador y gobernador de este mundo, y remunerador[532] de los bienes y de los males, y también de las que les damos acerca de la inmortalidad de nuestras ánimas, y fácilmente se mueven convencidos de ellas a recibir nuestra santa ley y hacerse cristianos con grande deseo de su salvación. Y después de hechos cristianos que comienzan a confesarse, viven muy bien teniendo mucha cuenta de sus almas, de guardar nuestra santa ley y con gran deseo de su salvación y enmienda de los vicios que tenían cuando eran gentiles como se verá claramente en el discurso de esta *Historia*. Allende de esto, dice Maffei[533]:

---

531 convencen *AJ*.

532 venerador *AJ*.

533 «Accedit saevitia morum et immanitas dira. Levissimis de causis et quidem nec opinantes et aversos invadunt homines, unoque aut altero acuti ac ponderosi acinacis ictu conficiunt: dein, compositio ac securo vultu, quasi facinus ad se nulla ratione pertineat, ferrum vaginae reddunt. In super, nacti occasionem ex tuto, gladij acumen in capite humerisue insontis cuiuspiam interdum experiri non dubitant. In bello, captis per vim oppidis, aut pagis, certum exitium; cuncta ferro, flammisque vastantur: non aestati, non sexui parcitur. In praelio victi, si palantes effugiant, nullo discrimine cives hostesne sint, spoliorum causa plerunque ab agrestibus opprimuntur. Aliena, ut diximus, furto subducere dedignantur; caedibus rapinisque grassari non item. Tetra latronibus, mare piratis vehementer infestum. Praegnantes foeminae, partum haud raro medicamentis ab igunt, idque Bonzijs auctoribus ac magistris; vel eriam editos in lucem infantes, alendi taedio, inopia ve, crudeliter iniecto praefocant pede. Egentibus aegrotis, aut peregrinis publica et gratuita diversoria nulla. Sub dio pernoctant, miseramque; trahentes animam, deserti ab hominibus, vel ipsa die sanantur, vel extincti morbo, abijciuntur in sterquilinium. Eo maiores cum approbatione Iaponij Christianam caritatem erga destitutos et calamitosos, itemque; sepulturae ac funerum instituta mirantur. Sontibus quolibet nomine, haud leviora quam, exsilij, aut proscriptionis [f. 37v], aut capitis supplicia constituta sunt. Gladio ferme trucidantur improvidi. Nam alioqui se haud inultos cadere patiuntur. Quibusdam tamen locis comprehensos latrones, certoque ad ignominiam vehiculi genere per civium ora transuectos, extra urben cruci, quanta signo illi veneratio debeatur, affigi mos est. In seditiosos etiam, qui quidem potentes ac principes viri sunt, ex antecondicto interdum animadverti solet in hunc fere modum. Aedes noxij, Rex, ubi visum est, milite armato circundat, eidemque facit liberum aut pugnae aut mortis arbitrium. Si pugnam optarit, commisso protinus certamine, cum familia plane tota deletur, ac perpetua in omnem posteritatem notatur infamia. Sin voluntariam elegerit necem, ultro sibimet ventrem alta plaga in obliquum, nonnulli etiam animosiores duplici in decussim incidunt. Ubi effluere intestina caepere, parato in idipsum famulo cervices amputandas praebent, et ex amicis praecipui illatis pariter sibi manibus, supra mortuum corruere sibi gloriosum putant. Atque idem facinus, in alijs quoque periculis, praesertim ubi agitur existimatio, et fama, valde usitatum est, et obductis densa caligine mentibus honestissimum dicitur. Quin, ipsi interdum pueri vel a parentibus exacerbati vehementius, vel graviore aliqua indignatione concepta, genus id leti palam sibimet ipsi consciscunt. Haec Maffeyus».

Adjúntaseles a esto una crueldad natural que tienen de costumbre, y una ferocidad intratable. Y así con ligeras ocasiones, y aun sin ellas, acometen descuidadamente a sus enemigos y les quitan las vidas con las dagas, dándoles furiosos golpes. Y hecho esto, con un rostro muy compuesto y seguro vuelven la daga a la vaina, como si no hubieran hecho tal maldad. Además de esto, si se les ofrece alguna buena ocasión de lugar seguro, no dudan muchas veces de probar el corte de su espada en la cabeza o en los hombros de alguno que está descuidado. En la guerra cuando ganan por fuerza algunos lugares o aldeas, todas las cosas destruyen a fuego y a sangre, sin perdonar ni a edad ni sexo alguno. Los que son vencidos en la batalla, si acaso huyen esparcidos, las más veces son muertos por los villanos, sin hacer diferencia alguna si son amigos o enemigos, solo por robarlos. Tomar las cosas ajenas con hurto, como hemos dicho, lo tienen en poco, pero no el encruelecerse en muertes y rapinas. La tierra está llena de ladrones y la mar también de corsarios. Las mujeres, cuando están preñadas, muchas veces se desembarazan del preñado con algunas bebidas que toman para abortar, siendo autores y maestros, bien después de nacidos los niños, con el enfado de criarlos o, por ser pobres, los ahogan cruelmente, echándoles el pie encima. No tienen hospitales públicos para los pobres enfermos o peregrinos, y así de noche se quedan por las calles debajo la misericordia de Dios. Y, estando los miserables con la agonía de la enfermedad desamparados de los hombres, o sanan con el beneficio del día, o, siendo muerto de la enfermedad, los echan en el muladar. Por esta ocasión, los japoneses se espantaban con mayor [apreciación] de la caridad cristiana de los nuestros, acerca de los desamparados y enfermos, y se admiraban también de los institutos de la sepultura y entierros. Para los condenados por justicia, por cualquiera título, no tienen otros más ligeros castigos que destierro, o confiscación de bienes, o pena de muerte, porque casi siempre les quitan las vidas con la espada impensadamente, porque de otra manera les parece que no quedarían bien vengados. En algunas partes, también, cuando prenden a los ladrones, los llevan afrentosamente por toda la ciudad a la vergüenza en un carro, y después, sacándolos fuera de la ciudad, los ponen en una cruz, no sabiendo la veneración que se debe a aquella celestial señal. También tienen otro género de castigo para los sediciosos y escandalosos, los cuales de ordinarios son hombres poderosos y principales, el cual castigo algunas veces se concierta primero antes que lo sepan de esta manera: cuando quiere el rey castigar a algunos de estos, le cerca la casa con soldados armados y le da a escoger o que se defienda por batalla o que acepte voluntariamente la muerte. Si elige la batalla, se comienza luego la pelea y de esta manera perece con toda su familia y casa, y es señalado para siempre con una perpetua infamia de traición él y toda su descendencia. Si escoge una voluntaria muerte, él mismo se hace una herida honra en el vientre hacia el ombligo; algunos también que son animosos se dan mayores y más heridas. Cuando se les comienzan a salir los intestinos, tienen allí aparejado un criado para que les corte la cabeza, al cual entregan las cervices para que cumpla su mandato. Y algunos amigos suyos se quitan ellos mismos las vidas sobre el cuerpo muerto, lo cual piensan que es caso de mucha gloria. Esta hazaña de quitarse las vidas junto con sus amigos es cosa muy usada entre aquellas gentes también en otros peligros, particularmente cuando se trata de honra o fama. Porque, como tienen atapados los entendimientos con la escura tiniebla de la gentilidad, les parece esto cosa de grandísima gloria. También los muchachos, cuando son demasiadamente indignados por sus propios padres o teman otro enojo mayor, públicamente se quitan las vidas de esta propia manera [M, ff. 282v–283].

Cuanto a lo que acerca de esto dice, aunque no se puede negar que los japoneses, con la profesión[534] que hacen todos de soldados y con las continuas guerras, no sean fáciles en matar, con todo eso, en la verdad no se pueden llamar[535] hombres crueles y bárbaros, porque las muertes que ellos hacen son en la guerra o por orden y mandado de sus señores, como ejecutores de su justicia. Porque es costumbre[536] entre ellos que cuando su señor manda matar alguna persona, cualquiera de sus criados y vasallos a quien encomienda esto lo hace sin réplica de la misma manera que manda su señor, ni puede hacer lo contrario, porque de otra manera ellos serían muertos. Ni padecen[537] detrimento en su honra en hacer esto y, porque ellos se no dejan matar sin vengarse cuando pueden, de esto se siguen[538] que matan muchos de ellos disimuladamente de la manera que escribe Maffei. Mas sacado las muertes que se hacen por mandado de sus señores y en tiempo de guerra, viven con mucha paz sin haber entre ellos ni muertes ni bregas, sino muy pocas veces como dijimos arriba. Y así naturalmente no son ellos crueles, y aunque se halle a las veces quien por probar una catana mate un pobre hombre, esto es cosa rara, porque hay grandísima pena no solo en matar un hombre, mas [en][539] hacer bregas unos con otros. Y el probar sus catanas es en los que por justicia son muertos.[540] El matarse a sí mismos[541] no lo hacen ellos por crueldad, mas por honra, y por no venir a manos de sus [f. 38] enemigos, y también porque no venga[542] mal a sus mujeres e hijos que matarían todos si ellos se quisiesen defender, y porque los señores cuando los hombres hacen algún delito y huyen, echan mano de los hijos y mujeres para los matar en su lugar. Son los japoneses tan primoreados en esto que cada día se ve que estando ellos ya libres y en[543] salvo, se van entregar de su propia voluntad en manos de sus señores, sabiendo que han de ser muertos para librar sus mujeres e hijos, lo cual sin duda es cosa para se alabar y de grande esfuerzo.

Y cuanto a matar los hijos recién nacidos, no hace esto comúnmente sino gente pobre y que les parece que no tienen modo para los sustentar, pareciéndoles que es menos crueldad matarlos cuando son niños que dejarlos vivir toda la vida en

---

534 perfección *AJ*.
535 no se puede hablar *AJ*.
536 hay costumbres *AJ*.
537 ni padecen ninguno detrimento *AJ*.
538 se sigue *AJ*.
539 BL omite esta preposición que AJ añade.
540 Y el matarse *AJ*.
541 mismo *AJ*.
542 vengan *AJ*.
543 y en su salvo *AJ*.

continua pobreza y miseria[544] sin tener con qué los sustentar. Aunque más comúnmente entre ellos es hacer aborto que matarlos de esta manera, y aunque es harto mal, no es cosa nueva entre los que no creen la inmortalidad de nuestras almas matarse a sí mismos para salir de trabajos y afrontas, y[545] hacer estos abortos y matanzas de hijos pequeños, pues en muchas *Historias* se lee que así lo hacían los gentiles y los romanos no usaban también poco de esto. Con todo eso no se ve entre los japoneses las crueldades que aun entre los romanos se hallaban cuando eran gentiles, que usaban por sus recreaciones los juegos gladiatorios y las naumaquias navales, en las cuales con tanta crueldad se mataban unos a otros y ellos holgaban de los ver así matar, y otras veces los echaban a pelear con leones y con tigres y con otras bestias bravas tomando recreación de ver tan cruelmente matar tantos hombres.

Ni tampoco se ve en Japón que los señores de la *Tenca* ni otros señores particulares hagan las crueldades, las deshonestidades y desafueros que hicieron muchos de los emperadores romanos, mas gobiernan todos comúnmente con mucha moderación teniendo grande cuenta de su honra y de no hacer cosa que sea en común condenada y que parezca sin justicia y sin razón manifiesta. Es verdad que si queremos comparar la justicia y el gobierno que hay entre los señores cristianos de Europa, podremos decir que es bárbaro el gobierno de los japoneses, porque en la verdad harto bárbara es la nación que carece del conocimiento de Dios y son idólatras. Mas en esto, más bárbaros eran los romanos que los japoneses, porque aunque los romanos, cuanto al gobierno de su república, tenían mejores leyes, cuanto a la idolatría admitían toda manera de dioses y les hacían fiestas torpes y crueles, lo cual no hacen los japoneses.

Y así, concluyo, por la experiencia que tengo[546] de esta gente y por lo que he leído en muchas *Historias* de la gentilidad. No hallo gentilidad que fuese más moderada y modesta en sus acciones, ni menos maldades y crueldades de lo que son los japoneses, ni más sujeta a razón y capaz para recibir nuestra santa ley y para se encaminar al bien y buscar su salvación como adelante lo veremos en esta *Historia* y buena prueba. Es de esto ver cuán grandes contradicciones halló nuestra santa ley en las otras naciones que eran gentiles, y cuán crueles y pertinaces fueron los romanos que hicieron por tanto tiempo tan crueles muertes y martirios en los cristianos, sin bastar ni la santidad de la vida tan heroica ni los grandes milagros que hacían los santos para los quitar de sus idolatrías y para ablandar sus crueldades. Lo cual no sé cómo se pueda negar no procediese de[547] ánimo

---

544 trabajos *AJ*.
545 deshonras y el *AJ*.
546 tengan *AJ*.
547 del *AJ*.

muy cruel y bárbaro. Y con todo eso, vemos ahora que los japoneses, sin ver resucitar muertos ni hacer tantos milagros, convencidos solamente de la razón, se mueven a ser cristianos y hacer tan grande cuenta[548] de los predicadores de esta ley, que aun los que nos persiguen usan también en esto de mucha moderación como lo veremos en esta *Historia*.

Después de haber yo escrito esta *Historia*, vino a mis manos un libro *De la vida del padre Francisco Xavier* compuesta en portugués por el padre Juan de Lucena, imprimida y publicada en Europa en el año de 1600. La cual yo hallé en el Collegio de Macao, viniendo a visitarle de Japón en febrero de 1603, y va escrita con muy elegante estilo, curiosa y llena de buena doctrina. Mas como se escribió en Europa, y sin el padre haber visto ninguna de estas partes y faltarle[549] por eso el conocimiento experimental de muchas cosas de ellas, especialmente en lo[550] que escribe acerca de China y Japón, se dicen muchas cosas con demasiado encarecimiento que tienen necesidad de declaración. Y lo que toca a Japón[551] se ha de moderar y entender conforme a lo que está declarado en este y en el capítulo pasado.

---

548 grandes cuentas *AJ*.
549 estarle *AJ*.
550 la *AJ*.
551 a los japoneses *AJ*.

Capítulo 9
Llegaron otros padres de los nuestros a Japón e hicieron otra nueva residencia en Bungo

Tiempo es que tornemos ya a la historia de la cristiandad comenzada en el año de 1551, con la muerte de Vochidono[552], rey natural de Yamaguchi y de los más reinos de Chugocu, y con la sucesión del nuevo rey, hermano del rey de Bungo, que con el favor del mismo rey había entrado a poseer aquellos reinos, ayudado[553] de algunos señores de ellos, aunque otros le eran contrarios. Fue el padre Cosme de Torres[554] haciendo algunos cristianos en Yamaguchi, siendo favorecido del rey por respeto de su hermano. Aunque por estar aquellos reinos perturbados y los bonzos hacer a los nuestros contradicciones[555] muy grandes, más padecían de lo que hacían, y los que hacían cristianos eran comúnmente hombres pobres y de poca cualidad, porque ni la soberbia de los caballeros japoneses era capaz [f. 39] de la humildad y mortificación de Jesucristo crucificado que los nuestros le predicaban, ni la vida carnal y sensual que ellos hacían se podía acomodar a la virtud y mortificación cristiana para que se cumpliese también en esta nueva Iglesia lo que San Pablo cuenta que aconteció entre los corintios en la primitiva Iglesia diciendo[556]:

> Pues mirad, hermanos, vuestra vocación, que no sois muchos sabios según la carne, ni muchos poderosos, ni muchos nobles; sino que lo necio del mundo escogió Dios, para avergon-

---

552 Sería Ōuchidono, es decir Ōuchi Yoshinaga (大内 義長), el último líder del poderoso clan Ōuchi durante el período Sengoku en Japón. Nació en 1532 y murió en 1557. Yoshinaga era el hermano menor de Ōtomo Sōrin y el hijo de una de las hijas de Ōuchi Yoshioki. Al principio, era conocido como Haruhide y posteriormente, su nombre fue cambiado a Yoshinaga. Fue adoptado por la familia Ōuchi y, en 1544, fue presentado a Ōuchi Yoshikata. Sin embargo, al año siguiente, nació el hijo de Yoshikata, Yoshihiro, y la adopción planeada fue cancelada. Cuando Ōuchi Yoshitaka fue derrocado en 1551, Sōrin y Sue Harukata acordaron nombrar a Yoshinaga como el nuevo señor de los Ōuchi. Tras la victoria de Mōri Motonari en Miyajima en 1555 y la muerte de Sue, la posición de Yoshinaga se debilitó constantemente hasta que se vio obligado a suicidarse cuando Motonari marchó contra Yamaguchi en 1557.
553 ayudados *AJ*.
554 Fue el padre Xavier, digo el padre Cosme de Torres *AJ*.
555 contradicción *AJ*.
556 «Videte enim vocationem vestram, fratres, quia non multi sapientes secundum carnem, non multi potentes, non multi nobiles: sed quae stulta sunt mundi elegit Deus, ut confundat sapientes: et infirma mundi elegit Deus, ut confundat fortia: et ignobilia mundi, et contemptibilia elegit Deus, et ea quae non sunt, ut ea quae sunt destrueret: ut non glorietur omnis caro in conspectu ejus».

https://doi.org/10.1515/9783111617602-011

zar a los sabios; y lo débil del mundo escogió Dios, para avergonzar a lo fuerte; y lo vil del mundo y lo menospreciado escogió Dios, y lo que no es, para deshacer lo que es, a fin de que nadie se jacte en su presencia [I Corintios 1, 26–29].

Y así, contando el mismo padre Cosme de Torres lo que en Yamaguchi pasaba en este tiempo, en una carta que escribió en octubre del año 1552 a los de la Compañía de Goa, y en otra que escribió poco después [a los padres][557] que en el mismo año 52 vinieron de la India a Bungo, dice en la primera estas palabras[558]:

[. . .] los cuales [los japoneses] son muy curiosos en preguntar, tanto que, desde el día que el padre maestro Francisco llegó a esta ciudad, que anda en cinco meses o más, no ha pasado día en que, desde la mañana hasta la mayor parte de la noche, dejase de haber bonzos o legos para preguntar todo género de preguntas: unas veces, «¿cómo está Dios?», «¿dónde está?», «¿cómo no se ve?»; otras, «¿cómo las almas tuvieron principio y no tendrán fin?». Y los que han de satisfacer a estos que preguntan, es que necesario que usen de grande prudencia, porque unas veces conviene mostrarles severidad y otras ponerse debajo de sus pies. También es necesario que sean probados en la paciencia, porque estos japoneses, como son tan agudos de ingenio, hacen burla de todos los extranjeros con la boca y con las manos, para humillarlos, porque a su parecer, no hay nación que los exceda en saber y honra [CA, ff. 49–49v].

Y en la segunda dice así[559]:

---

557 Esta especificación se omite en BL.
558 «Ipsi quidem Iaponii in percontando ita sunt curiosi; ut ex quo hanc urbem venimus (omnino quintus nunc, vel eo etiam amplius, agitur mensis) nulla dies effluxerit, quin ab hora matutina ad multam usque noctem vel Bonzii, vel laici affuerint, varia in omni genere sciscitantes: ut illa: «quis status est Dei? Qui locus? Oculis cur non cernitur? Qui fieri potest ut animorum origo sit, mors nequaquam. . .?». Quibus ut satisfiat, magna prudentia ac dexteritate opus mors nequa quam? Quibus ut satisfiat magna prudentia ac decteritate opus est: namque, prout res ponstulat, modo severe cum iis agendum, modo humiliter ac demisse. In primis autem patientia necessaria est. Et enim Japonii, ut sunt ingenio peracuti, et a nulla prorsus natione vel sapientia, vel dignitate superari se putant, advenas omnes, deprimendi caussa, non cavillantes modo, sed etiam vultu manibusque gesticulantes, illudunt».
559 «Ex hisce pauperibus multi facti iam sunt, fuintque semper aliqui Christiani. Iidem precationes tenent, easque ad januam fere quotidie recitant: tum singulis caxa (quod monetae genus est) in elemosynam datur. Quare illi admodum laeti, et domino gratias agentes domum sese recipiunt. Iidem dominicis diebus, cum in ordinem discubuere; qui Christiani ad sacrificium veniunt, aliquid iis praebent eleemosynae caussa. Itaque et illi benificio gaudent, et Christiani rei totius dispositione atque ordine delectantur, et omnes in Universum agunt Domino gratias; cuius sibi munere, anteactae ipsorum vitae foeditas patuit. [. . .] Haec caeteraque neophytorum erga inopes beneficia, quibus bis terve cibaria singulis mensibus largiuntur, compenset Dominus: quem vos rogate fratres mihi carissimi, ut haec ab illis fiant, nullam ob aliam caussam, nisi ut eide placeant: et simul in oficio me sua benignitate confirmet. Haec Cosmus Turrianus».

Muchos de estos pobres son cristianos y siempre se hacen algunos. Saben ya todas las oraciones las cuales rezan casi cada día a la puerta, después les dan de limosna a cada uno una *caxa*[560] que es una cierta moneda y con esa se van muy contentos y consolados dando gracias a nuestro Señor que les hace tanta merced. A los domingos están sentados por su orden y los cristianos que vienen a oír misa les dan limosna con que ellos huelgan, y los cristianos se alegran de verlos en tanta orden y todos generalmente dan gracias a Dios que les dio conocimiento de su mala vida pasada. [. . .] Nuestro señor le pague esta buena obra y todas las demás que estos cristianos usan con los pobres, dándoles cada mes de comer dos o tres veces. Rogad, hermanos carísimos, a Dios nuestro Señor que lo hagan por su amor y no por otro fin, y a mí me da de gracia para ir adelante en su servicio [CC, 79–80][561].

En el año de 1552 llegaron a Japón algunos de los nuestros que el padre Xavier[562], viniendo de la India para la China, envió. De los cuales, hablando [f. 39v] Maffei después de dar cuenta de otras cosas que el padre Xavier hizo en la India, dice así[563]:

Finalmente señaló por subsidiarios para la viña del Japón al padre Cosme Turriano, al padre Joan Fernández y también a los padres Baltasar Gago, Pedro de Alcaçova y a Eduardo da Silva, a los cuales llevó en su compañía hasta Malaca. [. . .]. Envió luego el padre Xavier desde aquella ciudad [Malaca] al padre Baltasar Gago y a sus compañeros a Japón [M, ff. 348v–349].

Y el mismo hermano Pedro de Alcaçova, en una carta que escribió en el año 54 a los hermanos de Portugal, después de volver de Japón, dando cuenta del tiempo que llegaron a Japón y de lo que vio allí, dice estas palabras[564]:

---

560 Según Ruíz de Medina la *caixa* era una «moneda de poco valor que ya en tiempos anteriores equivalía a 1/800 de cruzado Los misioneros llamaron «caixa» al *zeni*, nombre común para las pequeñas monedas japonesas. El antiguo *rin*, milésima parte del yen (en japonés actual en) no circulaba en los días de Cosme de Torres» (DJ1, 458).

561 Esta carta está citada en otra de Duarte da Silva.

562 Se utiliza la versión extendida «el padre Xavier» en lugar de la italianizada por Valignano, «el Xaverio».

563 «In Japonensem denique vineam, Cosmo Turriano, et Ioanni Fernando subsidiarios designavit Balthazarem Gagum, Petrum Alcacevam, Eduardum Sylvium. Hosce Malacam usque secum ducebat. [. . .] Ex eaque urbe Balthasarem Gagum eiusque; consortes in Iaponem sine cunctatione transmisit».

564 «Anno a purissima Virgine 1552, decimo quinto kalendas Maias proficiscentem ex India Franciscum Xaverium, ut in oram Sinarum trajiceret (quo secum e patribus Balthasarem Gagum, itemque e fratribus unum ducebat) secuti ego et frater Duartes a Silva, ut peteremus Japonem, Malacam venimus. [. . .] Ibi Xaverius ut a Sinas postea pergeret, substitis. Nobis Japonem versus, octavo idus Junias proficiscentibus, itineris comes repente, Xaverii jussu Balthasar Gagus accessit. Cum ad Sinas pervenissemus, peropportune paratam navim invenimus: quod eo jucundius nobis accedit, quod ea de re valde soliciti in itinere fueramus. Conscendimus igitur quarto Nonas

A diez y siete de abril del año de mil y quinientos y cincuenta y dos, partió el padre maestro Francisco de Goa, con determinación de entrar en la China, y llevaba consigo al padre Baltasar Gago y al hermano Duarte da Silva y a mí, para ir a Japón. Llegando a Malaca, determinó de enviar con nosotros al padre Baltasar Gago por nuestro superior, de que mucho nos consolamos, porque íbamos sin confesor. El padre maestro Francisco quedó sin compañero en Malaca, para ir a la China, y nosotros nos partimos para Japón a seis de junio. Íbamos en una nao que había de quedar en la China. Quiso nuestro Señor que hallamos embarcación para ir de allí a Japón, a do llegamos a catorce de agosto. La primera tierra que tomamos fue una isla que se llama «Tanoxima», donde ya había estado el padre maestro Francisco, y el señor de ella nos hospedó muy bien. Partimos de allí para otro reino que se llama Bungo en un barco, en que pasamos muy grande tempestad, mas el Señor no desampara en tal tiempo. Llegamos a la ciudad de Bungo a siete de septiembre, y luego el rey nos mandó dar una casa en que posásemos [CA, f. 53v].

Acerca de lo cual se ha de advertir que en la impresión de esta carta hubo algunos yerros, porque en estas palabras mudaron el nombre de Tanoxima[565] –que es una isleta pequeña que está fuera en el mar en Cangoxima que es la ciudad principal de Satsuma– engañándose el que la imprimió[566] con la semejanza del nombre. Porque en la carta del mismo padre Xavier, en que trata de este viaje, decía que llegara a Cangoxima sin hacer mención de Tanoxima. Mas la verdad fue que la primera tierra que tomó el padre Xavier en Japón fue la isla de Tanoxima, que está en la mar [encanto][567] de Satsuma, y de allí fue con su navío[568] a Cangoxima, que es la ciudad principal de aquel reino. Y a la misma isla de Tanoxima tomó el hermano Pedro de Alcaçova con sus compañeros antes de llegar a Bungo. De este yerro se siguió también otro más abajo en la misma carta, diciendo que el hermano Pedro de Alcaçova pasara por Cangoxima. Allende de esto, en la impresa en latín, decía que llegara a Bungo: «undecimo kalenda octobris et decimo septimo die ad urbem Bungum»; habiendo de decir «undecimo kalenda [septembris][569] et

---

Augusti, et duo decimo die Japonem appulimus, inque Cangoximam insulam, ubi Xaverius versatus antea fuerat, primo adventu descendimus. Ibi dierum octo mora facta, ab Regulo valde benigne tractati, undecimo kalendas, Octobris perreximus ad Bungi regnum, quod appellatur, et decimo septimo die ad urbem Funaium sane quam adversa et periculosa navigatione pervenimus. Haec ille».

565 Se trata de Tanegashima (種子島), una isla japonesa ubicada en la prefectura de Kagoshima. Es conocida históricamente por ser el lugar donde los portugueses introdujeron las armas de fuego a Japón en 1543, un evento que tuvo un impacto significativo en el desarrollo militar del país.

566 imperio *AJ*.

567 Esta expresión no se entiende muy bien. La versión de AJ parece ser la más correcta ya que lee «al encuentro».

568 nave *AJ*.

569 Se omite en BL.

ad urbem Funarum[570]». Porque en[571] la verdad llegaron a los 7 de septiembre a Bungo [f. 40], como consta por la misma carta del hermano escrita en lenguaje, y por esto emendamos este lugar como aquí va. Y, prosiguiendo la carta adelante, dice así[572]:

> [. . .] y luego el rey nos mandó dar una casa en que posásemos. Otro día le fuimos a visitar, y le llevamos unas muy hermosas corazas y otras piezas que le enviaba el virrey de la India, con lo cual holgó mucho y cada día éramos visitados de su parte con muchas cosas de comer, así de mar como de la tierra [CA, f. 54v].

Con la llegada de los nuestros a Bungo, fue muy grande la consolación que recibieron algunos cristianos que el padre Xavier había dejado ya hecho en Bungo, y luego se comenzaron a hacer otros de nuevo, mas eran[573] comúnmente hombres pobres y de la misma suerte que eran los que hacían en Yamaguchi[574]. El rey de Bungo, con la venida de los nuestros y con la vuelta del embajador que con el padre Xavier había enviado, que volvió hecho cristiano de Goa, y con las cartas y presente[575] del virrey en que le encomendaba los nuestros, se alegró grandemente entendiendo por Lourenço Pereira[576] –que así se llamó su embajador después de hecho cristiano– lo cual[577] pasaba en la India, y el deseo que tenía el virrey que los portugueses que iban con su nave a Japón fuesen favorecidos en su tierra, y también la virtud de los padres y los que profesaban[578] con su venida a Japón. Tomando a su cargo[579] favorecer los nuestros, les prometió que les daría en su tierra lugar para estar a[580] su voluntad y hacer cristianos todos los que lo quisiesen ser.

Con la llegada de los nuestros a Bungo se alegró también grandemente el padre Cosme de Torres como lo supo en Yamaguchi, y les envió luego al hermano

---

570 Funajum *AJ*.
571 a *AJ*.
572 «Ibi nobis aedes hospitio datae sunt iussu Regis, quem postridie invisimus: eique ab Indiae Prorege munera attulimus. Quibus ille magnopere delectatus, praeter hospitium nobis terrestria quoque, et maritima lautia quotidie iussit praeberi. Rex est sanem potens, admodumque imperat late. Haec ille».
573 serán *AJ*.
574 AJ añade «y».
575 presentes *AJ*.
576 «del neófito japonés Lorenzo Pereira, embajador del daimio de Bungo Õtomo Yoshishige» (DJ1: 343).
577 que *AJ*.
578 lo que profesaba *AJ*.
579 a favorecer *AJ*.
580 en *AJ*.

Juan Hernández con orden que, después de descansar en Bungo algunos días, se fuesen[581] a hacer la fiesta de Natividad en Yamaguchi, como el mismo hermano Pedro de Alcaçova lo cuenta en la dicha carta por estas palabras:[582]

> El padre Cosme de Torres, como supo en Yamaguchi donde estaba, que nosotros habíamos llegado a Bungo, envió luego al hermano Juan Hernández por que sab[í]a muy bien la lengua de Japón para que fuese intérprete, así de las cosas que el señor visorrey mandaba decir al rey como también para que le hablase acerca de las de nuestra santa fe. Fuímonos con él al palacio y él mostró mucho placer de oírlo que acerca de uno y de otro. [. . .] él respondió que [. . .] daría pública licencia semejante a la de Yamaguchi, para que con más libertad, así nuestra como de los que se quisiesen convertir, se procediese en la conversión. La cual se haría por el estilo de la de Yamaguchi para tener nosotros a la puerta de nuestra casa para ser vista de todos. Despedidos de él en octubre de mil y quinientos y cincuenta y dos, fuimos de Bungo a Yamaguchi donde nos recibió el padre Cosme de Torres con todos los cristianos de la tierra con tanta alegría y caridad que era para loar a nuestro Señor. Estuvimos ahí día de Navidad y díjose misa cantada, que aunque no fue con buenas voces, fue con mucha consolación de los cristianos. Los dos padres dijeron seis misas y les declararon la razón de ellas [CC, 60–61].

Y poco más abajo, tratando de lo que viera en Yamaguchi, dice así[583]:

582 «Cosmus Turrianus Amangutii erat eo tempore: qui simul ac Bungi nos esse cognovit; continuo Joannem Fernandum Japonice doctum misit ad nos. Quo, et in mandatis, quae habebamus a Prorege, exponendis, interpretis munere fungeretur; et aliquid eadem opera de Christiana religione dissereret. Is nobiscum in regiam cum venisset, in utroque genere sane libenter est auditus ab Rege. [. . .] respondit [. . .] que publice se Christianam in suo regno religionem, et nobis interpretandi, et sectandi qui cuilibet potestatem esse facturum. Atque ejus rei auctoritatem verbis iisdem quibus Amanguitiana foret edita, conscripturum: quam in aedium nostrarum janua palam propositam haberemus. Cum hoc responso dimissi, Octobri mense ego, pater vero cum reliquis mense Decembri eiusdem anni 1552, contendimus Amangutium. Ubi et a Cosmo Turriano et ab universo coetu Christianorum singulari laetitia, excepti, diem natalem egimus Domini, solemnique sacrificio interfuimus et si non optima symphonia, magno tamen cum gaudio Christianorum: duo deinde patres tria singuli missae sacrifica peregerunt, totamque rationem ejus mysterii populo declararunt».

583 «Amangutii cum essem, qua in urbe Christiani permulti visuntur; tantam [f. 40v] eorum probitatem cognovi, quantam verbis vix exsequi possum. Lusitanos omnes fratrum numerant loco: populares autem suos eatenus diligunt, ut ex erroribus in viam rectam adducant, eaque in re sane vehementer laborant. Quod in hac terra eo mirabilius est, quod eadem interdum in domo, paterfamilias aliam, aliam mater, aliam filii superstitionis sectam sequuntur: nec tamen laborant, ut in suam se invicem haeresim pertrahant. Qui vero facti sunt Christiani, quam bono serviant Domino, vel pelliciendis ad ejusdem cultum et obsequium aliis, studiose testantur. Natalibus autem domini feriis, de quibus paullo ante memini, nocte, quidquid a sacrificiis otii superfuit, in sermonisbus Divinis audiendis posuere, alternis Joanne Fernando, et puero Christiano qui nostras didicit literas, pia quaedam scripta recitantibus. Lectio siquando in termitteba-

En la ciudad de Yamaguchi estuve mucho tiempo, donde hay muchos cristianos que no parecen sino religiosos. No podré encarecerles la bondad, y caridad y amor de estos cristianos para con nosotros. Paréceles que todos los portugueses son sus hermanos, ni se acuerdan de los que no son cristianos, si no es para tratarles de Dios. En Japón es esto más que en otras partes, porque hay muchas sectas y acaece ser el padre de una y la madre otra, y los hijos de otra, y no se les da nada de ello. Pero, luego que uno es de la ley de Dios, aborrece a los que no lo son. Los cristianos se tratan con tanto amor que bien parece ser más que natural. Muchos de ellos, en cayendo en alguna flaqueza, vienen luego a nuestra casa por remedios espirituales y, donde quiera que esté, no se afrentan de hablar de las cosas de Dios. Otros reprehenden a los que no son cristianos y les quiebran los ídolos delante de los ojos. Así que, son muy diferentes los cristianos de esta tierra de los de las otras tierras de gentiles. El día de Navidad nos juntamos todos los que acá estábamos y, como los cristianos supieron la fiesta que era, se alegraron mucho y vinieron a velar a nuestra casa, donde estuvieron hasta la segunda misa, oyendo siempre las cosas de Dios que el hermano Juan Hernández les leía. Y cuando él se cansaba, leía un niño cristiano que sabe leer nuestra letra, y toda aquella noche se pasó en oír cosas de Dios. Y en dejando de leer, luego importunaban que les hablasen de las cosas del Creador. La misa del gallo se dijo cantada con diacono y subdiácono. Quedaron tan consolados los cristianos que era para dar gracias al Señor. Y, acabada la misa del gallo se fueron a sus casas y volvieron por la mañana a la mayor. [. . .]. En este tiempo levantaron los bonzos una murmuración, diciendo que los que se hacían cristianos era por no dar limosnas a los pagodes. Y sabiendo esto, los cristianos vinieron a decir al padre que les parecía, pues nosotros no recibíamos dinero, que tuviésemos un cepo a la puerta de la iglesia, donde los cristianos echasen sus limosnas, y el dinero se diese a los pobres que viniesen a pedir limosnas, así cristianos como gentiles. Yo me hallé algunas veces presente y me espantaba de ver la grande caridad con que hacía esta buena obra [CA, ff. 56v–57].

Por las cuales palabras y por las cosas que desde el principio comenzaron a hacer los cristianos, se parece que iban teniendo alguna semejanza con lo que dice San Lucas en los *Actos de los apóstoles*:[584] «Y la multitud de los que habían creído era de un corazón y un alma; y ninguno decía ser suyo propio nada de lo que poseía, sino que tenían todas las cosas en común» (Hechos 4: 32). Porque, aunque lo hacían esto con tanta perfección, pues cada uno tenía lo que era suyo propio, toda-

---

tur; ut de rebus Divinis disputaretur, continuo postulabant. A nocturnis sacrificiis domum reversi, mane rursus ad diurna venerunt. [. . .] Rumorem bonzij dissipaverant, iccirco Japonios fieri Christianos, ne in idola eleemosynas erogarent. Id ubi rescivere neophyti, nos convenere, petentes, ut quoniam nos no acciperemus pecuniam, constitueretur scrinium stipi condendae, quae ab se in pauperum subsidia conferretur. Eorundem aliquoties, cum ipsimet praeberent egentibus epulum inspectante me, caritas mihi miraculo fuit. Monumentum etiam locumque sepeliendis Christianorum corporibus, perquam elegantI opere construxere. In funeribus autem, ad effendum cadAver honestisimus quisque deligitur. Huis modi quippe misericordiae muneribus obeundis magnopere delectantur. Haec ille».
584 «Multitudinis autem credentium erat cor unum et anima una: nec quisquam eorum quae possidebat, aliquid suum esse dicebat, sed erant illis omnia communia».

vía se amaban entre sí mucho y ayudaban con sus limosnas a los pobres, prove-
yéndolos[585] como mejor podían, y ejercitándose en otras obras de caridad y misericordia. Pasadas las fiestas, y todo el mes de enero en que el padre Cosme de Torres, que era superior de Japón, fue instruyendo a los nuestros que eran venidos
de nuevo, del modo que[586] habían de tener así en las cortesías como en las más
cosas para tratar con provecho con los japoneses. Y al padre Baltasar Gago, particularmente de lo que había de hacer en Bungo para estar bien col el rey y dilatar
nuestra santa fe en aquella nueva Iglesia, le envió para Bungo, dándole por compañero al hermano Juan Hernández como hombre que ya sabía la lengua y costumbres de Japón, quedándose[587] él con harta incomodidad con el hermano
Duarte da Silva que entonces era nuevo en una cosa y otra[588]. Y al hermano
Pedro de Alcaçova ordenó que se volviese para la India a dar cuenta al superior
de ella de lo que pasaba en Japón, procurando gente y remedio [f. 41] para lo
poder sustentar, pues estaban tan necesitados de una cosa y de otra ordenándole
que hasta el tiempo de la monzón en que se había de embarcar para la India,
estuviese en Firando, animando y consolando aquellos cristianos que él dejara
hechos allí. Y hasta ahora iba consolando y animando con cartas, acerca de lo
cual hablando el dicho hermano en la misma carta dice así[589]:

> En este tiempo, se determinó que yo tornase a la India a buscar algunas cosas necesarias
> para Japón. A cuatro de febrero de mil y quinientos y cincuentas y tres, se partió el padre
> Baltasar Gago, y el hermano Juan Hernández y yo con ellos para Bungo, donde llegamos a
> diez del dicho mes. Fue luego el padre a ver al rey, el cual le mandó se fuese a reposar y
> descansar del trabajo del camino. Y otro día, tornó allá el padre, y en su presencia, escribió
> al virrey de la India, dándole las gracias por lo que había enviado y ofreciéndose de favore-
> cer a los padres que habían venido y viniesen y que les daría casas en que viviesen, dándole
> cuenta del grande contento que había recibido en que el padre quedase en sus tierras, y
> como por medio de él podría tener comunicación con los virreyes de la India. Lo cual había
> mucho tiempo que deseaba, pero por no haber habido persona cierta con quien enviase sus
> recados, no lo había hecho hasta entonces, y que le pedía le enviase padres que hiciesen

---

585 proveyéndoles *AJ*.
586 que eran venidos de modo que *AJ*.
587 quedando *AJ*.
588 en la una cosa y en la otra *AJ*.
589 «Hic (Amangutij videlicet), cum in consilium ventum esset ad eam ecclesiam necessariis, pla-
citus est patribus me Goam reverti. Abeuntem pridie, nonis februarij anni 1553, Balthasar Gagus,
et Joannes Ferdinandus Bungum usque sunt prosecuti. Bungi rege salutato, monitoque, de meo
in Indiam reditu ad Proregem ut scriberet, si quid vellet; ipse cum alia, tum illud praecipue scripsit: studium suum patribus qui apud se esset, non defuturum. Interim se Balthasaris Gagis praesentia valde laetari: Lusitaniae regis caussa omnino cupere: mitti ad se praecones Evangelii ut de
suis quam plurimi fierent Christiani, vehementer optare. Ego cum iis literis confestim discessi
Firandum, quod abest Bungo leucas Japonicas circiter sexaginta. Haec ille».

cristianos en sus tierras. Luego que la carta del rey fue escrita, me partí para Firando, que será de allí sesenta leguas [CA, ff. 54–54v].

Grande fue la providencia de nuestro Señor en dar, en aquel tiempo, al rey de Bungo, que era un mancebo gentil muy metido en pecados y en supersticiones gentílicas, tan buena voluntad de favorecer los padres. estando él, por otra parte, tan ajeno de recibir nuestra santa ley, que estuvo[590] más de treinta años, después de conocer y tener padres en sus tierras, sin nunca le pasar por el pensamiento no solo de tomar nuestra santa Ley, mas ni aun de querer de propósito oír lo que en ella se decía, antes, cada día, haciéndose más fuerte en sus falsas supersticiones y en aprender las cosas de la secta que él seguía. Y con todo eso, favoreció siempre grandemente a los padres no solo en sus propios reinos, mas también en los de otro[s] señores sus amigos. De manera que bien se pareció que, sin entender lo que hacía, iba la divina providencia disponiéndole para después le llamar a su santa fe cuando menos ello[591] pensaba. Y sin duda, que el favor que hizo a los padres este rey[592] en aquellos primeros tiempos era tan necesario que, si él no fuera, parecía casi imposible poder pasar los nuestros por los grandes trabajos y contradicciones que pasaron y poder salir con lo que pretendieron en Japón en aquellos principios, que no eran de ninguno[593] conocidos ni estimados y de todos eran muy perseguidos y maltratados.

Recibió, pues, luego este rey en Bungo al padre Baltasar Gago y al hermano Juan Hernández, haciéndoles mucho favor y dándoles patentes para poder libremente[594] predicar nuestra santa Ley y hacer en sus reinos cristianos los que lo[595] quisiesen ser. Mas apenas eran llegados a Bungo cuando hubo en la ciudad de Funai, a do estaba el rey, grandes revueltas, levantándose algunos señores contra él con determinación de matarlo, aunque nuestro Señor le favoreció haciendo que la traición[596] se descubriese y[597] que fuesen todos muertos. Con lo que los bonzos tomaron ocasión de acusar y perseguir más los nuestros, diciendo[598] [f. 41v] a do ellos entraban luego se perturbaban los reinos, por quedar muy sentidos y airados sus dioses. Y hablando el mismo hermano en la dicha carta de este su-

---

590 que él tuvo *AJ*.
591 él lo *AJ*.
592 reino *AJ*.
593 ningunos *AJ*.
594 para que pudiesen libremente *AJ*.
595 los *AJ*.
596 el trato *AJ*.
597 ahí *AJ*.
598 diciendo que *AJ*.

ceso que aconteció en el principio del año 53, luego que ellos llegaron a Bungo, dice de esta manera:[599]

Dos días después de mi partida de Bungo, el padre Baltasar Gago y hermano Juan Fernández, que ahí quedaron, estuvieron en mucho peligro, porque tres grandes señores tenían armadas traiciones al rey. Y así, el segundo día de Cuaresma de mil y quinientos y cincuenta y tres, y habiéndose esto entendido, andaba la tierra muy alborotada. Algunos cristianos, nuevamente convertidos de ahí de Bungo, decían al padre que les parecía debía poner cobro en la casa donde estaba, porque la ciudad se había de meter a fuego y a saco. [. . .]. Juan Fernández fue y hallo los palacios llenos de caballeros. Y fue nuestro Señor servido, que le pudo hablar y consolar porque mostró que se consolaban mucho con sus palabras y pidió con mucha humildad le encomendasen a Dios. El padre y hermano, viendo que por las calles andaba mucha gente armada que era cosa de espanto, sin mudarse de la casa donde posaban, se pusieron en las manos de nuestro Señor. En breve tiempo, fueron muertos tres señores de título, que eran en las traiciones, y con ellos todos sus hijos e hijas, mujeres y parientes y otra mucha gente. El padre, viendo en alguna manera la muerte delante los ojos, se metió en casa a encomendarse. Luego, pusieron fuego a la casa de los traidores, y extendiose tanto que quemó obra de trescientas casas, de ellas de mercaderes, de ellas de caballeros. El padre ya tenía perdida la esperanza de salvarse los ornamentos y otra pobreza que tenía por estar entre las casas que se quemaron. Mas nuestro Señor fue servido que la casa donde estaba quedó en medio de todas las otras que se quemaron sin recibir perjuicio alguno del fuego. Y aquella misma noche, que vino un caballero de parte del rey a decir al padre que bien sabía cuánto trabajo había de haber pasado aquel día, y que le parecía que nuestra hacienda había de ser quemada, mas que no recibiese pena porque él proveería en todo, porque la guerra era acabada muy prosperadamente. El padre envió los agradecimientos de la memoria que su Alteza de él tenía, y le envió a decir como ninguna cosa nuestra se había quemado. Y de ahí a cuatro o cinco días, le fue el padre a hablar conforme al tiempo.

---

599 «Biduo post meum Bungo discessum Balthasar Gagus et Joannes Ferdinandus, qui remanserant, magnum adiere discrimen. Etenim luce quae Cinerum diem est consecuta, patefacta principum trium adversus Regem conjuratione, vehementer commota civitas erat in armis. Tum neophytis quidam ex oppidanis Balthasarem monere, ut aedibus consuleret suis. Urbi namque imminere direptionem et incendium. [. . .]. Nostri cum urbis compita cernerent armatorum catervis horrentia, domesticis finibus continere sese, Deoque committere statuerunt. Nec ita multo post e coniuratis tres titulis honorum illustres, una cum ipsorum liberis, uxoribus, propinquis, alijsque compluribus occiduntur; et statim domibus eorum ignis injicitur. Qui late adeo pervagatus est, ut privata partim virorum nobilium, partim mercatorum, ad tercenta aedificia comprehenderit. Qua ipsa in urbis regione cum esset nostrorum hospitium; de sarcinis, ornatuque sacro plane jam desperaverat Gagus: verum in medio incendio, aedes, Dei benignitate illaesae atque incolumes permansere. Eadem noctem misit rex, qui Balthasari nuntiaret, facile judicare se quantus eo die ipsius labor fuisset, putare etiam sarcinas absumtas incendio. Sed bono esset animo, restituturim se omnia. Etenim valde prospere debellatum esse. Gratias egit Balthasar, jussitque Regi renuntiari, nostra omnia integra superesse. Tertio deinde, vel quarto post die, Regem invisit ipse, habuitque sermonem tempori congruentem. Huiusmodi omnia incommoda, fratres mihi carissimi, multasque praeterea bonziorum injurias (qui sacerdotes Japoniorum sunt, homines mirae perversitatis ac pertinaciae) tolerare sane operae pretium est».

Todos estos trabajos, carísimos hermanos, y muchas persecuciones que se pasan los bonzos, que son sacerdotes de Japón, hombres muy perversos y endurecido en su ceguedad, son muy bien empleados por el mucho fruto que nuestro Señor hace en las almas de los que se convierten. Y es muy sólido porque la gente es muy constante, y tiene grande entendimiento [CC, 62–64].

También el hermano Duarte da Silva, hablando en una carta que escribió de Bungo a los 20 de septiembre del año 1555 de las persecuciones que hacían los bonzos, dice así[600]:

Las nuevas de Bungo no son menos para dar gracias al Señor. El año de mil y quinientos y cincuenta y tres, hubo algunas persecuciones, apedreándonos la casa y echando fama que comíamos hombres. Pero, luego que el rey lo supo, mandó velar nuestra casa y así se apaciguó todo. Conociose allí la firmeza de los cristianos, velando la casa de noche y de día con mucho cuidado. Hubo de ordinario muchos sermones a los cristianos y disputas con los bonzos, hasta que se cansaron y se contentaron con persuadir a los legos que la ley de Dios y las sectas de Japón eran todas unas. Por lo cual fue necesario declarar la verdad y la diferencia que había entre la verdad de nuestra santa fe y la mentira de sus sectas. Esto es lo que públicamente se decía a todas y así ya van conociendo esta diferencia [CA, f. 74].

En este mismo año de 53, comenzó el padre Baltasar Gago a hacer su casa en un lugar que le dio el rey de Bungo. Fue también haciendo muchos cristianos, de manera que cuando el hermano Pedro de Alcaçova partió de Firando para la India, a los 18 de octubre, estaban [f. 42] ya hechos en Bungo cerca de seiscientos cristianos, y otros tantos o[601] más estaban hechos en Yamaguchi y doscientos en Firando, allende de los que el padre Xavier dejó hecho en Cangoxima que eran pocos. De manera que los cristianos que en este tiempo había en Japón eran por todos mil y quinientos o poco más de lo que dando relación el dicho hermano en la misma carta dice así[602]:

---

600 «Anno 1553, nostri lapidationibus ibi male accepti sunt, confictis in eos criminibus, quod carni vescerentur humana. Sed rex, caussa cognita, rem totam brevi compressit, dispositis custodiae caussa circa domum nostram interdiu noctuque vigiliis. Atque ea sane praeclara fuit neophytorum probatio: quippe nos quo majoribus cinctos videbant angustiis, eo majorem ipsi firmitudinem animi constantiamque, prae se ferebant. Eo tempore multae ad neophytor conciones, multae contra bonzios disputationes habitae sunt, qui victi, cum quid agerent non haberent, insigni mendacio populum onerarunt, nulla re scilicet Christianam a Japonica religione differre. Res erat sane periculosa. Itaque nostri divinae gloriae zelo inflamati, nil aliud per eos dies docere populum institerunt, nisi hae duae religiones quantopere inter sese differrent: legem quippe Japonicam fabulis atque mendaciis; Christianam vero plane certissimis niti principiis. Haec ille».
601 o *AJ.*
602 «Domus antem nostra aedificari coepta est in area, quam Rex attribuit nobis hoc anno pridie Idus Jun. Loco valde bono: ubi Gagus omibus cum neophytis, et Lusitanis duobus, qui tum forte aderant, die sesto Divae Mariae Magdalenae, sub vesperam Crucis admodum excelsa trophaea

[. . .] otros en edificar nuestra casa, la cual se comenzó en un campo que nos dio el rey a doce días de junio de este mismo año en muy buen lugar, donde el padre con todos los cristianos de la tierra, y dos portugueses que ahí se hallaron en la víspera de la Magdalena levantó una cruz muy grande haciendo el oficio de la cruz con sobrepelliz, en el cual auto los cristianos mostraban mucha devoción, el número de ellos será en la ciudad y su término seiscientos o setecientos y van cada día en mucho aumento las cosas de nuestra santa fe. [. . .] En la ciudad de Yamaguchi hay más de mil y quinientos cristianos, en Bungo reino sobe sí hay seiscientos o setecientos, y camino abierto para hacerse todo el reino, porque están pasadas muchas patentes como esas que allá van para que libremente se puedan hacer cristianos los que quisiesen. En Firando, que es jornada de ocho días de la ciudad de Bungo, habrá doscientos cristianos muy deseosos de tener consigo algún padre [. . .]. El señor de Firando es muy amigo de los portugueses y ha escrito a la India al señor virrey que desea que haya padres en su tierra. Yo le fui algunas veces a ver y me dijo que su corazón era como de cristiano. [. . .]. Yo partí de allá a diecinueve de octubre, de mil y quinientos y cincuenta y tres, para aquí para Goa donde ahora estoy. Y llegando a la China con gran deseo de saber de nuestro padre maestro Francisco supe como a dos días de diciembre de mil y quinientos y cincuenta y dos, había pasado de esta vida [CC, 65–71].

---

defixit linteatus, cum psalmodia, quod Crucis officium appellant: neophytis magnam pietatem praeseferentibus [. . .]. Japoniorum ecclesia plus mille quingentus conficit Christianos. Amangutianorum civitas septingentos, Bungense regnum sexcentos (sic enim corrigenda est haec epistola, quae impressoris in curia numeram hunc christianorum Japonensium inverso ordine collegit), qua tota ditione quoniam Evangelizare per diplomata regia, quorum exemplum ad vos mittimus, licet regnum universum in Christi fidem cito venturum esse confidimus. Firandi, quod oppidum octo dierum itinere distat ab urbe Bungo, neophyti numerantur ducenti, qui pastorem vehementer desiderant. [. . .] Firandi regulus valde amicus est Lusitanis, scripsitque in Indiam ad Proregem, Christianos presbyteros in sua terra sese expetere, cum eum ego aliquoties convenissem, affirmavit mihi, animo se paene Christianum esse. [. . .] Ego 15 kalendas novembris anni 1553, inde discessi. Cum ad Sinarum litus appulissemus, et de Xaverio certi aliquid nosse magnopere cuperem, quarto nonas decembris anni 1552 eum e vita migrasse cognovi. Haec ille».

Capítulo 10
Acrecéntase en Japón el número de los cristianos en el año de 54, 55

En el año de 54 tuvieron los nuestros algún más descanso en Japón con el favor que tenían así en Yamaguchi como en Bungo de los dos reyes hermanos que reinaban. Y así creció el número de los cristianos y comenzaron a recibir nuestra santa ley algunos caballeros nobles y algunas personas letradas que después entraron a vivir en nuestras casas y dieron mucha ayuda a la conversión. De los cuales hablando el hermano Duarte da Silva en la carta que arriba dijimos, dice estas palabras[603]:

> Después que nuestro carísimo hermano Pero de Alcaçova se partió de este Japón para la India. . . [CC, 95][604].

Como dice en la carta, pues, el hermano Duarte quedó en Yamaguchi con el padre Cosme de Torres cuando partió el hermano Pedro de Alcaçova para la India[605]:

---

603 «Postquam a nobis Petrus Alcaceva discessit in Indiam (discessit autem Octobri mense, anno domini 1553). Amangutium permansi (sic enim dicendum est, ut locus hic constet, non autem Amangutium veni)».

604 Valignano corrige esta frase en la nota anterior.

605 «Cum Cosmo Turriano. Ibi ex familia Regia multi insignes ac nobiles et cum eorum singulis ali quindecim ferme, vel viginti, christiani sunt facti. Ad eum numerum accessere Meacenses Bonzii duo, quorum alter, earum legum in primis [f. 42v] peritus, multa percontantus a Cosmo, totam illi suam vicissim de mundi opifice, deque hominis anima sententiam patefecerat, cujus erat summa nullum esse plane rerum omnium conditorem. Verumtamen ipsimet conditor suam illi gratiam impertiri dignatus est, ut quanto versaretur in errore, et quam essent vera, quae a Cosmo dicebantur, liquido cerneret. Itaque dominum Deum nostrum ex animo colere statim decreviut. Id quo melius faceret, omnibus rebus, quibus ad eam diem utebatur, abjectis, exiguum sibi tectum, aliqua ex parte a nobis ad jutus, cum Socio suo Barnaba exstruxit, ubi morantur uterque et victum sibimet suis manibus operantes quaerunt: nihil e domo nostra, nihil aliunde gratis accipiunt: unam acquirendae virtutis rationem sciscitantur a nobis in qua ceu novellae plantae, adeo feliciter crescunt, ut mei me sane ex eorum comparatione poeniteat. Eodem tempore Japonius alius quidam ad Deum conversus est, magna humanitate vir acutoque iudicio, annos natus plus quin quaginta et quamnis antequm constituit christiana sacra suscipere diaboli tentationibus adeo vexatus est, ut in morbum inciderit; postea tamen quam Deo sese commisit, manna absconditum affatim hausit, et nunc de pristina sua impietate, deque excellentia divinae legis loqui non desinit. Is novo nomine Paullus hic etiam appellatur, et quod magna prudentia, et ingenio praeditus est, et nihil unquam adoravit in vita (nam Japoniorum superstitionem inane semper nescio quid judicavit) suo exemplo multos ad religionem impulit Christi: cui ille haud sane ficte, dat operam, sive transferendis in patriam linguam scriptis quibusdam (qua in revalet

https://doi.org/10.1515/9783111617602-012

Fui con el padre Cosme de Torres para Yamaguchi, donde se han convertido a nuestra santa fe muchas personas nobles de los principales de la casa del rey, y cada uno de ellos traía quince o veinte personas consigo para se bautizar. También se hicieron cristianos dos bonzos de Meaco, son estos bonzos como sacerdotes de los japoneses. El uno era grande letrado en sus leyes; este hizo muchas preguntas al padre Cosme de Torres, descubriéndole todo su corazón y lo que entendía acerca del Creador y de nuestra alma. Lo cual todo se resolvía en decir que no había un Creador de todas las cosas. Pero el mismo Creador fue servido de le dar su gracia, con la cual claramente conoció su error y entendió ser verdad lo que el padre le decía. Y así, determinó luego de servir de verdad a Dios nuestro Señor. Y para hacer esto mejor, dejó todas las cosas de que antes usaba. Y él con su compañero Bernabé hicieron una casilla con alguna ayuda que les dimos de nuestra casa donde posan, y se sustentan de lo que ganan por sus manos. Porque no quieren tomar nada de nuestra casa ni de otra parte; solamente nos preguntan el modo como alcanzarán la virtud, en la cual, como plantas nuevas, crecen tanto que me ponen en vergüenza y confusión.

En este tiempo se convirtió a nuestra santa fe otro japonés que ya pasaba de cincuenta años, hombre muy humano y discreto. Y aunque antes de se determinar fue tan atribulado de las tentaciones del Demonio que cayó doliente, todavía después que se entregó a Dios recibió en abundancia el maná escondido, y ahora no cesa de hablar de la falsedad en que vivía y de la excelencia de la ley de Dios. Este hombre, que ahora llamamos Paulo, es muy prudente y hábil. Nunca en su vida había adorado cosa alguna porque la ley de los japoneses le parecía vanidad. Y con su ejemplo incitó a mucha de esta gente que tomase la ley de Dios, a quien el de verdad procura agradar y servir: así en ayudarnos a trasladar algunas cosas en lengua de Japón, en lo que tiene particular gracia porque huelgan todos de leer su escritura, como en traer a otros al camino de la verdad, y especialmente en conservar estos cristianos nuevamente convertidos, a los cuales el de antes perseguía tanto. Su mujer e hijos son ya cristianos con un hermano suyo no menos hábil e ingenioso, y otros parientes conocidos.

---

plurimum et stylus eius valde probatur) sive alijs mortalibus omniratione ad veritatis viam trahendis: praesertim vero confirmandis, ac retinendis in fide neophytis, quos antea tam vehementer insectabatur. Uxor ejus, et filii sunt jam Christiani, cum ipsius fratre no minus ingenioso, et ornato, aliis praeterea ipsius affinibus et amicis. Septuagesimum, vel octogessimum alius circiter annum agens, vir nobilis, ac dinasta, superstitionem suam cum Christiana religione commutavit: idolorum ante id tempus cultor egregius, quippe qui, simulacris humi de more statuendis venerandi caussa, prae assiduitate laboris occallverant manus. Nunc vero tanta ei lux veritatis oborta est, ut de laboribus ab se frustra susceptis deque sua caecitate verba facere nunquam desinat. Is idolorum loco templum aedificare decrevit, quo Christiani ad sermones inter se de cultu divino serendos augentae pietatis caussa conveniant. Et universis qui sub imperio suo sunt, omni conatu persuadere constituit, ut ad Baptistmum accedant: quo lustratus est ejus quoque filius annos natus trigenta, qui domum nostram Christianae doctrinae, et sacrorum causa ventitat. Tria passuum millia distat ab urbe Amangutio vicus quidam. Ibi ad quinquaginta, vel sexaginta neophytos rusticos operarios omnes, tantum rerum divinarum studium ceperat, ut literarum prorsus ignari, literatos homines populares suos [f. 43] argumentando convincerent. Quin etiam ejus loci Bonzius ipse, cum illos saepe sermone atque altercatione lacesseret, turpiter ab iisdem superatus ac victus, existimationi suae denique migrando consuluit. Ejus discessu neophyti valde levati sunt. Haec ille».

Otro japonés, que era de setenta hasta ochenta años, hombre noble y señor de un lugar se hizo cristiano. Y con ser antes tan celoso de la honra de los ídolos en la tierra para adorarlos según su costumbre, tiene ya tan claro conocimiento de la verdad de sus ídolos que nunca cesa de hablar de importunos trabajos que tan sin provecho ha llevado y de la ceguedad que tenía. Determina de hacer una iglesia en su lugar, en la cual se adjunten los cristianos de la tierra a platicar y esforzarse en el servicio de Dios nuestro Señor, y persuadir con todas sus fuerzas a todos sus vasallos que reciban el agua del santo bautismo. La cual recibió un hijo suyo, que es hombre de treinta años, y viene muy a menudo a nuestra casa a oír misa y sermones.

En un lugar que está una legua de esta ciudad de Yamaguchi, estaban cincuenta o sesenta cristianos, todos labradores e ignorantes que no sabían leer, mas tenían tanto fervor en las cosas de nuestro Señor que confundían a los letrados de su nación. Tanto que el bonzo de su lugar que los perturbaba, disputando y contendiendo con ellos, viéndose confuso y vencido, tomó por partido de se ir de ahí, con cuya ida quedaron los cristianos más descansados [CC, 95–97].

En este mismo año de 54, con las guerras y disensiones[606] que había en aquellos reinos de Chungocu, estando los señores divididos unos con el rey nuevo, hermano del rey de Bungo, y otros que poco después le mataron con otras trazas, hubo en aquellos reinos especialmente en la ciudad de Yamaguchi, tan grande falta de mantenimientos y tan grande hambre entre todos,[607] murió mucha gente a pura hambre y fue cosa muy lastimosa ver lo que pasaba en aquella ciudad. Porque andaban los pobres con los ojos encovados y tan consumidos que no parecía que tenía sino la piel y huesos, las colores de los rostros amarillos, de manera que parecía una representación de muerte. Los hombres y mujeres iban continuamente por los bosques y sierras buscando yerbas y raíces para comer, y muchos de ellos por la grande flaqueza quedaban muertos ahí, arrancándoseles[608] las almas de los cuerpos mientras[609] procuraban de arrancar las yerbas.

En amaneciendo, la primera cosa con que encontraban los que salían de sus casas[610] eran hombres, mujeres y niños muertos. Y las lástimas que padecían por el hambre aun muchos de los[611] honrados. Y los gritos y lloros de los niños y crianzas que aferrando de[612] los vestidos de sus padres y madres, los importunaban que les diesen algo de comer, eran tales que tenían toda aquella ciudad llena

---

606 distinciones *AJ*.
607 que murió *AJ*.
608 a las almas *AJ*.
609 mientras ellos *AJ*.
610 y eran *AJ*.
611 de ellos *AJ*.
612 por *AJ*.

de un triste y doloroso[613] espectáculo. De lo cual, compadeciéndose[614] el padre Cosme de Torres, hizo toda diligencia que pudo para haber de diversas partes arroz, que mandó comprar, y con ello acudió grandemente a los pobres en aquel año. Y entre las otras cosas, mandaba hacer cada día unas grandes calderas de arroz con sal y agua, que en Japón llaman *cayu*[615] y en la India *canja*. La cual[616] él muchas veces, y el hermano Duarte da Silva con los más de nuestra casa que llaman *dojucus*[617], repartían cada día a grande número de pobres que venían a tomar aquella porción con que se sustentaban, lo que fue causa para los nuestros ir ganando grandes créditos[618] y reputación de caridad y misericordia en aquella ciudad. Y con esto también se fueron convirtiendo a nuestra santa fe muchos hombres. Y Lorenzo [y][619] Pablo, japoneses que estaban en nuestras casas, hacían con sus sermones grande provecho, no solo en doctrinar los cristianos, mas en la conversión de los gentiles, convirtiendo muchos de ellos, no solo en la ciudad, mas también en diversas aldeas que estaban en el contorno de ella. Ayudando también en esto el hermano Duarte da Silva, que ya iba sabiendo mucho de la lengua, de manera que «crecía la palabra del Señor, y el número de los discípulos se multiplicaba grandemente en Jerusalén; también muchos de los sacerdotes obedecían a la fe» (Hechos 6, 7)[620]. En Bungo, en este mismo año de 54, se fue también haciendo no menor fruto, lo cual, porque lo escribió muy bien Maffei en la misma carta del hermano Duarte da Silva, que trasladó en latín, lo pondremos aquí por sus mismas palabras[621]:

---

613 temeroso *AJ*.

614 padeciéndose *AJ*.

615 cayas *AJ*. *Okayu* (お粥) es una preparación japonesa de arroz cocido con una mayor proporción de agua y sazonado con sal.

616 las cuales *AJ*.

617 Se refiere al término *Dōjuku* (同塾) que eran escuelas tradicionales japonesas durante el período Edo, donde se enseñaban principios éticos y filosóficos basados en la ética confuciana y el pensamiento moral japonés. Era la práctica de vivir en comunidad dentro de un templo y seguir las enseñanzas de un mismo maestro, y también se refiere a los monjes que participan en esta práctica. Rodrigues anota: *«Dôjucu. Moços, ou gente rapada que serve aos bonzos nas teras»* (f. 73).

618 con lo cual fueron cuando los nuestros grandes créditos *AJ*.

619 BL omite esta conjunción.

620 «Et verbum Domini crescebat, et multiplicabatur numerus discipulorum in Jerusalem valde: multa etiam turba sacerdotum obediebat fidei».

621 «In regno Bungi bonzii in Dominum credidere complures. In iis quidam legisperitus ex eorum ordine, [f. 43v] qui comentationibus vacant, noster antea vehemens adversarius. Huic ita deinde clarum veritatis lumen affulsit, ut in exquirendo Christiani hominis officio nunquam defatigetur. Tanta vero tranquillitate fruitur animi, atque ita Dei beneficia ipsius haerent infixa memoriae; ut pro iis, a quibus Christiana mysteria didicit, et a quibus huc missus est, denique pro

Aquí se han convertido muchos a la ley del Señor. Un bonzo se hizo cristiano y, con ser antes letrado en su ley, que era de los que hacían sus meditaciones y grande contrario nuestro, tiene ahora tan claro conocimiento de la verdad que nunca se harta de preguntar qué hará para cumplir la ley de Dios. Está tan contento y con tanta memoria de los beneficios del Señor que, ordinariamente, hace oración por los padres que lo enseñaron, y por quien acá los envió, y por todos los que andan manifestando la ley de Dios. En el año de 1554 vino un hombre por nombre Anselmo, señor de una aldea que está cerca de esta ciudad de Bungo, y rogó al padre que fuese a su lugar para hacer cristiana a su mujer. Fue el padre Baltasar Gago y estuvo ahí instruyendo a la mujer con toda la casa y a otros muchos, y después los hizo cristianos. Y con este ejemplo quiso nuestro Señor mover los corazones de los otros para hacer otro tanto, de modo que cuasi todos los de aquel lugar son ya cristianos. En este mismo año fue Antonio, que es un cristiano japonés, a un lugar que está diez leguas de aquí a ganar alguna cosa para su sustentación, y halló en este lugar un hombre que había siete días que el Demonio le tenía apretada la garganta de modo que ninguna cosa podía comer ni beber. Sabiendo esto, Antonio tuvo compasión de él, y, acordándose del buen la-

---

cunctis Evangelii praeconibus preces ad Dominum assidue fundat. Anselmus est quidam Dominus vici non longe ab urbe positi, is ut uxorem ad cultum Dei traduceret, anno superiore (nempe quinquagessimo quarto) venit ad nos, et Balthasarem Gagum domum suam adduxit; qui feminam, et domesticos omnes, aliosque complures necessaria ad religionem rudimenta edocuit, et convertit ad dominum. Horum exemplo tantus in reliquis ejus vici incolis motus animorum est factus, ut omnes fere christiana jam sacra susceperint. Vicus est alius, decem leucas ab urbe: illuc item anno superiore lucri caussa se contulit neophytus operarius quidam Antonius nomine: ibique reperit hominem, qui ab daemone septem jam diebus ita praefocabatur, ut nihil neque esculentum, neque poculentum per fauces posset demittere. Hunc miseratus Antonius, et simul recordatus latronis ejus, cui culpam suppliciter agnoscenti Dominus noster Jesus Christus ignoverat, aquam in vas infundit, expiatque manu sua per signum Crucis. Deinde hortatur aegrotum, ut peccatorum suorum agat poenitentiam, et credat in eum, a quo et conditus fuerit, et salutem possit accipere. Annuit aegrotus, et continuo porrectum sibi poculum aquae totum penitus hausit, appositumque oryzae paullum, sine labore comedit. Quae res aegrotum ita permovit, ut cum primum per corporis vires liceret, ad nos conferre sese Christianae religionis suscipiendae caussa decerneret, itaque fecit; omnem superstitionem abjecit, Christianos ritus ac precationes edidicit, paucisque post diebus est mortuus. Alium etiam convertit ibidem Antonios, claro admodum genere natum. Lucas novo jam nomine dicitur. Is cum Baptismi caussa ad nos venisset, postea quam ablutus est, Balthasarem domum suam cum Joanne Fernando, Antonioque perduxit. Ibi dies aliquot instituendis baptizandisque ita multis vacarunt, ut ex una tantum Lucae familia sexaginta capita (in ijs uxorem Lucae, duosque filios virili aetate) caelesti lavacro purgaverint. Quorum tanta constantia, tantum animi robur apparuit; ut suo exemplo aliis ad fidem trahendis numerum deinde trecentorum impleverint. [. . .] Qui aegroti huc devenere, ex iis ad trecentos jam Christiani cernuntur. Quorum sermones inter se de beneficiis a Domino post Baptismum acceptis, operae pretium est audire, dum hic patentiam in morbo ferendo, ille recuperatam prope valetudinem praedicat. Solent autem huiusmodi aegroti, decem alios, quindecimve singuli ad Christianam religionem secum adducere, quorum corpora non alio medicamento curantur a nobis, nisi aqua benedicta, cujus virtus in hoc regno multis experimentis, praesertim vero in oculorum curatione, quibus Japonii vulgo laborant, est comprobata: ut ejus petendae caussa a leucis decem, vel duodecimi, undique concurratur ad nos. Haec ille».

drón que por conocer sus pecados y pedir perdón de ellos a nuestro Señor Jesucristo lo había alcanzado, tomó una porcelana de agua y, hecha encima la señal de la cruz, dijo al enfermo que se arrepintiese de sus pecados y creyese en el que lo había criado, porque él lo podía salvar. Dijo entonces el enfermo que sí, y, dicho esto, bebió el enfermo toda el agua y comió sin trabajo un poco de arroz que le dieron. Con esto quedó tan movido el enfermo que propuso de venir en estado para eso a esta casa para instruirse y ser cristiano. Este hombre, dejando todas las cosas que antes adoraba, aprendió las oraciones y de ahí a pocos días murió. En este mismo lugar convirtió Antonio a otro hombre por nombre Lucas, de grande casa y familia. El cual vino aquí a bautizarse, y después de ser cristiano, rogó al padre que fuese a su lugar para bautizar alguna gente que ahí había. Fue el padre con el hermano Juan Fernández y Antonio, y estuvieron ahí algunos días instruyendo los que se habían de bautizar, e instruidos, se bautizaron muchos, tanto que solamente de la familia de Lucas recibieron el santo bautismo. Entre ellos fue la mujer de Lucas con dos hijos suyos, que eran ya hombres. Andan estos cristianos tan constantes y fuertes en su propósito que, con su buen ejemplo, han traídos otros muchos al santo bautismo, que será por todos trescientos. [. . .] De los enfermos que aquí acuden, habrá tomado el santo bautismo más de trescientos. Y es para dar gracias a Dios ver las pláticas que tienen entre sí, contando las mercedes que cada uno ha recibido después de ser cristiano. Unos hablan de paciencia que les da el Señor para sufrir sus enfermedades, otros que están ya casi sanos de ellas, y acostumbran estos enfermos a traer consigo diez o quince personas para recibir la ley de Dios. La medicina corporal que aquí les damos es agua bendita, la cual es tan probada en este reino que de todas las partes, diez o doce leguas, vienen a buscarla [CC, 102–106].

De esta misma conversión que se hizo en aquel lugar de Bungo, llamado Cutami[622], por medio de Antonio y de Lucas, hablando el mismo padre Baltasar Gago en una carta que escribió de Firando en octubre de 55 a los de la Compañía, dice estas palabras[623]:

El año pasado, a petición de un hombre principal de una sierra que está nueve leguas de Bungo, fuimos allá y se bautizó él con toda su casa, que serían más de cien personas, y otras doscientas fuera de estas. Es este cristiano como padre de todos los de aquella tierra, y muy de veras cristiano. El señor de aquella tierra, que es un capitán principal de rey de Bungo,

---

622 En el contexto histórico del dominio de Oka, Kutami se refiere a los barrios de Niida, Shimogawara y Haru en la ciudad de Naoiri. Estos lugares fueron conocidos colectivamente como Kutami en el pasado, siendo un área donde el cristianismo comenzó a establecerse antes de expandirse hacia otras zonas del dominio.

623 «Anno superiori montanus quidam honestus vir, Christianus est factus: cujus rogatu ad patriam ipsius accessimus leucas 9 ab urbe Bungo. Ibi praeter ejus familiam quae 100 capitum suma excedebat, alii praeterea ad 300, crediderunt Evangelio. Ii Christianum eum qui nos illuc deduxit, eximia virtute hominem, venerantur ut patrem. Erat ibidem praefectus regius, quidam insignis, quicum de rebus divinis admodum copiose disserui, tantusque in eo animi motus est factus, ut in [. . .] baptismum non nullos ipsemet e suis domesticis incitabat. Itaque asseclae duo, quibus ille praecipuis in administratione consiliariis utebatur, caelesti lavacro expiati sunt. Haec ille».

oyó las cosas de nuestra santa fe muy a la larga, y las entendió también y llegó a tanto que [. . .] hizo delante de sí que algunos de los suyos recibiesen nuestra santa fe, e incitábalos él para ellos y escribíales los nombres. Entre los cuales se bautizaron dos hombres principales, de cuyo consejo usa en el gobierno de aquella tierra [CA, f. 72].

En este mismo año, yendo el[624] padre Gago de Bungo a visitar los cristianos de Firando, bautizó algunos caballeros principales, parientes del *Tono*, que fueron los dos hermanos, contienda Don Antonio y Don Juan, lo cual el mismo *Tono* escribió en una carta al[625] padre Melchior Nunes que la recibió en la China viniendo para Japón, en que dice así:[626]

Carta del rey de Firando para el padre maestro Melchior, provincial de la Compañía de Jesús en la India

El padre maestro Francisco vino aquí a esta mi tierra, donde hizo algunos cristianos, lo cual a mí me dio gran contento. Y a ellos favorezco mucho y no consiento que se les haga ningún agravio. También ha venido otras dos veces el padre que reside en Bungo[627], y ha bautizado algunos de mis parientes y otras muchas personas nobles. Yo oigo algunas veces sus sermones que me parecieron muy bien, y guardo sus palabras en mi corazón. Y estoy muy cerca de ser cristiano. Recibiría placer que vuestra reverencia viniese a esta tierra, donde le haré la honra y buen acogimiento que yo pudiere. En Firando. Taqua Nombo[628], rey de Firando [CA, f. 68v].

Mas no solo mintió la primera vez y esta otra, mas mintió siempre en esta parte. Y poco después levantó persecución contra los cristianos, echando los nuestros de allí, como diremos en su lugar. Y él y después su hijo fueron siempre grandes gentiles, y dieron a los cristianos hartos trabajos.

En este mismo año, después del hermano Duarte da Silva haber aprendido alguna cosa de la lengua de Japón en Yamaguchi, fue enviado por el padre Cosme de Torres para estar en Bungo con el padre Baltasar Gago, y el hermano Juan Hernández volvió de nuevo a estar con el padre Cosme de Torres en Yamaguchi. Y de

---

624 el mismo padre *AJ*.

625 del *AJ*.

626 «Pater Magister Franciscus cum meum in hoc regnum venisset, Christianos fecit magna animi mei voluptate nonnullos, quos equidem commendatos habeo, et ab omni injuria tueor. Bis deinde ad nos venit etiam Pater ille qui Funai versatur, baptizavitque cum ex affinibus meis aliquot, tum ex reliqua nobilitate permultos: quem ego virum aliquoties audivi, eiusque doctrinam, quae mihi penitus haeret in medullis, ita probavi, ut Christum sequi plane decreverim. Quocirca te in meo Regno videre magnopere cupio: semel quippe mentibus non mentiar iterum. Haec ille».

627 Valignano trascribe (o corrige) en latín «Funai» y lo seguirá corrigiendo también en otras citas más adelante.

628 Matsūra Takanobu.

Bungo escribió el año siguiente el hermano Duarte da Silva la carta de que hasta ahora hemos tratado. En este mismo año de 54, llegando el hermano Pedro de Alcaçova de Japón a la India con el cuerpo incorrupto del padre Xavier, que llevó[629] de Malaca, y con las cartas del rey de [f. 44v] Bungo y del señor de Firando, y con las buenas nuevas de la conversión que se iba haciendo en Japón, y de la cualidad y nobleza de aquella gente, causó tan grande alboroto en la India que el padre Melchior Nunes, que quedará por superior de ella, se resolvió a[630] ir luego con grandes esperanzas a Japón de convertir el[631] rey de Bungo, aunque no le sucedió como esperaba, como[632] diremos en su lugar. Y de esto, escribiendo el padre Maffei en el fin del quinto décimo libro de su *Historia*, dice estas palabras[633]:

> Después de estas cartas, le llagaron cartas al virrey[634] de los caballeros del Japón, los cuales de su voluntad le pedían su confederación y amistad, y, ahora fuese de corazón esta embajada, o, quizá por cumplimiento, pedían también predicadores del Evangelio y maestros de la doctrina cristiana. Movido con esta ocasión, el padre Melchor Nunes, portugués, sucesor del padre Gaspar, enmendando a los vicarios la oriental provincia, determinó el ir con algunos compañeros al Japón. Estaba muchos días había aquel reino muy alterado con grandes movimientos y alteraciones de todas las cosas. Habiase levantado entre el rey de Yamaguchi[635] y sus vasallos populares una peligrosa y cruel guerra, la cual no tuvo fin hasta tanto

---

629 llegó *AJ*.

630 de *AJ*.

631 al *AJ*.

632 como después *AJ*.

633 «Sub haec, ab Iaponijs dynastis litterae ad Praetorem allatae (per Petrum scilicet Alcacevam) faedus et amicitiam ultro petebant, ac sive id examino sive gratiae causa, nuntios Evangelij, et sapientiae Christianae magistros. Ea re permotos, uti aequum erat, successor Gasparis Melchior Nonnius Lusitanus, commendata vicarijs citeriore provincia, cum socijs aliquot Iaponem petere intendit. Ingens dudum in ijs locis erat perturbatio rerum omnium. Amangutij Regem inter ac populares atroax ac periculosum exstiterat bellum, nec nisi Regis et filiorum interitu restincta seditio. In Bungi quoque Regem, aliquot principum coniuratio eruperat. Ij commisso demum praelio victi caesique, otij deinde non nihil ab armis fuit. Patres ad praedicarionem et consueta munia rediere. Ac Deus item signis atque miraculis adiuvabat. Aegroti debilesque lustrali ut plurimum aqua sanati, ex insessis diuturna possessione corporibus, Dei verbo fugata daemonia. Haec et alia minime deerant Evangelii firmamenta sed nondum idcirco notabilis fiebat ad rectam fidem accessio. Pauperes ferme, et inferiorum ordinum homines colla salutari subdebant iugo. Contumax etiamtum, et fastidiosa, veruntamen manus olim datura nobilitas, a Christiana humilitate, ac mansuetudine, egentium que ac vulgi consortio valde abhorrebat. Haec ille».

634 Según Valignano fue a través de Pedro de Alcaçova.

635 Como se ha dicho en otra nota, se trata de Ōuchi Yoshitaka (大内義隆), daimyo del clan Ōuchi, una poderosa familia que controlaba gran parte del oeste de Japón durante el período Sengoku. Gobernó desde 1531 hasta 1551, cuando fue derrocado y obligado a cometer seppuku por su enemigo Sue Harukata (陶 晴賢) durante una rebelión conocida como la «Revuelta de

que fue muerto el rey y todos sus hijos. También nació otra conjuración de algunos caballeros contra el rey del Bungo. Estos caballeros, viniendo finalmente a batalla, fueron vencidos y muertos por el rey; con lo cual después hubo alguna quietud en las armas, y con esto volvieron los padres a la predicación evangélica y a sus acostumbrados ejercicios, favoreciéndoles Dios también con muchos señales y milagros. Curaban a los enfermos con agua bendita y alanzaban a los demonios de los cuerpos humanos con sola la palabra de Dios. No faltaban estos y otros muchos milagros para fundamentos del sagrado Evangelio, pero con todo eso no se hacía notable aumento a nuestra verdadera fe. Los pobres y los hombres más inferiores eran los que por la mayor parte sujetaban sus cervices al suave yugo de Cristo, pero entonces la nobleza estaba endurecida y fastidiosa, aborreciendo la humildad y mansedumbre cristiana, y no podía sufrir de ninguna manera el trato de los pobres ni del vulgo, aunque después recibió todo esto fácilmente [M, f. 353v].

En este mismo año de 54 alcanzaron los portugueses en la China de abrir puerto pacífico para hacer sus mercaderías, porque hasta entonces no las hacían con licencia de los mandarines, ni pagaban los derechos, ni podían entrar en ningún lugar de sus tierras, mas hacían sus mercaderías como a las escondidas, estando siempre en el mar en algunos de aquellos puertos que estaban entre las islas. Mas en este año alcanzaron licencia de venir a la China con sus naves libremente y de poder ir a la ciudad de Cantón a hacer sus mercaderías, pagando sus derechos, que fue grande comodidad para ellos y para toda la India, y también para se continuar con provecho la[636] viaje que hacen los portugueses cada año de[637] la China para Japón. Y porque esta licencia se alcanzó poco después de la muerte del padre Francisco Xavier, que como dijimos falleció en un puerto de la China en diciembre de 52, estando para entrar en ella, tuvieron los portugueses para sí que esta licencia se alcanzó por las oraciones del mismo padre Francisco Xavier, por ser de tanto [f. 45] provecho no solo para los portugueses, mas para la cristiandad de Japón y para la misma China. A do poco después se asentaron los portugueses su habitación en el puerto de Macao, que con el tiempo fue creciendo tanto que se hizo en él una buena ciudad de portugueses, como la vemos ahora, de do se continuó siempre[638] el comercio para Japón y no solo se hicieron muchos chinos cristianos en el mismo puerto, mas pasaron los nuestros a hacer sus residencias en diversas ciudades de la China, como se dirá en su lugar.

Sue». Esta revuelta y la caída de Yoshitaka marcaron el fin del dominio del clan Ōuchi en la región.
636 de *AJ*.
637 en *AJ*.
638 siempre en el *AJ*.

En el año[639] de 55 fue la cristiandad creciendo en la ciudad de Yamaguchi y en Bungo[640], y hablando el padre Baltasar Gago en la misma carta escrita de Firando en el año 55 y dando cuenta de lo que se hacía así en Yamaguchi como en Bungo, dice estas palabras[641]:

> En dos partes principales de esta tierra tenemos dos campos grandes y en ellos dos casas de la Compañía. La una está en Yamaguchi, que es una ciudad muy grande, que está en el medio de esta isla de Japón hacia el norte. En esta casa residen el padre Cosme de Torres y el hermano Juan Fernández, con otros dos hermanos japoneses muy prácticos en las cosas de nuestro Señor. Está ya el padre Cosme de Torres muy viejo y consumido, con ser antes hombre grueso, porque esta tierra es muy estéril de mantenimiento, come un poco de arroz, y yerbas o legumbres, y raramente come pescado, porque aquella ciudad es mal proveída por estar treinta leguas por la tierra dentro. Carne no se come en esta tierra, si no es por maravilla alguna caza brava del monte, porque mansa no se mata ni se cría para eso. Mas el padre, con la costumbre que tiene de estos mantenimientos, se halla bien con ellos. Habrá en esta iglesia dos mil cristianos, los cuales son muy continuos en oír los días de fiesta y sermón [. . .] El otro campo y casa de la Compañía está en la ciudad de Bungo, donde yo estoy de asiento, está situada esta ciudad hacia el mediodía, cuarenta y cinco leguas de Yamaguchi. Después que el señor de la tierra nos dio el campo, hicimos una casa e iglesia con una cruz muy alta. Hay en ella ordinariamente misa y sermón, y por esa causa muchos de los cristianos, que serán por todos mil y quinientos, son tan continos que vienen cada día a oírlo. Y los domingos acuden tantos que no caben en casa, y muchos más en las fiestas principales, porque en la vigilia de la fiesta vienen a dormir

---

639 En el año también de *AJ*.
640 así en en la ciudad de Yamaguchi como en Bungo *AJ*.
641 «Locis duobus hujus terrae praecipuis areas duas habemus amplas, et singula utrobique aedificia, alteram scilicet Yamangutij, quae urbs permagna in medio totius insulae ad Septentrione est posita; Bungi vero alteram, quod oppidum Amangutio leucas quinque et quadra reginta in meridie distat. Amangutianam Cosmus cum Joanne Fernando duobus que bene versatis in religione Christiana Japoniis incolit, ego vero Bungensem cum Eduardo Sylvio et Cosmus quidem cum esset antea obeso corpore, nunc partim senio, partim etiam (quae hujus agri sterilitas est) macie paene consumtus videtur, quippe oryza exigua, et oleribus, aut liguminibus vescitur: picibus autem raro, quod Amangutium abest a mari leucas 30, caro autem ibi fere non gustatur, nisi si quando silvestres ferae capiuntur a venatoribus. Nam cicures, nec mactant, nec nutriunt edendi causa Japonii: sed tamen longo jam usu Cosmus pualatim hujusmodi cibariis assuevit. Amangutianorum Ecclesia Christianorum duo circiter millia conficit, qui diebus festis assidue sacris Missarum intersunt, concionesque audiunt. [. . .]. Bungi cum Rex aream nobis dedisset, domum in ea, templumque cum excelsa Cruce construximus. Habentur in eo quotidie sacra Missarum, et homiliae. Itaque neophytorum, qui in Universum 1500 numerum explent, tanta sedulitas est, ut eorum complures diem nullum, quin adsit, praeterfluere patiantur: diebus vero Dominicis ita multi conveniunt, ut domus eos non capiat: festis autem praecipuis multo plures, quippe in nostris aedibus ipsam etiam diei festi vigiliam peragunt. Sed omnium maxime proficiunt pauperes, quippe qui apud saeculum, saeculique faut ores minimum obtinent gratiae. Haec ille».

muchos a casa. Los que más aprovechan son los pobres, que privan poco con el mundo y sus defensores [CC, 112–113].

Y el hermano Duarte da Silva, que[642] este año fue enviado de Yamaguchi a Bungo, escribe en la carta de arriba estas palabras[643]:

Este año de 1555, hubo en esta iglesia de Bungo cada día misa y sermón desde el primer día de Cuaresma hasta Pascua, y era tanto el concurso de los cristianos que no cabían en nuestra casa, y tanto el fervor que algunos venían de las aldeas a dormir aquí a casa para el día siguiente oír el sermón; otros venían dos horas antes que amaneciese. Crecía tanto con estos ejercicios el fervor de los cristianos que cuasi cada día se hacían diez, doce o veinte cristianos, después de estar instruidos. De modo que en toda la Cuaresma se hicieron cuatrocientos. Después de Pascua se continuaron los sermones cada día hasta el Espíritu Santo con el mismo fervor y devoción, por petición y ruegos de los cristianos, los cuales desean llegarse muchas veces al sacramento de la confesión para que el Señor haya misericordia de ellos. Y edifican muchos a sus parientes y conocidos con la enmienda de vidas que ven en ellos después que se hacen cristianos. Porque entre ellos se tiene por más bienaventurados el que mayor afrenta recibió del mundo por ser cristiano. Y uno de ellos, que al principio de su conversión se hizo cuasi escondidamente con alguna vergüenza que del mundo tenía, anda ahora tan metido en las cosas de Dios y en traer otros la nuestra santa fe, con tanto gusto que parece que más se sustentan de hablar de las cosas de nuestro Señor que del mantenimiento corporal. La gentilidad de esta tierra se edifica mucho de la manera que tenemos en enterrar los muertos, tanto que al primero enterramiento que hicimos irían con nosotros más de tres mil personas para ver el modo que en esto teníamos, porque ellos usan de un grande género de crueldad, aun con sus mismos padres. Cuando los entierran y

---

642 que en este *AJ*.

643 «Hoc anno, qui post Christum natum M.D.L.V. in hac aede sacra Funaensi a Cineralibus ad Paschalia [f. 45v] usque solemnia, conciones quotidie cum sacrificiis habitae sunt, tanta neophytorum frequentia, ut eos domus nostra non caperet: tantoque animi ardore, nonnulli ut e pagis pridie domum nostram venirent, quo postridie mane ad tempus concioni adessent, nonnulli autem ad templum duabus ante lucem horis accederent. Quibus rebus homine ita vehementer inflammabantur, ut quotidie ferme deni, duodeni, vel etiam vinceni post catechismum fierent Christiani. Itaque baptizati sunt eo toto Quadragessimae tempore quadrigenti. A Paschalibus feriis usque ad Pentecostem eodem fervore ac studio continuatae sunt quotidie conciones, neophytorum rogatu, qui propitiandi Domini caussa mysterium Confessionis sane quam diligenter frequentant; quorum vitae morumque immutationem post Baptismum, noti affinesque eorum valde mirantur, quippe, ut quisque maxima pro Christi nomine ignominia afficitur, ita se beatissimum putat. Quidam etiam, cum initio conversionis, nonnullo pudore territus latitaret, ita se nunc palam penitus in causam Christianam tanta sua cum delectatione dem isit, ut verbo Dei potius quam cibo sustentari alique videatur. Caerimonia quoque nostra funebris magna cum admiratione probatur ab Ethnicis: ut funus quod primum duximus, hominum plus tria millia spectandi caussa celebraverint. Cum autem pauperibus aeque ac divitibus honorem a nobis vident haberi; tum vero legi Domini Dei nostri simile nihil fatentur esse. Atque lex ea sane late vagatur in hoc regno Bunguensi: nam praeter urbanum neophytorum gregem. Tacatae quinquaginta, vel sexaginta Siquidij totidem, Cutami (pagarum haec nomina sunt) plus ducenti visuntur».

cuando mueren, no los quieren sacar por la puerta por donde se sirven, sino por detrás de las casas, y aun los bonzos que debían tener más piedad usan algunas veces de otra crueldad mayor, porque cuando uno está para morir, sin esperar que acabe, lo echan fuera de casa por no verlo morir. Por esta causa estos japoneses se edifican tanto de nuestro enterramientos, y viendo cuanta solemnidad se hace a pobres y a ricos, confiesan que no hay otra cosa como la ley de Dios nuestro Señor, la cual él por su bondad inmensa multiplica en este reino de Bungo. Porque fuera los cristianos de Bungo, en un lugar que llaman Tacal[644], habrá cincuenta o sesenta cristianos; en Siquido[645], otros tanto; y en Quintani[646], más de doscientos [CC, ff. 106–108].

Y de esta manera se han de llamar estas aldeas y no Yacali, Siquidi y Quintani[647], como están nombradas por yerro en el imprensa[648]. Y prosiguiendo más adelante en la dicha carta dice[649]:

Y entre estos lugares anda un cristiano exhortándolos y confortándolos. El cual viene muchas veces aquí a oír misa y sermón. A este tienen todo grande acatamiento por su virtud y lo reverencias como a padre [CC, 108].

En este año de 55, habiendo llegado una nave de portugueses a Firando, y pidiendo ellos que el padre Baltasar Gago fuese a confesarlos, y deseando el padre Cosme de Torres de consolar a ellos y a los cristianos, envió al[650] hermano Juan Hernández a Bungo y escribió al padre Baltasar Gago que ellos ambos fuesen a consolar los portugueses y los cristianos de Firando. Y de esto, escribiendo el mismo Duarte da Silva en la dicha carta, dice[651]:

El padre Baltasar Gago se partió los días pasados con el hermano Juan Fernández para Firando a confesar los portugueses que ahí estaban [CC, 108].

---

644 Takase.

645 «*Shikido*, tierra adentro a 6.5 km del centro de la ciudad de Funai (Ōita), que hoy ocupa la nueva barriada Shikido Danchi» (DJ1, 531).

646 Kutami.

647 Los nombres de estos tres pueblos, así como los escribe Valignano se leen en las cartas que se imprimieron en Europa en diferentes lenguas.

648 Sería la imprenta, y en esta caso las cartas impresas.

649 «Neophitus quidam est, quem ceteri ob ejus virtutem parentis loco venerantur et colunt; qui saepe ad sacrificia et conciones huc ventitat. Is ea circumiens, ceteros ad officium et cohortatus. Haec ille».

650 el *AJ*.

651 «Superioribus diebus Balthazar Gagus cum Joannem Fernando Firandum profectus est ad Lusitanorum qui ibi erat, confesiones audiendas».

Y el mismo padre Baltasar Gago en su carta dice estas palabras[652]:

> Aquí en Firando se hace ahora por la bondad de nuestro Señor mucho fruto en los cristianos porque cada día les digo misa, y les predica en lengua de Japón el hermano Juan Fernández, mas aunque esto les ha de durar poco porque presto se ha de ir para Yamaguchi con el padre Cosme de Torres que lo está esperando que vaya a predicar a los cristianos de aquella ciudad, quedará aquí conmigo Paulo, japonés de quien encima dije. Este mozo nos ayuda mucho porque es tan fácil y copioso en tratar de las cosas de nuestro Señor que estará todo el día disputando e platicando en cosas de Dios, y siempre tiene que decir sin enfadar a los oyentes. [. . .] Habrá ya en esta ciudad de Firando quinientos cristianos, y el señor de ella que estuvo muy movido para recibir nuestra santa fe nos dio un campo donde se enterrasen los cristianos en el cual pusimos una cruz, con mucha fiesta, el día de la Exaltación de la Cruz con que en extremo se alegraron y animaron los cristianos de la tierra y portugueses que en ella había [CC, 122].

De manera que por lo que él escribió[653] en el fin de este año 55 había en Japón entre Yamaguchi, Bungo y Firando cuatro mil cristianos poco más o menos. Y aunque el padre Gago y el hermano Pedro de Alcaçova escribían que el señor de Firando[654] era bien inclinado a la religión cristiana se engañaron, porque siendo hombre astuto con el deseo que tenía que viniesen los portugueses a su puerto, daba buenas palabras a los nuestros haciéndoles[655] grandes promesas y escribiendo al virrey de la India aunque era gentil[656] en los huesos y aborrecía nuestra religión cristiana, como lo mostró[657] poco después persiguiendo a los cristianos y a los nuestros. Y con esto se dio fin al[658] año de 55 quedando así los reinos de Chugocu que en las cartas se llaman de Yamaguchi como el reino de Bungo en grandes perturbaciones por las revueltas que había entre los reyes de ellos y algunos de los señores mayores de sus reinos[659].

---

652 «Firandi praeclare in praesentia Christiana res geritur, sacrificanti mihi quotidie, concionanti vero Japonice Joanni Fernando, neophyti adsunt. Quamquam Joanne quidem carebunt propediem [f. 46], exspectatur enim a Cosmo Turriano, ut neophytos Amangutianos erudiat. Mecum remanebit Paullus Japonius, egregius juvenis, tantaque dicendi facultate et copia praeditus, ut dies totos in sacris disputationibus sine ulla auditorum satietate consumat. [. . .] Firandensium neophytorum numerus est jam ferme quingentorum. Regulus autem, in quo magra ad Christianam religionem propensio cernitur, aream nobis ad caemeterium Christianorum attribuit, in qua ipso exaltationis Crucis die solenni, suma, et neophitorum et Lusitanorum qui aderant, gratulatione et alacritate, Crucis trophaea defiximus. Haec Gagus».
653 sirvió *AJ*.
654 Matsūra Takanobu.
655 haciendo las *AJ*.
656 era gentil y en los huesos *AJ*.
657 descubrió *AJ*.
658 el *AJ*.
659 su reino *AJ*.

Capítulo 11
Deshízose la residencia de Yamaguchi, y el padre Melchior Nunes vino a Japón con algunos compañeros y se tornó para la India

En el año de 1556 sucedieron así en Yamaguchi como en Bungo grandes trabajos con las guerras civiles que hubo entre los reyes de ellos y sus vasallos, con las cuales, con grandes desconsolación[660] del padre Cosme de Torres, se deshizo la residencia de Yamaguchi. Y padeció aquella cristiandad muy gran[661] detrimento, y el padre Cosme de Torres fue forzado pasarse con los más de su casa para Bungo, a do también pasaron hartos peligros y trabajos, aunque finalmente, después quedaron con algún descanso. Y porque el mismo padre Cosme de Torres escribe lo que sucedió en Yamaguchi en una carta hecha para los nuestros a los 8 de septiembre del año 57 que Maffei hizo en latín, la contaremos[662] aquí por sus palabras:[663]

---

660 desconsolaciones *AJ*.
661 grandes *AJ*.
662 entraremos *AJ*.
663 «Ex quo tempore –dice él a Francisco Xaverio– qui postea migravit e vita, Amangutii sum relictus; res per humani generis adversarium minime [f. 46v] tranquillae fuerunt, qui cum intelligeret quantum Evangelii promulgatione proficeretur, omni ratione eam impedire conatus est, bellum enim Regem inter ac populares ejus ita perniciosum excitavit, ut vigesimo post meum adventum die, Rege ipso cum filiis interfecto, alium, qui Regis Bungi era frater, in magna tamen principum dissensione, sufferecint. Nec tamen interea a nobis cessatum est, nam ad annum 1556 (quod spatium fuit annorum circiter sex) assiduis concionibus, ceterisque ex instituto nostro ministeriis obeundis, Christianorum duo millia fecimus: quo tempore nonnulli e proceribus, conjunctis viribus contra novum Regem, sectatoresque ipsius, urbi Amangutio, saevum adeo incendium intulerunt; ut cum amplius decem millibus familiarum incoleretur, unius horae spatio universam flamma perveserit. Nec sane domus nostra, templumque ab eo incendio fuit immune. Post haec affertur nuntius, adventare hostes; quo audito Christiani conveniunt, communique sententia statuunt, non esse mihi in iis tumultibus commorandum: denique vigesimo post incendium die, cum jam hostium exercitus ab urbe non plus tribus millibus passuum abesset, vehementer a me efflagitant, orantque ut inde discedam. Quorum ego precibus eo animo cessi, ut post eas turbas, ac seditionem redirem. Consilio profectionis meae cognito, reliqui Christiani ad me concurrunt, nullam ea nocte partem capiunt quietis, cum alii peccata confiterentur. Meumque discessum lugerent; alii mecum una decedere decrevisset. Quos ego ut potui, verbis solatus, discessi, multis me nihilominus ad novem millia passum profequentibus summo cum dolore, ac gemitus. Mortuum parentem in conspectu eos habere dixisses. Nimirum praesagire jam tum videbantur calamitates, quae postea contigere: quippe deinde, et urbs funditus eversa est, et suma annonae inopia, aliaque id genus multa incommoda consecuta. In itinere cum divellentur a me,

https://doi.org/10.1515/9783111617602-013

Después que nuestro padre maestro Francisco, que sea en gloria, me dejó en Yamaguchi, viendo el demonio el fruto que se podía hacer con la denunciación de la palabra de Dios, puso sus impedimentos, moviendo guerra y discordias entre el rey y sus vasallos. De manera que, veinte días después que llegué a Yamaguchi, mataron al rey y a sus hijos y alzaron por rey a un hermano del rey de Bungo, quedando discordia entre los señores del reino porque unos querían recibir al nuevo rey y otros no. En este medio se hicieron casi dos mil cristianos, aunque con trabajo. Crecía todavía la palabra de Dios, así en los cristianos que se hacían como en confesiones, sermones y otros ejercicios espirituales. Duró esto por espacio de cinco o seis años, hasta el año de mil y quinientos y cincuenta y seis.

En el cual tiempo se juntó un gran señor del reino contra el nuevo rey y señores de su parcialidad, haciendo daño en la tierra. Por lo cual pusieron fuego a la ciudad, de tal manera que siendo de muy grande vecindad, se quemó toda en pocas horas, de manera que más parecía castigo o juicio divino que cosa hecha por manos de hombres. Juntamente se quemó la iglesia y casa do estábamos. Acabado el fuego, tuvieron nuevas que venían los enemigos, por lo cual se juntaron algunos cristianos a consultar sobre lo que de mí se podía hacer. Y parecióles que no estuviese en la misma tierra, hasta que se apaciguase. Y así, veinte o treinta días después de aquel grande incendio, estando los enemigos una legua o legua y media de ella, con más instancia me importunaron y rogaron los cristianos que me fuese a otra parte.

Y pareciéndome a mí también que después de apaciguado aquel negocio tornaría, determiné de salirme. Toda la noche no durmieron los cristianos. Unos se confesaban, otros lloraban mi partida, otros pidiéndome los llevase consigo. Consolándolos lo mejor que pude, me despedí. Viniendo muchos de ellos conmigo dos o tres leguas fuera de la ciudad con un lloro y llanto que mis ojos no podían retener las lágrimas, viendo tal sentimiento y tristeza en todos que más parecía enterramiento que apartamiento.

Parece que adivinaban lo que después les vino: que la tierra fue destruida y vino sobre todo una grande hambre con otros trabajos. Al tiempo que en el camino, nos hubimos de despedir, se renovaron las lágrimas, así de hombres como de mujeres y niños. Despedime de ellos con grandes sentimientos y señales de amor, y sabe Dios cuánta tristeza trajo mi alma. De ahí a poco tiempo, tuve una enfermedad que aún me duraba cuando el padre maestro Melchior llegó a esta tierra. Y así me fui para Bungo, viniendo conmigo algunos cristianos. Hallé aquí al padre Baltasar Gago con mil cristianos. . . [CA, ff. 78v–79].

Por las cuales palabras se parece que aconteció a este santo viejo lo que cuenta San Lucas que aconteció a San Pablo cuando en Mileto se despidió de los de Éfeso, diciendo[664]: «Entonces hubo gran llanto de todos; y echándose al cuello de Pablo, le besaban» (Hechos 20, 37); y lo que también le aconteció en Cesarea

---

ecce tibi denuo lacrimae virorum, mulierium, puerorum; quae me sane magno moerore, tristitiamque affecerunt: atque ita illi ad suos regressi sunt, ego Funaium inter intendi, qua in urbe versabatur Balthasar Gagus cum duobus fere millibus Christianorum, quos ibi fecerat. Haec Turrianus».

664 «Magnus autem fletus factus est ómnium: et procumbentes super collum Pauli, osculabantur eum».

cuando dijo a los que de él se despedían[665]: «¿Qué hacéis llorando y quebrantándome el corazón?» (Hechos 21, 13).

En este mismo tiempo, poco después del padre Cosme de Torres se recoger a Bungo, llegó también allí el padre Melchior Nunes con el padre Gaspar Vilela y algunos hermanos, los cuales, habiendo salido de Goa en abril del año 54 por diversas causas y tempestades que los detuvieron casi[666] un año en Malaca y otro en la China, apenas pudieron llegar en el mes de julio del año 56 a Japón [f. 47]. Y porque de lo que padecieron en el camino andan[667] impresas dos cartas largas del mismo padre Melchior Nunes, no podré aquí más lo que él dice perteneciente a esta historia en una por él escrita de Cochin a los 10 de enero del año 58 en que dice así[668]:

> Al desembarcar, erramos el puerto de Bungo, y fuimos a tomar tierra a una isla de unos señores que se habían levantado contra el rey de Bungo. Vinieron algunos vasallos de estos a la nao, a darnos nueva de cómo Bungo estaba destruida, y que creían que los padres eran muertos, y que el rey había huido de la ciudad. No puedo negar, hermanos, sino que esta nueva, aunque era en parte falsa, nos puso en tenta confusión a mí y a los que íbamos en la

---

665 «Quid facitis flentes, et affligentes cor meum?».

666 y así *AJ*.

667 van *AJ*.

668 «Cum ad Bungi portum appropinquaremus, ad oppidum quoddam appulimus, cujus oppidi príncipes, sumtis armis ab Rege Bungi defecerant. Ibi ex incolis qui ad navem accesserant, audimus Bungi urbem totam eversam esse, aufugisse Regem, putare se nostros etiam Socios, qui Bungi commorarentur, occisos. Ea res quamvis falso nuntiata, omnes quotquot eramus in navi, magnopere conturbavit, ac perculit. Sed Bungum nihilominus vento adverso contendimus, et Socios omnes incolumes Dei beneficio offendimus. Quos ego nobis ad litus obviam prodeuntes quanto meo gaudio viderim, verbis exsequi fratres carissimi nequeo, prorsus ut a morte revocati mihi viderentur. Neque vero in eo congressu Cosmus ille Turrianus temperare lacrimis poterat, bonus utique senex, et vir plane egregius. Annos aliquot Amangutii vixerat, in ea urbe relictus a Francisco Xaverio. [. . .] Is Amangutii rem Christianam administravit egregie, multis magnisque laboribus ac difficultatibus fortiter superatis. Etenim vel intra privatos ipsos parietes a Bonziis lapidibus sputisque appetitus, illusus, et contumeliose tractatus est, cum sine magno periculo domo pedem efferre non posset, idque ob eam maxime caussam, quod post Francisci Xaverii ex eo regno discessum, Rege ipso Amangutii ex insidiis interfecto, assiduo paene bello ac seditionibus, cum universae fere nobilitatis ac magistratuum caede regnum illud exarserat. Cujus rei culpam bonzii (quorum est magna apud plebem auctoritas) cum in Christiana sacra suscepta, neglectasque Deorum religiones conferrent; tantam in invidiam Cosmus adduxerant, ut et mundus illi cricifixus, et ille mundo vicissim, jure optimo dici posset. Sed eum in hisce incommodis, et aerumnis praeclara nimirum conscientia sustentabat. Quippe qui ad Christi Domini nostri gloriam retulisset Omnia, et Amangutianam Ecclesiam interim conservari atque augeri intelligeret. Denique mihi narrabat, nunquam se in vita, laetitiae ac voluptatis tantum cepisse, quantum per id tempus Amangutij percipisset. Plane ut existimem illum e lacrimarum mira suavitate et copia, magna ex parte oculorum aciem perdidisse. Haec Nonius».

nao, que tuvimos bien necesidad que la misericordia de Dios nos hiciese las mercedes que cada día acostumbra hacernos. Mas la esperanza que obra con caridad no se confunde del todo, y si es turbada, pero no perturbada, el Señor nos la dio por quien es. Tornándonos pues, con harta tristeza a Bungo, con viento muy contrario, hallamos todos los padres, loado el Señor, vivos. No les podría contar, carísimos hermanos, la alegría que mi alma sintió cundo nos vinieron a buscar a la nao, viéndolos vivos y como resucitados de la muerte a la vida, según las nuevas que de ellos nos había dado. No se podía harta de llorar el buen viejo Cosme de Torres, viendo y hablándonos, el cual cierto es varón perfecto en toda virtud y mortificación de sí mismo. En ocho años que había estado en Yamaguchi, donde el padre maestro Francisco le dejó [. . .]. Ha hecho mucho servicio a Dios en aquella ciudad de Yamaguchi, donde creo que habrá más de dos mil cristianos, en la cual obra ha padecido muchos y muy grandes trabajos, hasta ser apedreado de los bonzos en la casa donde venía escarnecido, escupido y despreciado. Y la causa de esto era porque después el padre maestro Francisco fue a Yamaguchi, mataron a traición al rey de aquella tierra, y después de esto nunca faltaron guerras y discordias, con muerte de casi todos los señores y gobernadores del reino. Todo lo cual persuaden los bonzos al pueblo que ha sucedido por los que se han hecho cristianos, y por nuestros padres, que tienen a sus dioses muy airados. De donde se levantó tanta persecución contra el padre Cosme de Torres que él estaba bien crucificado al mundo, y así mismo el mundo a él. Mas entre todos estos trabajos, vivía muy consolado, por padecerse por la honra de Jesucristo Señor nuestro. Y viendo el fruto que se hacía en la conservación y aumento de aquella nueva cristiandad, decíame él que nunca en toda su vida había vivido con tanta alegría y consuelo, como aquellos siete u ocho años de Yamaguchi, pienso que la abundancia de lágrima de consolación le había quitado gran parte de la vista [CA, ff. 77].

Después que estos padres llegaron de la India a Bungo, a do con grande consolación fueron recibidos de los nuestros y de los cristianos, fueron tantas las revueltas que sucedieron en aquel reino que no pasaron los nuestros[669] peligros y trabajos. De lo cuales, escribiendo el padre Gaspar Vilela en una carta escrita de Firando en el año 1557 dice estas palabras[670]:

---

669 os nuestros pocos peligros *AJ*.

670 «Ubi terram hanc attigi, jussus sum Funai habitare cum Cosmo Turriano; partim ut ingravescentem jam illius aetatem, in tantis ac tam multis laboribus aliquo auxilio sublevarem; partim etiam, ut ex ejus consuetudine ediscerem, qua ratione horum [f. 47v] Christianorum ingenia colenda, tractandaque sint. Balthasar autem Gagus, qui ibi erat, Firandum est missum, ubi portus est in primis celebris, et Christiani nonnulli; [. . .] et Paulo inferius. [. . .]. Per idem tempus multa ac magna capitis pericula adivimus, cum enim Rex arce se contineret, quae abest ab urbe vigintiquinque millia passum, cumque magna latronum vis, sublatis judiciis urbe tota volitaret, quorum animi in caedem nostram a Bonziis solicitabantur; hieme tota, mortem in horas singulas expectantes, pauco vino in usum sacrificiorum, aliisque rebus nonnullis ut potuimus absconditis, cum vel in cibo capiendo mors nobis ob oculos versaretur, vigiliis inter nos distributis (quod nunc etiam facimus) vitam nostram, magno sane labore incommodoque tutati sumus. Quo tempore jussit Rex nobis renuntiari, se nihil opis in tali re nobis afferre; proinde nostrae saluti consuleremus, molestum sibi fore si quid nobis incommodi accidisset. Ac reliqua sane urbe item vigiliae

Después de nuestra llegada a esta tierra, ordenaron que quedase yo en Bungo[671] con el padre Cosme de Torres, que por ser ya viejo tenía necesidad de alguna ayuda para tantos y tan grandes trabajos como siempre tiene, y para que de él aprendiese el modo y ejercicio que con estos nuevos cristianos se guarda, conforme a las costumbres la tierra. Y el padre Baltasar Gago, que allí estaba, enviaron a Firando, que es un puerto, el mejor de Japón, en la cabeza de la isla, para la parte del norte, donde por la mayor parte acuden los navíos de los portugueses. Hay allí algunos cristianos. [. . .]. En este tiempo de la Cuaresma, tuvimos grandes sospechas e indicios que nos matarían y quemarían las casas, porque estaba el rey en una fortaleza suya cinco leguas de aquí, y los ladrones son tantos que no hay justicia que les resista, y los bonzos los incitaban a que nos matasen. Estuvimos casi todo el invierno y la Cuaresma, esperando cada día la hora que nos habían de matar, y por tener mucha certidumbre de esto, pusimos a recado algunas cosas que teníamos en casa y velábamos toda la noche, a veces, y lo mismo hacemos ahora. El rey nos enviaba a decir que nos defendiésemos, que le pesaba mucho de que no nos podía favorecer. Con todos estos trabajos no dejó de haber la Cuaresma cada día sermón. . . [CA, ff. 82v–85v].

Con estos trabajos y perturbaciones que había en Bungo y con hallar el padre Melchior Nunes las cosas en otra disposición de lo había imaginado, después de pasar casi tres meses que allí estuvo con una grave enfermedad y muchos trabajos, se resolvió de[672] volver en la misma nave para la India sin haber podido hacer en Japón casi ninguna cosa, de lo cual, hablando en la misma carta, dice así:[673]

En llegando a Bungo, trabajé por ver el rey, porque en aquellas tierras todo depende de las cabezas. Procuré con muchas razones traerle a nuestra santa fe, pero como estaba retirado en aquella sierra, como he dicho, y por estar en pecado, el cual sabía le era necesario dejar haciéndose cristiano. Y también porque los suyos no le recibirían por rey [. . .] porque es de una secta que creen que el alma muere con el cuerpo, y que no hay espíritu ni más de lo que vemos con los ojos, no se efectuó mi deseo. [. . .]. Son estos bonzos muy emparentados con los señores del reino, y grandes contrarios nuestros porque descubrimos al pueblo sus maldades. Dicen tantas mentiras de nosotros que me parece que el mayor impedimento contra la predicación del Evangelio son estos ministros del Demonio [CA, ff. 77v–78].

agebantur, sed omnis nostra spes, atque fiducia ex unius Domini clementia ac bonitate pendebat. Haec ille».

671 Como en otras ocasiones, Valignano transcribe en latín «Funai».

672 AJ lee «de».

673 «Ut in Bungum veni, dedi operam ut Regem ipsum inviserem, multisque eum rationibus ad Christum traducere sum conatus: sed frustra, partim quod hostium metu in locum munitum sese praesidii caussa recepisset; partim etiam quod sibi intelligeret ex Christiana lege mores esse mutandos. Accedebat illa quoque suspicio, fore ut populares sui Christianum Regem ferre nollent [. . .]. Sed illud maxime retardabat hominem, quod [. . .] edoctus est in ea bonziorum secta [. . .] quae animum ait una cum corpore interire, spiritum esse nullum, et nihil omino praeterea, quae sensu percipimus. [. . .] Sunt autem bonzii cum regni proceribus affinitate conjucti, nobis vero, quod plebi eorum scelera fraudesque detegimus, iniquissimi, tantisque mendatijs populum onerant, nihil ut Evagelio in his terris maiori impedimento esse videatur».

Y más abajo dice[674]:

Caí enfermo con los mantenimientos de la tierra, que es arroz sin otra cosa que le dé algún sabor, y la cama es una estera con un madero a la cabecera. Fue tan grande mi enfermedad que fue mucho poder venir en una bestia hasta Bungo, donde estuve tres meses con calenturas y fríos que me pusieron al cabo. No dándome el Señor salud, y viendo que por entonces se podría hacer poco fruto en Japón por estar la tierra alborotada con guerras, y la obligación que tenía de cumplir con mi oficio en la India, me fue forzado embarcarme así enfermo como estaba, en una nao que venía a la India [CA, f. 78v].

En este mismo año de 56 se hizo en Bungo una buena Iglesia en la ciudad de Funai, que era la principal de aquel reino donde los nuestros residían, dándoles para eso el rey una casa muy acomodada [f. 48], que fue para los nuestros de grande comodidad y honra, y de grande contentamiento y alegría para los cristianos. De lo cual, hablando el padre Cosme de Torres en la misma carta hecha a los 8 de septiembre del año 57, dice así[675]:

[. . .] al cual el gobernador de la India, en nombre del rey de Portugal, por la amistad y amor que nos tiene, envió a visitar con un presente bueno. Con esta embajada del virrey de la India, el rey nos hizo merced de unas casas suyas de madera de cedro que son de las mejores de esta tierra, y renta cada año para ella, aunque no nos la paga el que tiene la obligación de dárnosla. Mas en esto nos habemos como gente que toma lo que le dan y no pide lo que se le debe. También compramos un campo muy bueno, con consentimiento del rey, el cual está junto a otro que antes no había dado el mismo rey [CA, ff. 79–79v].

De esto mismo, tratando el padre Vilela en su carta escrita en el mismo año de Firando, dice estas palabras[676]:

---

674 «Ego ingravissimam febrim incidi magno sane vitae periculo, ex qua tertio denique mense praeter opinionem evasi, cumque res Japonicae turbulentae exiguam spem profectus ostenderent, infirmo etiamnunm corpore ad meum provinciale munus in India mihi renavigandum existimavi. Haec Nonius».

675 «Ad regem graeto Indiae certum hominem Regis Lusitaniae nomine cum pretiosis muneribus misit, egitque gratias, quod nos adeo humane, liberaliterque tractaret. Hoc ille officio permotus, aedes nobis optimas ex materia cedrina est elargitus: e quibus templum extruximus cum reliquis ad incolendum necessariis aedificiis, operam suam in id navantibus admodum impingre Christianis. Decrevit etiam nobis aurerorum quinquagenum vectigal. Inde cum aetrus belli iam deferbuisse videretur, ethnici multi barbari ad verbum dei confluebant, ac fere semper ad Dominum convertebantur aliquot, decem interdum interdum quindecim, pluresque aut pauciores, prout mentes eorum Spiritus Sancti claritas illustrabat. Haec Cosmus».

676 «Post Gagi discessum, aream patentiorem, donavitque rex nobis peramanter quasdam aedes, in proximo quae regiae statim nobis usui fuere. Ex iis quippe in área nostra templum exstruximus, addidimusque tecta nonnulla nobis ad incolendum necessaria. Opus ad culmen perductum est. Die Sanctis omnibus sacro, anno 1556. Melchior primum in eo sacrum fecit solenne. Inter haec dies advenit, quo die Melchiori in Indiam redeundum erat, quem a nobis dimisimus,

Partido de la ciudad de Bungo el padre Baltasar Gago, compramos en la misma ciudad un grande campo porque era pequeño el que antes teníamos, y nos dio el rey de la tierra, por el amor que nos tiene, unos palacios que tenía, que no fue pequeña merced, conforme a como cuestan caras las casas en esta tierra. También nos dio una renta que valdrá cada año cincuenta ducados. Aun ahora no gozamos de ella, porque la toma para sí el que la había de recaudar y dárnosla. Y porque sabemos cuánto importa tenerlos a todos por amigos, disimulamos ahora hasta que se ofrezca ocasión para hablase sobre ella. De los palacios nos aprovechamos luego, porque hicimos de ellos en nuestro campo una iglesia donde caben doscientas personas, y algunos aposentos donde posásemos nosotros. Esta iglesia se acabó día de Todos los Santo de 1556, y el padre maestro Melchor dijo en ella la primera misa con mucha solemnidad, donde todos renovamos nuestros votos con mucha devoción y lágrimas que declaraban bien el amor y deseo que cada uno sentía en su alma de ver conocido y adorado a Dios nuestro Señor en este reino de Japón.

Llegado el tiempo en que se había de partir el padre maestro Melchor para la India, nos despedimos de él con la esperanza de nunca más nos tornar a ver hasta la gloria, donde nos veríamos con más alegría de la que entonces sentíamos en nuestras almas con la despedida del padre. Y dando la nao a la vela, nos quedamos rogando al Señor que le diese buen viaje, y a nosotros fuerzas para que la bandera de su gloriosa cruz fuese resplandeciendo por las oscuridades de esta gentilidad.

Continuáronse luego los sermones con los demás sacramentos como antes se acostumbraba, puesto que con alguna incomodidad de la gente que andaba algún tanto perturbada con unas traiciones que se ordenaban secretamente en la tierra. Porque el rey, un mes antes de nuestra llegada, había mandado matar unos señores por otras traiciones, y por esta causa se había acogido a una isla que es como fortaleza, para que desde ahí pudiese a su salvo remediar las traiciones que en la ciudad se armaban. Estos trabajos perturbaban mucho a los cristianos, y a nosotros nos inquietaban algún tanto, pareciéndonos que si moría el rey nos podíamos escapar con la vida, o a lo menos sin tantos trabajos que no pudiésemos fructificar tanto en las almas de estos cristianos como con la paz y sosiego de la tierra [CC, 151–152].

En este mismo año de 56, usó nuestro Señor otra particular providencia con los nuestros porque, comenzándose ya a multiplicar, comenzaron también a padecer grande falta de las cosas necesarias para su sustentación y para acudir a tantos

---

nulla spe in hac quidem vita nos revisendi. Inde Christianae rei ex instituto dedimus operam, non sine aliqua difficultate propter occultas conspirationes adversus Regem in urbe conflatas a reluquiis conjuratorum, quos mense ante nostrum adventum Rex capitali supplicio affecerat, ac deinde ad ceteros minori suo cum periculo puniendos in insulam quandam, quae arcis instar est, sese receperat. Hisce tumultibus et recentes Christiani vehementer, et nos etiam aliquamtum perturbabamur animis, quod ex Regis interitu (si forte id contigisset) aut mors nobis imminere sine dubio videretur, aut certe multa ac gravia incommoda, quae magno nobis impedimento forent, quo minus rem Chrisitanam ex animi sententia adjuvaremus; verumtamen nonnullis consecutum. Haec Vilela».

pobres cristianos que recorrían a ellos. Unos ya desterrados de Yamaguchi y otros enfermos que no tenían con que se valer. Y porque los padres no tenían hasta entonces ningún ordenado, y ese poco que el rey de Bungo se ofreció a darles con las revueltas nunca lo pagaron sus oficiales, vivían de algunas limosnas que les daban los portugueses que venían a Japón con sus navíos. [f. 48v] Mas creciendo el número de los nuestros y de los pobres, crecía[677] también la necesidad, y los portugueses no podían acudir con tanto gasto. Mas nuestro Señor, que vio que todo era necesario y se hacía en su servicio, acudió a esta necesidad moviendo el ánimo de un portugués llamado Luis de Almeida para que, viendo lo mucho que los nuestros hacían y padecían en Japón, y juntamente la devoción y capacidad de los que se convertían, se resolviese no solo de ayudar los nuestros, mas de entrar él mismo en la Compañía. Y porque era hombre rico, deputó hasta cuatro mil ducados que entregó a otros portugueses, sus amigos, para que los llevasen en esta carrera de la China para Japón, empleados en seda, y lo que se sacase de ellos se diese a los nuestros para su sustentación y para acudir a los pobres y hacer los nuestros sus iglesias y casas. Lo cual[678], por muchos años, fue la sustentación y total remedio de Japón porque no tenían otra cosa con que se sustentar. De lo cual, hablando el padre Melchior Nunes en una carta que escribió de la China a los nuestros en diciembre de 55, dice estas palabras[679]:

> Un hombre por nombre Luis de Almeida, muy conocido en estas partes, fue el año pasado a Japón y, viéndose en Bungo con el padre Baltasar Gago, entendió una costumbre muy humana que hay en aquella tierra: que muchas mujeres pobres cuando no se atreven a mantener los hijos, los matan luego en naciendo. Concertose entonces con el padre Baltasar Gago

---

677 creció *AJ*.

678 lo que *AJ*.

679 «Nunc autem epistolam egregio Aloysij Almeidae Lusitani facto concludam. Is cum anno superiore in Japonem venisset (vir est autem in his regionibus admodum notus) et Bungi cum Balthasare Gago congressus, eam Japonensium feminarum consuetudinem cognovisset, ut modo natos infantes per summam immanitatem necarent, quos propter inopiam alere se posse diffiderent; cum eodem Gago condixit, ut cum Rege Bungi ageret, quo mos hic pessimus ratione aliqua tolleretur: ad eam rem sese de suo, quantum esset opus pecuniae, collaturum. Placuit Regi consilium, seque nutrices ad pueros educandos attributurum recepit. Itaque Aloysius Bungi ea de caussa remansit, aedesque comparat magna populi approbatione, in quas non modo pueri deferantur alendi baptizandique; sed etiam Christiani pauperes qui sunt in urbe, confugiant. Idem Aloysius cum nos nimis diu morari videret (namque biennium est circiter est cum solvimus Goa, quod tempus navigando maxima ex parte consumtum est) veritus ne qua difficultas nos retineret Malacae; duo coronatorum millia ad amicum misit, quibus nostra sublevarentur incommoda. Sed hac ejus benignitate spero me non usurum. Accepi autem ab eo litteras, quibus nostrum adventum avide ab se exspectari ostendit; ut mecum de instituendo quam maxime salutari genere vitae (natus est autem annos fere triginta) deliberet etc.. Haec Nonius».

que hablase al rey de Bungo[680] sobre este negocio para que se diese en él algún buen corte, y obligose el rey a dar manera como le entregasen los niños, y den amas que los críen, y Luis de Almeida a hacer el gasto, de manera que se queda ahora en Bungo movido de piedad de aquellos niños para hacerles un hospital de piedad donde se críen y bauticen y se puedan recoger los otros pobres cristianos de la tierra la cual está grandemente edificada de esta obra. Este mismo hombre, viendo que yo aun no llegaba a Japón, pareciole que podría ser o porque arribaría o porque me faltaría en Malaca alguna nao o carabela donde fuese. Y por esta causa envió a un amigo suyo dos mil ducados para que nos los diese si fuesen necesarios; mas espero en la bondad del Señor que no serán menester. Escribiome una carta donde me decía que quedaba en Bungo esperando nuestra ida, porque es ya de treinta años y desea saber la manera con que podrá mejor salvar su ánima, para lo que parece que le ayudaría mi parecer. Por ahora no escribo más [CC, 143–144].

Y así, llegando él a Japón, se resolvió en el año de 56 de entrar en la Compañía y no solo fue grande remedio para los nuestros y para los pobres, mas salió también muy gran obrero haciendo en Japón mucho fruto por tiempo de casi treinta años que estuvo en la Compañía. De manera que después de la vuelta del padre Melchior Nunes para la India se hallaron en este año de 56, allende de cinco o seis *dojucus*[681] que ayudaban a catequizar y a predicar, ocho de los nuestros europeos en Japón, tres padres y cinco hermanos [f. 49] acrecentándose a los cuatro que en Japón estaban primero, otros tres que vinieron[682] con el padre Melchior Nunes y el hermano Luis de Almeida que fue recibido en Japón. De los cuales los dos estaban en Firando y los seis en Bungo; y aunque fueron haciendo algunos cristianos, quedó todavía menor el número de lo que era[683] el año de 55, porque, como dijimos, con haberse la segunda vez quemada la ciudad de Yamaguchi, quemándose también nuestra iglesia y casa, y con las grandes guerras[684], disensiones y hambre que hubo en él, padeció mucho aquella cristiandad, unos muriendo y otros quedando desterrados. De manera que se apocó mucho el número de los cristianos que quedaron en Yamaguchi, con asaz de[685] tristeza y desconsolación del padre Cosme de Torres, que con tanto trabajo los había hecho y criado[686].

En este mismo año de 56 con la entrada en la Compañía del hermano Luis de Almeida y buena ayuda que dio, determinó el padre Cosme de Torres con los más padres de hacer un hospital en Bungo en que ejercitasen su caridad y humildad

---

680 Ōtomo Yoshishige [Ōtomo Sōrin].
681 *Iivej AJ*.
682 trajo *AJ*.
683 en el año *AJ*.
684 guerras y disensiones *AJ*.
685 y *AJ*.
686 hechos y criados *AJ*.

con los leprosos y más dolientes que en él recibían, y diesen alguna muestra[687] a los gentiles de la piedad y misericordia cristiana. De lo cual, hablando el padre Gaspar Vilela en la misma carta, dice así[688]:

> Viendo el padre la necesidad de esta tierra, le pareció que sería servicio de nuestro Señor y causa de crecer más la cristiandad hacerse en la ciudad (Funai) un hospital, puesto que estos japoneses lo tengan por cosa sucia y baja. Hablamos en esto al rey, el cual nos dijo que holgaba mucho porque él tenía determinado de hacerlo y no lo había puesto por obra, por no haberse ofrecido comodidad para eso. Con esta ocasión pusimos luego las manos en la obra, y en un campo donde antes teníamos iglesia, hicimos una casa grande con dos repartimientos, uno para los leprosos de que hay grande número en esta tierra, y otro para los demás dolientes de enfermedades fáciles. Acudieron luego muchos leprosos a curarse, de los cuales tenía cuidado un hermano nuestro cirujano que acá se recibió en la Compañía, despreciando en el mundo muchos benes temporales por imitar y seguir a Jesucristo pobre y trabajado. Y porque afuera estos enfermos había otros muchos en la ciudad y montes comarcanos, dimos también cuidado de ella a un japonés cristiano, hombre muy virtuoso y que de verdad desea servir a Dios, obligándose a él con voto de castidad y algunos otros votos. A este, con ser mancebo de veinte y cuatro años, por su virtud le teníamos dado cargo de repartir entre pobres y viudas las limosnas que los cristianos echaban en una caja que para ese fin había en la iglesia. Crece mucho en número de estos pobres y enfermos en el hospital, con que el Señor se sirve mucho y estos gentiles se confunden porque ven como les curados todos sus dolientes y damos de gracia las medicinas necesarias [CC, 159–161].

De este mismo hospital que hicieron[689] en la ciudad de Funai, hablando el padre Cosme de Torres en la carta que arriba dijimos que escribió en septiembre de 57 dice estas palabras[690]:

---

687 nuestra *AJ*.

688 «Circumspectis hujus provinciae miseriis et inopia, Cosmo visum est, e re Christiana futurum, si in urbe Funaio valetudinarium institueretur. Itaque consilio cum Rege communicato, peramplam domum exstruximus, bifariamque divisimus, ut altera pars elephantiacos (quorum magnus in his locis est numerus) altera levioribus morbis aegrotantes exciperet. Confluxere illico elephantiaci complures, quorum curationi praefecimus unum e fratribus nostris chirurgiae peritum, qui contemtis, ut Christum pauperem, exercitumque sequeretur, diliciis divitiisque quas possidebat, in Societatem nostram adscriptus est. Et quoniam urbe tota montibusque finitinis multi praeterea inopes, aegrotique versantur; constitutus est Japonius Christianus annos natus quatuor et viginti; spectatae virtutis adolescens, qui castitatis voto aliisque nonnullis Deo sese dicavit, ut is engetibus, viduisque divideret eleemosynas, quas Christiani conjiciunt in arcam ob eam ipsam rem pubblice positam. Augetur autem quotidie huiusmodi pauperum, atque aegrotatium multitudo, in hospitali quam diximus domo, magno cum rei Christianae adjumento, et barbarorum pudore, cum videant populares suos eagrotos omnes gratis a nobis curari, necessariis medicamentis adhibitis. Haec Vilela».

689 quisieron *AJ*.

690 «Anno 1556 (porque así debe decir y no 55 como está per yerro en las cartas impresas) octavo idus Septembris. Rex apud nos sane quam jucunde coenavit: a coena de Deo verba fecimus. Ipse

En el año de cincuenta y siete, a los seis de septiembre vino el rey a nuestra casa, donde con mucha alegría cenó, y so recena le hicimos una plática de Dios. Él nos mandó decir por un señor de los que lo acompañaban que quería dar renta para que se sustentasen los que en sus tierras manifestaban la ley de Dios. Respondímosle que para nosotros poco era necesario, mas que teníamos un hospital edificado para amparar los pobres, el cual tenía mucha necesidad. Por lo cual, suplicábamos a su alteza que la renta que nos quería dar a nosotros, aplicase a aquella casa. Y así lo concedió, mandándonos también dar un campo en una ciudad suya muy grande y de mucho trato, la cual se llama Facata, que está de Bungo cinco jornadas, donde ya el padre Baltasar Gago hizo algunos cristianos. El mismo padre ha de venir ahora para allí más de asiento, para más se manifestar la ley de Dios. Cristo nuestro Señor nos dé a todos esfuerzo para sufrir los continuos trabajos que en esta tierra se ofrecen y nos dé virtudes cuales convienen a los que en semejantes partes andan. Siete de septiembre de M.D.LVII [CC, 149].

Este hospital, que pareció que había de ser de grande edificación y movimiento para con los gentiles, aunque lo tuvo la Compañía a su cargo muchos años, no salió de tanto provecho para lo que se pretendía cuanto pareció[691] a los padres en el principio. Porque los señores y caballeros japoneses, que no conocían ni la caridad ni la humildad cristiana y son de su natural tan asquerosos de los leprosos y de otras enfermedades contagiosas, viendo que los nuestros con sus propias manos limpiaban y curaban aquellos enfermos, y no entendiendo qué hacían aquel oficio por piedad y caridad cristiana como cosa que nunca vieron y tan ajena de la soberbia de los bonzos, se persuadieron que era oficio de gente muy baja, y cosa indigna de la autoridad que a ellos parecía[692] que debían tener los bonzos. Aunque no faltaban otros que con ellos se edificaban, como veremos adelante, y con esto se acabó este año de 56.

---

per quendam ex amicis jussit nobis renuntiari velle se certos pecuniae fructus assignare alendis iis, qui in sua ditione [f. 49v] Dei legem docerent. Respondimus, nobis hoc non esse ita necessarium: sed in pauperum subsidium, hospitalem domum a nobis aedificatam esse, quae huismodi ope admodum indigeret; orare nos Regem, ut beneficium illud in eam domum conferret, quod fecit: et simul jussit nobis attribui aream in urbe imperii sui admodum ampla ac celebri Facata nomine, ab urbe regia Bungo quinque dierum itinere, ubi jam Balthasar Gagus aliquot fecerat Christianos. Eo nunc Balthasar idem est rediturus, ut ibi diutius commoretur, atque commodius Evangelium praedicet. Christus Dominus noster eas vires nobis, easque virtutes impertiat, quae ad assiduos hujus provinciae labores atque pericula sunt necesaria. Valete. VI Idus Septembris M.D.LVII. Haec Cosmus».

691 precio *AJ*.
692 parecían *AJ*.

Capítulo 12
Padecieron los nuestros en el año 57, 58 y 59 varias persecuciones y fueron echados de Firando y de Facata

En el año de 57, 58 y 59 más fue lo que los nuestros padecieron que lo que hicieron en Japón, porque en el año 57, con las guerras civiles y[693] muerte del nuevo rey, y con la tercera destruición[694] de Yamaguchi, se acabó de destruir del todo aquella residencia y los cristianos que allí había se apocaron mucho y padecieron grandísimo detrimento, quedando unos desterrados y otros muertos con las guerras, hambres[695] y enfermedades que se siguieron con ellas. De lo cual, hablando el mismo padre Cosme de Torres en la dicha carta, dice estas palabras[696]:

> De Yamaguchi nos escribió el rey y los señores de la tierra por los cristianos, pidiendo que nos tornásemos allá. Yo, yendo a tomar licencia y parecer del mismo rey de Bungo, me respondió que aún no era tiempo, que cuando fuese él me avisaría. Sospechamos tenerle los suyo algunas traiciones encubiertas que él sabía, y así fue que un gran señor[697] vino sobre la ciudad de Yamaguchi, la cual ya estaba redificada de la quema, y la destruyó y derribó, robando y cautivando mucha gente, y matando a un hermano del rey con todos los de su bando. El rey de Bungo viendo esto, envió un grande ejército para sujetar aquella tierra. Haga nuestro Señor lo que fuera más su gloria [CC, 148–149].

De esto mismo, tratando el padre Gaspar Vilela en la carta que arriba dijimos, que escribió en este mismo año de 57, tratando de lo que pasaba así en Yamaguchi, como en Bungo y Firando, dice así[698]:

---

693 y la muerte *AJ*.
694 y de Yamaguchi *AJ*.
695 hambre *AJ*.
696 «Amangutio etiam Rex, regnique proceres, missis per Christianos epistolis, nos ad se invitarunt. Qua de re cum Regem ipsum Bungi amicitiae caussa, consulvissem, respondit adhuc maturum non esse; simul ac foret, se moniturum. Suspicati sumus occultam aliquam conjurationem ipso conscio adversus Amangutii Regem esse conflatam, nec sane temere: nam ex principibus quidam potens, Amangutium jam ex incendio ferme jam instauratum [f. 50] aggressus, diruit, magna civium parte vel direpta, vel in servitutem abducta, Regis etiam fratre cum omnibus iis, qui partes ejus sequebantur, occiso. Ea re cognita, Bungi Rex magnas copias ad Amangutium occupandum misit, quo eventu adhuc incertum est. Haec Cosmus».
697 Se trata de Sue Harukata.
698 «Dum haec gerentur, affertur Amangutio nuntius, dynastam quendam nomine Moridonum copiis adductis, Regeque Amangutii et principis interfectis, urbem totam flamma ferroque vastasse, nec pauperri quidem templo pepercisse, quod ibi cum quibusdam libris habebamus. Ac

https://doi.org/10.1515/9783111617602-014

En este tiempo tuvimos nuevas de la ciudad de Yamaguchi, donde nos había mandado llamar, como un señor por nombre Moridono[699] vino sobre ella y la quemó, y mató al rey y señores de ella, destruyó toda la tierra, hasta una pobre iglesia con unos libros que teníamos. También muriéramos todos si hubiéramos ido allá. Mas el Señor no quiso hacernos esta merced, porque esto acostumbra él a hacer solamente a sus muy privados. Después de esta destrucción se siguió una grande hambre, de la cual murieron muchos de aquellos gentiles, y algunos cristianos. Perturbose y desasosegose tanto la gente con esto, que según parece, tarde tornara a lo que antes estaba. Estas guerras, según la experiencia que tenemos, son grande impedimento para no extenderse tanto la santa fe de Jesucristo por estas partes. Mas no obstante esto, se comenzaron a hacer en este tiempo en la ciudad de Bungo, donde estábamos, muchos cristianos, especialmente gente pobre, porque estos más ricos están tan sujetos al mundo y al «qué dirán de mí si me hiciere cristiano» que con dificultad se mueven. Muévales el Señor por su bondad para que lo conozcan y adoren por quien es.

De Firando nos escribió el padre Baltasar Gago que estaba en una isla pequeña, donde treinta o cuarenta hombres pedían el santo bautismo, y que los cristianos de aquella tierra iban adelante en el servicio de nuestro Señor y habían edificado una iglesia, aunque algún tanto pequeña para aquellas partes, en las cuales nunca faltan algunas experiencias que el Señor permite para probarnos. Porque los bonzos de ella nos levantan muchos falsos testimonios, especialmente que comemos carne humana; y para confirmar estas mentiras nos ponen secretamente en la puerta algunos paños ensangrentados. Y esto hicieron ya por algunas veces este año de 1557, con lo que se ha divulgado la fama casi por todo Japón. Otros

---

nobis utique si eo venissemus, fuerat moriendum: sed videlicet nos Dominus dignatus hoc honore non est; quem habet iis tantummodo, quos praecipue diligit. Urbis excidium ingens fames excepit, quae cum e barbaris multos, tum e Christianis nonnullos absumsit; universum vero civitatis statum ac sobolem in multos annos omnino pertubavit, ac pedidit. Atque hi sane bellorum tumultus, quod adhuc experti sumus, Christianae fidei propagationem magnopere distinent; sed nihilo minus eo ipso tempore in urbe Bungo ubi commorabamur, multi Christiani fieri coepti sunt, praesertim ex inopi plebe. Nam divites fere mundo serviunt et obtrectatorum voculas pertimescunt. Firando etiam a Balthasare Gago literas accepimus, in parva quadam insula, triginta vel quadraginta homines Baptismum petere, et Christianos ejus regionis in Jesu Christi cultu proficere, phanumque exstruxisse, quamquam pro multitudine populi exiguum. Quod vero ad nos ipsos attinet, nunquam occasiones desunt, quibus probemur et exerceamur a Domino. Etenim Bonzii fictis criminibus falsisque testibus nos apud populum in invidiam conantur adducere, quod scilicet humana carne vescamur: atque ad faciendam mendatiis fidem vestes manantes sanguine in aedium nostrarum fores occulte conjiciunt. Idque non semel hoc anno fecerunt, qui est a Virginis partu 1557, quocirca toto paene Japone percrebuit, nos daemonas esse, nec verbis nostris habendam fidem, quod etiam scriptis in janua nostra propositis palam edicunt. A pueris etiam interdum lapidibus petimur. Complures praeterea nos foede et contumeliose compellant, tametsi contra honesti viri permulti reverentur et colunt».

699 Mōri Motonari (毛利 元就) fue un destacado daimyō japonés durante el período Sengoku. Nacido en 1497 en la provincia de Aki, Motonari se distinguió por su habilidad estratégica y diplomática, logrando expandir significativamente el poder de su clan mediante alianzas y victorias militares. Entre sus logros más notables se encuentra la victoria en la Batalla de Miyajima en 1555, donde derrotó a Sue Harukata, consolidando así su dominio en la región de Chūgoku. Mōri Motonari falleció en 1571, dejando un legado duradero en la historia de Japón.

dicen que somos demonios, que hablan en nuestros cuerpos, que no nos den crédito a lo que decimos. Y por esto nos ponen a la puerta algunos escritos que dicen que no nos crean lo que dijéremos. Algunas veces nos apedrean los mozos y, finalmente, nos tienen por la gente más insensible que hay en el mundo. Muchos, cuando nos hablan, nos dicen palabras torpes y hablan por tú, puesto que la gente honrada nos haga acatamiento y reverencia [CC, 166–168].

Y[700] poco más abajo, en la misma carta, tratando de la casa[701] que los nuestros tenían en Japón este año, dice estas palabras[702]:

Teníamos en estas partes tres casas de la Compañía, una en Yamaguchi, donde había muchos cristianos y esta se quemó cuando quemaron la ciudad y el campo de ella ofrecieron a un templo de ídolo. Mas ya tenemos nueva que algunos cristianos que quedaron, requirieron su justicia y les tornaron a entregar el campo por nuestro. Otra casa está en Firando aunque pequeña. La tercera y más principal es esta de Bungo, donde nos parece que permanecerá más la Compañía con la gracia divina, así por ser el rey grande amigo nuestro, lo que experimentamos en el favor y buenos consejos que nos da con no ser cristianos, como también por ser más conocidos y acreditados con los que gobiernas la tierra, y holgar el rey que en ella se extienda nuestra santa fe y se denuncie la ley Evangélica [CC, 172–173].

En este mismo año de 57 fue enviado el padre Gaspar Vilela con el hermano Guilherme a Firando para residir allí, y el padre Baltasar Gago pasarse para la ciudad de Facata. Y después del partido de Bungo, murió allí Paulo Japón que tenía cuidado del hospital de Bungo. Cuya pérdida sintieron los padres mucho. Y[703] todo esto, hablando el padre Vilela en la dicha carta, dice así[704]:

---

700 Y a poco *AJ*.

701 las casas *AJ*.

702 «Societatis nostrae in his partibus tria domicilia sunt. Amangutii unum, ubi multi erant Christiani: verum aedes eae una cum urbe ipsa incensae, et solum a barbaris templo Idolorum postea dicatum est: tametsi nunc audimus nonnullos qui superfuerunt Christianos, id ipsum judicio repetiisse, ejusque possessionem nostro nomine recepisse. Alterum est domicilium Firandi, licet exiguum. Tertium [f. 50v], idemque omnium maximum est hoc Bungense, quod in primis stabile Deo propitio futurum videretur, tum propter Regis (quamvis nondum Christiani) eximiam erga non benevolentiam, et aliis rebus et in consilio dando probatam nobis, et cognitam; tum etiam propter existimationem a nobis apud praefectos regios magistratusque collectam. Haec ille».

703 Y de todo *AJ*.

704 «Septembri mense, Firandum, cum ibi Balthasar Gagus esset, duae Lusitanorum naves appulsae. Itaque a Cosmo ad ejus subsidium in Confessionibus audiendis, alijsque laboribus, quos nova provincia secum affert, eo sum missum. Meo adventu Gagus, et Lusitani et ipse regulus oppidi valde gavisi sunt. Et quoniam Christianorum veterum vita moresque apud hos populos in utramque partem plurimum ad exemplum valent; primum omnium suadere Lusitanis instituimus, diligenter caverent, ne quem neophytorum exemplo suo offenderent. Multus Confessione purgatos sacra Eucharistia reficimus».

En el mes de septiembre llegaron a Firando, donde residía el padre Baltasar Gago, dos navíos de portugueses, y por esta causa me envió el padre Cosme de Torres que fuese a ayudarle, porque para las confesiones y otros trabajos que la tierra nueva da, sería necesaria
alguna ayuda. Llegando a Firando, se consolaron mucho el padre y los portugueses que ahí
estaban, y el señor de la tierra con mi llegada, y ocupándonos luego en nuestro oficio, traba-
jábamos cuanto podíamos, persuadiendo a los portugueses que diesen buen ejemplo a los
cristianos de la tierra, porque esto es cosa que importa mucho para el bien de aquestas
almas. Confesamos y dimos el santísimo sacramento a muchos y predicábamos todos los domingos y fiestas de los portugueses [CC, 174].

Y poco más abajo dice[705]:

En este tiempo tuvimos nuevas del mucho fruto que se hacía en la ciudad de Bungo, donde
yo estaba, y de la muerte de Paulo, japonés de nación, que quedaba doliente cuando me
partí de Bungo. Este era hombre muy virtuoso, y conforme a las nuevas que tuvimos, estado
para morir perdió la habla, sin poder pronunciar bien otra cosa más que Jesús María, y dio
en su muerte no menos edificaciones de la que había dado en su vida. Había tres años que
el Señor lo había llamado para trabajar en su viña, en la cual trabajo como fiel obrero y
compañero nuestro con mucho fervor del espíritu, celo y deseo de la salvación de estas
almas. Perdimos mucho con su muerte. Porque es cosa dificultosa entre tantos malos como
por aquí hay hallarse un tan fiel obrero como era Pablo. El padre Baltasar Gago se partió de
aquí para Facata con orden del padre Cosme de Torres, a entregarse del campo que el rey
nos mandaba dar para edificar allí una casa, de ahí a visitar al rey de Bungo y pedirle que
lo confirme. Esperamos en el Señor que aquí se han de ayudar los prójimos, porque esta
ciudad es algún tanto pacífica, más que las otras, porque cuando los mercaderes ricos que
están en aquella siente que ahí alguna guerra, con presentes y dádiva la aplacan, para que
de esta manera conserven su hacienda [CC. 175–176].

En el año de 58 se fue haciendo poco en Bungo por estar el rey ocupado en la
guerra de Yamaguchi, mas en Firando el padre Gaspar Vilela fue haciendo muchos cristianos en las islas que eran de don Antonio Cotendandono[706]. Aunque

---

705 «Interim nuntiatur laetus rerum Bunguensium progressus, similque Paulli obitus natione Japonij quem aegrum Funaij reliqueram, virum magnis virtutibus praeditum. Hunc ferunt, agen-
tem animam, intermortius vocibus nihil tamen aeque clare pronuntiasse, ac Jesus, Maria: cuius
mortem homines pariter, vitamque admirati sunt. Is triennium jam in vinea Domini laboraverat
fidelis operarius, comesque noster magno animi ardore, spiritus, curamque salutis humanae. Itaque multum ejus morte damni fecimus. Aegre enim in tanta hominum nequitia similem Paulo
reperias. Balthasar Gagus Cosmi jussu ex eo loco Facatam profectus est, ut possassionem adiret
area quam Rex nobis ad aedes aedificandas attribuit. Inde Bungi Regem inviset, ut is totam rem
auctoritate sua confirmet. Speramus autem id valde e re publica futurum. Est enim ea urbs ceteris aliquanto pacatior, quod mercatores opulenti, qui ibi commorantur, divitiis metuentes suis,
imminentis belli pericula largis muneribus, et congiariis redimunt. Haec ille».
706 Contentadono *AJ*. Koteda Yasutsune (籠手田 安経), también conocido como «Don António»,
fue un daimio japonés notable por ser uno de los primeros señores feudales en adoptar el cristianismo en el siglo XVI. Fue bautizado en 1553 junto con su hermano João Koteda. Su conversión

con algunos demasiados hervores de que ellos usaron en quemar públicamente sus ídolos y destruir sus templos, se levantó[707] contra los cristianos y contra él una grave persecución por los bonzos y por el señor de la tierra. De manera que, algunos cristianos se [f. 51] desterraron para Bungo por no dejar su fe y, otros, que eran más flacos y bautizados[708] de nuevo, quedaron como caídos. Y el mismo Don Antonio y su hermano Don Juan corrieron grande peligro de perder sus tierras y fue necesario que el padre que estaba en ellas se saliese desterrado de Firando para dar alguna satisfacción al señor de la tierra y a los bonzos y quedar los dos hermanos con sus vasallos cristianos y no causarse alguna mayor perturbación en sus tierras.

De lo cual, hablando el padre Baltasar Gago en el fin de una larga carta que en noviembre del año 59 escribió de Bungo, dice estas palabras[709]:

Había allí un cristiano de los tres principales de la tierra, llamado Don Antonio, el cual tiene tres o cuatro aldeas y algunas islas pequeñas dos o tres leguas en derredor del puerto de Firando. En el año de cincuenta y ocho indujo el padre a este cristiano que le ayudase a convertir a nuestra santa fe sus labradores y algunos de sus criados que aún no eran cristianos. Convirtiéronse todos los de su casa, y tendrá ahora obra de mil y quinientas almas sujetas a sí. Andaba este con el padre por las aldeas predicándoles e induciéndoles que se convirtiesen, y quitaba de los templos de los gentiles los ídolos y hacía de ellos iglesias levantando en ellos cruces. Hiciéronse también cristianos los ministros de los templos y quemaron todos los ídolos, así grandes como pequeños. Iba esta obra con grande prosperidad, mas levantose el demonio y alborotó de tal manera a los gentiles y al señor principal de toda la tierra de este condado juntamente con los ministros de los ídolos que hicieron una gran destrucción en todas nuestras cosas, cortando una cruz principal nuestra que estaba en Firando mucho tiempo ha. Destruyeron también nuestra iglesia, altar e imágenes, y echaron fuera el padre y no consienten que les vayan a predicar ni aun de pasada. Querrá nues-

---

tuvo un gran impacto en sus vasallos y en las islas bajo su dominio, como Ikitsukijima y Takushima, donde se realizaron los primeros bautismos masivos en Japón, liderados por el jesuita portugués Gaspar Vilela. Su apoyo al cristianismo provocó conflictos con las religiones locales, especialmente el budismo, resultando en la conversión de templos budistas en iglesias y la expulsión de sacerdotes locales. Yasutsune Koteda falleció en 1582.

707 levantan *AJ*.

708 captizados *AJ*.

709 «In agro Firandensi, Gasparis Vilelae Antoniique viri principis, et Christiani maxime opera, Christiana res ita feliciter gesta est, idola tot igne consumta, eversa phana, ipsis aedituis ad cultum Christi traductis: ut ejus rei dolore accensi barbari, diabolicis instincti furiis Crucem insignem Firandi jam diu positam a nobis praeciderint: templumque Gaspare exterminato, cum ipsa ara et imaginibus disturbarint. Sed dominus horum neophytorum educationi, qui laborantibus nobis adeo amanter affuerunt, consulet: id utique se admodum optare nobis per literas ipsi demonstrant: cognovimus etiam unum ex iis rei Christianae peritum infantes baptizare. Dominum obsecrate etiam etiam carissimi fratres, ut afflictam Ecclesiam hanc pro sua clementia excitet. Bungo. Kalend. Novembris 1559».

tro Señor que se abra camino para que se instruya esta gente nuevamente convertida, la cual nos consoló en nuestro trabajo y ellos nos escriben mostrándonos sus deseos. Y también entendimos que uno de ellos, que entendía bien las cosas de nuestra fe, bautiza allá los niños. Rogad, carísimos hermanos, mucho a nuestro Señor que quiera tornar a levantar esta Iglesia.

De Bungo primero de noviembre de 1559 [CC, 226–227].

De esto mismo, hablando el padre Vilela en otra carta que escribió al 1 de septiembre del año 59, dice así[710]:

El año pasado, hermanos carísimos, les escribí largamente nuevas de esta tierra, en especial de Firando, donde residí un año, en el cual se hicieron mil y trescientos cristianos, y se edificaron tres iglesias que antes eran casas de sus ídolos. Y como el negocio de la conversión de las almas iba en tanto aumento, el Demonio nos armó una grande persecución por medio de un bonzo, el cual, además del enojo grande que tenía de ver el aumento de los cristianos, salió un día tan corrido de una disputa que con él tuve que determinó vengarse por otra vía, y comenzó luego a predicar en Firando sus mentiras y errores. De manera que vino a traer tras sí el pueblo, y hasta los otros bonzos andaban tras él con las bocas abiertas, no siendo él de antes conocido ni estimado en la tierra. En sus predicaciones importunaba mucho al pueblo que nos echasen de aquí como antes habían hecho al padre Maestro Francisco, sino querían que sus dioses les enviasen algún azote y castigo. Y no dejaban las persuasiones del predicador de Satanás de obra en los corazones de los oyentes, porque nos levantaron muchos falsos testimonios y –lo que más sintieron los cristianos– quebraron una cruz que estaba en un cementerio donde ellos se entierran. Y aunque el señor natural de la tierra, cristiano, con algunos otros celosos de la honra de Cristo, querían vengar esta injuria, por algunos respetos se dejó de hacer [CC, 199–200].

---

710 «Anno superiore, fratres mihi carissimi, ad vos fuse perscripsi res cum aliis hujus provinciae locis, tum praesertim Firandi gestas, ubi annum sum commoratus. Quo temporis spatio Christiani mille et trecenti facti, templaque tria Christo dedicata sunt, quae Idolorum aedes antea fuerant. Quam rerum conversionem adversarius aegre ferens, magnas in nos turbas per bonzium quendam excitavit, qui ex incremento rei Christianae acri odio jam ante concepto, habita etiam nobiscum disputatione turpiter victus, tanta cum indigrationem discessit, ut suum dolores alia ratione punire omnino decreverit. Confestim prava Bonziorum dogmata atque mendatia vulgo praedicare instituit, idque eo eventu, ut cujus nomen Firandi ante id tempus obscurum atque ignotum fuisset, plurimos jam sectatores haberet; nec plebs modo, sed ipsi Bonzij ex ejus ore penderent. Is populum in nos vehementer suis concionibus incitabat, monebatque et hortaribatur, ut nos, sicuti Franciscum Xaverium antea, finibus pellerent, atque ita Deorum ab se iram ac minas averterent. Quibus rebus effectum est, non solum ut multi in nos falsum dicerent testimonium, sed etiam (quod Christianos pupugit vehementer) Crucem effringere in sacro sacro coemiterio positam: quam injuriam et Regulus oppidi, et aliquot alii Christi gloria cupidi quanquam ulcisci parati [f. 51v], justis tamen de caussis patienter tulerunt. Haec Vilela».

Y aunque dice que el señor de la tierra quiso vengar lo que se había hecho en cortar la cruz, y que por algunas causas dejara[711] de lo hacer, esto escribió el padre porque el mismo señor de Firando, como hombre falso y que hacía el mal[712] con mano ajena, tirando la piedra, como dicen, y escondiendo la mano.

Trataba en este tiempo con recaudos y cumplimientos engañosos con el padre, mandándole[713] decir que sentía mucho lo que se hacía, mas que no podía más por quitar la alteración de los bonzos. Porque, aunque fue siempre grande enemigo de nuestra santa ley, con el deseo que tenía que fuesen a su tierra los portugueses con los[714] navíos por el grande interés que sacaba, daba a entender lo contrario. Y así, por esto como por el grande temor que tenía del rey de Bungo, que sabía que favorecía los padres y, finalmente, por la mucha obligación que tenía a los Contendas[715], que siendo él niño le habían[716] conservado en su estado. Y viendo que habría en sus tierras grandes revueltas si los quisiera forzar a dejar nuestra ley que habían tomado, usó de este medio[717]: que ellos quedasen cristianos y el padre se desterrase para quietar[718] a los bonzos. Mas nuestro Señor, a quien él no podía engañar, vengó muy bien la injuria que se había hecho en su cruz haciendo que pareciesen[719] luego los hombres que la cortaron, matándose ellos entre sí, como lo escribió el hermano Gonzalo Hernández en una carta hecha al primero de diciembre del año 1560, en que tratando de todo esto negocio, dice así[720]:

---

711 lo dejó *AJ*.
712 alma *AJ*.
713 mandándolo *AJ*.
714 sus *AJ*.
715 Los contactos entre los misioneros y algunos miembros de la familia Koteda ocurrieron al mismo tiempo que los misioneros iniciaron contactos con Matsuura Takanobu, el daimio de Hirado, a finales de 1550. Con el consentimiento de este daimio, los jesuitas fundaron una misión en sus dominios. Sin embargo, desde finales de la década de 1550, la expansión y el mantenimiento de esta misión pasaron definitivamente a manos de otra casa militar, que era vasalla de la familia Matsuura, la familia Koteda. Descendientes de una rama colateral de los Matsuura, los Koteda ocupaban una posición prominente en la pequeña corte de los señores de Hirado.
716 había *AJ*.
717 habían tomado, tomó este medio *AJ*.
718 quitar *AJ*.
719 pareciese *AJ*.
720 «Profectus Firando Gaspar in insulam quandam ad promulgandum Evangelium, in colas plus sexcentos triduo baptizavit, Christianae fidei praeceptis imbutos. Quae res tanto diabolum affecit dolore ut unnum a Bonziis eo miserit, qui populo persuaderet, falsa esse quae Lusitanus concionator docuisset. Qua re cognita Gaspar confestim eodem legavit e nostris, qui apertis rationibus adversarii mendaticia redargueret. Quae res Christianos non mediocriter recreavit. Haud ita multo post, barbari tres e principibus civitatis communi consilio profecti ad exscidendam Cru-

De este lugar [Firando], se partió el padre [Gaspar Vilela] para una isla a manifestar la palabra de Dios, donde en tres días se bautizaron más de seiscientos cristianos, después de instruidos y catequizados. Y no pudiendo sufrir esto el Demonio, hizo que un bonzo fuese al lugar donde había estado el padre y predicase al pueblo que el bonzo portugués los había engañado, que no creyesen lo que les decía. Viniendo esto a noticia del padre, envió un hermano al lugar donde el bonzo estaba, el cual con claras razones le hizo conocer cómo lo que decía era falso, lo que no fue pequeña consolación para los cristianos.

Algún tiempo después de esto, aconteció que tres japoneses gentiles de los principales de la tierra fueron a cortar una cruz que los cristianos tenían levantada en un monte, y acabándola de cortar, comenzaron a contender entre sí, diciendo uno a otro: «Vos las cortasteis»; y otro: «Yo no la corté sino vos». Llegó a tanto la porfía que se desafiaron todos tres y fueron a ejecutar sus malos deseos al lugar donde estaba la cruz, adonde otro día por la mañana hallaron dos de ellos muertos, y del tercero no se supo si lo llevaron los demonios, porque nunca más pareció ni supieron otras nuevas de él, sino que dos días después de esta cosa, entró el Demonio en un mancebo gentil y decía que era él que cortó la cruz, y por eso padecía en la otra vida gravísimos tormentos. Los japoneses gentiles, como lo vieron, quisieron esconderlo porque los cristianos no oyesen lo que decía, y desapareció de tal manera que no supimos nuevas de él ni si lo mataron los gentiles. Los cuales, así por estas cosas, como por ver que los seiscientos cristianos –que encima dije– unos quemaban los ídolos, otros los echaban en la mar, se fueron al rey pidiéndole que desterrase de su reino al padre. Y como los cristianos resistían a esto, se levantaron los gentiles de una parte y los cristianos de otra, y temiendo el rey no lo matasen, mandó decir al padre que se fuese adonde estaban los otros padres, porque no querría que en su reino lo matasen. Por esta causa se partió el padre para Bungo, donde estaba el padre Cosme de Torres, con mucha desconsolación de su alma. . . [CC, 240–241].

Acerca de lo cual se ha de saber que el que escribió esta carta cuando estaba en Japón no era de la Compañía, ni hombre de nuestra casa, mas era un portugués mercader que fue de la China a Firando en un navío y después se volvió de Japón a Goa. Entró en la Compañía de do escribió esta carta tratando de lo que había

---

cem in monte a Christianis erectam, vix dum scelere perpetrato inter se rixari coeperunt, sibique invicem id ipsum facinus exprobrare: demum eo rixa pervenit, ut eo ipso in loco, ubi Crux posita fuerat, inter se ex provocatione dimicaverint: quorum duo postridie mane mortui ibidem reperti sunt: tertius vero nusquam postea apparvit (ablatus a daemonibus creditur) nec aliud quidpiam de illo auditum est, nisi quod biduo post adolescens barbarus quidam repente ab immundo spiritu occupatus palam dicebat, se nimirum esse, qui Crucem praeciderat, et propterea se in altera vita torqueri acerbissime. Quod ubi videre Japonii, rei occultandae gratia adolescentem abscondere statuerunt, atque ita ex oculis nostris evanuit, ut nihil de ipso deinde cognoverimus, incertumque sit, eumne interfecerint. Qui partim hisce de caussis, partim quod sexcentos quos dixi neophytos viderent alios idola cremantes, alios in mare projicientes; concursu [f. 52] ad Regem facto postularunt, ut Gasparem regni finibus pelleret. Quibus Christiani cum ex altera parte resisterent, resque jam ad arma spectare videretur; Rex misit qui Gaspari nuntiaret, sibi nequaquam placere eum in suo regno interim: proinde ad Socios sese reciperet. Quo circa Bungum ubi erat eo tempore Cosmus Turrianus, inde concessit non sine magno quidem animi dolore. Haec ille».

visto y oído en Japón. Y porque los portugueses, cuando vienen a Japón, más entienden en[721] sus mercaderías que con lo que hacen los padres entre los cristianos, por esto[722] no supo dar en esta carta tan cierta cuenta de los cristianos que el padre había hecho en las islas de Don Antonio, ni cómo sucedió la muerte de los tres que habían cortado la cruz. Mas el caso fue como en Japón me contaron y hallé escrito en un libro que dejó escrito el padre Luís Fróis de las cosas de Japón, que de ahí a pocos días que[723] ellos cortaron la cruz, queriéndose uno de ellos excusar de lo que había hecho con algunos cristianos acerca de la cruz que se cortó y dar la culpa a los otros. Uno de los otros dos, a quién él culpaba, encontrándose un día con él en el mismo camino que iba a do estuviera la cruz, vino a tener palabras[724] con él, acerca de lo que dijera echando[725] la culpa a los compañeros para él se excusar. Y viniendo de una palabra en otra, se alteraron de tal manera que, arrancando de sus terciados, mató uno de ellos a lo otro. Y porque hay pena de muerte contra todos los que matan en Japón, saltaron otros gentiles contra el matador, el cual huyendo[726] por la misma ladera a do estaba la cruz, le salió también al encuentro el tercer compañero en cortar la cruz, teniendo un arco en la mano. Y como todos iban gritando a pos[727] del que huía: «¡Mata! ¡Mata!», embebió la saeta en el arco tirando al que huía. Y en tirando, le resbaló el pie y cayó en tierra sin acertar al que flechaba, el cual, como llevaba el[728] terciado desenvainado y vio que le tirara con la flecha, le dio[729] con el terciado de tal manera que lo mató[730]. Y entretanto los otros que venían a pos[731] de él le alcanzaron y mataron también a él. Y de esta manera, por justo juicio de Dios, quedaron muertos los tres[732] que habían cortado la cruz, con grande admiración[733] de los cristianos, que quedaron muy fortificados en la[734] fe viendo esta providencia y justicia divina.

---

721 con *AJ*.
722 este *AJ*.
723 después *AJ*.
724 reviertas *AJ*.
725 dando *AJ*.
726 oyendo *AJ*.
727 atrás *AJ*.
728 como iba con el *AJ*.
729 el arco, descargó con *AJ*.
730 que murió *AJ*.
731 detrás *AJ*.
732 todos *AJ*.
733 espanto *AJ*.
734 su *AJ*.

Poco después de ser desterrado el padre Vilela de Firando, llegó a aquel puerto una nave de portugueses, y entendiendo lo que pasara, mandó el capitán de ella decir al *Tono* de Firando que no había de entrar en aquel puerto si no daba licencia que[735] volviese el padre para allá. Y él, como sagaz, dijo que él era muy amigo de los padres y de los cristianos, y que holgaba que los padres estuviesen en sus tierras. Mas, por cuanto los bonzos que tenían [f.52v] en ella mucho poder y eran tan bien[736] aparentados, se alteraron grandemente de lo que el padre había hecho contra los[737] *Camis* y *Fotoques* y estuvo toda la tierra en armas, se tomó por remedio que el padre por entonces se fue[738] y quedar licencia para que el mismo padre volviese allá. Era cierto que irritaría a los bonzos grandemente, mas que no podría venir[739] otro padre que estaba en Facata viniendo escondido[740] como que[741] venía para los portugueses, para que no se alterasen[742] los bonzos, y que después se haría muy bien. Contentáronse[743] con esto los portugueses, pareciéndoles que hablaba sinceramente, y entraron[744] en aquel puerto que no debieron[745], y enviaron a llamar al padre Baltasar Gago, que estaba en la ciudad de Facata, el cual fue luego a Firando. Mas el *Tono* se hubo con sus mañas[746] de tal manera, haciendo escudo de los bonzos, que por el tiempo que estuvo allí la nave fue disimulando con el padre, mas no quiso conceder que estuviese en casa iglesia a la descubierta, mas solamente que hiciese un altar en casa de un cristiano, a do fuesen[747] oír misa los portugueses. Y en saliendo de aquel puerto la nave, ordenó también que el padre se fuese, y con esto engañó[748] los portugueses para que volviesen[749] a aquel puerto el año siguiente.

En el año de 59, padecieron también el padre Baltasar Gago y el hermano Guilherme otro trabajo muy grande en la ciudad de Facata, a do, como dijimos, el rey de Bungo había dado lugar a los nuestros y había ido primero el padre Gago

---

735 que luego volviese *AJ*.
736 tan bien *AJ*.
737 sus *AJ*.
738 fuese *AJ*.
739 unir *AJ*.
740 escondidamente *AJ*.
741 quien *AJ*.
742 para se no alterarse *AJ*.
743 todos *AJ*.
744 entrando *AJ*.
745 duvidieron *AJ*.
746 manos *AJ*.
747 fuese *AJ*.
748 a los portugueses *AJ*.
749 volviesen también *AJ*.

con el hermano Juan Hernández, y después el hermano Guilherme. Y dado buen principio a la conversión en aquella ciudad, y hecho una iglesia con su casa. Mas luego en este año[750] 59, después de volver de Firando, hubo en aquella ciudad tal revuelta que los nuestros, después de pasar muchos trabajos y peligros, fueron forzados pasarse para Bungo. Y la cosa como pasó escribió largamente el mismo padre Baltasar Gago de Bungo en una carta hecha al primero de noviembre del mismo año, la cual, porque es difusa[751], iremos aquí encortando y dice así[752]:

---

750 año de 59 *AJ*.

751 dificultosa *AJ*.

752 «Nunc venio ad res Facatenses. Ea est urbs ampla, et opulenta, negotiatoribus frequens, in planitie sita. Bungo distat pedestri quinque dieru itinere. Inde Firandum maritimus trajectus est passuum octoginta millium. Anno superiore, Paschalibus festis exactis, cum Rex nobis domum, ac templum Facatae secus mare dono dedisset in suburbano, in quo agricolae ferme Septuaginta versantur; eo missus sum cum Joanne Ferdinando, qui Japonicam linguam tenet optime, cujus ad conciones cum magnus concursus fieret, baptizari aliqui coepti sunti: verumtamen lente, nam ante Baptismum Christianis rudimentis diligenter instituuntur. [. . .] Conversi sunt ex eo numero sex patresfamilias, nec inepti homines, et locupletes. Eodem conveniebant etiam indidem Christiani aliquot, qui Jam antea Evangelio crediderant, itemque Amangutiani nonnulli. Cum res ita procederent anno 1559, officils hebdomadae sacrosantae persolutis, cum ceteris sacratissimae Eucharistiae [f. 53] mysteriis ac caeremoniis; altero paschalium die armatorum duo millia possessionibus suis pelli se ab Rege, praefectoque regio Bungensi acriter questi [. . .], Facatam aggredientur: atque eo quidem die exclusi ab incolis, nocte vero insequente prodentibus Bonziis, urbe vicoque potiti sunt. Hic nos in densis tenebris, sublata in humeros Cruce, rebus nostris diligenter quisque pro sua parte consulere. Ac primum omnium quaedam templi ornamenta cum Joanne Fernando, puerisque domesticis in Firandensem navem inponimus, quae continuo discessit. Inde ego et Gulielmus, comitibus Christiano quodam incola Silvestro nomine, et Lusitano, qui in his locis eo tempore versabatur, in aliam navem confugimus duobus passum millibus stantem in salo. Navarchus, qui ex hostium factione esset, simul atque oppidum captum cognovit, statim cum suis de nostro interitu coepit inire consilium, suadentibus cunctis, ut nos e medio tolleret, et periculosum fore dicentibus, si nos direptos, ac spoliatos abire permitteret; unus ipse, non tam misericordia adductus, quam lucri spe, quod multo plura nobis superesse arbitraretur, eam sententiam dissuasit. [. . .] Post aliquot dies naviculae tres armatis hominibus refertae navem invadunt, ipsumque navarchum arreptum expilant, nos vero ipsis etiam vestibus, quae nobis erant reliquae, una tantum relicta intima tunica exuunt. Cum iis deinde in naviculas descendimus, qui tria passum millia cum processissent, antequam ad terram appellerent, inter se spolia diviserunt. Quod illi dum faciunt, vir quidam ex eo comitatu praecipuus qui me noverat, mihi togam, comitubus vero meis aliquid singulis ad corpus tengendum reddidit. Descensione in litus Facatensium facta, novi nos labores, nova pericula excipiunt, nam ex hostibus hi qui in terra remanserant [. . .] nobis alius pugionem, alius hastam intentans, dari sibi aliquid minaciter postulant: alii vero nobis manus etiam inferunt, ut vinctos in suas villas abducant, denique nos vestimentis plane omnibus nudant. In ea turba, ac tumultu conjicimur in aggeris quendam hiatum, quod apud eos futurae necis indicium est. Tum vero plebs in nos catervatim irruere, nos clamorisbus suis ad caedem exposcere: nos regnorum eversores appellare, alijsque huiusmodi probis contumeliose proscindere. Quae voces dum ab incondita plebe jactantur, ecce tibi miles spectu illo nos

Ahora contaré lo que sucedió en Facata, la cual es una ciudad grande y rica, tiene muchos mercaderes, está situada en un campo, vase de aquí allá en cinco días por la tierra firme; de ella a Firando habrá veinte leguas por mar. El año pasado de cincuenta y ocho, pasada la Pascua de Resurrección, habiéndonos dado el rey una casa y una iglesia en un lugar cerca de esta ciudad, junto de la mar, el cual, tendrá obra de setenta labradores, fui enviado allá con el hermano Juan Hernández que sabe muy bien la lengua, y les predicaba allí, y concurrían muchos al sermón. Comenzáronse a hacer algunos cristianos, aunque despacio, porque primero precede mucha instrucción [. . .] Convirtiéronse seis hombres de aquel lugar, personas de buena manera y abastados, y cabezas de familias. Concurrían también algunos que antes se habían hecho cristianos de aquel mismo lugar, y otros de Yamaguchi. Tenían cada día sermón y después venían los hombres a la letanía y se platicaba un pedazo sobre el sermón que habían oído por la mañana, y juntamente se decía la doctrina cristiana en su lengua, y el Paternóster, Avemaría y Credo en latín. Procediendo la cosa de esta manera, acabados los oficios de la Semana Santa del año de cincuenta y nueve, y habiendo encerrado el santísimo sacramento por haber lugar competente, el segundo día de Pascua vinieron sobre este lugar obra de dos mil hombres, porque estaba aquí un regidor de la ciudad de Bungo, del cual y del rey estaban muchos agraviados por les tomar sus rentas. Y aunque los del lugar se defendieron aquel día, luego aquella noche por traición de los bonzos tomaron el lugar. Quedamos nosotros con la cruz a cuestas en una noche oscura. Hice embarcar luego al hermano Juan Hernández y a unos niños que estaban con nosotros, y algunas cosas de la iglesia en un barco de Firando que luego se partió. Cada uno acudía a lo que le cumplía, porque esperaban que por la mañana y aun aquella noche entrasen los enemigos, como entraron. El hermano Guillermo y yo, con un cristiano por nombre Silvestre, y un portugués que estaba en la tierra, nos metimos en una nao de Japón, que estaba en la mar dos leguas de tierra. Y el capitán de la nao, como oyó que los enemigos estaban señoreados de la tierra, procuró nuestra muerte por ser él de ellos, y tomonos lo que llevábamos, según las señales que en él vi, y lo que sentí en lo que hablaba. No nos mató por entonces porque esperaba que le diésemos más, todavía las señales eran de muerte porque, tomando consejo si nos matarían, todos eran de parecer que quitándonos lo que traíamos y dejándonos vivo era peligro para ellos y por tanto que nos debían de matar. Mas la codicia por otra parte

extrahit strictoque gladio, ubi sunt, inquit, pecuniae? Cui nos: vides in quo statu simus, et petis ea, quae non habemus. Mittit ille confessim in oppidum sciscitatum, nobis porro quid faceret. Dum in his vitae periculis versaremur, Silvester interea admissus in oppidum, Joannem quendam Christianum, cui cum hostibus magna erat necessitudo, de nostro statu fecerat certiorem, qui vestimentis quatuor sumtis, continuo ad litus excurrit, summotaque magno impetu multitudine, ex eorum manibus, qui nos jam captos tenebant, eripiut. Simul etiam adfuit ex oppido nuntius, qui nos occidi vetaret. Inde Joannes domum suam perductos, cibos nos, igneque refecit, vadimonium etiam pro nobis magistratibus promisit, eosque tum pollicitationibus, tum vero muneribus mitigavit. Et quoniam in iis tumultibus casu disjunctus a nobis Gulielmus cum puero Christiano in manus militis cuisdam inciderat, eo ipso die nulla interposita mora Joannes militem adiit, pretioque redemtionis transacto (id fuit aureorum viginti) nostros domum reduxit: in qua decem dies morati, quod ea negotiatoribus valde frequens effet, magistratuum jussu ad alium Christianum divertimus, ibique dies quinquaginta latuimus. Tertio mense inter [f. 53v] eos labores ac metus exacto, veniam denique profectionis, sine ulla vel hospitium nostrorum vel Christianorum aliorum molestia aut detrimento, a magistratibus impetravimus. Haec ille».

hacía parece al capitán que teníamos más que le dar y que se lo daríamos; y así él solo fue de parecer que no nos matasen [. . .]. Pasados cuatro días que estábamos en esta nao, súpose luego en Facata como estábamos allí. Entonces el capitán mandó decir a los enemigos que estaban señoreados de la tierra que estábamos allí. Vinieron luego hombres armados en tres barcos, y aunque no teníamos ya más de aquello con que estábamos cubiertos, asieron estos hombres del capitán y desnudaron a él y a nosotros, hasta quedar en camisa. Viendo nosotros que la cosa iba de esta manera, metímonos en los barcos con estos soldados, pareciéndonos mejor que quedar en la nao, adonde comíamos por onzas y éramos tratados como en galeras de turcos. Yendo por la mar una legua, antes que llegasen, repartieron entre sí los despojos. Acertó de haber entre estos una persona principal que me conocía, la cual nos tornó a cubrir a mí con una loba, y a cada uno de los otros dio alguna cosa. Como llegamos a la playa de Facata renovósenos la cruz, porque los que estaban en tierra comenzaron a contender con los que venían de la nao [. . .], arremetió la gente a nosotros muchas veces unos con terciados, otros con lanzas, diciendo que les diésemos algo, otros echaban mano de nosotros para atarnos y llevarnos a sus aldeas. [Nos] desnudaron hasta dejarnos sin un paño con que nos cubriésemos. Arremetían unos para matarnos y luego acudían otros con decir: «¡no mates!». En esto nos metieron en una abertura de un vallado, lo cual es señal entre ellos de querer matar. Eran sobre nosotros sin infinitos, unos decían «¡mata!», otros «¡corta!», diciendo que éramos destruidores de los reinos y otras cosas semejantes. Todos estos eran gente baja. En esto llegó un soldado de arte y sacónos fuera, y puso la mano en la espada, diciendo que le dijésemos adonde estaba el dinero. Nosotros le dijimos: «veis cómo estamos y pedísnos lo que no tenemos». Mandó luego al lugar a preguntar qué haría de nosotros. Finalmente, pasamos por mil peligros en que no se podía esperar otra cosa sino la muerte. Estando nosotros así, entró Silvestre en el lugar y fuese a casa de un cristiano llamado Juan, muy conocido de los enemigos que estaban señoreados de la tierra. Vino luego y traía sobre sí cuatro vestidos. Como llegó, comenzó con grande furia a apartar la gente y libronos de las manos de los que nos tenían. En esto vino recaudo que no nos matasen. Llevonos este cristiano para su casa y dionos posada y aseguronos a los regidores, tomándonos a su cargo y haciéndoles promesas y dándoles de lo que tenía. Cuando estábamos en mano de los enemigos acertó a perderse y apartarse de nosotros el hermano Guillermo y un muchacho cristiano, y cayó en manos de un soldado. Fue luego aquella tarde este cristiano y concertose con aquel soldado por veinte ducados y trújolos para casa, adonde estuvimos diez días. Y porque era la casa de mucho tráfago, pasáronos los regidores a casa de otro cristiano, adonde estuvimos más encubiertos otros cincuenta. Yo estaba en este tiempo sin breviario porque me lo llevaron con lo demás. Acertó aquel cristiano que nos libró de la mano de los enemigos a topar con él, y trújomelo a mostrar e hice con él que me lo comprase. Estuvimos por espacio de tres meses en estos trabajos y agonía y en otros que podéis juzgar. Negociada nuestra salida, partímonos para Bungo [CC, 216–222].

En este mismo conflicto mataron los enemigos a un cristiano muy virtuoso y honrado de Yamaguchi que estaba en nuestra[753] casa, llamado Andrés, que fue padre

⎯⎯⎯⎯⎯

753 otra *AJ*.

de Juan de Torres[754] que entonces era niño, y después fue recibido por hermano de la Compañía. Y aun cuando esta *Historia* se escribe, vive en ella haciendo mucho fruto, de lo cual, escribiendo el dicho padre en la misma carta dice así[755]:

En el principio de la Cuaresma pasada, de este año de cincuenta y nueve, se vino un cristiano de calidad a Facata, y hubo una renta de un señor; mas porque entendía las cosas de Dios, y frecuentaba mucho la iglesia de Facata, viendo los peligros que aquella renta tenía, para salvación de su alma la dejó, y él con toda su casa frecuentó mucho nuestra iglesia este santo tiempo [. . .] Y jueves de la cena se puso delante del santísimo Sacramento, vestido en una túnica el primero de todos, e hizo un coloquio a nuestro Señor, en el cual relataba todos los pasos de la Pasión, los cuales entendía y sabía muy bien, aplicando a sí el beneficio de la Redención, con tanta devoción y tan ordenado que a todos dio grande edificación. Y acabado, se disciplinó con grande hervor, tanto que fue necesario hacerle acabar porque los otros tuviesen también lugar. Confesose y recibió el santísimo Sacramento con otros, día de Pascua. El señor, de quien era la renta que este hombre tenía, el cual era de los enemigos, que ahora se levantaron contra Bungo, tomó por afrenta dejarlo este cristiano honra y llegarse para Dios. Juntose a esto saber el que este cristiano sabía sus secretos. Viéndose pues este señor de Facata, concertó con los demás que gobernaban la tierra que le matasen. Y andando él ya seguro y descuidado, se halló cercado de hombres que lo venían a matar, y con grande ánimo se hincó de rodillas y con las manos levantadas y puestos los ojos en el cielo, recibió la muerte y dio grandes muestras de estar en la gloria. De casa le amparan ahora la mujer e hijos, los cuales todos llevan camino de acabar bien [CC, 224–225].

De este mismo Andrés, hablando el hermano Juan Hernández en otra carta que escribió en el mismo tiempo, dice estas palabras[756]:

----

754 Juan (o João) de Torres fue un japonés natural de Yamaguchi. Entre los años 1569 y 1571, ingresó en la Compañía de Jesús, donde continuó desempeñándose como predicador y catequista, y en ocasiones se dedicó también al estudio de las letras humanas. En 1588, estaba profundamente versado en la lengua y literatura japonesa, así como en la lengua portuguesa, hasta el punto de enseñar japonés a otros jesuitas. No obstante, debido a su compromiso con la obra de evangelización, no completó los estudios de filosofía y teología. Finalmente, fue despedido de la Compañía antes del 10 de marzo de 1612.

755 «Ineunte Quadragesima, honestus vir Christianus, quo commodius rebus divinis vacaret, possessionibus relictis, amicoque potente, apud quem familiariter vivebat, ad nos se recepit: filioque uno que habebat, in Societatis nostrae disciplinam tradito, ipse toto eo Quadragesimae tempore pedem finibus aedium nostrarum nusquam, ne ad suos quidem extulit [. . .]. Is deinde Paschali die Dominico cum aliis aliquot, corpore domini sumto, paucis post diebus ab interfectoribus circumventus, quos iratus barbarus miserat. Is quem diximus ab eo relictum fuisse, magno sane animo sublatis manibus, oculisque in caelum defixis, occisus est: uxoris solitudinem, ac liberorum orbitantem, qui bonam virtutis frugem pollicentur, nunc res familiaris nostra sustentat. Haec ille».

756 «Atque ut intelligas, Japonii Christiani quantum in virtute profecerint; narrabo quid uni eorum nobili genere nato contigerit. Is cum esset Amangutii aput amicum opulentum, qui agros oryzae feraces ei fruendos dederat, cumque videret se occupationibus distineri, quominus Christo, quemadmodum optabat, totum se manciparet ac traderet; fundo, vectigalibusque relec-

Y para que Vuestra Reverencia entienda cómo se aprovecharon los cristianos de la ciudad, le contaré lo que a uno de ellos aconteció. Estaba en Yamaguchi un caballero japonés cristiano, aposentado con un señor que le daba una buena renta de tierras de arroz. Viendo el cristiano que por las ocupaciones que ahí tenía no se podía dar tanto a las cosas de nuestro Señor como deseaba, dejó la renta y vínose con su mujer, hijos y criados a la ciudad de Facata para entregarse de verdad a Dios nuestro Señor, a que ofreció un hijo que tenía muy discreto, poniéndolo en la iglesia para que desde pequeño criase con la leche y doctrina de los padres. No contento con esto, determinó este caballero de recogerse una Cuaresma, apartándose de todos los negocios seculares y ocupándose todo en Dios, oía cada día misa y sermón, y lo más del tiempo gastaba en oración y consideración de la gloria, infierno, muerte y juicio. Con esto crecía en su alma el conocimiento y amor de nuestro Señor Jesucristo y adquiría constancia en la virtud con muchos ejemplos mártires que oía y pensaba especialmente del glorioso San Esteban que rogó por los que lo apedreaban. De esta manera pasó el tiempo de la Cuaresma hasta la Semana Santa, que se confesó muy despacio para recibir el día de Pascua el Santísimo Sacramento, lo que hizo con otros cuatro o cinco personas. De ahí a cinco o seis días, siendo destruida la ciudad de Facata, mandó su señor con quien antes estaba –que era uno de los que se habían levantado contra el rey de Bungo–, que lo matasen porque lo había dejado. Y viendo el buen siervo de Dios que lo venían a matar, no quiso tomar armas contra ellos, siendo hombre muy valiente y esforzado, antes como un manso cordero se puso de rodillas, haciendo oración al Señor, hasta que le dio su alma. No tenemos duda haber rogado a su majestad por los que lo mataban porque había gustado mucho de ejemplo del bienaventurado San Esteban. Su hijo está aquí en casa, criándose en mucha virtud, la mujer e hija están en casa de una santa mujer llamada Clara, donde tienen grande recogimiento, oración y penitencia [CC, 203–204].

---

tis, Facatam una cum uxore, liberis, ac servis venit, ubi non modo se ipsum Deo vere atque ex animo dedidit; sed filium quoque indolis egregiae nobis tradidit tenera adhuc aestate, Societatis nostrae doctrina, praeceptisque imbuendum. Idem, ut uni Deo vacaret, depositis omnibus negotiis, totum Quadragisimae tempus apud nos posuit, ubi quidquid a quotidiano missae sacro et concione superarat, temporis, precando, comtemplandis sempiternis prae miis atque suppliciis, morteque, et extremo judicio, consumebat: quibus rebus in Domini nostri Jesu Christi cognitione, et amore crescebat in dies. Accedebat ad ejus constantiam virtutemque corroborandam, rerum a martyribus pie fortiterque gestarum assidua cogitatio: ex quibus praecipue divi Stephani delectabatum praeclaro facinore, pro lapidatoribus suis in extremo spiritu Dominum deprectantis. Ubi hebdomadae sacrae dies venerunt, vitae maculis per Confessionem diligenter elutis, ipso Paschatis die cum aliis quatuor aut quinque caelesti panes sese pavit ac muniit. Quinto autem sextove post die, capta urbe Facata, ex principibus quidam (qui seditione commota in Regem Bungi arma ceperat, is apud quem noster Christianus (ut diximus) Amangutii antea vixerat se ab illo desertum indignatus, eum a sicariis ad necem conquiri jubet: quos ille ubi se adorientes aspexit, non modo arma non [f. 54] sumsit, cum esset vir alioqui fortis ac strenuus; sed etiam quasi mansuetus agnus in genua procubuit, tamdiu ad Dominum Deum oratione conversa, quoad usque eidem animam reddidit. Nec dubitamus quin pro interfectoribus fuderit. Etenim divi Stephani exemplum intimis ejus medullis inhaeserat. Filius apud nos, uxor autem et filia apud sanctam feminam precationi ac poenitentiae deditae in virtutibus valde proficiunt. Haec ille».

De manera que en este año de 59, los nuestros, con diversas persecuciones que padecieron, fueron forzados a recogerse[757] todos en Bungo, por no tener en todo Japón otro lugar a do se pudiesen acoger. Y hablando[758] todos juntos allí, y pudiendo hacer poco en la conversión por causa de las guerras, entendieron mucho con el provecho de sí mismos[759] y de los cristianos que había hecho[760]. Y acrecentaron mucho el hospital, haciendo otra nueva casa por el grande concurso que había de los dolientes, ejercitándose con ellos en obras de caridad y de humildad, y aprovechando a los dolientes no solo en los ayudar en el cuerpo[761] con los curar y sustentar, mas también en alumbrar sus almas, convirtiendo los que eran gentiles a nuestra santa fe. De lo cual, hablando el padre Baltasar Gago en la misma carta que escribió de Bungo al primer de noviembre del año 59, dice así[762]:

> En esta cada de Bungo, donde ahora estamos, somos por todos nueve, entre padres y hermanos, hay también algunos japoneses que ayudan a servir los hospitales [. . .] En este pueblo de Bungo tenemos dos campos, uno donde al principio se hizo una casa, la cual servía de iglesia y ahora sirve de hospital de los llagados. En frente de ella se hizo este año de 1559 otra casa grande de madera para los otros enfermos, tiene un altar en el medio, acabose víspera de la visitación de nuestra Señor, y el día siguiente se dijo en ella la primera misa y un sermón, con mucha alegría y fiesta de los cristianos, juntándose todos, y uno de ellos dio de comer a todos los otros. Tiene esta casa diez y seis aposentos, junto de la cual está uno para el médico que ha de tener cuidado de los enfermos, cúrase con mucho cuidado. [. . .]. Hanse curado desde el verano hasta ahora más de doscientas personas de todo género de enfermedades. Ha abierto el padre la puerta a todos los desamparados e incurables, y han

---

757 regerse *AJ*.
758 llamándose *AJ*.
759 mismo *AJ*.
760 hechos *AJ*.
761 los cuerpos *AJ*.
762 «Versamur in hoc Bunguensi domicilio novem omnino patres fratresque cum Japoniis aliquot hospitalium domorum ministris. [. . .] Bungi hospitales aedes habemus duas, alteram plagis ulceribusque curandis, aliis morborum generibus alteram, extructam hoc ipso anno 1559, ex lignea materia, multo ampliorem, in qua media aram excitavimus. Absolutum est aedificium die Visitationi Beatae Virginis sacro, ibique postridie primum sacrificatum est habitaque oratio de rebus divinis magna cum voluptate, laetitiaque Christianorum: quos universos eodem coactos unus ex iis convivio excepit. Ejus Nosocomii conclavia sexdecim sunt, quibus medici quoque hospitium est contiguum, viri in curandis aegrotis diligentissimi. Ab aestate proxima ad hoc usque tempus amplius ducenti omni monburum genere liberati sunt, cum neminem Cosmus, quamvis desertum ac desperatum excluderet: cancrique ac fistulae veteres amplius decem et septem annorum, ac viginti, tanta felicitate curatae sunt, ut Dei potius beneficium, quam humana medicina fuisse videatur. Quamquam in chirurgia sane excellit unus e nostris, qui alios etiam domesticos docuit, in quibus est qui propter egregiam Japonicae linguae notitiam, simul et pharmacis corpora, et animos monitis ac salutari doctrina curare possit. Itaque multi ex iis paullatim convertuntur ad dominum. Haec ille».

sido tan grandes las enfermedades que parece ser más obra de Dios que medios humanos, porque han sanado hombres de diez y siete y veinte años, y de ahí arriba, comidos de cáncer y otros afistulados. Tiene especial don de nuestro Señor un hermano en curar de cirugía y ha enseñado a otros de casa, de los cuales uno por saber bien la lengua no solamente les puede curar los cuerpos, mas también ayudar a curar las almas con su doctrina y amonestación. Esta obra es de tanta estima e importancia entre los japoneses que les quita la ocasión de tener que decir de nosotros y les pone en grande admiración y se van amansando. Fuera de los que posan en el hospital, vienen muchos de sus casas a curarse con ellos a la misma hora, y huelgan de aprender la doctrina y después de curados se van, y tornan algunas veces y piden que les hagan cristianos [CC, 210–212].

Con esta ocasión de estar juntos, se resolvieron también de procurar en todo caso de tener alguna entrada en la ciudad real de Miaco, entendiendo que por ser ella la cabeza de Japón, hasta que no tuviesen alguna residencia ahí, lo que hacían en las partes de Ximo[763] nunca tendría firmeza ni estabilidad. [f. 54v] Y sabiéndose[764] por Japón que estaban en el Miaco, ganarían mucho crédito con todos, y no serían tan maltratados de los señores de otras tierras como fueron hasta ahora. Y el padre Cosme de Torres escogió para intentar esta impresa al padre Gaspar Vilela, dándole por compañero a Lorenzo, que ya era hermano y muy buena lengua, y sabía bien las cosas de Japón y era el principal entre los predicadores japoneses que entonces tenían los nuestros. Y con él fue también un *dojucu*[765] más nuevo llamado Damián, que fue también después recibido por hermano en la Compañía, de lo cual hablando el mismo padre Vilela en una carta que arriba dijimos que escribió al primer de septiembre de este año 59, dice así[766]:

Por haber algunos días que estamos en esta tierra, sin tener conocimiento ni experiencia de la cabeza de ella, que es donde están sus estudios y letrados, pareció *in domino* al padre Cosme de Torres, nuestro superior, que supiésemos lo que allá pasa y experimentásemos si

---

763 dijimos *AJ*.
764 sabiendo *AJ*.
765 dejucu *AJ*.
766 «Meacum est urbs totius Japonis caput, frequentissima academia, literatorumque conventu percelebris, cui civitati quod Evangelii lux nondum affulsit, Cosmo Turriano Rectori nostro visum est faciendum, ut aliquis nostrum ad explorandum civitatis statum, simulque tentandum quis ibi locus Evangelio sit, mitteretur. Ejus rei gratia crebris supplicationibus ac sacrificiis rite peractis, haec mihi provincia obtigit, quamvis ad tantum onus haudquaquam idoneo. Sed qui illud mihi imposuit Dominus, idem ferendo quoque suppeditabit vires. Equidem, quod ad me attinet, mortem, injurias, incommoda, et frigora quae in iis regionibus maxima sunt, mihi propono. Japonicae linguae tametsi consuetudinem aliquam nactus sum, tamen quo facilius atque commodius cum Japoniis agere possim, interpretem e Societate nostra Japonium mecum duco, jamque me ad iter accingo. Itaque ne longior sim temporis angustiae prohibent. Illud a vobis fratres carissimi enixe peto quaesoque, ut me in tali tantaque re omnis opis egentem, Domino quam diligentissime commendetis. Ex Japone, Kalen. Septembri. MD.LIX».

el Señor, por su misericordia, quisiese abrir la puerta en aquellas partes que hasta ahora han estado tan cerradas al conocimiento de su Creador. Esta ciudad se llama Miaco, donde, como dije, está toda la policía y letra de estos reinos, la cual está de Bungo ciento y cuarenta leguas. Habiendo pues precedido muchas oraciones y sacrificios enderezadas a este fin, cúpome a mí esta empresa, aunque bien insuficiente para ella. Mas el Señor, que por medio de la santa obediencia me la encargó, suplirá lo que falta en este vil instrumento. Yo, de mi parte, voy ofrecido a la muerte, injurias, adversidades y fríos que por esta tierra son grandísimos. Llevo en compañía un nuestro hermano natural de Japón, para que en las disputas y pláticas que tuviere me sirva de intérprete, porque aunque yo sé su lengua como no es natural no me sirve tan bien. Vean, hermanos, cuánta necesidad tendré de la ayuda y favor divino. Esperanza tengo en nuestro Señor, que pues por medio de la obediencia me envía, me dará gracia para manifestar su ley y su santísimo nombre. No me alargo más porque estoy de camino y el tiempo no me da más lugar. Lo que mucho les encomiendo y pido, hermanos carísimos, es que me encomienden con mucha instancia a Dios, pues ven la necesidad que tengo. É nos de gracia para que cumplamos en todo su santísima voluntad. De Japón primero de septiembre de 1559 [CC, 200–201].

De esta ida para Miaco, hablando el mismo padre en otra carta que escribió de Sacai en el año de 61 –y no en el año de 62 como por yerro del impresor anda[767] escrito en la dada de esta carta– y de los trabajos que en esta ida paso, dice estas palabras[768]:

---

767 va *AJ*.

768 «Anno igitur a Virginis partu 1559 comite Christiano Japonio, Laurentio nomine, probo juvene, et linguae hujus rerumque peritissimo, navigium Ethnicorum conscendimus: inter autem nostrum (quod facile judicari potuit) adversarius multis rationibus impedire conatus est. Primum enim ipso navigationis initio, tanta repente malacia ac tranquillitas exstitit, ut navis loco moveri non posset. Tum barbari ut muneribus pacem ventumque a Diis obtinerent, stipem sigillatim a vectoribus corrogare coeperunt. Ubi ad me ventum est, negavi me unius Dei conditoris caeli terraeque cultorem, in quo spes meas omnes haberem repositas, quidquam in ipsorum delumbra collaturum. Quo illi responso adeo excanduerunt, ut ejus incomodi caussam apud me residere, ac proinde me in mare projiciendum esse affirmarent. Hic nos ad Deum mente animoque conversi, cujus beneficio inflari vela mane [f. 55] postridie coepta sunt. Sed cum aliquot passuum millia processissemus, adverso vento rursus retenti quatriduum stare coacti sumus. Tum vero barbari plane innos caussam ejus rei conferre, verbique, et significationibus conceptam iram ostendere: quae tamen Domino miserante cohibita est. Denique ad portum quendam delati, ibique decem dies tempestate coacti subsistere, communi sentencia decreverunt, nequaquam nos secum ex eo loco avehendos. Et ipso quoque navarcho in eam sententiam adducto, nos descendere coegerunt, quem tamen cum aliam navem nullam in eo portu offendissem, precibus placatum, invitis omnibus perpuli, ut me ultra eum locum passuum sex et triginta millia deferret. Et quoniam navarcho ulterius progrediendum non erat; barbari circum naves quotquot in eo portu erant circumcursare statim incipiunt, et gubernatoribus aperte denuntiare, si prosperam optent navigationem, nos e navali comitatu omnino reijciant, quocirca ómnibus abeuntibus, relicti sumus in litore: sed paullo post divinitus alio confestim apulso navigio, tam feliciter navigavimus, ut portum citius iis, qui ante nos solverant (cum etiam aliquot eorum in piratas incidissent)

En el año que die de M.D.LIX me partí de Bungo con un cristiano japonés por nombre Lorenzo, que en las cosas de virtud es como un hermano de casa, es buen intérprete y visto en
las cosas de Japón. Embarcamos en un navío de gentiles que iba para aquellas partes de
Miaco y, según parece, por muchos modos intentó el Demonio impedirnos el camino. Parece
que, temiéndose de lo que Dios había de hacer, el primero fue que comenzando a navegar,
luego el primer día nos faltó el viento, de manera que no podíamos ir adelante. Lo que determinaron los gentiles de remediar, pidiendo limosnas a los del navío para ofrecer a sus
ídolos que les diese viento, llegando a mí con esta petición los que pedían. Les dije que yo
adoraba a Dios verdadero, Creador del cielo y de la tierra, en quien tenía puesta mi confianza, y por esto no les daba limosna para ídolos. Oyendo esta respuesta, se airaron, me
dijeron que yo era causa de faltarles el viento, que sería bien echarme fuera del navío. En
este tiempo tomé por remedio encomendarme a nuestro Señor, el cual fue servido de darnos viento. Luego el día siguiente, por la mañana, por lo que determinaron de ir a otro
puerto que está más adelante, y estando ya algunas leguas del primer puerto, nos vino un
viento contrario que nos hizo estar cuatro días sin navegar, con lo cual se acabaron de persuadir que yo era la causa de tan ruines vientos que tenían de hacernos mal, mas nuestro
Señor quiso que lo ejecutasen. De esta manera llegamos a un puerto y determinaron en su
consejo que en ninguna manera me había de llevar consigo. Rogando al capitán que no me
llevase, me hicieron desembarcar, pero no hallando en el puerto otro navío me fui al capitán rogándole que me llevase, lo que hizo contra parecer de todos los gentiles y de esta manera fuimos hasta otro puerto que estaba doce leguas más adelante. Y porque este navío no
había de pasar de este puerto, nos fue necesario a todos los que habíamos de ir adelante,
buscar otro navío donde fuésemos. Viendo esto los gentiles con quien habíamos venido
hasta allí, corrieron por todos los navíos que estaban en el puerto, aconsejando a los que
tenían cargo de ellos que no nos pasasen porque en todo el tiempo que me habían traído
consigo, nunca tuvieron viento próspero. Y por esta causa se partieron todos los navíos y
nos dejaron en el puerto, el cual, por falta de pasajeros, nos llevó. También, que sin peligro
ninguno llegamos antes al puerto, que los que se habían partido primero que nosotros. De
los cuales fueron algunos cautivos de unos corsarios que andaban en el camino, y llegados a
un cierto puerto, nos tornamos a ver con los primeros compañeros que habíamos traído, los
cuales tornaron a persuadir a los que gobernaban los navíos, que no nos llevasen consigo a
la ciudad de Sacai adonde íbamos. Mas quiso nuestro Señor, no obstante estos impedimentos, que llegásemos allá. El día del bien aventurado San Lorenzo, a quien tomamos por patrón de esta ciudad, para lo que esperamos que ha de obrar nuestro Señor en ella [CC,
306–308].

Adviértase que lo que se dice en las últimas palabras de esta carta, que llegaron
al[769] Sacai en el mes de agosto, en el día de San Lorenzo, hay yerro manifiesto
causado por inadvertencia que hubo o en la impresión o en la trasladación de

---

sine ullo periculo tenuerimus. Tum denuo instare barbari et naviculariis persuadere conati sunt,
ne porro nos ad urbem Sacaium, quo tendebamus, perducerent, sed frustra. Etenim quarto Idus
Sextiles incólumes eo pervenimus: qui diez quoniam Divo Laurentio erat sacer, ipsum Christi
martyrem, ejus nationis patronum ascivimus. Haec ille».
769 a *AJ*.

esta carta, porque ellos no llegaron al Sacai en este tiempo, mas a los 18 de octubre, día de San Lucas, como expresamente se ve en el original de esta carta que anda también impresa en otras lenguas, en la cual dice así:

> Mas fue el Señor servido que con todos estos impedimentos llegamos el día del bien aventurado San Lucas al cual tomamos por patrón de esta ciudad para lo que esperamos en el Señor que se ha de obrar en ella.

Pruébase también esto porque como el mismo padre Vilela escribió en la otra carta al primer de septiembre de este año 59, él estaba aparejando[770] en Bungo para ir al Miaco por le haber escogido para eso el padre Cosme de Torres. Y en esta dice que partió para allá en el mismo año de 59 y así era imposible, partiendo después de entrar septiembre, llegar al Sacai en agosto. Y en la verdad, partió a[771] los 8 de septiembre de Bungo como lo escribe claramente en otra carta el padre Baltasar Gago hecha en noviembre de este mismo año 59 en que hablando de esta ida[772] del padre Gaspar Vilela y de Lorenzo dice[773]:

> Y así se partieron de Bungo a los ocho de septiembre de cincuenta y nueve.

Y a los 18 de octubre, día de San Lucas, llegó al Sacai pasando los trances que están dichos y con esto se acabó el año 59.

---

770 aparejado *AJ*.
771 en *AJ*.
772 edad *AJ*.
773 «Se igitur in viam dederunt sexto Idus septiembre anno M.D.LIX». En realidad, esta versión sigue manteniendo el día 6 de septiembre mientras que la traducción lo cambia a día 8».

Capítulo 13
Cómo la divina providencia desde el principio hasta ahora llevó esta nueva Iglesia con alguna semejanza de la Primitiva Iglesia

Ya que hemos tratado hasta ahora de los primeros diez años que en Japón pasaron harto estériles y trabajos en el principio de la fundación de esta[774] Iglesia, antes que pasemos adelante a los otros que fueron más fértiles[775], aunque no de menores trabajos, trataremos del[776] modo con que se hubo[777] la divina providencia desde el principio hasta ahora en esta Iglesia y del que tuvieron los nuestros en enseñarla y gobernarla. Porque hace mucho al caso para lo que está dicho y lo que se dijere adelante en esta *Historia*, para lo cual se ha de saber que aunque la excelencia de la virtud y santidad con que Jesucristo nuestro Señor fundó la Primitiva Iglesia con tantos dones y gracias por medio de sus apóstoles y discípulos que escogió por piedras fundamentales y columnas de su Iglesia, fue tan grande que ninguna otra Iglesia ni cristiandad se puede igualar ni comparar con ella. Todavía no es de[778] pequeña ayuda y consolación para los nuestros[779] ver que la divina providencia llevó desde el principio hasta ahora, que son ya pasados cincuenta años, esta nueva Iglesia de Japón por tribulaciones, angustias y persecuciones con alguna semejanza del modo que tuvo en fundar la Primitiva Iglesia, pues el niño[780] Jesucristo nos dijo[781]:

> Acordaos de la palabra que yo os he dicho: El siervo no es mayor que su señor. Si a mí me han perseguido, también a vosotros os perseguirán; [. . .] De cierto, de cierto os digo, que vosotros lloraréis y lamentaréis, y el mundo se alegrará; pero, aunque vosotros estéis tristes, vuestra tristeza se convertirá en gozo» [Juan 15: 20; Juan 16, 20].

Porque viendo que esto se van cumpliendo de la manera que nuestro Señor lo dijo, podemos estar muy[782] confiados que también se cumplirá lo que después de

---

774 la *AJ*.
775 y aunque *AJ*.
776 el *AJ*.
777 sirvió *AJ*.
778 esta *AJ*.
779 los nuestros el ver *AJ*.
780 mismo *AJ*.
781 «Nos est servus major domino suo. Si me persecuti sunt, et vos persequentur, et iterum. [. . .] Amen, amen dico vobis, quia plorabitis et flebitis vos, mundus autem gaudebit; vos autem contristabimini».
782 muy bien confiados *AJ*.

https://doi.org/10.1515/9783111617602-015

esto nos prometió[783] diciendo[784]: «Pero aunque vosotros estéis tristes, vuestra tristeza se convertirá en gozo [. . .] y nadie os quitará vuestro gozo» [Juan 16: 20–22]. Y así como tenemos visto que con pasar aquella Primitiva Iglesia por tan grandes tribulaciones que parecía que había de quedar oprimida y deshecha, no solo no lo fue, mas antes creció tanto que venciendo todos los perseguidores[785]: «Extendió sus vástagos hasta el mar, / y hasta el río sus renuevos» [Salmos 80: 11].

Así hemos de estar muy confiados que esta nueva Iglesia de Japón, padeciendo[786] las aflicciones y persecuciones que padece, no solo no ha de ser destruida y vencida, mas ha de ir siempre adelante creciendo así como lo vamos viendo por experiencia. Y para que veamos algo de la semejanza con que lleva nuestro Señor esta Iglesia de Japón con aquella Primitiva para consolación de los que en ella trabajan ahora y trabajaren adelante pasando por estos trabajos y persecuciones, es de mucho consuelo ver que así como nuestro Señor entre los demás[787] apóstoles escogió con particular vocación por doctor [f. 56] de las gente al glorioso apóstol San pablo, de lo cual él se gloriaba tanto, como se ve en muchos lugares de sus epístolas, así[788] entre los diez primeros padres de esta su mínima Compañía de Jesús escogió con particular vocación al padre Francisco Xavier para llevar la luz de su Evangelio entre las gentes de diversas provincias y naciones orientales hasta llegar a este Japón, cumpliéndose en él y en sus hijos lo que dice Isaías[789]: «Den gloria a Jehová, y anuncien sus loores en las costas [. . .] y enviaré de los escapados de ellos a las naciones, a Tarsis, a Fut y Lud que disparan arco, a Tubal y a Javán, a las costas lejanas que no oyeron de mí, ni vieron mi gloria» [Isaías 42: 12; 66: 19]. Y escogió nuestro Señor a este bienaventurado padre para que a semejanza de San Pablo[790]: «Conforme a la gracia de Dios que me ha sido dada, yo como perito arquitecto puse el fundamento, y otro edifica encima; pero cada uno mire cómo sobreedifica» [1 Corintios 3: 10].

---

783 partió *AJ*.
784 «[. . .] sed tristitia vestra vertetur in gaudium, [. . .] et gaudium vestrum nemo tollet a vobis».
785 «extendit palmites suos usque ad mare et usque ad Flumen propagines eius».
786 padeciendo en las *AJ*.
787 los demás gloriosos *AJ*.
788 así también entre *AJ*.
789 «Ponent Domino gloriam, et laudem ejus in insulis nuntiabunt, [. . .] et iterum mittam ex eis qui salvati fuerint, ad gentes in mare, in Africam, et [. . .], et ad insulas longe, ad eos qui non audierunt de me, et non viderunt gloriam meam».
790 «Secundum gratiam Dei, quae data est mihi, ut sapiens architectus fundamentum posui: alius autem superaedificat».

Y así, por la misericordia de Dios, la semilla de su Evangelio que él fue sembrando[791] por diversas tierras de estos pueblos orientales, fue de tal manera creciendo que en toda parte faltan ahora obreros que puedan cogerla, aunque sus hijos que vinieron acudir a esta obra se hayan multiplicado tanto que allende de mucho[792] mayor número de ellos que están repartidos por diversas provincias y reinos de la India Oriental. En estos dos solos de la China y Japón, en este año de 1601 que esta *Historia* se escribe, llegaron[793] los nuestros a número de doscientos y con haber[794] otros más de doscientos naturales cooperadores en el Evangelio que llamamos *dojucus*[795], que ayudan a catequizar[796], a predicar y a otros ministerios eclesiásticos, somos muy pocos para la gran[797] novedad que se va cogiendo de la semilla que el padre Francisco Xavier fue sembrando. Y para que, con la debida[798] humildad y verdad, entendamos todos que[799] él fue escogido en estas partes por cabeza de toda esta sementera, y por sabio arquitecto de toda esta fábrica, y que los de la Compañía que después de él vinieron[800] no hacen más que sobreedificar[801] sobre el sólido fundamento que él echó, se ha visto por experiencia hasta ahora en todas las partes por todo el discurso de estos sesenta años que corrieron desde que él partió de Portugal para la India hasta ahora que, aunque por los que le sucedieron en el gobierno se intentaron diversas impresas nuevas, en muchas[802] partes mandando obreros a echar la semilla de la palabra de Dios entre gentes infieles de gentiles y moros, en ninguna de ellas echó raíces fuertes sino en aquellas provincias a do el padre Xavier la fue personalmente sembrando. Y en todas las provincias a do él fue se arraigó y creció grandemente[803] hasta ahora, especialmente[804] en estos reinos de Japón, por lo cual todos nosotros, sus hijos que ahora estamos en Japón[805], y los que vinieren adelante, tenemos obliga-

---

791 cual fue sembradas *AJ*.

792 nuestro *AJ*.

793 llegan *AJ*.

794 tener *AJ*.

795 *dojicus AJ*.

796 catequizar y a *AJ*.

797 grande *AJ*.

798 divina *AJ*.

799 cual *AJ*.

800 vieron *AJ*.

801 superedificar *AJ*.

802 nuestras *AJ*.

803 fuertemente *AJ*.

804 y principalmente *AJ*.

805 estas partes *AJ*.

ción de hacer lo que el mismo apóstol San Pablo encomienda diciendo[806]: «Pero cada uno mire cómo sobreedifica» [1 Corintios 3: 10].

Y el modo de superedificar en el fundamento que el padre Xavier puso lo dejó él muy bien escrito y encomendado [f. 56v] a sus hijos en una *Instrucción* que dio al padre maestro Gaspar, la cual anda trasladada en latín entre las cartas de Maffei que comienza «In Armusiana ista provincia. . ., etc.», la cual es llena de muy excelentes documentos para superedificar y llevar adelante la fábrica que por todas estas partes orientales él tenía comenzada. Y por ser aquella *Instrucción* larga y andar ya impresa a ella remito al lector, mas solamente dice lo que dijo San Pablo escribiendo a los gálatas[807]: «Y a todos los que anden conforme a esta regla, paz y misericordia sea a ellos, y al Israel de Dios» [Gálatas 6: 16].

Mas volviendo ahora a la semejanza de la Primitiva Iglesia con que nuestro Señor lleva esta de Japón, así como en ella escogió Dios no gente poderosa y letrada, mas hombres de su natural bajos[808], ignorantes y rudes llamando al apostolado «pescadores» para confundir los sabios y poderosos de este mundo, así también después del padre Xavier que fue hombre docto, escogió nuestro Señor para anunciar[809] su Evangelio a los japoneses gente de pocas letras y nuevos en la Compañía que no tenía entonces en ella ningún ser. Y se pudiera llamar *ignobilia et contemptibilia mundo*[810] en respecto de tantos hombres nobles y letrados como entonces había en la Compañía, porque los tres padres primero fueron[811] sacerdotes seglares que habían entrado de pocos días en la Compañía cuando fueron enviados para Japón y eran hombres de pocas letras y de no mucho ser en el mundo. Porque el padre Cosme de Torres, aunque sabía algo más que los otros, era muy poco, y viniendo como se dijo al principio con otros españoles de Maluco, fue de ella a Goa, y no había más de un año que era entrado en la Compañía y siendo aún novicio le escogió el padre[812] Xavier para Japón. Y el padre Baltasar Gago, aunque vino de Portugal ya recibido, era poco más que novicio cuando le envió el mismo padre para acá. Y el padre Gaspar Vilela no había más que[813] cinco meses que el padre Maestro Melchior le había recibido en Goa en la Compañía cuando le llevó consigo. Y todos los hermanos eran hombres nuevos en la

---

806 «Unusquisque autem videat quomodo superaedificet».
807 «Et quicumque hanc regulam secuti fuerint, pax super illos, et misericordia, et super Israel Dei».
808 bajo *AJ*.
809 comunicar *AJ*.
810 *mundi AJ*.
811 fueron tres».
812 el padre Francisco *AJ*.
813 no había más que él *AJ*.

Compañía y que no tenían ni letras ni órdenes sacras, a los cuales adjuntó nuestro Señor en Japón algunos naturales también de poca suerte como fueron Lorenzo, Antonio, Pablo y otros semejantes, con los cuales hizo nuestro Señor en los principios de esta Iglesia toda la guerra al Demonio que estaba en Japón tan entronizado y con tan gruesos y poderosos ejércitos de bonzos que defendían su partido con todos los más señores y gente de Japón que eran idólatras y con hombres de tan baja suerte. Dio tal combate al enemigo que en pocos años, como adelante veremos, quedaron todos los bonzos destruidos y los ministros del santo Evangelio subieron en grande reputación y crédito con los japoneses para que así ellos como nosotros todos entendiésemos que esta obra era[814] de Dios, y que él solo la podía hacer[815]: «Y lo que no es, para deshacer lo que es, a fin de que nadie se jacte en su presencia» [1 Corintios, 1: 28–29].

Allende de esto, así como en la Primitiva Iglesia los particulares adversarios de los apóstoles fueron[816] los escribas y fariseos, que eran los sacerdotes, maestros y doctores del pueblo judaico que en todas partes hicieron muy [f. 57] grande guerra a los apóstoles contradiciendo a su doctrina y levantando contra ellos muy graves persecuciones, como se lee en todo el discurso de los *Actos de los apóstoles*, así también en Japón tuvimos por particulares adversarios los bonzos, que son los sacerdotes, maestros y doctores de la gentilidad de Japón, los cuales en todas las partes por do fueron los nuestros para predicar el santo Evangelio levantaron contra ellos graves contrariedades y persecuciones, alborotando siempre los príncipes juntamente con el pueblo[817], como abiertamente lo hemos visto en lo que está escrito hasta ahora y lo veremos adelante en todo lo que se escribiere[818].

Hubo[819] también semejanza, porque así como en la Primitiva Iglesia aunque a instancia de los judíos y de los gentiles se levantaron diversas persecuciones particulares contra los apóstoles en las ciudades y lugares por do ellos iban predicando el santo Evangelio y haciendo cristianos, con todo[820] eso no permitió la divina providencia levantarse persecución[821] universal contra la cristiandad, hasta que creció mucho y fue echando raíces fuertes por treinta y tres años después de

---

814 he *AJ*.
815 «et ea quae non sunt, ut ea quae sunt destrueret: ut non glorietur omnis caro in conspectu ejus».
816 fueran *AJ*.
817 los pueblos *AJ*.
818 escribe *AJ*.
819 una *AJ*.
820 cristiano en todo *AJ*.
821 persecuciones *AJ*.

la muerte de nuestro Señor Jesucristo. Y, entonces, conforme a la más cierta computación, el emperador Nero no vio la primera persecución contra los cristianos, como se lee en diversas *Historias Eclesiásticas*; así, también en Japón, aunque casi en cada ciudad y lugar por do fueron predicando los padres nuestra santa Ley, movieron los señores de las tierras persecuciones particulares contra la cristiandad y los padres desterrándolos de sus tierras, como hasta ahora se ha visto y se verá en lo adelante mejor. Y con todo eso, no permitió nuestro Señor que se levantase persecución universal contra los Padres y nuestra santa Ley, sino después de pasar treinta y ocho años y hallarse la cristiandad muy crecida por haber entonces ya hecho en diversos reinos de Japón trescientos mil cristianos, poco más o menos, levantando Quambacudono, señor universal de Japón, en julio del año 1587 la primera persecución universal contra nuestra santa fe, y contra los nuestros, prohibiendo con públicos edictos[822], so pena de muerte, que ninguno se hiciese cristiano y que los nuestros todos se fuesen desterrados de Japón para sus tierras, la cual duró por más de once años continuos hasta su muerte, destruyéndonos en todo aquel tiempo todas las casas nuestras con más de doscientas y ochenta iglesias que teníamos hechas en diversas partes de Japón, como adelante en su lugar se dirá. Y aunque esta persecución no fue tan rigurosa ni tan fuerte como la primera que levantó Nero[823], todavía fue tal que conforme a la medida de las fuerzas que tenía por su bondad comunicadas a esta nueva Iglesia, bastó para la tener bien ejercitada en su proporción, tanto como se ejercitó en la primera persecución de Nero la primera Iglesia que, como más fuerte que esta, pudo también llevar mayor persecución y pudiera también deshacer del todo esta cristiandad si la divina providencia con[824] muy particulares ayuda no la conservara[825]. También en el efecto[826] de ella [f. 57v] hubo mucha semejanza, porque así como aquella persecución del emperador Nero, ni las otras particulares que habían precedido, bastaron para impedir el curso de aquella primitiva Iglesia para que la cristiandad se no arraigase por todos aquellos lugares por do fueron los santos apóstoles divulgando el sagrado Evangelio y que la cristiandad no fuese siempre creciendo y tomando mayores fuerzas y reputación en el mundo hasta venir a dar con[827] la mayor parte de las sinagogas de los judíos y de la idolatría de los gentiles en el suelo; así, también en Japón, ni las persecuciones particulares

---

822 La *Orden de Expulsión de los Jesuitas*, conocida en japonés como el Bateren Tsuihō Rei (バテレン追放令), fue promulgada el 24 de julio de 1587 por el caudillo Toyotomi Hideyoshi (1537–1598).
823 Niro *AJ*.
824 AJ lee «en».
825 AJ lee «conserva».
826 AJ lee «afecto».
827 AJ lee «en».

que casi hubo en todos los lugares, ni la persecución universal de Quambacudono bastó para impedir que no fuese adelante la cristiandad en los mismos lugares. Y por todo Japón, creciendo[828] siempre la reputación y el crédito de nuestra santa Ley y de los ministros de ella, hasta dar con la mayor parte de los grandes templos y monasterios de los bonzos en el suelo, quedando tan apocados y pobres y con tan poco crédito en Japón como los[829] vemos ahora. Y aunque por diversos casos y acontecimientos de guerra se impidió hasta ahora mucho el progreso de la conversión, todavía con la destrucción y apocamiento de los templos de los gentiles y de los bonzos con tan poco crédito de sus sectas y con tanto crédito y reputación de nuestra santa Ley[830], como hay en Japón ahora, está ya hecho camino llano y se abrieron muy grandes puertas para la conversión de Japón.

También hubo semejanza en las calumnias que los bonzos y más gentiles impusieron a los nuestros porque en la Primitiva Iglesia fue cosa muy corriente levantar los judíos y los gentiles diversas calumnias a los cristianos especialmente decir[831] que mataban niños y que comían carne humana, e imponer también otras cosas peores, así como se lee frecuentemente en las *Historias eclesiásticas* que diversos escritores escribieron[832]. De lo cual hablando Orígenes en los libros que hizo *Contra Celso* dice estas palabras[833]:

> Y paréceme ha hecho algo semejante a aquellos judíos que, a los comienzos de la predicación del cristianismo, esparcieron calumnias contra nuestra doctrina, como la de que sacrificábamos un niño y luego nos repartíamos sus carnes [OR, p. 412].

Y Atenágoras, filósofo cristiano muy antiguo, también escribiendo en defensa de los cristianos contra esta calumnia que levantaban los gentiles de comer carne humana y hacer otros pecados y maldades[834], después de haber tratado de la inocencia y santidad de las leyes de los cristianos, acrecienta estas palabras:

> Juzgue tu discreción ahora, si unos hombres, cuyo espíritu está ilustrado, y su alma santificada por tan celestial doctrina, pueden vivir inconsideradamente, abismarse en toda especie de disoluciones; y lo que todavía es más impío, alimentarse de carne humana cuando les

---

828 AJ añade «juntamente».

829 AJ lee «lo».

830 AJ lee «con tan poco crédito y reputación de nuestra santa ley».

831 AJ lee «dice».

832 AJ lee «escribiendo».

833 «Apparet sane nihil secus egisse, ac Judaei in ipso Christianae religionis et verae disciplinae primordiis factitaban, qui ad nostrae doctrinae notam et infamiam illud dissiminarent, quod Christianis puerum aliquem immolandi mos esset, cujus et carnem singuli degustarent. Haec Origenes».

834 AJ añade «y».

está prohibido asistir a los combates de los gladiadores porque no se hagan cómplices de las muertes que se cometen en ellos. Tampoco podemos asistir a los espectáculos porque no se contaminen nuestros ojos y nuestros oídos, siendo testigos de aquellos horribles banquetes en que Tereo y Tiestes comen a sus propios hijos [APC, ff. 112–114][835].

Así también en Japón, entre diversas calumnias y falsedades que los bonzos levantaron en aquellos principios contra los nuestros, una de ellas fue que mataban niños y comían[836] carne humana, así como lo[837] vimos hasta ahora en diversas partes en esta *Historia*. Y bastará repetir aquí dos lugares: el primero es una carta del hermano Duarte da Silva escrita de Bungo en octubre de 55 en que dice así[838]:

> En el año de 1553, por espacio de algunos días, maltrataron aquí a nuestros padres, apedreándolos por un falso testimonio que les levantaban que comían carne humana [CC, 101].

Y el otro es en otra carta del padre Gaspar Vilela escrita en el año 57 de Firando en que dice así[839]:

---

835 Como anota el autor al margen del manuscrito londinense, se trata de un periodo de la famosa *Súplica en favor de los cristianos* de Atenágoras de Atenas: «Nunc vide an hi qui talia docentur, taliaque discunt, possint more brutorum animalium vivere et pollui nefariis commixtionibus, aut possint quod ómnium immanissimum est, carnes humanas, attingere, praesertim cum etiam monomachias spectare nobis interdietum sit, ne videlicet participes huius modo caedium reddamur, nec caetera [f. 58] spectacula spectare audemus, ne oculis nostri inquinentur, et aures nostrae audiant profana, quae ibi decantantur, carmina, nempe dum Thyestis tragica facinora commemorant. et thesei liberos devoratos recitant». El fragmento en latín citado por Valignano, atribuido a Atenágoras, probablemente se refiere al siguiente pasaje: «Tres son los enormes crímenes de que nos acusan; conviene a saber, de que somos ateístas, incestuosos como Edipo y antropófagos como Tiestes. Si llegan a tales crímenes a justificarse, no perdonéis edad ni sexo, exterminadnos sin conmiseración: porque ¿qué género de suplicio podría igualar a una especie de delitos, de que apenas se encontrarán ejemplos entre los animales más feroces?» [APC, f. 62]. No obstante, parece que este pasaje es de Teófilo de Antioquía, citado en castellano en su tratado *Contra los calumniadores de la religión cristiana*.
836 mataba niño y comía *AJ*.
837 la *AJ*.
838 «Anno 1553 nostri lapidationibus ibi male accepti sunt, confictis in eos criminibus quod carne humana vescerentur».
839 «Quod vero ad nos attinet, numquam occasiones desunt, quibus probemur et exerceamur a Domino. Etenim Bonzii fietis criminibus falsique testibus nos apud populum in invidiam conantur adducere, quod scilicet humana carne vescamur: atque ad faciendam mendaciis fidem vestes manantes sanguine in aedium nostrarum fores occulte conjiciunt. Idque non semel hoc anno fecerunt, qui est a Virginis partu 1557, quocirca toto paene Japone percrebuit, nos daemonas esse. Nec verbis nostris habendam fidem».

[. . .] los cristianos de aquella tierra iban adelante en el servicio de nuestro Señor y habían edificado una iglesia, aunque algún tanto pequeña para aquellas partes en las cuales nunca faltan algunas experiencias que el Señor permite para probarnos. Porque los bonzos de ella nos levantan muchos falsos testimonios, especialmente que comemos carne humana, y para confirmar estas mentiras nos ponen secretamente en la puerta algunos paños ensangrentados. Y esto hicieron ya por algunas veces este año de 1557, con lo que se ha divulgado la fama casi por todo Japón. Otros dicen que hablan en nuestros cuerpos que no nos den crédito a lo que decimos [CC, 167–168].

También en la primera[840] Iglesia los gentiles atribuyan todos los males y calamidades que acontecían en el mundo a los cristianos, por do, escribiendo Tertuliano, *scriptor* que fue de aquellos tiempos, dice estas palabras[841]:

[. . .] A los que proclaman contra la sangre inocente, excusando el odio con pretexto de aquella frívola vanidad con que piensan, que toda común desdicha, y las particulares descomodidades del pueblo suceden por causa de los cristianos. Si el Tíber sube a las murallas, si el Nilo no llega a regar las vegas, si el cielo está sereno y no da lluvias, si la tierra tiembla o se estremece, si el hambre aflige, si la peste mata, luego grita el pueblo: «¡Arrójense los cristianos al león!». ¿Un león para tantos? [AP, f. 173].

De esta manera aconteció a nuestros padres mucho[842] tiempo en Japón, porque así como lo vi[mos] en muchas partes de esta *Historia*, todas las guerras que en él se levantaban y las destrucciones de las ciudades y reinos, y los otros malos sucesos que acontecían, imputaban los bonzos y gentiles a los nuestros, diciendo que por culpa de ellos y por predicar contra sus dioses, y los japoneses recibirlos en sus tierras, se alteran[843] los *Camis* y *Fotoques* y hacían que les[844] aconteciesen aquellos desastres, así como lo dice especialmente entre otros lugares en una carta que el hermano Juan Hernández, escrita de Yamaguchi en el año de 51 en que, tratando[845] de la destrucción y guerras de Yamaguchi, refiriendo lo que los gentiles decían[846]:

---

840 primitiva *AJ*.

841 «Adversus sanguinem innocentium conclamabant, praetexentes sane ad odii defensionem illam quoque vanitatem quod existiment omnis pubblicae cladis, omnis populares incommodi Christianos esse causam. Si Tiberis ascendit in moenia, si Nilus non ascendit in arva, si coelum stetit, si terra movit, si fames, si lues, statim Christianos ad leonem. Haec ille».

842 aconteció a los maestros por mucho *AJ*.

843 alteraban *AJ*.

844 hacianse que le *AJ*.

845 entrando *AJ*.

846 «Quin, ajunt –dice él–, e medio tollimus hosce de Cengecu (sin enim Europaeos appelant) quandoquidem ipsorum culpa, lignea vel lapidea simulacra neque aliis neque sibi salutem [f. 58v] dare posse negantium, Dii indignati, excitata discordia, tantam huir populo cladem intulere? Haec ille».

[. . .] decían unos a otros: «Matemos a estos de Chengecu[847], pues por su causa ha venido tanto mal». Porque ellos dijeron que los ídolos de palo y de piedra ni podían salvar la gente ni a sí mismos: «¿Y por esto agraviados los ídolos permiten esta guerra?». Todo esto decían porque en esta guerra se quemaron muchos de sus monasterios con sus ídolos [CC, 55–56].

Y el padre Melchior Nunes, hablando de esto mismo en su carta, dice así[848]:

Y después nunca faltaron guerras y disensiones con muerte de casi todos los señores y regidores del reino, lo cual los bonzos hacen en creyente a todo el pueblo, por la autoridad que les tienen, que ha acontecido por causa de los cristianos que se han hecho y de nuestros padres, y por esto dicen que están sus dioses muy airados y enojados [CC, 192].

Y así como en la Primitiva [Iglesia] no bastaron las grandes calumnias con[849] que infamaron nuestra religión cristiana para la derr[i]bar y que siempre no fuese creciendo, así también no bastaron las calumnias[850] con que en Japón los bonzos procuraron de nos infamar para tirar el crédito a la religión cristiana y a los nuestros. Siempre fue creciendo, como se ha visto y lo veremos adelante, para que saliendo después con[851] todo eso con victoriosa se entendiese mucho más que esta obra era de Dios. Y como dice el apóstol San Pablo[852]: «Porque lo insensato de Dios es más sabio que los hombres, y lo débil de Dios es más fuerte que los hombres» [1 Corintios 1: 25]. De lo cual, hablando Baronio en el primer libro de sus *Anales*, dice estas palabras:

Ex his videas, nonnisi divini numinis potentia factum esse, ut Christiana religio, quae infamis ac prorsus execrabilis haberetur, atque inanis prorsus et vana, quae et insuper furenti Caesarum gladio saepe compesceretur, nihilominus in diez magis magisque longe lateque in Urbe et Orbe feliciter laeta foecunditate et foetu amplissimo germinaret[853].

847 Es decir, *Tenjiku*.
848 «Cujus rei culpam Bonzii (quorum magna est apud plebem auctoritas) cum in Christiana sacra suscepta, neglactasque Deorum religiones conferent».
849 en *AJ*.
850 calumnias grandes *AJ*.
851 en *AJ*.
852 «Quod stultum est Dei, sapientius est hominibus: et quod infirmum est Dei, fortius est hominibus».
853 No se ha encontrado este fragmento de los *Anales* de Baronio en castellano ya que la obra parece ser que no se tradujo en español.

Capítulo 14
Muéstrase que, aunque Dios nuestro Señor no comunicó a esta Iglesia la abundancia de los dones que comunicó a la Primitiva, también con esta descubrió claramente su divina providencia

De lo que en el capítulo pasado está dicho acerca de la semejanza que hubo en las cosas que se han tratado entre esta de Japón y la Primitiva Iglesia, puede fácilmente ocurrir una duda y cuestión. Es, a saber, por qué causa, habiendo en las dichas cosas tanta semejanza, no la hay también en la comunicación de las gracias y de los dones, pues en esta Iglesia de Japón ni se ve la santidad y perfección que hubo en la Primitiva Iglesia, ni los dones de lenguas, de profecía y de hacer milagros que tan larga y abundantemente nuestro Señor comunicó en aquella. A esto, primeramente, se podría responder con Isaías y con San Pablo[854]:

> ¡Oh profundidad de las riquezas de la sabiduría y de la ciencia de Dios! ¡Cuán insondables son sus juicios, e inescrutables sus caminos! Porque ¿quién entendió la mente del Señor? ¿O quién fue su consejero? ¿O quién le dio a él primero, para que le fuese recompensado? [Romanos 11: 33–35].

Empero, porque sabemos que también está escrito[855]: «Peso y balanzas justas son de Jehová; Obra suya son todas las pesas de la bolsa» [Proverbios 16: 11]. Y que, como se dice en otra parte[856]: «Sin embargo, tú lo has dispuesto todo, con moderación y orden y equilibrio» [Sabiduría 11: 20].

Se podrá también con humildad investigar y dar [f. 59] alguna buena razón de esta diferencia, de manera que se entienda que en esto hubo también alguna semejanza, y que aunque nuestro Señor, conforme a la diversidad de la necesidad y de los tiempos, comunicó sus dones y gracias diferentemente en la Primitiva y en esta, todavía no dejó de manifestar claramente que con su divina providencia

---

854 «O altitudo divitiarum sapientiae, et scientiae Dei: quam incomprehensibilia sunt judicia ejus, et investigabiles viae ejus! Quis enim cognovit sensum Domini? aut quis consiliarius ejus fuit? aut quis prior dedit illi, et retribuetur ei?».

855 «Pondus et statera judicia Domini sunt, et opera ejus omnes lapides sacculi».

856 «Omnia in mensura, et numero et pondere disposuisti».

https://doi.org/10.1515/9783111617602-016

gobierna y ampara esta Iglesia de Japón, dando también a ella los dones y gracias necesarias, de manera que bien se entiende lo que dice el apóstol San Pablo[857]:

> Ahora bien, hay diversidad de dones, pero el Espíritu es el mismo. Y hay diversidad de ministerios, pero el Señor es el mismo. Y hay diversidad de operaciones, pero Dios, que hace todas las cosas en todos, es el mismo. Pero a cada uno le es dada la manifestación del Espíritu para provecho [1 Corintios 12: 4–7].

Mas viniendo a dar razón de estas diferencias[858], la primera y principal que se puede dar es porque los apóstoles fueron escogidos de Jesucristo nuestro Señor por piedras fundamentales de su Iglesia, sobre las cuales, encajadas en la primitiva y verdadera piedra fundamental Jesucristo, se había de edificar toda la firmeza y santidad de su Iglesia universal. Y así, fue necesario que en[859] estos, como a primicias[860] del espíritu, se les diese con mucha abundancia todos los dones y gracias necesarias para la fundación y estabilidad de su Iglesia. De lo cual, hablando San Pablo, dice así[861]:

> Y tal confianza tenemos mediante Cristo para con Dios; no que seamos competentes por nosotros mismos para pensar algo como de nosotros mismos, sino que nuestra competencia proviene de Dios, el cual asimismo nos hizo ministros competentes de un nuevo pacto, no de la letra, sino del espíritu; porque la letra mata, mas el espíritu vivifica. Y si el ministerio de muerte grabado con letras en piedras fue con gloria, tanto que los hijos de Israel no pudieron fijar la vista en el rostro de Moisés a causa de la gloria de su rostro, la cual había de perecer, ¿cómo no será más bien con gloria el ministerio del espíritu? Porque si el ministerio de condenación fue con gloria, mucho más abundará en gloria el ministerio de justificación. Porque aun lo que fue glorioso, no es glorioso en este respecto, en comparación con la gloria más eminente. Porque si lo que perece tuvo gloria, mucho más glorioso será lo que permanece [2 Corintios 3: 4–11].

---

857 «Divisiones vero gratiarum sunt, idem autem Spiritus: et divisiones ministrationum sunt, idem autem Dominus: et divisiones operationum sunt, idem vero Deus qui operatur omnia in omnibus. Unicuique autem datur manifestatio Spiritus ad utilitatem».

858 esta diferencia *AJ*.

859 a *AJ*.

860 apremiada *AJ*.

861 «Fiduciam autem talem habemus per Christum ad Deum: non quod sufficientes simus cogitare aliquid a nobis, quasi ex nobis: sed sufficientia nostra ex Deo est: qui et idoneos nos fecit ministros novi testamenti: non littera, sed Spiritu: littera enim occidit, Spiritus autem vivificat. Quod si ministratio mortis litteris deformata in lapidibus fuit in gloria, ita ut non possent intendere filii Israel in faciem Moysi propter gloriam vultus ejus, quae evacuatur: quomodo non magis ministratio Spiritus erit in gloria? Nam si ministratio damnationis gloria est: multo magis abundat ministerium justitiae in gloria. Nam nec glorificatum est, quod claruit in hac parte, propter excellentem gloriam. Si enim quod evacuatur, per gloriam est: multo magis quod manet, in gloria est».

Y porque los apóstoles fueron constituidos por pastores universales del mundo y habían de ir discurriendo, como fueron, por las principales partes de él entre gentes de diversas lenguas, fue necesario que, en particular, se les diesen este don. Mas los de la Compañía, como no eran más que ministros particulares de esta Iglesia y en todo este Japón se habla por la misma lengua, no fue necesario darles más que la ayuda y protección particular que bastase y una[862] inclinación grande para aprender la lengua, como comúnmente la dio a todos, con que fácilmente la aprenden y la saben todos los que aquí están, cada uno cuanto le basta conforme a sus talentos.

Y también, desde el principio, suplió a esta falta de lengua con darle algunos[863] de los naturales que la supiesen muy bien y tuviesen también conocimiento de sus letras y ciencias[864], con que pudiesen catequizar y predicar y convencer los bonzos y los más gentiles cuando[865] era necesario, los cuales se multiplicaron hasta ahora a tanto como queda dicho atrás. Y muchos de ellos viven en la Compañía recibidos por nuestros hermanos, y algunos están hechos padres y la lengua de Japón, con las muchas diligencias e industrias que se han hecho, está ya tan doméstica que comúnmente todos los que vienen de Europa en un año aprenden tanto de ella que pueden conversar y confesar los japoneses y algunos también pueden comenzar a hacer a los cristianos algunas pláticas y sermones.

La segunda razón que se puede dar es porque cuando vino Cristo nuestro Señor al mundo, el Demonio le tenía todo de su mano, pues todos los demás del mundo eran idólatras y vivían debajo de su imperio, y entre los judíos que tenían conocimiento de Dios, había tantos pecados y maldades y tantas divisiones de sectas que eran muy pocos los que verdaderamente le servían. Por donde, con la muerte y resurrección de Jesucristo, los apóstoles comenzaron a entrar en batalla con Lucifer, que estaba tan fuerte y tan señor del mundo, y la divina providencia quiso mostrar su poder venciéndola con la ignominia de la cruz, le dio licencia para que pelease en aquella Primitiva Iglesia con todo el esfuerzo y poder que tenía. Y por ser él de quién dice la Divina Escritura[866]: «He aquí, sale de madre el río, pero él no se inmuta; Tranquilo está, aunque todo un Jordán se estrelle contra su boca» [Job 40: 23].

---

862 aun *AJ*.
863 alguno *AJ*.
864 ciencia *AJ*.
865 por do *AJ*.
866 «Ecce absorbebit fluvium, et non mirabitur, et habet fiduciam quod influat Jordanis in os ejus».

Y siendo aquel fuerte armado, de quien Jesucristo dijo que todo poseía en paz, peleó contra los apóstoles y santos de la Primitiva Iglesia con las mayores fuerzas que tuvo como al que era entonces muy poderoso, y tenía casi todo debajo de su imperio. y así decía el apóstol San Pablo[867]: «Porque no tenemos lucha contra sangre y carne, sino contra principados, contra potestades, contra los gobernadores de las tinieblas de este siglo, contra huestes espirituales de maldad en las regiones celestes» [Efesios 6: 12]. Por lo[868] cual, para se poder resistir a tan grande furia[869], fue necesario que nuestro Señor armase también los apóstoles y los más santos de la Primitiva Iglesia con fortísimas armas de santidad, y de milagros y de otros dones, con que pudiesen resistir a tan grande ímpetu.

Mas en Japón, como el enemigo quedaba ya vencido de tanto tiempo y tan temeroso como el que fue tan azotado con el palo de la santa cruz, no tuvo las fuerzas que tenía en el tiempo de la Primitiva Iglesia. Y así, no fue necesario que la providencia divina armase esta Iglesia de Japón con la grandeza y excelencia de los dones y gracias con que armó los de la Primitiva Iglesia.

Y para que esto se pueda entender mejor, iremos algo brevemente discurriendo acerca de las fuertes armas que tomó el Demonio, y de los graves y terribles géneros de combate que dio entonces, mostrando cuán diferentes [f. 60] fueron de los que dio a esta Iglesia de Japón. Porque[870], primeramente, entonces se armó con los escribas y fariseos y con todo el pueblo judaico, sacados algunos que[871] convirtieron a nuestra santa fe. Y esta persecución que por medio de los judíos hizo el Demonio en aquella Primitiva Iglesia fue gravísima, así porque ellos eran muchos y no solo podían[872] lo que querían en Judea que era su propio reino[873], mas tenías también mucho poder en las principales ciudades de Asia[874] por tener en todas ellas sus sinagogas, como también porque los apóstoles y todos los más cristianos en el principio de la Primitiva Iglesia eran de la misma nación de los judíos y confesaban que sus escrituras eran verdaderas y con veneración las recibían como divinas, así como las recibimos ahora todos los cristianos. Y con se comenzar la cristiandad en Jerusalén y en el mismo reino de Judea, la contradicción que le hacían los sumos sacerdotes con su concilio de los 72 que se lla-

---

867 «Quoniam non est nobis colluctatio adversus carnem et sanguinem, sed adversus principes, et potestates, adversus mundi rectores tenebrarum harum, contra spiritualia nequitiae, in caelestibus».
868 la *AJ*.
869 fuerza *AJ*.
870 para que *AJ*.
871 que se convirtieron *AJ*.
872 pedían *AJ*.
873 nombre *AJ*.
874 África digo de Asia *AJ*.

maba *Sanedrín*[875], que era como entre nosotros el Concilio General, al cual pertenecía determinar todas las cosas pertenecientes a las Escrituras y a la ley, era tan grave y pesada que si nuestro Señor no armaba sus apóstoles y discípulos con grandes dones de profecías y de milagros, con que pudiesen probar y mostrar la verdad[876] de nuestra santa Ley, no pudieran[877] en ninguna manera resistir a las persecuciones y contradicciones que les hicieron los judíos, que fueron tantas y tan graves como se lee por todo el discurso de los *Actos de los Apóstoles*.

En Japón, aunque los bonzos también hicieron siempre grandes contradicciones y persecuciones a los nuestros, todavía no tenían ni el crédito ni la autoridad que tenían las sinagogas de los judíos, porque como sus leyes están todas fundadas sobre ignorancias y mentiras, fácilmente eran convencidos[878] por los nuestros como lo hicieron siempre en todas las disputas que con ellos tuvieron en diversas partes, quedando ellos a vista de todos sus naturales avergonzados y convencidos. Por do pudiéndolos[879] los nuestros convencer fácilmente, no hubo necesidad para con ellos de milagros.

El segundo genero de persecución de que el Demonio usó contra la Iglesia Primitiva fue la de los[880] gentiles y de los emperadores de Roma, los cuales, como eran señores de la mayor parte del mundo que entonces estaba descubierto, y eran muy grandes idólatras y aficionadísimos a sus dioses, movieron tantas y tan crueles persecuciones por todo el mundo contra la cristiandad, matando a todos los que tenían este nombre con[881] tan exquisitos géneros de tormentos y muertes crueles como se ve en las *Historias Eclesiásticas*, y durando estas persecuciones tan fuertes por espacio de[882] trescientos años hasta suceder en el imperio Constantino. Si nuestro Señor en aquel tiempo no armara los apóstoles y los más cristianos con santidad y virtudes tan heroicas y con todas las maneras de gracias y dones sobrenaturales, no pudieran resistir a un ímpetu [f. 60] tan grande.

Mas en Japón, aunque padecieron los nuestros diversas contradicciones y persecuciones de los gentiles siendo desterrados de diversas partes, y en estos doce años pasados Quambacudono, señor universal de Japón, como dijimos, levantó la primera persecución universal contra esta[883] Iglesia y cristiandad, toda-

875 BL lee «*Sinedium*» mientras que AJ «*Sinedrin*».
876 verdadera *AJ*.
877 pudieron *AJ*.
878 conocidos *AJ*.
879 pudiendo los *AJ*.
880 dos *AJ*.
881 e *AJ*.
882 de más trescientos *AJ*.
883 la *AJ*.

vía, como[884] los señores japoneses no eran tan aficionados a sus dioses ni sentían tan mal de nuestra ley como los emperadores romanos, no fueron tan crueles como ellos en estas persecuciones, contentándose con desterrar[885] los padres, y echarlos de sus ciudades y destruir sus casas e iglesias sin usar de otra crueldad[886] de que los emperadores usaron; y por eso también no fue necesario acudir a esta Iglesia con tanto milagros y dones extraordinarios como en la Primitiva Iglesia.

El tercer genero de persecución[887] de que el Demonio usó contra la Iglesia Primitiva fue el cisma grande que hubo siempre entre los cristianos que del judaísmo se convertían, y entre los que se convertían de los gentiles[888] queriendo los del judaísmo obligar a los que se convertían[889] de los gentiles a[890] guardar también las ceremonias de la ley vieja como ellos por mucho tiempo las guardaron. La cual disensión dio harto que hacer a los apóstoles y más santos de aquella Primitiva Iglesia como se ve en todo el discurso de los *Actos de los apóstoles* y también en varias epístolas que los mismos escribieron acerca de esta manera, de la cual más claramente se trata en el décimo capítulo de los *Actos*. Y aunque esta cuestión, como en el mismo lugar se dice, fue entonces [determinados por los apóstoles, todavía como los unos fueron tenaces][891] en guardar sus ceremonias judaicas y los otros en ninguna manera las admitían, se causó no pequeña discordia y controversia entre ellos, de la cual se[892] fueron siguiendo grandes males. Y no menor fue la discordia y cisma que se causó entre las iglesias orientales y occidentales acerca del día en que se había de celebrar la Pascua, queriendo mucho de los orientales[893] hacerla a manera de los judíos en la cuarta décima luna, y los otros el día[894] domingo. Y por esta y otras semejantes maneras de cisma que hicieron siempre harto mal en la Iglesia, reprehendía el apóstol San Pablo a los corintios. Mas en Japón, como desde el principio hasta ahora no hubo otros que predicase el Evangelio y tuviese cuidado[895] de esta nueva Iglesia sino los nuestros, que siendo todos de una misma religión fueron siempre tan conformes así en la

---

884 con *AJ*.
885 desterrar a *AJ*.
886 crueldades *AJ*.
887 persecuciones *AJ*.
888 que del judaísmo se convertían a los gentiles *AJ*.
889 conviertan *AJ*.
890 y *AJ*.
891 Este periodo se omite en BL mientras que se añade en AJ.
892 la *AJ*.
893 muchos de ellos orientales *AJ*.
894 el día de *AJ*.
895 cuidados *AJ*.

doctrina como en el modo de proceder con los gentiles y cristianos, y en el gobierno de esta nueva Iglesia no hubo hasta ahora, por la bondad divina[896], ninguna suerte de cisma ni controversia en ella. Y alguna que se comenzó a causar[897]
por un poco de tiempo con la venida de otros religiosos, se aplacó luego de la manera que diremos en su lugar. Y esta conformidad que unió tan grande que hubo
hasta ahora en el gobierno de esta Iglesia fue grande merced de Dios y causa del
grande crédito que tiene ahora.

[f. 61] El cuarto género de persecución de que el Demonio usó desde el principio de la Primitiva Iglesia, que duró por todo el discurso de ella, y fue sin falta la
mayor y más peligrosa persecución que en ella hubo, fue la que hizo con aquellos
que con falso nombre de cristianos[898] eran idólatras o pérfidos herejes. Los cuales, instigados y enseñados del[899] enemigo mortal de todo bien, nombrándose por
una parte cristianos[900], por otra enseñaba toda suerte de torpezas, maldades y
pecados.

Contra estos malvados que con falsos nombres de cristianos iban engañando
el mundo desde el principio de la Primitiva Iglesia, tuvieron mucho que hacer los
mismos apóstoles como se ve en muchas de sus epístolas, especialmente en la que
el apóstol San Pablo escribe a los filipenses[901] en que dice estas palabras[902]:
«Guardaos de los perros, guardaos de los malos obreros, guardaos de los mutila-
dores del cuerpo» [Filipenses 3: 2].

Y poco más abajo[903]: «Porque por ahí andan muchos, de los cuales os dije muchas veces, y aun ahora lo digo llorando, que son enemigos de la cruz de Cristo; el
fin de los cuales será perdición, cuyo dios es el vientre, y cuya gloria es su vergüenza; que solo piensan en lo terrenal» [Filipenses 3: 18–19]. Y contra los mismos
escribe más largo en la segunda epístola *Ad Timotheum*. Y el apóstol San Judas,
tratando de los mismos dice así[904]: «Porque algunos hombres han entrado encu-

---

896 divina en ninguna *AJ*.
897 acabar *AJ*.
898 cristiano *AJ*.
899 del mismo enemigo *AJ*.
900 cristiano *AJ*.
901 filipinis *AJ*.
902 «Videte canes, videte malos operarios, videte concisionem»
903 «Multi enim ambulant, quos saepe dicebam vobis (nunc autem et flens dico) inimicos crucis
Christi: quorum finis interitus: quorum Deus venter est: et gloria in confusione ipsorum, qui te-
rrena sapiunt».
904 «Subintroierunt enim quidam homines (qui olim praescripti sunt in hoc judicium) impii, Dei
nostri gratiam transferentes in luxuriam, et solum Dominatorem, et Dominum nostrum Jesum
Christum negantes».

biertamente, los que desde antes habían sido destinados para esta condenación, hombres impíos, que convierten en libertinaje la gracia de nuestro Dios, y niegan a Dios el único soberano, y a nuestro Señor Jesucristo» [Judas 1: 4]. Con este falso nombre de cristianos de tal manera infamaron nuestra santa Ley que los mismos gentiles imaginaban que todos los cristianos usaban[905] de las mismas maldades y pecados, y por esto[906] los tenían por hombres pésimos y como a tales los perseguían. De lo cual trata Baronio con mucha erudición, como hace en todo el discurso de sus *Anales Eclesiásticos*, refiriendo lo que dejó escrito Epifanio e Ireneo[907] de las graves y execrandas maldades que estos hombres hacían, dice así:

> Sed qui Christianis infensi erant Gentiles homines, quo minus ratione valerent, eo vehementius adversus eos calumniis nisi sunt agere: nam quaecumque erant Gnosticorum portenta, vel aliorum haereticorum turpitudines, omnia Christianis omnibus adscribebant nimirum infames illos conventus, infanticidia, humanarum carnium esum, lucernarum eversiones, promiscuos concubitus, aliaque abominanda, atque nefanda: quarum quidem rerum rumor usque; adeo increbuerat, totaque. Urbe et orbe fama dissipata erat, ut satis en putarent iudices ipsum dumtaxat nomen ad supplicium, si quod Cristianus quis esset, tantummodo accusaretur.

Y no se contentaron estos malvados de enseñar doctrina tan prejudicial y torpe debajo de[908] nombre de cristianos, mas para dar mayor autoridad a su doctrina pervirtieron las Sagradas Escrituras de los apóstoles, acomodándolas a su modo, y compusieron otras falsas en nombre de los mismos apóstoles, para que los verdaderos cristianos, engañados con el falso nombre de los apóstoles, recibiesen las dichas Escrituras y bebiesen sus falsedades y maldades que estaban escritas en [f. 61v] ellas. Y así compusieron diversos evangelios y diversas epístolas y otros libros en nombre de todos ellos, como lo trata larga y doctamente Baronio, contando en particular todos estos libros, de los cuales, hablando San León papa, dice estas palabras: «Apostolicas paginas quaedan auferendo, quaedan inferendo violaverunt Manichaei ipsi, configentes sibi sub Apostolorum nominibus, et sub verbis Salvatoris ipsius multa volumina falsitatis». Con estos falsos engaños de estos malvados no se puede decir cuán grande daño[909] y persecución padeció aquella Primitiva Iglesia, porque ellos, cuando eran preguntados de los gentiles, negaban ser cristianos, blasfemando de nuestro Señor Jesucristo, y con esto ellos escapaban de la muerte y los verdaderos cristianos, quedando fuertes e infama-

---

905 usan *AJ*.
906 estos *AJ*.
907 dejó asiento e Ireneo *AJ*.
908 del *AJ*.
909 grandes daños *AJ*.

dos con la falsa doctrina y maldad[910] de ellos, eran muertos con crueles tormentos. De lo cual, tratando Baronio, dice así:

> Ut perspicue plane appareat, graviorem scilicet Dei Ecclesiam passam esse jacturam ab ejusmodi nebulonibus, quam a persecutoribus ipsis, cum praesertim ad sectam essent illecebrae, quod et Valentiniani omnes (ut scribit Tertullianus) non esse confitendum Christum, nec subeundum martyrium praedicarent: adeo ut qui ejus sectae erant, in persecutione tutissime agerent; e contra vero qui Catholici essent, undique a persecutoribus exagitarentur, ac crudeliter necarentur.

Para que luego nuestra santa fe no quedase ahogada y vencida con tan crueles combates como hubo en todo el tiempo de la Primitiva Iglesia, y los cristianos pudiesen saber cuáles eran las Escripturas auténticas de los apóstoles y cuál era la verdadera doctrina de Jesucristo, fue necesario que la divina providencia comunicase entonces los dones[911] de interpretar las Escrituras y de la profecía y la santidad y perfección de todas las virtudes heroicas y el poder de hacer milagros para que de esta manera pudiesen los cristianos resistir a persecuciones tan crueles, y de esta manera contrastando a todas las máquinas del infierno y venciéndolas, finalmente se viniese a entender que la sola fe y doctrina de Jesucristo era de Dios verdadero, porque no se podía dar más prueba que quedar ella superior a tan grandes contrastes.

En Japón, la providencia de nuestro Señor favoreció esta nueva Iglesia con hacer que hasta ahora no hubiese en ella ninguna herejía ni hombres que pudiesen infamar nuestra santa ley, porque aunque los bonzos, como se ha dicho, levantaron contra los padres diversas falsedades y mentiras[912], especialmente en los principios, luego eran por[913] los nuestros convencidos, entendiendo los mismos naturales que ellos levantaban aquellas mentiras por no tener otro modo para se defender. Y con imponer a los nuestros otras cosas falsas, nunca les permitió la providencia divina que ningún de ellos ni de otros gentiles levantasen[914] contra nuestra santa ley[915], ni contra los nuestros, calumnia ninguna que tocase a deshonestidad con que procurasen de nos infamar. Y no menos merced de nuestro [f. 62] Señor fue para el bien de esta nueva Iglesia dar a los padres el don de la castidad[916] entre tan grandes ocasiones como hay en Japón, que guardarlos también de toda falsa calumnia, acerca de esto, cerrando la boca de los bonzos

---

910 maldades *AJ.*
911 los demás *AJ.*
912 mientras *AJ.*
913 para *AJ.*
914 levantase *AJ.*
915 fe *AJ.*
916 cristiandad *AJ.*

y de los más gentiles para que nunca se atreviesen a levantar ninguna falsedad en la honestidad de los nuestros europeos que fueron siempre a ellos tan odiosos y molestos.

Otro género de combate y persecución no menos cruel y perniciosa dio el Demonio a aquella Primitiva Iglesia por medio de algunos encantadores y magos que con nombre de filósofos[917] iban engañando el mundo con diversos prestigios y milagros falsos que hacían por arte del mismo Demonio para por medio de ellos hacerse adorar en el mundo y quitar el crédito a los apóstoles y más santos que hacían milagros, queriéndolos infamar y dar a entender que también ellos hacían esto por arte[918] mágica y por vía del demonio, y para lo hacer mejor, algunos de ellos, bautizándose falsamente, también se llamaban cristianos.

De estos filósofos, magos y encantadores se hace[919] también mención en los *Actos de los apóstoles*, entre los cuales fue uno de los más principales Simón mago, del cual dice San Lucas[920]:

> Pero había un hombre llamado Simón, que antes ejercía la magia en aquella ciudad, y había engañado a la gente de Samaria, haciéndose pasar por algún grande. A este oían atentamente todos, desde el más pequeño hasta el más grande, diciendo: «Este es el gran poder de Dios». Y le estaban atentos, porque con sus artes mágicas les había engañado mucho tiempo [Hechos 8: 9–11].

Este pésimo nigromántico, habiéndose bautizado, como cuenta ahí mismo San Lucas, y siendo después gravemente reprehendido de San Pedro porque pidió que por dinero le diese autoridad de hacer bajar sobre los hombres el Espíritu Santo, como el mismo apóstol hacía, no solo se no emendó, mas hizo él y sus malvados discípulos, también nigrománticos, muy gran[921] estrago en la Iglesia de Dios y dio mucho quehacer a San Pedro, no solo en[922] Samaria mas también dentro de Roma, como lo dice Baronio en sus *Anales*. Así, en el tiempo del emperador Claudio como después en el[923] tiempo del emperador Nero, hasta que finalmente San Pedro hizo conocer al mundo quién era él, haciéndole con la oración precipitar del aire por donde era llevado de los demonios, dando a entender a los ro-

---

917 filósofo *AJ*.

918 harto *AJ*.

919 hacen *AJ*.

920 «Vir autem quidam nomine Simon, qui ante fuerat in civitate magus, seducens gentem Samariae, dicens se esse aliquem magnum: cui auscultabant omnes a minimo usque ad maximum, dicentes: Hic est virtus Dei, quae vocatur magna. Attendebant autem eum: propter quod multo tempore magiis suis dementasset eos».

921 grande *AJ*.

922 a *AJ*.

923 del *AJ*.

manos que se quería subir a los cielos, cuya historia escribió Máximo Taurinense, tratando de la muerte de los apóstoles que Nero mandó matar.

También a San Pablo le dieron molestia estos magos, como lo escribe San Lucas en el capítulo decimotercero de los *Actos*, y también en el capítulo decimonoveno refiere el gran número que de estos nigrománticos había pues de los libros que quemaron, solo de los que se convirtieron, se sacaron cincuenta mil denarios que son [f. 65v] como cincuenta mil reales de plata. De esto nigrománticos, la cabeza y más pestilencial fue un hombre malvado llamado Apolonio Tianeo, que fue tal que parecía que el demonio estaba investido en él, porque hacía espantosas obras por arte mágica. Este pésimo engañador, dice el mismo Baronio, que se halló en Éfeso al tiempo que allí fue el apóstol San Pablo, y que le hizo tan grande contradicción y le dio tan grande trabajo que, por lo que allí padeció, escribió a aquellas palabras[924]: «Porque hermanos, no queremos que ignoréis acerca de nuestra tribulación que nos sobrevino en Asia; pues fuimos abrumados sobremanera más allá de nuestras fuerzas, de tal modo que aun perdimos la esperanza de conservar la vida» [2 Corintios 1: 8].

De lo que hicieron estos magos contra San Pedro y San Pablo se podrá[925] también entender lo que hicieron otros contra los más apóstoles y en todo el discurso de aquella Primitiva Iglesia. De estos también parece que hablaba el apóstol San Juan cuando dijo[926]:

Amados, no creáis a todo espíritu, sino probad los espíritus si son de Dios; porque muchos falsos profetas han salido por el mundo. En esto conoced el Espíritu de Dios: Todo espíritu que confiesa que Jesucristo ha venido en carne, es de Dios; y todo espíritu que no confiesa que Jesucristo ha venido en carne, no es de Dios; y este es el espíritu del anticristo, el cual vosotros habéis oído que viene, y que ahora ya está en el mundo [1 Juan 4: 1–3].

Y de los mismos hablaba el apóstol San Pedro cuando dijo[927]: «Pero hubo también falsos profetas entre el pueblo, como habrá entre vosotros falsos maestros, que introducirán encubiertamente herejías destructoras, y aun negarán al Señor que los rescató, atrayendo sobre sí mismos destrucción repentina [2 Pedro 2: 1].

---

924 «Non enim volumus ignorare vos, fratres, de tribulatione nostra, quae facta est in Asia, quoniam supra modum gravati sumus supra virtutem, ita ut taederet nos etiam vivere».

925 pudiera *AJ*.

926 «Carissimi, nolite omni spiritui credere, sed probate spiritus si ex Deo sint: quoniam multi pseudoprophetae exierunt in mundum. In hoc cognoscitur Spiritus Dei: omnis spiritus qui confitetur Jesum Christum in carne venisse, ex Deo est: et omnis spiritus qui solvit Jesum, ex Deo non est, et hic est antichristus, de quo audistis quoniam venit, et nunc jam in mundo est».

927 «Fuerunt vero et pseudoprophetae in populo, sicut et in vobis erunt magistri mendaces, qui introducent sectas perditionis: et eum qui emit eos, Dominum negant, superducentes sibi celerem perditionem».

Llegó el atrevimiento de estos malvados a tanto que fingieron que hasta Cristo nuestro Señor escribiera un libro de arte mágica, queriendo con esto dar a entender lo que los falsos judíos aun en su vida le impusieron, diciendo, como se lee en el Evangelio de San Lucas[928]: «Pero algunos de ellos decían: Por Beelzebú, príncipe de los demonios, echa fuera los demonios» [Lucas 11: 15]. Lo cual cuenta Baronio en sus *Anales* por estas palabras:

> Sed quid amplius? Non tantum (ut vidimus) Apostolorum nomine aspidum ova (quod aiunt) fovenda supposuerunt, sed Christi Redemptoris nostri quoque nomine librum de Magia ad Petrum et Paulum apostolos scriptum fuisse, quidam sive hearetici, sive Gentiles fuerint, horrende, plane ac nefarie mentiti sunt: quos Augustinus turpissimi ac patentissimi mendancii arguit.

Quise escribir aquí estas cosas para mostrar cuán grandes fueron los contrastes y persecuciones que estos nigrománticos movieron[929] en aquellos tiempos, en los cuales bien se cumplió lo que Cristo nuestro Señor dijo[930]:

> Entonces os entregarán a tribulación, y os matarán, y seréis aborrecidos de todas las gentes por causa de mi nombre. Muchos tropezarán entonces, y se entregarán unos a otros, y unos a otros se aborrecerán. Y muchos falsos profetas se levantarán, y engañarán a muchos; [. . .] Porque se levantarán falsos Cristos, y falsos profetas, y harán grandes señales y prodigios, de tal manera que engañarán, si fuere posible, aun a los escogidos [Mateo 24: 9–11, 24].

Y porque los apóstoles y santos de la [f. 63] Primitiva Iglesia pasaban por estos trabajos tan grande y no veían el fin victorioso que de ellos resultó con la grandeza y gloria de la Iglesia que el mismo Jesucristo tenía prometido, diciendo[931]: «Vuestra tristeza se convertirá en gozo [. . .] pero confiad, yo he vencido al mundo» [Juan 16: 20, 33], era expediente y necesario, así para que ellos y aquella primitiva cristiandad se animasen y confiasen en medio de tantos peligros, como para que confirmasen la ley que predicaban, que nuestro Señor comunicase todas las virtudes heroicas y grandes dones de lenguas, de profecía y de hacer milagros que dio a los apóstoles y a los más santos de aquella Primitiva Iglesia.

Mas en Japón, aunque no faltaron persecuciones y contrastes y también embustes que por sus ministros hizo el Demonio con sus falsos milagros, y los bonzos

---

928 «In Beelzebub principe daemoniorum ejicit daemonia».
929 Intuyeron *AJ*.
930 «Tunc tradent vos in tribulationem, et occident vos: et eritis odio omnibus gentibus propter nomen meum. Et tunc scandalizabuntur multi, et invicem tradent, et odio habebunt invicem. Et multi pseudoprophetae surgent, et seducent multos. [. . .] et dabunt signa magna, et prodigia, ita ut in errorem inducantur (si fieri potest) etiam electi».
931 «Tristitia vestra vertetur in gaudium [. . .] et confidite ego vici mundum».

no dejaron[932] de procurar de dar a entender a los japoneses que las leyes de sus sectas eran en substancia la misma que la nuestra, todavía, como la providencia divina ordenó[933] que no fuesen tan grandes estas contrariedades como fueron en la Primitiva Iglesia y la ley que predicábamos estaba ya autorizada y la Iglesia con tanta autoridad y gloria por todo el mundo, no fue necesario usar de caminos extraordinarios, dándoles los dones de lenguas, de profecía[934] y de milagros que dio en la Primitiva Iglesia.

---

932 AJ lee «deja».
933 AJ lee «ordena».
934 AJ lee «profecías».

Capítulo 15
De algunas gracias y mercedes que hace nuestro Señor a los ministros del Evangelio y a los cristianos, con las cuales esta nueva Iglesia se sustenta

No deja, empero, nuestro Señor de hacer a los nuestros y a los cristianos muchas mercedes con que esta nueva Iglesia se sustenta, y va siempre creciendo. La primera es haber dado universalmente a los de nuestra Compañía un grande deseo de virtudes de Europa[935] para ayudar los reinos de Japón y de la China, el cual es tan grande que, con ser esta misión de su natural temerosa, por haber hombre de dejar su patria y conocidos y haber de pasar viaje tan larga por mares tan peligrosos y tempestuosos, con tantas incomodidades, y venir a una tierra de lengua incógnita y de costumbres tan contrarios a las nuestras, y en la cual se hallan tan graves[936] dificultades y peligros, todavía ninguna[937] basta para impedir este deseo tan grande que tienen de venir a procurar la conversión de Japón y de la China y hacer a sus superiores mucha instancia para ser enviados a esta misión; y quien la alcanza se tiene por dichoso y recibe esto por gracia y merced muy grande de la mano de nuestro Señor. Y este deseo no es de hombres livianos y que se muevan por curiosidad de ver tierras nuevas; más es comúnmente de hombres de mucho espíritu [f. 63v] y de mucha sustancia, porque esto piden grandes letrados y lectores y famosos predicadores y superiores de quien hace mucha cuenta la Compañía y que viven[938] con grande crédito y reputación en Europa, por ser también costumbre de nuestra Compañía no enviar para estas misiones sino hombres virtuosos y de quien ella tiene mucha satisfacción; y este deseo tan grande no es sino obra de Dios.

La segunda es dar a los nuestros, que vienen a Japón y a la China, tan grande esfuerzo y tanta perseverancia que ni basta la dificultad de la lengua, que es harto trabajosa de aprender, ni la novedad de la vida y de las costumbres, que son aún más trabajosas y dificultosas y que cuesta mucha mortificación acomodarse a ellas, ni los trabajos continuos que padecen en oír las confesiones de los sanos y de los enfermos. Para las cuales andan en una continua peregrinación

---

935 de venir desde Europa *AJ.*
936 grandes *AJ.*
937 ninguna cosa *AJ.*
938 vive *AJ.*

https://doi.org/10.1515/9783111617602-017

por los lugares que están dos, tres y cuatro leguas del lugar de sus residencias, ni las frecuentes persecuciones que padecen de los bonzos y gentiles, ni otras muchas dificultades y peligros corporales y espirituales que hallan así en la conservación y cultivación de los cristianos y a hechos como para llevar adelante la conversión de los gentiles, abriendo cada día nuevas puertas al santo Evangelio para los hacer resfriar y vivir[939] descontentos; mas todos viven con mucha alegría determinados a pasar sus vidas[940] en estos reinos sin les pasar por pensamiento volver a sus tierras[941] y esto también no es sino particular gracia de Dios.

La tercera es dar a los nuestros tanta gracia que, viviendo tan derramados como viven de dos en dos por diversas casas y residencias entre cristianos y gentiles, sin se poder guardar la orden y disciplina que se guarda en los Collegios, viviendo entre gente tan libre y tan ocasionada para toda distracción y pecado, todavía por la misericordia de Dios se conservan[942] con tanta virtud y limpieza que, como arriba dijimos, ni aun entre nuestros adversarios se ha hallado[943] hasta ahora alguno que se atreviese hablar contra los nuestros en cosa contra la limpieza y castidad[944]; y no es sin grande ayuda de Dios estar metidos en el fuego y no quemarse. Y lo que es más para espantar es que no solo en los nuestros de Europa pasa eso, mas en los mismos naturales que son plantas tan nuevas, habiendo tantos en nuestras casas de los que llamamos[945] *dojucus* que pasan[946] de doscientos y cincuenta, que aprenden para ser religiosos o clérigos y servir en otros ministerios en esta Iglesia[947]. Hay una más[948] firme aprehensión que sin guardar con mucha pureza la castidad no pueden vivir en nuestras casas ni tener este grado de *dojucu*, y así la guardan, y cuando no tienen[949] en sí fuerzas[950] para guardarla, ellos mismos piden licencia [f. 64] para se salir del servicio de la Iglesia que es una de las grandes mercedes que hace Dios a esta nueva Iglesia; y se halla por experiencia que padecen pocas tentaciones[951] en esta parte, conservándose con facilidad en esta pureza.

---

939 servir *AJ*.
940 su vida *AJ*.
941 volver estas tierras *AJ*.
942 conserva *AJ*.
943 hablado *AJ*.
944 castidades *AJ*.
945 llamamos aquí *AJ*.
946 pasa *AJ*.
947 Iglesia y hay *AJ*.
948 muy *AJ*.
949 sienten *AJ*.
950 fuerza *AJ*.
951 tentaciones y en *AJ*.

La cuarta es que, con ser los nuestros extranjeros y de condiciones naturales y costumbres tan diferentes y contrarias a las costumbres y natural de los japoneses y chinos, que comúnmente aborrecen todas nuestras cosas, todavía, en lo que toca a la virtud y a las letras y a las más cosas que pertenecen a nuestra salvación, es tanta la estima y crédito que ellos tienen algún conocimiento de nosotros, los tratan con mucho respeto y veneración y en todo confían más de los nuestros que de sus propios naturales, pareciéndoles que tratan con verdad y con sencillez los negocios, teniendo comúnmente por buena y santa su doctrina, aunque no quieren tomar nuestra[952] ley, pareciéndoles muy difícil de guardar y contra la sensualidad. También les da nuestro Señor inclinación y curiosidad de oír nuestras cosas, quedando fácilmente convencidos con la razón y doctrina que les dan, con que se ha hecho y se va haciendo tanta cristiandad como hoy hay, y con los naturales ser tan libres y los nuestros[953] no tener ningún poder ni jurisdicción de que podemos usar con ellos, con este[954] solo crédito y opinión que tienen de nosotros, se conserva toda esta cristiandad con mucha reverencia y obediencia a los nuestros, lo cual todo es don de Dios y merced muy grande.

La quinta es una muy particular asistencia y manutenencia[955] de Dios acerca de la cristiandad y de los nuestros, porque levantándose muchas veces grandes persecuciones y contradicciones contra ellos y poniéndose nuestras cosas y de la cristiandad en muy ciertos peligros, que parece que humanamente no pueden[956] tener remedio, de improviso, se los da Dios, casi milagrosamente, de manera que, corriendo grandes tormentas, la pequeña nave de la Iglesia siempre va haciéndose su viaje, quedando en mar de bonanza y creciendo en reputación y crédito y haciéndose mucha conversión, mostrándose con esto que esta nueva Iglesia es miembro verdadero de la Iglesia santa y universal, que tiene este don de Dios por propio[957], como dicen los[958] santos: «Quae persecutionibus non minuitur, sed augetur». Y así la experiencia tiene mostrado cómo hasta ahora hemos visto, y se verá adelante en todo el progreso de esta *Historia*, que con tantas persecuciones como esta Iglesia tuvo, siempre fue adelante creciendo, sin nunca disminuirse ni perder su crédito.

---

952 nuestra santa ley *AJ*.

953 y nosotros *AJ*.

954 y de este *AJ*.

955 Manutención.

956 puede *AJ*.

957 propia *AJ*.

958 El manuscrito de Ajuda concluye este capítulo, dejando varios folios en blanco antes de comenzar el siguiente capítulo.

La sexta es que, con ser los japoneses tan sujetos a sus señores que en ninguna cosa les contradicen, como aquellos que pueden hacer de sus súbditos todo lo que quisieren sin haber de dar ninguna cuenta a otro hombre en este mundo, temiéndolos [f. 64v] grandemente los criados y vasallos y obedeciéndoles en todo lo que mandan, aunque sean cosas gravísimas y que entiendan que le ha de costar la vida propia y de sus hijos. Todavía, en lo que toca a defender los padres y a tratarlos con mucho amor, se ha experimentado en los cristianos de Japón haber grande esfuerzo, porque en el tiempo de las persecuciones tuvieron siempre grande cuenta con los padres, recibiéndolos en sus casas y lugares contra la voluntad y orden de sus señores, exponiéndose a muchos peligros para conservar los padres, como se ha visto y se verá adelante en esta *Historia*. Y en el tiempo de la persecución universal que levantó Taicosama, no faltaron señores cristianos que, contra su mandado, conservaron siempre los nuestros en grande número en sus tierras con muy probable peligro de perder sus vidas y estados y siempre salieron con bien, siendo favorecidos y ayudados de nuestro Señor, lo cual fue merced muy grande y que no pudiera salir de esta manera sin particular asistencia de nuestro Señor.

La séptima es que, aunque nuestro Señor no dio a esta Iglesia los dones de milagros que dio a la Primitiva, no dejó por esto de hacer muchos milagros con los cuales confirmasen los cristianos en su fe y diese también suficiente prueba de la verdad de nuestra santa ley a los gentiles, porque es cosa certísima y que ha acontecido muchas veces en diversas partes echarse los espíritus inmundos que tenían diversos endemoniados con algunas reliquias que les echaban al cuello y con las oraciones de los cristianos, haciendo ellos tantas cosas monstruosas y dando tan evidentes señales que se no podía dudar ni negar que eran demonios. Y esta virtud concedió nuestro Señor a muchos buenos cristianos que, con su fe y devoción, con Agnusdéi y relicarios, y con hacer orar a los circunstantes, libraron diversos endemoniados; se han convertido a nuestra santa fe muchos gentiles que eran parientes y amigos de los dichos endemoniados y hallaron presentes cuando con facilidad eran echados estos malos espíritus en virtud de la oración y de las reliquias. Otros, tenían lúcidos intervalos, persuadidos a ser cristianos, quedaron libres del Demonio con al agua del santo bautismo. Y otros, con llevarlos delante de las cruces a do temblando y haciendo otros visajes extraños quedaron libres, como se ha visto en algunos lugares de esta *Historia* y se verá adelante. Otros, siendo oprimidos de varias enfermedades, cada día se ven que sanan milagrosamente con ser llevados en romería a adorar algunas cruces, o visitar algunas iglesias, o con beber un poco de agua bendita, de la cual son los japoneses muy devotos por el provecho que han hallado en ella muchas veces en sus enfermedades y lo mismo les acontece con otras devociones que ellos hacen. Y son estas cosas en [f. 65] Japón tan frecuentes y hacen tales efectos que claramente se entiende que hace Dios nuestro Señor estos milagros para confirmar en la fe y devoción los cristianos y para mover los gentiles a conocer la virtud y verdad de su santa ley. Otros, invocando el nombre santo de Jesús y de su bendita madre o haciendo algunos votos, quedaron y quedan cada día libres de muchos peligros que les acontecen en las guerras, y en otras partes en la tierra y en la mar, librándose de la muerte y de otros desastres, conociendo y confesando que milagrosamente fueron por Dios libres.

De las cuales cosas hay muchos y graves casos que parte se halla escrito en las *Cartas de Japón* que se imprimieron en diversas lenguas, parte se halla en diversos escritos de mano que los padres hicieron y están guardados en Japón. Y aun en este tiempo que estoy escribiendo esta *Historia* me han venido cartas de un padre con muestras ciertas de algunos endemoniados que quedaron libres con un relicario que [un] cristiano echara a sus cuellos. Y entre ellos hubo uno que, preguntándole el mismo cristiano si padecía penas de fuego en el infierno y qué tales eran, le respondió que sí, y que eran muy grandes. Y para se las mostrar, de tal manera se encendió de improviso el cuerpo del endemoniado que, tocándole, quemaba como si fuera fuego y sudaba sudor muy grande y juntamente echaba por todo el cuerpo y por los cabellos grande humareda como si estuviese ardiendo. Y, preguntando en el mismo tiempo si padecía también fríos, hacía una repentina mudanza, quedando tan frío como hielo y temblando con todo el cuerpo por la grande frialdad que padecía, hasta que finalmente con relicarios y oración de los cristianos quedó libre y sano, y el mismo con otros ocho gentiles que se hallaron presentes se hicieron cristianos. Y con estas y otras cosas en que claramente nuestro Señor descubre su divina providencia a esta nueva Iglesia suple la necesidad que en ella hay en lugar de los dones de profecía y de milagros que comunicaba tan frecuentemente a la Primitiva Iglesia, mostrándose a los japoneses tan poderoso con estas cosas como se mostraba con aquellas a los romanos, y con esto llamándolos al rebaño de su santa Iglesia.

La octava cosa es que, aunque no da a los nuestros manifiesto dono de lenguas como hacía en la Primitiva Iglesia, todavía da a todos mucha inclinación y facilidad en aprenderlas, no bastando ni la casi innumerable multitud de letras y caracteres chinos, ni la dificultad y multiplicación de los vocablos que llaman en Japón *yomi* y *coye*[959], que quiere decir proprios y chinos, de que hacen una muy

---

959 Los términos *On'yomi* (音読み) y *Kun'yomi* (訓読み) se refieren a las distintas formas de lectura y uso de los caracteres kanji, que son ideogramas de origen chino integrados en la escritura japonesa. El *On'yomi* corresponde a la lectura basada en la pronunciación original china del kanji, preservando su sonido y significado original importado del chino. Por otro lado, el *Kun'-yomi* se refiere a la lectura adaptada al japonés, reflejando la pronunciación y el significado contextual del kanji dentro del idioma japonés nativo. Estas dos lecturas pueden coexistir para un

dificultosa mistura para los enfadar y ponerles hastío en aprenderlos. Y así, universalmente todos saben, aprenden estas lenguas, unos con más elegancia y otros con menos, de manera que conforme a sus talentos tratan con los naturales [f. 65v] y los ayudan, y compusieron *Vocabularios, Artes de lengua,* y otros diferentes libros con que dan grande ayuda a la cristiandad, y alcanzan grande crédito con los gentiles, de la manera que arriba se ha dicho. Y el hacerse tantos hombres doctos de nuevo niños en aprender lenguas tan extrañas y dificultosas con tanta suavidad y facilidad no es sin particular concurrencia y dono de Dios.

La novena es la entrada y buena gracia que da a los nuestro aun para con los señores gentiles que con ser de natural contrarios a nuestra santa ley, y en grande manera altivos, pareciendo, así a los chinos como a los japoneses, que todos los más extranjeros son bárbaros y sin saber y policía. Todavía así, los mandarines en la China, como los *tonos* en Japón, tratan con mucha cortesía a los nuestros y le dan graciosa entrada y favorecen con particular amor tomando a cargo más cosas. Así como en esta *Historia* hasta que ahora vimos que el rey de Bungo, siendo bien obstinado gentil, siempre favoreció grandemente nuestras cosas, y Vatandono[960] en el tiempo de Nobunaga puso a peligro su estado por sustentar los nuestros en el Miaco contra la voluntad del *Dayri.* Y adelante veremos que en la persecución que nos hizo Quambacudono algunos de sus más privados gentiles nos aconsejaban y favorecían, y de la misma manera hace ahora uno de los más privados que tiene Dayfusama[961], que ahora es señor de Japón. Los cuales, con ser tan privados y favorecidos de sus señores, saber muy bien cuánto nos perseguían y sentían mal de nuestra ley. Con todo eso, ellos nos amparaban y favorecían, aconsejándonos con mucho amor para que pudiésemos perseverar en

---

mismo kanji, dependiendo del contexto y la palabra específica en la que se utilice, añadiendo una complejidad considerable al aprendizaje y uso del japonés. Además, se puede consultar el *Arte da Lingoa de Iapam* (Nagasaki, 1604) de João Rodrigues, donde el autor portugués explica la distinción entre los dos términos (ff. 186–186v).

960 Wada Koremasa (和田惟政, 1534–1595) fue un distinguido samurái del período Sengoku en Japón, conocido por su habilidad estratégica y valentía en el campo de batalla. Sirvió fielmente bajo Oda Nobunaga y posteriormente bajo Toyotomi Hideyoshi, participando en numerosas campañas militares que ayudaron a consolidar el poder de estos líderes en el Japón feudal. Koremasa se destacó especialmente en la Batalla de Nagashino en 1575, donde su astucia militar fue fundamental para la victoria de las fuerzas de Nobunaga sobre las tropas de Takeda Katsuyori.

961 Tokugawa Ieyasu (徳川家康, 1543–1616) fue un poderoso daimio y shōgun japonés del período Sengoku y el comienzo del período Edo. Fundador del shogunato Tokugawa, Ieyasu es conocido por su astucia política y habilidades militares, que le permitieron unificar Japón después de décadas de conflictos. Su victoria decisiva en la Batalla de Sekigahara en 1600 le aseguró el control del país, estableciendo un periodo de paz y estabilidad conocido como el período Edo.

Japón contra la voluntad de sus mismos señores, lo cual ellos no harían si no fuesen movidos con particular providencia de Dios.

La décima es el modo admirable con que nuestro Señor sustenta y provee del temporal necesario a los nuestros de la China y Japón porque, con ser esta viceprovincia tan grande que tiene en este tiempo que esta *Historia* se escribe, más de doscientos personas de la Compañía con más de doscientos y cincuenta alumnos naturales que llamamos *dojucus* y otros ministros que tienen el cuidado de las iglesias y de hacer otros oficios en nuestras casas. De manera que todos juntos los nuestros y él pasan de novecientas personas ordinarias que la Compañía sustenta, repartidos en tres Collegios, una Casa de Probación, otras dos casas rectorales, dos seminarios y de más de veinticuatro residencias que están en diversas provincias y reinos. No tiene ni en Japón ni en la China ninguna manera de propiedad ni de renta, mas todo le viene de fuera con limosnas que parte da su Santidad, parte su Majestad y parte les viene de la India y del contrato de Macao, que todo [f. 66] juntado no basta para la mitad de lo que los nuestros gastan en Japón y en la China, porque en Japón se gasta ordinariamente cada año doce mil *taeis* que son pasante de quince mil ducados. Y en la China, entre el Collegio y las cuatro residencias que están por la tierra dentro, se gastan cada año mejoría de otros cuatro mil ducados, allende de lo que se gastas a cuenta de esta viceprovincia en la India, en Portugal y en Roma con la venida de los sujetos y de los procuradores que se envían y están allá a cuenta de esta provincia que pasaría de otros dos o tres mil ducados cada año. Y con todo eso nunca até ahora ha faltado nuestro Señor de dar a la Compañía de estas partes todo lo que es necesario para tan grandes gastos, proveyéndola siempre por vías maravillosas de lo que para su sustentación y llevar tan grandes empresas adelante le fue necesario y todo este proveimiento lo da nuestro [Señor] de tal manera que no tengamos cosa cierta en que estribar y poner nuestra esperanza, mas que toda esta viceprovincia dependa de sola confianza en él. Porque estar toda ella sin renta, ni caudal bastante es cosa temerosa y haber de esperar siempre de fuera lo que es necesario para tan grandes gastos, siento todo tan incierto y habiéndole de venir con tanto peligro por la mar que se puede con razón decir que está siempre toda esta viceprovincia pendiendo de un hilo, y a peligro de se perder por falta de sustentación temporal. Y con todo eso, ni a los superiores que gobernaron y que gobiernan esta provincia faltó nunca ánimo de llevar tan grandes empresas adelante por verse en tanto peligro y sin renta, ni nuestro Señor dejó nunca de proveerlos de lo que les fue necesario. Y parece que con razón se puede decir que tiene dado su Divina Majestad a esta viceprovincia la misma bendición que dio por el profeta Elías a la mujer viuda de Sarepta diciendo[962]: «Porque Jehová Dios de Israel ha dicho así: la harina de la tinaja no escaseará, ni el aceite de la vasija disminuirá, hasta el día en que Jehová haga llover sobre la faz de la tierra» [1 Reyes 17: 14].

Porque de la misma manera, por mucho que hayan crecido los gastos y por grandes mudanzas y pérdidas que hayan sucedido, nunca *hydria farinae* de esta provincia *deficiet, nec lecythus olei est minuitus.* Y así siempre se proveyó y se ve esta viceprovincia casi en extrema necesidad y en grande peligro de le faltar con que se sustente. Y todavía nunca, por la misericordia de Dios, le ha faltado el necesario hasta ahora, proveyéndola nuestro Señor admirablemente por diversas vías inesperadas y repentinas. Y por veces ha acontecido perderse la nave de Japón con casi todo lo que la Compañía de estas partes tenía, y faltarle en el mismo tiempo las limosnas de su Santidad y de su Majestad por diversas ocasiones y padecer grandes pérdidas en Japón con las guerras, persecuciones con que por veces la destruyeron todas sus casas e iglesias. Y con todo eso *hydria farinae* [f. 66v] *nunquam deficiet et lecythus oley non est minitus.* Y nunca por mucho que se procurase de acrecentar esta harina y este oleo pudo crecer ni por muchas pérdidas que hubo se pudo disminuir, lo cual, sin duda, por la experiencia que tengo de treinta años de esta provincia, la tengo por obra milagrosa de Dios con que cada día nos declara y manifiesta con experiencia la particular providencia que tiene de esta viceprovincia. Y así, como tengo hasta ahora visto que nunca faltó esta pequeña de harina y de óleo con que se sustentase esta provincia, así también tengo por cierto que *non deficiet, nec minuetur,* conforme a la promesa de Dios, *usque ad diem in qua Dominus daturus est pluviam super faciem terrae.* Es a saber, hasta que provea nuestro Señor de tal manera esta provincia per vía de los japoneses o chinos que se convirtieren, o por otras vías que se saque del peligro en que ahora se vive. Y por todas estas cosas y otras que experimentamos cada día se entiende que, aunque no da nuestro Señor a esta nueva Iglesia la abundancia de los dones que dio a la Primitiva, le hace todavía tantas gracias y mercedes que claramente se ve que es guiada con particular amor de su divina providencia.

---

962 «Haec autem dicit Dominus Deus Israel: Hydria farinae non deficiet, nec lecythus olei minuetur, usque ad diem in qua Dominus daturus est pluviam super faciem terrae».

Capítulo 16
Muéstrase que los padres de nuestra Compañía en el gobierno de esta nueva Iglesia desde el principio siguieron las pisadas y doctrina de los apóstoles y más santos de la Primitiva Iglesia

Para que se entienda el modo que tuvieron los nuestros desde el principio hasta ahora en la institución y gobierno de esta nueva Iglesia, y se vea cómo fueron en esto siguiendo las pisadas y doctrina de los apóstoles y más santos de la Primitiva Iglesia, aunque no con la perfección que tenían ellos, será bien que tratemos alguna cosa de esto. Y para guardar en esto mejor orden, y mostrar que lo que dijere no es invención mía[963], me valdré de una carta que el hermano Juan Hernández escribió en octubre del año 1561, el cual, como se ha dicho, fue uno de los primeros que el padre Xavier trujo consigo a Japón, a do le dejó e hizo por muchos años hasta morir muy grande servicio a nuestro Señor y fruto en[964] la conversión y cristiandad de Japón, por ser hombre que del mismo padre y de todos fue siempre tenido en mucha opinión de santidad y virtud. Esta carta, no sé porque, no fue trasladada en latín por Maffei, mas anda impresa en portugués y en castellano con las otras cartas de Japón, la cual este hermano escribió de Bungo, y es del propio tiempo de que tratamos de los primeros diez años en los cuales él residió con el padre Cosme de Torres casi siempre en Yamaguchi y en Bungo. Y dejando lo que de esta carta no hace ahora al caso [f. 67] de lo que tratamos, pondré solamente lo que él cuenta acerca del modo que tenían en la institución y gobierno de esta Iglesia, diciendo así:

> El hermano Duarte da Silva y yo tenemos[965] cuidado de hablar a los cristianos cada uno según el tiempo que le cabe[966]. Declaramos la ley de Dios a los que se han de hacer cristianos y disponemos a los que se han de confesar y declaramos el misterio del santísimo sacramento de la Eucaristía a los que se han de recibir y en esto se gasta la mayor parte del tiempo.

---

963 mi invención *AJ*.
964 a *AJ*.
965 tememos *AJ*.
966 él acabe *AJ*.

https://doi.org/10.1515/9783111617602-018

Esto dice en el principio de la carta y por comenzar desde el catecismo que se usaba[967] en la conversión de los gentiles que él toca brevemente, aquí el modo de que ellos usaban se halla escrito más largo en otra carta del padre Juan Bautista escrita del mismo Bungo en octubre de 64 para el padre Miguel de Torres que anda impresa entre las cartas latinas de[968] Maffei en que dice así:

> Quod ad conversionem harum gentium attinet; Evangelium longe lateque jam pervagatum est, et sane probatur in vulgus, et fere semper ad Baptismum, Dei beneficio aliqui perducuntur. Ratio autem nostra cum illis agendi est ejusmodi. Quaeritur primum quam sectam sequantur. Deinde non modo quam ipsi profitentur, sed etiam reliquae omnes Japonicae sectae multis rationibus ita confutantur, ut earum ope ac praesidio aeterna salute se nequaquam posse potiri intelligant. Id ubi perceperunt, docentur esse unum rerum omnium opificem, qui ex nihilo cuncta creaverit, eaque omnia fungi officio praeter Angelos desertores, et hominem, qui e primo illo statu sua culpa exciderit, in quo ab Deo parente positus fuerat; idemque naturae legibus rectaeque rationi adversetur. Discunt deinceps Deum esse trinum et unum, cujus imperium primum ille homo neglexerit. Et quoniam infinitae majestati ac numini facta injuria, infinitam quoque satisfactionem exigeret; secundam Trinitatis personam, cum genus humanum, aliave omnino creata natura solvendo non esset, humanitatem nostram ultro assumsisse atque induisse, ut idem homo simul et Deus innocentissimus poenam nostris sceleribus debitam pretioso sanguine suo acerbaque persolveret morte, et nos in omnipotentis Dei gratiam restitueret. Haec illi omnia clare et copiose explicantur. Tum ad eorum quaestiones probe respondetur, et omnis ex eorum animis, quoad ejus fieri potest, dubitatio tollitur, atque ut illis certae precandi formulae traditae praeceptaque Decalogi exposita sunt, promittunt se barbaros ritus superstitionesque deposituros. Denique sacri baptismi vis atque mysteria iisdem explicantur, atque ita Christo dant nomina ac baptizantur. Haec ille[969].

Para esto se entender mejor, se ha de saber que en Japón hicieron los nuestros diversos catecismos, entre los cuales anda impreso uno en latín intitulado *Cathecismus christianae fidei in quo secta Japonenses confutantur*, en el cual largamente se tratan y se reprueban[970] sus falsas opiniones. El catecismo, conforme a la diversidad y capacidad de las personas, se enseña también de diferentes maneras porque con los hombres que [f. 67v] son doctos y saben de sus sectas, sean los que se catequizan diferentemente de los que sean con hombres ignorantes y labradores. Mas lo que comúnmente se guarda es que los gentiles que vienen para oír lo que enseñamos en nuestra ley, sin aún se determinar, si se quieren hacer cristianos, se les enseñan estas tres cosas: la primera, que no puede haber salvación en

---

967 usan *AJ*.
968 del *AJ*.
969 Parece que esta carta solo existe en forma manuscrita en portugués en el Archivo de la Compañía de Jesús en Roma (*Jap. Sin.* 5, ff. 114–115v).
970 se reprueba *AJ*.

ninguna secta de Japón; la segunda, que hay un solo Dios y Creador y gobernador del mundo que tiene dado ley a los hombres de lo que deben hacer para su salvación; la tercera, que nuestras almas son inmortales y que después de la muerte hay otra vida en la cual los que conocieron a Dios verdadero y vivieron conforme a la ley que él ha dado serán por él hechos bienaventurados para siempre, y los que no conocieron a este Dios, ni vivieron conforme a su ley serán para siempre condenados a las penas y tormentos del infierno.

Con estas tres cosas acostumbran los japoneses de resolverse si quieren pasar adelante en[971] oír el catecismo y hacerse cristianos o no, y a los que quieren oír más adelante se les enseñan después, como dice el padre, el misterio de la Santísima Trinidad y de la Encarnación, Pasión, muerte del hijo de Dios con lo más que encima se ha contado. Lo cual orden parece que es la misma que el apóstol San Pablo tuvo predicando a los gentiles de Atenas en el Areópago y parece que guardaría también con los más gentiles a do se ve primero les reprobó la adoración de los ídolos y les enseñó que había un solo Dios creador del universo y de la inmortalidad de las almas[972], y después le trató de la[973] Encarnación, del hijo de Dios que el padre enviara al mundo y de la Resurrección de los muertos, y aunque San Lucas no cuenta lo más en particular, parece claro que a Dionisio Areopagita y a los otros que se bautizaron explicaría también San Pablo el misterio de la Trinidad[974], y lo más que arriba dijimos.

Cuanto a doctrinar los cristianos, que es la otra cosa que el hermano Juan Hernández toca[975] en su carta, fue siempre mucha la diligencia que se usó en Japón para los doctrinar, especialmente a[976] los principios, que los cristianos eran más ignorantes y más pocos de lo que son ahora que nuestra [ley][977] está ya más sabida, y ellos se han multiplicado[978] tanto. Porque allende de las frecuentes predicaciones que había en todo el año, como también las hay ahora, los padres y hermanos que entonces estaban en Japón gastaban buena parte del tiempo en hacer conferencias[979] con los cristianos para los enseñar y declararles sus dudas, de lo cual, hablando el mismo hermano Juan Hernández en la dicha carta, dice así:

---

971 el *AJ*.

972 ánimas *AJ*.

973 las cosas de la Encarnación *AJ*.

974 de eternidad *AJ*.

975 tocó *AJ*.

976 en *AJ*.

977 BL omite la palabra que en cambio AJ añade.

978 multiplicados *AJ*.

979 conferencia *AJ*.

Los domingos y fiestas predicamos el hermano Duarte da Silva y yo, y ordinariamente se hinche la iglesia, y en amaneciendo está ya gran número de cristianos a la puerta de la iglesia para entrar. Oyen su misa y sermón con tanta atención, que es[980] para dar muchas gracias a nuestro Señor. Y al tiempo de alzar el Santísimo Sacramento es tanto el herir[981] los pechos y el sollozar[982], que parece que tiembla la casa. Los domingos por la tarde tienen[983] por costumbres de juntarse [f. 68] en casa de uno de ellos, mudándose cada domingo hasta que dan vuelta[984] todos. Y así se ejercitan en tres obras de misericordia. La primera que se les resume el sermón que tienen[985] oído, yendo allá[986] el hermano Duarte da Silva, o yo, a declararles los puntos del sermón. Ellos preguntan lo que no entienden, y de esta manera no hay cristianos en Bungo que no esté muy aprovechado. La segunda es que cada uno da una caja, que es como un maravedí, para ayudar y enterrar los pobres, que lo además se gasta del hospital. La tercera es que el dueño de la casa dé una comida a todos los que se juntan, no como la del Rey Assuero, sino de unas pocas de hierbas con *xiro*[987], que es una manera de caldo muy usado entre los japoneses) y dé un poco de arroz cocido. Y en esto está puesto[988] tasa que no se dé más, y de esta manera, sin recibir en ello ningún daño, va perseverando esta costumbre entre ellos tan necesaria, que ella hace perseverar a los cristianos de Yamaguchi y de los más lugares que están sin sacerdote. Esto dice el hermano Juan Hernández.

Y de esto mismo hablando el hermano Aires Sánchez en otra carta escrita en el año 62 del mismo Bungo, dice así:[989]

El modo que se tiene en enseñar estos japoneses es este: el hermano Juan Hernández, porque sabe bien la lengua de Japón, se ocupa en enseñar los bautizados e instruir los catecúmenos, y después de haber gastado en esto algún tiempo, se pone en un lugar deputado para eso, donde acuden unos y otros con diversas preguntas y satisfáceles, gastando en esto todo el tiempo necesario, y algunas veces refutando errores de esta gentilidad. A la tarde muchas veces hace otro tanto. . . [CC, 328]

De estas conferencias que se hacían entre los cristianos, juntándose los domingos entre sí a comer juntos una comida muy honesta y simple después de las confe-

---

980 pues *AJ*.
981 irse en *AJ*.
982 sucusar *AJ*.
983 tiene *AJ*.
984 vueltas *AJ*.
985 han *AJ*.
986 ello *AJ*.
987 Se trata del *shiru* (汁) que en japonés se traduce literalmente como ‹sopa› o ‹caldo› hoy conocido también como *miso shiru* (味噌汁), Sopa de miso.
988 puesta *AJ*.
989 «Institutum nostrum in Japoniis erudiensis, ejusmodi est. Joannes Fernandus, qui bene jam novit Japonice, edocendis neophytis primum operam dat: deinde certum in locum se confert, quo multi ad eum sciscitandi et quaerendi caussa conveniunt, quibus ille respondet, refutatque, cum opus est, errores ipsorum: idque saepenumero bis in die».

rencias, usaron mucho los cristianos de Japón y sacaron siempre de ellas muy grande provecho. Porque allende que con esto ejercitaban entre sí el amor y caridad tan encomendada por Jesucristo entre los cristianos, se animaban y se ayudaban, y se fortificaban mucho en la fe y en la virtud, y aprendía lo que era necesario para vivir como cristianos. Y en el tiempo de las persecuciones, como veremos adelante, una de las cosas que conservó y ayudó mucho a los cristianos fueron estos juntamientos que ellos hicieron en sus casas particulares. De las cuales, hablando el padre Baltasar Gago en una carta que escribió también de Bungo en el año 59, de la cual también arriba tratamos, dice estas palabras[990]:

> Acostumbran los japoneses en Bungo a juntarse los domingos después de comer, y platicar entre sí de alguna cosa espiritual en casa de uno de ellos, según le cabe por suerte. Y llaman algún hermano de casa que les traiga a la memoria el sermón de aquel día y cada uno da cuenta de lo que notó. Acabado esto, se pide limosna entre ellos y cada uno da lo que puede para enterramiento de los pobres. Esto mismo guardan los cristianos de Yamaguchi, lo cual les dejó el padre Cosme de Torres cuatro años ha y aun lo guardan.

Y esto aconsejaron los padres a los cristianos para que imitasen lo que entre ellos se hacía en [f. 68v] la Primitiva Iglesia, en la cual grandemente se usaban estas comidas sobrias entre los cristianos, las cuales también encomendaba el apóstol San Pedro, como lo escribe San Clemente por estas palabras[991]:

> Scio autem haec omnia facturos vos, si caritatem prae ceteris et ante omnia in vestro corde figatis. Cuius caritatis et recipiendae et habendae maximum erit fomentum, si frequenter inter vosmetipsos communem cibum vestrum mensamque faciatis, et in quantum unusquisque praevalet, crebrius panes ac sales suos cum suis fratribus sumat. Per haec enim praecipue caritas comparatur et causa totius boni in huiuscemodi communione consistit. Ubi autem pax et bonitas, ibi et salus, propter quod communes facite cibos vestros cum his, qui secundum deum fratres sunt, quia per haec temporalia officia pacis et caritatis fructibus gaudia aeterna merebimini. Haec Petrus.

De estos mismos convites, hablando Baronio, muestra cuán provechosos y cuán usados eran en la Primitiva; y entre las otras, dice estas palabras:

> Quo vero ordine, quove ritu communes coenae, musuae charitas indices atque illices, a Christianis olim celebrari consuevissent, antiquorum auctorum satis multa suppetunt testi-

---

990 «Jam vero sortiuntur etiam apud quem dominicis diebus coeant ad sermones inter se de religione serendos: eoque e nostris aliquem accersunt, qui matutinam concionem ipsis in memoriam revocet. Atque in ea quid quisque potissimum animadverterit in medium afferunt. Hac pia sermonis communicatione absoluta, symbola procuiusque facultatibus in pauperum funera conferuntur. Atque hoc ipsum institutum et consuetudinem Amangutiani quoque, sibi a Cosmo Turriano jam ante quadriennium traditam, retinent. Haec ille».

991 No se encontró esta carta en castellano.

monia, ac in primis Tertulliani sic dicentis: «Coena nostra de nomine rationem sui ostendit: vocatur enim *agape*, id quod est penes Graecos, dilectio. [. . .] Nihil vilitatis, nihil immodestiae admittit. Non prius discumbitur, quam oratio ad Deum praegustetur. Editur quantum esurientes capiunt: bibitur quantum pudicis est utile. Ita saturantur, ut qui meminerent etiam per noctem adorandum Deum sibi esse. Ita fabulantur, ut qui sciant Dominum audire. Post aquam manualem et lumina, ut quisque de Scripturis sanctis, vel de proprio ingenio potest, provocatur in medium Deo canere; binc probatur, quomodo biberit. Aeque oratio convivium dirimit. Inde disceditur, non in catervas caesionum, neque in classes disuorsationum, nec in eruptiones lasciviarum, sed ad eamdem curam modestiae et pudicitiae, ut qui non tam coenam coenaverit, quam disciplinam. Haec coitio christianorum». [. . .]. Et Paulo inferius. Haud valde dissimilis ab hac coena est illa, quam Paedagogus christianus, et ipse patria Alexandrinus, Clemens, inquam; qui vult coenam debere esse expeditam et tenuem, ad vigilias aptam, carnium et vini prorsus expertem; non tamen ea damnans, si quis his sobrie utatur. De iisdem Christianorum conviviis rursus. Minutius Felix haec breviter habet: «Convivia non tantum pudica colimus, sed et sobria: nec enim indulgemus epulis, aut convivium mero ducimus, sed gravitate hilaritatem temperamus. Haec Baronius.

Y sin duda, que los convites que los cristianos japoneses entre sí usan cuando se adjuntan para estas conferencias, son aún más leves de lo que estos santos escriben, como el hermano Juan Hernández lo declara en su carta. También, para que los cristianos y aun los mismos [f. 69] gentiles mejor entendiesen la inmortalidad de nuestras ánimas, usaron especialmente en aquellos principios y usan aún ahora tratarles muchas veces de estos, y celebrar con grande solemnidad la conmemoración de todos los defuntos. De lo cual, hablando el padre Gaspar Vilela en la carta citada arriba escrita en noviembre del año 57, dice estas palabras[992]:

Primeramente, porque estos miserables hombres están tan ciegos que les parece que nuestra alma no es inmortal, y que no ha de haber juicio de Dios para las almas buenas y malas, acostumbramos en dos meses cada año que son noviembre y diciembre hasta ocho días antes de Navidad predicarles cada día de la muerte, juicio, infierno y gloria y acuden casi todos los cristianos de la tierra a estos sermones. Hacemos muy particular solemnidad el día de los difuntos y tenemos en todo este tiempo una tumba armada, cubierta de prieto sobre la cual solemos cada día decir un responso y declaramosles lo que significa aquellas santas ceremonias [CC, 154].

---

[992] «Primum, quoniam miseris hisce homibus tantae sunt tenebrae, ut animam simul cum corpore interire, nullumque Dei judicium de rebus in vita bene, vel male gestis futurum existiment; duos menses quotannis, Novembrem ac Decembrem, usque ad octavum diem ante Natalem Domini diem, ponimus in quotidianis, de morte, judicio, poenis inferni, deque caelesti beatitudine concionibus; ad quas universi fere conveniunt Christiani. Die vero Mortuorum omnium commemorationi dicato, in eandem rem majori etiam studio, ac caerimonia incumbimus. Toto autem eo tempore, cenotaphium habemus atratum: super id, responsum unum verbis conceptis quotidie pronuntiamus et sacra rituum illorum mysteria populo exponimus. Haec Vilela».

Y el padre Gago en la misma carta de arriba, tratando de las exequias que se hacían a los difuntos, dice así[993]:

> La manera con que acostumbro a enterrar los cristianos que mueren es esta: primeramente, antes que mueran los exhortamos y avisamos de las cosas necesarias para su salvación, y en muriendo, les ordenan los cristianos una tumba en la cual los llevamos a enterrar. Y si es tan pobre que no tiene para hacer estos gastos, se piden algunas limosnas a los cristianos con que se le ordena la tumba; esta llevan cuatro hombres cubierta con un paño de seda. Y el hermano va con un crucifijo y sobrepelliz, y un mozo con agua bendita. Después voy yo con un libro entonando unas letanías –acá, hermanos carísimos, no hay clérigos que hagan el oficio de defuntos como en Europa– los cristianos van respondiendo: «Ora pro nobis». Y de cada parte van muchas lanternas encendidas; antes que salga de casa digo una oración y decimos un paternóster cantando, y sobre la sepultura digo lo mismo; y luego al otro día tornan los cristianos a la iglesia y con unas candelas encendidas sobre la sepultura [CC, 116].

Y cuanto cuidado se tuviese de la memoria y enterramiento de los difuntos en la Primitiva Iglesia se colige de lo que escribe San Lucas[994] que hicieron los cristianos con el cuerpo de San Esteban, y largamente escribe y prueba Baronio con muchos ejemplos, y en particular por estas palabras:

> Exemplo igitur Apostolorum, [. . .] laudabilis in Ecclesia Dei in curandis defunctorum corporibus consuetudo permansit, [. . .] ut rursum vero accensis cereis, cantu prosequi pompam funeris, apud Christianos antiquo usu [f. 69v] receptum esse, multis habetur testatum exemplis: [. . .] additque Chrysostomum [. . .] Idemque alias laudatissimam Christianorum consuetudinem in celebrandis exequiis defunctorum saepe commendat.

También, para que los cristianos aprendiesen mejor las oraciones y en común las rezasen en las iglesias[995], introdujeron desde el principio[996] los padres y se van[997]

---

993 «Exequiarum autem universa ratio nostra haec est: primum qui moriuntur, eos, antequam extremum spiritum ducant, de rebus ad salutem necessariis commonefacimus, et animamus: mortuis deinde feretrum neophyti exornant: si mortui tanta forte inopia sit, ut in funus pecunia desit; collata viritim stipe, quae necesaria sunt, aliqui comparant: feretrum serica opertum veste quatuor viri tollunt. Frater noster amictus superpellitio, signum crucifixi gestat, quem comitatur puer cum aqua benedicta. Tum deinceps ego sequor non sine litaniis, mihique voce praeeunti (neque enim hic nobis, ut in Europa clericorum est copia) neophyti ipsi respondent: multae undique laternae collucent. Antequam domo afferatur cadaver, precationem unam ego recito, deinde orationem Dominicam universi concinimus, idemque fit ad sepulcrum. Postridie neophyti ad templum redeunt cum candelis accensis, ego super tumulum e responsoriis, quae appellantur, unum elata modulor voce. Haec ille».

994 Hechos 8.
995 la iglesia *AJ*.
996 el principio de los *AJ*.
997 va *AJ*.

hasta ahora usando[998] que los niños y el pueblo todo respondiesen en alta voz a las misas, y que cuando[999] el sacerdote dice: «Dominat non sum dignus», ellos todos dijesen[1000] juntos en voz alta y sonora con mucha devoción las mismas palabras traducidas en su lengua, repitiéndola[s] tres veces. Y que cuando alguien quiere comulgar, dijesen también todos al mismo tono el *Confiteor Deo patri*, hecho también en su lengua, y que en el fin de las misas rezasen todos juntos tres veces el Paternóster y el Avemaría, lo[1001] cual causa sin duda mucha devoción. Y de esto, hablando el mismo padre Baltasar Gago en la dicha carta, dice estas palabras[1002]:

> Cada día, acabadas las misas, se dice la doctrina cristiana en voz alta. Algunos japoneses de los que viven más cerca, se confiesan cada sábado y comulgan muchos de ellos en las fiestas principales. Y es cosa para dar muchas gracias a Dios, que comenzando la confesión general, la cual les dicen en su lengua, luego se les saltan las lágrimas y más copiosamente cuando el padre, con el Señor en las manos dice: «Domine non sum dignus, etc.», lo cual también dicen en su lengua. Certificoos, hermanos, que me dan mucha materia de confundirme, viendo que estos, con dos años de conocimiento de Dios, sienten tanto sus faltas [CC, 208–209].

Y en otra carta del mismo hecha en octubre de 55 dice así[1003]:

> El ejercicio espiritual que tenemos con estos cristianos es que cada día les decimos misa y todos los domingos tienen sermón. Acabada la misa, dicen tres veces el paternóster y navegantes y por el estado y aumento de la Santa Iglesia por estas partes [CC, 114].

Y que esta también fuese cosa muy usada entre los cristianos de la Primitiva Iglesia la prueba con muchos ejemplos y autoridades el mismo Baronio, a do entre las otras dice estas palabras:

---

998 usan *AJ*.
999 quedando *AJ*.
1000 diesen *AJ*.
1001 do *AJ*.
1002 «Quotidue sacris peractis elata voce recitatur Christiana doctrina. Complures Japonii qui propius absunt, singulis sabbatis Confessione, celebrioribus vero diebus etiam Communione sese confirmant. Et mirum, ipso statim generalis Confessionis initio, quae sacrum praeire solet, ac Japonice recitatur, ex auditorum oculis emicant lacrimae, ac multo etiam uberiores, cum sacerdos corpus Domini tenens manibus, Domine (inquit) non sum dignus: quae verba tunc ipsi quoque Japonico sermone pronunciant. Itaque mei sane valde me pudet, cum hosce homines video vix ante biennium ad lumen a caecitate conversos, tanto sensu ac dolore affici delictorum suorum».
1003 «Porro neophyti spiritualibus exercitationibus ita excoluntur a nobis, ut sacrificio Missae quotidie intersint, diebus vero Dominicis audiant verbum Dei. Peracto sacrificio, ter Dominicam orationem, ter salutationem Angelicam pro bene meritis, pro iis, qui navigant, pro statu et amplificatione Catholicae in his partibus Ecclesiae, supplices recitant. Haec Gagus».

De antiquo usu Christianorum, ut in unum ad ecclesiam convenientes, dies noctesque cantu ducerent; Ethnicorum etiam testificatione, [. . .] expressum habetur. Justinus etiam martyr in oratione ad Antoninum Pium, hymnos Deo a Christianis decantari solitos tradit. [. . .]. Id ipsum Cyprianus quoque, dum ait: «Et quando in unum cum fratribus convenimus, et sacrificia divina cum Dei sacerdote celebramus, verecundiae et disciplinae memores esse debemus, non passim ventilare preces nostras inconditis vocibus».

Y finalmente concluye:

Caeterum ejusmodi [f. 70] hymnos canendi in ecclesia consuetudinem, non aliunde quam ab ipso Domino, et Apostolis acceptam dicit Augustinus, dum inter illa quae ex divina Scriptura defendi possunt, ait esse hymnorum atque psalmorum cantum: «cuius inquit ipsi us Domini et Apostolorum habemus documenta, et exempla, et praecepta». Haec Baronius.

Acostumbran también en Japón cantar los niños en las iglesias algunos salmos en canto entonado[1004], mas los cristianos en común dicen todo[1005] pausadamente y con devoción, con[1006] voz sonora y no levantada con canto, por se hacer esto con más devoción y modestia. Y sin duda que cuando yo los oía la primera vez que vine a Japón, y aun ahora, me causó[1007] siempre mucha consolación y devoción, como también la causa a sus naturales y a los portugueses que los oyen. Y porque el enseñar la doctrina a los niños es cosa tan provechosa y tan encomendada de los concilios y de los santos, y en nuestra Compañía se hace de esto particular profesión por nuestro instituto, se esmeraron siempre los padres de hacer esto muy bien en Japón. Y así, hablando del él el mismo hermano Juan Hernández en la dicha carta dice estas palabras:

El hermano Guilherme, además de las lecciones que tiene continuas de la lengua de Japón, enseña la doctrina cristiana a los niños, los cuales son de[1008] grande habilidad porque no hay[1009] ninguno entre ellos, aun los que apenas sabe hablar, que en ocho meses no supiese toda la doctrina en su lengua y también en latín alguna parte de ella, y los más de ellos el *Miserere mei Deus* con otros salmos. El orden que con ellos se tiene es este: después de oír su misa, dice uno y responden los demás, mudándose cada día, y no dicen más que las cosas principales de la doctrina cristiana: el paternóster, avemaría, credo, salve y los mandamientos de la ley de Dios y de la Iglesia, los pecados mortales y virtudes contra ellos, y las obras de misericordia en su lengua. Al mediodía se juntan todos en la iglesia y por se no poder decir toda la doctrina de una vez, dicen[1010] cada día un tercio para que se les no olvide[1011] y

---

1004 entonados *AJ*.
1005 todo muy bien pausadamente *AJ*.
1006 y devotamente todos en *AJ*.
1007 me cause *AJ*.
1008 de a los cuales siendo grande *AJ*.
1009 en estos *AJ*.
1010 dice *AJ*.
1011 dice cada día un tercio de ella por no se les olvide *AJ*.

declarárseles un punto para ser buenos cristianos. Acabada la doctrina, se van de dos en dos a besar la mano al padre cuando está desocupado y dásele a cada uno un poco[1012] de arroz tostado u otra cosa semejante para que así se muevan[1013] a venir de buena gana, porque los japoneses no constriñen a sus hijos a más que de lo que ellos quieren hacer de su voluntad. Después[1014] se van en procesión, cantando, a una devota cruz que está delante de la misericordia y saludándole con un *ave cruz*, cantando se van a sus casas. Y a la noche, después de las avemarías, se juntan y de rodillas delante de una cruz [f. 70v] dicen toda la doctrina cantada que durará una hora larga. Y de esta manera no hay niño que no sepa la doctrina.

De esto mismo, hablando el hermano Luis de Almeida en una carta que escribió de Bungo en octubre de 61, declarando a los nuestros lo que pasaba, dice así[1015]:

[. . .] Porque es verdad, hermanos, que una sola doctrina que oyesedes cantar a los niños de estas islas os haría derramar muchas lágrimas de consolación. Ved, ¿qué sentiría vuestra alma si viesedes cien niños y niñas que se juntan a la doctrina dos veces al día, habiendo estado pocos días antes ofrecidos al Demonio, entrar ya cristianos por la Iglesia, tomar agua bendita y ponerse de rodillas a hacer oración? Oh, hermanos, ¡cómo os consolariades si oyesedes dos de estos niños comenzar a cantar la doctrina respondiendo los otros! Y todos con tanta modestia que os certifico que no levantan los ojos de suelo, principalmente los dos que cantan la doctrina, porque de propósito me puse a verlos algunas veces y, haciendo tanto calor que les corría el sudor por el rostro, estaban ellos tan devotos que nunca les vi menear manos, ojos ni pies, antes parecían estar elevados en alguna gran contemplación. Y no se contentan con saber la doctrina, sino con saber la declaración de ella que les enseñamos [CC, 252–253].

Esta costumbre también de enseñar a cantar los niños cosas de loor de nuestro Señor fue muy usada en la Primitiva Iglesia, como lo dice Baronio en el mismo lugar, y en particular por estas palabras:

1012 plato *AJ*.
1013 porque así se mueva *AJ*.
1014 Pues *AJ*.
1015 «Una profecto Christianae doctrinae decantatio multas vobis prae laetitia lacrimas exprimat. Quid enim si videatis pueros centum, ac puellas, bis quotidie catechismi caussa convenientes, qui paucis ante diebus dicati diabolo fuerant, jam Christianos templum ingredi, aqua benedicta se aspergere, demum ad precationem rite genua flectere? Quid si duobus eorum voce praeeuntibus, subsequentes ceteros, doctrinaequem praecepta concinentes audiatis? Idque tanta cum modestia, ac verecundia, ut oculos semper humi defixos habeant, ac duo illi praesertim, qui voce praecunt (quos ego de industria non semel et curiose notavi) et quidem in maximis caloribus, cum facies eorum sudore manarent, tanta fuere constantia, ut manus, oculos, pedes nunquam mihi movere conspecti sint: raptos profunda aliqua contemplatione dixisses. Nec vero doctrina tantum recitanda contenti sunt. Nam eius quoque explicationem libentibus nobis requirunt. Haec ille».

Haud praetermittenda putamus laudatissima antiquorum Christianorum consuetudinem: qui in privatis canticis animi causa concini solicitis, nequaquam amatorias cantiones vulgo communes, sed dignas Christo Domino laudes canerent. [. . .] Imbuebatur etiam tenella infantia, ut in Alleluia vocem lingua balbutientis primum erumperet. Haec ille.

Y sin duda que es cosa mucho para ver lo que pasa en esto en Japón, porque[1016] son los niños tan dados a aprender la doctrina y a cantarla que es cosa para dar mucho loor a nuestro Señor. Porque en todas las partes, comúnmente, reciben los padres cuando van a sus lugares cantando la doctrina. Y no solo saben la doctrina simple, mas también muchos de ellos aquella de las preguntas. Y porque los padres hicieron una declaración de las cosas que deben saber repartida en once capítulos breves en su lengua, con ser harto largo para niños, comúnmente todos la aprenden como el avemaría. Y antes de comenzarse la misa todos juntos, ayudados de muchos del pueblo, los[1017] cantan y aprenden también de coro tantos salmos que es para dar mucho loor a Dios. Para que los niños y los cristianos se aficionasen a la cruz, pasión y muerte de nuestro Señor, allende de los padres los acostumbran a ir visitando y rezando por las cruces, que usaron siempre antes que [f. 71] viniese esta persecución universal de levantar en lugares altos en todas las partes a do había cristianos para que de lejos se viesen. Acostumbraron en aquel principio los padres de enseñar a los niños que hiciesen algunos coloquios acerca de los pasos de la Pasión públicamente en la iglesia, que decían con tanta devoción que movía grandemente a los cristianos. De los cual, hablando el hermano Luis de Almeida, dice estas palabras[1018]:

Entre los niños que vienen a aprender la doctrina, hay algunos tan pequeños que no saben hablar más que la doctrina, y así la andan cantando. Bendito sea el Señor que quiere ser loado de estos japoneses en tierras tan remotas. Junto de nuestra iglesia posan once o doce japoneses casados, cuyos hijos y mozos se juntan cada noche en dando las avemarías, y

---

1016 para que *AJ*.

1017 las *AJ*.

1018 «In puertis iis, qui ad nos Christianae doctrinae gratia ventitant, aliqui ita parvi cernuntur, ut nihil paene praeter catechismum eloqui possint: itaque id ipsum quod tenent memoriter, oppido concinunt. Prope templum nostrum duodecim circiter Japonii patresfamilias habitant, quorum fielii, puerique singulis noctibus audito signo salutationis Angelicae, ad Crucem conveniunt in ea vicinitate defixam, ibique nixi genibus totam horam quotidie in Christiana doctrina decantanda consumunt: idque parentum jussu, quorum tanta est pietas, ut infantibus Christiana rudimenta una cum lacte paullatim instillent, eosque tenera adhuc aetate nostram in disciplinam domesticam traditam Domino consecrent. Nec vero parentum pietatem non imitantur liberi, atque unus praesertim natu maximus ómnium, annum agens tertium decimum; cui super mensam cruciatis Christi Japonice recitanti, fluunt interdum ex oculis lacrimae, nulla vultus mutatione. Alii vero eorundem cruciatuum recordatione commoti, piis Christum liberatorem verbis affantur ita suaviter, ut cujuslibet ferreum quamvis pectus emolliant. Haec ille».

puestos de rodillas delante de una cruz que ahí está, dicen la doctrina por espacio de una hora, y hacen esto sin perder algún día por orden de sus padres y madres que son tan devotos que, dando de mamar a los hijos, les enseñan juntamente la doctrina y aun, siendo pequeños, los ofrecen a Dios, dándonoslos para que desde pequeños los criemos y doctrinemos en casa. Algunos son muy devotos y especialmente uno que es el mayor de todos, de edad de trece años, a quien acontece algunas veces, estando leyendo a la mesa algunos pasos de la Pasión en lengua de Japón, corréenle las lágrimas sin hace mudanza en su rostro. Otros hacen algunos coloquios devotos sobre la Pasión, que son para hacer llorar a corazones muy duro [CC, 248].

Para lo mismo efecto, allende de los sermones que siempre acostumbraron hacer en Japón acerca de la Pasión, todas las sextas ferias de Cuaresma para más las imprimir en sus corazones los dichos misterios, la quinta o sexta feria de la Semana Santa en la procesión que se hace, salían algunos niños con los dichos misterios en las manos, declarándolos al pueblo con mucha devoción. De lo cual, hablando el hermano Aires Sánchez en la misma carta que citamos[1019] arriba, dice estas palabras[1020]:

El Jueves Santo, después de la comunión de los cristianos que dije, se encerró el Santísimo Sacramento, y hechas otras devociones, vinieron a guardar el santo sepulcro cuatro hombres armados con armas de que usan los japoneses, muy lustrosas. A la tarde dos hermanos lavaron los pies a todos los cristianos que ahí estaban de fuera, que habían venido a ver los oficios, aunque ellos mostraron en esto mucha dificultad, pidiendo con humildad que ellos querían lavar a otros antes que ser lavados. Y a este tiempo leía un niño en lengua de Japón aquel paso de San Juan, donde cuenta como nuestro Señor lavó los pies a sus discípulos. Después del lavatorio, vino la procesión de los disciplinantes, y salieron trece niños vestidos de luto, con los misterios de la Pasión, diciendo cada uno su dicho en voz alta de Japón con tanta devoción que no había en la iglesia quien pudiese tener las lágrimas [CC, 330–331].

De esto mismo hablando el hermano Juan Hernández en su carta dice así:

Hiciéronse[1021] los oficios divinos de la Semana Santa con mucha devoción y el Jueves Santo [f. 71v] recibieron el Santísimo Sacramento setenta u ochenta cristianos y nosotros con ellos. Y encerrose el Santísimo Sacramento en un sepulcro que adornó muy ricamente el hermano Luis de Almeida algunos días antes de las tinieblas. Concertó el hermano Duarte da Silva todos los misterios de la Pasión para que cada niño llevase uno y lo que significaba puesto en verso de Japón. El Jueves Santo estaba ya la iglesia aderezada de prieto y sobre cada

---

1019 tratamos *AJ*.
1020 «Hebdomadae sacrae diebus cum cetera solemnia rite sunt persoluta, tum vero quinta feria in coena Domini, posteaquam pauperum pedes de more abluti sunt, agmen processit eorum, qui sese flagris caedebant: sequebantur tredecim pueri ornatu funebri, passionis Domini argumenta gestantes: ii suum quisque Carmen elata voce tanto cum animi sensu pronuntiaverunt, ut nemo ómnium, quotquot erant in templo, lacrimas tenere potuerit».
1021 hicieron *AJ*.

paño un misterio de la Pasión y al pie del misterio la declaración en lengua de Japón. Salieron los niños vestidos y con diademas de prieto y amarillo en la cabeza, llevando cada uno un misterio, divididos en procesión, yendo la cruz en medio. Llegados delante el Santísimo Sacramento, comenzó el que traía la cruz a declarar el misterio de ella con tantas lágrimas que no había grande ni pequeño que no llorase. Y así, por orden, dijeron todas las significaciones de los misterios que llevaban y, acabando, hacía cada uno un coloquio delante del Santísimo Sacramento, pidiendo a nuestro Señor Jesucristo que, así[1022] como el amor le había hecho participante de nuestros trabajos, el mismo amor nos hiciese a nosotros participantes de sus méritos, y hecha su disciplina con un miserere se levantaron y fueron a una cruz que está delante del hospital, siguiéndolos todos los cristianos con muchas lágrimas, porque no había cosa que no convidase a llorar. Y llegando a la cruz, hicieron lo mismo aplicando algunos dichos conforme al lugar[1023] y así fueron tantas las lágrimas que hubo delante de la cruz como del Santísimo Sacramento. Hasta aquí el hermano Juan Hernández.

También para acostumbrar los cristianos a hacer penitencia de sus pecados y acompañar nuestro Señor Jesucristo de alguna manera en los tormentos, hacen frecuentes disciplinas secas y de sangre[1024], disciplinándose cruelmente. De lo cual, hablando el mismo hermano Juan Hernández[1025], dice estas palabras:

> Así como estos japoneses son continuos en las confesiones, lo son también en las disciplinas, que dejando aparte la de los viernes de la Cuaresma y del Jueves Santo[1026], que son cierto dignas de[1027] escribirse, todos los viernes del año hay disciplina común, y cada día de algunos particulares. Jesucristo nuestro Señor los quiera adjuntar por su misericordia con los merecimientos de su santísima Pasión.

Y más abajo, hablando de lo que hacía el Jueves Santo a la tarde, dice así:

> A la tarde, estando algunos cristianos[1028] armados delante del Santísimo Sacramento, y cerradas las puertas del campo del hospital y puestas guardas[1029] alrededor, comenzó la procesión de los disciplinantes que duró por mucho espacio. Iban vestidos de paños negros y cubiertos los rostros llevaban todos coronas de espinas [f. 72]. Eran tantos y fue tanto el fervor de disciplina que desde el sepulcro hasta el hospital y cruz estaba todo bañado en sangre. Y un cristiano de Firando, escribiendo a los de Firando lo que había pasado en Bungo la Semana Santa decía así:

1022 casi *AJ*.
1023 de ellos conformar lugar *AJ*.
1024 hacen frecuentes disciplina[s] otras cosas más de sangre *AJ*.
1025 Juan Hernández en esta carta *AJ*.
1026 tanto *AJ*.
1027 son cierta a *AJ*.
1028 algún cristiano *AJ*.
1029 puesta guarda *AJ*.

«Mucho me holgara, hermanos míos, que estuvieron acá el día que nuestro Señor Jesucristo por nuestro amor padeció, porque casi me parece imposible poder ser mal cristiano quien se halló aquí presente. Pues todo aquel día y noche no hubo cosa sino para llorar disciplinándose todos de tal manera que corría la sangre por el camino como agua».

Hasta aquí el hermano Juan Hernández.

De manera que bien se entiende que los padres predicaban en Japón a Jesucristo crucificado, y muerto como lo encomienda San Pablo y de la frecuencia de estas[1030] disciplinas. Tratando también el hermano Luis de Almeida en la carta citada arriba dice estas palabras[1031]:

[. . .] primeramente, no hay noche, a lo que parece, que no hay disciplina antes en la iglesia, y es muy ordinario disciplinarse todos los que a este tiempo están en la iglesia, y aquellos a quien no es concedido venir a disciplinarse a la iglesia se disciplinan en sus casas con su gente [CC, 246].

Y lo que es más para notar que no solo hacen[1032] en la Iglesia estas disciplinas los hombres, mas también las mujeres haciéndose en Japón con mucha facilidad y denuncia, así porque su manera de vestir es tal que sin moverse de su lugar, ni soltar cinto ni otra ninguna cosa en un momento echan[1033] los brazos fuera de sus vestidos, quedando con las cuestas en[1034] que se azotan descubiertas. Y con la misma presteza tornan a meter los brazos dentro y quedan[1035] como primero vestidas, como también porque los hombres en la iglesia están del todo apartados de las mujeres con un repartimiento. De madera que va corriendo por el largo de la iglesia, quedando de una parte los hombres y de otra[1036] las mujeres sin se ver unos a otros. Y entran en la iglesia por diferentes puertas, en lo cual los padres guardan en Japón la misma orden que se guardaba en la Primitiva Iglesia. De lo cual hablando Baronio, dice estas palabras:

Sed quod ad antiquum ecclesiae partium usum spectat: nec illud dicere praetermittimus; sicut olim in templo Hierosolymitano (quod attigimus superiorius in Apparatu) loco distincti erant sacerdotes a populo, viri a mulieribus, atque a nuptis virgines; ita eodem fere ordine

---

1030 las frecuencias de las *AJ*.
1031 «Primum nulla nox praeterit (ut mihi quidem videtur) quin verberationes in templo fiant, ac fere semper omnium quotquot ibidem eo tempore sunt. Quibus in templo non licet, ii sese intra privatos parietes cum universa familia verberant. Haec Almeida».
1032 hace *AJ*.
1033 echamos *AJ*.
1034 con *AJ*.
1035 se hallan *AJ*.
1036 y de otra parte *AJ*.

et dispensatione in Christianorum ecclesiis cum agerentur sacri conventus, fuisse fideles ab invicem locorum distinctione separatos.

Y alega con San Clemente diciendo así:

Ait enim ecclesiam construi solitam longo situ instar navis: in cujus medio (quod gremium dicimus) episcopus una cum clero ad utrumque latus posito sedeat; ex altera ecclesiae parte viri, ex altera vero manerent mulieres: et sicut loco ab invicem distincti erant, eodem quoque [f. 72v] modo porta, ut qua viri ingrederentur, discreta esset ab ea quae feminis tantum pateret: et sicut virorum portae ostiarius praeerat, ita diaconissae demandata erat cura portae mulierum.

Alega también con Filón que dice que se hacía[1037] lo mismo entre los cristianos de Alejandría que vivían debajo del evangelista San Marcos, su obispo, añadiendo que por una pared que estaba hecha en la iglesia se dividían los hombres de las mujeres de la manera que ahora se hace en Japón. Y alega también con otros santos[1038] como en el mismo Baronio se puede ver. Allende de esto, para que los misterios de nuestra santa fe queden más impresos en las almas de los japoneses, hacían que en algunos días solemnes representasen en su lengua los dichos misterios, y que de esta manera con delectación y alegría los esculpiesen más fuertemente en sus corazones. De lo cual, hablando el mismo hermano Juan Hernández en esta carta dice así:

Veinte días antes de la natividad pasada, dijo el padre a dos o tres cristianos que hiciesen alguna representación. Con que, la noche de natividad se alegrasen todos, no les señalando lo que debían hacer, sino dejándolo a su elección. Cuando vino la noche de natividad, salieron con tantas invenciones a propósito de lo que ellos habían oído de la Sagrada Escritura que era para alabar[1039] a Dios. Primeramente, representaron la caída[1040] de Adán y la esperanza de la redención. Y para esto pusieron en medio[1041] de la iglesia un manzano con unas manzanas doradas[1042] donde Lucifer engañó a Eva[1043]. Oí estos con sus motes en Japón que, aunque era día de alegría, no había grande ni pequeño que no llorase[1044] y como después de la caída de Adán fueran[1045] echados del Paraíso. Lo cual fue causa de mucho más lloro, porque la materia junto con ser las figuras muy airosas y devotas les daba causa. De allí a poco, salió Adán y Eva con las vestiduras que Dios les dio y apareció un Ángel confortándo-

---

1037 había *AJ*.
1038 tantos *AJ*.
1039 loar *AJ*.
1040 vida *AJ*.
1041 el remedio *AJ*.
1042 en una cano en una manzana dorada *AJ*.
1043 una *AJ*.
1044 hallase *AJ*.
1045 fueron *AJ*.

los con la esperanza[1046] que habían de ser redimidos. Después representaron otros pasos de la Escritura y de la fiesta de la Natividad.

Esto es lo que dice el hermano Juan Hernández, y el hermano Aires Sánchez, tratando en su carta que arriba citamos de esta materia dice así[1047]:

El día de Pascua en la procesión de la Resurrección se representaron algunas cosas de la Sagrada Escritura, como fue la salida de los hijos de Israel de Egipto, para lo cual se hizo delante de nuestra iglesia un mar rojo, que se abrió al tiempo que pasaban Faraón con su ejército. También se presentó la historia del profeta Jonás, y otras cosas semejantes. Acabada la procesión se hizo una amonestación al pueblo por modo de representación, en que conferían las tristezas pasadas de la Pasión, con la alegría de la Resurrección. Era tanta la consolación que de estas cosas recibían los cristianos que no la sé declarar. Afuera estas representaciones, hicieron otras en lagunas fiestas principales de este año, porque antes de Pascua, de Navidad, representaron los cristianos el diluvio del mundo, el cautiverio de Lot, y victoria de Abraham, y últimamente de los pastores a Belem, y la plática que nuestra Señor tendría con ellos. Representábase todo esto de tal manera que no parecía representación, sino un vivo motivo de loar a nuestro Señor que en estos autos daba tanto sentimiento, lloro y lágrimas, así a los representantes como a los oyentes [CC, 331–332].

Prosigue el hermano Juan Hernández su carta diciendo así:

Confiésanse también muy continuamente, lo cual solían hacer los sábados, pero el padre por no los estorbar de sus trabajos, y acostumbrarlos a guardar el domingo, hace que se confiesen el domingo a la tarde, confesándose un[1048] domingo un número de ellos y otro domingo otros tantos hasta que se acaban todos y después se tornan a confesar los primeros. Así que siempre hay quien se confiese y en confesiones se gasta alguna parte de la noche. Y muchos de ellos reciben el Santísimo Sacramento todas las Pascuas y día[1049] de nuestra Señora. Esto es lo que dice el hermano Juan Hernández.

1046 las esperanzas *AJ*.
1047 «Paschali autem die Dominico, historiae quaedam e sacris litteris actae sunt: ut exitus Israelitici populi ex Aegypto, specie rubri maris in vestíbulo templo machinationibus artificiosis exhíbita, quae transitum Islaelitis praeberet, ingressum autem Pharaonem una cum exercitu obrueret. Ionae quoque Prophetae casus, aliaque similia spectacula edita sunt. Supplicationibus absolutis, dialogus publice est habitus, in quo superiorum dierum ex norte Domini Iuctus atque moestitia cum Paschalis celebritatis laetitia et gratulatione conferebatur: quibus [f. 73] rebus mirum quanta voluptate affecti fuerint Christiani. Atque iam ante, ipsis quoque Natalis Domini ferijs, orbis terrarum totius inundationem, custodiaes Loth, Abrahami victoriam, denique pastorum adventum ad oppidum Bethleem, sermonesque cum Virgine Dei matre habito sita ad viuum effinxerant, non modo ut spectatores, sed actores etiam ipsi prae intima animi dulcedine collacrymarentur».
1048 al *AJ*.
1049 días *AJ*.

Y el hermano Luis de Almeida, en otra carta que escribió el noviembre de 62, dice así:

> Tanti ad eum Confessionis et Eucharistiae caussa concursus undique Christianorum fiebant, ut omnis perturbationis vitandae caussa, triceni per vices ordine sibi succedere juberentur. Haec ille[1050].

Acerca de lo cual se ha de saber que los japoneses son grandemente inclinados a estos dos sacramentos de confesión y eucaristía, y al de la confesión, después de la cristiandad ir creciendo[1051]. Son tantos los que concurren que, ahora con se haber multiplicado tanto los padres en Japón, los que entienden con la cristiandad están todo el año tan[1052] ocupados en oírlos que este es un de los mayores trabajos que los padres tienen. Y sin duda que parece cosa increíble poderlo pasar porque, ordinariamente, cada uno de ellos confiesa cuatro o cinco mil personas cada año, y algunos seis y siete mil. Y lo que es más, que los padres los van buscando por las aldeas a do ellos están, porque cada uno de ellos tiene diversas aldeas a su cargo, las cuales van continuamente corriendo con mucha incomodidad. Y para poder acudir a tantos[1053], determinan a todos los días en que se han de confesar deputando unos tantos por cada día, y a muchos de los padres les caen veinticinco y treinta por cada día en todo el año. Y lo que más trabajo les da es el acudir a las confesiones de los dolientes que están en su distrito, que de dos, tres, cuatro y seis leguas y más, envían[1054] a llamar el padre para se confesar, y el acudir a todos ellos de noche y de día, por calmas en el verano y por las lluvias, nieves y vientos frigidísimos en el invierno, es cosa de tanto trabajo que parece[1055] increíble a quien lo entiende y que se no podría con ello si los padres no fuesen ayudados con muy particular gracia de Dios, como más adelante en el discurso de esta *Historia* lo veremos.

Cuanto al sacramento de la Eucaristía, son los japoneses grandemente deseosos de recibir este sacramento, mas los padres hacen en esto mayor examen para [f. 73v] la conceder, especialmente la primera vez, para que entiendan mejor su dignidad y no pierdan los cristianos la grande estimación que tienen[1056] de este

---

1050 Parece ser que esta carta de Almeida no se tradujo.
1051 al acto de los sacramentos y confesión y eucarestía. . .confesión después que la cristiandad fue creciendo *AJ*.
1052 todo *AJ*.
1053 tanto *AJ*.
1054 envía *AJ*.
1055 parece cosa *AJ*.
1056 tiene *AJ*.

sacramento y para que le reciban con provecho de sus almas. No admiten[1057] la primera vez los cristianos a este divino sacramento sino con mucho examen. De manera que no solo se hagan capaces de lo que en él reciben y del aparejo que han de hacer para ello, mas también en las obras y vida[1058] sean tales que los más cristianos no se ofendan en se ver que reciben este divino sacramento, haciendo en esto lo que San Pablo ordena, escribiendo a los corintios[1059]: «Por tanto, pruébese cada uno a sí mismo, y coma así del pan, y beba de la copa. Porque el que come y bebe indignamente, sin discernir el cuerpo del Señor, juicio come y bebe para sí» [1 Corintios 11: 28–29].

Y de este modo de proceder se ha visto por experiencia siempre muy grande provecho[1060] en esta cristiandad de Japón, porque los hombres, con el deseo que tienen de ser admitidos a este divino sacramento, aprenden con mucha diligencia lo que les es necesario[1061] y grandemente procuran de vivir de tal manera que sean admitidos a él. Y comúnmente los que comulgan, que son ya en grande número en todas las partes a do hay [cristianos][1062], viven con buen ejemplo y tienen por cosa ajena de los que comulgan el caer en pecados mortales, especialmente de sensualidad. Y de estos que[1063] comulgan se entiende lo que los padres algunas veces escriben[1064] en sus cartas, diciendo que se parecen con los cristianos de la Primitiva Iglesia, aunque el concurso de los cristianos a las iglesias y a los sermones, a las disciplinas y confesiones y a otros actos de cristianos es aún mayor de lo que los padres en sus cartas escriben. Y tanto el amor y respeto que a los padres tienen, que esto y el provecho que los padres entienden que hacen con ellos, les acrecienta las[1065] fuerzas para pasar por ellos los trabajos que padecen. También la devoción que ellos muestran en las iglesias, y en todos los más actos que hacen como cristianos, es muy grande, y la misma devoción tienen a los agnusdéi, verónicas, cuentas benditas y reliquias que piden con tanta instancia que pasan aun los términos, siendo a las veces inoportunos y molesto en esto. De las [cuales][1066] cosas, hablando algunos padres en sus cartas, dan a entender lo que pasa.

1057 ánimas no admite *AJ*.

1058 vida *AJ*.

1059 «Probet autem seipsum homo: et sic de pane illo edat, et de calice bibat. Qui enim manducat et bibit indigne, judicium sibi manducat et bibit, non dijudicans corpus Domini».

1060 provecho y *AJ*.

1061 los que le es necesario saber *AJ*.

1062 BL omite esta palabra que AJ incluye.

1063 que se *AJ*.

1064 escribieron *AJ*.

1065 les parecían tales *AJ*.

1066 BL omite esta palabra que AJ añade.

El padre Cosme de Torres, en una carta que escribió al padre Antonio de Cuadros, provincial de la India, en octubre del año 61, dice así[1067]:

Cuanto a los cristianos y cuáles sean, yo verdaderamente me confundo decirlo. Vuestra Reverencia lo verá por las cartas que los hermanos escriben. Solo esto diré, que muchas tierras tengo visto de fieles e infieles, y nunca vi gente tan obediente a la razón, después que la conocen, ni tan inclinada a la devoción y penitencia, porque en ella y en recibir el santísimo Sacramento, los que son para ellos, más parecen religiosos que cristianos de tan poco convertidos. Son constantes en la ley que toman y de esto una sola cosa diré: que el año pasado, siendo los cristianos de Firando perseguidos y desterrados por ser cristianos, muchos de ellos dejaron perder su hacienda y se vinieron a morar en este Bungo, queriendo más ser pobres con Cristo nuestro Señor que ricos sin él. De la devoción diré otra cosa y es que cuando con la campana que aquí tenemos se hace señal a la oración a las horas acostumbradas, es tanta la devoción en se arrodillar a rezar que no solo los hombres, mujeres y mozos que tienen uso de razón lo hacen con devoción, más aun los niños que parecen carecer de este uso. Un cristiano me contó que, enviando los días pasados una su moza pequeña, cristiana, a buscar un poco de vino adonde lo vendían, aconteció que estando midiendo, tañeron a las avemarías, y que en oyéndolo, dejó el vaso del vino y se arrodillo a rezar, no se levantando hasta haber rezado cinco veces el paternóster y cinco veces el avemaría. Quedaron los gentiles tan espantados y edificados que decían que no había otro Dios como el de los cristianos, pues aún a los niños enseñaban buenas costumbres [CC, 278–279].

Y en la del hermano Luis de Almeida que arriba citamos, escrita en noviembre del año 62, hablando de la reverencia y devoción de los cristianos, dice así[1068]:

1067 «Quod ad Christianorum mores vitamque pertinet, plura ex literis Sociorum cognosces. Unum illud dicam, me tot barbarorum, et Christianorum terras emensum, gentem vidisse numquam aut rectae rationi, ubi eam cognoverint, aeque obtemperantem, aut ita pietati ac poenitentiae deditam; plane ut in Confessionis et Eucharistiae mysteriis obeundis religiosi coenobitae potius, quam tyrones ac neophyti videantur esse. Jam quanta sit eorum in fide constantia, vel ex oe facile conijci potest, quod cum Firandenses Christiani unius tantum susceptae religionis [f. 74] caussa cum aliis efficerentur injuriis, tum etiam in exilium pellerentur; multi re familiari neglecta Bungum commigrarunt, paupertatis incommodi Christi Domini caritati postpositis. Pietatis vero illud sit argumentum. Cum aere campano statis horis datur signum precandi, tanta est omnium in eo genere alacritas, non modo ut viri, feminae et pueri; sed paene infantes ipsi, qui nondum rationis compotes sunt, nixi genibus illico preces fundant. Sane Christianus quidam mihi narravit, cum paucis hisce diebus puellam tenera admodum aetate ad vinum a propola coemendum misisset, dum vinum e cupa depromitur, puellam audito salutationis Angelicae signo, relicta illico lagena genibus positis fixam stetisse, quoad orationem Dominicam et Angelicam salutationem quinquies recitassent: eamque rem barbaros qui aderant ita admiratos, ut dicerent nullum esse Deum cum Christianorum Deo comparandum, quorum pueri etiam ipsi bonos mores docerent. Haec Cosmus».
1068 Como se ha dicho arriba, parece ser que esta carta no se tradujo.

Christianorum [. . .] erat ita magna in Cosmum observancia ac veneratio, ut coram eo oculos attollere non auderent. Tanta religio ac pietas, ut in sacris mysteriis obeundis, ac praesertim in corpore Christi sumendo copiam lacrimarum effunderent. Ea denique animi virtus ac probitas morum, ut barbari ipsi Christianorum vitae admiratione sese colligerent.

Y el [padre][1069] Luís Fróis, en una carta que escribió en el año 63 tratando de las verónicas y cuentas benditas, dice así[1070]:

Como supieron los cristianos de las islas y de Firando que traíamos cuentas benditas y verónicas, se partieron muchos de sus casas maridos, mujeres e hijos, y siendo muy pobres, fletaban con su pobreza barcos que los trajesen siete leguas a este puerto. Y preguntando a qué venían, respondían que no venían a otra cosa sino a pedir una verónica. Y los que pedían una cuenta bendita, andaban ocho días primero rogando que sería servicio suyo dársela. Y cuando se les daban alguna Verónica o cuenta bendita, derramaban muchas lágrimas de placer y alegría, y cuando les parecía que por sí no las podrían alcanzar, con santa simplicidad tomaban a los portugueses por intercesores que nos lo rogasen. Otros cristianos venían a confesarse de Yamaguchi, que son cincuenta o sesenta leguas de camino, y otros de Facata, y otros de diversas partes, cuya devoción y afición a las cosas de nuestro Señor nos confunde mucho [CC, 421–422].

Y en otra carta del mismo escrita en el año 64, dice así:

Pyxidiculam ego cerearum agni caelestis imaginum, quas Romae summus Pontifex consecraverat, Sociis nostris attuleram ex India. Id ubi rescivit [f. 74v] Christiana quaedam anus Facatensis, multis precibus unam mihi earum extorsit. Ejus rei fama statim hoc toto tractum percrebuit. Itaque ad me quotidie et Firando, et aliis ex locis navigia veniebant virorum feminarumque plenissima, e reliquiis illis amoris (sic enim appellant) aliquid a nobis efflagitantium; negari non poterat. Itaque totum ejus cerae consecrationisque mysterium exponebat Joannes, deinde in eos distribuebatur. Et sane ceram in particulas ita minutas secare coacti sumus, ut Christianis mille quingentis ac triginta sufficerent. Haec ille.

El padre Cosme de Torres, en la carta que dijimos arriba escrita al padre Provincial de la India, dice así[1071]:

1069 BL omite esta palabra, mientras que AJ la incorpora.
1070 «Christiani vero, quique insulas, quique Firandum oppidum incolunt, ubi resciere nos piaculares orbiculos seu grana benedicta ex India, itemque Veronicas attulisse; multi cum universa familia, iique admodum pauperes, conductis mercede navigiis ad hunc portum trajecere. Interrogati cuius rei caussa; nullius praeterea, respondebant, nisi unius petandae Veronicae. Nam qui orbiculum optabant, octo diebus ante, supplicationes ad Deum habebant quo faciulius impetraret: atque etiam, cum sibimet ipsi diffiderent, Lusitanis apud nos deprecatoribus utebantur: eaque dona quam sibi grata essent, ipsis etiam lacrimis testabantur. Jan vero alii Christiani Amangutio, quinquaginta aut sexaginta leucarum itinere, alii Facata, alii denique, aliis e regionibus ad nos hucusque Confessionis caussa contenderunt. Quorum sane religio caritasque est admirabilis».
1071 «Jam vero quanti grana, quae benedicta vocantur faciant Christiani, praeclare demonstrant, cum pauca quaedam a nostris huc missa celebrioribus locis publice posita assidue pre-

La devoción que todos estos cristianos tienen a las cuentas benditas es grande, porque por unas pocas que nuestros hermanos acá enviaron –que están en los lugares comunes–, nunca cesan de rezar y si por ventura algún particular tiene alguna, siempre anda de mano en mano. Y la mayor limosna que se puede hacer a uno de estos cristianos es darle una cuenta bendita. Vuestra Reverencia, por amor de nuestro Señor, nos haga enviar algunas, pues también parece que se emplearan acá donde son tan estimadas, porque todo lo que de allá nos puede venir que más se estime, son ellas y nuestros hermanos los cuales Vuestra Reverencia, por amor de nuestro Señor, envíe, pues tan necesario son a esta gente que no son malucos o brasileños [CC, 279–280].

De esto y de todo lo más que se ha dicho en este capítulo, se puede bien entender si[1072] los padres, en guiar[1073] esta nueva Iglesia, siguieron las pisadas de los apóstoles y los más santos de la Primitiva Iglesia, aunque con diferente perfección y virtud, de la manera que se ha dicho.

---

cando percurrunt. Et si quod est alicujus privatum, semper de manu in manum traditur, nec quicquam donari gratius his hominibus potest. Proinde una cum operariis mitte quaeso ex iis etiam granis aliquot, quoniam tanto in honore sunt. Et noli dubitare, quin utrumque beneficium melius hic, quam apud Malucos, aut Brasilicos collocetur. Haec Cosmus».

1072 a *AJ*.
1073 guiarse *AJ*.

Capítulo 17
Pasó el padre Vilela varios trabajos en el Miaco y comenzó a hacer muchos cristianos

Volviendo[1074] ahora al hilo de nuestra *Historia*, en el principio del año 1560 el padre Gaspar Vilela, que como arriba dijimos había ido con el hermano Lorenzo japonés a las partes del[1075] Miaco, se fue derecho a Fienoyama[1076], que era una universidad de bonzos que está como seis leguas del Miaco –que así se llama, y no ‹Frenoyama› como en latín la llamaron– esperando con el favor de un bonzo a quien iba a buscar[1077] tener en la ciudad del Miaco alguna entrada. Mas, hallando a aquel bonzo muerto y teniendo varias disputas con otros, y no hallando ninguna entrada con ellos, se fue derecho a la real ciudad del Miaco a do pasó en el principio muchas incomodidades y trabajos, no hallando ni aun quien les[1078] quisiese dar posada en su casa por la grande contradicción y persecución que les hacían los bonzos. De lo cual, hablando el padre Gaspar Vilela en una carta que escribió en septiembre del año 61, dice así[1079]:

1074 16º AJ. "En el manuscrito de Ajuda se menciona el capítulo 16, pero en el presente texto corresponde al capítulo 17. Esta discrepancia podría deberse a una variación en la numeración original del manuscrito o a un error del copista"
1075 del *AJ*.
1076 *Fienoyama*, más correctamente conocido como *Hienoyama* (比叡山) y actualmente conocido como Hieizan, es una montaña famosa ubicada en la región de Kansai en Japón, cerca de Kioto. Hieizan es especialmente conocido por su importancia histórica y cultural, ya que es el sitio del templo Enryaku-ji, un monasterio budista de la secta Tendai fundado en el siglo VIII.
1077 esperar *AJ*.
1078 le *AJ*.
1079 «Sacaio [. . .] ex itinere ali quantulum [f. 75] recreati, ad montem contendimus Frenojamam, ab urbe Miaco passuum millibus decem et octo. Mons autem est permagnu: habitatur a Bonziis, et caput est regni, ad cujus radices jacet lacus plenus piscium, passuum nonaginta millia in longitudinem, unum et viginti in latitudinem colligens, quem multis confluentes efficiunt amnes. In ejus litore locus est ad montem pertinens coenobiis plus quingentis visendus, multis aliis bellorum injuria deletis, quae quondam trium millium, et trecentorum summam implesse dicuntur. His autem coenobiis Bonzii diversarum sectarum habitant, bipedum superbissimi: ac ceteri quoque montis incolae ad literas natura propensi videntur, in quibus (ut opinor) excellerent, si se ad Christianam religionem adjungerent. Quibus nos Evangelii lumen inferre conati, nihil profecimus. [. . .]. Ubi igitur frustra nos laborare intelleximus, inde profecti, paucis diebus Meacum hieme tum ineunte pervenimus. Est autem urbs perampla, tamensi major olim fuisse traditur, cum esset ejus longitudo passuum unius et viginti millium, novemque latitudo. Hanc montes editissimi cingunt: quibus in imis ingentia ubique et opulenta coenobia, atque aedificia antiqua cernuntur: quamquam seditionibus et incendiis una cum ipsa urbe magna ex parte dis-

https://doi.org/10.1515/9783111617602-019

Esta ciudad de Sacai [. . .] aquí descansamos del trabajo pasado, y pocos días después llegamos a la sierra de Fienoyama, que está seis leguas de Miaco. Esta sierra que está poblada de
bonzos es muy grande, y tiene un reino sujeto. Al pie de ella hay una laguna con mucho
pescado, de treinta leguas en largo y siete de ancho que se hace de ríos que entran en ella.
En una playa de esta laguna hay un lugar que pertenece a la sierra, en la cual aura
ahora más de quinientos monasterios, afuera los que se han destruido con las guerras, que
dicen que eran por todos tres mil y trescientos. Estos monasterios son de bonzos de diversas
sectas, en quien reina la soberbia más que en otro género de gente. Los moradores de esta
sierra parecen naturalmente inclinados a letras y [se] creyó que florecería en ellos la ciencia
si se hiciesen cristianos y estudiasen. Llegados aquí, procuramos de saber si había algún
modo de manifestar la palabra de Dios, mas como había tantos bonzos, no hallamos
aparejo más que un letrado ya viejo que, con algunos discípulos suyos, gusto de oírla. Porque declarándole yo como había un solo Dios criador de todas las cosas [. . .]. Partidos de
estas tierras, llegamos en poco tiempo a Miaco en el principio del invierno, y no hallando
por toda la ciudad quien nos acogiese en su casa, quiso nuestro Señor que hallásemos una
casilla pobre que alquilamos. Esta ciudad es muy grande aunque menor de la que fue en el
tiempo pasado, porque dicen que tenía siete legua de largo y tres de ancho. Está toda cerrada de sierras muy altas, y al pie de ella por todas las partes hay grandes monasterios y
edificios antiguos de mucha renta, puesto que ellos y la ciudad están ya muy desbaratadas
con las guerras y fuegos que ha habido. Y según lo que dicen los moradores, lo que ahora
tiene esta ciudad es como sueño en comparación de lo que fue. Es tierra muy fría, parte por
la mucha nieve que en ella hay, parte por la falta que hay de leña. Es tan estéril que los
mantenimientos comunes son nabos, berenjenas, rábanos, lechugas y otras legumbres.
Dicen que hubo en ella grande policía, así en religión como en letras, de lo que aún hay
algunas muestras, porque de aquí y de la sierra que dije salieron todas las sectas de Japón,
cuyas cabezas y prelados residen aquí. Llegados a esta ciudad y aposentados en la casilla
que dije, nos pareció muchas veces en el Señor, que era conveniente comenzar a manifestar
su santa fe en esta tierra y visitando primero el señor de ella, porque lo tuviésemos propicio
[CC, 310–311].

Cuanto a lo que toca a Fienoyama y a la ciudad del Miaco, con las guerras que de
antes y después sucedieron, hubo en ellas[1080] muchas mudanzas, ahora creciendo,
ahora menguando y ahora destruyéndose del todo. El padre Vilela las halló en el
estado que escribe, después Nobunaga destruyó totalmente Fienoyama, y Quam-

---

jecta, et excisa: ut, quod nunc urbis incolitur, priscae magnificentiae tenuis quaedam velut imago
esse perhibeatur. Regio est imprimis frígida, partim ex copia nivium, partim ex arborum caedua-
rum inopia. Sterilis autem adeo, ut raphanis, rapis, melongenis, et leguminibus vulgo vescantur.
Haec autem civitas dicitur quondam religione ac literis floruisse: cujus rei argumentum etiam
illud afferunt, quod ec eadem urbe monteque omnes Japoniorum sectae manaverint, quarum
principes ac magistri in his locis sibi in hoc usque tempus sedes, ac domicilium collocarunt.
Meaci igitur, conducto hispitiolo, cum nemo fere ad nos ignotos adhuc, et obscuros audiendos
accederet, mihi faciendum existimavi, ut primum omnium Regem sive Imperatorem honoris
caussa inviserem, ut eo benevolo, propotioque uteremur. Haec Vilela.
1080 ellos *AJ*.

bacudono acrecentó[1081] grandemente la ciudad del Miaco, reduciéndola a su antiguo estado y nobleza de la manera que la vemos ahora y se dirá en su lugar. Al padre pareció entonces estéril por las guerras y perturbaciones que había[1082] en ella y por la mucha pobreza con que pasó su vida en aquellos principios, mas de su natural es abundante y fértil como [f. 75v] ahora se experimenta. Aun[1083] por la mucha concurrencia que hay de gente[1084] es tan barato como en otras partes.

Mas, volviendo a los nuestros, como se hallasen tan solos y desamparados, fue nuestro Señor servido acudirles con su divina providencia, porque por vía de un cristiano tuvieron entrada con un hombre de edad ya rapado, que era un caballero principal en la casa del *Cubo* y, por medio a[1085] este, también alcanzaron visitar al *Cubo*, que fue cosa muy importante para que pudiesen quedar en el Miaco. Y poco después, tuvieron también entrada para visitar Mioxidono, que era entonces señor de la *Tenca* y de más importancia que el *Cubo*, porque aunque el *Cubo* era mayor en dignidad[1086] y Mioxidono se llamaba su capitán, todavía él tenía ocupado el señorío de la *Tenca*. De manera que el *Cubo*, sin él, no podía casi nada, aunque Mioxidono le conservaba en su estado hasta que, poco después, le mató como diremos en su lugar. Y con esta visita del *Cubo* y de Mioxidono, de los cuales con particular providencia divina fue el padre bien recibido, comenzó a tener algún crédito y nombre en aquella ciudad; de manera que comenzaron a acudir muchos a oírle. Y aunque no faltaron muy grandes persecuciones de los bonzos, movió todavía nuestro Señor el corazón de algunos mercaderes de aquella ciudad del Miaco a que se hiciesen cristianos. De lo cual, hablando el hermano Lorenzo en una carta que escribió en el mes de junio de este mismo año 60, dice así[1087]:

1081 acrecentaron *AJ*.
1082 habían *AJ*.
1083 experimentaron, aunque *AJ*.
1084 no es *AJ*.
1085 de *AJ*.
1086 en la dignidad *AJ*.
1087 «Gaspar, ut omes aditus clausos Evangelio vidit; Frenoiamo profectus, Meacum contendit. In ea urbe quatuordecim dies in aedibus conductis morati ad docendum minime accommodatis, in alias migrare coacti sumus loco celebriore positas. Huc Meacenses nonnulli jam ad audiendum Evangelium ventitabant. Post quintum autem et vigesimum diem, Bonzio nos deducente, viro in primis civitatis honesto, Regem seu Imperatorem Gaspar adivit. A quo ita amice acceptus est, ut ex ipsomet ejus póculo, honoris et amititiae caussa biberet. Tum vero frequentiore etiam urbis parte nobis ad habitandum assignata, magna vis omnis generis hominum ad nos, vel audiendi, vel disputandi causa, confluxit; sed animis initio tam obduratis, ut verbo Dei audito, partim blasphemarent, partim etiam irriderent nos, atque deluderent. [. . .] Postea cum Gaspar ad Mioxidonum, qui praecipuum Meaci obtinet dignitatis locum, auxilii petendi causa a primario quodam cive deduceretur; tota urbe percrebuit Mioxidoni jussu primarium illum virum in vincula

Viendo el padre que no había remedio para se manifestar la palabra de Dios en Fienoyama, ordenó que prosiguiésemos nuestro camino hasta la ciudad de Miaco. Llegando a esta ciudad, alquilamos una casa donde estuvimos catorce días, sin acudir los japoneses porque no sabían parte de nuestra llegada. Por esto nos fue necesario mudarnos a otra casa más aparejada para este fin y aquí acudían algunos a la palabra de Dios. Pasados veinte y cinco días, por intercesión de un bonzo, muy honrado en esta ciudad, fue el padre a hablar al rey que llaman *Gojo*[1088]. Este rey mostró holgarse mucho con ver el padre, y le dio de beber por la taza con que él bebió, que es señal de amistad. Luego nos pasamos a otra casa de mejor sitio adonde acudió mucha gente, así bonzos como legos, que venían a oír y disputar. Mas venían tan endurecidos que, oída la verdad, se tornaban para sus casas unos blasfemando y otros burlando y escarneciendo de ella. [. . .]. Un día iba el padre a casa de Mioxidono que es la segunda persona de este reino, a pedirle favor, y porque iba con un caballero principal corrió fama que el Mioxidono había mandado prender al padre y que aquel caballero lo llevaba preso. Y después, mandando el regidor de Miaco que pregonasen por las calles que nadie hiciese mal al padre, decían muchos que habían pregonado que lo echasen fuera de la ciudad con otros falsos testimonios, que contar los sería nunca acabar [CC, 231–233].

Esto que llaman en las cartas «Emperador», o «Rey», era el *Cubo*, que por lo que arriba dijimos, por mucho [f. 76] tiempo lo llamaron los primeros padres por este nombre. Después de hechas estas visitas, se determinó el padre para convocar[1089] el pueblo y predicar a la[1090] descubierta la cruz de nuestro Señor, salir en público en aquella ciudad a do él estaba con una cruz, sentándose en un lugar y comenzando a predicar el Evangelio por el hermano Lorenzo, que estaba junto con él. Y

Gasparem conjecisset, Rursus cum urbis praefectus per urbis compita edixisset, ne quis Gasparem laederet; fictis rumoribus multi edictum esse mentiebantur, ut Gaspar oppido pelleretur. Hujusmodi multa praetereo, quae singillatim enarrare nimis longus est. Haec Laurentius».

1088 En otras cartas también llamado *Goxo*. Se trata del shōgun Ashikaga Yoshiteru (足利 義輝) fue el 13° shōgun del shogunato Ashikaga, gobernando desde 1546 hasta su muerte en 1565. Conocido por su ascenso al poder en una época de intensa intriga política y conflicto militar, Yoshiteru enfrentó numerosos desafíos internos y externos que amenazaron la estabilidad del shogunato. Durante su mandato, Yoshiteru luchó por mantener la autoridad del shogunato Ashikaga frente a la creciente influencia de daimios y facciones militares regionales. Uno de los episodios más destacados de su gobierno fue su enfrentamiento con Miyoshi Chōkei, quien desafió la autoridad del shogun y capturó Kioto en 1550. A pesar de sus esfuerzos por resistir, Yoshiteru se vio obligado a aceptar la influencia de Chōkei y otros daimios poderosos en la política nacional. La muerte de Yoshiteru en 1565, asesinado por fuerzas rebeldes lideradas por Akamatsu Masanori, marcó un punto de inflexión en la historia del shogunato Ashikaga.

1089 comenzar *AJ*.

1090 publicar al *AJ*.

lo que le aconteció, porque escribe[1091] largamente en la misma carta que arriba citamos, lo pondremos aquí por sus mismas palabras[1092]:

[. . .] tomé un día una cruz y comencé en medio de la calle a declarar la ley de Dios a todos los que ahí estaban y pasaban por ella. Acudió luego tanta gente que era cosa para espantar: unos venían por oír cosas nuevas, otros por burlar. Mas satisfaciendo por la gracia del Señor a sus preguntas, y viendo ellos que sus razones no tenían fuerza contra la doctrina de Jesucristo, se extendió tanto un rumor por la ciudad que en todas las casas se platicaba de lo que yo decía. Unos decían que mis pláticas eran cosas del Demonio, otros decían que yo tenía razón en lo que predicaba y otras cosas semejantes. Los bonzos andaban por las calles como hombres fuera de seso, incitando contra mí el pueblo en los lugares públicos, y diciendo blasfemias de la ley de Dios que yo predicaba. Levantáronme algunos falsos testimonios, como que comía carne humana, y que me hallaban en casa los huesos de hombres muertos. Otros decían que era un Demonio en carne humana, puesto que en lo exterior pareciese hombre y otras cosas semejantes. Y viniendo a la calle donde posaba, incitaban a los

---

1091 lo escribieron *AJ*.
1092 «Deinde –dice él– sumta cruce, in mediam viam ex aedibus prodiens Christum palam praedicare institui. Quas ad voces ingens continuo populi multitudo convenit, alii rerum novarum studio, alii etiam cavillandi atque irridendi. Quorum interrogationibus cum ita Deo adjuvante responderetur a nobis, ut ipsorum rationes plane infirmari, ac refutari constaret; adventus nostri fama totam urbem ita pervasit, ut omnium sermone celebraretur: partimque improbaretur nostra doctrina, partim etiam defensores aliquos inveniret. Bonzii quidem furentes circumcursare vicos, plebem in nos incitare, Evangelium probis maledictisque proscindere, falsis etiam testibus criminari, nos carnes humanas vorare, repertaque domi nostrae ossa cadaverum: alii denique nos hominum specie daemonas dicere: hortari etiam vicinos, ut nos finibus, pellerent, aedium vero domino exprobare, quod nos in suis tectis morari pateretur: qui ipsorum dictis impulsus, mihi renuntiari jussit, ut confestim migrarem: cumque incertus quo me reciperem, haud ita continuo parvissem; evaginato gladio in e impetum fecit, quanvis intelligeret, si me occidisset, se vel patriis legibus capite punitum iri, vel ejus ignominiae vitandae causa, morte Japonico more sibi ultro esse oppetendam. Ac meus quidem quidem tum esset animi sensus ac status, cum impendentem mihi e barbari manibus evaginatum ensem aspicerem, existimare potestis ipsi. Et sane mihi affirmanti credite fratres, permultum interesse, utrum quis mortem apud se tacitus meditetur, et cogitet, an oblatam sibi proprius intueatur ac cernat. [. . .]. Eo periculo perfunctus, cum jam aliquot Christianos fecissem, iniquorum furori concederé, et in alias aedes migrare constitui, quas nobis vini propola exhibuit perincommodas. Quippe quae Januario mense in magna nivium copia, frigoribus maximis, et parietibus, et omni alio munimento carerent. Hic nos majore etiam animo coepits institimus, Dei beneficio parati, vitam, si opus esset, in Christiana caussa profundere. Jamque et e civibus plures, et e paganis permulti Christo nomina dare non dubitabant, quamvis ob id ipsu vulgo despicerentur, et bonzij, licet aliqua ex parte placati, nondum tamen [f. 76v] calumniis ac maledictis nos lacerare desisterent: quinimmo ne uspiam consistere nobis liceret, communi consilio emtores ab ejus taberna qui domum nobis locaverat, avocare coeperunt: quo ille permotus incommodo, saepius egit mecum, ut inde migrarem, sed tamen solitudinem nostram miseratus, quod nullus praeterea foret nobis in urbe locus, tres menses de habitatione commodare constituit. Quo temporis spatio multa frigoris, laboris, valetudinis incommoda non solum aequo, sed etiam libenti animo (Domino auxiliante) pertulimus. Haec Vilela».

vecinos que no me consintiesen morar en su calle, y al señor de la casa, que no era hombre si luego no me echase fuera de ella, el cual me envió un recaudo que me saliese luego de su casa. Y porque no salí tan presto como él quisiera, porque no sabía adonde me había de ir, se vino a mí con una espada desenvainada para matarme, con ponerse él a peligro de la vida, por la costumbre de la tierra que quien mata a otro se mata también a sí, o lo matan por justicia. Y porque es grande deshonra ser muerto por la justicia, acostumbran ellos a matarse. Ya podéis ver, hermanos carísimos, cuál estaría viéndome debajo de la espada desenvainada en manos de un gentil, certificoos que va mucho pensar en la muerte y verse en ella [. . .]. Después de haber bautizado en aquella casa los primeros cristianos que se hicieron en Miaco, determinando de dar lugar a la ira de los bonzos y de no dejar de manifestar la ley de Dios, me mudé para otra en la cual, como no tenía paredes ni cosa que defendiese del frío, tuvimos mucho trabajo por las grandes nieves que había, que era en el mes de enero. Aquí comenzó el Señor a traer a su santa fe algunos, porque un día venían quince, otros veinte, otro treinta personas. No obstante que estos gentiles tenían por hombres bajos y viles los que se hacían cristianos, y de las aldeas o montes comarcanos venían oír y recibir nuestra santa fe. De manera que se iba acrecentando el número de los fieles y yo, no obstante los trabajos pasados, me hallaba con la gracia del Señor aparejado para dar la vida por la confesión de su santa fe, y con algún esfuerzo que él me dio, sin merecérselo, comencé a tomar mayor ánimo contra los bonzos, que ablandaban ya alguna cosa de su furor, aunque no dejaban de blasfemar y murmurar en nuestra ausencia. Y porque el dueño de la casa donde estábamos vendía vino, se concertaron entre sí que ninguno de la ciudad le fuese a comprar vino hasta que me echase de su casa. Por esta causa, me pidió muchas veces que me saliese de ella, mas, por ruegos, viendo que no teníamos donde nos recogiésemos, nos dejó estar tres meses en que padecimos mucho frío, trabajos y enfermedad, mas todo lo hacía dulce la grande consolación que nuestro Señor nos daba con ver tantos que venían a recibir su santa fe [CC, 311–314].

De esto mismo, hablando el hermano Lorenzo en su carta arriba citada, dice así[1093]:

El dueño de la casa donde posábamos, con importunaciones y amenazas que los bonzos le hicieron, nos dijo que no nos quería tener más en su casa, por lo cual nos fue necesario acogernos a otra adonde, no contentos con llamarnos monas, raposas, endemoniados, comedores de carne humana, comenzaron los muchachos inducidos por algunos que nos aborrecían a injuriarnos y tirarnos muchas pedradas, echándonos tierra y arena, con otros escarnios. Mas, esforzados con la gracia de nuestro Señor, no dejamos de continuar los sermones hasta el abril siguiente a todos los que querían venir a recibir en sus almas la palabra divina, la cual recibieron con el santo bautismo casi cien japoneses [CC, 233].

1093 «Interim Bonziorum minis, atque importunitate compulsus hospes is, ad quem diverteramus, nos domo sua dimisit: itaque in aliam nos recipimus. Hic acrius etiam in nos adversarii saevire coeperunt, cum nos alii simias, vulpes alii, alii deniqua a daemonibus occupatos, anthropophagosque appellarent: pueri etiam eorundem instinctu cum ceteris injuriis, et illusionibus, tum etiam lapidum, glebarum et arenae conjectu infestarent, atque lacesserent. Quamquam his rebus, Domino adjuvante, minime deterreti sumus, quo minus Evangelium ad mensem Aprilem usque nuntiaremus, cui Japonij centum circiter fidem habuere baptizatique sunt. Haec ille».

En estos primeros meses tuvo el padre y el hermano Lorenzo grandes disputas con diversos bonzos de varias sectas que concurrieron[1094] para las avergonzar y confundir, mas ellos se hallaron convencidos y avergonzados, de manera que, huyendo ya de venir a disputa, no hacían otra cosa más que decir mal de ellos, procurando de los infamar, y dar a entender al pueblo que finalmente los nuestros no decían en sustancia otra cosa que lo que ellos mismos tenían en sus sectas. De las cuales cosas, hablando el mismo hermano Lorenzo en la dicha carta, dice así[1095]:

> En este tiempo vinieron aquí cinco bonzos, de los que llaman *Buracaque*[1096], que entre ellos hacen a su modo meditaciones. Y, hechas algunas preguntas en que claramente se veía la malicia del Demonio que los incitaba, quedaron confusos y avergonzados con las respuestas del padre. También vinieron dos letrados de otra secta que llaman *Tendaju*[1097] y, después de grandes disputas sobre sus sectas, y nuestra santa fe, vinieron a conceder que nuestra ley es la verdadera, puesto que ninguno de ellos la quiso recibir. Otro, que era letrado entre ellos, vino a disputar con el padre y, entendiendo de la disputa como era verdad que había un Creador y que el alma era inmortal, por no apartarse de los abominables pecados de la carne en que estaba, dijo que no recibía el bautismo porque no se atrevía a vivir limpiamente [CC, 233–234].

Y más abajo[1098] dice[1099]:

1094 corrieron *AJ*.
1095 «Sub id tempus Bonzii quinque nos convenerunt ex ea secta, quam Baracaque appellant, qui meditationibus quibusdam vacant arbitratu suo compositis vacant. Ii cum nonnulla de nobis quaesissent ejusmodi, ut appareret eos a daemone agi, Gaspari responsis victi, abjectique conciderunt. Duo praeterea ex ea secta quae Tendavi dicitur, cum diu nobisscum de religione atque acriter disputassent; concessere ad extremum veram nostram esse doctrinam, tametsi eorum nemo se ad Christum adjunxit. Alius in primis eruditus, cum e sermone Gasparis cognovisset, unum esse opificem rerum ómnium, animosque hominum nunquam interire; iccirco negavit se Baptismum petere, quod ex impurissimo flagitiorum caeno emergere, casteque vivere se posse diffideret».
1096 *Murasaki* «secta budista, sede en Daitokiji» (DJ2, 695).
1097 La secta Tendai, conocida como Tendai-shū (天台宗) en japonés, es una de las tradiciones budistas más antiguas de Japón, fundada por Saichō en el siglo VIII. Esta secta combina enseñanzas del budismo Mahayana con elementos del budismo chino Tiantai y ha tenido una profunda influencia en la cultura y religión japonesa a lo largo de los siglos.
1098 abajo así dice *AJ*.
1099 «Non longe ab aedibus nostris incendium excitatum est: cujus incendii in nos ut veneficos [f. 77], diaboliqueque praecones caussa conferebatur: sed jam Bonziorum furor aliqua ex parte deferbuisse videtur. Quorum cum ita multa, ac diversae numerentur sectae, suam quisque profiteri nos dicunt, Xingovini, id ipsum Denichi, quod illi praedicent: Ienxuani Foben quoddam suum; Foquexani Mion (disciplinarum ea nomina sunt) Jondaxuenses Amidam: Xintani denique quoquium: sed ut speramus non longe aberit, quin omnes falteantur legem summi caelorum terraeque opificis nostro praeconio promulgari: quem pro sua infinita clementia facturum esse confidi-

Cerca de la calle donde posábamos se encendió un fuego, lo cual decía que había venido por nuestra culpa, que éramos hechiceros y veníamos a enseñar la ley del Demonio. Mas ya los de la secta *Xingovi*[1100] dicen que lo que nosotros predicamos es el *Denichi*[1101] que ellos predican; y los de la secta de *Jenxu*[1102], dicen que lo que predicamos es el *Foben*[1103], que ellos tienen; y los de la secta de *Foquexa*[1104] dicen que es el *Mion*[1105] que ellos predican; y los de

---

mus, ut ipsum cognoscant, cognitoque omnem laudem, et gloriam tribuant. Vestras etiam atque etiam, fratres mihi carissimi, ut istius Ecclesiae, quibus egeo maxime, deprecationes imploro. Miaco. 4. Non. Junias, 1560».

1100 La secta Shingon-shū (真言宗) fue fundada en Japón por Kūkai (空海) en el siglo IX. Basada en enseñanzas esotéricas importadas de China, específicamente del budismo Vajrayana, Shingon-shū enfatiza la práctica de mantras, mudras (gestos simbólicos), mándalas y rituales complejos como medios para la iluminación espiritual directa en esta vida. El centro espiritual principal de Shingon es el monte Kōya (高野山, Kōyasan) en la prefectura de Wakayama, Japón, donde Kūkai estableció el complejo monástico y el templo Kongōbuji.

1101 Dainichi Nyorai (大日如来), conocido en sánscrito como Vairocana, es el Buda Cósmico central en las tradiciones esotéricas del budismo japonés, especialmente en las sectas Shingon y Tendai. Representa la verdad última y la esencia del universo, simbolizando la unidad de todos los Budas y la interconexión de todas las cosas. Introducido en Japón por Kūkai, el fundador de la secta Shingon, Dainichi se considera omnipresente e inherentemente presente en todas las cosas.

1102 Zenshū (禅宗) es un término que abarca las diferentes escuelas del budismo zen en Japón, una tradición que se centra en la meditación (zazen) y la experiencia directa de la iluminación. El zen tiene sus raíces en la escuela Chan del budismo chino y fue introducido en Japón en los siglos XII y XIII. Las principales escuelas del zen en Japón son Rinzai, fundada por el monje Eisai (1141–1215), que enfatiza el uso de kōans (enigmas o preguntas paradójicas) para romper las barreras del pensamiento racional; Sōtō, establecida por Dōgen (1200–1253), que se centra en la práctica de shikantaza (solo sentarse) y la meditación sin objetos; y Ōbaku, introducida por el monje chino Ingen (1592–1673), que combina elementos del zen Rinzai con prácticas de la Tierra Pura.

1103 *Hōben* (方便), traducido como «medios hábiles» o «medios expeditos», es un concepto fundamental en el budismo Mahayana que se refiere a las diversas técnicas y métodos utilizados por los budas y bodhisattvas para guiar a los seres sintientes hacia la iluminación. Este principio se basa en la idea de que las enseñanzas budistas deben adaptarse a las capacidades, circunstancias y necesidades individuales de los practicantes para ser efectivas. Un ejemplo clásico de *hōben* se encuentra en el *Sutra del Loto*, específicamente en la parábola de la casa en llamas, donde un padre usa diferentes carros como señuelos para rescatar a sus hijos, ilustrando cómo los budas emplean diversas estrategias para atraer a los seres hacia el camino del despertar. El término en sánscrito para *hōben* es *upaya*, y subraya la flexibilidad y la compasión en la enseñanza del Dharma.

1104 Hokke-shū (法華宗), también conocida como la escuela Nichiren, es una tradición del budismo japonés centrada en las enseñanzas del *Sutra del Loto*. Fundada por Nichiren Daishonin (1222–1282), la escuela se distingue por su devoción exclusiva a este sutra, considerado por Nichiren como la culminación y la expresión más completa del budismo.

1105 *Myō* (妙), que significa «maravilloso» o «misterioso», es un concepto fundamental en el budismo japonés, particularmente en la escuela Nichiren. En el contexto del mantra «Namu Myōhō Renge Kyō» (南無妙法蓮華経), que se traduce como «Devoción al Sutra del Loto del Dharma Mala secta de *Jondaxu*[1106] dicen que es *Amida*[1107], y los de la secta de *Xinto*[1108] dicen que es *Coqui*[1109] que ellos tienen. Finalmente, todos dicen ya que lo que nosotros predicamos es aquello en que se funda su secta y así están en víspera de subir otro grado y decir que lo que predicamos es la ley del Creador del cielo y de tierra, en cuya inmensa misericordia esperamos que les dará gracia para que le conozcan y conocido le alaben y glorifiquen. En sus oraciones, hermanos carísimos, encomiendo mucho y lo mismo pidan a los cristianos de la tierra, porque tengo mucha necesidad de ello. Hecha en Miaco a dos de junio de mil y quinientos y sesenta [CC, 237–238].

Acerca de lo que aquí escribió el hermano Lorenzo se hallan diversos nombres de tal manera mudados en la pronunciación, ahora fuese por yerro de la impresión, ahora de la trasladación en la lengua latina en que se escribieron estas cartas, que apenas en Japón se entienden. Lo cual es muy frecuente en estas cartas, porque como se imprimieron en Europa, a do los nombres de Japón son tan nuevos y peregrinos, y a las veces las cartas que se escriben no van en tan buena letra que se puedan claramente leer fácilmente, se mudan las letras y la pronunciación en los nombres, el cual yerro en Europa no se entiende, mas luego se conoce en Japón y a las veces también en la trasladación se cortan las cartas para las abreviar. De modo que, se muda aun el sentido, y así en las palabras de arriba cuando

---

ravilloso», el término «Myō» destaca la naturaleza profunda, inexplicable y sublime del Dharma (la ley budista). Según las enseñanzas de Nichiren Daishonin, «Myō» representa la capacidad de todas las cosas para revelar su verdadera naturaleza búdica, y el potencial inherente de todos los seres para alcanzar la iluminación.

1106 Jōdō (浄土), o la escuela de la Tierra Pura, es una de las principales tradiciones del budismo japonés que se originó a partir de las enseñanzas de Hōnen (1133–1212). La escuela se basa en la devoción al Buda Amida (Amitābha) y en la aspiración de renacer en su paraíso occidental, conocido como la Tierra Pura o Jōdo. Hōnen, quien estudió las escrituras budistas y concluyó que las prácticas tradicionales eran demasiado difíciles para la mayoría de las personas en la era degenerada de Mappō, promovió el recitado del nembutsu (南無阿弥陀仏, «Namu Amida Butsu»), que significa «Devoción al Buda Amida», como el camino más accesible y efectivo para alcanzar la salvación.

1107 Amida (阿弥陀), también conocido como Amitābha en sánscrito, es un buda celestial venerado en el budismo mahāyāna por su promesa de crear un paraíso occidental llamado Tierra Pura (Jōdo), donde los seres pueden renacer después de la muerte y alcanzar la iluminación con facilidad.

1108 La palabra Shintō (神道) se refiere a la religión autóctona de Japón, centrada en la veneración de los kami, espíritus o deidades que habitan en la naturaleza, los lugares sagrados, los objetos y los antepasados. Aunque el Sintoísmo no se organiza formalmente en sectas como algunas otras religiones, como el budismo o el cristianismo, existen diversas tradiciones y enfoques regionales dentro de la práctica religiosa sintoísta. Estas variaciones pueden manifestarse en diferentes rituales, festividades y enfoques hacia los kami, influenciados por la historia, la geografía y las interacciones culturales de Japón.

1109 «*Cocujo*: Kokkyō, ‹Doctrina de la nación›» (DJ2, 274–275).

dice: «Bonzii quinque nos convenerunt ex ea secta, quam Baracaque appellant», en lugar de «Baracaque», ha de decir «Murassaqi», el cual no es secta, mas un monasterio de bonzos muy celebre en la ciudad del Miaco, y la secta que ellos profesan es de *Jenxu*, que dicen no haber otra vida que la de este mundo. Asimismo, los[1110] que llamaron en latín «Tendavi», «Xingovini», «Jenxuani», «Focquexani» y «Jendaxuenses» y «Xintani», son[1111] todos nombres de sectas que todas acaban en la pronunciación japónica en -*xu*, que quiere decir ley, y así se[1112] dicen *Tendaixu, Xingoxu, Jenxu, Focquexu, Jondoxu*, que son diferentes sectas y en latín o se deben poner por su nombre indeclinable, o todas se deben declinar de la misma manera: «Ut Tendaixuni, Xingoxuni, Jexuni, Focquexuni, Jonduxuni».

Y lo que llaman *Denichi* es nombre de su primer principio que los *Xingoxus* llaman *Dainichi* y no *Denichi*, al cual los *Jenxus* llaman *Fubun* y no *Foben*, y los *Focqexus* llaman *Mio* y no *Mion*[1113], y los *Jondoxus* llaman *Amida*. Y estas todas son sectas que vinieron de la China y adoran los *Fotoques*. Los de *Xinto* son los que adoran los *Camis* que [f. 77v] fueron los dioses antiguos de Japón y sus[1114] señores naturales, de los cuales el *Dayri* y los *Cungues* traen su origen. Y así, parece que en latín se debe poner por nombre indeclinable, porque de esta manera se dirá más propiamente y se entenderá mejor. Y aunque de todas estas sectas tratan los nuestros padres en diversas cartas lo que entonces pudieron saber, no me pareció tratar de ellas más de lo que arriba esta dicho por ser cosa muy larga[1115], confusa y de ningún provecho.

Mas, volviendo ahora a nuestra *Historia*, después del padre Vilela y el hermano [Lorenzo][1116] pasar muy grandes trabajos, pobrezas y contradicciones en el Miaco, fueron haciendo muchos cristianos, y con el favor de ellos determinaron de comprar algún lugar a do pudiesen hacer su casa e Iglesia y no ir con tanto trabajos y contradicciones y pasando tantas afrentas por casas de alquiler, de las cuales a cada paso eran echados como está dicho. Y para poder comprar algún lugar procuraron por medio de aquel caballero que los introdujo al *Cubo*, y de otro caballero principal llamado Ixenocami,[1117] maestro de las ceremonias del mismo *Cubo*, haber una patente de él en que le concediese tres cosas.

1110 dos *AJ*.

1111 siendo *AJ*.

1112 de *AJ*.

1113 *Meom AJ*.

1114 sus propios *AJ*.

1115 larga y *AJ*.

1116 BL omite el nombre, mientras que AJ lo incluye.

1117 *Ixonocami AJ*. Parece ser que se refiere a Kamiizumi Nobutsuna (上泉 信綱) también conocido como Kamiizumi Isenokami pero no se encuentra ninguna fuente para contrastar esta información.

La primera, que pudiesen tener[1118] su casa en el Miaco y no le fuese tomada para aposentar soldados como hacen ordinariamente en los monasterios de los bonzos. La segunda, que no fuesen[1119] obligados a correr con ninguna de las obligaciones de servicios personales que tienen las más casas de Japón por ser[1120] ellos forasteros. Y la tercera, que se prohibiese so graves penas que ninguno hiciese descortesías, ni mal tratamiento en sus casas. Y con el favor de Dios y de estos[1121] caballeros alcanzaron esta provisión del *Cubo* y compraron un pequeño lugar a do hicieron su casa, y concertaron su altar, la cual después en[1122] tiempo de Nobunaga fue creciendo mucho como en su lugar diremos. Y así, en este año de 60 tuvieron los nuestros su primera casa e iglesia en el Miaco. De lo cual hablando el padre Vilela en la misma carta dice estas palabras[1123]:

> Llegado el verano, tornamos a visitar el señor de la tierra y pedirle licencia para residir en ella, y aunque hubo algunos impedimentos porque algunas personas le decían mal de nosotros. Plugo a Dios, nuestro Señor, que nos la dio, no solamente de palabra mas por escrito, con pena de muerte a quien nos hiciese mal o impidiese lo que hacíamos. Con esta licencia cesaron algún tanto nuestros perseguidores y comenzó a crecer el número de los cristianos, tanto que fue necesario en este Miaco hacerse una iglesia, la cual hicimos con la ayuda de nuestro Señor en una casa grande que se compró para eso. A esta iglesia concurrían de nuevo muchos gentiles a oír nuestra santa ley, la cual tomaban algunos, y otros decían que nuestra ley era cosa santa de Dios, mas que no la tomaban hasta que esté más dilatada y acrecentada en Miaco [CC, 313–314].

Después de alcanzar[1124] esta provisión y armar, como se ha dicho, su casa, en que tuvieron harta contradicción de los vecinos que estaban en aquella calle, quedaron los nuestros con alguna más comodidad [f. 78] y con mayor crédito. Y así se fueron haciendo algunos cuidad[anos] del Miaco cristianos y entre ellos algunas personas de crédito y reputación, entre los cuales fueron yendo ya no Diogo, que,

---

1118 tener en su *AJ*.
1119 fuese *AJ*.
1120 en *AJ*.
1121 todos *AJ*.
1122 en el *AJ*.
1123 «Jamque aestas appetebat, cum Regem rursus adivimus, ut nobis in urbe tuto manendi faceret potestatem. Ac, tametsi obstrectatores non defuere, feliciter tamen diploma statim abstulimus, mortis proposita poena, si quis nos aut injuria affecisset, aut quo minus suscepto munere fungeremur, impedire ausus esset. Ea re et iniquorum impetus retardari, et Christianorum numerus ita auctus est, ut necesse fuerit perampla domo ad eam rem coemta templum instruere, quo non Christiani solum, sed etiam Ethnici confluebat. Quorum alii se ad Ecclesiam aggregabant, alii cum verba nostra vehementer probarent, Baptismi tamen petitionem se differre dicebant, quoad latius res Christiana pateret. Haec ille».
1124 desde *AJ*.

como después diremos, ayudó mucho para la conversión de algunos muy principales caballeros, y Meison Fabián, que siendo bonzo de *Murassaqi*, de muchas letras y viejo de mucha edad, convencido se hizo cristiano con tanto fervor que
ayudó mucho para el crédito de nuestra santa ley. También se hizo cristiano
Riusa Joaquín[1125] y Agustín, su hijo, que era de hasta doce años poco más o
menos, que aunque entonces eran pobres, llegó después Riusa Joaquín a ser tan
favorecido de Quambacudono que vino a ser su tesorero y gobernador de la ciudad de Sacai, y su hijo fue de los mayores capitanes que tuvo Quambacudono y
llegó a ser muy gran[1126] señor, dándole la mitad del reino de Fingo[1127], como diremos en su lugar.

Hízose también cristiano entre los primeros Gonoye Bartolomé[1128] que después viniendo a estas[1129] de Ximo, ayudó grandemente al padre Cosme de Torres
en muchas cosas y particularmente en la conversión de Don Bartolomé Omuradono[1130]. También se bautizó entonces Gando Tom[é][1131], que era hombre muy inteligente entre los ciudadanos de[1132] Miaco y sabía bien[1133] las leyes de sus sectas
y, después de tener diversas disputas con el padre Vilela y con el hermano Lorenzo, se rindió e hizo[1134] cristiano, y ayudó después mucho con su saber y fervor. También se convirtió entonces un hombre de grandes letras llamado Yofo
Paulo que era médico y persona de grande[1135] crédito, el cual teniendo un hijo

1125 Konishi Ryūsa (小西隆佐) fue un samurái prominente del período Sengoku en Japón, conocido por su habilidad militar y su lealtad al líder Toyotomi Hideyoshi. Se destacó en varias campañas militares clave, incluida la invasión de Corea, donde jugó un papel significativo en las operaciones militares. Su carrera militar y su influencia política lo convirtieron en una figura
destacada en la historia japonesa de ese período, representando la importancia del samurái
como clase guerrera durante la unificación de Japón.
1126 grande *AJ*.
1127 Higo (肥後) es una antigua provincia de Japón, ubicada en la parte central de la isla de
Kyushu. Durante el período feudal japonés, Higo fue gobernada por varios clanes, siendo uno de
los más prominentes el clan Kumamoto. La provincia era conocida por su agricultura próspera y
sus paisajes montañosos. En la era moderna, Higo se convirtió en la Prefectura de Kumamoto (熊
本県), una región conocida por su rica historia, castillos históricos como el Castillo de Kumamoto,
y por ser el lugar de nacimiento de figuras históricas y culturales importantes en Japón.
1128 Según Ruíz de Medina, Konoe Bartolomé fue un distinguido noble y uno de los veteranos
cristianos de Miyako (DJ2: 35–38).
1129 partes *AJ*.
1130 que Murandono *AJ*.
1131 siendo Tomé *AJ*.
1132 del *AJ*.
1133 bien de *AJ*.
1134 hízose *AJ*.
1135 mucho *AJ*.

también muy grande letrado y tomando muy mal que su padre se hiciese cristiano, vino de su tierra con propósito de lo pervertir. Mas aconteciole al contrario, porque persuadido de él oyó al hermano Lorenzo y quedó también preso en la red, y fueron de tal manera tocados ambos de nuestro Señor que resolvieron a dejar el mundo y entrar a servir a nuestro Señor en la Iglesia. Y después de estar con los padres mucho tiempo, fueron ambos recibidos en la Compañía por hermanos e hicieron muy grande servicio a nuestro Señor y dieron grande ayuda y luz así para se componer diversos libros en lengua de Japón como también para los nuestros hermanos entender bien y saber confutar todas las falsas doctrinas de sus sectas por los mismos libros de sus leyes que ellos tienen.

Hiciéronse también cristianos entonces Miosan[1136] Justino, Daigocurano[1137] Antón, Inxei Toma, Oqunoyama José, Anxinoyama Domingos, Coxei Román, Gocucugi Juan y otros mercaderes y ciudadanos [f. 78v] del Miaco que se no pueden nombrar aquí todos, mas fueron grandes cristianos que continuaron hasta ahora con sus hijos y nietos perseverando con mucha edificación en la ley que tomaron, aunque también entonces se bautizaron otros que después con[1138] las persuasiones y persecuciones de los bonzos desfallecieron. Y entre otros que en aquel tiempo dio[1139] grande lustre y crédito a nuestra ley fueron dos hombres letrados que vinieron con un hermano del *Yacata* del reino de[1140] Mino[1141] y se hicieron ambos cristianos. El uno se llamaba Yamandano Xosaimon, y el otro Bingonocami, del cual el primero, habiendo corrido por muchas sectas y no hallando ningún sosiego en ellas hasta llegar a oír nuestras cosas, hizo tan grande concepto de ellas que toda nuestra doctrina escribió[1142] no solo en papel mas en su corazón y entendimiento. De tal manera que pedía[1143] catequizar a los otros y era para hacer muy grande fruto si[1144] nuestro Señor no ordenara que de priesa acabase su vida alcanzando el premio de sus deseos. Y fuele harto mejor que a su compañero que después, volviendo a su reino y llevado de la carne y de la sangre desfalleció, volviendo a vivir como gentil, y acabando en mal estado.

1136 Miosa *AJ*.

1137 Daigoverano *AJ*.

1138 de *AJ*.

1139 perdió *AJ*.

1140 del *AJ*.

1141 El «Reino de Mino» (美濃の国) se refiere a la región histórica de Mino en Japón durante el período Sengoku. Esta provincia, ubicada en lo que hoy es la parte central de la prefectura de Gifu, estuvo bajo el dominio de varios daimios prominentes, incluidos los Saitō, los Tokugawa y los Oda.

1142 sirvió *AJ*.

1143 podía *AJ*.

1144 a *AJ*.

Y en este como en otros cada día se ve en Japón cumplirse la palabra[1145] de Jesucristo nuestro Redentor en que dijo[1146]: «El sembrador salió a sembrar su semilla» [Lucas 8: 5]. Porque de muchos que concurren[1147] a oír el Evangelio, los unos son como aquellos a quien cae la semilla[1148] en el camino, quitándoles los demonios «quita de su corazón la palabra, para que no crean y se salven» [Lucas 8: 12][1149]. Otros son como la que cae en la piedra «los que habiendo oído, reciben la palabra con gozo» [Lucas 8: 12][1150], haciéndose cristianos «pero estos no tienen raíces; creen por algún tiempo, y en el tiempo de la prueba se apartan»[1151]. Otros son como los que reciben la semilla entre espinas, los cuales aunque quedan cristianos «son ahogados por los afanes y las riquezas y los placeres de la vida, y no llevan fruto»[1152]. Otros finalmente son como los que reciben la semilla en tierra buena: «estos son los que con corazón bueno y recto retienen la palabra oída, y dan fruto con perseverancia»[1153]. Y aunque entre los que entonces se convirtieron hubo de todas las suertes de estos oyentes, todavía con particular providencia movió nuestro Señor en aquellos principios los corazones de muchos en el Miaco haciéndolos tierra buena lo cual no fue poco para se estimar, no siendo entonces ni los nuestros ni nuestra ley conocida. Y dando ellos principio a la predicación evangélica con harta necesidad y pobreza y con ser tan despreciados y perseguidos de los bonzos, y apedreados muchas veces y afrentados y tenidos,[1154] como dice el apóstol San Pablo[1155]: «hemos venido a ser hasta ahora como la escoria del mundo, el desecho de todos».

Y fue bien necesario que nuestro Señor proveyese entonces a los nuestros con tan buenos y firmes cristianos[1156] porque los bonzos viéndose confundidos y que tantos se hacían cristianos, determinaron de hacer todo lo que pudiesen por[1157] infamar los nuestros y hacerlos desterrar, levantando contra ellos tan grande persecución que tuvieron harto que hacer ellos y los cristianos para se

---

1145 parábola *AJ*.
1146 «Exiit qui seminat, seminare semen suum».
1147 corren *AJ*.
1148 las semillas *AJ*.
1149 «verbum de corde eorum, ne credentes salvi fiant».
1150 «qui cum audierint, cum gaudio suscipiunt verbum».
1151 «sed quia radices non habent: qui ad tempus credunt, et in tempore tentationis recedunt».
1152 «a sollicitudinibus, et divitiis, et voluptatibus vitae euntes, suffocantur, et non referunt fructum».
1153 «qui in corde bono et optimo audientes verbum retinent, et fructum afferunt in patientia».
1154 afrontado y tenido *AJ*.
1155 «tamquam purgamenta hujus mundi facti sumus, ómnium [f. 79] peripsema».
1156 firmi cristiano *AJ*.
1157 para *AJ*.

poder defender de las grandes mentiras y falsedades que levantaron contra ellos. Porque primeramente infamaron a los nuestros que comían carne humana, diciendo que mataban niños y que iban desenterrar los difuntos en sus cuevas para los comer y que eran destruidores de las ciudades y reinos a do ellos entraban. Porque en toda parte a do ellos iban se levantaban luego guerras y levantamientos de los súbditos contra sus señores y con ellos las ciudades y reinos se quemaban, asolaban y destruían. Y también que predicando contra las leyes y sectas de los *Camis* y *Fotoques* tan antiguos y venerados en Japón y tan aprobados en la doctrina de *Xaca*[1158], querían[1159] introducir por Creador del mundo un hombre crucificado de lo cual no se podía oír cosa más baja y contraria a toda razón. Y de tal manera lembraron estas y otras falsedades que en toda la ciudad había grandes quejas y murmuraciones contra los nuestros, alterándose también los padres contra los hijos y los hermanos y más parientes contra los que se habían hecho[1160] cristianos. Y no se contentaron solamente los bonzos de alborotar de esta manera el pueblo, mas también por diversas vías procuraron con los gobernadores de la ciudad y con el *Cubo* que hiciese matar o desterrar[1161] los nuestros como hombres perjudiciales al Imperio, sacrílegos contra sus dioses e impíos que comían carne humana y que sin duda habían de ser la total[1162] ruina de la ciudad del Miaco y de todo el Imperio de Japón.

Y de tal manera hablaron a algunos de los gobernadores que determinaron en todo caso de los desterrar y se vieron los nuestros y los cristianos metidos en tal aprieto que fue necesario ceder[1163] por algún tiempo a tanto furor[1164], saliéndose los nuestros de sus casas y recogiéndose por algunos días a un lugar de un señor gentil que los favorecía delante del *Cubosama* y después estuvieron algunos días escondidos en la misma ciudad del Miaco hasta que el *Cubo* sabiendo lo que pasaba les dio otra patente más amplia para que estuviesen seguros en el Miaco.

1158 Shaka (釈迦) es la transliteración japonesa del nombre Siddhartha Gautama, quien es conocido como el Buda histórico y fundador del budismo. Nacido en la región de Lumbini (actual Nepal) en el siglo VI a.C., Siddhartha Gautama alcanzó la iluminación espiritual después de años de búsqueda y práctica ascética. Sus enseñanzas, que se centran en las Cuatro Nobles Verdades y el Noble Óctuple Sendero, forman la base de la tradición budista. En Japón, el término «Shaka» se utiliza comúnmente para referirse a Buda y su legado espiritual, que ha influido profundamente en la cultura, la filosofía y las prácticas religiosas a lo largo de la historia japonesa.
1159 quería *AJ*.
1160 hechos *AJ*.
1161 desterrar a los *AJ*.
1162 totalmente *AJ*.
1163 se ceder *AJ*.
1164 favor *AJ*.

De la cual persecución, hablando el mismo padre Vilela en la carta que arriba citamos, dice así[1165]:

Habiendo un año que perseveramos en esta obra de manifestar la ley de Dios, con tanto número de cristianos, no pudo sufrirla el Demonio, enemigo de todo bien y para impedirla, nos movió una grande persecución, porque los bonzos y otros gentiles se concertaron de dar un presente muy rico al gobernador, y regidores de la tierra, porque nos echasen de ella. Y dándoles el presente el gobernador y regidores se determinaron de echarme fuera, con la ignominia que pudiesen, sin saber esto el señor principal de la tierra, que me había dado la licencia para residir en ella. Mas como nuestro Señor en semejantes trabajos tiene cuidado de los que desean servirle, supo el propósito del gobernador y regidores un señor gentil, buen hombre que acostumbraba a hablar por nosotros al señor principal de la tierra. Y una noche, antes que viniesen a casa los perseguidores, me envió un recaudo que nos debíamos de salir de la ciudad, y recoger en una su fortaleza hasta que pasase el furor de los bonzos. Con este recaudo se juntaron con nosotros los cristianos, y consultado con ellos les pareció bien el consejo que aquel señor nos daba y que me debía de salir, antes que viniesen los perseguidores, porque esperar que ellos nos echasen por fuerza fuera de la tierra, sería abatir y desacreditar la ley de Dios, y los que la habían recibido. Y saliendo con nosotros de la ciudad, muchos de ellos me acompañaron aquella noche cuatro leguas, hasta la fortaleza de aquel gentil nuestro amigo, donde estuve secretamente tres o cuatro días, y pareciéndome que no convenía estar más de aquella manera, nos tornamos secretamente para Miaco en casa de un cristiano, donde nos avisaban de lo que pasaba en la ciudad sobre nuestra ida, porque unos decían que nos habían echado fuera injustamente, otros que con mucha razón. En este tiempo venían secretamente los cristianos a consolarnos y ayudarnos en lo que podían, por cuyo medio nos ayudó nuestro Señor, porque aconsejándonos que pidiesen licencia por espacio de cuatro meses para tratar sobre nuestra ida, o estada en la

---

1165 «Annum jam in opere versabamur, meliusque res ibant in diez, cum perpetuus ille hostis bonorum omnium, Bonzios, aliosque barbaros impulit, ut magna pecuniae vi in commune collata magistratus corrumperet: [f. 79v] qui muneribus deliniti inscio Rege nos summa cum ignominia exterminare decreverant: udque nisi fecissent, nisi cognita re Ethnicus quidam primarius, vir bonus, et nostram caussam apud Regem agere solitus, nocte antequam domum nostram irrumperent inimici, me per nuntium monuisset, ut Bonziorum rabiem in praesentia declinarem, meque in arcem quandam suam ad sextum decimum lapidem ab urbe, reciperem. Consilio a Christianis probato, magna eorum manu, ea ipsa nocte ad arcem usque deductus, fere quatriduum latui. Sed cum jam res postulare videretur, ne diuntius abesem, Meacum occulte reversi ad Christianum divertimus. Quo tempore varius erat de nostro discessu populi rumor: cum alii injuria, alii jure optimo nos oppido pulsos dicerent. Christiani vero clam eo ventitantes, quibuscumque rebus poterant consolari nos et juvare conabantur: quorum opera quatuor mensium induciis impetratis, ut interea de nostra mansione, vel profectione ageretu; in publicum magna omnium bonorum gratulatione prodivimus, atque etiam sacra aedes nobis est reddita. Quae dum gerentur, ad Regem delatum est, contra ipsius edictum quam iniqui in nos Bonzii ac magistratus fuissent. Qua re permotus, multo nobis in posterum diligentius cavit. Adversarii vero fracti ac debelitati non modo nos ultra persecui destiterunt, sed etiam facta jam nobis libera commorandi postestate, nonnulli favere coeperunt. Ita, quod consilium diabolus in nostra perniciem sumserat, id ipsum maxime nobis divinitus prosuit. Haec Vilela».

tierra, la pedimos y plugo a nuestro Señor que esta licencia fuese causa para que quedásemos siempre en ella, porque habida la licencia, aparecimos en público y con grande alegría de todos los cristianos y de algunos gentiles que sabían cuanta injusticia nos habían hecho fuimos restituidos a nuestra primera iglesia. En este tiempo pensaban nuestros perseguidores que tenían ya acabado su negocio porque se persuadían que acabados los cuatro meses saldríamos de la tierra por mal o por bien. Mas nuestro Señor ordenó la cosa de otra manera, porque sabiendo el señor más principal de la tierra lo que habíamos padecido, y lo que nos habían hecho los bonzos y regidores contra la licencia, que él nos había dado, nos dio provisiones más auténticas que las pasadas para que ninguno nos hiciese mal, y porque en este tiempo algunos señores gentiles nos ayudaron y favorecieron, vinieron a quebrar el ánimo [de] nuestros perseguidores, no solamente ablandando la furia que tenían, mas en lugar de eso favoreciéndonos y ayudándonos y así lo que el demonio tomó para hacernos mal y echarnos de esta tierra fue causa de nuestra estada en ella, y de se poder más libremente manifestar la ley de Dios [CC, 315–317].

En este mismo tiempo en Bungo no hacían los nuestros más que ayudar cuanto podían los cristianos ya[1166] hechos, porque por las continuas guerras en que iba el rey de Bungo, ni los nuestros podían salir seguramente de aquel reino, ni podían hacer mucho en la conversión de los gentiles. Mas con las buenas nuevas que el padre Cosme de Torres tuvo de lo mucho que se hacía en el Miaco, viendo[1167] que había tanto tiempo que de la India no le venía ninguna ayuda, y que él se iba haciendo viejo y enfermo, y que el padre Baltasar Gago también se hallaba muy enfermo y mal dispuesto en Japón, y que la necesidad de los obreros iba creciendo, determinó[1168] enviar al padre Baltasar Gago a la India, así para probar[1169] a su salud porque se hallaba mal con los fríos de Japón, como también para informar al padre Provincial de la India de lo que pasaba y tomar con él consigo[1170] acerca de muchas cosas que le ocurrían[1171] de importancia y, sobre todo, para que negociase[1172] con él que enviase algunos obreros cuales eran necesarios para Japón.

La causa porque[1173] en tanto años no vinieron obreros de la India para Japón fue porque el año[1174] 54, como dijimos, partió de la India el padre Melchor Nunes que era Superior de la provincia con algunos compañeros para [f. 80] Japón y,

---

1166 y *AJ*.
1167 viéndose *AJ*.
1168 determinó de *AJ*.
1169 proveer *AJ*.
1170 tomar el consejo *AJ*.
1171 incurrían *AJ*.
1172 negociarse *AJ*.
1173 por la cual *AJ*.
1174 año de *AJ*.

entre la venida y vuelta para la India, gastó cuatro años y halló que nuestro padre Ignacio antes de su muerte sabiendo que eran muertos el padre Maestro Francisco y el padre Maestro Gaspar que le sucedió, y que el padre Melchior era ido para Japón, había enviado al padre Gonzalo Silvera[1175] por Provincial de la India. Y porque el padre maestro Melchior volviendo a la India dio relación del estado tan inquieto[1176] en que halló a los nuestros en Japón, y que por entonces no tenían[1177] necesidad de más obreros, fueron en la India esperando que llegasen otras mejores nuevas y sucediendo haberse[1178] recogidos todos los nuestros a[1179] Bungo por diversas persecuciones y casos que sucedieron, como se ha visto, y habiéndose mudado también en la India al cabo de tres años Provincial, sucediendo al padre Silvera el padre Antonio de Quadros en el año 1559, no enviaron de la India obreros hasta llegar allá el padre Baltasar Gago, el cual en octubre de este mismo año 1560, partió de Bungo y por varios contrastes que tuvo en la mar no pudo llegar a la India sino hasta el abril del año 62. Y de esta su partida y llegada y de todo lo que le aconteció en el viaje y de los grandes peligros que pasó se halla una su larga carta impresa[1180] con las más cartas en el *Libro tercero* al cual yo remito al lector, porque quitado lo que está dicho no hace tanto al caso para nuestra *Historia*. Y con esto se acabó el año 60.

1175 Gonçalo da Silveira (1526–1561), fue un jesuita portugués y misionero en el sur de África. Hijo de Luis da Silveira, primer conde de Sortelha, y de Beatrice Coutinho, fue educado por los franciscanos y posteriormente ingresó en la Sociedad de Jesús. Nombrado provincial de la India, desplegó su labor misionera en el sureste africano, donde convirtió a muchos nativos antes de ser trágicamente asesinado por estrangulamiento, ordenado por el mismo jefe al que había bautizado.
1176 dio relación de él estando tan inquieto *AJ*.
1177 tenía *AJ*.
1178 venirse *AJ*.
1179 en *AJ*.
1180 en su larga carta escrita de Goa en el mismo año y trasladada de Meffei en latín cuan de impresa *AJ*.

Capítulo 18
De lo que hicieron los nuestros en Japón en el año 61 y 62 y cómo se abrió la puerta al Evangelio en las tierras de Omura

En el año de 61, con algunas batallas que tuvo el rey de Bungo con algunos [de] sus enemigos, los sujetó de tal manera que quedó del todo señor de cinco reinos y[1181] vino a ser tan temido que algunos de los señores del reino de[1182] Figen[1183] se hicieron también de su parte. Y con la paz que se siguió en aquellos reinos, volvieron los nuestros a la ciudad de[1184] Facata y también tuvieron de nuevo entrada en Firando. Y con esto, y con lo que se iba haciendo en el Miaco, el padre Cosme de Torres, en una[1185] carta que escribió en el mismo año de 61 al padre Antonio de Quadros dándole cuenta de Japón, dice estas palabras[1186]:

> Cuanto a lo segundo del fruto y disposición para ello que nuestro Señor acá ha dado, es la mayor ayuda que se ha tenido después que nuestra Compañía está en esta tierra de Japón. Los años pasados se ha escrito como por las guerras que habían en esta tierra, no solo no se podía manifestar nuestra santa ley por otros lugares fuera de los que ya estaba manifestada y aceptada de muchos, mas que ni aún a esto se podía ir para acudir a los cristianos que en

---

1181 que *AJ*.
1182 del *AJ*.
1183 Hizen (肥前) también conocido como la provincia de Hizen (肥前国, Hizen no kuni), fue una antigua provincia de Japón situada en la parte noroeste de la isla de Kyushu. Limitaba con las provincias de Chikuzen, Chikugo, Higo, y con el Mar de Japón al norte y el Mar de Ariake al sur.
1184 del *AJ*.
1185 AJ añade «nueva».
1186 «Venio ad res Christianas, quae mihi nunqua aeque bene ac nunc, ex quo Japonem attigimus, habere sunt visae. Nam antehac, bellis ac seditionibus provincialium impediebamur, non mado ne religionem latius propagare, sed ne parta quidem conservare possemus. Hoc autem anno Bungi Rex, amicus noster, ita feliciter [f. 80v] cum hostibus dimicavit, ut propemodum debellaverit. Quare ipsius victoriam tantum est otium consecutum, ut ingens plane porta Evangelio patefacta esse videatur. Versamur autem in Japone non plus sex in universum e Societate nostra variis locis atque provinciis. Primum est hoc Bungi domicilium, quae urbs ab ipso Rege incolitur, posita ad Septentrionem gradibus tribus et triginta et semis, quae tota pars insulae, in arcticum vergens polum, cum multos jam habeat Christianos, eosque constantes, tum iis augetur in diez: in quibus litterati nonnulli sunt ex ordine commentantium, qui se invicem ad Christum alliciunt, de quibus ex aliis literis plura cognosces. Haec ille».

https://doi.org/10.1515/9783111617602-020

ellos se habían hecho. Este año de 1561, a nuestro Señor dado por su bondad tan grande victoria contra la mayor parte de sus enemigos a este rey de Bungo, nuestro amigo, que con ella y con la paz grande que de ella se siguió, se abrió una gran puerta abierta a nuestra santa ley, para que no solo se pudiese predicar y llevar adelante en sus tierras, y acudir a los cristianos que en sus mismas tierras y en otras estaban, mas aún se pudiese manifestar y dilatar por otras muchas partes de Japón, como nuestro Señor ha ya comenzado a mostrar. Somos seis los que de la Compañía en esta tierra estamos, los cuales manifestamos nuestra santa ley en ocho provincias o lugares. De estos el primero es este de Bungo, donde el rey nuestro amigo reside, este estará treinta y tres grados y medio para el norte, de la banda de esta isla que delinea al norte, hay muchos y buenos cristianos, y de nuevo se hacen continuamente entre los cuales hay algunos letrados de las meditaciones cuales sean los unos y los otros. Y lo que nuestro Señor obra en ellos verá Vuestra Reverencia por una carta particular que de ellos de este Bungo se escribe [CC, 272–274].

En esta carta, va el padre Cosme de Torres dando cuenta de todos los lugares en los cuales en aquel tiempo había cristianos, y en el fin de ella acrecienta estas palabras[1187]:

[. . .] para acudir a tan buena necesidad hasta que Vuestra Reverencia nos enviase compañero que allá pudiesen ir. Por amor de nuestro Señor nos envíe a lo menos seis y, si no, cuatro, porque, ultra de estos ochos lugares en que se abrió tanto la puerta para nuestra santa ley, está ahora Japón de manera con esta paz que por ningún lugar de él se irá adonde no se pueda manifestar y aceptar nuestra santa fe. Y por tanto, así cristianos como gentiles muestran y dan señales que al fin ha de haber en esta tierra grande cristiandad [CC, 277].

Mas porque se remite a las cartas más largas que acerca de esto escribió el hermano Luis de Almeida, por lo que él escribió se entenderá mejor lo que pasó en este año en Japón. Porque primeramente, no hallándose[1188] en este tiempo más sacerdotes en Japón que el padre Cosme de Torres, que estaba[1189] en Bungo, y el padre Gaspar Vilela, que estaba en el Miaco, estuvieron entonces ambos por mucho tiempo y en medio de muchos trabajos, careciéndose[1190] aún de la consolación espiritual de poder confesarse y consolarse el uno con el otro. Y no pudiendo por entonces el padre Cosme de Torres dejar la iglesia de Bungo, determinó mandar visitar los cristianos de diversas partes por el hermano Luis de Almeida y consolarlos también por sus cartas. Y la primera cosa que hizo fue enviarle a visitar los cristianos de Firando y de Facata, y dar algún calor a aquellas iglesias

---

1187 «Quocirca te per Dominum obsecro, ut operariis saltem sex, aut minimum quatuor inopiae nostrae subvenias: nam praeter has octo jam institutas Ecclesias, ejusmodi est in praesentia status rerum Japonicarum, ut minime dubitem, quin omnes hujus regni atque insulae partes (modo praecones non desint) Evangelium Christi pervagaturum sit».
1188 hallando *AJ*.
1189 está *AJ*.
1190 careciendo *AJ*.

que habían padecidos hartos trabajos y desasosiegos los dos años atrás. De lo cual, hablando el mismo hermano Luis de Almeida en una carta que escribió de Bungo el primero de octubre de este año 61, dice estas palabras[1191]:

> Cuanto a lo que toca a la iglesia de Bungo, que es ahora la principal de Japón, por la misericordia de nuestro Señor va en grande aumento, así de los que ya se han hecho cristianos, como de los que de nuevo se hacen, y es tan grande la devoción de ellos que apenas lo podré escribir [CC, 246].

Y después de decir muchas devociones que hacían los cristianos de Bungo, va prosiguiendo así[1192]:

> Los cristianos de Facata, especialmente uno de los más principales, mandaron pedir al padre que por amor de Dios, les enviase algún padre o hermano porque querían hacer una iglesia muy buena y sustentar a su costa todos los padres y hermanos que ahí estuviesen, lo que ya comienzan a poner por obra. Por esta causa, y porque había algunos lugares de cristianos que no tenían padres o hermanos que los consolasen, ordenó el padre Cosme de Torres que, en la entrada de junio de 1561, me partiese a visitar estos lugares comarcanos adonde aconteció esto que les dije. Un día antes que llegase a la ciudad de Facata, sabiendo los cristianos de mi ida, me salieron a recibir algunos una legua y otros más, con grande alegría. Detúveme ahí muchos días en los cuales hice setenta cristianos y dos de ellos eran bonzos bien entendidos en la secta de los japoneses, porque uno de ellos había sido predicador del rey. Este anduvo toda una semana en disputas y dudas, escribiendo lo que le decía, hasta que la luz inmensa de Dios nuestro Señor le aclaró el alma para conocer la verdad, y con su ejemplo alumbró a otros muchos [CC, 249–250].

En este mismo año vino otra nave de los portugueses a Firando que no debiera, porque habiéndose[1193] ya descubierto el mal corazón que contra la Iglesia y los

---

1191 «Quod ad Bunguensem Ecclesia attinet, quae nunc quidem est Japonis omnium máxima; admodum augetur in dies (coeptis adspirante Domino) cum virtus veteranorum, tum etiam tyronum numerus: quorum tanta est pietas, vix ut possim verbis asequi».

1192 «Christiani Facatenses, et praesertim unus e principibus, Cosmus missi nuntiis per Deum obtestati sunt, ut eo aliquem e Societate mitteret: velle se optimum templum extruere, et suis alere sumtibus quotquot e nostris ibi commorarentur, quod jam fieri coeptum est. Hisce de caussis et simul, quod multi [f. 81] Christianorum vici alicujus e nobis adventum, sermonesque jam diu desiderabant, decrevit Cosmus, ut initio Junii anni 1561, ad eos pagos, et loca finitima invisenda discederem. Pridie quam Facatam pervenì, adventu meo cognito Christiani obviam mihi alii ad tria passuum millia, alii etiam longius magno cum gaudio processerunt. Ego complures dies in ea urbe moratus, barbaro septuaginta sacro fonte lustravi. In quibus erant Bonzii duo Japonicarum legum sane periti, cum alter etiam regius concionator fuisset. Is septem dies mecum disputando, interrogando, quae dicebant in commentarios referendo consumserat, cum immensa Dei Domini nostri lux ipsius mente illustravist et ejus exemplo multorum praeterea tenebras dispulit. Haec ille».

1193 haciéndose *AJ*.

cristianos tenía este *Tono* de Firando[1194], razón era que los portugueses no fueran[1195] a su puerto. Mas, o porque entonces no se había descubierto otro puerto para ellos más acomodado que el de Firando, o porque el *Tono* engañaba a los portugueses con vanas promesas y palabras, dándoles a entender que los padres[1196] no estaban ahí por la grande contrariedad de los bonzos, y por el no poder más, iban continuando a venir a[1197] aquel puerto. Mas, por cuanto los dos hermanos cristianos Don Antonio y Don Juan[1198] tenían mucha cristiandad en sus islas, fue el hermano Luis de Almeida a visitarlos, en la cual visita consoló y fortificó grandemente los cristianos de aquellas islas, y se convirtieron muchos de nuevo. De lo cual, hablando en su carta dice así[1199]:

> Partimos de Facata último día de junio para una isla que llaman Tacachumá[1200], que tiene dos leguas y es de un señor de Firando por nombre Don Antonio. Ahí en ella obra de quinientos cristianos y ocho gentiles solo que ahí estaban, se convirtieron ahora con mi llegada [CC, 251].

Y después de escribir lo que hizo en aquella tierra, acrecienta estas palabras[1201]:

> De esta isla me partí para otra mayor que se llama Iquicuchi[1202], donde habrá dos mil y quinientas personas, de las cuales serán cristianas ochocientas. Estos cristianos, porque ya sabían de mi venida, me enviaron un barco con algunos cristianos de los principales que me llevasen [CC, 253–254].

1194 Matsūra Takanobu.
1195 fueron *AJ*.
1196 que los bonzos, digo padres *AJ*.
1197 en *AJ*.
1198 Koteda Yasutsune y Koteda Yasuhiro.
1199 «In exitu Junii Facata discessimus in insulam Tacaxumam, ambitu passuum sex millium, stipendiariam viri principis Firandensis, Antonii nomine, ubi cum essent quingenti circiter Christiani, Ethnici tantum octo; ii quoque ad Deum nostro adventu conversi sunt».
1200 No se ha identificado este término, pero es probable que se trate de un error de imprenta por Ikitsuki.
1201 «Ex ea quam dixi insula, in aliam trajeci maiorem, quae Iquicuqui vocatur. Incolas habet circiter mille quingentos, in iis Christiani ferme octingentos. Ii, quod jam ante de meo adventu cognoverant, obviam mihi navem cum primoribus aliquot christianis miserunt».
1202 Ikitsuki (生月) es una isla situada al oeste de la costa de Kyūshū, en la prefectura de Nagasaki, Japón. Conocida por su belleza natural y su rica historia cultural, Ikitsuki tiene un lugar especial en la historia de Japón, especialmente en relación con el cristianismo y la vida de los pescadores.

Y después de decir también lo que hizo en cuatro lugares de aquella isla[1203], haciendo algunas iglesias y bautizando algunos gentiles, se fue a Firando, lo cual escribe de esta manera[1204]:

> [. . .] me partí para Firando después de visitar al capitán de la nao. Fui a ver a Don Antonio, el cual, con toda su casa, me recibió con grande amor y me detuvo casi hasta medianoche, preguntando algunas cosas necesarias de su conciencia. [. . .]. Y porque en Firando no había iglesia, pidió el capitán de la nao licencia al rey (que es gentil) para hacerse una iglesia en el campo de los padres donde se recogiesen los portugueses, que eran noventa, y quedase después para los cristianos de la tierra. A lo que respondió el rey que tomaría consejo sobre esto, que era decir disimuladamente que no. Cuando yo supe la respuesta que él había dado, determiné de hacer una capilla en casa de un cristiano que posaba en nuestro campo. . . [CC, 257–258].

Con lo cual, aún apenas acabaron los portugueses de desengañarse de la mala voluntad que el *Tono* de Firando tenía a los padres y a los cristianos. Mas luego, con harto su mal, entendieron que era verdad lo que los padres les decían. Porque el *Tono* y sus criados, hechos insolentes de ver que, ni por eso, dejaban los portugueses de venir cada año a su puerto, fueron haciendo también de ellos poco caso. Y así, permitió nuestro Señor que les aconteciese un tal desastre con que los unos y los otros quedasen escarmentados y castigados. Porque, levantándose una diferencia entre un portugués y un gentil de Firando acerca de no sé qué poca[1205] mercadería que el gentil quería comprar, vinieron de una palabra en otra, que se enojaron de tal manera que echaron mano a las espadas. Y acudiendo, por una parte, los portugueses que eran pocos y forasteros en tierra ajena, y por otra, los gentiles de la tierra y los criados y soldados del *Tono* de Firando, que eran muchos, se armó tal riña que, no teniendo[1206] ni aun respeto al mismo capitán mayor que acudió a ella siendo, un caballero muy noble y principal llamado Fernando de Sousa[1207], mataron los criados del *Tono* al mismo capitán con otros trece portugueses con tanta desigualdad y crueldad que bien se entendió cuál era

---

1203 aquellas islas *AJ*.
1204 «Firandum ut venimus, navarchum Lusitanum allocuti, ad Antonium divertimus statim, qui cum universa familia nos peramanter accepit, detinuitque ad multam noctem nonnulla de officii religione percontans. [. . .] Et quoniam Firandi sacra aedes erat nulla, petiit navarchus ab Rege, ut liceret in area nostra aedificare etemplum, quo Lusitani, qui versabantur ibi nonaginta, religionis caussa sese reciperent, eoque Firandenses Christiani deinceps uterentur. Cui Rex se deliberaturum respondit. [f. 81v] Ea erat dissimulata negativo. Itaque id ubi rescivimus, apud Christianum in area nostra habitantem privatum sacellum excitare, atque ornare constitui. Haec ille».
1205 poca de *AJ*.
1206 temiendo *AJ*.
1207 Fernão de Sousa, capitán mayor en lugar de Gómez Barreto que se quedó en Macao, murió en 1562.

el ánimo del *Tono* contra los cristianos, pues ni acudió a la riña a favor de los portugueses[1208], como era razón, ni castigó[1209] los criados suyos[1210] haciendo contra ellos la justicia[1211] que debiera por tan grande exceso como hicieron contra los portugueses, que le hacían su tierra rica con sus naves.

Como el padre Cosme de Torres y el hermano Luis de Almeida acabaron de entender la mala voluntad de este *Tono*, determinaron[1212] buscar en estas partes de[1213] Ximo otro puerto a do pudiesen venir los portugueses con su nave y abrir con esto la puerta del santo Evangelio en alguna tierra nueva de algunos de estos señores del reino de Figen. Y entendiendo que en un lugar llamado Yocuxiura[1214], que está en las tierras de Omuradono[1215], que era entonces un señor gentil hermano del rey de Arima, estaba un puerto pocas leguas lejos de Firando, determinó el hermano Luis de Almeida de experimentar si era capaz para nao y se pudiese por esta vía abrir la puerta al santo Evangelio en aquellas tierras de Omura. Y para eso aconsejó al piloto de la nave, que estaba entonces en Firando, que fuese secretamente a ver y sondar el[1216] dicho puerto. Y con él envió a Gonoye Bartolomé, que era un cristiano honrado del Miaco, del cual arriba tratamos, que se halló en este tiempo en las partes del Ximo con el dicho hermano. Y por ser hombre de negocio, le encomendó que, hallándose aquel puerto capaz para naves, dejase volver al piloto para Firando y él se fuese a Omura[1217]. Y tratase con Omuradono y con algunos de sus regidores principales, dándoles a entender cuán [f. 82] fácilmente podrían[1218] hacer venir la nave de los portugueses a[1219] aquel puerto si hiciesen amistad con los padres y si[1220] quisiesen ellos hacer cristianos, y de cuanta comodidad y riqueza serían para sus tierras si la nave de los portugueses fuese cada año a su puerto fueron ellos ambos.

1208 del portugués *AJ*.

1209 a *AJ*.

1210 sus criados *AJ*.

1211 injusticias *AJ*.

1212 determinaron a *AJ*.

1213 del *AJ*.

1214 Yocuxcura *AJ*. Yokoseura (横瀬浦) fue un puerto importante en el Japón del siglo XVI, situado en la isla de Kyūshū, específicamente en la actual prefectura de Nagasaki. Este puerto desempeñó un papel significativo en la historia de Japón debido a su relación con el comercio internacional y la introducción del cristianismo en el país.

1215 Ōmura Sumitada.

1216 al *AJ*.

1217 Vomura *AJ*. Ōmura 大村, ciudad situada en la prefectura de Nagasaki, en la isla de Kyūshū.

1218 podría *AJ*.

1219 en *AJ*.

1220 se *AJ*.

Y como este negocio era ordenado por la providencia divina, halló el piloto el puerto de Yocuxiura capaz y de manera que le contentó. Y volviendo[1221] él con esta nueva al hermano Luis de Almeida para Firando, Gonoye Bartolomé se fue derecho a Omura y, tratando con Omuradono y con un su regidor principal, les propuso con tanta destreza[1222] este negocio, y les dio tales razones que grandemente se movieron con el deseo que los portugueses [viniesen][1223] a aquel lugar con sus naves. Y prometieron que no solo concederían a los padres que hiciesen cristianos en sus tierras, mas que también les daría el mismo puerto de Yocuxiura para que en él se hiciese[1224] una muy buena población que fuese toda de cristianos, gobernándose por las leyes que a los mismos padres pareciese, teniendo los padres en él[1225] su casa. Y que cuanto a[1226] hacerse ellos cristianos, con la venida de los padres a su tierra y con ellos oír su ley podría ser que con el tiempo se determinasen a eso.

Con esta respuesta volvió con mucho contentamiento Gonoye Bartolomé a Firando a dar las buenas nuevas al hermano [Luis de] Almeida, que[1227] lo dejaba negociado. Y[1228] con esto, determinó volverse al padre Cosme de Torres al reino de Bungo. Y por haber pasado en aquella misión, que fue en la fuerza de los mayores calores, muchas incomodidades y trabajos, cayó el hermano en una grave dolencia, con la cual apena pudo llegar a Bungo. De lo cual, hablando el hermano en el fin de la misma carta, dice así[1229]:

1221 volviéndose *AJ*.
1222 destreza en *AJ*.
1223 BL omite esta palabra, mientras que AJ la añade.
1224 hiciesen *AJ*.
1225 allí *AJ*.
1226 al *AJ*.
1227 de *AJ*.
1228 Y que *AJ*.
1229 «Inde profecti, magna in itinere, ac varia incommoda molestiasque pertulimus. Nam et mari, parvis lintribus, iisque monoxylis, vastos interdum sinus trajicere sumus coacti, vixeque imminentium piratarum manus effugimus, qui captos homines diu multumque vexatos in servitutem divendunt; et terra, jumentis consulto relictis, lutulenta via atque teterrima cingulo tenus coeno demergebamur: quae tamen sordes occurrentibus passim rivis eluebantur. Accessit ad haec assiduum paene profluvium sanguinis, quo sane graviter, acerbeque vexabar. Sed eas omnes difficultates, Christianorum erga nos studium caritasque compensabat egregia: cum et hospitii, commorationisque nostrae mercedem constanter ac benigne respuerent: et abeuntes, viatico omnibusque rebus necessariis liberaliter instructos uberrimo fletu prosequerentur: et, quod longe admirabilius est, impressa a nobis humi vestigia ipsa, obstupescentibus rei novitate, ac miraculo qui mecum aderant Lusitanis, oscularentur. [. . .]. Denique Bungum aegre prevenimus, ibi quamquam [f. 82v] a Cosmo, ac Sociis amantissime acceptus, humanissimeque tractatus,

En este camino me quiso nuestro Señor visitar con algunos trabajos porque, siendo necesario atravesar algunas leguas por mar en un barco muy pequeño de un solo palo, en que apenas cabíamos siete personas que íbamos dentro, vimos venir un barco bien concertado remando con grande priesa para nosotros, el cual, según decía el dueño de nuestro barco, era de ladrones que acostumbran en esta tierra a cautivar los hombres y después de mucho trabajo venderlos como esclavos. Mas nuestro Señor nos libró de sus manos, porque yo no merecía a su Majestad un cautiverio semejante, para su gloria y loor. Llegado al lugar, éranos necesario pasar este día cuatro leguas delante de un camino trabajoso, que por los grandes lodos que había, no me atreví a tomar cabalgadura. Pareciome que mejor lo andaría a pie aunque atollaba en el lodo hasta encima de las rodillas, y el refrigerio que tenía era cuando hallaba algunos arroyos de agua en que me lavase. Y con esto, y con el agua que todo ese día llovió, se me aumentó una enfermedad de sangre que traía muy contrario al frío. De manera que cuando llegué al lugar, comencé a sentir el trabajo del camino, porque la enfermedad me trató tan mal que pensé de morir. Otro día me hallé muy debilitado y, aunque sin apetito de comer, deseaba tomar alguna cosa para sustentar el cuerpo. [. . .]. Partido de Facata, llegué con bien de trabajo, que no cuento por no ser prolijo, a esta ciudad de Bungo, adonde con los regalos que nuestro buen padre Cosme de Torres y carísimos hermanos me hicieron, se apoderó más de mí la enfermedad por un mes. Mas ya me hallo bien, loado sea nuestro Señor, aunque muy flaco. Rogad, hermanos, al piadosísimo Jesús que me da gracia con que perfectamente le sirva. De Bungo, primero de octubre de 1561 [CC, 262–264].

En este mismo año de 61, entró en Japón en la Compañía el hermano Aires Sánchez, que después se hizo sacerdote y fue muy buen obrero, de lo cual hablando el mismo en una carta escrita en octubre del año 62, que en castellano anda impresa como fue escrita de Japón y en latín algo cortada, dice estas palabras:

El año de 61 vine a Firando, de donde me partí para Bungo con deseo de morir allí con los padres y hermanos, los cuales merecieron con la caridad que acostumbran. Donde, pasado algún tiempo, pareciéndome bien el instituto de la Compañía, pedí al padre Cosme de Torres me recibiese pasa pasar lo que me quedaba de vida, haciendo penitencia de mis pecados. Él me consoló con su[s] respuestas y buenas esperanzas y, al fin, me recibió.

Esto se dejó en la carta que anda traducida en latín para[1230] abreviarla. Y tratando de lo que este hermano hacía entonces en Bungo después de pasar un año, dice[1231] la carta que va en latín así[1232]:

---

vix tamen adhuc e diuturna aegrotatione convalui. Vos clementissimum Jesum obsecrate fratres, ut mihi ad se perfecte colendum vires, animumque suppeditet. Bungo. Kalend. Octobris 1561».

1230 por *AJ*.

1231 dice en *AJ*.

1232 «Ego in hac urbe fratres mihi carissimi operam navo curandis aegrotis, qui in Hospitali domo sunt; et simul pueros quindecim partim Japonios, partim etiam Sinas, qui apud nos educantur, literas et musicem doceo, quo majore caerimonia cultuque sacra in posterum peragantur: quam rem ad conversionem barbaroru nos mediocriter profuturam esse confidimus. Haec ille».

> La ocupación que ahora tengo en esta tierra, carísimos hermanos, es curar los enfermos del hospital, y enseñar a leer, y escribir, cantar y tañer vihuelas de arco a quince niños japoneses y chinos que están aquí en casa, para que, siendo nuestro Señor servido, se hagan con grande solemnidad los oficios divinos, lo que esperamos en el Señor que ayudara mucho a la conversión de esta gentilidad [CC, 327–328].

En este mismo año de 61, después de tornado el hermano Almeida a Bungo, y de haber cobrado salud, fue enviado por el padre Cosme de Torres a visitar los cristianos que entonces había en diversos lugares del reino de Bungo que estaban en la comarca de la ciudad de Funai. Y, después, al cabo de este mismo año, fue enviado a visitar también los cristianos que el padre maestro Francisco desde el principio había hecho en Satsuma. De lo cual hablando el mismo hermano Almeida en otra su carta escrita en noviembre de 62, dice así[1233]:

> Ego interea vires e morbo collegeram. Quocirca mensis octobris initio misit me Cosmus, comite e Christianis domesticis uno, ad templa quinque visenda, variis locis agri Bungensis commodo Christianorum extructa. Mensem in eo itinere posui, multos baptizavi barbaros; Christianos autem docui, qua ratione templa concelebrarent, sermonesque inter se de religione sererent, si quando Bungum venire non possent. Quasdam etiam areas defixis Crucibus Christianorum sepulturae dicavimos: denique in singulis templis benedictum, seu piaculare grunum relictum cum codicillo, qui descriptas grani indulgencias contineret. Inde Bungum reversus,, Cangoximam mense Decembri prefectus sum. Profectionis caussa fuit Emanuelis Mendozae cum sex Lusitanis [f. 83] adventus, qui ut per Confessionem peccatis sunt absoluti, Cosmum rogarunt etiam atque etiam, ut me Cangoximam ad hiemem ibi cum ipsis exigendam, Christianos visendos, et promulgandum barbari Evangelium mitteret. Haec ille.

En este mismo año de 61 en la ciudad del Miaco los bonzos fueron de tal manera excitando los naturales contra los nuestros con diversas mentiras, que aunque por haber ellos alcanzado licencia tan favorable del *Cubo* no los[1234] pudieron echar del Miaco, resfriaron de tal manera el concurso de los que acudían a los nuestros que estuvieron por muchos meses casi sin poder convertir ninguna persona. Por lo cual, el padre Gaspar Vilela determinó de pasarse por algún tiempo a la ciudad de Sacai, que está dieciocho leguas de[1235] Japón del Miaco, la cual era entonces ciudad libre que se gobernaba por sí misma como república y la más rica que había en todo Japón. Y era tan fuerte y gozaba de tanta paz que en todas las guerras que había entre los que pretendían hacerse señor de la *Tenca*, quedaba ella siempre gozando[1236] de su paz, siendo respetada de todos. Aunque des-

---

1233 Parece ser que esta carta no se tradujo al castellano ni al portugués.
1234 les *AJ*.
1235 del *AJ*.
1236 holgando *AJ*.

pués Nobunaga y Quambacudono de tal manera la domaron y sujetaron que arisca ahora obedece a los señores de la Tenca y es gobernada por ellos como todas las más ciudades de Japón.

Y fue grande providencia de nuestro señor salirse el padre del Miaco en aquel tiempo porque poco después sucedieron tantas guerras en el Miaco que corrieran[1237] mucho peligro los nuestros si se hallaran[1238] en él. Y también, para que en la ciudad de Sacai se abriese alguna puerta al santo Evangelio, aunque también luego halló en aquella ciudad grande contradicción; de lo cual, hablando el mismo padre Gaspar Vilela en otra carta, que escribió en el año de 62, dice estas[1239] palabras:

Anno 1561. Augusto mense urbem Sacajum ingressus sum, quae in Septentrionem sita, gradus obtinet quinque et triginta et semis. Cumque Evangelium in ea promulgare caepissem, multos reperi, qui verum id esse faterentur, sed quo minus ex eo viverent, famae et existimationis ratione impediri. Gentem enim divitiis affluentem, et dignitatis in primis avidam facile absterret diabolus, injuriis et contumeliis proponendis, quibus in hac vita Christiani fere semper obnoxii degunt, si ducem ac liberatorem suum imitari volverint. Quo fit, ut aegre admodum Sacajani ad baptismum accedant. Quamquam in iis ipsis difficultatibus quadraginta circiter baptizati sunt, in quibus erant milites quatuordecim praetoriani, quorum ita insignis, vitae morumque mutatio constitit, ut ex lupis agni mansueti non sine magna omnium admiratione facti esse videantur. Atque ut Sacajum per eos dies Miaco discederem, divinitus equidem factum existimo, ne videlicet in ea pericula inciderem, quae mihi nec opinanti imminebant. Etenim mense postquam inde excessi, Meacum quadraginta millium armatorum [f. 83v.] obsedit exercitus: quae etiam caussa fuit, cur ad Christianos, sicuti promiseram, non redirem. Illius autem incommodis belli haec Sacaium urbs fuit immunis, in primus Japonis totius contra omnes hostium impetus munitissima. Nam ab Occidente alluitur mari, ab aliis vero partibus profundissima cingitur fossa, et aquis plena perpetuis. Atque etiam intestino omni tumultu, ac seditionibus vacat, nec rixae fere audiuntur. Cum enim urbis viae suas quaeque portas, et custodes habeant, statimque cum opus sit, occuludantur; nullus noxiis ad fugam exitus patet, sed continuo coprehensi ad tribunalia pertrahuntur. Quamquam ii, qui inter se inimicitias gerunt, si alter alteri ad jactum lapidis extra moenia occurrant, se invicem male admodum accipiunt. Haec Vilela[1240].

En esta ida que el padre hizo al[1241] Sacai, tomó grande amistad con un hombre principal de aquella ciudad, llamado Fibi Rioquei[1242], que era cabeza de una calle principal de aquella ciudad. El cual, por la conversión que tuvo con el padre y

---

1237 corrieran *AJ*.

1238 hallaron *AJ*.

1239 escribiendo en el otro año de 62, dice así *AJ*.

1240 Esta carta parece que no se tradujo al castellano ni al portugués.

1241 a *AJ*.

1242 Riogei *AJ*. Se trata de Hibiya Saburozayemon Ryokei Diego (日比屋了珪)un rico mercader de la provincia de Sakai.

con oír lo que los nuestros predicaban, se fue grandemente aficionando[1243] a nuestras [cosas][1244]. Y un[1245] su hijo se hizo cristiano, que era entonces de poca edad, con algunos otros parientes, que se llamó Vicente y después fue hombre de mucha estima y valor y vino a ser *Tono* de Xiqi[1246] y ayudó siempre mucho a la Compañía, como se dirá en su lugar. Y poco después, a instancia del mismo que persuadía grandemente a su padre que se hiciese cristiano, se bautizó también Fibi Rioquei, que fue siempre la columna de la cristiandad de Sacai, en cuya casa se aposentaban los nuestros en todo el tiempo que nos fue prohibido tenernos iglesia y casa en el Sacai. Y así, parece que la providencia divina en todas las partes fue, en estos principios[1247], moviendo a algunas personas de mucho[1248] que pudiesen hacer costas a los nuestros en tanta contradicción como tuvieron de los bonzos y más gentiles. Y fue cosa de admiración moverse entonces en este hombre tan principal en la ciudad de Sacai a hacerse cristiano y hacer tanto progreso en la virtud como hizo. Pues fueron tan dificultosos los de aquella ciudad en recibir nuestra santa Ley que, aun después de estar los nuestros tan acreditados en todas las partes de Japón y haber hecho casas muy grandes en el Sacai, y haberse pasado cerca de cuarenta años desde aquel tiempo hasta ahora, no se ha convertido después ningún hombre tan honrado como este en el Sacai.

En el año de 62 en el Miaco se continuaron las guerras que se habían comenzado entre los señores que pretendían de dominar la *Tenca*, hasta que finalmente uno de ellos quedó vencedor, quedando la ciudad de Miaco medio quemada y destruida en esta guerra. De la cual trata también el mismo padre Vilela en la dicha carta, al cual remito al lector por no hacer tanto al caso de esta[1249] *Historia*. Solamente[1250] diré que la divina providencia libró nuestra casa e Iglesia [f. 84] que en aquel tiempo teníamos en el Miaco. De lo cual, hablando el mismo padre en dicha carta, dice así:

> In his tamen belli periculis, et calamitatibus, templum nostrum Dei beneficio integrum, et in colume perstitit, et in ipsa obsidone Laurentius Japonius Meacum hic penetravit (nam me

---

1243 aficionado *AJ*.
1244 BL omite esta palabra mientras AJ la añade.
1245 aun *AJ*.
1246 Shiki (志木) es una ciudad ubicada en la prefectura de Saitama. Originalmente una estación de postas en la ruta Kamakura Kaido durante el período Edo (1603–1868), Shiki ha evolucionado de un humilde punto de descanso para viajeros a una ciudad residencial moderna en el área metropolitana de Tokio.
1247 esto principio *AJ*.
1248 ser *AJ*.
1249 nuestra *AJ*.
1250 Y solamente *AJ*.

ipsum per litteras Cosmus ante sedatos tumultus eo redire plane vetuerat) semel ad cele-
brandas cum Christianis Natales Domini ferias: iterum ab iisdem evocatus ad gratias principibus civitatis agendas, qui Bonzios cum templum nostrum per vim occupassent, injusta
possessione magno bonorum gaudio depulerant. Toto eo belli tempore, quod annum circiter
viguit, pia quaedam munia Christiani Meacenses obiere, tribus in singulos menses hominibus institutis ad pauperum incommoda sublevanda, eleemosynis, quae ob eam ipsam rem
in commune conferebantur: cum etiam semel in mense in consilio publico de ipsorum pauperum commodis ageretur. Haec Vilela.

Después de pasar las guerras que en este tiempo hubo en el Miaco, en septiembre
de 62, volvió el padre Vilela allá habiendo dejado en el Sacai la puerta abierta al
santo Evangelio, y estuvo hasta la Pascua allí, y después volvió de nuevo al Sacai
como el mismo padre lo escribe en otra carta hecha a los 27 de abril del año 63 en
que dice así[1251]:

> Por haber un año que estaba en la ciudad de Sacai me partí el año de 1562, estando ya la
> tierra pacífica, para Miaco, donde fui recibido de los cristianos con grande consolación y
> alegría. Ocupeme luego en hacerles algunas pláticas, y por venir presto la Navidad, para
> que con más solemnidad la celebrásemos, les publiqué un Jubileo que había siete años que
> era concedido de su Santidad [CC, 398–399].

Y poco más abajo dice[1252]:

> Pasaron los cristianos esta Semana Santa con tristeza por los oficios de la Pasión que hacía-
> mos, que para ellos eran cosa muy nueva. Mas esta tristeza les fue causa de sentir mayor
> alegría el día de Pascua, y quiso nuestro Señor aumentárnosla con un bautismo que hice de
> nueve cristianos, uno de ellos los cuales era un ciudadano rico, y muy visto en las sectas de
> los japoneses, y con parecerle antes que después de la muerte no había nada, quiso nuestro
> Señor con su santa fe aclararle tanto su entendimiento que con mucho fervor y lágrimas
> recibiese el santo bautismo. Pasada la Pascua, fue necesario irme de Miaco por causa de
> una guerra que aquí había, porque como el gobernador de Miaco tiene con tiranía sujetos

---

1251 «Annum in urbe Sacajo moratus, Meacum pacatis jam rebus discessi anno 1562, magnaque
Christianorum laetitia acceptus, conciones habere continuo instituí: et quo majore gratulatione,
studioque celebrarentur instantes jam Natales Domini feriae, Jubilaeum promulgavi septimo
ante anno datum a summo Portifice».
1252 «In hebdomadae Sacrosanctae, Paschalibusque solennibus, eadem Christianorum pietas,
animi sensus, atque religio constitit. Quorum solennium celebritatem auxere novem Baptismo
lustrati: in iis civis quidam locuples, et Japonicis superstitionibus admodum eruditus, cujus
oculos mentis, cum nihil post mortem omnino superesse putaret, Dominus ita aperire dignatus
est, ut sacrosanctum Baptismum magno animi ardore lacrimisque susceperit. Per eos dies seditione Meaci rursus exorta, quam iniqui in Christiana sacra conferebat (multo justius Regis ipsius tyrannidi tribuendam, qui regna septem vi metuque tuetur, nec spei quicquam habet in
civium caritate repositum) ad revisendos neophytos, Sacajum, de Christianorum Meacensium
sententia discessi, Meacensis templi Ecclesiaeque custodia Christiano admodum seni sunt relicta. Haec Vilela».

siete reinos, nunca faltan algunos enemigos que le hagan guerra, aunque algunos decían que yo era la causa de la guerra, y que porque yo publicaba la ley de Dios en Miaco venían aquellas inquietaciones, por tanto que sería bien desterrarme de ahí. Mas como estos temores que me ponían, no dejaba de predicar la palabra de Dios, en cuyas misericordiosísimas manos lo dejaba todo. Por esta guerra, como encima dije, y por haber en la ciudad de Sacai algunos cristianos, pareció conveniente a mí y a todos los cristianos de Miaco que me fuese a Sacai, lo que hice dejándoles encomendada la iglesia, y por guarda de ella a un cristiano muy viejo [CC, 401–403].

En este mismo año de 62, escribiendo el hermano Aires Sánchez algunas cosas de las que pasaban en Japón, dice en el principio de su carta estas palabras que por se haber cortado en la[1253] que se trasladó en latín las pongo aquí:

En este hospital de Bungo, que tenemos a cargo, donde fuera de los que cada día vienen[1254] a curarse, hay [f. 84v] pasante de cien personas. Ha sido nuestro Señor servido mostrar su liberalidad, dando perfecta salud a muchos que, por la gravedad de las enfermedades, estaban sin esperanza de ella. Los más de ellos eran de llagas[1255], afistuladas, ya casi sin remedio, y así venían desavisados de los médicos[1256] de la tierra, mas con la ayuda del Señor sanaban en menos tiempo que se esperaba, lo que causaba[1257] grande admiración en la gente[1258] de la tierra y motivo para se llegar a la verdad del Evangelio, y así todos quedan juntamente con salud espiritual, porque luego reciben el santo bautismo. Esto dice Aires Sánchez.

Y el hermano Luis de Almeida, en otra carta que escribió a los 25 de octubre de este mismo año 62, tratando de Bungo, dice así[1259]:

1253 se habieron cortadas en las *AJ*.
1254 carga donde fueron de los que cada vez viene *AJ*.
1255 llagas y *AJ*.
1256 desabejados de los medios *AJ*.
1257 esperaban, lo cual causaban *AJ*.
1258 elegante *AJ*.
1259 «Per idem tempus nobilis quaedam mulier primarii civis uxor ex familia regis Bungensis a daemone agitata, per campos tanto cum ululatu, atque impetu ferebatur ut a nemine contineri posset. Hanc sibi Cosmus a Christiano quodam insigni viro commendatam ad se perduci, et in cubiculo publici valetudinarii perpetuis custodibus adhibits, collocari jussit. Et quoniam in spem venerat mulier, se baptismi beneficio sanitatem esse recepturam, habebatque mentis ejus animique vexatio dilucida intervalla; iis opportune Cosmus est usus ad eam Christianis praeceptis rite imbuendam. Quibus ut satis erudita visa est, in magna Christianorum corona, eam Dominico die baptizare constituit. Erat mulier tum sane quieta, sed cum primum caput salutari aqua profundi coeptum est, tanta repente vi se commovit, clamoresque edidit ita magnos, ut omnes quotquot aderamus perterrefecerit. Tum Cosmus a quatuor viris apprehensam teneri ad finem usque Baptismi imperavit. Quo absoluto misera fractis viribus concidens, inter famulorum manus in Hospitale cubiculum est relata. Ex eo tempore nullum ejusmodi incommodum, aut molestiam hucus-

En este mismo mes que estuve en Bungo, vino un cristiano de los principales de la tierra a rogar al padre que diese algún remedio a una mujer de un hombre noble, vecino suyo y criado del rey de Bungo, la cual muchas veces se iba por los campos dando voces y no había hombres que la pudiesen tener, porque andaba el Demonio en ella. El padre, con su caridad, mandó que la trajesen y apostentola en una cámara del hospital. Ordenó que hubiese siempre hay alguna gente con aquellos trabajos que el Demonio le daba, los cuales, pasados, quedaba en su juicio, y porque ella tenía esperanza que con ser cristiana había de sanar. Mandó el padre que la catequizasen en los tiempos que el Demonio la dejaba y ella estaba en su juicio. Y pareciéndole al padre que estaba ya bien instruida, determinó de bautizarla un domingo en presencia de muchos cristianos. Y estando ella muy quieta, comenzándole a echar el agua sobre la cabeza, quísose levantar dando voces tan recias que nos espantó a todos el súpito movimiento que tuvo. Mandó entonces el padre Cosme de Torres a cuatro hombres que la tuviesen hasta acabar el bautismo, el cual, acabado, quedó la pobre mujer tan flaca que fue necesario ser llevada en brazos de sus criados hasta el aposento del hospital. Y fue nuestro Señor que desde aquel tiempo hasta ahora nunca más trabajo sintió. Con esto, se esforzaron mucho en la fe estos cristianos y su marido pidió licencia al Rey para hacerse cristiano, la cual el Rey le concedió de buena voluntad, diciendo que él holgaba que sus criados todos se hiciesen cristianos, y de esta manera se bautizaron él y sus hijos, parientes y criados, los cuales dan buen ejemplo de sí. Nuestro Señor Jesucristo les de su gracia con que perseveren hasta el fin [CC, 340–341].

Y el hermano Aires Sánchez tratando en la misma carta de Yamaguchi dice estas palabras[1260]:

Las nuevas que tenemos de Yamaguchi, donde primero estuvo el padre estuvo el padre Cosme de Torres, son que, con haber tanto tiempo que no se ha podido ir a visitar aquella cristiandad, se juntan los cristianos todos los domingos en la iglesia, donde está un devoto retablo que les envió el padre, y después de hecha oración, uno de ellos lee por un libro donde están escrita las cosas de nuestra santa fe. Tienen entre sí algunos como mayordomos que visitan los enfermos y necesitados, socorriéndoles con las limosnas que para eso dan, y se recogen para enterrar los cristianos que mueren. Algunos, entre año, vienen a esta ciu-

---

que perpessa est. Quare et Christianorum fides non mediocriter aucta et maritus ipsius ita permotus est, ut ab Rege petierit, ut sibi per eum liceret Christiana sacra suscipere: quod ei Rex ita prolixe libenterque permisit, ut diceret gratum sibi fore, si eum reliqua familia imitaretur: itaque baptizatus ipse cum liberis, cognatis, et famulis, sane quam in virtute proficiunt. Haec Almeida».
1260 «Quod ad Amangutianam Ecclesiam pertinet, quam jamdiu nobis lustrare non licuit, morem praeceptaque sibi a Cosmo tradita Christianos studiose retinere cognovimus. Dominicis diebus in templum sacra tabula picta quae eo misit Cosmus ornatum, frequentes conveniunt. Atque ubi Deum rite precati sunt, unus eorum ex Catechismo Japonice scripto nonnulla recitat, de quibus deinde disserunt inter se. Habent etiam quosdam quasi aeconomos aegrotis [f. 85] ac pauperibus sublevandis pecunia, quae tum ad eam rem, tum ad curanda Christianorum funera in commune confertur. Aliqui etiam Bungum ad Confessionem, et audiendum verbum Dei se conferunt. Eam Ecclesiam Cosmus, quoniam per operarios non potest, saltem per literas consolari et confirmare non desinit».

dad de Bungo a confesarse y oír la palabra de Dios. El padre Cosme de Torres, ya que ahora no puede enviarles hermanos, los visita con cartas que mucho los consuelas y animan [CC, 333–334].

En este año, como dijimos, fue enviado el hermano Luis de Almeida a visitar los portugueses que habían venido con un navío al reino de Satsuma, y también los cristianos que el padre maestro Francisco había[1261] hechos en aquel reino. La cual peregrinación, como fue hecha en el corazón del invierno partiendo de Bungo en diciembre, padeció el hermano en ella muchos trabajos, y lo que en todo el discurso de ella pasó lo[1262] escribe largamente en su carta, a la cual remito al lector. Y diré solamente dos cosas: la primera que halló aun en aquel reino mucho de los cristianos[1263] que el padre Francisco Xavier había hecho, que, estando en medio de la gentilidad[1264] sin haber doce años visto a ninguno de los nuestros, aun perseveraban en su fe. Y supo que Paulo de Santa Fe, habiendo ido en una armada a dar asaltos en la China, con quien los japoneses entonces habían quebrado, quedara en aquella empresa muerto.

La segunda cosa es la memoria que aún había en aquella tierra del padre del padre Francisco Xavier, de lo cual, hablando el hermano Almeida, dice así:

Ex eo portu Tamarim tendentibus, ubi Emanuelis Mendozae navis in statione era, arx in itinere occurrit Hexandoni viri principis, in edito mente posita, omnium, quas in vita videre me memini, et loco, et opere munitissima. Quippe quam decem fere propugnacula cingunt, inter se non nisi ponte subductili pervia, magnoque intervallo distantia, fossis ita profundis, ut despicientium oculis altitudo caliginem offundat, perpetuo (ut ajunt) silice ferramentis exciso: quod equidem vix hominum manu fieri potuisse crediderim. Ibi cum Hexandoni uxorem, et quatuordecim praeterea Christianos multis jam annis Franciscus Xaverius fecisset, mihi faciendum existimavi, ut me ad eos consolandos, confirmandosque conferrem. Qui me omnes, sed uxor praesertim Hexandoni amicissime acceptum multa tum de Francisco Xaverio, tum de Bungensi, Meacensi, ceterisque in Japone constitutis. Eclesiis percontati, felicique ipsarum progressu valde laetati sunt. Me autem iccirco etiam libentius viderunt, quod jamdiu neminem omnino e Societate nostra conspexerant. Quo toto temporis intervallo eos in Christiana fide partim senis cujusdam Christiani, honorati viri velut magistri familiae studio, partim etiam quibusdam miraculis divina providencia retinuerat. Relictum sibi libellum descriptis Xaverii manu Litanijs, aliisque precandi formulis, aeque ac sacras reliquias pia mulier admodum religione custodiat, expertae virtutis remedium. Etenim aegrotos complures, in iis Hexandonum jam desperatum, corporibus ipsorum impositis libellus ille sanaverat. Nec minore cura senex traditum, sibi ab eodem servabat flagellum, quo singuli [f. 85v] Christiani interdum (nec enim saepius permittebat ille, veritus ne usu nimio at-

1261 dejados *AJ*.
1262 lo que *AJ*.
1263 muchos de ellos *AJ*
1264 de aquella cristiandad *AJ*.

tritum absumeretur) sese caedere consueverant, quod eam rem non solum animis, verum etiam corporibus suis prodesse divinitus intelligerent. Itaque mulier ipsa quam diximus, morbo gravissimo implícita, cum varia medicamente frustra tentasset, ad ipsum flagellum postremo confugies. Francisci Xaverij, ut putandum est, meritis continuo in pristinam vale-tudinem est restituta. Cum omnibus igitur de re divina familiariter colloquutus, ara etiam excitata cum sacratissimae Virginis imagine admodum eleganti, quam eo mecum attulle-ram, pueris novem, in iis duobus Hexandoni filiis Baptismo lustratis (quos jam senex ille Christianis rudimentis imbuerat) incredibili cum eorum moerore postridie mane dicessi, commeatu ab ipsis affatim instructus, atque pollicitus me in reditu quindecim dies apud ipsos commoraturum. Haec ille[1265].

Entre tanto el padre Cosme de Torres volvió a enviar un buen cristiano llamado Uqida Tomé[1266] para Omura el cual fue el que recibió en Yamaguchi en su casa al padre[1267] Xavier y fue bautizado por él. Y después de la destrucción de Yamagu-chi, se vino con el padre Cosme de Torres a Bungo. A este, por ser hombre fiel y de buen recaudo, encomendó que fuese de nuevo a tratar con Omuradono lo mismo que con él había tratado Gonoye Bartolomé, para ver si estaba firme en el mismo propósito para concluir el negocio de Yocuxiura antes del tiempo de venir la nave. Y halló a Omuradono tan deseoso de dar a los padres a aquel puerto, que ratificando todo lo que había enviado a decir al padre[1268] por Gonoye Bartolomé, le despachó luego escribiendo al padre Cosme de Torres que luego enviase un[1269] hermano a Yocuxiura para comenzar a predicar nuestra santa ley y hacer su casa e iglesia en aquel puerto. Con lo cual se alegró grandemente el padre Cosme de Torres, esperando que por esta vía se había de abrir grande puerta al santo Evan-gelio en aquellas tierras. Y luego envió a llamar el[1270] hermano Luis de Almeida a Satsuma, y entretanto envió también el *dojucu* Damián, que fue después nuestro hermano y había[1271] vuelto del Miaco, a do fue con el padre Gaspar Vilela, para que fuesen[1272] predicar en la ciudad de Facata a algunos gentiles que deseaban oír nuestras cosas. Vuelto que fue el hermano Luis de Almeida de Satsuma para Bungo, llegándose ya el tiempo de venir las naves[1273] de los portugueses a Japón,

---

1265 Esta carta de Vilela fechada a 8 de noviembre de 1562 parece que no se tradujo y solo queda la versión en latín publicada por Maffei.

1266 Uchida Tomé «nombrado a veces Uchida dono (terrateniente), el primero que alojó a Xa-vier en Yamaguchi en 1550» (DJ1, 324).

1267 al padre Francisco *AJ*.

1268 y dice el padre *AJ*.

1269 algún *AJ*.

1270 al *AJ*.

1271 había ya *AJ*.

1272 fuese a *AJ*.

1273 naos *AJ*.

envió el padre Cosme de Torres a los hermanos Luis de Almeida y Juan Hernández para que fuesen a la ciudad de Facata; y en ella se quedase el hermano Juan Hernández prosiguiendo lo que hacía el *dojucu* Damián, y el hermano Luis de Almeida se fuese al puerto de Yocuxiura y enviase recaudo[1274] para los portugueses que viniesen con su nave[1275] a Japón, y el[1276] *dojucu* Damián a Firando.

Y así, a los cinco de julio partieron los hermanos de Bungo, y llegados a la ciudad de Facata, hallaron que el *dojucu* Damián había hechos[1277] en aquella ciudad y en otro [f. 86] lugar vecino cerca de cien cristianos. Y quedándose en ella el hermano Juan Hernández, el *dojucu* Damián fue a Firando y el hermano Almeida para el nuevo puerto de Yocuxiura. Entre tanto, llegó una nave de portugueses en que venía por capitán mayor Pedro[1278] Barreto[1279], lo cual se fue derecho al puerto de Yocuxiura, de manera que cuando llegó el hermano Luis de Almeida, halló allí la nave, con la cual grandemente él y los portugueses se consolaron. Y, en[1280] llegando, el hermano Luis de Almeida se fue a ver con Omuradono, el cual recibió con mucha fiesta, holgando[1281] mucho de ver la nave en su puerto, y acabó de asentar con Omuradono el nego[cio] del puerto, aunque en alguna se halló mudado. De lo cual, hablando el hermano Luis de Almeida en su carta, dice así:

Tertio Nonas Quinteles Vocoxiuram, qui locus ultra Firandum est quatuor et viginti passuum millibus, discessi, quo ut perveni salutatis ex itinere Facatensibus (qui cum initio dui multumque Evangelio restitissent, bellis deinde perdomiti ac velut subacti, divinum semen libentius acceperunt, bonamque in primis virtutum frugem tulerunt) Regem Vocoxiurae primum adii, qui me honorifice sane bis convivio excepit. Deinde cum ejus ministro, qui Regis ipsius nomine ad Cosmum literas dederat, de re communi agere institui. Cumque ille quodam ex iis, quae per epistolam nobis ultro detulerat revocaret, faciendum mihi existimavi, ut ad Cosmum scriberem, eique totam rem integram reservarem. Ad portum igitur reversus, dum in Christianos ex instituto adjuvandos incumbo, Firando nuntii perseruntur, quanto cum rei Christianae adjumento Damianus Japponius familiaris noster excellenti pietate virtuteque juvenis, qui nuper Facatensibus quoque summa cum omnium admiratione operam navarat egregiam, in eo oppido versaretur.

1274 recaudos *AJ*.
1275 que viniese con nao *AJ*.
1276 al *AJ*.
1277 hechos *AJ*.
1278 Pero *AJ*.
1279 «Al llegar el 15 de julio vio anclada en ella la nave real de Pedro Barreto Rólim, la primera nave portuguesa que tomaba ese puerto» (DJ2, 38).
1280 se *AJ*.
1281 holgándose *AJ*.

Habiendo el padre Cosme de Torres sido en Bungo la llegada de la nave de los portugueses al nuevo puerto de Yocuxiura y lo mucho que daba de sí Omuradono para hacerse cristiandad no solo en aquel puerto, mas también en todas sus tierras, y viendo, por otra parte, cuán sordo estaba el rey de Bungo entonces y todos los más caballeros y nobles de aquel reino para oír y recibir nuestra santa fe[1282], aunque era ya viejo y enfermo, determinó salir de Bungo e irse al nuevo puerto de Yocuxiura concibiendo grandes esperanzas de hacer mucha cristiandad en las tierras de Omura.

También le apresó para hacer esto haber sabido que, con haber acontecido el año antes la desastrada muerte[1283] de los portugueses en Firando de la manera que se ha dicho. Este [f. 86v] año, después de haber entrado la nave de Pedro Barreto en el nuevo puerto de Yocuxiura, llegó también un galeón pequeño de portugueses a Firando, y pareciéndose cosa[1284] intolerable y contra la honra de Dios y de los mismos portugueses que ellos fuesen más a[1285] aquel puerto cuyo señor era enemigo de la cristiandad, y tratara tan mal a los portugueses, procuró, por vía de un caballero portugués (que habiendo el año antes venido con su nave a Satsuma e invernado allí, se hallaba entonces en Bungo, a do había ido a ver el padre y a confesarse), que el galeón se saliese de aquel puerto. Y por esto, dejando en Bungo a los hermanos Duarte da Silva, Guilherme y Aires Sánchez, él se vino con algunos cristianos que estaban ahí desterrados de Firando y de otras partes para el nuevo puerto de Yocuxiura, de lo cual, hablando el hermano Aires Sánchez en la misma carta que escribió de Bungo este mismo año en octubre de 62, dice estas palabras[1286]:

Las nuevas de Firando son que el rey de Firando no persigue este año los cristianos, y según parece, toma esto por medio para reconciliarse con el padre, pareciéndole que por esta vía tendrá siempre en su tierra comercio con los portugueses. Y por esta causa consintió que se hiciese Iglesia en que se juntasen los cristianos. Y porque los días pasados llegó a Firando una nao de portugueses, pareció al padre y a un caballero que aquí estaba, que había sido

---

1282 ley *AJ*.
1283 antes la desastre *AJ*.
1284 con su *AJ*.
1285 en *AJ*.
1286 «De Firandensibus autem rebus illud accepimus, Regem hoc anno se denuo Christianis aequum praebere coepisse, templique extruendi jam nunc illis potestatem fecisse eo fortasse consilio, ut cum Cosmo in gratiam redeat, et hac ratione cum Lusitanis foedus, et hospitium renovet: quorum sibi amicitia, atque commercium quam sit fructuosum, ut clarius desiderando sentiret, navem eorum, superioribus diebus Firandum appulsam, et Cosmo, et Lusitano viro nobili, qui Bungo eo tempore versabatur, navarchi ejus avunculo, visum est faciendum, ut in alias oras averterent. Igitur abeundi potestate ab Rege Bungensi quamvis aegre impetrata de Cosmi valetudine, atque incolumitate solicito, Firandum uterque profect sunt. Haec Sánchez».

capitán mayor, tío del señor de la nao, que sería grande servicio de nuestro Señor y bien para los mismos portugueses, y cristiandad de aquella tierra, hacer pasar la nao para otro puerto. Y movido con este celo se determinó aquello caballero, porque la nao venía enderezada a él, a ir a Firando para hacerla pasar a otro puerto. Y por parecer necesario que el padre Cosme de Torres le acompañase, se pidió licencia al rey de Bungo, para que el mismo padre fuese, la cual concedió con dificultad, por la compasión que tenía del padre no le hiciese mal el trabajo del camino, y así le mandó que se tornase luego [CC, 333–334].

Acerca de lo cual se ha de advertir que lo que aquí dice que fueron ambos a Firando es hierro que se hizo en la trasladación[1287] de esta carta en lengua latina, en la cual, porque fue algo cortada de la propia lengua en que[1288] escrita, no se entendió bien el concepto de ella, porque el padre Cosme de Torres no fue entonces a Firando, mas al nuevo puerto de Yocuxiura, y desde aquel puerto hizo con los portugueses que estaban en Firando que se saliesen de ahí; por lo cual también va errado lo que se prosigue en la carta, a do dice así[1289]:

Llegando al puerto fue muy bien recibido de los portugueses de la nao, levantando banderas y soltando alguna artillería, aposentose en una casilla que había hecho el hermano Luis de Almeida, por remedio mientras se hacía iglesia, adonde oyó muchas confesiones, porque, como los cristianos de Firando supieron la venida del padre, nunca faltaban en el puerto tres o cuatro barcos de cristianos que se venían a confesar. Entre estos vinieron también a confesarse los portugueses de la nao que estaba en Firando, los cuales fácilmente hicieron lo que el padre les dijo que era grande servicio de Dios, pasarse de las tierras del Rey de Firando a otra parte [CC, 336].

Digo que esto va errado porque en lugar de Firando había de decir Yocuxiura, porque ni el padre fue entonces a Firando ni el hermano Luis de Almeida estaba en Firando, mas en el puerto de Yocuxiura en lo que se negoció con los[1290] portugueses que se saliesen del puerto de Firando, fue hecho en el mismo puerto de Yocuxiura, a do vinieron muchos portugueses de Firando, como todo esto se ve claramente en el original de la dicha carta que anda impresa en la lengua castellana y portuguesa. Y lo mismo dice el hermano Luis de Almeida en la carta que

---

1287 en la tración *AJ*.
1288 fue escrita *AJ*.
1289 «Firandi autem magna cum gratulatione a Lusitanis exceptus, qui navis vexilla sustulerant, et tormentorum strepitu laetitiam significaverant, in aediculam diversit ab Ludovico Almeida raptim, dum templum aedificatur, extructam: ubi cum ceteros Christianos, cognito Cosmi adventu terra ac mari undique confluentes, tum nautas ipsos Lusitanos admissis noxis per Confessionem [f. 87] absolvit, iisdemque facile persuasit, ut cum oneraria ex eo portu discederent».
1290 los padres portugueses *AJ*.

arriba vimos escrita a los 25 de octubre, a do, después de tratar de su llegada al puerto de Yocuxiura, dice estas palabras[1291]:

> Y estando un día después de comer aparejando algunas cosas para enviar a Bungo al padre Cosme de Torres, me dijeron que el padre venía y estaba en un lugar cerca del puerto. Recibimos todos con esta nueva tanta alegría, que nos parecía ser imposible su venida por ser él muy viejo y enfermo, y el camino tan trabajoso que no lo podrá creer si no quien lo pasó. Creed, hermanos carísimos, que su venida pareció ordenada por nuestro Señor para bien y consolación de estos cristianos de Firando, que tanto deseo tenían de confesarse y ver a su Dios y Redentor. Y así, en sabiendo que el padre estaba en el puerto, lo venían a visitar de veinte en veinte, porque confesados los primeros se iban y venían los segundos. Y era tanta la consolación que recibían en verlo, que de alegría derraban muchas lágrimas, y era tanto el respeto que le tenían que en su presencia no osaban levantar los ojos del suelo. Mandome, como llegó, que tornase a visitar el señor de la tierra y que concluyese el negocio, lo que yo hice en breve tiempo y, habidas todas las escrituras, me torné al puerto donde el padre estaba ocupado en confesar los cristianos. Hay en este pueblo (que ya es de cristiano, como encima dije) un monte muy alto, donde está una cruz que se ve de lejos, y la puso ahí Pedro Barreto, capitán del navío de portugueses que ahí estaba, por un milagro que aconteció cerca del monte, que tres tardes vieron una cruz puesta en el aire, la cual también vio el mismo capitán y por eso hizo luego poner esta cruz. [. . .]. El padre Cosme de Torres, quedándose aquí, me envió a Bungo por Facata para proveer la casa de lo necesario, y para recibir en casa al rey de Bungo, que tiene por costumbre cada año, un día, venir a casa a comer con algunos señores principales [. . .]. Como esto se supo por los lugares comarcanos, acudieron muchos a los cuales dábamos tal orden que no viniesen más de los que buenamente se pudiesen confesar, y unos confesados venían otros, de manera que los que venían de una vez no pasaban de treinta, entre hombres y mujeres. . . [CA, 362–366].

Fue grande el sentimiento que tuvieron los cristianos de Bungo cuando entendieron que se había de partir[1292] el padre Cosme de Torres, y no quedaron los hermanos ahí con pocos trabajos, ni él corrió menos peligros en esta ida de Bungo para

---

1291 «Nec ita multo post quaedam parantibus nobis, quae ad Cosmum mitterentur, ecce tibi repente affertur ipsum adesse Cosmum. Primo incredibilis visa res: ea Cosmi aetas, ac valetudo, ac difficultas interum est; sed ubi jam ad portum applicuit, quanto gaudio affecti simus facilius est vobis existimare, quam mihi scribere. Is me cosfestim ad Regem legavit, ut cum rem omnino transigerem. Quod ego cum fecissem ablatis etiam syngraphis, Bungum ipsius Cosmi jussu ad epulas in aedibus nostris (id enim semel in anno solemne est) Regi Bungensi parandas excurri. [. . .]. Bungo rursus Vocuxiuram reversus, qui locus a Christianis incolitur, habetque in monte summo Crucem que eminus valde conspicitur a Petro Barreto navarcho Lusitano defixam, quod eodem loco tribus deinceps diebus sub vesperam, inspectante se, aliisque compliribus, sublime in aere signum Crucis apparuisset; Cosmum sanctissimis (ut solet) occupationibus dictrictum offendi. Tanti ad eum Confessionis et Eucharistiae caussa concursus undique Christianorum fiebant, ut omnis perturbationis vitandae caussa, triceni per vices ordine sibi succedere juberentur. Haec ille».

1292 partir de ahí *AJ*.

Yocuxiura, pues en punto de ser muerto de algunos ladrones. De lo cual todo, hablando el mismo hermano Aires Sánchez en la dicha carta, dice de esta manera[1293]:

> En esta despedida se conoció, hermanos carísimos, el amor que estos cristianos tienen al padre por el grande sentimiento que mostraban y frecuencia con que en este tiempo lo visitaban, reconociéndolo por su pastor y padre; unos le besaban la mano y otros se postraban para besarle los pies. El padre declaró cuanto importunaba su ida y les prometió de tornar presto, encomendándoles que fuese muy obedientes a los que quedaban en su lugar. Y así se despidió, acompañándolo muchos hombres, mujeres y niños hasta fuera de la ciudad, que iban derramando lágrimas del dolor y tristeza que con su apartamiento sentían. Con esta ida del padre tomaron alguna osadía estos gentiles, y entraban ya con mucha libertad por nuestra iglesia casi afrentando algunos cristianos, mas luego cesó esto, porque avisando al rey de lo que pasaba, envió a un criado suyo que siempre estuviese en la iglesia y prendiese a cualquiera persona que hiciese algún desacato. Afuera esto, dio cargo de la iglesia a dos caballeros que posaban junto de ella, para que por sí y por sus criados la guardasen, de manera que no padeciese detrimento alguno, y de esta manera quedó más segura que de antes estaba. No faltaron algunos trabajos al padre en este camino, porque a la tercera jornada lo saltearon ladrones y llegaron a tanto con él que le pusieron una flecha en los pechos, pero nuestro Señor lo libró de este peligro, porque uno de los que iban en su compañía cortó la cuerda del arco [CC, 335–336].

Con esta venida del padre Cosme de Torres para Yocuxiura se comenzó a poblar aquel puerto de muchos cristianos que a él concurrían y a convertirse a nuestra santa fe a otros muchos. Y de allí se abrieron en breve tiempo muchas puertas al santo Evangelio en estas partes que llamamos de[1294] Ximo, como lo veremos adelante. Y con esto se acabó[1295] este año de 62.

1293 «Funaii autem, ubi a Christianis auditum est, Cosmum profectione parare, moerentes continuo ad eum ventitare coeperunt, parentem illum, atque pastorem agnoscere, manibus hi, [f. 87v] illi etiam humi prostrati, pedibus oscula figere: quibus Cosmus exposuit, quam justis de caussis iter illud ingrederetur, et simul mandavit, ut vicariis, donec rediret (quod propediem erat futurum) diligenter obtemperarent. Atque ita ab eis digressus est, multis eum viris, mulieribus, pueris magno cum luctu ac moerore extra oppidum prosequentibus. Quo absente, cum barbari se in templum nostrum insolenter inferret, ea re cognita Rex misit, e familiaribus suis, qui templum assidue custodirent, et in vincula abriperet, si quis in eum locum se contumeliose gessisset: atque eiusdem praesidii negotium duobus etiam primariis civibus dedit in ea vicietritate habitantibus. In ipso autem itinere labores atque pericula Cosmo non defuere: tertio quippe die in latronum insidias incidit, quorum unus intentum jam arcum in Cosmi pectus non signe magno ejus vitae discrimine obverterat, cum ex ipsius comitibus quidam, ante sagittam emissam, adductas arcus habenas praedicit. Haec ille».

1294 del *AJ*.

1295 acaba *AJ*.

Capítulo 19
Abriose [la] puerta al santo Evangelio en diversas partes y convirtiose a nuestra santa fe Omuradono en las partes del Ximo y otros caballeros principales en las partes del Miaco

En el año de 63 se abrieron puertas al santo Evangelio en diversas partes, comenzando[1296] a dilatar nuestra santa fe por Japón mucho más de lo que había sido hasta ahora. Porque con la venida del padre Cosme de Torres a estas partes del Ximo, con entrar[1297] la nave de los portugueses en el puerto de Yocuxiura, y haber dado Omuradono a los padres licencia de hacer cristianos[1298] los que quisiesen ser, no solo en aquel[1299] puerto, mas en todas sus tierras, diversos señores de este Ximo adonde vienen los navíos de los portugueses, entendiendo cuán provechosos[1300] ellos eran para los señores en cuyos puertos entraban, comenzaron todos a intentar[1301] modos como pudiesen inducir[1302] los portugueses para bien[1303] a sus puertos. Y pareciéndoles que el mejor medio que podían tomar sería tener padres en sus tierras y darles comodidad para hacer[1304] iglesias y cristiandad en ellas [f. 88], para que con[1305] esto los padres persuadiesen a los portugueses que viniesen a sus puertos, y que ellos, como cristianos que eran, holgarían con eso, determinaron muchos de ellos de procurar esta amistad con los padres y convidarlos a que fuesen a morar en sus tierras, en los cual, aunque ellos como gentiles buscaban solamente sus intereses temporales, todavía la providencia divina, que pretendía con esto de salvar sus escogidos que tenía en sus

---

1296 comenzándose *AJ*.
1297 encontrar *AJ*.
1298 cristianos a *AJ*.
1299 cualquiera *AJ*.
1300 provechoso *AJ*.
1301 buscar *AJ*.
1302 inducir a *AJ*.
1303 para fuesen *AJ*.
1304 para que hiciesen *AJ*.
1305 en *AJ*.

Nota: BL omite el artículo mientras que AJ lo añade.

https://doi.org/10.1515/9783111617602-021

tierras y sacar el grande fruto que después con el tiempo sacó de ellas, fue con esto abriendo muy grandes puertas[1306] para la conversión de estas gentes[1307].

Entre estas, el señor de Firando, que tenía ya experiencia de cuanto le importaba ir portugueses a su puerto, temiendo que con el nuevo puerto de Yocuxiura y con el mal que tenía hecho a los portugueses y a los nuestros, no irían más navíos a su tierra. Aunque de su natural era grande enemigo de nuestra santa ley, todavía, pudiendo con él más los intereses que él perdía, comenzó por diversas vías a procurar la[1308] amistad de los padres, prometiendo de les dar[1309] licencia para estar[1310] libremente en su tierra, e hiciesen iglesias en Firando, y pudiesen a su voluntad predicar el Evangelio. Y por vía de los dos hermanos, Don Antonio y Don Juan, que eran sus parientes y ambos cristianos, con casi todos sus vasallos, instaba grandemente que el padre Cosme de Torres fuese a Firando. Y porque el padre deseaba también grandemente de se pacificar con aquel[1311] *Tono*, así por haber[1312] ya más de dos mil cristianos en su tierra, en las islas de los dos hermanos, Don Antonio y Don Juan, como también por ver que los portugueses estaban deseosos de entrar[1313] con sus navíos en aquel puerto por algunas comodidades que en él hallaban.

Después de partida la nave de los portugueses del puerto de Yocuxiura para la China, se determinó el padre Cosme de ir a Firando y llegó allá día de Santo Tomé, a los 21 de diciembre el año 62. Y estuvo en[1314] aquellas islas dos meses confesando[1315] todos los cristianos que en ellas habían y consolándolos[1316] con diversos sermones y fiestas que en ellas se celebraron[1317] en este tiempo. Bautizó de nuevo hasta 70 personas, y todo lo[1318] más que hizo y los grandes fervores que hubo entre los cristianos lo escribieron muy particularmente, así el hermano Juan Hernández en una[1319] de abril de este año de 63, como en otra que escribió el hermano Luis de Almeida en noviembre del mismo año, que ambas andan im-

---

1306 grande puerta *AJ*.
1307 esta gente *AJ*.
1308 la *AJ*.
1309 daría *AJ*.
1310 estuviesen *AJ*.
1311 el *AJ*.
1312 tener *AJ*.
1313 encontrar *AJ*.
1314 por *AJ*.
1315 confesando a *AJ*.
1316 ella habían y consolandos a muchos *AJ*.
1317 y en *AJ*.
1318 los *AJ*.
1319 una carta *AJ*.

presas en lengua portuguesa y castellana. Y con ir el[1320] padre a Firando y gastar el tiempo que se ha dicho en aquellas islas, fue el señor de Firando tan mañoso que, deteniéndole con recaudos y buenas palabras, nunca acabó de concederle que se tornase a levantar[1321] iglesias en Firando y que pudiese estar allí padre.

Al cabo de dos meses, se volvió el padre Cosme de Torres [f. 88v] para el puerto de Yocuxiura, a do llegó a los 20 de febrero[1322] del año 1563. Y porque entre tanto que él estuvo en Firando, el hermano Luis de Almeida, que quedó en Yocuxiura, perfeccionó la iglesia y casa que el padre había comenzado[1323] en aquel puerto, y juntamente oyeron las predicaciones del catecismo muchos genti-les que acudieron de las tierras de Omura para morar en aquel puerto. En lle-gando el padre ahí, se bautizaron en pocos días más de trescientos de ellos, y con esto, y con el concurso de muchos cristianos que acudieron de Facata, de Firando, de Bungo y de otras partes a morar en aquel puerto, y con el favor que daba[1324] Omuradono para que se acrecentase aquel pueblo, se hizo en él una población muy bien concertada, porque por orden del mismo Omuradono y conforme al concierto que con el[1325] padre había hecho, no podían[1326] morar en ella sino los que fuesen o se hiciesen cristianos.

Y así, en breves días, conforme a lo que escribió el mismo hermano Juan Her-nández en la dicha carta, se hallaron que moraban en aquel puerto más de mil almas cristianas. Entre tanto, llegado que[1327] fue la Cuaresma, un caballero princi-pal vasallo del rey de Arima y su cuñado, que era señor de Ximabara, mandó un recaudo al padre Cosme de Torres, pidiéndole con mucha instancia que quisiese enviar un hermano a su tierra porque deseaba que hubiese padres en ella y que hiciesen cristianos, y que por tener un puerto en su tierra podrían[1328] ir también a él los portugueses. Holgose mucho con esto el padre por el deseo que tenía que se abriese alguna puerta al Evangelio en las tierras de Arima, y envió para allá el hermano Luis de Almeida para ver la disposición de la tierra y lo que daba de sí este caballero. Y apenas partido[1329] el hermano, el rey de Arima, que así se llama su ciudad principal y no Rima, como en algunas cartas anda mal impreso[1330],

---

1320 el mismo *AJ*.
1321 se levantase otra vez *AJ*.
1322 octubre digo febrero *AJ*.
1323 dejado comenzada *AJ*.
1324 con el favor del Omuradono *AJ*.
1325 del *AJ*.
1326 podía *AJ*.
1327 llegada aquí *AJ*.
1328 podría *AJ*.
1329 partió *AJ*.
1330 impresa *AJ*.

envió dos criados suyos de recaudo con cartas al padre Cosme de Torres, pidiéndole con mucha instancia que enviase para su tierra un hermano, porque deseaba dar también entrada a los padres en el puerto de Cochinotsu, que está dos leguas de Arima. Con[1331] el cual recaudo se alegró el padre Cosme de Torres grandemente, porque, siendo el rey de Arima entonces el más poderoso señor que había en el reino de Figen, y teniendo título de *Yacata*, y estando debajo de los señores de Omura, que eran su hermano el de Firando y otros *Conixus* del reino de Figen, entendía el padre que sería de[1332] honra y provecho entrar los nuestros en las tierras de este *Yacata*, y hacer cristiandad en ellas.

Respondió a este rey el padre[1333] Cosme de Torres dándole muchas gracias y, que por estar el hermano Luis de Almeida, que había de enviarle[1334], ausente, no iba luego, mas, como volviese, luego le enviaría pasada la Pascua. Fue el hermano Almeida esta primera vez a Ximabara y fue muy bien [f. 89] recibido del señor de la tierra[1335]. Y le dijo que si los nuestros fuesen a morar a[1336] su tierra, les daría lugar y ayuda para poder hacer su iglesia[1337] y casa y licencia[1338] para divulgar su ley y hacer cristianos[1339] los que quisiesen ser. Y para mostrar que haría con efecto lo que decía, quiso él oír con muchos de sus criados las cosas de nuestra santa ley, mostrando quedar de ella satisfecho. También mandó decir a los mercaderes de aquel pueblo que holgaría que oyesen predicación y se hiciesen cristianos los que quisiesen, diciendo al[1340] hermano que procurase[1341] por ahora convertir muchos del pueblo, porque él después con sus criados y soldados también a su tiempo se harían cristianos. Y le dio también un lugar a do pudiesen los nuestros hacer su casa e iglesia. Concurrieron muchos del pueblo a oír las predicaciones del Catecismo y, en algunos días que el hermano allí estuvo con un *dojucu* japonés que los catequizaba por ser muy diestro en el[1342] oficio, se resolvieron como cincuenta de ellos a ser cristianos, los cuales el hermano bautizó y volvió con este recaudo al padre Cosme de Torres en el principio de la Semana Santa, en

---

1331 en *AJ*.
1332 de grande *AJ*.
1333 respondió este al padre *AJ*.
1334 ausente *AJ*.
1335 No se ha identificado al señor de Shimabara aunque con mucha probabilidad tuvo que ser Matsunaga Danjō Hisahide (松永 弾正 久秀) daimio de la provincia de Yamato.
1336 en *AJ*.
1337 para que pudiesen sus iglesias *AJ*.
1338 también licencia también *AJ*.
1339 cristianos a *AJ*.
1340 el *AJ*.
1341 procurasen *AJ*.
1342 este *AJ*.

la cual se celebraron en aquel nuevo puerto de Yocuxiura, con la mayor solemnidad que se pudieron, los oficios y la procesión de la Resurrección el[1343] día de Pascua, con grande contentamiento de los nuestros y de algunos portugueses que habían quedado invernando ahí, no cesando de dar muchas gracias a nuestro Señor de ver[1344] puerto que pocos días antes era un lugar despoblado y de gentiles[1345], en tan breve espacio se hubiese hecho una muy buena población de cristianos, y que en ella se celebrasen con tanta devoción los oficios[1346] de la Semana Santa y de Pascua, corriendo a ellos también muchos cristianos de Firando y de otras partes. Y fueron tantas las disciplinas que hacían los cristianos cada día, y tantas las confesiones y comuniones y otros actos[1347] de devoción, que dos de aquellos portugueses que ahí invernaron, hicieron grande mudanza en su vida, resolviéndose uno de ellos de dejar el mundo y entrar en la religión. Y otro, no lo pudo hacer por ser casado, emendando su vida de tal manera que de ahí adelante vivía como si fuera religioso y escribió un tratado de las maravillas que había visto acerca de la devoción de los cristianos de Yocuxiura y de Firando.

En este mismo tiempo de Cuaresma, Omuradono, que hasta entonces no se había visto con el padre, vino con muchos de sus hidalgos para le visitar en aquel puerto. Al cual, así los nuestros como los portugueses que ahí estaban hicieron grandes fiestas, y él determinó de oír algo de nuestras cosas y, deteniéndose ahí hasta el Sábado Santo[1348], quedó muy satisfecho de las cosas de nuestra santa fe y de ver la devoción de aquellos cristianos. Y comenzole nuestro Señor a mudar el corazón de manera que, si[1349] hasta ahora no pretendía de alcanzar por vía de los padres sino [f. 89v] intereses temporales de venir navíos de portugueses a su puerto, de ahí adelante, oyendo que había un Creador que había de remunerar los hombres conforme a sus bienes o[1350] males, y que nuestras ánimas eran inmortales, entendió que por vía[1351] de los padres podía ganar mayores y más firmes tesoros, y se determinó en su pecho de hacerse cristiano[1352]. Mas porque él era hermano y vasallo del rey de Arima, que era gentil y de poco tiempo se había hecho señor de aquellas tierras, por no parecer leve y acelerado en negocio de tanta importancia, siendo él persona de tanta cualidad, determinó dar de esto al-

---

1343 del *AJ*.
1344 ver que aquel *AJ*.
1345 gentiles y *AJ*.
1346 ofreció *AJ*.
1347 santos *AJ*.
1348 quedó a oír».
1349 así *AJ*.
1350 y *AJ*.
1351 oír *AJ*.
1352 querer hacer cristianos *AJ*.

guna parte a su hermano y tentar también los corazones de sus principales hidalgos y después, a su tiempo, recibir[1353] el Santo Bautismo y hacerse cristiano[1354].

Envió a decir todo esto al padre Cosme de Torres dándole muy cierta palabra que así lo haría y, en señal de esto, le[1355] pidió licencia para traer como catecúmeno una cruz de oro siempre colgada al[1356] cuello, lo cual le[1357] concedió el padre Cosme de Torres con mucha alegría, y de allí adelante la trujo siempre descubiertamente. De manera que, poco después, yendo a[1358] visitar el rey de Arima su hermano, y viendo la cruz que traía, le preguntó si era cristiano y respondió que sí. Y, mostrando[1359] su hermano que no le pesaba[1360] de ello, se resolvió a bautizarse más de prisa. Y porque el padre Cosme de Torres fue después a visitarlo a Omura, y otras veces fueron diversos hermanos, con esta conversación que tuvo con los nuestros acabó de entender muy bien todas las predicaciones del catecismo y se hizo muy capaz de las cosas divinas y pertenecientes a su alma con muchos de sus hidalgos que oyeron con él juntamente.

De manera que quedó el padre Cosme de Torres con mucha esperanza y alegría de haberle un día de bautizar, aunque por ser el primer señor de cualidad que se hacía cristiano en Japón, y de cuya conversión dependía también la conversión de tantas almas como había en sus tierras. Vivía siempre con grande recelo y temor que no hubiese algún estorbo, el cual bien procuraba el Demonio cuanto[1361] podía, porque, allende de endurecer el corazón de los más principales gobernadores de su tierra para que aborreciesen nuestra santa ley, causó también[1362] en Omura una riña[1363] entre los caballeros principales, en la cual quedando uno de ellos algún tanto agraviado del otro, determinó en todo caso de vengarse, y[1364] sus parientes con grande furor acudieron a ayudarle; y el otro, para se defender, convocó también sus parientes, y como ambos eran personas muy aparentadas[1365] y principales, luego se alborotó toda la tierra. Y los bonzos,

---

1353 recibió *AJ*.
1354 cristiano y *AJ*.
1355 se *AJ*.
1356 de su *AJ*.
1357 lo *AJ*.
1358 al *AJ*.
1359 mostrándose *AJ*.
1360 pasaba *AJ*.
1361 cuantos *AJ*.
1362 totalmente *AJ*.
1363 ruina *AJ*.
1364 a *AJ*.
1365 eran primeros aparentados *AJ*.

como fue siempre su costumbre, comenzaron luego a decir que, pues[1366] Omuradono[1367] había llamado a su tierra[1368] los padres que eran destruidores de los reinos, a do entraban no podían dejar de suceder semejantes revueltas y alteracio-
nes en sus tierras. Con que el padre Cosme [f. 90] de Torres y los hermanos
quedaban[1369] bien pesarosos y desconsolados, mas nuestro Señor fue servido
de[1370] tal prudencia a Omuradono que compuso este negocio cuando ellos estaban
ya para venir a las manos, y haciendo que si uno[1371] de ellos que había agraviado
al otro se desterrasen[1372]. Quedaron todos en paz y sosegados, como todo esto lo
escribió largamente así el hermano Juan Hernández como el hermano Luis de Almeida en sus cartas[1373] que hemos dicho que andan[1374] impresas en castellano y
en portugués.

Después de pasada la Pascua, envió el padre Cosme de Torres el[1375] hermano
Luis de Almeida a visitar el[1376] rey de Arima de la manera que le había prometido. Fue y tuvo de él muy buen despacho; y lo que con él pasó, porque el mismo
hermano lo escribe en una carta de 27 de noviembre[1377] que anda impresa entre
las latinas de Maffei, la[1378] podremos aquí por sus palabras en que dice así:

> Missius ego sum, benigneque ab eo acceptus, nocturno tempore, quod a negotiis magis erat
> vacuum, de rebus divinis ad Regem diu multumque dixi. Quod ipsum deinde por alias occa-
> siones alibi cum ipsius rogatu fecissem, iis sermonis admodum delectatus, permotusque
> Rex, certis de caussis Christiana sacra ipsemet in praesentia suscipere supersedit, sed duas
> mihi dedit epistolas, alteram ad Cosmum, cui potestatem per eas literas faciebat Evangelii
> toto suo regno libere promulgandi; alteram ad incolas oppidi maritimi Cochinoci, in qua
> erat scriptum, ut ad audiendum Evangelium ad me convenirent. Ad quos me qui perduceret
> unum ex amicis, ac familiaribus mihi comitem dedit. Quo sane brevi pervenimus, hospitio-
> que excepti ab urbis Praefecto, verbum Dei disseminare instituimus. Nec sane frustra, ete-
> nim baptizati sunt quinquaginta supra ducentos, in quibus fuit cum uxore, ac liberis ipse ad
> quem diverteramus, urbis Praefectus. Deinde cum in aedes regias in primis instructas locis

---

1366 puesto
1367 Ōmura Sumitada.
1368 en su tierra a los *AJ*.
1369 quedaron *AJ*.
1370 AJ añade «dar».
1371 unos *AJ*.
1372 desterrase *AJ*.
1373 en su carta *AJ*.
1374 anda *AJ*.
1375 al *AJ*.
1376 al *AJ*.
1377 La carta está fechada a 5 de diciembre de 1565 y parece ser que no fue traducida al castellano.
1378 lo *AJ*.

majestate deterriti timidius incolae ad nos et ipsi venirent, et filios mitterent, veriti, ne ab iis aedium ornatus, et catastromata faedarentur; ubi id animadverti, egi cum Praefecto de aliis aedibus, populi docendi causa, comparandis. Ille mihi sane liberaliter omnium quotquot essent in oppido, dedit optionem. Delectum est aedificium quoddam peramplum, sed magna ex parte dirutum, secus aream, quam nobis Rex templo aedificando attribuerat. Operae centum ad ruinas instaurandas, aedemque sacram exstruendam Praefecti imperio ex censu civium exhibitae, opus utrumque celeriter absolverunt. Tum vero liberius ad Christianae doctrinae rudimenta, sacrasque conciones pueri senesque sese conferre. E quibus deinceps non ita multo temporis spatio centum e septuaginta Baptismo lustrati sunt. Designatum est etiam Christianis [f. 90v] humandis prope aedem sacram Cruce defixa peramplum soli spatium, quo primum illati sunt infantes duo tertium circiter annum agentes, quos Dominus pro salutem harum gentium deprecatores in caelum ascivit. Haec Almeida.

Después de esto hecho, en Cochinotsu fue de nuevo de ahí para Ximabara, a do, convirtiéndose muchos, se levantó contra él y los cristianos una grande persecución de los bonzos que, con la mucha soberbia y poder que tenían, indignados de ver que muchos se convertían, trataron mal a él, y a los cristianos, haciendo un desacato grande. De lo cual, hablando el hermano en la misma carta, dice así:

Venio ad res Ximabaranas: quam ego in urbem ab ipso Tono, seu Regulo accersitus, Cosmo jubente, me contuli, benigneque exceptus, et in optimo totius urbi domicilio sum collocatus. Postridie me Rex invitat ad coenam. A coena familiaris suos atque domesticos in coenaculum convocar. Hic ego bene longam de Christiana religione disputationem instituo. Illi vero multa ac varia me interrogant: quibus ego dum ad singula respondeo, noctis magna pars abiit. Mane cum illuxisset, Tonus rogatu meo popularibus omnibus Christianae capassendae religionis fecit publice potestatem. Ex eo tempore ter quotidie concionari coepimus, matutinis primum horis, tum pomeridianis, postremo vespertinis, tanta hominum vi confluente, ut non domus solum, sed etiam via auditoribus oppleretur. Secundum hunc rei Christianae cursum more suo adversarius non semel impedire conatus est. Tria visuntur Ximabarae coenobia Bonziorum, qui cum aliis de caussis plurimum possunt, tum quod Principes civitatis affinitate contingunt. Ejus ordinis hominum fallacias atque superstitiones quod palam coarguimus, populumque ab ea secta ad Christum omni ope tradiximus, capitali nos ubique fere odio infectantur. Ximabarae autem, simulatque ita propensam in nos populi voluntatem intelligunt, inimicitiis quas antea inter sese exercebant, communi metu suadente, depositis, calumniis fictisque criminibus nos oppugnare constituunt. Ad Tonum adeunt, mirantes cur in suis terris tam improbum genus hominum versari patiatur. Anthropophagos esse nos, et quocunque Christiana sacra inferamus, eodem continuo bellum excidiumque importare. Si nobis in urbe habitatio detur, Lusitanos ipsos illi imperium erepturos. Ad haec, plebem incitare conantur, partim ut nos ex urbe pellendos una voce abs Tono deposcat, partim etiam ut nos pubblice convitiis maledictisque proscindat. Eam rem ubi parum procedere animadvertunt, consilium etiam audacius capiunt. Dum ego in aedibus nostris de re Christiana ad populum maxime dissero, facta manu quidam e Bonziis de communi ceterorum sententia in aedes nostras irrumpit, positamque ibi Crucem [f. 91] effringit. Sane indigna visa res est, valdeque omnes, sed hospes praecipue noster, eo facto commoti. Itaque nihil propius factum est, quam ut eum interficerent. Bonzii autem furore elati scelus scelere cumulant. Mos est neophytoru susceptam a se Christianam religionem, Cruce in charta depicta, atque in aedium foribus collocata, pubblice profiteri. Id illi sibi non modo apud Deum salutare, sed etiam apud homines gloriosum existimant. Haec omnia insignia Bonzii postridie, primoribus urbis pro affinitate faventibus, discerpere ac lacerare decernunt. Quod ubi Tonus rescivit, Christianis confestim totam rem jussit renuntiari, eosque hortatus est, ut tumultus vitandi caussa, eam injuriam aequo animo ferre ne gravarentur: se ipsum in Bonzios utique animadverusurum, sed tempore. Quorum amentia ac furor eo usque processit, ut quicunque ad nos audiendos venirent, eos usu etiam fontis arcerent in proximo siti, ad quem plurimi aquationis caussa ventitabant. Prorsus, ut nobis ejus molestiae vitandae caussa, in aliam urbis partem migrare necesse fuerit. Haec Almeida.

Después de pasar este primero furor[1379] de los bonzos, así el *Tono* como ellos cayeron en cuán grande fue la descortesía que contra las cruces y contra la Iglesia[1380] se había hecho. Y como, por otra parte, supieron que el rey de Arima había dado licencia para se hacer cristianos en su tierra y se habían[1381] hechos muchos en Cochinotsu, temieron que el mismo rey no quisiese vengar esta afrenta, y así los bonzos fueron ablandando[1382]. Y el *Tono*, aunque no se atrevió de castigarlos por el grande insulto que habían hecho, por ser ellos poderosos en la tierra, y algunos también sus parientes, todavía fue escusándose y dando satisfacción al hermano. El cual, no se perturbando nada por lo que los bonzos habían hecho, no cesó de valerse de la ocasión para tornar a continuar las predicaciones y conversión y comenzar a hacer[1383] entre los de aquel[1384] pueblo, ordenando de nuevo el *Tono* de Ximabara que los que quisiesen se hiciesen cristianos, y así se fueron haciendo muchos. De manera que, antes de se partir de ahí, en[1385] pocos días dejó hechos de nuevo más de cuatrocientos cristianos y el *Tono* le dio mucha ayuda para levantar una iglesia. De lo cual, hablando en la dicha carta, el mismo hermano dice así:

Nec tamen inter hasce aliasque difficultates, et Bonziorum insectationes, Domino Deo favente, cessatum est. Nam praeter quotidianas conciones et cathecismum, Baptismi celebres variis temporibus complures habiti sunt. Ac primum ethnici quinquaginta nomen [f. 91v] Christo dedere. Deinde rursus circiter Septuaginta. Tertio denique Baptismo, candidati trecentum numerati sunt, e quibus baptizavimus dumtaxato eos, quos satis probe institutos Christianis praeceptis invenimus. Ceteri, qui minus adhuc idonei videbantur, in aliud tempus rejecti. Christianorum primitias libavit Dominus, in hoc item oppido, sex videlicet tri-

---

1379 favor *AJ*.
1380 las iglesias *AJ*.
1381 había *AJ*.
1382 hablando *AJ*.
1383 que comunicará *AJ*.
1384 cual *AJ*.
1385 a *AJ*.

mos, aut quadrimos infantes: quorum qui primus excessit e vita, Christianae fidei veritatem illustri sane testimonio comprobavit, cum enim jam ageret animam, sublatis ad sidera manibus; Tem jangate mairo, id est, confestim (inquit) in caelum migrabo. Cujus rei miraculo neophyti magnopere confirmati sunt. Ipse enim Regulus tametsi nec dum Christianus est, et certis de caussis in aliud tempus Bonziorum scelus ac maleficia debitis vindicare suppliciis distulit; suam tamen erga nos benevoltentiam, et Christianae religionis vel tuendae, vel amplificandae studium plurimis rebus ostendis. Primum enim nobis honoris caussa familiariter saepe conveniendis nomen nostrum apud Ximabaranos in admiratione, et in gratia posuit: deinde aream templo aedificando optimam, materiamque suo sumtu convectam, operasque ducentas nobis attribuit ad arcis ruinas aequandas solo, quae arx quondam illa ipsa in area fuerat. In templi vero ipsius apparatum et cultum familias septuaginta in ea vicinitate habitantes certum vectigal pendere jussit, exturbationis poena proposita, nisi in officio perstitissent. Idem, quod Christiani ad templum, aestu maris accedente, aegre admodum veniebant, ingenti ponte ad ipsius templi valvas usque perducto, facilem iis tutumque aditum praebuit. Auctus vero filiola (quam nos quod clarissimo genere orta est, magno Christianae rei adjumento futuram aliquando speramus) eam nobis tradidit baptizandam, quod fecimus, et nomine Christiano Mariam appellavimus, ut eam videlicet nomen ipsum ad omnem virtutem ac sanctimoniam incitaret. Haec fere in oppidis Cochinoco et Ximabara gesta sunt: quam ego utramque Ecclesiam per id tempus saepe revisi, et alteri Damianum, alteri Paulum comites ac familiares nostros interim dum ego abessem, praeposui. Vos etiam atque etiam obsecro fratres, ut pro hac universa Japonica vinea Domino Deo nostro quam diligentissime supplicetis. Ex portu Mariae Virginis adjutricis 5. Kalen. Decembris 1565.

Mientras esto pasaba, en Ximabara y en Cochinotsu, en los cuales lugares se hicieron en este tiempo mas de mil y doscientos cristianos, Omuradono que con[1386] las continuas pláticas que con los nuestros tenía, estaba ya muy movido y determinado [f. 92] de ser cristiano, se resolvió en el mes de junio de este año 63 de cumplir su deseo y bautizarse juntamente con muchos de sus hidalgos. Y porque de su conversión y cualidad trata muy largamente el padre Luis Fróis, que en este mismo año poco después de bautizado, llegó a Japón en una carta que escribió de Yocuxiura a 14 de noviembre de este mismo año 63. La podremos aquí por sus palabras en que dice así:

Sed paucis mihi perstringendum videtur quanam ratione Baptolomaeus Rex sese ad Christum adjunxerit. Is claro in primis genere natus, Cegandono patre admodum sene (qui vivit adhuc) acerrimo et Bonziorum favore, et Christianae religionis inimico; ab Rege ut dicebamus adoptatus est (quem arcta affinitate contigebat) populo magistratibusque approbantibus. Aliquot deinde post annis Cosmus cum Vocuxiuram se contulisset, Rex ad eum salutandum ineiunte Quadragesima venit, quem antea nunquam viderat. Ad ipsum vero postridie Cosmus Lusitanis nonnullis comitantibus qui in hoc portu hiemabant, honoris caussa adiit, eumque in aedis nostras in posterum diem ad praedium invitavit. A prandio Cosmus partim

---

1386 en *AJ*.

suo ipse sermone, partim Joannis Fernandi, qui bene Japonice novit, opera, cum alia multa Regem de rebus divinis edocuit, tum de animorum aeternitate, inscitiaque et errori illorum qui nihil esse omnino praeter materiam primam opinarentur. Habita est haec disputatio in sacello quodam optime ornato, proposita Mariae Virginis sacratissimae imagine cum filiolo Jesu. Cujus ille tabulae cum cetero aspectu mirifice gaudebat, tum stupebat in primis quod quamcumque se in partem verteret, defixos in ipsum oculos puer Jesu habere videretur. Atque ille quidem omnia quae dicebantur, clare percepit. In digressu autem, Cosmus ventilabrum aureum Regi donavit, Cruce praefixum cum clavis tribus, et nomine Jesu eleganter sane descripto: quod ventilabrum Gaspar Vilela ex urbe Miaco miserat. Cujus argmenti literarumque novitate permotus Rex, ut ea omnia per otium cognosceret, rursus ad nos cum magno comitatu se contulit, ceterisque in atrio relictis, uno Aloysio secum adhibito, templum ingreditur, ibique rursus de sacris fidei Christianae dogmatibus, deque sanctissimi nominis Jesu, crucisque mysteriis atque virtutibus, Regis ipsius rogatu Joannes admodum fuse copioseque disseruit, e quibus multa Rex sua ipse manu in commentarium retulit. Ex eo die, aureae Crucis sigillo munitus, quod secum de Cosmi sententia gestabat assidue, se identidem Jesu Christo commendans, crebrisque Cosmi cohortationibus, incitatus denique nomen Christo Domino dare constitui. Nocte igitur domum ad nos [f. 92v] cum suis familiaribus venit, piis de religione sermonibus ad insequentem usque lucem aures praebet: quibus Cosmi judicio jam sati institutus, sacro Baptismate ab eodem lustratus est, manibus in modum precantis magna cum submissionis pietatisque significatione conjunctis, comitum suorum ex praecipua nobilitate corona circumdatus, qui pariter ejus consuetudine monitisque adducti, in eamdem Baptismi voluntatem vehementer incubuerant. Xumitanda appellabatur antea: ex eo tempore Barptolomaeus novo nomine vocitatus est. Inde a bellum discessit, Cosmum obtestatus, ut pro sua suorumque salute, ac felici uxoris partu Dominum precaretur. Haec Froyus.

Mientras con tanta gloria de Dios y alegría de los nuestros se iba haciendo tan grande conversión en estas partes de[1387] Ximo, no se hacía menos fruto en las partes del Miaco, a do en este tiempo abrió nuestro Señor grandes puertas a la[1388] conversión de algunos caballeros y *Tonos* principales de la corte de Mioxidono[1389] y de Matsu Nagasotai[1390], su principal capitán, llamado por otro nombre Dajodono[1391]. Y el principio de esta conversión fue de esta manera.

1387 del *AJ*.
1388 grande puerta de la *AJ*.
1389 Miyoshi Nagayoshi.
1390 Matcugan Sotai *AJ*.
1391 Matsunaga Danjō Hisahide (松永 弾正 久秀) fue un influyente daimio durante el período Sengoku en Japón, conocido por su astucia política y su papel en la turbulenta historia de ese período. Reconocido como uno de los «tres grandes despiadados de Japón» destacó por su ambición y la aplicación de tácticas controvertidas, incluidos asesinatos y traiciones, para asegurar y expandir su poder. Su vida estuvo marcada por conflictos con figuras como Oda Nobunaga y el shōgunato Ashikaga, y su dramático final, suicidándose durante el asedio de su castillo por Nobunaga en 1577, es emblemático de la intensidad y la brutalidad del período Sengoku.

En el reino de Yamato, que está cerca del Miaco y es uno de los principales reinos del Goqinai, que era de este Sotay Dajodono, estaba un caballero muy principal llamado Yuqi Yamaxirodono[1392], que por ser de grande[1393] valor y partes tenía mucha privanza y cabida con Dajodono. Y entre las otras cosas, hacía profesión de saber de astrología y de cosas de suertes para adivinar. A este caballero determinaron los bonzos del Miaco, partido que fue el padre Gaspar Vilela para Sacai –como lo dijimos encima–[1394], de tomar por su valedor para que hiciese desterrar el[1395] padre Vilela del todo de las partes del Miaco, prometiéndole grande[1396] contía de dinero para efectuar[1397] y que podría juntamente ganar las casas que el padre había hecho en el Miaco con todo lo que en ellas había, que ellos estimaban de grande precio, aunque en esto se engañaban[1398]. Aceptó Yuqi Yamaxirodono de hacer esto, pareciéndole que lo[1399] podría alcanzar por vía de Sotay Dajodono, que gobernaba la *Tenca* como quería, en lugar de Mioxidono. Y[1400] estando en este, fue sabido por los cristianos y por los nuestros que él tomara esto a cargo. Y por ser persona[1401] de tanta valía, vivían[1402] todos con grande temor que saldría con su intento sin haber quien le pudiese ir a la mano, y encomendaban[1403] el negocio a nuestro Señor. El cual, porque tenía determinado de hacer de esto[1404] hombre, como hizo de San Pablo, ordenó también que un cristiano de[1405] Miaco, que Yodoyano Diego se llamaba[1406], que no había más de dos años que se convirtiera a[1407]

1392 Yochiyama Xiridon *AJ.* Yuki (Miyoshi) Yamashiro no kami Yasunaga (結城 (三好) 山城守 保長) fue un destacado líder dentro del clan Miyoshi durante el tumultuoso período Sengoku en Japón. Conocido por su papel en los conflictos políticos y militares de la época, Yasunaga ocupó el título de *Yamashiro no kami*, reflejando su posición dentro de la estructura feudal japonesa. Su historia ilustra las complejas dinámicas entre los clanes daimios y las figuras clave como Oda Nobunaga y Toyotomi Hideyoshi en la unificación de Japón.
1393 que por tener grande *AJ.*
1394 arriba *AJ.*
1395 al *AJ.*
1396 muy buena *AJ.*
1397 efectuar esto *AJ.*
1398 que valdría mucho aunque en esto se engañaba *AJ.*
1399 los *AJ.*
1400 que *AJ.*
1401 hombre *AJ.*
1402 debían *AJ.*
1403 encomendaba *AJ.*
1404 este *AJ.*
1405 del *AJ.*
1406 llamado Yodeyano Diego *AJ.* No se ha identificado a este japonés.
1407 en *AJ.*

nuestra santa fe, mas era[1408] muy buen cristiano y entendía bien nuestras cosas, tuviese una demanda con otro hombre, la[1409] cual se había de determinar por el mismo Yuqi Yamaxirodono.

Yendo[1410] un día hablar con él, le halló que estaba con otro caballero principal, maestro del *Dayri*[1411] llamado Gueqidono[1412], que era su grande amigo [f. 93]. Y haciendo[1413] parecer delante de sí al dicho Yodoyano Diego, que era hombre diestro y bien entendido, y mientras hablaba con él, entendió que él era cristiano. Y porque entonces estaba con aquel mal propósito de perseguir a los nuestros, preguntó si era cristiano y por qué causa tomara esta ley nueva. Respondiole Diego de tal manera que le aguzó el apetite para saber lo que predicaban los padres; y preguntándole de esto, le respondió que por ser hombre nuevo [no le] sabría decir de raíz las cosas de nuestra santa fe, mas que diría lo que sabía. Y habló de tal manera que ambos los dos caballeros quedaron admirados[1414], y por ser letrados en las letras y sectas de los gentiles, comenzaron[1415] a disputar con Diego, haciéndole diversas preguntas y argumentos para le convencer. Empero él, respondiendo con mucho acatamiento, los convenció de tal[1416] manera que comenzaron a[1417] estimar lo que primero despreciaban, diciendo Yuqi Yamaxirodono: «Si un hombre nuevo en esta ley y de ningunas letras, y saber de tal manera se tiene contra nosotros, que somos tan letrados, ¿qué hará el padre que es predicador de esta ley, la cual por lo que este hombre dice se ve que es de sustancia y fundada en mucha razón?». Y con esto, por vía del mismo Diego, determinó[1418] hacer todo lo que pudiese para hablar con el padre, mudando la mala

---

1408 era hombre *AJ*.

1409 lo *AJ*.

1410 Oyendo *AJ*.

1411 Ōgimachi Tennō (正親町天皇, 1517–1593) fue el 106º emperador de Japón, gobernando desde 1557 hasta su abdicación en 1586. Durante su reinado, el país estuvo sumido en el turbulento período Sengoku, caracterizado por constantes conflictos entre los daimios. A pesar de su posición nominal, el poder real del emperador era limitado, ya que el control efectivo del país estaba en manos de los señores feudales y militares. Sin embargo, su reinado fue significativo por la transición de la hegemonía de los clanes Oda y Toyotomi, culminando en el inicio de la unificación de Japón bajo Oda Nobunaga y, posteriormente, Toyotomi Hideyoshi. Ōgimachi abdicó en favor de su nieto, el emperador Go-Yōzei.

1412 Guegidono *AJ*. No se ha identificado a este personaje japonés.

1413 y no le dio *AJ*.

1414 espantados *AJ*.

1415 se comenzaron *AJ*.

1416 de esta *AJ*.

1417 de *AJ*.

1418 determinó de *AJ*.

intención que tenía y deseando[1419] oír de raíz nuestras cosas, y así por el mismo
Diogo y dos sus criados, le mandó llamar, escribiéndole una carta al Sacai, a do
estaba, en que con mucha cortesía le pedía que hiciese venir hasta la ciudad de
Nara, a do él estaba. Y esto fue en el mes de abril de este año 63, como lo escribió
el mismo padre Gaspar Vilela de la ciudad de Sacay en el fin de una carta escrita
a los 27 de abril de este mismo año, en que dice así[1420]:

> Después de tener escrita esta carta, me dieron un recaudo de un caballero muy poderoso que
> está en una ciudad llamada Nara[1421], el cual me pedía que lo fuese a ver, porque se quería
> bautizar, y porque es grande enemigo de las cosas de nuestro Señor, tengo grande duda si
> será verdad lo que dice. Con todo esto, estoy determinado de ir allá, esperando una de dos
> cosas: o quedaré sin la cabeza por mi Creador, por quien estoy determinado con su gracia de
> dar la vida, pues nunca permitirá él que haga más preciosa la vida que el alma, o si caso
> fuere que él se quiera bautizar, escribirles he que dejen los Collegios y vengan acá, porque
> este señor tiene grande crédito en esta tierra. Ordene el Señor lo que fuere para su mayor
> gloria, pues ve que ando por estas partes en las puntas de las lanzas y filos de las espadas,
> confiando todo de su misericordia que ordenara y hará lo que fuere mejor [CC, 405–406].

Finalmente, fue primero el hermano Lorenzo y después el padre Vilela, y bautízo-
los ambos con otros hombres honrados [f. 93v] que oyeron el catecismo con ellos,
que serían[1422] hasta diez, con grandísimo contentamiento suyo y de los cristianos,
cuya conversión cuenta particularmente el hermano Juan Hernández en una
carta que escribió al padre Francisco Pérez en octubre de 64, en que dice así[1423]:

1419 deseando de *AJ*.
1420 «Scriptis jam literis, rogat me per nuntium Ethnicus quidam vir opidus praepotens, uti ad
se baptizandum veniam in urbem Naram. Omnino vereor ut verbis hominis fides habenda sit:
gravem enim ad huc se rebus divinis adversarium praebuit. Verumtamen, quicquid sit, experiar;
praeclare mecum existimans actum iri, si in Christiana caussa vitam ponere mihi contigerit. Nec
enim permittet Dominus, ut hujusce lucis usuram animae meae saluti, atque immortalitati ante-
ponam. Sin Ethnicus ille vera narraverit, seques ex animo ad Sacrosantam Ecclesiam aggregarit;
nae ego tum omnia Societatis nostrae Collegia novam in hanc messum per litteras evocare non
dubitem. Magnum enim in his locis ejus viri nomen, magnaque auctoritas est. Faxit Dominus
quod e sua gloria maxime fuerit, cui me inter acies gladiorum, intentaque in me inimicorum tela
versantem plane commisi totum ac tradidi. Haec Vilela».
1421 Nara (奈良市) es una ciudad histórica situada en la región de Kansai, en la isla de Honshū.
Fundada en el siglo VIII, fue la primera capital permanente de Japón desde el año 710 hasta 784
durante el período Nara. Este período es conocido por la consolidación del estado japonés, la
adopción del budismo como religión estatal y la construcción de templos emblemáticos como el
Tōdai-ji, que alberga el Gran Buda (Daibutsu).
1422 llegaron *AJ*.
1423 «Anno superiore, cum Gaspar ad Bonziorum furorem atque impetum declinandum ex urbe
Miaco, Sacajum Christianorum hortatu precibusque se recepisset; Didacus quidam neophytus ad
Yamaxirodonum in jus adiit (porque así se llamaba y no Xamaxinodono como está impreso en

Aconteció que en este tiempo un cristiano llamado Diego, vino a poner una demanda de cierta cosa que había emprestado, delante de Yamaxicodono[1424]: el cual conosciéndole, díjole burlando: «¿Tú eres cristiano?». Respondió: «Sí». Dijo Yamaxicodono: «¿Esto es ser cristiano?, ¿qué es lo que creéis? Respondió Diego: «Cómo quiera que yo sea muy nuevo en la fe, puesto caso que yo tengo la ley de Cristo por la verdadera y santa, no tengo capacidad para declararla».

Porfiando Yamaxicodono que le dijese alguna cosa, comenzó Diego a hablar de la inmortalidad del ánima racional, y como hay un Creador eterno que dio ser y gobierna todo lo criado. Oyendo esto Yamaxicodono, pareciole que era aquello la verdad, y dijo a Diego: «Ve y di al padre que me venga a declarar la ley que predica porque si tú con saber tan poco hablas tan bien, ¿qué hará tu maestro que te enseña? Y por ventura me haré cristiano y Quiquodono[1425], si entendiere que esta es la ley verdadera también la tomará». Parecién-

---

esta carta), debitam sibi a nescio quo pecuniam judicio repetens. Hunc Yamaxirodono ut agnorit, per ludibrium sit ne Christianus interrogat. Ego vero sum, inquit ille: cui rursus Judex: cedo, vestra quae dogmata sunt? Recusanti respondere Didaco, seque excusanti quod tyro esset etiam num; acrius instare denuo barbarus, et urgere, ut aliquid in medium afferret. Necessitate paene coactus Didacus de animorum immortalitate, deque aeterno totius universitatis parente coepit nonnulla disserere: quibus permotus Yamaxirodonus, abi (inquit) nuntia magistro tuo ut ad suam mihi doctrinam declarandam accedat. Nam si tu rudis adhuc et novitius tam bene disputas, quid de ipso doctore tuo putandum est? Quod si veritatem religionis Christianae probaveri; eam ego fortasse et Quequidonus collega meus suscipere non gravabimur. Didacus igitur non sine divino consilio id factum existimans, forensi actione deposita, Sacajum illico ad Gasparem excurrit, eique judicis mandatum exponit. Gaspar rem cum Christianis qui ibidem aderan communicat. Illi negant se dubitate. Quin ea sit insidiosa evocatio; proinde nequaquam eundum. Omnino probabilis erat ea sententia: verumtamen, ne cui, verbum Dei audire se velle dicendi, aliquo pacto defuisse videretur; Laurentium Japonium comitem suum ad eum legavit: qui, quamquam proposito vitae periculo, libens discessit, ea conditione, ut nisi intra quatriduum revertisset, minus commode cum eo actum existimaretur. Dies duo, tres, quatuor; nec tamen redit. Pro mortuo scilicet vel certe male accepto est habitus. Mittitur de communi sententia Meacum unus e Christianis Antonius nomine, ut cuncta Sacajum explorata certaque referat. Huic in ipso itinere occurrit Laurentius et comites duo cum jumento tendentes ad Gasparem deportandum, quod jam Yamaxinodonum et Guequidonum Laurentii opera Dominus ad se convertisset. Meacum igitur cum Sociis tribus Gaspar profectus (ii sunt Japonii Laurentis, Augustinus, et Damianus missus ad eum mense Decembri) Yamaxirodonum, et Guequidonum Baptismo lustravit. Erant ambo venefici [f. 94] et daemone familiariter utebantur. Iidem juris Japonici peritissimi, summaque prudentiae et eruditionis fama. Itaque ab ipso Rege et iis qui rerum potiuntur, de religione, belloque consulebantur: Christianae autem religionis adeo acres adversarii, ut in ea affligenda et Gaspare exturbando Bonzii ipsorum praecipue opibus, gratia, actoritate interentur. Nunc autem divinitus immutatus uterque tanto studio in Christianae caussae defensionem incumbunt, ut Japonicarum opinionum pravitatem atque fallacias scriptis arguere atque aperire instituerint, Evangelica veritate ad calcem operis addita. Quem librum ad communem omnium utilitatem, salutemque sunt edituri. Haec ille».

1424 Yuki (Miyoshi) Yamashiro.

1425 No se ha determinado a quién pertenece este nombre japonés.

dole a Diego que esto era obra de la mano de Dios y que su majestad le había tocado el corazón, dejó luego la demanda y partiose a Sacay que está de Miaco diez y seis leguas pequeñas. Y contando al padre lo que pasaba, todos los cristianos tuvieron por cierto que era paz fingida y que con cautela le enviaba a llamar para matarlo. Y aconsejaronle que en ninguna manera fuese, y al padre también le pareció lo mismo. Mas todavía por no les negar la predicación del Evangelio, pues la pedían y decían que la querían oír, determinó enviarle a Lorenzo que les declarase nuestra santa fe. El cual holgó de ir, aunque con peligro de la vida corporal y concertaron que volviese dentro de cuatro días, donde no que la tendría por ruin señal. Ido Lorenzo, pasaronse los cuatro días y no tornó. Y esto fue causa que todos pensasen que era ya muerto o a lo menos estaba en algún gran trabajo. Por lo cual determinaron de enviar allá un cristiano que se llamaba Antonio, a saber lo que pasaba y encontró en el camino a Lorenzo, con el cual venían dos hombres que traían un caballo para que el padre fuese a bautizar a Yamaxicodono y a Quiquodono que quedaban convertidos. Y así el padre luego se partió a Miaco y con él los demás cristianos y baptizó a los que eran hechiceros y con ellos a otro caballero llamado Xicaydono[1426] muy docto en sus contemplaciones, pariente de Mioxidono. Y así, quedaron los cristianos muy consolados y los bonzos muy confusos y tristes, viendo que las principales columnas en que ellos estribaban para echar al padre, era ya cristianos [CA, 169–169v][1427].

Entre los otros que se bautizaron en este tiempo en Nara fue[1428] Yuqidono Antonio, hizo mayorazgo de Yiqi Yamaxirodono que fue después señor de la fortaleza de Vocayama[1429], y[1430] Tacayama Darío[1431], señor de la fortaleza de Savo[1432] y

---

1426 No se ha precisado a quién corresponde este nombre japonés.

1427 Esta traducción omite unas frases iniciales y otras finales de la carta publicada por Maffei.

1428 fue el uno *AJ*.

1429 Vocoyama *AJ*. El castillo de Okayama (岡山城, Okayama-jō) es una fortaleza histórica japonesa ubicada en la ciudad de Okayama, en la región de Chūgoku. Construido inicialmente en 1597 por Ukita Hideie, desempeñó un papel crucial durante el período Sengoku como centro estratégico en las luchas entre clanes feudales por el control regional.

1430 AJ añade «el otro».

1431 Takayama Tomoteru (高山友照) fue un samurái japonés y vasallo del clan Suwa en la región de Shinano (actualmente parte de Nagano), durante el período Sengoku en Japón. Reconocido por su servicio leal al clan Suwa, Takayama Tomoteru es principalmente conocido como el padre de Takayama Ukon, quien más tarde se destacaría como daimio y samurái cristiano influyente en la historia japonesa.

1432 El castillo de Sawa (沢城, Sawa-jō) fue una fortaleza japonesa ubicada en la región de Shinano, que actualmente corresponde a la prefectura de Nagano. Esta fortificación estuvo bajo el control del clan Sanada, un destacado clan samurái del período Sengoku. El castillo de Sawa jugó un papel crucial en las defensas y estrategias militares del clan Sanada, conocido por su resistencia y tácticas ingeniosas contra los clanes rivales.

padre de Tacayama Justo Ucondono[1433], que[1434] fue señor de la fortaleza y tierras de Tacasuqi[1435]. Los cuales eran caballeros muy principales en la corte de
Mioxidono y fueron grandes columnas de la cristiandad de aquellas partes del
Miaco. Y poco después, por medio y persuasión de ellos, se convirtieron el año
siguiente de 64 muchos y grandes caballeros de la corte de Mioxidono como se
dirá en su lugar.

De manera que en este año de 63 se fue la religión cristiana dilatando más en
Japón de lo que se hizo en todos los años atrás, haciéndose conversión de señores
y caballeros de tanta cualidad como era[1436] Omuradono. Y estos[1437] que en este
tiempo se convirtieron y, para acrecentamiento de la grande alegría que los nuestros[1438] tuvieron este año, en el mes de junio, llegó al puerto de Yocuxiura un
junco de los portugueses, y poco después llegó la nave en que vino por capitán
mayor Don Pedro de Guerra, grande amigo de la Compañía y con él vinieron dos
padres de los nuestros que fueron el padre Luís Fróis, portugués, y el padre Juan
Bautista de Monte, italiano, que trajeron[1439] otros dos que fueron de ahí a poco
recibidos por hermanos, [scilicet] Miguel Vaz, que fue después padre y procurador de Japón, y Jacome Gonçalves, que por venir a tan buen tiempo y haber ya
tanto que no había venido padres de la India, fueron recibidos con muchas fiesta,
y ellos grandemente se alegraron de hallar aquel puerto de Yocuxiura en tan bien
estado y a Don Bartolomé, señor de Omura, hecho cristiano, y ver el concurso de
sus hidalgos que a cada hora venían a oír las predicaciones del catecismo y a bautizarse. De lo cual, hablando el mismo padre Luís Fróis en una carta que escribió

1433 Takayama Ukon (高山右近, 1552–1615), también conocido como Dom Justo Takayama en su
proceso de beatificación por la Iglesia Católica, fue un daimio y samurái japonés reconocido por
su lealtad cristiana durante un tiempo de persecución religiosa en Japón, Takayama fue un líder
militar respetado que jugó un papel crucial en los eventos políticos y militares de su era. Admi-
rado por su integridad personal y su firme fe católica, Takayama es recordado por su influencia
en la promoción y defensa del cristianismo en Japón, incluso durante tiempos de adversidad política y social.
1434 y después *AJ*.
1435 Takatsuki (高槻) es una ciudad en la prefectura de Osaka, Japón, que históricamente ha
sido un importante punto estratégico debido a su ubicación entre Osaka y Kioto. La ciudad se
desarrolló alrededor del castillo de Takatsuki, una fortaleza clave durante el período Sengoku.
Este castillo fue utilizado por varios clanes samuráis para controlar la región y desempeñó un
papel significativo en las luchas por el poder en el Japón feudal.
1436 era de *AJ*.
1437 esto *AJ*.
1438 señores *AJ*.
1439 trajeron consigo *AJ*.

a los 14 de noviembre de este mismo año del puerto de Yocuxiura, dice estas palabras[1440]:

> Después que nuestro Señor por su infinita bondad nos libró de los grandes peligros que tuvimos en la navegación de la China para Japón, desembarcamos en este puerto, y sabiendo los cristianos que en aquellas naos venían padres de la India, nos salieron todos a recibir con tanta alegría y contentamiento que parecía que nos querían llevar en peso por el aire, y obra de doscientos nos acompañaron hasta la iglesia. La consolación que nuestro buen padre Cosme de Torres recibió fue tan grande que le corrían las lágrimas de placer, diciendo que ya no quería más vida, pues nuestro Señor le había hecho tanta merced en traerle compañeros que le ayudasen en la conversión de la gentilidad en tiempo tan oportuno y que tanta necesidad había de ellos. Hallamos al hermano Juan Hernández tan consumido y gastado de los grandes trabajos que tenía, que me parecía cuando lo miraba que quería dar el alma al Señor. Los ejercicios que había en casa fuera de las ocupaciones ordinarias eran el padre estar continuamente recibiendo en casa señores y cristianos de diversas partes, especialmente de este reino, que venían unos a bautizarse, otros a visitarlos. El hermano Juan Hernández, después de oír misa, enseñaba la doctrina hasta las once horas, instruyendo y enseñando las cosas de nuestra santa fe, y catequizando los que habían de bautizar, y lo mismo hacía a la tarde, y algunas veces gastaba mucha parte de la noche, y a veces casi toda, cuando venían caballeros y bonzos a recibir el santo bautismo. A mí se me dio el cuidado de los bautismos, y en el primero (que fue nueve días después de nuestra llegada) se bautizaron sesenta, y ordinariamente venían a bautizarse muchos caballeros y señores de vasallos y otra gente muy principal, inducidos por el rey Don Bartolomé, señor de este reino. Después de bautizarlos, por pedirlo ellos y desearlos mucho, les dábamos una cruz para traer al cuello y un rosario para rezar, y los más escribían luego la doctrina cristiana para saberla de coro y enseñarla en sus casas [CC, 419–420].

1440 «Emaximis navitationis periculis summo Dei ac Domini nostri [f. 94v] beneficio liberati, ex ora Sinarum incolumes in hunc Japonis portum devenimus quem Vocuxiuram appellant: obviosque habuimus in litore Christianos incolas omnes, tanta ex adventu nostro voluptate ac laetitia gestientes, ut nos humeris ipsimet suis sublimes tollere atque asportare velle viderentur, quorum ducenti circiter nos ad templum usque deduxerunt. Cosmi vero Turriam gaudium fuit ita magnum, ut collacrimaretur, satisque se vixisse jam diceret, quoniam quidem operarios sibi in subsidium missos a Domino in tanta negotiorum mole, tamque opportuno tempore cerneret. Joannem autem Ferdinandum e magnis assiduisque laboribus ita consumptum macieque confectum offendimus, ut animam agere paene videretur. Etenim ad domesticas quidem et quotidianas Cosmi occupationes, accedebat etiam magna frequentia principum virorum, et Christiarum tum ex aliis regionibus, tum ex hox regno, vel baptizandi, vel salutandi caussa advenientum. Joannes autem, post sacra missae a Cosmo peracta, totum fere diem, et saepe noctem partim rudimentis Christianae doctrina vulgo tradendis, partim etiam proceribus ac Bonziis qui ad Baptismum accederent, separatis instituendis ponebat. Mihi vero baptizarandi onus impositum est: ac nono post Nostrum adventum die primum sexaginta Baptismo lustrati sunt, multique deinceps, ex prima nobilitate, Barptolomaei regis maxime hortatu ac persuasionibus incitati: quorum plerique catechismum sua manu continuo describebant, quo facilius memoriae commendarent, eundemque domesticis traderent. Singulis autem, a Baptismo, sane quam enixe ac studiose petentibus, Crucis sigillum e collo gestandum, itemque Rosarium precandi caussa dabatur. Haec Froyus».

Como se supo la venida de los padres, enviaron los cristianos de Firando, de[1441] Ximabara y de otras partes[1442] pedir al padre Cosme de Torres que les[1443] enviase algún de ellos. Y como se no podía cumplir con tantos, envío luego al padre Juan Bautista[1444] a Bungo con el hermano Luis de Almeida, que era procurador de Japón, como[1445] lugar que hasta ahora había sido más importante y que había[1446] tiempo que carecía[1447] de padre, y al padre Luís Fróis, que tuvo[1448] consigo en Yocuxiura para suplir al continuo concurso de cristianos que venían a confesarse y[1449] gentiles que venían oír el catecismo para se hacer cristianos. Vino también el mismo Don Bartolomé, poco después de llegar la nave a aquel puerto, para visitar los padres y[1450] capitán mayor de la nave, al cual hicieron mucha fiesta, quedando todos sumamente satisfechos de él y de la piedad y cristiandad que mostraba por algunos días que se detuvo ahí, como todo lo escribe muy bien el mismo padre Luís Fróis en la dicha carta que dice[1451] así[1452]:

━━━━━

1441 a *AJ*.
1442 partes a *AJ*.
1443 se *AJ*.
1444 Bautista de Monte *AJ*.
1445 como el *AJ*.
1446 había a *AJ*.
1447 carecían *AJ*.
1448 detuvo *AJ*.
1449 los *AJ*.
1450 y al *AJ*.
1451 diciendo *AJ*.
1452 «Per idem tempus Barptolomeus [f. 95] quoque Rex ad Cosmum invisendum in haec loca se contulit: quem continuo adivimus, eique xenia dedimus Rosarium ex equo marino, itemque granum benefictum unum auro insertum. Quae ille quanti faceret, vel ex eo ostendit, quod utrumque statim e cervice suspendit. Cujus adventus magna Lusitanorum quoque gratulatione (namque illum omnes admodum diligunt) concelebratus est. Regis autem ipsius animi submissio ac pietas, cum sacro missae interesset potissimum elucebat. Etenim cum in templum quotidie mane, multo ante lucem veniret (maximam enim noctis partem fere Japonii proceres vigilant) non modo sacerdotem ad statam horam usque praestolabatur; sed etiam plebem infimam adventu suo submoveri plane vetabat, vixque parato sibi honoris causa stragulo ad considendum utebatur: prorsus, ut quilibet unus e populo videretur esse. Sermones vero de rebus divinis ita expetebat, ut sacro interdum peracto, ante recitatum a pueris de more catechismus templo nequaquaquam exederet. Idemque ut quaedam sacrae Missae et Eucharistiae mysteria probe cognosceret, accersitum ad se ejus rei gratia nocte Joannem Fernandum summa sua cum animi voluptate paene ad lucem detinuit; multa percontans, quae sibi partim ad comites suos docendos, partim ad Bonzios refutandos, esse necessaria diceret. Quae ille, et simul purgatorii ignis infernique supplicii discrimen a Joanne cum didicisset; ad Cosmum salutatum accessit, cui id honoris etiam habebat, ut in aedium ingressu pugionem ceteraque arma deponeret. Paucis diebus in his locis moratus, ad subsidium fratri suo germano Arimanorum Regi ferendum, qui bello erat implicitus, proficisci coactus est. Haec Froyus».

Un mes, poco más o menos después de estar en este puerto, llegó aquí Don Bartolomé a ver al padre. Fuimos luego a visitarlo y dímosle unas cuentas de caballo marino, con una cuenta bendita, encastonada en oro, que traía de la India, las cuales estimó en mucho, y las puso luego al cuello. Hiciéronle también los portugueses grande fiesta porque todos le son muy aficionados, venía todos los días a oír misa a casa a las tres horas después de medianoche, porque es costumbre de estos señores dormir de noche muy poco, y aguardaba hasta las cuatro, que el padre Cosme de Torres la venía a decir. Confundíanos mucho ver la reverencia y humildad que mostraba en la misa, porque con ser costumbre entre los japoneses estar muy apartados de sus criados, y de la gente del pueblo, mandaba que en la iglesia no se hiciese ninguna mudanza con las mujeres y niños, aunque estuviesen juntos a él, y si le ponían un alcatifa, con dificultad se sentaba sobre ella, de manera que no parecía en la iglesia sino cualquiera persona del pueblo. Era tanto el gusto que tenía de las cosas de Dios, que algunas veces, después de oída misa, esperaba que dijesen la doctrina de los niños, que se acostumbra a decir después de la misa. Y para ser bien informado de algunos ministerios de la misa y del santísimo sacramento, estuvo una noche declarándoselos el hermano Juan Hernández con tanta alegría y contentamiento de su alma, que lo mandó llamar otra vez de noche y estuvo con él hasta casi la mañana, respondiéndole a muchas cosas de nuestra santa fe que le preguntaba y decíale el rey que era necesario saber bien aquellas cosas para enseñarlas a los señores que andan con él y también para saber responder a los bonzos cuando en ellas le hablasen. Y después de ser informado por el hermano muy particularmente de las penas del purgatorio y en que se distinguen de las del infierno, vino a ver al padre y cuando entraba a hablar con él usaba de una humildad que era dejar fuera el terciado y las demás armas que traía consigo. Estuvo aquí pocos días, porque lo mandó llamar su hermano, el rey de Arima, para que le ayudase en una guerra que traía con otro señor [CC, 422–424].

En este mismo año de 63, vinieron los nuestros a morar en la China, en la ciudad de Macao[1453], que entonces era un lugar desierto, y los portugueses poco antes alcanzaron licencia de los mandarines de la China para poder venir a él con sus naves a hacer con los chinos sus mercaderías. Y porque muchos de ellos quedaban invernando ahí para comprar hacienda de los chinos, comenzaron a edificar en él algunas casas que fueron después creciendo de tal manera que[1454] vino a hacerse una muy ciudad de portugueses. Y de ahí a poco que se comenzó a habitar[1455] aquel puerto, habiendo en él muy pocas casas, envió el padre Antonio de Quadros, que entonces era provincial de la India, a los padres Francisco Pérez, Manuel Texeira, y al hermano André Pinto para este puerto de Macao con intención de entrar por la China dentro. Mas porque entonces no pudieron, por algún tiempo [se detuvieron][1456] en casa de un hombre español muy virtuoso[1457], amigo

---

1453 de Macao puerto de la China *AJ*.
1454 con el tiempo *AJ*.
1455 en *AJ*.
1456 BL omite el este verbo mientras que AJ lo añade.
1457 virtuoso y *AJ*.

de la Compañía, llamado Pedro Quintero, que los recibió en su casa con mucha devoción y caridad y los detuvo[1458] por mucho tiempo ahí, hasta que por orden del padre Antonio de Quadros tomaron [f. 95v] ahí un lugar a do primero[1459] hicieron una pobre y pequeña casa, la cual después en el año de 78, acrecentó[1460] mucho y finalmente, en el año de 94 se hizo[1461] un Collegio grande, como se dirá en su lugar, que es ahora seminario de los nuestros que están así por la China dentro, como en Japón. Y porque este Collegio pertenece[1462] a esta viceprovincia de Japón y de la China, y a su tiempo se dirán[1463] diversas cosas de él en esta *Historia*, pareció razón notarse ahora aquí el tiempo en que la primera vez fueron los nuestros a morar en este puerto. Y porque queda mucho para decir de lo que sucedió en este mismo año[1464] 63 en Japón, y este capítulo se ha va haciendo muy largo, dejaremos lo que queda para decir para el capítulo siguiente.

1458 tuvo *AJ*.
1459 de primero *AJ*.
1460 se acrecentó *AJ*.
1461 hizo ahí *AJ*.
1462 pertenecen *AJ*
1463 se dirá *AJ*.
1464 año de *AJ*.

Capítulo 20
Levantose muy grande persecución contra la cristiandad y Don Bartolomé fue echado de su estado y destruido el puerto de Yocuxiura, y los padres puestos en grande aprieto

Fue el padre Cosme de Torres haciendo en aquel puerto de Yocuxiura[1465] una muy buena casa en que estaban dos padres y cuatro hermanos, porque mandó venir también el hermano Duarte da Silva de Bungo con los *dojucus* que sabían tañer y cantar para festejar. Don Bartolomé[1466], determinando[1467] también de hacer[1468] adelante mucho caudal de aquella casa y de aquel puerto, [pues se iba haciendo tanta cristiandad que entre los de aquel puerto][1469] y los criados de Don Bartolomé pasaban ya de dos mil cristianos. Y, estando las cosas[1470] de la cristiandad con tanta prosperidad y los nuestros con grande contentamiento y esperanzas por las puertas que veían abiertas para la conversión, de improviso levantó el enemigo de todo bien tan grande[1471] persecución contra[1472] Bartolomé y contra los nuestros que estuvo toda la cristiandad para en un puerto[1473] se deshacer y perder, y los nuestros con la mayor aflicción[1474] y abatimiento que nunca se habían visto. Y las causas de todo este mal fueron, por una parte, el demasiado fervor y celo de Don Bartolomé, y, por otra, la maldad de algunos gentiles sus parientes y de los bonzos. Y para esto se entender mejor, se ha de saber que el señor que precedió a Don Bartolomé en las tierras de Omura, estando debajo del *Yacata* de Arima, y no teniendo hijo legítimo mas uno bastardo que pareció a él y a los suyos que no podría sustentar ni defender aquel[1475] estado. Hecha consulta con [f. 96] sus principales parientes y gobernadores, determinó de adoptar el her-

---

1465 Yocoxeura *AJ*.
1466 Ōmura Sumitada.
1467 determinado *AJ*.
1468 hacer de ahí *AJ*.
1469 BL omite esta frase, mientras que AJ la añade.
1470 casas *AJ*.
1471 grande perturbación y persecución».
1472 Don Bartolomé.
1473 punto *AJ*.
1474 en las mayores aflicciones *AJ*.
1475 al cual *AJ*.

https://doi.org/10.1515/9783111617602-022

mano de[l] *Yacata* de Arima, que entonces era [don Bartolomé para que tomando el apellido de la casa de Omura, como es costumbre en Japón, pudiese con el favor del *Yacata* de Arima][1476] que entonces era muy poderoso, sustentar aquel estado con más fuerza y reputación por el parentesco tan llegado a la casa de Arima, y al hijo bastardo dieron, con el favor del mismo *Yacata* de Arima, otro estado menor[1477] que estaba vecino al de Omura, haciendo que el señor de él, que también no tenía hijo, adoptase este otro y de esta manera quedó Don Bartolomé señor de las tierras de Omura, que es como un marquesado de los nuestros, que tiene muchos [lugares][1478] en que estarán poco más o menos de setenta mil almas, aunque en aquellos principios, por las razones que ya dijimos arriba, los portugueses y los nuestros a este y a otros señores aun menores llamaban «reyes», como se nombran en estas cartas. Y porque Don Bartolomé, conforme a esto era señor extranjero y no natural de aquellas tierras, muchos de sus gobernadores, que no tenían más parentesco con él que por esta vía de adopción, siendo gentiles y muy dado a sus supersticiones, como vieron que él se había hecho cristiano y que lo era de veras y con toda diligencia procuraba que todos sus hidalgos principales lo fuesen[1479], tomaron esto mal y, comunicando con los bonzos, se fueron de nuevo inclinando a levantar por señor Omura a aquel hijo bastardo.

A esto se acrecentaron dos cosas que hizo[1480] Don Bartolomé luego que de Yocuxiura se volvió esta última vez para las tierras de Omura, que aunque fueron[1481] hechas con grande celo y pecho muy cristiano, fueron demasiado fervor[1482] y más de prisa de lo que se debían hacer[1483]. La primera cosa que hizo Don Bartolomé, volviéndose para Omura, fue quemar una estatua que los suyos tenían levantada de su padre[1484] adoptivo en el tiempo que, conforme a las costumbres gentílicas de Japón, se habían de hacer con ella algunas ceremonias y supersticiones. De lo cual, hablando el padre Luís Fróis en la misma carta, dice así[1485]:

1476 BL deja fuera esta frase, mientras que AJ la agrega.
1477 mayor *AJ*.
1478 BL omite esta palabra, mientras que AJ la incluye.
1479 fuesen de su tierra *AJ*.
1480 hijo *AJ*.
1481 fueran *AJ*.
1482 hervor *AJ*.
1483 debía de hacer *AJ*.
1484 sus padres *AJ*.
1485 «Et quoniam consuevere Japonii principes Manibus mortuorum decemdialia fere sacra, non sine magna Bonziorum praeda saginaque persolvere; Barptolemaeus rex patre suo per eos dies adoptivo vita functo, re cum Cosmo communicata, pro exsequiis illis, Bonziorumque convi-

Y porque es costumbre entre estos príncipes de Japón hacer ocho o diez días exequias por sus difuntos, y acrecentar las rentas a los bonzos y darles de comer en aquellos días, determinó Don Bartolomé de mudar esto en otra cosa mejor, porque viendo que ninguna de estas cosas podían aprovechar al ánima de su padre adoptivo, por quien se hacían las exequias, pues estaba en el infierno, dijo al padre que él tenía determinado, si pareciese bien a su reverencia, de en todos aquellos ocho o diez días dar de comer a cinco o seis mil pobres, para que nuestro Señor lo ayudase, sin tener que ver nada con los bonzos, y que se movía también a hacer esto porque no pensasen que, con ser cristiano, había perdido la misericordia. Y porque siempre en las cosas de nuestro Señor hace más de lo que promete, no contento con lo pasado, tornando a su ciudad de Umbra[1486] en lugar de perfumar la estatua del rey ya muerto como acostumbraba, la mandó quemar, lo que tuvieron los bonzos por grande abominación. [. . .]. Cuando de aquí se partió Don Bartolomé, fue a Omura, donde hizo una plática a Camicama[1487], que es la reina su mujer, diciéndole que pues él era cristiano con otros muchos señores y esperaba en Dios que lo fuese todo el pueblo, que se determinase ella en que ley quería vivir. Ella respondió que quería ser cristiana con todas sus damas y criadas [. . .]. Antes de partirse de Omura a la guerra, deseó mucho dejar hecha en la misma ciudad, por ser la principal del reino y la más fresca que hay en esta tierra, una iglesia grande y suntuosa. Y para poner esto por obra, envió un recaudo al padre por un hermano del regidor del reino, cristiano que se llamaba Don Luis, hombre muy virtuoso y privado suyo; pidiéndole le hiciese el placer de llegar a Omura para que señalase algún lugar cómodo donde se edificase la iglesia. Aunque él tenía ya desocupado un monasterio de bonzos para ella, y si este no le contentase por haber sido casa del Demonio, que tomase el mismo aposento de Don Luis que era muy fresco y apacible, y que él satisfaría a Don Luis en otra cosa. El padre no pudo ir entonces por estar enfermos de unas calenturas. [CC, 424–426].

La segunda cosa que hizo fue destruir un templo de ídolos que los suyos tenían en mucha estima y dar orden que también se destruyesen los otros que había

---

viis, totidem dierum epulum sex pauperum millibus praebere constituit: partim ut sibi ipsi, quoniam impio patri non poterat, divinam gratiam concialeret; partim etiam? Ne post christiana sacra suscepta, pristianae benignitatis atque clementiae oblitus esse videretur. Idem, in rebus [f. 96v] divinis multo plura, praestare quam polliceri solitus simul atque Umbram regiam urbem regressus est, demortui Regis imaginem quam odoramentis suffire venerarique solebat antea, igne comburi jussit: quod a Bonziis ingens piaculum est habitum. Cumque ex itinere ad oppidum Omuram se contulisset, ubi erat eo tempore uxor ipsius Regina; multis ei rationibus persuasit ut una cum omni famularum comitatu baptizari daceneret. Quae res eo mirabilior visa est, quod ea Regem ab eodem consilio antea revocare tentaverat. Simul etiam Rex templum ibidem magnificum aedificare constituit, Bonziis ad eam rem e coenobio quodam aedeque pulsis. Quapropter etiam Aloysium praestanti virtute virum, regiae urbis praefecti fratrem, sibique in primis familiarem, ad Cosmum cum mandatis misit. Haec deprimo».

1486 Esta ciudad no ha sido identificada claramente, aunque varios documentos sugieren que podría ser un puerto en Hirado.

1487 Según Ruíz de Medina se trata de «Isahaya María Magdalena» (DJ2, 50).

mucho en aquellas tierras. De lo cual, hablando el dicho padre en el fin de la misma carta dice así[1488]:

> Partido Don Bartolomé para la guerra, hizo en el camino una cosa notable. Tienen los japoneses un pago de muy suntuoso y grande a quien llaman *Maristen*[1489], que su Dios de las batallas, al cual todos los gentiles grandes y pequeños hacían gran reverencia cuando pasaban delante de él, y llegando a él Don Bartolomé con su gente, mandó detener la gente, y adelantándose un poco mandó quemar la pagoda y el tiemplo donde estaba, y trayéndole un gallo que tenía encima la pagoda, diole un golpe con la espada diciendo: «¡Oh, cuántas veces me engañaste!». Acabando de quemar todo esto, mandó levantar en aquel mismo lugar una cruz muy buena la cual adoraron con grande reverencia él y todos los suyos; prosiguió su camino para la guerra, desde la cual envió gente por todo su reino a quemar cuantas pagodas en él hallasen, y para dar licencia a los portugueses que tomasen toda la madera que les fuese necesaria para sus navíos de las matas que estaban cerca de este puerto [CC, 434].

Con estas[1490] cosas acabaron de todo sus émulos de concluir la conjuración que trataban de hacer contra él. De lo cual deben tomar los nuestros aviso que en tierras de gentiles, aunque el señor se hace cristiano, no se deben[1491] apresar en derrumbar los ídolos, aunque el mismo señor lo quiera[1492] hacer, mas esperar hasta que los principales se hagan cristianos, de manera que se pueda hacer sin peligro[1493] guardando lo que dice San Agustín acerca de esto.

Ordenaron pues lo émulos de Don Bartolomé la traición de tal manera y con tanta disimulación quedando a entender a Don Bartolomé que todos se querían hacer cristianos juntamente con su madre adoptiva en la ciudad de Omura, le pidieron que mandase venir ahí también el padre Cosme de Torres y en esta fiesta

---

1488 «Inde ad bellum discessit, Cosmum obtestatus, ut pro sua suorumque salute, ac felicis uxoris partu Dominum precaretur. Porro in itinere Maristenis delubrum, quem Deum rei militari praepositum Japoniis magno cultu caeremoniaque venerantur, injecto igne consumsit: eodemque loco signum Crucis erexit, quod ipse et universus ipsius comitatus supplices adorarunt. In castra vero simul atque perventum est, misit qui toto regno Deorum phana comburerent. Ex ipsis vero lucis materiam caeduam gratis ad naves parandas ac reficiendas Lusitanis attribuit. Haec Froyus».

1489 Marishiten (摩利支天) es una deidad o deidades en la mitología budista y sintoísta japonesa. También conocida como *Marici* en el budismo, es venerada como una diosa de la luz, la sabiduría y la victoria en la guerra. En algunas tradiciones, se la considera una de las Siete Diosas de la Buena Fortuna. Además, Marishiten a veces se asocia con la protección contra enfermedades y desastres.

1490 estas dos *AJ*.

1491 debe *AJ*.

1492 quiere *AJ*.

1493 peligros *AJ*.

determinaron[1494] matar Don Bartolomé y al padre. Y así aconteciera, si por particular providencia divina el padre, estando para ir en el día determinado, no se detuviera con un negocio que le sobrevino por la[1495] cual ellos, temiendo que[1496] la conjuración se descubriese, no esperaron para el día determinado. Y así, aunque echaron a Don Bartolomé de su [f. 97] de su estado por algún tiempo, no lo pudieron matar,[1497] ni al padre. Y al fin, después de algunos meses, quedaron también vencidos, de lo cual hablando el mismo padre Luís Fróis en la dicha carta dice así[1498]:

> Aquí tornar he a proseguir lo que antes comencé acerca de aquellos doce regidores que fingidamente decían que querían ser cristianos, sabiendo estos que el Gotondono[1499], que era el hijo bastardo del rey por cuya muerte la reina había porhijado a Don Bartolomé y suceder en el reino de su padre, se fueron a él diciéndole que cómo consentía tan grande abominación como era quemar Don Bartolomé la estatua del rey a quien había de reverencia, habiéndolo porhijado la reina para ser heredero del reino. Por esta causa, y porque el

---

1494 determinaron de *AJ*.

1495 lo *AJ*.

1496 con *AJ*.

1497 no pudieron matar ni a él *AJ*.

1498 «Quibus rebus ira permoti barbari impellente daemone, Regi ipsi insidias compararunt. Capita conjurationis fuere duodecim viri urbis administrationi praepositi. Ii ad rem occultandam, Regemque fallendum, Christianos fieri velle se simulant. Quos tamen Rex, quasi eorum scelus praesagiret, diu multumque ante Baptismum probari jussit. Et quoniam Gotondonus spirius regis demortui filius, Barptolomaeo in legitimi filii locum ab Rege ac Regina adoptato, hereditario jure regnoque privatus fuerat; Gotondonum conjurati cum alio quodam e proceribus facinoroso homine Feribo, in societatem consilii assumunt. Omnes denique Barptolomaeum hortantur ut regni possessionem cum pompa solenne aliquando capiat, et simul Reginae Baptismum ac ceterorum, Cosmo accersito, quanta maxima possit caeremonia et civium gratulatione concelebret: namque eo ipso die statutum facinus perpetrare decreverant. Sed veriti mox, ne ipsorum consilia patefierent, rem aggredi antevertunt. Aloysium regis internuntium ultro citroque ad Cosmum rei Christianae causa commeantem Feribus in itinere adortus interimit: cujus in comitatu ne Cosmus esset, divinitus factum est. Praemisso quippe ad Regem Alexandro, Aloysium subsequi deinde ipse decreverant. Eadem ipsa nocte XII, viri regiis aedibus urbique incendium inferunt, ex quo Rex cum praefecto urbis Aloysii fratre paucisque praeterea comitibus, in arcem proximam confugiens. Haec Froyus».

1499 Gotō Harumasa (五島玄雅) fue un destacado daimyō japonés del período Sengoku y el primer señor del feudo de Fukue en la provincia de Hizen. Conocido por su ferviente apoyo al cristianismo, adoptó el nombre de Luis (ルイ ス, Luis) tras convertirse bajo la tutela del padre Luis de Almeida en 1566. Durante su vida, enfrentó la persecución de los cristianos bajo Toyotomi Hideyoshi, lo que lo llevó a huir a Nagasaki con su sobrino. Participó en la invasión de Corea en 1592 y después de la muerte de su sobrino, designó a Ukugusumi Shigenaga como su sucesor. Recibió el apellido Toyotomi en 1597 y, tras la Batalla de Sekigahara en 1600, fue nombrado primer señor del feudo de Fukue. Falleció en 1612, dejando como sucesor a su hijo adoptivo Moritoshi.

demonio era el principal autor, determinó el Gotondono para cumplir sus malos deseos de mandar decir a Don Bartolomé que era ya tiempo de ir a tomar posesión del reino. Y porque estos regidores gentiles determinaban juntamente de matar al padre que se que ocupaba en los bautismos, fuéronse disimuladamente a Don Bartolomé que estaba inocente de esta tradición, diciéndole que llamase con brevedad los padres para que se edificase la iglesia antes que se tornase para la guerra y para que la reina se hiciese cristiana y se consolase toda la gente de la tierra. [. . .] En este tiempo, o por temerse los regidores y los otros gentiles con quien andaba confederados, que Don Bartolomé y Don Luis entendiesen la traición, o por parecerles que el padre iba en el mismo parao que Don Luis, salió al camino a Don Luis el martes en la tarde un gentil vasallo de Don Bartolomé, señor de tres o cuatro lugares llamado Feribo[1500], el cual mató a Don Luis que era un caballero muy virtuoso y muy celoso de la honra de Dios y exaltación de su santa fe. Y todas estas idas y venidas que hacía eran para edificarse en Omura la Iglesia, para la cual él daba sus casas si contentasen al padre. Esa misma noche, los regidores pusieron fuego a la casa del rey Don Bartolomé y a la ciudad, de manera que fue necesario a Don Bartolomé, con el regidor mayor, hermano de Don Luis, y alguna otra gente, recogerse a una fortaleza que estaba cerca de la ciudad [CC, 438–440].

Con este acontecimiento, no se puede decir la grande tristeza y desconsolación con que quedaron los padres. Y porque, como se dice, un gran mal no viene solo, mas trae consigo otros, aconteció también que estos que se levantaron contra Don Bartolomé para hacer mejor su negocio se conjuraron con otro señor gentil llamado Isafaidono[1501], que tenía sus tierras entre las de Arima y de Omura. Y aunque estaba sujeto al *Yacata* de Arima y era su primo con hermano y de Don Bartolomé por ser[1502] astuto y sagaz, iba maquinando novedades contra Arima y adjuntando también a sí otros señores que tenían el mismo propósito. Se levantaron contra el *Yacata* de Arima de improviso en el mismo tiempo que los de Omura se levantaron contra Don Bartolomé, para que de esta manera los dos hermanos no se pudiesen ayudar[1503] el uno al otro. Era[1504] entonces vivo[1505] Xaga-

---

1500 No se ha conseguido identificar el nombre de este japonés.

1501 Ryūzōji Ieharu (龍造寺家晴), también conocido como Isahaya Ryūzōji Ieharu (諫早 龍造寺 家晴), fue un daimyō japonés del clan Ryūzōji durante el período Sengoku (siglo XVI) en Japón. Gobernó la provincia de Hizen (actual Prefectura de Nagasaki) y fue reconocido por su habilidad militar y liderazgo en numerosas campañas y conflictos de la época. El clan Ryūzōji destacó por su feroz resistencia contra los intentos de expansión de otros clanes, como los Ōtomo y los Shimazu. Isahaya, mencionado en relación con su nombre, es una ciudad en la moderna Prefectura de Nagasaki que formaba parte del territorio controlado por el clan Ryūzōji, indicando la significativa influencia de Ryūzōji Ieharu en esta área.

1502 ser también *AJ*.

1503 dar ayuda *AJ*.

1504 Era hasta *AJ*.

1505 viejo *AJ*.

dono[1506], padre de ambos estos hermanos, que fue en su tiempo capitán muy valeroso y temido [f. 97v] en todas estas partes del Ximo. El cual, siendo ya viejo, había dejado el gobierno como es costumbre de Japón a su hijo mayor que era *Yacata* de Arima. Y allende de ser este viejo de su natural, gentil en los huesos, y que estaba siempre metido entre bonzos, como vio que Don Bartolomé, su hijo, quedó perdido y perseguido por causa de ser haber hecho cristiano, y que el otro hijo *Yacata* de Arima también quedaba en muy grande peligro habiéndose levantado contra él tantos que estaban debajo de su mando. Y tomándole muchas de sus tierras, fue tanta la indignación y enojo que tomó contra nuestra santa ley que, volviendo a meterse en el gobierno con la grande autoridad que tenía, mandó deshacer las cruces que estaban levantadas en el puerto de Cochinotsu y de Ximabara, ordenando con graves penas que ninguno se profesase por cristiano ni recibiesen algunos de los nuestros en los dichos lugares que están en las tierras de Arima. Y toda esta revuelta sucedió en el mes de agosto, no habiendo apenas dos meses que Don Bartolomé se había hecho cristiano, y poco más que se habían convertido a nuestra santa fe más de mil y doscientos cristianos en Ximabara y en Cochinotsu. Con la cual los cristianos, siendo tan nuevos, quedaron muy espantados y atemorizados, y algunos de ellos no solo resfriaron, más aun volvieron atrás por ser en la fe tan nuevos.

Aunque también muchos otros quedaron fuertes y los gentiles murmuraban contra la ley y los nuestros y los bonzos que estaban en los dichos lugares. Alegrándose grandemente, mofaban de nuestras cosas diciendo mil blasfemias contra el padre[1507] y contra Dios y su divina providencia, pues no librara a Don Bartolomé que había hecho tantas cosas por su honra y engrandecían el poder de los

---

1506 Arima Haruzumi (有馬 晴純, 1483 – 19 de marzo de 1566) fue un señor feudal japonés durante el período Sengoku. Inicialmente conocido como Arima Sadazumi, ostentaba el título de Shuri-dayu y ocupaba un puesto en el shobanshu, la guardia privada del Shogun. Durante su mandato como señor, los Arima alcanzaron su apogeo de poder al controlar el comercio en la estratégica Península de Shimabara, cerca de la actual Nagasaki. Ashikaga Yoshiharu, el 12º Shogun de la familia Ashikaga, reconociendo su importancia estratégica y fuerza, le permitió tomar un carácter de su nombre y llamarse a sí mismo «Haruzumi». En 1546 atacó el Castillo Mizu-ga-e de Ryuzoji Iekane, logrando capturarlo, pero Iekane lideró un contraataque después de apenas dos meses y lo recapturó. Tras esto, Haruzumi entregó en adopción a su segundo hijo al clan Ōmura, quien más tarde sería Ōmura Sumitada. Durante su mandato como señor, Haruzumi se enfrentó a numerosos daimios locales como los clanes Gotō, Hirai, Matsuura, Omura, Saigo y Taku. Expandido el clan Arima para controlar cinco distritos de la provincia de Hizen, Haruzumi logró eventualmente dominar toda la provincia mediante maniobras políticas y conquistas militares. En sus últimos años, comenzaron a aparecer embarcaciones portuguesas en las aguas controladas por los Arima, y la familia se benefició del comercio exterior. Aunque el cristianismo se expandió considerablemente, Haruzumi no simpatizaba con esta fe y la persiguió activamente.
1507 infamias contra los padres *AJ*.

Camis y *Fotoques* que habían luego acudido con su castigo en las tierras de Arima y de Omura, por hacer los señores de ella tanto caso de nuestra ley. De donde inferían y decían claramente a todos que la ley de los cristianos era falsa y destruidora de los reinos, pues no entraban en ninguna parte donde luego se no hubiese[1508] seguido grandes guerras y disensiones, con que los nuestros y los cristianos quedaban muy acuñados y abatidos y ellos triunfando y haciendo poco caso de nuestras cosas. Con este levantamiento que hubo en las tierras de Omura, el puerto de Yocuxiura, a do habían concurrido muchos mercaderes de diversas partes de Japón con mucha plata para hacer sus mercaderías con los portugueses[1509], se puso luego en grande confusión porque los portugueses, a[1510] grande priesa, recogieron el dinero y sus mercaderías en los navíos y los mercaderes japoneses también [f. 98] procuraban de meter su dinero y lo que habían comprado en salvo, temiendo que los levantados no viniesen[1511] a dar con mano armada en aquel puerto.

Y así, todo era lleno de confusión y los mercaderes de Bungo, que eran entonces los más ricos y como cabezas de todos los más mercaderes en la compra de la seda, habían dado mucha plata a los portugueses y en aquella confusión no podían averiguar sus cuentas. Fueron tan desconfiados y orgullosos que, por no sé qué contraste que tuvieron con algunos de ellos, mataron dos o tres portugueses y después fueron a nuestra casa[1512] y prendieron al padre Cosme de Torres y al padre Luís Fróis, poniéndolos[1513] con guarda en una casa para se asegurar por medio de ellos que los portugueses no [se] irían con sus navíos sin estar a las cuentas[1514] y pagarles toda la seda que les quedaban debiendo por la plata que habían recibido.

Mas entre pocos días los portugueses, que ninguna otra cosa tenían a pecho que satisfacer lo que debían y vender sus mercaderías, pagaron todo[1515] lo que debían a los de Bungo y los padres fueron sueltos y [se][1516] recogieron en los navíos. Y de esta manera estuvieron hasta la partida de ellos que fue en noviembre, estando ambos los padres enfermos, el padre Cosme de Torres en el junco de Gonzalo Vaz[1517] y el padre Luís Fróis en la nave a do por todo aquel tiempo que

---

1508 no se vienen *AJ*.
1509 AJ añade «que».
1510 por los portugueses con *AJ*.
1511 viesen *AJ*.
1512 nuestras casas *AJ*.
1513 metiéndolos *AJ*.
1514 AJ añade «hechas».
1515 toda *AJ*.
1516 BL omite esta partícula mientras que AJ la añade.
1517 Se trata de Gonzalo Vaz de Carvalho (DJ2, 475).

duró más de tres meses pasaron hartas[1518] angustias y trabajos. Y aunque los enemigos en aquel tiempo por tener respeto a los navíos de los portugueses y a muchos mercaderes que estaban de diversas partes de Japón en aquel puerto, especialmente a los de Bungo cuyo rey temían grandemente no hicieron ningún mal
en aquel puerto, con todo eso entendieron los padres y los cristianos que tanto
que si se saliesen[1519] de ellos los mercaderes y los navíos, le habían de quemar y
asolar todos[1520], por lo cual, los padres hallaron en muy grande desamparo y tristeza. Llegada esta nueva tan triste a Bungo, que con caminar [iba] siempre creciendo como es costumbre, decían que los padres y Don Bartolomé eran muertos
y quemado el puerto[1521] de Yocuxiura. Con las cuales nuevas se causó también no
pequeña tristeza y abalo[1522] en aquella cristiandad, y los bonzos y más gentiles no
dejaban de blasfemar contra la ley de Dios y contra los nuestros.

   Partiose luego de Bungo el hermano Luis de Almeida para ir a saber la certeza de lo que pasaba, y llegado al puerto de Cochinotsu, y viendo la cruz cortada,
sintió muy grande [f. 98v] tristeza y no pudo desembarcar en tierra, porque le
enviaron recaudo[1523] que no desembarcase por lo tener así y mandado Xengan[1524]. De manera que quedó tan corrido y triste como la noche, acordándose de
cuán festejado[1525] fuera poco antes en aquel lugar. Y no pudiendo pasar adelante
por el viento contrario, fue forzado esperar ahí todo aquel día, sin ningún hombre ir a él para le consolar, hasta que, venido[1526] la noche, no faltaron muchos
cristianos que fueron escondidamente a verle, dándole razón de lo que pasaba y
excusándose, pues aún en venirlo[1527] a ver de noche escondidamente, pondrían
sus vidas a peligro[1528] por la grande prohibición que tenía hecho Xengan. Consó-
lose con ellos el hermano y el día siguiente se partió para Yocuxiura, a do llegado,
renovó con los padres su tristeza, de lo cual él mismo hablando en la carta que
arriba, citamos, escrita en noviembre de este mismo año 63[1529], dice así:

1518 estas *AJ.*
1519 que luego se saliesen *AJ.*
1520 todo *AJ.*
1521 y quemados en el puerto *AJ.*
1522 Este término es un lusismo que indica agitación, conmoción, alboroto o susto.
1523 recaudos *AJ.*
1524 Arima Haruzumi.
1525 acordándole de cuán festejados *AJ.*
1526 llegado *AJ.*
1527 venirle *AJ.*
1528 punían sus vidas a riesgo *AJ.*
1529 Según la publicación de Maffei esta carta está fechada a 5 de diciembre de 1565. Parece ser
otra misiva de Almeida que no se traduce.

Secuta deinde est contra Barptolomaeum regem conjuratio, bellicique tumultus: quibus tametsi, oppidani commoti, atque a Bonziorum fautoribus, potentibus viris ad Christianam religionem deserendam solicitati sunt, Cruce etiam ipsa contumeliose difracta; ipsi tamen in fide fortiter persisterunt. Quod egomet deinde ex eorum sermonibus clare perspexi, cum ad eum portum per id tempus navi accessissem. Cum enim ab hostibus Christianae religionis urbe occupata, pubblico aedicto nos intromittere vetarentur; ad stationem nostram, sera admodum nocte, parato navigio frequentes venerunt, se diligenter excusantes, quod nos excipere hospitio sibi per adversarios non liceret pietatem tamen suam atque constantiam verbis testantes huiusmodi: Christiana religione deserta, quam porro sectabimur? In difficultatibus nostris, atque periculis ad quem confugiemus? An ad lignea sive lapidea simulacra, quae hucusque coluimus? Quis insitam unius Dei caritatem ex animis nostris evellet? Quibus ego verbis majorem in modum recreatus, eosque vicissim, ut potui, consolatus; ad Cosmum ceterosque Socios Vocuxiuram ex eo loco profectus sum, qui sese cum Christianis ad hostium furorem vitandum in onerariam receperant. Haec Almeida.

Estuvieron de esta manera los padres en Yocuxiura todo aquel tiempo, pasando continuas aflicciones y trabajos. Porque, estando la tierra toda en guerras[1530] y la cristiandad perseguida a cada hora, les venían diversas nuevas de aflicciones y temores. Porque la población de aquel puerto, que estaba también concertada, quedaba ya medio destruida. Porque los cristianos moradores de ella, entendiendo que los enemigos le habían[1531] de quemar toda como partiesen los navíos [f. 99], se iban poniendo en salvo como mejor podían, con sus hijos y mujeres, yéndose unos por una parte y otros por otra. Y los mercaderes también se acogían para sus tierras. Y llegábase también el tiempo para los portugueses se ir para la China con sus navíos. Y los padres se veían puestos en grande angustia[1532], no sabiendo qué partido habían de tomar, porque no[1533] podían quedar ahí, pues la tierra quedaba en poder de los enemigos y el puerto ya deshecho, que[1534] después vieron también quemado y asolado del todo, y los navíos de los portugueses en que estaban se habían necesariamente de ir, por no perder el monzón. Y Don Bartolomé quedaba destruido y echado de su estado, y aquella cristiandad desbaratada y perdida. Y no se veía lugar a do ellos pudiesen ir, porque el señor de Firando era uno de los que se habían declarado[1535] en la conjuración, por enemigo de Don Bartolomé. Y allende de esto, por su natural[1536] adverso a la cristiandad y a los padres, y haberlos echados de ahí con este acontecimiento, quedaba más

---

1530 guerra *AJ*.
1531 la había *AJ*.
1532 grandes angustias *AJ*.
1533 ni *AJ*.
1534 destruida y *AJ*.
1535 declarados *AJ*.
1536 por ser de su natural *AJ*.

enojado, viendo que el padre Cosme de Torres hacía poblar aquel puerto para que los portugueses fuesen a él con sus navíos.

Por otra parte, en las tierras de Arima no habían ningún lugar a do se pudiesen acoger, pues Xengan tan fuertemente lo prohibía. Y no quedaba más que Bungo, a do [no le] sufría el corazón de irse, dejando a Don Bartolomé con toda aquella nueva cristiandad hecha de tan pocos días en las tierras de Arima y de Omura, desamparada. Estando Bungo muy lejos, y esta aflicción acrecentaba la mala disposición que ambos los padres tenían, estando[1537] dolientes de fiebres y de muchos días mal dispuestos. De manera que, por todas las partes se veía el buen viejo puesto en grandes angustias, derramando delante de Dios continuas lágrimas de día y de noche. Y sobre todo, le desconsolaba el verse quitar de las manos tan grandes presas[1538] y perder tan grandes esperanzas de la conversión que iba haciendo, siguiéndose tan grande abatimiento entre los gentiles a la honra y ley de nuestro Dios[1539]. Y no faltaban muchos portugueses que los persuadían que se fuesen con ellos en sus navíos para el puerto de Macao, que era el peor partido que podían tomar en tal tiempo.

De manera que se hallaban los nuestros en grande perplejidad y confusión, no sabiendo cual partido había de tomar. Mas nuestro Señor, que con su divina providencia acude[1540] a los suyos cuando parece que están más sin remedio, acudió también a los nuestros con alguna manera de consuelo. Porque, primeramente, Don Bartolomé, que estaba en extremo peligro[1541], ayudado de un caballero cristiano su pariente por nombre[1542] Damiano, que le acudió en aquel tiempo con la gente que tenía, comenzó a tomar algunas [f. 99v] fuerzas. Y Xengandono[1543], su padre, con su saber y valía[1544], concertó de tal manera con Isafaidono que quedó en paz con el *Yacata* de Arima, y los más enemigos con este concierto fueron perdiendo las fuerzas [de los más enemigos con este concierto, digo las fuerzas][1545]. De tal manera que[1546] Don Bartolomé pudo tornar a entrar en su fortaleza de Omura, aunque quedaba como cercado en ella, teniendo[1547] sus ene-

---

1537 hallándose *AJ*.

1538 priesas *AJ*.

1539 de Dios nuestro Señor *AJ*.

1540 acudía *AJ*.

1541 peligro y *AJ*.

1542 llamado *AJ*.

1543 Engandono *AJ*.

1544 valía se *AJ*.

1545 BL omite esta frase, mientras que AJ decide incluirla.

1546 De modo que *AJ*.

1547 temiendo *AJ*.

migos las más tierras. Y desde la fortaleza envió un recado[1548] al padre Cosme de Torres, mandándole decir que por la gracia de nuestro Señor él había tornado a cobrar su fortaleza y que esperaba que de priesa cobraba también todo[1549] lo más de sus tierras. Y que aunque su padre Xengan, y el *Yacata* de Arima su hermano y otros muchos de sus parientes le habían hecho muy grande instancia que dejase de ser cristiano, pareciéndoles que por castigo[1550] de los *Camis* y *Fotoques* había padecido tanto, con todo eso su corazón estaba muy fuerte sin haber en él mudanza ninguna. Y estaba determinado de antes morir mil veces que ser a nuestro Señor tan desagradecido, y que a todos había mandado responder esto mismo, y que por esto estuviese el padre muy descansado, que cuanto a lo que pertenecía a su fe no había de haber otra cosa. Con este recado[1551] se alegró[1552] el padre Cosme de Torres grandemente, dando muchas gracias a nuestro Señor por ver que le conservaba tan fuerte a su fe, y mandolo[1553] también visitar y animar por un cristiano muy devoto. Allende de esto, movió nuestro Señor el corazón de Don Antonio de Firando, que sabiendo lo que pasaba, mandase un navío a los padres convidándolos[1554] para que fuesen a su tierra, porque, aunque su señor era enemigo de la cristiandad y de los padres, y él los tendrían en sus islas que por ser en todas de cristianos podían estar en ellas cómodamente.

Por otra parte movió también a[1555] otro cristiano honrado a[1556] Ximabara por nombre Gian[1557] –que en estas cartas por yerro llamaron León– que con algunos otros cristianos de aquel lugar vinieron también con otros navíos para acudir a los padres, aunque con harto peligro por la prohibición que se había hecho en aquel puerto que ningún se profesase por cristiano, ni tuviese que ver con los nuestros. Y así, en el tiempo que estaban para partir los navíos de los portugueses, llegaron de ambas partes estas embarcaciones[1558], y el padre Cosme de Torres, dando muchas gracias a nuestro Señor que tan a propósito le acudiese en tal tiempo, se embarcó en las[1559] de Ximabara con los niños y algunos de los nuestros, y el padre Luís Fróis envió para las islas de Don Antonio de Firando. Y poco antes

---

1548 recado *AJ*.
1549 y que esperaba cobrar de priesa todo *AJ*.
1550 castigos *AJ*.
1551 recado *AJ*.
1552 alegró mucho *AJ*.
1553 le mandó *AJ*.
1554 convidándoles *AJ*.
1555 por *AJ*.
1556 de *AJ*.
1557 llamado Guian *AJ*. No se ha identificado el nombre de este japonés.
1558 estos navíos *AJ*.
1559 los *AJ*.

de dar la vela, los enemigos pusieron fuego en aquel puerto, quemando la iglesia y nuestras casas, con todas las además de aquel pueblo que poco antes florecía tanto y era todo de cristianos[1560], dejándolo destruido y convertido todo en [f. 100] ceniza. De las cuales cosas, hablando brevemente el hermano Luis de Almeida en otra carta que escribió de Bungo en octubre del año 64, remitiéndose a lo que el año antes se había escrito en otras cartas, dice así[1561]:

> El año pasado me envió el padre desde Vocoxiura[1562] donde él residía, a dos lugares del reino de Arima para manifestar allí la ley de Dios, donde por su infinita misericordia en espacio de dos o tres meses se convirtieron a la fe del Señor mil y trescientas y tantas almas, y la mayor parte de ellos gente noble y muy honrada. Ya allá habrán sabido la conversión de Don Bartolomé y de muchos caballeros que con él se convirtieron, del aumento en que iba el puerto de Vocoxiura, que él había dado a la Iglesia, así de edificios como de cristianos, y cómo no pudiendo sufrir esto el enemigo ordenó que se levantasen ciertos vasallos de don Bartolomé que como le cogieron descuidado le despojaron del reino y le hicieron retirar a una fortaleza y a su hermano el rey de Arima, porque consentía que la ley de Dios se publicase en su tierra le retiraron hasta la mitad de su reino y quemaron el puerto e iglesia de

---

1560 era todo cristiano *AJ*.

1561 «Anno proximo pater Cosmus Turrianus, Vocoxiura, ubi tum commorabatur, misit me, duo in oppida regni Arimani ad praedicandum Evangelium, quibus in oppidis intra tertium circiter mensem (quae Dei benignitas est) non infimae conditionis homines amplius mille ducenti ad ovile Christi perducti, baptizatique sunt. Atque illa quidem jam cognovisse vos arbitror, Barptolemaeum Regulum valde potentem Arimani Reguli fratrem magna cum nobilitatis parte conversum ad Christi fidem, aliosque complures. Didicistis praeterea, ut opinor, Vocuxiura vicus ad portus nostris ab eodem Barptolomaeo attributus, cum aedificiis, tum vero neophytis in dies quam feliciter crescere coeperti. Hunc adeo laetum rei Christianae progressum cum diabolus ferre non posset, Bonzios permultos e popularibus Barptolomaei solicitare non destitit, quoad facta cojuratione, armisque clam sumtis, Regulum utrumque repentino impetu agressi; Barptolemaeum, quod idolorum cultu sublato phana ipsa Deo vero dicasset, regno deturbatum, in arcem quamdam compulerint, intra quam sese continebat hoc tempore; fratrem vero ejus, quod in regnum suum patefecisset aditum Evangelio, dimidia fere parte oppidorum suae ditionis exuerint. In eo tumultu, Vocuxiura vicus, injecto furtim a vicinus hostibus igne, confestim incensus est. Cosmus in Arimani cuiusdam neophyti navem confugit, Joannis nomine, qui periculo cognito statim praeclare instructis navigiis duobus ad opem Ecclesiae temploque ferendam advenerat: quod tamen ipsum una cum aedibus aedibus Christianorum agricolarum, cum jam Cosmus, ut dixi, navigium conscendisset, inspectantibus nobis, eodem conflagravit incendio. Spectaculum nostris oculis grave admodum et acerbum. Vicus primum exustus ac dirutus is, qui modo et convenarum numero et plurimo Dei cultu florebat: innocentes pueri permulti quorum piis vocibus ac quotidianis precationibus in Dei laudem nuper omnia perstrepebant, raptim in naves impositi, dilapsique, cetera neophytorum turba cum liberis atque familiis, sine tecto, sine cibariis, sine ullo praesidio, relicta crudelitati hostium atque saevitae. Rebus igitur desperatis moerentes cursus direximus ad portum, qui primus regni Bungensis occurrit, distantem leucis a Vocuxiura circiter quinquaginta. Haec Aloysus».

1562 Yokoseura.

Vocoxiura y el padre Cosme de Torres quedó en el mar en un parao. Cierto era la mayor lástima del mundo ver un lugar donde Dios nuestro Señor tanto era servido, quemado y destruido delante de nuestros ojos, ver los hombres y mujeres, niños y viejos todos descarriados como ovejas sin pastor. Crean cierto que fue este para nosotros un buen trago. De este puerto nos fuimos al más cercano del reino de Bungo que será como cincuenta leguas [CA, f. 182]

Este hermano que como dije había venido de Bungo a Yocuxiura [f. 100v] para acudir a las necesidades del padre Cosme de Torres iba juntamente con él en el navío de Gian, y por el tiempo contrario, por ser invierno, fueron forzados a tomar el puerto de Ximabara. A do, secretamente, contra la prohibición que estaba[1563] hecha en aquel pueblo, le tuvo Gian en su casa ocho días y de ahí se fueron para un lugar de Fingo llamado Tacaxe[1564], que era del rey de Bungo. Y no hallando ahí ni aun quien los[1565] quisiese recibir en su casa en el principio, fue el mismo hermano a Bungo y con el favor que le dio el rey[1566], siendo gentil, no solo se detuvo algunos meses en aquel puerto, mas también después volvió de ahí para[1567] Cochinotsu. De lo cual hablando el mismo hermano Almeida en la dicha carta que escribió de Bungo el año 64 dice así[1568]:

En este camino [. . .] entrando en algunos puertos, donde estábamos esperando el mar y tiempo, entramos en uno del reino de Arima que está siete leguas del puerto, donde habíamos de desembarcar en tierra de Bungo, y de este puerto eran los paraos que nos traían y el

---

1563 está *AJ*.

1564 Takase (高瀬) es una localidad en la prefectura de Hiroshima, Japón, conocida por su combinación de serenidad rural y accesibilidad urbana.

1565 les *AJ*.

1566 rey de Bungo *AJ*.

1567 a *AJ*.

1568 «In ea navigatione [. . .]. Cum ad alias ejus orae stationes, tempestatis caussa, coacti sumus appelere; tum ad quemdam regni Arimani portum, citra eum locum quem petebamus, passuum millia quinque et viginti. Ejus portus atque oppidi facile princips erat Joannes: qui inde Vocuxiuram ad nos, ut diximus, navigiis duobus erat profectus [. . .] qui nihil hostium vim, ac potentiam veritus (quod alius nemo praeter ipsum auderet) nos aedium suarum excepit hospitio [. . .] Verum quia commoratio nostra diuturnior periculosa neophytis esse videbatur, idque ipsimet ita judicabant; quamquam magno cum dolore, quem ex ipsorum solitudine, et calamitate capiebamus, magnaque mutae benevolentiae significatione, silentio noctis digressi; postridie Tacaxim oppidum Bungensis orae tenuimus. Ibi Cosmus loco propinquo consistere, et neophytorum animos, epistolis, inter eos terrores atque discrimina confirmare, totiusque rei exitum expectare constituit. Et quo esse ibi tuto liceret, ad regem Bungi me misit, duarum et triginta leucarum itinere; ut is de mansione sua cum Tacaxiano Praefecto per literas ageret, quod Cosmus ipse propter valetudinem longius progredi non auderet. [. . .] Rex valde laetatus Cosmum in suis versari finibus, protinus mihi dedit ad praefectum epistolam; Cosmo aream aedesque ad habitandum attribueret, et ex incolis, Christianum, quicunque vellet, fieri permittere. Haec Almeyda».

señor de ellos cristiano. [. . .] Luego que el padre desembarcó se fue a casa de Don León que así se llamaba el caballero que había enviado estos paraos al padre [. . .]. Con no pequeña soledad y tristeza nos embarcamos para tierra del rey de Bungo viendo que quedaban en esta tierra los cristianos tan perseguidos y desamparados sin padre ni hermano que los consolase, porque creíamos que con esto serían menos perseguidos. Partímonos de noche y llegamos a Tacaxe, que es puerto en tierra del reino de Bungo. Quiso quedar el padre de asiento allí para animar con sus cartas a los cristianos, y para ver lo que el señor ordenaba de esta cristiandad tan perseguidas. En llegando a este pueblo me partí para Bungo a dar noticia al rey cómo estaba ya allí el padre, que por sus indisposiciones no podía venir allí a Bungo. [. . .] Alegrose de que el padre estuviese en su tierra y con las cartas que me dio me torné aquel día a Bungo. Escribió al gobernador que diese casa al padre donde estar y que los que quisiesen ser cristianos lo pudiesen ser libremente [CA, 182v–183].

Entretanto, el padre Luís Fróis, que fue de Yocuxiura para las islas de Firando, no faltaron otros acontecimientos para acrecentar la tristeza con que iba; de lo cual, hablando el mismo en otra que escribió de Firando en octubre del mismo año 64, dice así[1569]:

Queriéndose partir la nao de Don Pedro para la China, quedando quemada y destruida toda la población de Vocuxiura, y nuestra iglesia y casa, se embarcó el padre Cosme de Torres con harta tristeza en una navío de un caballero que lo venía a buscar para se partir otro día con los hermanos Luis de Almeida y Jacomo González para Tacaxe, que es tierra del rey de Bungo. Y porque aquella misma noche llegaron dos embarcaciones de Firando de cristianos que Don Antonio enviaba en mi busca, me despedí del padre en la nao, quedando él bien enfermo. De allí me vine derecho a la isla de Tacuxima[1570] aunque con calenturas y fríos muy grandes, que me duraron cuatro meses, adonde estaba el hermano Juan Hernández que había más de un mes que estaba esperando.

Y poco más abajo dice así[1571]:

1569 «Anno próximo, Vocuxiura vico ab hostibus concremato, et exciso, Cosmus Turrianus cum Ludovico Almeida, et Jacobo Consalvo officii caussa conquisitus [f. 101] a Christiano quodam nobili viro Tacuxim oppidum Regis Bungensis aeger navi deductus est. Ego autem ab Antonio Firandensi viro Principe, quae me quatuor menses male habuerunt. Eodem venit post mensem Joannes quoque Fernandus».
1570 Takeshima (竹島) es el nombre japonés para un grupo de pequeñas islas situadas en el Mar de Japón, conocidas internacionalmente como las Rocas de Liancourt.
1571 «Templum autem ipsum, quod Firando, aliisque ex insulis confluentem ad nos multitudinem non caperet, per eos dies amplificatum, et sacrario, atque aedificiis ad hiemem traducendam ornatum est. Opere absoluto, dum Japonius quidam apud nos ceram in candelarum usum ad ignem liquat, arida palearum materia, e equibus parietes erant exstructi, flammam ita avide arripuit, non modo ut hospitium Nostrum, aedemque sacram, sed etiam quindecim fere vicina Christianorum tecta coprehenderit atque consumserit. Quorum sine mihi aequitas animi ac patienta visa est admirabilis, cum incensis domibus, domesticoque instrumento, in publicum se coacti proripere, tempestate perfrigida, cum e caelo densa nix caderet, una cum conjugibus libe-

Por ser esta iglesia pequeña tanto que no caben en ella los domingos y días de fiesta los cristianos, y los que vienen de Firando y de otras islas a oír misa y sermón, acrecentámosla, y otras cosas hicimos que eran necesarias para que nosotros invernásemos aquí. Después de todo acabado, porque no nos descuidásemos, nos comenzó luego un viernes antes del primer domingo del Adviento a visitar Dios nuestro Señor, estando yo en la cama con buena calentura que aquel día tuve de las terciarias pasadas, haciendo gran frío y cayendo muy mucha nieve, dio fuego en una casa nuestra donde un japonés estaba derritiendo un poco de cera para hacer velas. El viento era muy grande y de tal manera se encendió el fuego que la quemó juntamente con otra que estaba cerca de ella y todo el hato que en ambas había, y las casas en que posábamos y la iglesia y sacristía, y doce o quince casas de cristianos pobrísimos, como son todos los de la isla. Lo que más sentimos, por la falta que después hizo, fueron unos libros del hermano Juan Hernández, que ha muchos años que iba escribiendo en lengua de Japón, adonde tenía todos los sermones de los domingos del año, y la exposición del credo, paternóster y avemaría, y otras cosas bien necesarias. Todavía nos hizo Dios nuestro Señor merced que salvamos los ornamentos para decir misa. Ver la paciencia de estos pobres cristianos que quedaron en la calle con extraño desamparo, unos con siete y ocho criaturas, otros que se les había quemado su hato, y sobre todo eso llorar y dolerse más de nuestro trabajo que de su perdida. [. . .]. Salváronse del fuego unas pocas de cangas que teníamos para el gasto, y algún poquillo de arroz y otras cosillas de hatillo de casa. Y viendo la miseria grande y cuán desamparados estaban estos pobres cristianos, movidos a compasión, vista su miseria corporal les dimos todo el arroz y cangas, ropas, manteos y camisas que se pusieron hallar para que con esto se remediasen. [. . .] En Firando guardó el padre Cosme de Torres el hato de más importancia, en un arca que trajimos de la India, adonde principalmente pusimos todas las cosas de la iglesia y el otro hatillo en un sótano de un cristiano por estar allí más seguro del fuego. El miércoles de la Ceniza, hubo una fiesta de gentiles en Firando, acertó uno a poner fuego a una casa, el viento era muy recio y en breve espacio ardió la mayor parte de Firando y las casas de Don Antonio, la iglesia y el sótano en que teníamos el hatillo adonde por más segura yo tenía unas partes de Santo Tomás, todo se quemó sin quedar nada. Alguna ocasión se nos ofreció especialmente

risque qui non nullis eorum erant septeni, octonive, nostram tamen vicem magis quam suam ipsorum dolerent. Ex ea clade sacrorum apparatus Dei beneficio ereptus est, et aliquid e supellectili vestibusque quas nos omnes egentibus Christianis iis, quorum domus arserant, miseratione commoti divisimus. [. . .] Sub idem tempus ecce nova calamitas. Advectum ex India pretiosum ornatum sacrorum una cum aureo textili, et simul vitrea vasa donanda principibus, Firandum Cosmus, ut ibi videlicet ab incendiis tutiora essent, ad Christianum amicum custodienda transmiserat. Hic dum ludos quosdam profanos ipso Cinerum die agunt barbari, unus ex iis temere arreptum ignem in aedificium conjicit, qui vento adjuvante, adeo vehemens ac saevum excitavit incendium, ut bonam urbis partem cum aedibus Antonii dynastae, et Christiani ejus qui nostra servabat, momento paene temporis hauserit. Quae res magnam mihi praecipue, febri, tali anni tempore, laboranti, patientiae materiam praebuit, quod in eas ego quoque sarcinas, Divi Thomae partes, quae appellantur, itemque nonnulla valetudinis adversae remedia, quibus ad modum inops est haec terra, conjeceram. Inde, paucis interjectis diebus, vigilias agere sumus coacti latronum et hostium metu, quibus parvum hoc Firandi regnum infestum est: paratisque navigiis quibus alio, si res ferret, aveheretur sacra vestis et instrumentum, nos cum Christianis in editum locum munitumque recepimus. Haec Frois».

a mí de ejercitarnos en la paciencia. En estos fríos y dolencia pasada por carecer esta tierra de todas las cosas. Creo que no me aproveché nada de estos beneficios y mercedes que nuestro Señor me hizo. De ahí a dos días, comenzamos a temer los ladrones y los enemigos de Firando, con quien tiene este rey guerra por haber aquí poca gente [CA, ff. 171v–172v].

Hicieron así el padre Cosme en Tacaxe como el padre Luís [f. 101v] Fróis en las islas de Don Antonio la fiesta de Natal[1572] con la mayor solemnidad que pudieron para quebrar los ojos al enemigo mortal que tanto perseguía la cristiandad, y concurrieron[1573] secretamente muchos cristianos de Ximabara a[1574] Tacaxe para celebrar la dicha fiesta. Y en las islas de Don Antonio por haber más comodidad y muchos cristianos se celebró esta fiesta con más solemnidad como lo escribió[1575] el padre Fróis en su carta y con esto se acabó el año 63.

1572 las fiestas de la Natividad *AJ*.
1573 concurriendo *AJ*.
1574 al *AJ*.
1575 escribe *AJ*.

Capítulo 21
Falleció el hermano Duarte da Silva y Don Bartolomé cobró su estado y los nuestros fueron restituidos en las tierras de Arima y en Firando, y muchos se convirtieron en las partes del Miaco

En el principio del año 64, estando el padre Cosme de Torres en Tacaxe con mucha incomodidad por ser ahí aborrecido de todos los gentiles de aquel lugar, el hermano Luis de Almeida, que estaba en Bungo, le envió unas cartas de favor que alcanzó del rey. Y acudiendo los bonzos para hacer que no solo no favoreciese a los nuestros, mas que acabase de echarlos[1576] de sus reinos, pues eran destruidores de todos los lugares a do entraban, no solo no pudieron alcanzar lo que pretendieron, mas antes él mismo tomó a pecho de los favorecer más que nunca. De lo cual, hablando el hermano Luis de Almeida en la misma carta que escribió en octubre de este año 64, dice así:

> Petentibus nomine Bonziorum quibusdam, ut nos exterminaret; alienum esse ejus dignitate, ferre qui Deos suos tam impudenter, tam contumeliose proscinderent; infames item edacitate carnis humanae (hoc enim illos non pudet crimen nostris objicere) et quocunque pergerent, eversiones atque excidia secum afferentes: cum haec inquam, et alia sexcenta in nos probra jactarent; annus, respondit ille, circiter quartusdecimus agitur, ex quo hi homines in haec loca magno utique meo bono delati sunt: tribus quippe dumtaxat regni ante praefueram, nunc vero quinque possideo. Antea pecuniae laborabam inopia, nunc Japonis Reges omnes divitiis supero; atque ad populares etiam meos hoc beneficium pertinet. Denique omnia mihi ex eorum hospitio secunda acciderunt: quin etiam filio sum auctus, quod vehementer optabam, cum nullum antea suscepissem. Quaero nunc ex vobis ecquid attulerit mihi commodi religionis vestrae defensio? Proinde [f. 102] cavete, ne in posterum ad me, istiusmodi verba faciatis. Quo illi responso fracti, abjectique cessere. Heac Almeida[1577].

Con las cartas que el rey de Bungo escribió a favor del padre Cosme de Torres, comenzó a respirar algún tanto y hacer cristianos, y envió al hermano Duarte da Silva a otro lugar de Fingo llamado Cavaxiri[1578] para que abriese[1579] también ahí

1576 echarlo *AJ*.
1577 Parece ser que esta carta no fue traducida al castellano ni al portugués. La única que incluye de manera más concisa el hecho marcado por Valignano es del 14 de octubre de 1564 (Véase: CA, ff. 182–184)
1578 Cavaxeri *AJ*. Kawashiri (川尻町) es un distrito situado en la ciudad de Kumamoto.
1579 abriesen *AJ*.

https://doi.org/10.1515/9783111617602-023

alguna puerta al santo Evangelio. Y cuáles fuesen las cartas[1580] que el rey de
Bungo escribe, lo declara[1581] el hermano Almeida en la misma carta, diciendo así:

> Post mensem autem Cosmum regni proceribus per literas magnopere commendavit. Post
> menses vero duos, cum Christianam rem parum procedere cognovisset, duas edidit tabulas
> ornatas auro, nigroque colore distinctas, quarum alteram Cosmus apud se, alteram unus e
> nostris haberet in alio Bungensis agri pago percelebri (Cavaxirim appelant) leucas a Tacaxi
> septem. Earum in utraque rei Chritianae tribus capitibus chirographo suo cavit quam dili-
> gentissime. Primum enim edixit licere in suo regno, summis, mediis, infinis Christianos
> fieri: deinde poenas proposuit, si quis divinae legis praecones, aut impedisset, aut ulla ra-
> tione laesisset. Tertio declaravit placere sibi in perpetuum tota sua ditione praedicari, Evan-
> gelium. Ac mirum sane quantopere Christianae religioni faveat, quamquam ei nondum ad-
> dictus. Haec Almeida.

Sin duda que con particular providencia ordenó nuestro Señor que este *Yacata*
de Bungo se moviese a favorecer los nuestros, porque si él no fuera parece que
no pudieran dejar de correr mucho mayores peligros, o al[1582] menos que no pudieran perseverar en Japón, pues en todas las partes, como vimos desde el principio que vinieron a Japón, fueron perseguidos y desterrados de los señores de las
tierras a persuasión de los bonzos y no tuvieron otro refugio que[1583] Bungo. Y en
esta persecución que padecieron ahora, los nuevos alborotos que hubo en Omura
y en Arima fueron también de tal manera perseguidos de los[1584] bonzos y más
gentiles, aun[1585] el mismo reino de Bungo, que si no fuera el temor que tuvieron a
su rey sin duda las mataron[1586] o echaran del todo de aquel reino, y aun con todo
el favor[1587] que el rey les hacía eran tantos los insultos y amenazas que hacían a
los nuestros en Bungo, que ordinariamente era necesario que estuviesen de
noche con guardas. Y para que esto se entienda mejor, podré[1588] una carta del
padre Juan Bautista de[1589] Monte, escrita de Funai en diciembre de este año 64,
aunque no anda con las otras impresas, en que dice así:

> Aunque en este reino de Bungo de los gentiles y bonzos es despreciada y aborrecida [f. 102v]
> nuestra santa ley, no deja todavía de haber mucho hervor y devoción en los cristianos. De

---

1580 cual fuesen la carta *AJ*.
1581 declare *AJ*.
1582 lo *AJ*.
1583 que en *AJ*.
1584 de tantos *AJ*.
1585 aun en *AJ*.
1586 los tomaran *AJ*.
1587 de todo de aquel reino y aun todo el favor *AJ*.
1588 pondré aquí *AJ*.
1589 del *AJ*.

los bonzos y más gente[1590] somos escarnecidos y tratados con desprecio por ver que no se hacen cristianos sino hombres pobres y bajos, y desde que los padres llegaron a esta tierra hasta ahora dura en los gentiles la opinión que comíamos carne humana, con que se causó en ellos grande asco y aborrecimiento a nuestras cosas. De manera que cuando vamos por las calles y más caminos, hasta los niños pequeños hacen escarnio de nosotros y nos dicen malas palabras, y a las veces nos tiran pedradas de noche y también flechas de fuego para nos quemar la casa, mas nuestro Señor las apaga y es nuestra guarda. Muchas veces también algunos ladrones procuran de dar asaltos de[1591] noche para nos robar o matar, y así no es necesario velar toda la noche a los cuartos y los cristianos vienen por su caridad a hacer vela[1592], revesándose entre sí. Y algunas veces cometieron los ladrones la entrada de noche por la huerta, mas como las guardas luego acuden, se recogieron siendo sentidos. También por tres o cuatro veces de noche nos tiraron espingardadas[1593] apuntando al aposento a do estamos. Empero, Dios, que es nuestro[1594] amparo, nos defendió para que no acertasen en nosotros. También, por ser grande el odio y aborrecimiento que nos tienen los bonzos y más gente de esta ciudad, después que aquí estamos, vinieron algunas veces en el mediodía muchos gentiles de golpe entrando en este nuestro pat[i]o con armas y gritas, con achaque que o habíamos hecho algunas cosas de que no sabemos parte, y acudieron los cristianos a aplacarlos aunque ellos no tenían ningún fundamento ni razón para mitigar su furor con razones y palabras blandas. Y si no temiesen al rey, que puesto que gentil nos favorece, harían[1595] contra nosotros peores cosas. Mas porque el rey está en Usuqi, que son seis leguas de aquí y no puede saber tantas menudencias[1596], toman estos más libertad y ocasión para[1597] hacer contra nosotros estas cosas. Y en todas ellas nos consolamos en el Señor y pedimos a su divina bondad que les perdone y dé lumbre para salir de su ceguedad, y a nos dé paciencia y perseverancia en su divino servicio. De esta casa de Funai en el fin de diciembre del año 64. *Haec ille.*

Estuvo el padre Cosme de Torres en aquel desierto de Tacaxe con harta soledad cinco o seis meses, en el cual tiempo, para probar[1598] nuestro Señor más su paciencia y remunerar los grandes trabajos que el hermano Duarte da Silva había pasado en Japón por su amor doce años continuos, le [f. 103] llevó de esta vida con harta desconsolación del padre Cosme de Torres. Del cual[1599], hablando el dicho hermano Almeida en la misma carta, dice así:

1590 De los bonzos (y más cristianos) digo de los bonzos y la más gente *AJ*.
1591 la *AJ*.
1592 y los cristianos por su caridad vienen aquí a hacer velar *AJ*.
1593 espingardas *AJ*.
1594 nuestro Señor *AJ*.
1595 habían *AJ*.
1596 menudera *AJ*.
1597 por *AJ*.
1598 proveer *AJ*.
1599 de lo cual *AJ*.

Per eos dies Duartes Cavaxire dum incesus rei Christianae studio, immemor cibi potusque ad Evangelium dies ac noctes praedicandum incumbit, gravem morbum e summo labore contraxerat. Ad eum ego curandum (abest autem Cavaxiris oppidum Bungo leucas paullo plus triginta) Cosmi jussu ingenti labore perrexi; quod e perpetuis imbribus amnes adeo intumuerant, ut vado transmitti non possent. Ita coactus recta via deflectere, quinto demum die perveni Cavaxirim, fratremque nostrum offendi humanis omnibus remediis in magna divinorum solatiorum copia, destitutum; macieque paene extrema confectum: sic prorsus, ut nonnulla, quae mecum ad instaurandas aegroti vires attuleram, parum illi exhausta prope jam naturali virtute profuerint. Et quoniam Cosmi visendi, antequam migraret e corpore, magno desiderio tenebatur, noctem quietam nactus, ipsius Cosmi jussu Tacaxim cum navi transvexi, quem acceptum amantissime, officiosissimeque tractatum, Cosmus frustra sanare conatus est: decem supervixit diez: sumpto bis corpore Domini laetus abiit, praeclaro nobis cum virtutum aliarum, quae in ipso elucebant, tum vero Christianae humilitatis ac patientiae documento relicto. Quam multas ille, sui praesertim adventus initio, difficultates et incommoda pertulit! Quot imbecilli corpusculi vexationes poenitentiae nomine subiit! Quanta vero industria, quanto fuit studio Christianae religionis propagandam! Equidem nil vidi simile: cessabat numquam. Itaque praeter ceteros labores, non Japonicas modo, verum etiam Sinenses, quae multo difficiliores cognitu sunt, didicerat literas. Haec Almeida.

En este tiempo, compadeciéndose nuestro Señor de los suspiros y lágrimas del buen viejo Cosme de Torres, y oyendo las oraciones de los cristianos, comenzó a dar algún alivio a ellos y a los nuestros, porque[1600] primeramente Don Bartolomé tornó a cobrar[1601] todo su estado, echando los enemigos de sus tierras y alcanzando contra ellos una victoria milagrosa, saliendo con muy pocos a dar batalla a muchos, y entraron los enemigos en[1602] tanto temor que se acogieron como si ellos fueran muy pocos y los contrarios muchos[1603]. Y reconociendo don Bartolomé este beneficio, envió luego[1604] visitar el padre Cosme de Torres y darle nuevas de haber tornado a cobrar sus tierras, enviándole una cruz de oro y pidiéndole que le enviase otra, porque deseaba de tenerla de su mano con algunas reliquias, prometiéndole también [f. 103v] que, como el tiempo le diese lugar y quedase su tierra más pacifica, llamaría a ella padres y haría sus tierras cristianas así como ya de mucho tiempo lo tenía[1605] determinado. Con que se alegró grandemente el padre Cosme de Torres y le mandó visitar por el dicho Gian de Ximabara, enviándole[1606] otra cruz con algunas reliquias. De lo cual, hablando el her-

---

1600 o *AJ.*

1601 cobrar casi *AJ.*

1602 entrando los contrarios con *AJ.*

1603 mucho *AJ.*

1604 luego a *AJ.*

1605 había *AJ.*

1606 enviando *AJ.*

mano Luis de Almeida en el principio de una carta escrita en noviembre del año 65, dice así[1607]:

> Aparejáronos la embarcación y vinieron con nosotros hasta la playa y, por manifestarnos más su amor, los que en la tierra no se habían despedido de nosotros, venían corriendo y metíanse en el agua para nos hablar. Don Gil nos fue acompañando un rato en una embarcación suya y de allí se partió a visitar a Don Bartolomé, el cual poco antes había enviado una cruz de oro al padre Cosme de Torres, escribiéndole que por virtud de aquella cruz, que siempre había traído consigo, le había dado nuestro Señor muchas victorias y librado de muchos peligros. Que la enviaba en señal de su fe y que pedía al padre le enviase otra, porque en ser suya tenía en ella más devoción. Don Gil le llevó otra, con unas reliquias que el padre Luís Fróis le envió: «ruguen, carísimos, al Señor que le dé victoria contra sus enemigos, porque lo son también de la ley de Dios» [CA, f. 186].

En este mismo tiempo, el *Yacata* de Arima, por cartas[1608] que acerca de esto recibió del[1609] rey de Bungo, dio licencia al padre Cosme de Torres que volviese a vivir entre los cristianos en el puerto de Cochinotsu, a do, con buena licencia del mismo rey de Bungo, fue el padre Cosme de Torres del[1610] lugar de Tacaxe, a do estaba con grande contentamiento suyo y de los cristianos. De lo cual, hablando el mismo hermano Almeida en la otra carta que citamos encima[1611], escrita en octubre de este año 64, dice así:

> Sed redeo ad Cosmum. Is eo ipso tempore ad rege Arimanorum accersitus, tametsi cum eo congredi vehementer optabat, atque ob id ipsum etiam in oppido Tacaxe remanserat; prius tamen regem Bungi constituit tota de re facere certiorem: binas interea literas ad Arimanum dedit, quas cum mandatis ego deinde sum subsequutus: ignosceret morae: ita dese meritum esse Bungensem, ut illo inconsulto prosicisci fas esse vix duceret. Arimam Tacaxe tendentibus pagus occurrit, quam Joannis patriam esse jam diximus. Eo ut perveni, me viso, et profectionis meae caussa cognita; neophyti, dici vix potest, quanta laetitia affecti sint. Serum erat diei, totum id tempus confluentibus ad me salutandi caussa datum est: baptizati

---

[1607] «Joannes vero Dynasta proprio navigio nos longius prosequutus, cursum inde ad Barptolomaeum regem intendit, qui paucis ante diebus Cosmo Turriano Crucem auream dono miserat cum epistola, in qua erat scriptum, se Crucis ejus beneficio, quam secum semper tulisset, non modo magnis e periculis evasisse, verumetiam multas ex hoste retulisse victorias. Id argumentum suae fidei et amoris mittere se ad Cosmum, cupere tamen, aliam sibi vicissim ab eo remitti; eam, quod Cosmi fuisset, majore etiam apud se in honore futuram. Crucem igitur Joanni Dynastae Cosmus tradidit ferendam ad Regem: additae muneri ab Ludovico Frojo nonnullae reliquiae. Cui vos quoque Regi adeo pio et de Christiana religione bene merenti, fratres carissimi, felices bellorum eventus ab immortali Deo precamini. Iidem enim et Barptolomaeum et Christianam religionem hostes oppugnant. Haec Almeida».

[1608] carta *AJ*.

[1609] el *AJ*.

[1610] el *AJ*.

[1611] arriba *AJ*.

[f. 104] quoque nonnulli; in iis Ethnici cujusdam filius, qui pro ea consuetudine, quam cum Christianis sancte institutam habebat, non modo sese Deo commendare jam caeperat, verum etiam Christianae doctrinae rudimenta memoriter hauserat. Postera luce ex eo loco profectus Arimam quinque leucarum intervallo deveni. Regulus cum cetera comitate, tum etiam coena me excepit; multaque de Bungensi re percontantus, quod ad Cosmum attinebat, ita respondit: Cochinocum suae ditionis emporium totum esse Christianorum (quadrigenti et quinquaginta fere neophyti numerantur) eo Cosmum posse concedere, ibique expectare, dum debellatum esset; daturum se, qui me illuc usque perduceret mihique aream, ac domum, in usus Cosmi assignaret. Itaque factum est; cessitque res e sententia. Cosmus bona Regis Bungensis venia conscendit statim, et Cochinocum navi delatus, magno omnium gaudio exceptus est; nullaque interposita mora, neophyti solum purgare, aedesque instruere aggressi sunt. Ille perspecta hominum virtute ac probitate magnopere delectatus est; illud vero praecipue mirabatur, cum temporis spatio non plus trimestri ad Christum Dominum cuncti conversi fuissent, tam recenti re, nullis hostium minis, aut denuntiationibus de suscepta religione potuisse de duci. Haec Almeida.

En este mismo tiempo el padre Luís Fróis iba haciendo mucho fruto con los cristianos de las islas de Don Antonio. De lo cual hablando el mismo padre Luís Fróis en una carta que escribió del mismo Firando en octubre de este mismo año, dice así[1612]:

Todos estos diez meses que estuve en la isla de Tacuxima, nunca de allí salí por parecerle así a Don Antonio, por causa de las guerras, ni aun a aquellas islas que de allí estaban dos o tres leguas. Todavía, por lo mucho que los cristianos deseaban ser visitados y consolados con algunas pláticas de nuestro Señor, pareció bien a Don Antonio que el hermano fuese a visitar las islas y así lo hizo dos veces. Con lo cual en extremo se consolaron los cristianos por el grande amor y crédito que le tienen. Y no solamente hizo fruto en ellos, predicándoles cada día, y bautizando los niños, mas también con sus sermones y pláticas convirtió buen número de gentiles que se bautizaron y quedaron otros muchos que, habiendo oído las cosas de Dios y entendiéndolas, quedaron con propósito de recibir el santo bautismo, como hubiese lugar, porque ellos eran vasallos de señores gentiles. Entre los cuales se bautizó en una isla de don Antonio una mujer vieja de ochenta o noventa años, honrada y muy emparentada en la tierra [CA, f. 174v].

En este mismo año, la providencia divina que no duerme acudió con el merecido castigo a un bonzo de Firando que fuera la principal causa de los tumultos que hubo contra los cristianos y los nuestros, y de hacer desterrar de Firando al padre Gaspar Vilela, y cortar las cruces[1613], y el castigo le fue dado por vía del

---

1612 «Decem menses Tacuximae fuimus: quo temporis spatio vicinas insulas, quae in Antonii ditione sunt, bis Fernandus invisit. Nec sane frustra. Nam et Christiani, ipsius adventu mirum in modum recreati, et barbari multi ad ovile Christi perducti sunt. In iis vetula quaedam annum agens circiter nonagesimum, mulier honorata, multisque affinitatibus pollens. Haec Froius».
1613 la cruz *AJ*.

mismo Don Antonio contra el cual levantó aquellos primeros tumultos. De lo cual, hablando el mismo padre Luís Fróis en la dicha carta, dice así[1614]:

> Una cosa aconteció la Semana Santa en Firando que mucho nos consoló por se manifestar en ella un juicio de Dios y la providencia que su divina Majestad tiene de mirar por las cosas que tocan a su servicio y honra, aunque a los ojos de los hombres parezca que lo mira Dios de muy lejos. En Firando había un bonzo muy principal cabeza de los otros todos que se llamaba Iasirmandaque[1615], el cual era en esta tierra como allá obispo principal o arzobispo. Este fue capital enemigo de los cristianos y de las cosas de la fe. Y por cuya ocasión se arrancaron e hicieron pedazos las cruces y el padre Gaspar Vilela fue echado con los demás padres de Firando, cosa de que don Antonio sumamente estaba sentido, por ser este bonzo muy emparentado con todos los señores gentiles de esta tierra, y por no poderlo castigar tomando la venganza que tan grave delitos como los suyos merecían. Estando Don Antonio en la guerra con el rey de Firando, le envió el bonzo a pedir que le diese unos pedazos de tierras para incorporarlos con otras tierras de sus pagodas. Don Antonio le respondió que no quería darlos. El bonzo tomó esto, porque son superbísimos, tan por punto de honra que mandó luego poner fuego a las propias tierras, y luego de ahí a pocos días mandó quemar cinco o seis casas de cristianos vasallos de Don Antonio. Sabiendo esto Don Antonio en la guerra donde estaba, dijo al rey que ya no era tiempo de sufrir más las maldades de aquel bonzo, y que si su alteza no lo castigaba luego, que él dejaría la guerra y lo iba a hacer. El rey de Firando por la mucha necesidad que tiene de Don Antonio por ser la más principal persona que después de su capitán general había en el campo, con harto dolor de su alma y no por tener de sí voluntad ninguna le dijo que viese el castigo que merecía que él luego lo mandaría ejecutar. Don Antonio acordándose que por amor de este bonzo fueron los padres echados de esta tierra pidió al rey que desterrase este bonzo de todos los lugares del tér-

---

1614 «Ipsis hebdomadae sacrosantae diebus Firandi res accidit ad providentiam Domini justitiamque declarandam admodum illustris. Princeps Bonziorum erat in urbe [f. 104v] quidam, Sasimandaque nomine, regni totius hujusce tanquam Archipiscopus, capitales Christianae religionis inimicus, cujus scelere antea et cruces praecisae, et Gaspar Vilela cum reliquis omnibus e Societate nostra Firando pulsi exclusique fuerant. Quam rem Antonius dynasta gravissime tulerat, nec tamen vindicaverat, eo quod Bonzius principum affinitatibus admodum potens esset. Is igitur ab eodem Antonio, qui regii exercitus Imperator una cum Rege eo tempore militabat, per interpretem petiit fundum quendam continuandum praediis delubrorum suorum. Id cum Antonius aperte negasset, accensus ira misit continuo Bonzius primum, qui Antonii villas, deinde sex circiter Christianorum Antonii popularium domos incenderent. Enimvero tum Antonius rei atrocitate commotus Regem adit, Bonzii improbitatem diutius ait tolerari non posse: nisi in ipsum Rex animadvertat, sese confestim rei militaris cura deposita, ad ulsciscendam eam injuriam profecturum. Cui Rex quamquam invitus ac moerens, tamen quod Antonii viri nobilissimi et secundum se opulentissimi opera plurimum indigeret, respondit se totam rem ipsius arbitrio plane permittere. Tum recordatus injuriarum quibus ille nos affecerat, postulavit Antonius, ut Bonxium eo dignitatis gradu dejectum Firandensis regni finibus in perpetuum exterminaret: et ne qua spes reditus ei reliqueretur, agros illius ac bona aliis possidenda assignaret. Quo statim facto; et Christiani molesto gravique adversario liberati, et Bonziis dedecus ingens, ac dolor inustus est. Haec Froius».

1615 No se ha identificado este nombre japonés.

mino de Firando perpetuamente, y que sus tierras las distribuyese por otros, porque aquí no quedase esperanza de tornar. Y así se puso por obra. Era grande la vergüenza y confusión de los bonzos viendo a su cabeza desterrada y tan diligentemente ejecutada esta sentencia. Y no era menor la alegría de los cristianos, viendo que les habían ya quitado de delante tal espantajo como este enemigo les era [CA, ff. 174–174v].

En este mismo tiempo llegaron dos navíos de portugueses a Firando y no queriendo entrar en aquel puerto sin licencia del padre y darla también el señor de Firando para se volver [a hacer][1616] ahí iglesia, fue él con sus mañas acostumbradas engañando a los portugueses y el padre hasta que viniendo poco después la nave del capitán mayor, que traía[1617] tres padres de los nuestros[1618]. Fue forzado el señor de Firando a dar licencia para se hacer iglesia y estar allí padre, no queriendo de otra manera entrar el capitán mayor en su puerto. Y de esto, hablando el mismo padre Luís Fróis en la dicha carta, dice así[1619]:

Al fin de este tiempo llegaron aquí dos navíos de Portugueses de la China. Y porque no quisieron entrar, enviándoselo el rey a pedir, sin licencia del padre, forzado y a más no poder, me envió el rey a la isla el primer recaudo con un caballero, pidiéndome perdón de no me

---

1616 BL omite este verbo, mientras que AJ lo añade.
1617 traía consigo *AJ*.
1618 que fue *AJ*.
1619 «Interea naves Lusitanorum duae in hanc oram e Sinis delatae. Quarum magistri cum injussu meo Firandi portum invehi nollent, Rex ratione lucri coactus (nam alioqui, secus ac primis adventus nostri in Japonem annis simulaverat, et nobis, et Christiano infensus est nomini) se mihi per quemdam e suis familiaribus excusavit, quod bellicis districtus negotiis nondum mihi salutem nuntiari [f. 105] jussisset, et simul magnopere petiit a me, ut Lusitanos urbis aditu ne prohiberem: se primo quoque temstore de mea quoque introductione cum navarchis acturum. Illi igitur, permittente me descendunt, et promissa ab Rege saepius exigunt, templum aere suo se exaedicaturos recipiunt. Rex tergiversando rem extrahere, nosque jam aperte frustrari, cum eo ipso tempore oneraria cui a sancta Cruce est nomen, advenit, sane opportune. Nam et sacerdotes e Societate tres, Melchiorem Ficarendum, Balthasarem Acostam, et Joannem Capralem, summa cum animi nostri voluptate ac laetitia, nec opinantibus nobis advexit, et occasionem optimam praebuit regis ab ea perfidia revocandi. [. . .]. Nam Petrus Almeida qui iactis anchoris ab oppido sex millia passuum stabat rogatu meo Regi aperte denuntiat, se nisi nobis restituitis nequaquam appulsurum. Rex autem, dierum aliquot mora interpósita, ad extremum metuens, ne si rem diutius distulisset, magna rerum suarum jactura navarchus alios portus peteret, nobis ut urbem intrandi, et sacrae aedis extruendae potestatem fecit. Descendentibus nobis ad litus die natali D. Barptolomaei Apostoli, gratulatio ingens et a nautis Lusitanis significata est, et ab incolis Christianis, cum se praeter spem, voti compotes factos viderent. Nos cum navarchis et magno praeterea comitatu Regem adivimus, eique gratias egimus. Accepti sane frigide, quod dedit accepimus. Inde Antonio ejusque matre salutata, ad instaurationem templi continuo animum adjecimus. Ex onerariis Lusitanorum tribus, pecunia in aedificationem corrogata, opus celeriter ad culmen perductum est. Itaque in eo templo natalem diem Mariae Virginis egimus Balthasare sacrificante, et magno omnium Gaudio concionante. Haec Froius».

haber enviado a visitar y que la causa había sido la mucha ocupación que en aquellas guerras tenía, y que me pedía muy encarecidamente que dejase entrar dos navíos de portugueses que estaban dos leguas de Firando y que luego trataría él con los capitanes de mi entrada en Firando. Y por ser esto así necesario, se lo concedimos y siete u ocho día después
se quemó una parte de Firando y con ello la iglesia y aquel recogimiento que dijimos haber
para el hermano. Apretaron los capitanes de los navíos al rey, que diese licencia al padre
para entrar en Firando y hacer una iglesia nueva que ellos a su costa querían hacer. Anduvo
dilatando con promesas falsas hasta que llegó la nao de Santa Cruz adonde venían todos los
padres que a estas partes eran enviados. [. . .]. Fui luego a hablar al capitán mayor porque
también de su parte enviase a decir al rey de Firando que no había de entrar si no entrasen
primero los padres en Firando. Dilató esto cuanto pudo primero que lo concediese hasta
que visto el peligro de la pérdida que le podía sobrevenir dio licencia para que entrásemos
y pudiésemos levantar la iglesia. Estando aun el capitán mayor dos leguas más abajo de Firando. [. . .]. Llegados a la playa de Firando, luego desembarcamos el hermano Juan Hernández y yo. Al saltar en tierra, día del glorioso apóstol San Bartolomé, los navíos comenzaron de hacer la salva con la artillería. Y los cristianos les respondían con extraño gozo y
alegría que de vernos consigo tenían, el cual era tan grande, que cierto parecía que no cabían de placer. Andaban por las calles hombres y mujeres llorando, levantadas las manos al
cielo en señal de alegría y agradecimiento, de ver una cosa que tanto deseaban y por tan
imposible tenían que se efectuase. Desde allí nos fuimos derechos a la casa del rey, a ha-
blarle y agradecerle la merced que nos hacía, en consentirnos en su tierra. Fueron a esto
con nosotros todos los capitanes y gente principal de las naves. Mostronos razonable rostro,
y por ser de quien era con ser cual fue, nos tuvimos por contentos que cierto es notable el
odio y aborrecimiento que tiene a las cosas de Dios. A la vuelta visitamos a Don Antonio y a
su madre, y de allí nos fuimos al sitio de la iglesia, para con brevedad tornarla a hacer de
nuevo. Para lo cual los portugueses sacaron de las naos una limosna de obra de trescientos
y cincuenta ducados, para que se comprase madera y los demás materiales necesarios, para
que con brevedad se hiciese la iglesia. Diose tanta priesa y púsose tanta diligencia en ello,
que para la fiesta de la Natividad de nuestra Señora dijo en ella misa el padre Baltasar da
Costa y predicó con grande consolación de todos [CA, ff. 175-176].

Con la venida de estos padre y la restitución de los nuestros a Firando, fue muy
grande la consolación y alegría que recibió el buen viejo Cosme de Torres. Y queriendo proveer diversos lugares y alegrarse primero con los padres, mandó
que[1620] fuesen a Cochinotsu, dejando solamente uno de ellos en Firando, como lo
dice el mismo padre Luís Fróis en la dicha carta por estas palabras[1621]:

1620 que se *AJ*.

1621 «Dum haec ad Firandum gerentur, cognitum est Cosmum Turrianum Bungensis regis hortatu atque auxilio ad oppidum Arimani regni Cochinocum pervenisse, eamque Ecclesiam, quam
hostes afflixerant, ejusdem Regis ope ac beneficio restitutam. Eo Melchior Ficaredus cum mandatis ac literis, quas afferebat ex India, ad Cosmum profectus est. Nec ita multo post Cosmus ad nos
scripsit, ut ad se ego et Balthasar Acosta. [f. 105v] Veniremus, Caprali, et Fernando Firandi relictis. Haec Froius».

Algunos días después de ser llegado el padre Melchior de Figueiredo a Cochinotsu, adonde ahora queda, nos escribió el padre Cosme de Torres, como por vía del rey de Bungo (que en todo mucho nos favorece), estaba reducida aquella iglesia y cristianos, y que el rey de Arima la favorecía. Con lo cual el padre mucho se consolaba. Escribionos más que si esta nao grande Santa Cruz hubiese de ir a Cochinotsu, que nos fuésemos en ella el padre Baltasar de Acosta y yo, y que el padre Juan Cabral quedase aquí en Firando con el hermano Juan Hernández [CA, f. 177].

En este mismo año de 64, se hizo en las partes del Miaco muy grande y notable conversión de muchos caballeros y gente noble, porque después que Yuqi Yamaxirodono y Tacayama Darío[1622] se convirtieron[1623] el año pasado de 63, juntamente con Yuqidono Antonio hijo mayor de Yuqi Yamaxirodono, fue grande la emoción que comenzó a ver entre la gente noble de la corte de Mioxidono, porque así Yuqidono Antonio, como Tacayama Darío, hablando con diversos caballeros sus amigos que estaban en la[1624] corte de Mioxidono, que entonces tenía su principal fortaleza llamada Imori[1625] en el reino de Cavachi[1626], los persuadieron a que oyesen las predicaciones de los nuestros. Y enviando a llamar el[1627] hermano Lorenzo a la fortaleza de Imori, les[1628] predicó de tal manera que, yendo después allá el padre Gaspar Vilela, se bautizaron más de setenta caballeros principales y entre ellos fueron Sangadono[1629], señor de la isla y fortaleza de Sanga, con su hijo mayorazgo Mancio[1630], y por su obra se bautizaron todos sus criados y vasallos que había en aquella isla[1631]. Bautizaronse también Yquenda Tangadono[1632] que

---

1622 Takayama Ukon.

1623 en *AJ*.

1624 *aquella AJ*.

1625 El Castillo de Iimoriyama (飯盛山城, Iimoriyama-jō) fue un castillo en la cima de una montaña durante el período Sengoku en la Prefectura de Osaka, Japón. Se encontraba en una montaña de 315,9 metros y fue la base original de poder del clan Miyoshi.

1626 La provincia de Kawachi (河内国 Kawachi no kuni) constituía una antigua entidad territorial japonesa situada en la región de Kinki o Kansai. Su extensión comprendía originalmente la porción oriental de la actual prefectura de Osaka, abarcando además una parte suroccidental que más tarde se separó para formar la provincia de Izumi. Históricamente, Kawachi también era conocida con el nombre de Kashū (河州).

1627 al *AJ*.

1628 las *AJ*.

1629 Sanga Yoriteru (三箇 頼照) fue un samurái cristiano que destacó como el señor del Castillo Sangaku, un importante bastión cristiano en Kawachi, donde desafió órdenes de conversión al budismo y protegió a misioneros cristianos perseguidos como Vilela y Frois.

1630 entre ellos algunos sus hijos mayorazgo, Mancio *AJ*.

1631 aquellas islas *AJ*.

1632 Norimasa Ikeda (池田 教正) fue un comandante militar japonés de los períodos Sengoku y Azuchi-Momoyama. Sirvió a los señores Miyoshi Nagayoshi, Oda Nobunaga y Toyotomi Hideyoshi. Se convirtió al cristianismo y fue bautizado como Simeón. Después de la muerte de Naga-

fue después señor de la fortaleza de Yavo, persona de mucho nombre y valor y Miqino[1633] Fandayu que no era de menos nombre y esfuerzo (este era padre de nuestro hermano Mihi Pablo que el año de 97 murió por la fe en Japón) y Jorge Yafengi[1634] que fue después capitán muy esforzado y hombre de mucho ser en el reino de Fingo. Y con esto y con los otros caballeros que entonces se convirtieron se bautizaron más de quinientas personas de sus mismas casas y familias y hubo tanta emoción con la conversión de gente tan principal que los bonzos y más gentiles alterados procuraron grandemente de estorbarla y hacer que los ya convertidos volviesen atrás y por ser ellos personas tan principales se armaron de tal manera que hubieron por bien los bonzos de dejarlos estar[1635] sin más los irritar. De lo cual hablando el hermano Juan Hernández en la carta que encima[1636] citamos, escrita de Firando en octubre de este año 64, dice así[1637]:

────────

yoshi, se unió a Matsunaga Hisahide en su conflicto con los Tres Hombres de Miyoshi. En 1573, ayudó a las fuerzas de Oda Nobunaga a tomar el castillo de Wakae, provocando el suicidio de Yoshitsugu Miyoshi. Posteriormente, residió en el castillo de Wakae y gobernó Kitakawachi. Construyó una iglesia en Wakae y promovió la conversión de muchos seguidores. Su paradero final es desconocido.

1633 Miginio *AJ*.

1634 Yuki Yaheiji (結城 弥平治) fue un samurái y señor de la guerra del período Sengoku en Japón. Sin embargo, no hay mucha información ampliamente disponible sobre él en las fuentes convencionales o académicas.

1635 dejarlo esta *AJ*.

1636 arriba *AJ*.

1637 «Sane gravem ex eorum conversione plagam ac dolorem Bonzii accepere, praesertim quod illos imitatus Yuqidonus quoque, vir in Japonicis meditationibus exercitatissimus, et Mioxindoni rei militaris praefecti cognatus, ad Christum accessit, atque inde in patriam reversus passuum ab urbe Miaco viginti quatuor millia, quae lmoris appellatur, estque in Mioxidoni ditione, tantum apud affines et amicos exemplo suo monitisque profecit, ut eo Laurentius ipsorum rogatu missus a Gaspare, patricios [f. 106] sexaginta, eorumque familias, omnino capitum ad quinginta baptizaverit (porque quinientos fueron, y no cinco mil como por yerro se imprimió en la carta latina, así como se ve claramente en el original) aede sacra confestim exstructa. Quorum tanta fuit in fide virtus atque constantia, ut post Laurentiis discessum, a Bonziis Ethnicisque ad defectionem solicitati lacessitique partim altercationibus, partim etiam ludibriis et insectationibus, non modo non ab incepto destiterint, sed etiam pro defensione Evagenlii diem unum in armis fuerint. Quibus rebus Yamaxirodonus cognitis, Gaspari persuasit ut ad Mioxindonum cujus domicilium ab Imori castro, unius diei distat itinere, sese conferret caussamque Christianorum apud eum ageret. Ab eo Gaspar benigne acceptus, cum de rebus divinis ipso valde approbante verba fecisset, summa ejusdem voluntate obtinuit, ut Imorenses Ethnici Bonziique neophytis negotium postea ne fasesserent. Quare Christiani molestia liberati et magnopere confirmati recreatique sunt: ad quorum numerum tredecim alios in reditu Gaspar adjunxit, postridieque Meacum reversus est. Ex eo tempore in agri Meacensis munitis oppodis quinque ad passuum non ultra quinquaginta millia totidem Ecclesiae institutae dicuntur. Haec Fernandus».

Y así quedaron los cristianos muy consolados y fortificados, y los bonzos muy confusos y tristes viendo que las principales columnas en que ellos estribaban para echar al padre eran ya cristianos. Xicaydono después de bautizado, se fue a una fortaleza de Mioxidono que está ocho leguas de Miaco llamada Imori, de donde es natural. Y declarando a sus amigos y compañeros la verdad y ley que había recibido, enviaron todos a pedir al padre que quisiese ir o enviarles quien les declarase el Evangelio, que querían oírle y hacerse cristianos. Envioles a Lorenzo que les predicase, con cuyos sermones se convirtieron e instruidos y catequizados se bautizaron sesenta caballeros y otra gente que serán por todos obra de quinientas almas. Y luego hicieron una iglesia en la fortaleza para adjuntarse a hablar de las cosas de la fe y hacer oración. Y con se tornó Lorenzo a Miaco. Viendo los bonzos y gentiles de la misma fortaleza que tanta gente se hubiese bautizado, procuraron unos con disputas y otros con persecuciones hacerlos tornar atrás. Mas ellos tan firmes que llegaron a estar un día puestos en armas contra los enemigos de la fe que los perseguían. Sabiendo esto Yamaxiconodo, pareciole bien que el padre fuese a visitar a Mioxidono el cual residía una jornada de la otra parte de la fortaleza y le declarase la ley de Cristo. El cual le hizo muy buen acogimiento y oída la predicación del Evangelio, dijo que le parecían por cierto muy bien todas las cosas de nuestra cristiana religión y que él favorecería a la Iglesia y cristiandad lo que él pudiese. De lo cual quedaron todos los cristianos de Imori en paz y muy fuertes y consolados y de ellos a la vuelta bautizó el padre trece y el día siguiente llegó a Miaco [CA, ff. 169v–170].

En este mismo tiempo Tacayama Darío a quien Dajondono[1638] Sotay tenía encargado la fortaleza de Sava en el reino de Yamato. Movido del gran celo que tenía de amplificar nuestra santa fe, mandó llamar al hermano Lorenzo para predicar en Sava, y con su predicación se convirtió a nuestra santa fe Justo Ucondono[1639] su hijo mayorazgo[1640] que entonces era de hasta once años y después fue señor de las tierras de Tacasuqi[1641], y hombre tan afamado y estimado en Japón.

Convirtiéronse también su madre, mujer de Darío, con otros hijos que tenía y más ciento y cincuenta sus soldados y criados, y luego levantó allí una iglesia. Y el mismo Darío, por no haber entonces padre[1642] que pudiese tener consigo, tomó a cargo[1643] de continuar la doctrina de aquellos cristianos y tenía tan buena cuenta de la Iglesia y de todos ellos como si fuera un padre. Ni se contentó con lo que hizo en su fortaleza, mas también procuraba de encender el fuego del Espíritu Santo en otras partes. Y así estando en otra fortaleza llamada Tochi[1644], cinco leguas de Sava otro caballero muy principal y grande amigo

---

1638 Edajondono *AJ* Matsunaga Hisahide.
1639 Takayama Ukon.
1640 más viejo *AJ*
1641 Tacasoqi *AJ*. Takatsuki.
1642 padres *AJ*.
1643 carga *AJ*.
1644 Toqi *AJ*. Al parecer se trataba de una fortaleza en la localidad la localidad de Tōichi de Nara.

suyo por nombre Ixibaxidono[1645] que fuera señor de buena parte del reino de Oari[1646], y entonces tenía el cuidado de aquella fortaleza, le dio parte de lo que hallaba en la ley de los cristianos persuadiéndolo grandemente que quisiese oír y que[1647] llevaría allá [f. 106v] el hermano Lorenzo[1648] como de hecho fue. Y quedando el dicho caballero muy satisfecho con el Catecismo que oyó se hizo cristiano con su mujer, hijos y criados haciéndose otra muy buena cristiandad en aquella fortaleza.

Y después que con el tiempo con la muerte de Dayjondono Sotay fueron excluidos de esta fortaleza y Darío se pasó para la fortaleza de Tacasuqi[1649], fue también con él Iximabaxidono[1650] a do como[1651] buen cristiano acabó su vida. También el reino de Tsunocuni[1652], en otro lugar llamado «Yono», estaba otro caballero muy principal grande amigo de Darío, llamado Corondadono[1653], con lo cual hizo muy grande instancia que quisiese oír el[1654] hermano Lorenzo. Y movido de la autoridad de Darío, que era tenido en grande reputación entre todos, llamó el hermano Lorenzo. Y teniéndolo consigo cuarenta días por haber en Yono muchos gentiles entendidos en las sectas[1655] de Japón, oyendo en todo aquel tiempo no solo las predicaciones del catecismo, mas otras muchas cosas pertenecientes a nuestra santa fe y disputando grandemente con el hermano, por ser Corondadono hombre entendido y letrado en sus sectas. Finalmente, convencido se bautizó con su mujer,[1656] hijos y criados, y con su padre, que era viejo, de manera que por todos los bautizados[1657] de su casa fueron cincuenta y tres personas. Y después se bautizaron también muchos de sus soldados y criados. Entre los cuales aconteció que estando el *dojucu* Damián, que entonces ahí estaba predicando, a más de setenta personas, un soldado arrebatado del Demonio entró en aquella sala a do estaba predicando y fuese con gran furor derecho a Damián para le

1645 Ishibashi-dono (石機股)señor de Tochi en Yamato.
1646 Oray *AJ*.
1647 le *AJ*.
1648 Lorenzo así *AJ*.
1649 Tacasoqi *AJ*.
1650 Ixibaxidono *AJ*.
1651 como muy *AJ*.
1652 Tsunoconi *AJ*. Se refiere a Tsunokuni, el señorío de Tsu, también conocido como Settsu (津国), tanto en el pasado como en la actualidad.
1653 No se ha identificado este nombre, no obstante, su apellido podría haber sido «Kuroda» o que su nombre podría haber sido «Kurōdo».
1654 al *AJ*.
1655 fiestas *AJ*.
1656 Finalmente, satisfecha y convencido se bautizó con su mujer *AJ*.
1657 el bautizado *AJ*.

tratar mal. Y acudiendo los que estaban oyendo para los[1658] despachar por hacer tan grande descortesía con que quedaban afrentados e injuriados todos. Comenzó el demonio que estaba en aquel soldado a dar grandes gritos, manifestando quién era y diciendo que no podía sufrir que aquel hombre predicase y desacreditase los *Camis* y *Fotoques* en los cuales era adorado tantos años. Y con los ojos encarnizados[1659], mostrando grande rabia hacía meneos muy furiosos diciendo a Damián que se fuese de allí. Mas[1660] los que estaban oyendo, echándolo por fuerza fuera de aquella casa bien abofeteado y maltratado, quedaron más confirmados en la fe que estaban oyendo y, finalmente, todos se bautizaron. Y poco después, estando para se bautizar muchos otros, fue nuestro Señor servido que muriese primero el viejo padre de Corondadono y después él también. Con que, la mujer que quedó con la muerte de su marido afligida y desamparada, fue después, por algún tiempo [f. 107] pervertida de algunas[1661] parientes y amigas. Mas al cabo de algunos años, casando Justo Ucondono con una hija suya y de Corondadono, volvió de nuevo a las tierras de Tacasuqi a hacer penitencia de su pecado y murió allí como muy buena cristiana. Y de esta manera se fue el Evangelio de Jesucristo extendiendo en este año entre la gente noble de la corte de Miaco, con grande honra y gloria de nuestro Señor y crédito de nuestra santa ley[1662] y de los [nuestros][1663].

Con estas tan buenas nuevas que fueron de las partes del Miaco al padre Cosme de Torres, se determinó de enviar para allá el padre Luís Fróis con el hermano Luis de Almeida, y el padre Merchior[1664] de Figueiredo envió al reino de Bungo para estar allí juntamente con el padre Juan Bautista, y a[1665] Firando envió [al padre Baltasar de Acosta con el padre Juan Cabral y él se quedó en Cochinotsu para acudir a][1666] los cristianos que había así en las tierras de Arima como de Omura. De manera que en este año 64 quedó la Compañía más extendida de lo que hasta entonces estaba[1667], pues tenía los nuestros casas formadas en Bungo, [en el] Miaco, en Firando y en Cochinotsu; en las cuales estaban por todos de la nuestra gente de Europa siete padres y cinco hermanos, allende de algunos *doju-*

1658 le *AJ.*
1659 encarnecido *AJ.*
1660 Mas echándole *AJ.*
1661 algunas sus *AJ.*
1662 fe *AJ.*
1663 BL omite esta palabra, mientras AJ la añade.
1664 Belchior *AJ.*
1665 al *AJ.*
1666 BL omite esta frase mientras AJ la incluye.
1667 fuera en Japón *AJ.*

cus japoneses que fueron después [recibidos][1668] de[1669] la Compañía, y todos estos eran pocos para la mucha conversión que se iba[1670] haciendo. De lo cual, escribiendo el padre Juan Bautista de Monte en una carta hecha en Bungo en este mismo año, dice así[1671]:

> En esta provincia de Japón estamos siete padres y cinco hermanos, fuera de muchos japoneses que son como hermanos, que cierto son de gran virtud, y ayudan mucho a la manifestación de la ley de Dios; mas en comparación de los que la tierra pide, son como si no hubiese casi nadie. Así que, Vuestra Reverencia, puede bien creer, que estamos poco tiempo ociosos. Por tanto, Vuestra Reverencia nos provea de obreros que nos ayuden en esta viña del Señor. Muchas particularidades dejo de escribir porque el tiempo no me da lugar. Pido mucho a Vuestra Reverencia se acuerden de este su pobre hijo en sus santos sacrificios y oraciones. De esta casa de Bungo a once de octubre de mil y quinientos y sesenta y cuatro [CA, f. 180v].

Partieron el padre Luís Fróis y el hermano Almeida para Miaco y se detuvieron en Bungo hasta celebrar la fiesta de Natal. De lo cual, hablando el mismo hermano Almeida en una carta que después de tornar del Miaco escribió en octubre del año 65 dice así[1672]:

> Me pareció que estaba obligado a les escribir esta peregrinación que el Señor fue servido que hiciésemos por orden del padre Cosme de Torres nuestro superior, que fuésemos el padre Luís Fróis y yo al Miaco, él para quedar en compañía del padre Gaspar Vilela y ayudarle en sus trabajos; y yo para acompañarle hasta allá, y para también informarme de la tierra y tornar con las nuevas al padre de la disposición que en ella hallase para plantar la ley de Dios. De Cochinotsu que es un lugar del rey de Arima todo de cristianos, donde el padre Cosme de Torres reside, fui enviado a Bungo que pueden ser treinta y cinco leguas, para dar el convite al rey que todos los años se le acostumbra dar en nuestra casa. Pasamos

---

1668 BL omite esta palabra mientras AJ la añade.

1669 en *AJ*.

1670 seguía *AJ*.

1671 «Versamur autem in his Japonis regionibus hoc tempore e Societate sacerdotes septem, fratres quinque. Multi praeterea sunt incolae familiares, ac veluti sodale nostri praestanti virtute homines, qui nos in opere haud segniter adjuvant. Sed universi pro messis copia sane quam pauci sumus, nec nobis (quod facile credas) ab occupationibus multum superest otii. Itaque subsidio vehementer indigemus. Piis deprecationibus tuis et ceterorum me valde commendo. Bungo 5 idus Octobris 1564».

1672 «Cum statuisset praefectus noster Cosmus Turrianus, ut ego et Ludovicus Frojus Meacum eo concilio peteremus, ut ipse quidem maneret ibidem et Gasparem Vilelam adjuvaret in opere; ego autem ut Ludovicum illuc usque prosecutus, quod ad spem propagandae in iis locis Christianae religionis attinet, comperta atque explorata referrem Omnia; Cochinoco Arimani agri vico marítimo, quod his temporibus Cosmi Turriani domicilium est [f. 107v], ab ipso Cosmo non sine magna bevevolentiae significatione faustisque precatiobus ad navem usque deducti, solutis ancoris eo ipso die ad urbem Ximabaram secundo vento devenimus».

por Ximabara que son siete leguas de Cochinotsu, a la playa de una costa muy fresca y toda poblada de lugares [CA, f. 184].

Y más abajo dice[1673]:

Tornamos para Bungo y, negociada la embarcación, nos despedimos de casa y de los cristianos que una legua nos fueron acompañando hasta la embarcación. Todavía por causa del tiempo fue nuestro Señor servido que nos detuvimos por un mes, esperando un solo día en el cual pudiésemos salir y tornamos tres veces a Bungo, diciéndonos los cristianos que ellos pedían ahincadamente a nuestro Señor que nos fuese el tiempo contrario hasta el Nacimiento para que todos juntos celebrásemos la fiesta del Nacimiento del Señor. [. . .] Celebrose la fiesta del Nacimiento con mucha alegría de los cristianos y luego otro día nos tornamos a embarcar y con buen viento llegamos al tercer día de la octava a un reino llamado Hyu[1674], y no hubo tanto de bonanza que no pasemos grande tormenta [CA, ff. 186v–187].

Y de lo que pasaron en esta jornada y de todo lo que hallaron en las partes del Miaco escribieron así él en esta carta que es muy larga, como el padre Luís Fróis en otra[1675] que andan también impresas en el principio del cuarto libro de las epístolas de Maffei a[1676] las cuales remito al lector porque por ser muy largas y tratarse en ellas de muchas curiosidades de los grandes edificios y templos que hallaron en aquellas partes y de las sectas y costumbres de los japoneses no hacen tanto al caso de nuestra *Historia*. Solamente pondré[1677] algo de lo que el hermano Almeida escribe en la dicha carta que sirve para prueba de la conversión que hemos dicho que se hizo en este tiempo en las partes del Miaco. Y, primero, tratando de lo que halló en la fortaleza de Imori partiéndose de Sacai para allá dice así[1678]:

1673 «Funaio Meacum versus iter intendimus, magno neophytorum numero nos ad passuum tria millia prosequente. Verum adversa tempestate Funaium rejecti sumus omnino ter: cum ipsi palam neophyti faterentur, se nobis contrariam a Deo navigationem enixe precari, ut apud se Natalem Domini diem festum agere cogeremur. [. . .]. Jam Natalitia Domini aderant: iis ingenti Christianorum gaudio celebratis, denuo solvimus, et vento secundo ad insulam nomine. Hiu sane haudquaquam securi pervenimus. Haec Almeida».
1674 El reino de Iyo, también conocido como Iyo no kuni (伊予国), fue una provincia histórica en el Japón antiguo, situada en la región de Shikoku. Durante el período Yamato, Iyo era gobernado por un daimyō local y era parte del sistema feudal japonés.
1675 otras *AJ*.
1676 en *AJ*.
1677 pondré aquí *AJ*.
1678 «Jamque profectionis instabat hora. Salutata igitur uxore Didaci et liberis, in suburbanum quoddam, jentaculo de more praeparato, deducor ab ipso Didaco (porque este era Diogo Reoqei que por yerro le llamaron Sancho en la impresión de esta carta) ejusque filio, fratribus, et cognatis, et neophytis aliquot egregio corporis cultu, quod id ad honorem meum pertinere arbitrarentur. Ab eo comitatu digressus, ad amnem devenio navigabilem hora post Solis ortum tertia, ab

Después me fui a despedir de su mujer e hijos y me partí acompañado de Sancho y su hijo, hermanos y parientes, y así algunos cristianos, todos muy bien tratados por quererme hacer en esto más honra. Su hijo que será de once años, iba muy ricamente vestido, con su espada toda guarnecida de oro que parecía un príncipe. Fuéronme acompañando hasta fuera de la ciudad donde estaba ordenada una merienda como es su costumbre. Despidiéndome allí de todos los cristianos y gentiles conocidos míos que me vinieron a acompañar, llegamos tres horas del sol a un río donde me había de embarcar para Imori que es tres leguas de Sacay. Después de llegados, estaban ya esperándonos dos embarcaciones enviadas del principal cristiano de la fortaleza por tener sabido que habíamos de llegados allí a aquella hora. En una de ellas venía un hijo de aquel hidalgo que sería de doce años, y después de pedirme que entrase me dio un recaudo de su padre, que le perdonase no ser él que me venía a recibir, que no era por no le sobrar voluntad para ello, mas por no dejar al padre Gaspar Vilela solo, que era su huésped de pocos días, mas que en su lugar enviaba a él para que me acompañase hasta casa. Venía este niño con un arcabuz al hombro como si fuera de veinte y cinco años. En la otra embarcación venía la cocina, porque determinó de regalarme por este camino. [. . .] Y después del *cha* muy bien concertado fuimos así por el río arriba hasta llegar al pie de la fortaleza [. . .]. Siendo ya media hora de la noche, llegamos donde fuimos recibidos del padre y del mismo caballero y su familia con grande alegría y contentamiento. [. . .] Ínchose la casa de este caballero toda de gente muy lucida con vestidos de sedas de muchos colores, como es costumbres entre ellos con sus espadas las más de ellas guarnecidas de oro. Todos estos son caballeros de la casa de este rey que señorea ahora el Miaco y otros reinos alrededor de él, el cual se llama Mioxidono, y está en esta fortaleza que es de las más fuertes que hay en sus reinos con estos caballeros que son de los que él más se confía y están aquí de asiento con sus casas, mujeres e hijos. [. . .]. Será esta isla de media legua y de un cristiano de mayor fe que yo he visto en Japón, porque así tiene el deseo de hacer

---

urbe Sacajo novem millia passuum. Praestolabantur ibi me duo navigia, quae nobis Christianus vir, Imorensis castri primarius, factus de profectione mea certior, ad tempus occurrere jusserat (este era Sangadono Sancho que mandó su hijo Mancio). Quorum in altero filius erat ipsius, duodecim circiter natus annos, in humero sclopum gerens, virili plane, ac militari corporis habitu; in altero large et copiose extructa cibaria. [. . .]. Ad montis radices in quo summo castrum est positum, adverso flumine sub occasum Solis delati, descendenti mihi praesto fuit lectica. [. . .]. Denique oppidum intravimus, magna cum Gasparis Vilelae, tum hospitis nostri familiaeque laetitia. Castrum est totius regionis hujusce munitissimum in [f. 108] Mioxindoni ditione, qui rerum ferme potitur hoc tempore, ibique cum fidelissimis habitat, qui magna ex parte Christiani sunt (y después de tratar de otras cosas dice así). [. . .] Insula est passum mille et quingentorum (esta era la fortaleza de Sanga) ferme circuitu ad montis ejus radices, quam grandis ambit fluvius, et in ea templum Christianae religioni consecratum. Hanc possidet praestanti fide neophytus (que era el mismo Sangadono que le había recibido en Imori) et miro incensus Desiderio nominis Japonici totius ad Christum adjungendi. Qui, ut aedem sacram in urbe Sacajo aedificandam curarem, non modo me multis rationibus adhortatus est, sed etiam caxarum (monetae genus id est) in eos sumtus quinquaginta millia liberaliter detulit. [. . .] Inde Meacum postea Naram veni [. . .]. Urbs ea ditionis est Dajondoni inter Meacenses proceres longe potentissimi, et apud Mioxindonum atque Cubucamam gratia et auctoritate summa. Neophytos e prima nobilitate duos adiis protinus (estos eran Yamaxirodono y Guecodono de los cuales tratamos arriba), hortatusque sum, ut sacri Baptismi beneficium agnoscerent, et inmortales Deo domino gratias agerent».

todo el japonés cristiano como le puede tener un religioso con mucho celo. Estando una vez hablando con él me aconsejaba mucho que hiciese una iglesia en la ciudad de Sacai, y que él me prometía cien mil cajas que es una moneda y vale cada caja algo más de dos maravedíes. [. . .]. Partí luego para una ciudad llamada Nara que son diez leguas de esta ciudad de Miaco hacia la banda de sureste. [. . .]. El más principal me dijo que quería, si me pareciese bien, que viese toda la fortaleza porque es una de las más hermosas de Japón. La cual es del príncipe a quien él sirve que se llama Dajondono. Este por su discreción y saber, con ser súbdito y vasallo de Mioxidono y del *Cubosama* que son los más honrados de todo Japón y señores absolutos de él, aunque ahora solamente señorean siete reinos. Los tiene debajo de su mano porque no hacen más que lo que él quiere, aunque es su súbdito [CA, ff. 190–192].

Y más abajo dice así tratando de las fortalezas[1679] de Tochi y de Sava[1680]:

Al otro día me despedí de los cristianos de Nara y partí para Tochi que son cinco leguas. Llegamos ya tarde. Con mucha alegría fui recibido de los cristianos de esta fortaleza. Todos son gente noble, al principal le dicen «Alteza», es primero de *Cubosama* que es señor de Miaco y otras partes. Estuve aquí solo tres días [. . .]. Aquí nos proveyeron de caballos y de hombres de guarda para el camino, y partimos para otra fortaleza de cristianos que se llama Sava que son seis leguas [CA, f. 195].

Y desde aquí va tratando el hermano Almeida la mucha devoción que halló en Tacayama Darío y más cristianos de aquella fortaleza, el cual por yerro en las cartas que andan impresas se llama Francisco habiéndose de llamar Darío que entonces tenía el cargo de esta fortaleza. Y con esto va bien probado lo que arriba hemos dichos, porque las cartas que en particular se escribieron en el año de 64 acerca de la conversión de estos caballeros no andan impresas y parece que se perdieron, aunque todo esto hallé difusamente escrito también en la *Historia* que dejó hecha el padre Luís Fróis. Y con esto se acabó este año de 64.

1679 la fortaleza *AJ*.
1680 «[. . .] Postridie Nara Tochim leucarum quinque intervallo veni sub vesperam, acceptusque sum a Christianis incolis ingenti laetitia, [. . .] Gens est fere nobilis. Praefectus Cubacamam cognitione attingit. [. . .] Triduum apud eos fui dumtaxat. [. . .]. Itaque Savam, sex a Tochi leucas inter intendimus».

Capítulo 22
Haciéndose mucho servicio a nuestro Señor especialmente en las partes del Miaco, mataron al *Cubo* y los nuestros fueron desterrados de aquella ciudad y se recogieron para la ciudad de Sacai, y la armada de Firando peleó con la nave de los portugueses

[f. 108v] En el año de 65 los padres que habían venido de nuevo, repartidos en Firando y Bungo de la manera que se ha dicho, aprendían la lengua de Japón como mejor podían con los compañeros con quien estaban y los más padres que la sabían iban confesando y consolando los cristianos y haciendo en[1681] ellos mucho fruto. Y el padre Cosme de Torres después de haber consolado y ayudado por algunos meses a los cristianos de Cochinotsu a do él tenía su residencia, fue visitar también[1682] los cristianos de Ximabara para hacer con ellos lo mismo. Y entretanto el hermano Luis de Almeida después de haber gastado cerca de cinco meses en las partes del Miaco, y visitado todos los lugares de los cristianos, se volvió en mayo para Bungo, y porque entonces la corte del rey de Bungo estaba en la ciudad de Usuqi, a do se había pasado el rey por las revueltas que tuvo en su reino con algunos señores principales de él teniéndose allá por más seguro por una grande fortaleza que había hecho en Usuqi. Deseaban grandemente los nuestros y los cristianos de tener también casa e iglesia en Usuqi, así como la tenían en la ciudad de Funai y, en esta vuelta que hizo el hermano Almeida del Miaco para Bungo, alcanzó licencia y lugar del rey para los nuestros hacer ahí casa[1683] con su iglesia y hecho esto se fue derecho a Ximabara a dar nuevas al padre Cosme de Torres. De esto y de las cosas que había visto en las partes del Miaco, de lo[1684] cual hablando el mismo hermano en la dicha carta escrita en octubre de este año 65 dice así[1685]:

1681 con *AJ*.

1682 también a *AJ*.

1683 Casas *AJ*.

1684 la *AJ*.

1685 «Sacaii conscendimus circa Idus Majas, et Funaium die tertiodecimo secunda navigatione pervenimus. Laetis nuntiis de re Meacensi, Ecclesia illa tota valde gavisa est. Inde quarto post Vosuquam perrexi, ut regem inviserem, a quo humanissime acceptus, petii neophytis id in primis optantibus locum templo ibidem extruendo: ille vero non aream modo nobis ad mare secus

https://doi.org/10.1515/9783111617602-024

Embárqueme en la ciudad de Sacay mediado mayo y no cuento muchas cosas que en el camino me sucedieron hasta la ciudad de Bungo. Basta que por la bondad de nuestro Señor en trece días con buen tiempo llegué al Collegio de Bungo, donde fui recibido de nuestros carísimos padres y hermanos, con la acostumbrada caridad. Hubo mucha alegría por las buenas nuevas del aumento de la cristiandad del Miaco. Cuatro días después de llegado, fui a visitar al rey de Bungo a su ciudad de Vosuqi[1686] que son siete leguas de este Bungo. Fui de él muy bien recibido, y por causa que los cristianos de Bungo se pasan parte de ellos a vivir a la ciudad de Vosuqi, le pedí un campo para una iglesia, porque los cristianos me lo habían pedido mucho, por no tener en aquella ciudad donde hacer oración. El rey nos lo dio, junto a su fortaleza, en el mejor sitio de la ciudad, a la costa del mar. Y por ser lugar que había menester ser bien fundado, él y un hidalgo, nuestro amigo, que es el principal regidor de la tierra, se ofrecieron a hacer el cimiento. Y ahora oí decir que andaban trabajando en él. Y, allende de esto, nos ofrecieron la gente necesaria para hacer la casa. Esperamos en nuestro Señor que será esta obra para que muchos cristianos de esta ciudad vengan en conocimiento de la verdad. Despedidos del rey de Bungo y de los cristianos, me vine al Collegio de Bungo, donde estuve dos o tres días y luego me partí para el reino de Arima, y en ocho días por tierra y por mar llegué a Ximabara, el primer lugar del reino de Arima, en el cual habrá más de mil cristianos, donde hallé al padre Cosme de Torres, que había veinte y cinco o treinta días que allí había llegado del puerto de Cochinotsu. Fue grande la alegría y consolación en el Señor que con mi llegada recibió con todos los cristianos. En los días que aquí estuve, vi mucho concurso de gentiles oír las cosas de la fe para hacerse cristianos. Hiciéronse en estos días como ciento y ochenta. No hablo del grande fervor de los cristianos hechos ya de días y del aprovechamiento de los niños y su doctrina, que quiero tengo para mí que en toda la cristiandad no hay niños mejor adoctrinados, y no solamente de este lugar, mas de los de todo Japón. Quiso el señor de este lugar venir a visitar al padre Cosme de Torres, donde le declaró algunas cosas de la ley de Dios, de que los cristianos quedaron muy consolados y nosotros de verlos. Al otro día vino su mujer y parientes y otra gente honrada, donde oyeron dos horas el sermón. Y así quedaron todos muy más amigos nuestros que de antes. Después de dejar el padre todos estos cristianos confesados, nos partimos para Cochinotsu en dos embarcaciones, que luego los cristianos nos aparejaron, en las cuales nos acompañaron muchos [CA, ff. 197–197v].

En las tierras de Firando, con la nueva restitución de los padres, iglesia que se había levantado[1687] en el mismo lugar de Firando, hubo muy grande alegría y her-

---

arcem optimo situ, verumetiam fabros ad aedificationem libenter attribuit, quam rem speramus ad Christianae religionis incrementum magnopere profuturam. His peractis Funaium redii. Funaio perveni octavo die Ximabaram, quo Cosmus etiam Turrianus trigesimo circiter ante die Cochinoco se transtulerat. Magnos ibi concursus offendi Ethnicorum ad verbum Dei audiendum. Christiani factis paucis illis diebus ad centum et octoginta. Tonus etiam ipse, itemque separatim uxor stipata grege cognatorum et civium, Cosmum Turrianum adiere, et concionanti cum aures praebuissent, magis etiam quam antea propenso ac benevolo in nos animo recessere. Tum Confessionibus omnium Christianorum auditis, navigiisque [f. 109] duobus peramplo ipsorum opera comparatis, Cochinocum magna nos turba longe prosequente renavigavimus. Haec Almeida».

1686 Usuki.

1687 levantada *AJ*.

vor entre los cristianos, celebrándose la fiesta de la Natividad y después la Cuaresma y Semana Santa con la fiesta de Pascua con toda solemnidad. Y después,
visitando los padres con todos los más cristianos de las islas, se convirtieron en
este año en la isla de Iqisuqui[1688] cerca de seiscientas almas, y la ocasión de esta
conversión fue porque Don Juan, hermano de Don Antonio, estaba casado con
una hija de otro caballero principal llamado Ichibudono[1689], que tenía parte de
aquella isla. Y este, siendo[1690] muerto en la guerra, y después muriendo su hija
casada con Don Juan, su madre, que era gentil, habiendo hecho muchas limosnas
y sacrificios a sus ídolos por la salud de su hija, que era heredera, se alteró de tal
manera con su muerte contra los *Camis* y *Fotoques*, que persuadida de Don Juan,
su yerno, mandó deshacer los *Camis* y *Fotoques* que estaban en su lugar, diciendo
que no tenían[1691] ningún valor, pues no habían acudido[1692] a sus oraciones, limosnas y sacrificios que les había hecho. Y envió llamar un[1693] padre, que fue allá
con el hermano Juan Hernández para predicar a sus vasallos, y en algún tiempo
que estuvieron allí se bautizaron, como dijimos, cerca de seiscientas personas. Y
Don Juan, por los hijos que tuvo de la hija de esta señora, quedó heredando también aquella parte de la isla[1694] que era de Ichibundono. Y después, con el tiempo,
se fueron convirtiendo todos los más de sus vasallos, así como todo esto[1695] y
lo más que pasó en Firando en este tiempo, escribió largamente el hermano Juan
Hernández en una carta de 23 de septiembre de este año 65, que anda impresa en
portugués y en castellano, aun no se trasladó en latín.

En este mismo tiempo, que fue antes de Pascua, en las partes del Miaco, también iban las cosas de la cristiandad prosperadamente, porque con la llegada del
padre Luís Fróis allí, allende del fervor que se renovó en[1696] los cristianos,
habiendo más comodidad para eso con el acrecentamiento de otro padre, fueron

---

1688 Iqicuqi *AJ*. La isla de Iki (壱岐島, Iki-no-shima) es una isla situada en el mar de Japón, entre
la isla principal de Kyūshū y la península de Tsushima.

1689 Ichibodono *AJ*. «Dos de los *três fidalgos* bautizados fueron Koteda Yasutsune Antonio y su
hermano Juan, luego llamado Ichibu Kageyū. En los documentos no aparece claro el nombre del
tercero» (DJ1, 429). Ichibu Kageyū (市武 景融) fue un samurái conocido por su rol como señor de
la isla de Iki, un territorio estratégico en el mar de Japón. Como muchos otros daimios de su
tiempo, Kageyū tuvo que lidiar con la política feudal compleja y a menudo conflictiva de Japón,
navegando las alianzas y rivalidades que caracterizaban el período.

1690 habiendo *AJ*.

1691 tenía *AJ*.

1692 accedido *AJ*.

1693 mandó llamar a un *AJ*.

1694 las islas *AJ*.

1695 este *AJ*.

1696 entre *AJ*.

ellos ambos a visitar el *Cubo*, y fueron bien recibidos, y el mismo recibimiento les hizo Mioxidono, que entonces podía aun más que el *Cubo*. El cual fue el padre Vilela[1697] visitar a su fortaleza de Imori, donde había tantos caballeros cristianos como se ha dicho, y con estos señores, hicieron tan buen[1698] avasallado a los padres, crecía mucho en aquellas partes el conocimiento de nuestra santa ley y de los nuestros, y el fervor y alegría en los cristianos, y se iba[1699] también convirtiendo muchos. Y tratando el padre Luís Fróis de la visita que se hizo al *Cubo*, en una carta que escribió a los 6 de marzo de este año 65, dice así[1700]:

> Cayó en este año el año nuevo de los japoneses a primer de febrero. Es costumbre en todos los reinos de esta tierra, de los nueve de la luna hasta los quince o veinte, ir los señores a visitar los reyes y llevarles sus presentes. Especialmente se guarda esto con grande orden en este reino del Miaco, por ser el *Cubosama* supremo emperador, que aunque no es obedecido, todavía los que lo van a visitar son todos señores nobles, y bonzos de mucha dignidad. [. . .]. Y para que los cristianos y los gentiles tuviesen más estima de la ley de Dios, convenía que el padre Gaspar Vilela hiciese esta visita al *Cubosama*. Y para que haciéndola quedase también el padre debajo de su protección, procuró en el primer año un señor por cuyo favor hablaba al *Cubosama*. Después mataron en la guerra a este señor, estando con grandes deseos de hacerse cristiano. Y porque los japoneses no estiman las personas más que por el hábito que traen, por no entrar el padre en palacio vestido como comúnmente anda-

---

1697 a visitar *AJ*.
1698 también agallados *AJ*.
1699 iban *AJ*.
1700 «Ego, ut [f. 109v] scripsi ad vos antea, Meacum attigi magna Christianorum laetitia pridie Kalenda Februarias: incidit meus adventus in ipsum novi anni initium, quod hac hieme Japonii a Kalendis Februariis auspicati sunt; varius enim est in his regionibus anni cursus: longe alia, quam apud nos ratio temporum, atque descriptio. Vetus est autem gentis mos, ut anno ineunte, ab die nono Lunae adusque vigesimum, regni proceres, et Bonziorum principes ad Regem quisque suum salutandum no sine donis accedant. [. . .]. Et quoniam ad viam Evangelio muniendam, et existimationem apud rudem ignarumque verae virtutis et gloriae populum colligendam pertinere magnopere visum est, ut Evangelii praecones nequaquam exclusos inde fuisse constaret; dedit operam Gaspar, ut illum ipse quoque per idem anni tempus inviseret. Ac superioribus quidem annis aulici cujusdam beneficio potentis viri, et ad Christianam religionem proponsi aliquoties introductus est: nunc vero mihi quoque ejusdem opera patuit aditus. Cubucamam ergo primum, deinde uxorem, postremo separatis in aedibus matrem invisimus, honesto comitatu ad regiam usque deducti. Et cum benigne accepti sumus ab ominibus: tum vero a matre humanissime, quippe quae non modo potionem nobis misceri jussit a famulis, verum etiam Zacanam (salsamenti genus id est olivarum instat) de more paxillis insertam, suis ipsa manibus honoris caussa porrexit. Eam invenimus in coetu nobilium feminarum sedentem ante sacellum ornatissimum, in quo era Amidae puerilis effigies egregie picta cum diademate, aureis e capite radiis emicantibus. Mirum ibi silentium, mira modestia, mira denique domestica disciplina: vehementer dolendum ut sit, tantam indolem, tantis diaboli fraudibus opprimi; orandusque sit etiam atque etiam dominus, ut hasce tenebras, Evangelii splendore pro sua infinita bonitate dijiciat. Ut eo functi sumus officio, postridie Gaspar ad neophytos revisendos abiit Imorim. Haec Froius».

mos, fue necesario en aquel día ponerse en mejor hábito. Dos veces de las que al principio le visitó había ido con una estola y sobrepelliz y las otras dos con una ropa y manteo de paño de Portugal nuevo. Y ahora, para torna a verle, pareció al padre y a los cristianos que fuésemos ambos a un caballero cristiano el cual sirve al *Cubosama*. Y nos aconsejó que, por ser yo recién venido, le llevase algunas cosas de India o de Portugal, porque las estiman cuando son de tan lejos. [. . .]. Pasamos por tres o cuatro aposentos muy ricamente aderezados, y en el que nos habló estaban muchas damas asentadas y ofreciole este caballero, por el padre, el papel acostumbrado y el ventalle de oro, y por unas porcelanas doradas. Y trajéronle el *sacazuqui*[1701], que es cierta taza por donde beben, y tomola primero, y después, por las mismas damas, nos la envió, y la *sacana*[1702], que es como entre nosotros aceitunas, nos dio con los *faxis*[1703], que son palos, con que comen por su propia mano, que para quien hubiese de privar en corte, quedaba con aquello jubilado en honras. Pareciome la madre del *Cubosama* una abadesa de un monasterio y las que con ella estaban, religión de monjas, según era grande el silencio, modestia y orden de aquella casa. Especialmente porque estaba la madre del *Cubosama* en un oratorio de Amida, que tenía muy lindo y curiosamente ataviado, y la figura de Amida pintado a manera de un niño muy hermoso con su diadema y rayos de oro en la cabeza. [. . .]. Otro día de la visita, se partió el padre Gaspar Vilela a visitar a Mioxidono, que es la segunda persona después del Cubosama que está en una fortaleza que se llama Imori, ocho leguas de aquí, donde habrá obra de doscientos caballeros y soldados criados de Mioxidono [CA, ff. 209–209v].

Y lo que hizo en Imori, visitando Mioxidono, lo dice el hermano Almeida en otra carta citada arriba por estas palabras[1704]:

En este tiempo fue el padre a visitar al rey como tiene de costumbre hacerlo cada año una vez. El rey nos hizo mucha honra, dándonos la taza para que bebiésemos, que es la mayor honra que entre ellos se puede hacer, estando todo este tiempo de rodillas, así como nosotros estábamos, y al despedir con mucha cortesía [CA, f. 191].

1701 Sakazuki (杯) es una palabra japonesa que se refiere a una pequeña copa utilizada tradicionalmente para beber sake. Estas copas suelen ser de cerámica, porcelana o madera lacada y tienen una forma ancha y poco profunda.

1702 Sakana (肴) se refiere a alimentos o aperitivos que se consumen mientras se bebe alcohol, especialmente sake. Aunque «sakana» también puede significar «pescado» (魚) en japonés, en el contexto de la comida y la bebida, se utiliza más comúnmente para describir los acompañamientos o tapas que se sirven con bebidas alcohólicas.

1703 Hashi (箸) son los palillos japoneses utilizados para comer.

1704 «Adiimus etiam salutandi caussa regem, quod semel quotannis Gaspar facere consueverat. Ille vero nobis non poculum modo porrexit (quod summum honoris indicium est) sed etiam quamdiu apud eum fuimus, flexis aeque ac nos genibus perstitit, verbisque dimisit nos humanissimis. Haec Almeida».

Y el mismo padre Luís Fróis, tratando en otra[1705] carta escrita del[1706] Miaco a los 28 de marzo de las fiestas que hicieron en la Cuaresma y Pascua los cristianos, dice así[1707]:

> Predicó el padre Gaspar Vilela los domingos el Evangelio. Los miércoles predicó un hermano japonés, por nombre Damián, del sacramento de la penitencia, declarando a los cristianos por extenso las partes que requería la confesión. [. . .]. Aquellos días confesaría el padre obra de doscientas personas cristianos. El jueves santo les predicó el mandato, y antes de dar el santísimo sacramento les tornó a hacer otra plática. Comulgaron obra de sesenta personas, con tanta lágrimas y sollozos que por cierto nos causaban grandísima consolación. El hermano Luis de Almeida tenía hecho dentro en la capilla un sepulcro muy rico, donde se encerró el santísimo sacramento. No faltaron armados de muy rica y lucidas armas, que velaron hasta desencerrar el Señor a la tarde. [. . .] A la noche, acabado el oficio de tinieblas, que fue el primero que ellos vieron quedando la iglesia a oscuras, les predicó un niño japonés por espacio de hora y media la letra de la Pasión, sacada de los cuatro Evangelistas, y después, sobre los pasos más principales, les hizo el padre una plática exhortándolos a penitencia y al sentimiento de la pasión de Cristo nuestro Señor. [. . .] El sábado se hizo el oficio con mucha alegría y consolación de los cristianos. Después de bendecirle el agua y el cirio pascual y dichas las profecías y letanías, comenzó el padre la misa con ornamento de brocado. Y después de la medianoche, estaba esta casa llena de cristianos nobles y mujeres todos ricamente vestidos, esperando la misa y procesión de la Resurrección. Dijo el padre muy de mañana cantada y después, con el santísimo sacramento, se hizo procesión con grande consolación y alegría de todos. Comulgaron algunos cristianos y al fin de otra misa les predicó un hermano el misterio de la Resurrección. Los cristianos del Miaco tienen por costumbre, por tenerlo el padre así ordenado para más se unir en amor y caridad, que

---

1705 otra su *AJ*.
1706 de *AJ*.
1707 «Quadragessima diebus Dominicis omnibus Gaspar Vilela Evangelium declaravit. Quarta quaque feria Damianus noster de Poenitentiae Sacramento copiose disseruit. Sexta, sacro missae peracto, non destitit Japponius [f. 110] puer ex iis quos educamus, de Passione Domini verba facere: quam in sententiam, convenientibus nocte neophytis, Vilela denuo disputabat, iis praecipue locis insistens, quibus auditores ad pietatem excitari maxime possent. [. . .]. Vilela ducentorum fere et quinquaginta confessionibus auditis, quinta feria in coena Domini mandatum Evangelicum de mutua dilectione publica docuit. Postea cum de Eucharistia suavissime perorasset, caelestem panem Christianis circiter sexaginta distribuit: qui cum ex intimo sensu, et gaudio spiritali, copiam effunderent lacrimarum, sane quam ingenti nos affecere solatio. In sacello intimo Ludovicus Almeida sepulchrum erexerat ornatissimum. In eo Corpus Domini conditum est, armatique custodes adhabiti. Vespere, solemnibus officiis persolutis, puer Japonius in exponenda Passioni Domini serie collecta e quatuor Evangelistarum historiis, horas duas ferme consumsit. [. . .]. Majoris hebdomadae luctum atque tristitiam, ingens gaudium Dominicae Resurrectionis excepit. A media nocte, domus Christianis completa est, liturgiam et supplicationem matutinam expectantibus. Ea peracta, simul etiam Christianis aliquot Eucharistiae Sacramento refectis, concio habita est de Resurrectione Domini, Paschalibusque mysterijs. Inde convivio excepti sunt, quod Natali die et Paschate Domini solenne Gaspar insitituit, eo consilio, ut quam arctissimis Christianorum animi caritatis ac benevolentiae vinculis inter se iugantur. Haec Froius».

por la Natividad den aquí de comer a todos los cristianos que vienen de fuera. Y los mismos caballeros que habían de ser convidados mandaron traer de sus casas al Miaco la mayor parte de lo que se había de gastar. Adjuntados todos los principales, comieron aquí en casa y platicaron de las cosas de Dios hasta la tarde y cantaron algunas cosas en loor del Señor [CA, ff, 212–213].

Y el mismo en otra carta suya escrita en agosto de este mismo año[1708] 65, tratando de lo que se hizo en el Miaco después de Pascua hasta[1709] Pentecostés, dice así[1710]:

Pasada la Cuaresma, conforme a lo que en esta última carta escribí, trabajó el padre Gaspar Vilela mucho por haber una casa alquilada en el Miaco de arriba, por estar allá la gente noble y esperar que, con predicar allá, se haría grande servicio a nuestro Señor. Como esto supieron los bonzos, que en sumo grado nos quieren mal y aborrecen la ley de Dios por impugnar y contradecir sus nefandos y abominables pecados, y por tener también el pueblo todo de su mano, con mucha facilidad impidieron que no se efectuase la ida del padre. [. . .] Ocho días antes de la Pascua del Espíritu Santo, publicó aquí el padre a los cristianos un Jubileo que el Sumo Pontífice envió por toda la cristiandad para efectuarse con feliz y próspero suceso el Sagrado Concilio. Prepáraronse los cristianos, así los de Miaco como otros soldados de la fortaleza de Imori, que se hallaron aquí entonces. En esta misma semana cayó malo el padre y yo, y cuantos había en casa de fríos. Creo que todos merecieron mucho con la enfermedad, sacándome a mí, que por mis pecados soy indigno de todo bien, porque en esta ciudad no se puede hallar cosa de carne ni pescado, sino algunas lechugas cocidas en agua y sal, por no haber otros regalos y algunas hojas de rábano secas y arroz. Todavía después se halló un poco de pescado salado con que comenzamos a convalecer. El padre, por no dejar a los cristianos desconsolados, con grande fiebre y flaqueza los confesó a todos y, los más de ellos, en la cama. Dia de Pentecostés les dije yo misa y, al fin, les hizo el padre una plática sobre el santísimo sacramento de la Eucaristía y sobre los merecimientos que alcanzaban con el Jubileo, y les ministré a todos el santísimo sacramento, el cual recibieron

---

1708 año de *AJ*.
1709 hasta lo *AJ*.
1710 «Postquam a Paschali conventu neophyti in suas domos et vicina castella digressi sunt, nos Meacensibus Evangelium praedicare perreximus. Auditores minime decretant. Multi etiam diabolicis fraudibus, et Japonica superstitionis pravitate convicta, sic immutabantur afflati divinitus, ut constantissime crederent, in uno Christo Domino et Redemtore nostro omne salutis humanae perfugium esse repositum. [. . .]. Ad haec, Jobilaeum a summo Pontifice datum ad felicem eventum Tridentini Concilii precibus ac jejuniis impetrandum, in hac urbe propositum est octavo ante Pentecostem die. Cujus rei nuntio in pagos et castella perlato, magno studio ac pietate sese comparavere neophyti ad tam insigne Christi Domini beneficium. Et quamquam per eos dies Gaspar in febrim incidit, et ego non optima sum usus valetudine; tamen concursu ad nos Christianorum facto, Dominica Pentecoste, imbecillitatem nostram Domino fulciente, per occasionem tam ampleae consequendae indulgentiae, multos ut verbo Dei, et sacratissimo Christi corpore pavimus, quod illi nimurum, ut solent, uberrimo fletu crebrisque [f. 110v] suspiriis percepere. Atque is erat Christianae rei cursus, ut in tantis gentium tenebris, tantaque adversariorum potentia, sat secundus. Haec Froius».

con tantas lágrimas y sollozos que verdaderamente nos ponían en grande confusión [CA, ff. 216v–218].

Estando las cosas en este término, de improviso se obscureció el cielo y sucedieron grandes tempestades, porque primeramente Yuqidono[1711], hijo mayorazgo de Yuqi[1712] Yamaxirodono, estando en la flor de su edad, por no pasar de treinta y dos años, y siendo persona tan principal y uno de los más fervientes cristianos que entonces había, y que fue principal causa de la conversión de tantos caballeros en la corte de Mioxidono –como arriba se ha dicho–, fue nuestro Señor servido que en este tiempo falleciese con grande sentimiento de los nuestros y de todos los más cristianos, especialmente de su padre Yuqi Yamaxirodono. Y por ser él persona de tanta cualidad, los nuestros, aunque entonces eran pocos, le hicieron públicamente en el Miaco un enterramiento, el más solemne que pudieron ordenar, y que por ventura hasta ahora se haya[1713] hecho entre cristianos en aquellas partes del Miaco. Sucedió también en este tiempo la desastrada muerte del *Cubo*, porque Mioxidono, aconsejado de Dajondono que hacía de él lo quería por se recelar del *Cubo* y querer quedar más absoluto señor de la Tenca, determinó matar al *Cubo*, con cuya muerte se siguieron grandes revueltas en el Miaco y grande trabajo[1714] a los nuestros, con las cuales no solo se impidió el buen curso de la conversión que por los nuestros se iba haciendo, mas fueron desterrados del Miaco y toda la cristiandad de aquellas partes corrió peligro de se echar a perder. Y cuanto a lo que toca a la muerte del *Cubo*, porque el padre Luís Fróis la escribió muy bien en la dicha carta, aunque sea algo larga me pareció ponerla aquí por las[1715] mismas palabras en que dice así[1716]:

1711 Yuqidono Antonio *AJ*.
1712 Yoqi *AJ*.
1713 hayan *AJ*.
1714 grandes trabajos *AJ*.
1715 sus *AJ*.
1716 «Jamque parabat Vilela totam hanc Meacesem obire provinciam, et prout se obtulisset occasio, per Ethnicorum pagos et oppida circumferre Evangelium; cum coeptis intervenit atrocissimum, et post hominum memoriam inauditum facinus, quod non modo conatus nostros omnino impediret, sed etiam nos ipsos in extremum vitae discrimen adduceret. Nam Regulus Imorensium (de quo scripti ad vos antea) Mioxindonus, devictis a se gentibus quibusdam, potentia atque opibus auctus, ipsum quoque Cubucamam, ut in pace otioque securum et imparatum a rebus ómnibus, certe nihil ejusmodi metuentem; imperio quod magna cum aequitate regebat, per summum scelus atque perfidiam deturbare, ac tyrannidem occupare constituit. Neque apud infflamatum dominandi libidine animum vel Cubucamae virtus et probitas, vel plurima eaque maxime ab eodem in se profecta beneficia valvere. Igitur assumtis latrocinii sociis duobus, Narensium tyranno Dajondono, et alio quodam dinasta; cum delectis armatorum duodecim millibus repente Meacum iter intendit [f. 111] eo certiore spe rei perficiendae, quod et ipse Cubucamae nomine

Estos días pasados, determinó el padre ir a visitar a los cristianos que están de aquí diez, quince y veinte leguas alrededor de Miaco, esperando también que se ofrecería ocasión

---

universae rei bellicae praerat, et plurimos habebat in urbe Miaco satellites et clientes. Copiis ergo prope urbem jussis opportuno loco subsistere, ipse cum fidelium manu Meacum ad Regem specie officii ingreditur, nimirum ut quibusdam recentibus honoris insignibus a Cubucama decoratus, ei gratias ageret. Atque ut quod volebat quam maxime sine tumultu transigeret, ad alia verborum officia illud etiam addit, ut Cubucamam in suburbanum quoddam bonziorum coenobium blandis precibus ad coenam invitet. Namque ibi circumventum adoriri placuerat. Sed cum res parum procederet, quod Cubucama de considente prope Meacum exercitu factus denique certior, et suspicatus id quod erat; non modo se Mioxidono minime crederet, sed etiam fugam pararet (ex qua deinde imprudenti comitum suorum consilio revocatus est) Mioxindonus aperte ratus agendum, copias omnes ad regiam propius admovet: ac ne inexpiabili in suum Imperatorem ac Regem odio accensus esse videretur, dum inops consilii Cubucama cum familiaribus trepidat, praemittit ad Regiam qui palam denuentiet, se Cubucama ipsius caput minime petere, certis tantum ejus cognatis amicisque graviter infensus, eorum potentiam ultra ferre non posse: itaque tum demum rem conventuram seque inde cum pace abiturum, si complures proceres, quos nominatim in schedula descripserat, quamprimum interfici jubeat. Ad haec tam insignis impudentiae postulata ira maxima percitus is qui ad ea cognoscenda Cubucamae jussu prodierat, grandis natu aulicus ille ipse qui nos ad Cubucama introducere consueverat, abjecta quam legerat schedula, verbisque gravissimis in parricidas invectus, ad extremum addit, rebus jam desparatis, quoniam quidem alia ratione non possit, certe voluntaria morte sese officio fideique suae satis esse facturum. His dictis regressus in regiam, coram ipso Cubucama strictum pugionem gentis more sibi condit in viscera, et moribundus occumbit. Eodem ipso leto quatuor alii, cum prae timore occlusis januis non admitterentur, mox in ipso regiae periere vestibulo. Senis vero demortui filius, ut patrem conspexit exanimem, praeceps dolore atque iracundia fertur in conjuratos infectus, pugnamsque perimitur. Tum illi pluribus locis palatio flammas injiciunt: quod ut sensit Cubucama ubi, certus praelio potius quam incendio mortem oppetere, ex honestissimae gravissimaeque feminae matris amplexu se proripit, vaditque cum suis armatus in confertam hostium aciem: ibi quam acerrime dimicans, ventrem hastili, caput sagitta confixos, duobus praeterea vulneribus acceptis in facie concidit. Super eum praeliantes egregie centum circiter [f. 111v] aulici primae nobilitatis viri sternuntur, quorum cum animi magnitudo, ac fidelitas omium, tum praesertim adolescentuli cujusdam quartumdecimum annum agentis enituit. Qui cum in certamine hostes paene obstupefecisset audaciae miraculo, eumque vivum sublato undique clamore conarentur excipere; ille Cubucama defunctum intuitus, sibique turpissimum ratus Regi suo Dominoque supersitem; ense confestim pugionem arripuit, abscissoque sibimet gutture eundem pugionem adegit in viscera. Inter haec hostes qua per incendia patuit aditus, in regiam frequentes irrumpunt; fratrem Cubucama Bonzium una cum matre, nequaquam vel hujus senectutem, vel illius adolescentiam miserati, acerbissime contrucidant: regia gaza deripitur: cuncta ferro flammaque miscentur: honorariae puellae ac pedissequae, regulorum fere ac principum filiae, et clarissimis ortae familiis, omnia miserabiliter ejulatu gemitibus que complentes, inter obsessos armatis exitus conantus sibi fuga consulere, quarum aliquae vestimentis etiam in illa ipsa immanitate petulanter atque procaciter a militibus exuuntur: aliae vero ad viginti dum ancipiti metu distractae, hinc micantes horrent gladios, inde saevienti perterrentur incendio; in conclave quoddam abditae quo nondum flammae pervasarant, igne deinde grassante opinione celerius, ibidem oppressae atque ad unam omnes absumtae sunt. Porro Cubucama ipsius filiae duae ad

para ir a visitar a algunos señores gentiles y predicar en sus tierras. Sobrevino después un impedimento que abajo diré, por donde hasta ahora no lo puedo ir a hacer. No sé lo que será adelante. Puesto, carísimos hermanos, que entre nosotros sean tan poco usada la materia de hablar de guerras, sabe Dios nuestro Señor que lo que en esta quiero decir es para que de lo que oyeren, tomen materia de hacer muy particular oración por nosotros, y para juntamente se aparejar cuando el Señor fuere servido de enviarlos a semejantes partes con el espíritu y virtudes necesarias, que yo por mi negligencia no adquirí teniendo en ese colegio tanto tiempo para esto, y tanta ocasión. Allende de ser esto un caso extraño, repentino y tan nuevo que nunca se vio otro semejante en Japón.

En las cartas pasadas, y en el principio de esta, ha mucho la comencé. Les escribí como en este Miaco reside el *Cubosama*, que es como emperador de esto sesenta y seis reinos de Japón. Y aunque no de todos obedecido, todavía recogen en él superioridad como en sumo señor. Tenía este un regidor del reino por nombre Mioxidono, que reside en una fortaleza once leguas de aquí, que se llama Imori. Este, por guerras, adquirió algunos reinos, de los cuales es ahora señor. Los caballeros cristianos, que atrás dije que podían ser ciento y cincuenta, poco más o menos, son sus criados. Tiene este Mioxidono otro regidor por nombre Dajondono, muy poderoso, el más cruel tirano que nunca hubo en Japón, el cual reside en otra fortaleza que se llama Nara, once leguas de aquí.

Habrá obra de mes y medio que el *Cubosama* acrecentó a Mioxidono, y puso en una dignidad grande, con mucha honra. Y queriendo Mioxidono venir de su fortaleza a darle gracias por esta merced que le hizo, trajo consigo a su hijo y a Dajondono, su regidor, y a otro señor muy grande. Y habrá obra de veinte días que llegó aquí con doce mil hombres, gente en extremo lucida y bien apercibida de armas, en las cuales son muy diestros. Y por no oprimir en alguna manera la ciudad, aposentáronse media legua fuera de ella, adonde el padre los fue luego a visitar, por ser esta costumbre de la tierra. Todos le recibieron con mucho contento y cortesía y buenas muestras exteriores. El *Cubosama* mandó luego en la ciudad que ninguno tuviese bregas con los soldados que venían, porque él fue siempre amigo de paz y ha diez y ocho años que gobierna esta tierra con buena prudencia. Y con

---

pedes hostium prostratae suppliciter, Christiani cujusdam beneficio, in aedes propinquas amicorum, incolumes avasere. At mater ipsarum regina, inter ancillarum greges tum quidem elapsa feliciter, in quoddam sese coenobium recepit, passibus mille circiter et quingentis ab urbe disjunctum; sed paullo post a conquisitoribus deprehensa, ubi sese Dajondoni et Mioxindoni jussu morti destinatam esse cognovit; chartam atque atramentum poposcit, scripsitque sua manu multis verbis ad filiam utramque literas quarum erat clausula, viro suo per summam injuriam a rebellibus interemto, se quoque nullo suo merito ad necem rapi: verumtamen aequissimo animo sese mortem obire, nec dubitare quin hoc totum pro sua infinita clementia de se statuisset Amida, quo citius ad paradisi gaudia pervenire, ibique Cubucama suo in perpetuum perfrui sibi liceret. Deinde obsignata epistola, cum Bonziis apud quos delituerat gratias egisset, ad aram Amidae perrexit: ibi manibus sublatis in caelum, obstinendae indulgentiae caussa Amidam bis invocat nominatim, et simul coenobiarcha ad absolutionis indicium manus capiti supplicantis imponit. Inde regressa in cubiculum, elatis manibus Amidam rursus appellans, a sicariis jugulata est. Jam vero qui Cubucama in extremo certamine affuerant, eorum aedes direptae, subarbana aedificia solo aequata, [f. 112] corpora simul cum ipso palatio concremata sunt. Cubucama tantum cadaver, hostium permissu, a Bonziis ad rogum ac sepulturam elatum est in coenobium, quod ille ad eam ipsam rem ingenti sumtu construxerat. Haec Froius».

habernos dado la patente para estar aquí, siempre asombra de tan buen príncipe, aunque gentil, hemos vividos con esperanza de que se hará fruto. Fue Mioxidono a visitarlo algunas veces, y siempre le hizo mucha cortesía. Determinó Mioxidono de hacerle un banquete fuera de la ciudad en un monasterio de bonzos, que por lo menos le había de costar cinco o seis mil ducados, no en los manjares sino en las piezas que se habían de presentar al *Cubosama*, conforme a su costumbre, que son de mucho valor. El *Cubosama* tuvo por sospechoso el banquete, viendo la gente que traía consigo Mioxidono, y trabajó por excusarse. Tornaron todos los tres señores a hacer instancia que lo aceptase, y porque sentían en él temor, hicieron todos tres juramentos grandes sobre sus ídolos, y enviole cada uno un billete diciendo que no habría otra casa más que servirle con aquel banquete y luego tornase a sus fortalezas, y para más asegurarlo, querían hacer el banquete en casa de su madre, dentro en el circuito de sus palacios. Mostrándoles el *Cubosama*, que lo aceptaba, todavía con grande temor y recelo de alguna traición, creciendo cada vez más en él estos medios, sábado antes del domingo de la Trinidad, muy ocultamente se salió de noche de sus palacios, acompañado de algunos señores más privados y amigos suyos, con intención de recogerse en otro reino, viendo que no tenía poder para les resistir, si hubiese alguna traición. Y estando ya obra de una legua fuera de la ciudad, descubriendo su intención a los que llevaba consigo, todos le fueron a la mano diciéndole que era menoscabo de su dignidad tan grande huir de sus criados sin le constar claramente que ellos armaban traición. Mayormente siendo él tan buen príncipe y que a ninguno de los suyos tenía agraviado que se tornase porque todos morirían con él, cuando hubiese alguna revuelta. Y así persuadido por ello se tornó a recoger. Al otro día por la mañana, que era domingo de la Santísima Trinidad, para más disimulación, cabalgó Mioxidono con obra de setenta de a caballo, diciendo que se iba a holgar a un monasterio obra de una legua fuera de esta ciudad. Y salido por poco espacio fuera, revolvió muy de prisa por los palacios del *Cubosama*, porque por ser aún por la mañana, no tenía consigo más de obra de doscientos hombres, casi todos señores principales de este Miaco. Fue luego cercada la casa del *Cubosama* por estos doce mil hombres. Mioxidono se puso a una perta de un puente que está sobre una cava de los palacios, y los otros dos señores en otra puerta. Y por el descuido que dentro había de tan extraña traición, estaban las puertas de los terreros todas abiertas. Entrando allí grande golpe de gente con arcabuces dijeron que querían enviar unos escritos al *Cubosama*, que los viniesen a tomar. Salió aquel señor que dije atrás que convidamos aquí, suegro del *Cubosama*, y tomando los escritos, leyó luego el primero que el *Cubosama* matase a su mujer, hija del mismo señor, y que matase a otros muchos señores. Y que haciéndolo así se tornaría en paz. Como el señor leyó aquello, arrojó el papel en el suelo y comenzolos a reprehender mucho, de poco temor y vergüenza que tenían, de cometer contra su rey y señor tan nefanda y abominable traición. Y ya que así era que el mismo se cruzaría el pecho, que es universal y antiquísima costumbre de Japón, cuando los señores no pueden resistir, sacar las dagas y cruzarse los pechos, así señores como criados. Entrando aquel señor dentro, matose delante del *Cubosama*. Salió un amigo nuestro en grande manera, hijo de este señor, y peleando un poco luego lo mataron y dispararon muchos arcabuces por defuera contra las casas. Llegaron cuatro caballeros del mismo *Cubosama* a la puerta, dieron golpes que les abriesen y respondiéndoles de dentro, que ya no podía ser, sacaron las dagas y cruzáronse los pechos y cayeron allí muertos. Creciendo cada vez más la maldad de estos tiranos, y no pudiendo sufrir dilatárseles por más tiempo su perversísimo deseo, pusieron fuego a los palacios.

Queriendo salirse el *Cubosama*, abrazose con él su madre que era una venerable matrona de quien teníamos nosotros recibidos mucho regalo y favor. Todavía constreñido del fuego y de la necesidad, salió con los suyos y comenzando a pelear diéronle una lanzada en el pecho, y un flechazo en la cabeza, y dos cuchilladas en el rostro, y allí cayó muerto. Estaba dentro con la madre un hermano del *Cubosama* bonzo, mancebo de veinte años, luego lo mataron y prendieron a la madre del *Cubosama*. Unos decían que le diesen la vida, otros que la matasen. Allí con muchas cuchilladas la mataron junto al hijo. Las damas hijas de señores grandes de la corte, en comenzado a salir de los palacios que ardían, comenzaron los solados a herirla cruelmente. Metiéronse quince o veinte en una casa, por temor de las armas, cuando después se quisieron salvar del fuego, no pudieron y allí se quemaron todas. A otras que salían, quitábanles los soldados los vestidos, entre las cuales dicen que fue la reina que aun no parece. Ahora andan en busca de ella con promesas de mucho dinero a quien descubriese la casa adonde está y mucho más a quien la llevare arrastrando de los cabellos delante de estos tiranos para justiciarla. Dos hijas de *Cubosama* estaban allí arrojadas entre los pies de los soldados. Conociolas un cristiano y rogó a un hombre que las librase y las dejase allí en alguna casa. Y para que sepan en cuán poca estiman la vida de esta gente, venían delante del *Cubosama* un mozo de trece o catorce año y peleó con tanto esfuerzo que todos los levantados comenzaron a dar voces que lo prendiesen vivo y no lo matasen. El mozo viendo que el *Cubosama* era muerto y que él quedaba viviendo en grande deshonra arrojando la espada de la mano, sacó la daga, y cortose un pedazo de la garganta y después metiosela por las entrañas y cayó sobre ella. Murieron aquí con el *Cubosama* obra de noventa o cien caballeros los más ilustres y nobles de todo este reino. Saquearon los palacios antes que se ardiesen y las casas de todos estos señores que mataron. Hecho esto, en obra de dos horas, vinieron los bonzos y llevaron a enterrar el cuerpo del *Cubosama*. [. . .]. El miércoles luego siguiente, después del domingo de la santísima Trinidad, fue hallada la reina mujer del *Cubosama*, que podría ser de veinte y siete años, de la cual tenía dos hijas. Estaba recogida en un monasterio obra de media legua fuera de esta ciudad. Habiéndosele dado el recado que le mandaba matar Dajondono y Mioxidono, pidió papel y tinta y escribió una carta de su mano muy larga, para una hija suya que moviera cierto el corazón de quien la leyera. Y todos los que después la leían, lloraban muchas lágrimas. Resolvíase la carta en decir que a ella la mandaban a matar tan injustamente como mataron al rey su señor, por lo cual ella no recibían ninguna tristeza ni desconsolación con la muerte, antes tenía para sí que había sido ordenación e infinita misericordia de Amida, hacerle tan gran merced que en tan breve tiempo la quería poner en su gloria que es la gloria del mismo Amida, donde tenía por cierto que vería a su señor *Cubosama* y gozaría de su comunicación. Cerrada la carta, fuese a despedir de los bonzos de aquel monasterio muy alegre, agrandeciéndoles mucho la graciosa acogida y buen hospedaje que le habían hecho aquellos dos o tres que allí estuvo. Después de esto, púsose delante del altar de Amida con las manos levantadas, invocó diez veces su nombre y púsole el superior del monasterio las manos sobre la cabeza, en señal que por llamar el nombre de Amida recibía plenaria remisión de todos sus pecados. Fuese entonces de allí a un aposento muy alegre y dicen que, con las manos levantadas y llamando el nombre de Amida, le degollaron y así acabó. El soldado que la cortó la cabeza, porque iba acompañado con otros muchos y no podía hacer otro caso, acabando de matarla, dijo que no quería más usar el oficio militar, antes había dejar las armas y raparse a navajas y meterse en un monasterio por no ver tan grandes injusticias y sin razones. Cierto que ver la perturbación y grandes crueldades que en esta ciudad se ejercitan pone grande quebranto y lástima al corazón. Donde quiera más se halla criado o amigo del *Cubosama*, luego es muerto y le es confiscada la hacienda [CA, ff. 218–221v].

Con la muerte del *Cubo*, por cuyo favor y patentes estaban los nuestros en la ciudad del Miaco, se hallaron luego en grande perturbación y peligro, porque los bonzos procuraron por vía de Dajondono, que también fuesen los nuestros muertos o[1717] desterrados, así por predicar contra las leyes de los *Camis* y *Fotoques*, como por ser favorecidos del *Cubo*, tan aborrecidos de Dajondono que todos los que fueron[1718] sus criados mandaba[1719] matar. Y siendo Dajondono de su natural hombre cruel y poco amigo de los padres, alcanzaron con mucha facilidad de él lo que deseaban, y luego se publicó fama por el Miaco que mandaba Dajondono matar los padres[1720], lo cual siendo sabido por los cristianos, especialmente por los caballeros principales que se habían convertido de la casa de Mioxidono, acudieron con grande fervor con sus armas a nuestras casas y determinaron a morir en ellas con los padres. Y como ellos eran personas tan principales en aquella corte, sabida esta su resolución por Dajondono, no le pareció cosa segura proceder en esto con fuerza. Mas para mostrar que él no hacía esto de su cabeza y dar alguna satisfacción a los dichos caballeros y al pueblo, procuró que el *Dayri* despachase una provisión en que mandaba a Dajondono que desterrase los padres del Miaco.

Y otro su compañero en el gobierno llamado Fiugadono[1721], amigo de los dichos caballeros, se puso de por medio[1722] para concertar este negocio, mandando decir a ellos y a los nuestros que hiciera lo que pudo para ayudar a los padres, mas que por ser orden del *Dayri* que fuesen desterrados no podía hacerse[1723] menos. Empero, que él los aseguraba que no les haría ningún mal, y que él tomaba esto a su cargo, y enviaría algunos criados suyos para acompañar a los padres hasta ponerlos en salvo[1724], como en efecto envió. Y de esta manera se concertó este negocio: yendo el padre Vilela a la fortaleza de Imori, y el padre Luís Fróis a la fortaleza de Sanga, a do Sangadono Sancho le recibió con mucho amor y de ahí se fueron ambos desterrados para la ciudad de Sacai, habiéndoles los cristianos mostrado mucha fidelidad y mucho amor. De todo lo cual hay una carta escrita por el padre Luís Fróis de la misma fortaleza de Sanga a tres de agosto de este año 65 que anda impresa en portugués y en castellano, aunque no

---

1717 y *AJ*.
1718 entran *AJ*.
1719 mandaban *AJ*.
1720 los padres del Miaco *AJ*.
1721 Se trata de Itō Yoshisuke (伊東 義祐) un daimio del período Sengoku, conocido por su servicio al clan Shimazu en la provincia de Hyūga. Participó activamente en campañas militares y contribuyó a la expansión territorial del clan en Kyushu.
1722 promedio *AJ*.
1723 hacer *AJ*.
1724 hasta que pusiesen *AJ*.

fue trasladada en latín. Mas en el fin de la carta en que se escribe la muerte del *Cubo* acrecentó Maffei la suma de lo que pasó acerca de los nuestros por estas palabras[1725]:

> Y por andar tan revuelta la ciudad, y tener nosotros en ella tantos enemigos, determinamos de aparejarnos y entregarnos en las manos del Señor, confesándonos todos los de casa, y los que pudimos confesiones generales. Otro día por la mañana muy presto dijimos misa del Espíritu Santo, pidiéndole su favor y ayuda. Juntose el padre con algunos cristianos y declaroles su corazón, como ya el día de antes a mí y a ellos tenía dicho muchas veces, que en este Miaco los cristianos eran pocos en comparación con los gentiles, y que toda esta gentilidad por causa de ellos bonzos, nos quería mal. Y que si Dajondono o su hijo tenían determinado de nos matar, que ni en el Sacai nos habíamos de escapar, que ir a otra parte también era imposible. Porque como todos los caminos estaban ocupados de soldados, saliendo de esta casa, nuestros propios vecinos nos matarían, por ser todos gentiles. Y que estaba claro que si ahora nos fuésemos no podríamos tornar más al Miaco, por haber de tomar luego los bonzos la Iglesia. Y que ponderadas todas las cosas, le era mucha gloria y contentamiento morir aquí por predicar la ley de Dios. Y que así prometía a su divina Majestad, de no desamparar los cristianos ni la Iglesia, mas antes de rodillas delante del altar recibir alegremente la muerte cada vez que viniese. Y en esto nos resolvimos. Los cristianos, por entender lo mismo, dijeron al padre que ellos venían en este mismo parecer.
>
> Después del divino favor, en que más estribamos, también confiamos en los caballeros cristianos criados de Mioxidono, los cuales, aunque entre doce mil soldados no sean más que ciento los que pueden aquí estar ahora, están las cabezas de ellos muy determinados a morir por la defensión de esta casa. En el mismo domingo y otro día nos enviaron algunos recados que los encomendamos a Dios, y que no temiésemos. Vino aquí el secretario de Mioxidono, espantándose e hiriéndose en los pechos por la traición que su señor había cometido, diciendo que era necesario hacer Dios otro nuevo infierno, para dar nuevos y exquisitos tormentos a Dajondono, que había ordenado esta crueldad contra su rey, que él con todos los demás caballeros cristianos tenían diligencia en saber lo que trataba de nosotros para avisarnos. Mas que si de repente nos matasen como habían hecho al *Cubosama* y a los demás, que entonces no nos podrían valer no lo sabiendo. Luego otro día, lo más secreto que pudimos, tomamos los ornamentos y por un cristiano los enviamos al Sacai y algunas otras cosillas de casa. Determina el padre de enviar a la fortaleza de Imori en habiendo oportunidad porque las cabezas a quien queda entregada la fortaleza de Mioxidono son cristianos [CA, ff. 220–220v]

[1725] «Nos interea civitate ad acerbum adeo spectaculum ingenti pavore perculsa, cum domum nostram neophyti confugissent, ad preces [f. 112v] ac litanias converti videlicet, mortem exspectabamus in singula poene momenta. Nec sane, quod Bonziorum in nos odium est, quaeque eorundem apud Mioxindonum atque Dajondonum gratia et auctoritas, multum ab extremo periculo abfuimus. Sed cum ad nos clam venisset pro amicitia scriba Mioxindoni, pectus feriens, et impietatem Domini sui gravissime detenstans et increpans; multis deinceps nuntiis atque interpretibus ultro citroque missis, magno vix tandem labore impetratum est, sacra jam veste ceteroque instrumento in pacata loca praemisso, ut exsulatum nobis abire liceret. Itaque Gaspar Imorim ad Christianos profectus est, ego parvam sum relegatus in insulam nomine. Haec Froius».

Para de[1726] aquí adelante se entender mejor el progreso de nuestra *Historia* parece necesario darse alguna inteligencia acerca del gobierno temporal que hubo en Japón, así en el tiempo que mataron el *Cubo*, como después de muerto, porque de aquí adelante van tan mezcladas las cosas de la cristiandad y del gobierno de los nuestros en Japón con el gobierno temporal de los señores de la *Tenca* que mal se puede dar a entender lo que pertenece a nosotros si no se entiende también algo de lo que pasó en el gobierno de la *Tenca*.

Para esto, se ha de saber que desde el tiempo que llegaron los nuestros la primera vez a[1727] Japón era señor de la *Tenca* un gentil llamado Mioxidono que aunque no era obedecido en todo Japón, tenía mando en los reinos del[1728] Goqinay que están alrededor del Miaco y era reconocido como señor de la *Tenca*, aunque todo hacía con nombre de[1729] capitán del *Cubo*. Mas finalmente él era que[1730] mandaba todo, y el *Cubo* podía muy poco sino en cuanto tenía el favor de Mioxidono. Tenía este cuatro hombres principales de su consejo por medio de los cuales gobernaba[1731] la *Tenca*, y era te[m]ido de todos, porque eran estes cuatro sus capitanes principales que tenían todos mucha gente y buen estado. Y entre ellos el más principal y más privado y que lo mandaba casi todo era Sotay Dajondono que por otro nombre se llamaba Macaunaga Sotay, el cual era señor del reino de Yamato que es el mejor[1732] y más rico entre los cinco reinos del Goqinay que están alrededor del Miaco, y en el dicho reino de Yamato había hecho junto de Nara[1733] una muy noble y casi inexpugnable fortaleza, la cual escribió muy largamente cuál era el hermano Luis de Almeida en su carta escrita en octubre del año 64, en que da cuenta de su viaje que hizo a[1734] las partes del Miaco y lo que vio particularmente en esta fortaleza.

Con esto y con tener[1735] Dajondono, ayuntado mucho dinero, y[1736] mucha gente de guerra era entonces uno de los más poderosos hombres[1737] que había en Japón, aconteció pocos años antes que matasen[1738] al *Cubo* morir Mioxidono

---

1726 A lo que *AJ*.
1727 a *AJ*.
1728 de *AJ*.
1729 del *AJ*.
1730 que lo *AJ*.
1731 de sus consejos por medio de los cuales gobernaban *AJ*.
1732 mayor *AJ*.
1733 nuestra *AJ*.
1734 en *AJ*.
1735 Con esto aconteció *AJ*.
1736 que *AJ*.
1737 uno de ellos más poderoso hombre *AJ*.
1738 matase *AJ*.

no dejando más que un hijo bastardo mancebo de poca edad, y que también no tenía mucho saber[1739]. Y Dajondono con [f. 113] los otros[1740] capitanes determinaron de sustentar a este hijo do Mioxidono que tuvo el mismo nombre de su padre, para que teniéndolo a él como una estatua[1741] con este nombre de señor de la *Tenca*, ellos quedasen gobernando la *Tenca* a su modo; y así lo fueron haciendo por algún tiempo. Mas como Dajondono Sotay era entre ellos el más poderoso, pretendía de atraer así solo todo el gobierno de la *Tenca*, y los otros tres capitanes, adjuntándose en un cuerpo, pretendieron de echar fuera del gobierno a[1742] Dajondono y quedar ellos con el mando. Y aunque iban todos ellos con estas pretensiones[1743], todavía por de fuera vivían[1744] en paz esperando el tiempo y ocasión para cada uno de ellos poder salir con su traza. Y en lo exterior todas reconocían por su cabeza a Mioxidono el mozo.

Entretanto el *Cubo*, que entendió algo de esto y la poca autoridad que Mioxidono tenía, procuraba de se valer de la buena ocasión y ver si podía salir de la tutela de estos[1745] hombres que le tenían oprimido y tiranizado, lo cual entendiendo Dajondono que era hombre de grande saber y muy ardiloso, determinó de matar el *Cubo*, y en esta envuelta excluir[1746] también del gobierno a los tres compañeros capitanes de Mioxidono y quedar él con el mando todo. Y para esto determinó de valerse de otro que era señor del reino de Ava llamado Xinovaradono, tratando con él secretamente de levantar por *Cubo* otro señor que estaba en Ava[1747] que era naturalmente de la progenie de los *Cubos* y grande amigo de Xinovaradono[1748]. Y habiendo concluido esto, con él secretamente trató con Mioxidono, y con los otros sus tres capitanes que si querían sustentar la casa de Mioxidono, era necesario matar en todo caso al[1749] *Cubo*, porque de otra manera él se iba haciendo poderoso y un día, cuando menos esperaban, matarían[1750] a Mioxidono y a todos ellos. Y matán-

---

1739 y que también tenía poco saber *AJ*.

1740 tres *AJ*.

1741 de su padre, por siéndolo a él como una estatua *AJ*.

1742 y *AJ*.

1743 intenciones *AJ*.

1744 bebía *AJ*.

1745 los *AJ*.

1746 de excluir *AJ*.

1747 El Reino de Awa (安房国) fue una entidad histórica durante el período Sengoku en Japón, ubicada en lo que ahora es la prefectura de Chiba. Fue gobernada principalmente por el clan Satomi, que desafió y colaboró con varios clanes vecinos, incluidos los Hojo y los Tokugawa, antes de ser finalmente subyugada a finales del siglo XVI.

1748 Se trata de Shinowara Nagafusa, señor de Awa.

1749 el *AJ*.

1750 mataría *AJ*.

dole, quedaba muy seguro el estado de Mioxidono. Ellos, que tenían ya concebido el mismo temor del *Cubo*, vinieron fácilmente en la opinión de Dajondono, y de esta manera mataron como se ha dicho, al[1751] *Cubo*.

Muerto el *Cubo*, se recogieron Mioxidono a[1752] su fortaleza de Imori, que estaba[1753] en su reino de Cavachi, y Dajondono a su fortaleza de Nara, y los otros a sus estados que estaban alrededor del Miaco, quedando con nombre de gobernadores[1754] en lugar de Mioxidono. Y en este tiempo, todos juntos a instancia de Dajondono desterraron los padres del Miaco de la manera que se ha dicho, y porque el mando dificultosamente admite compañeros, luego comenzó[1755] a reinar malicia entre ellos, procurando Dajondono de excluir a los tres del gobierno, y ello de excluir a Dajondono. Y para esto cada uno de ellos, procuraba[1756] de tener de su parte a Mioxidono, para que teniéndole a él con nombre de cabeza, pudiesen [f. 113v] con color[1757] de justicia tomar[1758] armas en su defensión, y Mioxidono, como tenía[1759] poco saber al principio, se fue inclinando a Sotay. Y después se declaró por la parte de los otros, y luego vinieron los tres a quebrar con Sotay y hacer[1760] su ejército formado[1761], de una y de otra parte. Y porque Mioxidono era[1762] pariente de Xinovaradono, señor del reino de Ava, se adjuntó también[1763] con los tres y con Mioxidono, y vinieron a tener entre sí grandes batallas[1764] y guerras, quedando siempre aventajada la parte de los tres hasta que llegaron a poner de cerco a Dajondono en su fortaleza de Nara.

Entretanto, un hermano del *Cubo* muerto que estaba por bonzo en un monasterio de Nara, en oyendo que su hermano era muerto y temiendo que Dajondono haría de él lo mismo que hizo de su hermano, se huyó escondidamente de su monasterio y se acogió al estado de otro señor principal llamado Vatandono[1765], pidiéndole ayuda y socorro, deseando de mudar su hábito y estado de bonzo y suce-

---

1751 el *AJ*.
1752 en *AJ*.
1753 está *AJ*.
1754 gobierno doces *AJ*.
1755 comunicó *AJ*.
1756 procuraban *AJ*.
1757 consolar *AJ*.
1758 tomar las *AJ*.
1759 como era *AJ*.
1760 y a fazer *AJ*.
1761 formando *AJ*.
1762 era también *AJ*.
1763 también él *AJ*.
1764 grande batalla *AJ*.
1765 Wada Koremasa.

der por *Cubo* en lugar de su hermano. Tomó Vatandono a cargo de ayudar a este hermano del *Cubo* cuanto pudiese, porque le había parecido muy mal su muerte, y tratando con diversos señores para que se encargasen de meter a este en la posesión de *Cubo* y excluir los[1766] que gobernaban la *Tenca* y habían muerto su hermano. Finalmente, no halló sino después de cuatro años a Nobunaga[1767] que siendo señor de buena parte del reino de Voari[1768] se había hecho en breves días señor con su valor e industria, no solo de todo aquel reino, mas también del reino de Mino que está junto de[1769] Voari y con el señorío de estos dos reinos tenía adjuntada mucha y lúcida gente. Y por ser hombre de grandes bríos y valor y que maquinaba en su ánimo grandes cosas, holgó que Vatandono le ofreciese tan buena ocasión para intentar de se hacer señor de la *Tenca* con tan justa color y título como era de vengar la injusta muerte del *Cubo* y tornar a meter en aquella dignidad a su hermano, como lo hizo, y lo veremos adelante en el año de 69. Y esto baste[1770] por ahora para saber lo que pasaba en el gobierno de la *Tenca* y quien fueron entonces los que desterraron los nuestros.

Mientras esto pasaba en las partes del Miaco, llegó a[1771] las partes del Ximo la nave de los portugueses en que venía por capitán mayor Don Juan Pereira, hijo del Conde de Feira[1772]. Que, yendo encaminado[1773] para Firando y sabiendo[1774] un desacato grande que hizo el hijo mayorazgo del señor de Firando a una verónica que puso debajo de los pies, quitándola a un cristiano que la tenía, y diciendo muchas palabras de desprecio contra nuestra religión cristiana, volvió con la nave atrás. Y a instancia de los nuestros fue el puerto de Fucunda[1775], que está en las tierras de Don Bartolomé, y lo mismo hizo también otro [f. 114] galeón de portugueses que vino en el mismo año con que quedaron bien castigados los señores de Firando, padre e hijo, perdiendo los grandes intereses que habían de ganar

---

1766 lo *AJ*.
1767 al Cobunanga *AJ*.
1768 Ucaci *AJ*. Owari (尾張) fue una antigua provincia de Japón ubicada en la región de Chūbu, en la isla de Honshū. Históricamente, Owari era gobernada por el clan Oda, y su castillo principal fue el Castillo de Nagoya.
1769 del *AJ*.
1770 basta *AJ*.
1771 en *AJ*.
1772 Juan Pereira, conocido también como João Pereira, fue un noble portugués que se destacó como Capitán Mayor. Era hijo del Conde de Feira, una prominente figura de la nobleza portuguesa durante su época.
1773 encaminada *AJ*.
1774 habiendo sabido de *AJ*.
1775 El puerto de Fukuda (福田) era visitado con frecuencia por numerosos misioneros.

con estos navíos si entraran[1776] en su tierra. Y se dio grande ayuda a Don Bartolomé, que aún no tenía acabado del todo de echar de sus tierras sus enemigos. Y con la ayuda tan a tiempo que tuvo con la venida de estos navíos a su tierra, cobró grandes fuerzas y los nuestros volvieron a tener entrada en aquellas tierras de Omura y hacer cristiandad. Viniendo el padre Figueiredo de Bungo al puerto de Fucunda, y el hermano Luis de Almeida de Cochinotsu enviado por el padre Cosme de Torres. De lo cual hablando el mismo hermano[1777] Almeida en su carta, de que arriba tratamos, escrita en noviembre de este año 65 dice así[1778]:

> Quince días después de la llegada a este puerto, me envió el padre Cosme de Torres a las tierras de Don Bartolomé, por haber tenido nueva que la nao de Don Juan Pereira, capitán mayor de la China, era llegada a un puerto llamado Fucunda que puede ser de este veinte y cinco leguas por mar. Estando en este puerto con el padre Melchor de Figueiredo, que quince días después de mi llegada vino de Bungo a decir misa y confesar los portugueses, me envió don Bartolomé un recaudo que una hija suya que será de siete años, estaba para morir que me pedía mucho le fuese a dar algún remedio y que el trabajo del camino fuese por servicio de Dios, por ser ocho leguas de donde él estaba. Pareciéndole bien al padre, me partí llevando conmigo un hermano japonés que traje del Miaco, muy leído en las sectas de Japón y razonablemente entendido en las cosas de Dios.

1776 entran *AJ*.
1777 hermano Luis *AJ*.
1778 «Et quoniam allatum erat Joannis Pereriae Lusitani onerariam navem appulsam esse ad portum Omurani regni Facundam, leucas a Cochinoco quinque circiter et viginit; misit eo me Cosmus ad Lusitanos visendos. Eodemque Melchior Ficheredius quinto decimo post die ad eorum Confessiones audiendas et sacrum Missae faciendum Bungo pervenit. Hic dum uterque moramur, me Barptolomaeus rex Omuram ad se per nuntios evocat. Ego approbante Ficeredio me in viam dedi Japonio comite viro sectarum Japonicarum in primis perito, nec Christianae religionis ignaro. Adventu nostro Barptolomaeus, qui neminem ex nostris biennio toto vidisset, valde laetatus est: multa deinde percontantus, addit vereri se, ne familiares sui, et ii quidem quibus maxime fidat, inter diuturnas bellorum occupationes Christianae doctrinae rudimenta dediscant, itaque renovata institutione opus esse. A coena igitur e domesticis suis primarios evocat, jubetque arrectis auribus nostrum sermonen excipere. [. . .] Ac prima quidem illa disputatione ex ipsis creatis naturis unum esse omnium creatorem evidenter ostendimus. Tum declaratum est, quae Japponiorum numina, quis Christianorum Deus esset, infinita bonitate potentia, sapientia praeditus. Quae illi cum obstupentes audirent, magnopere videlicet laetabantur sese ab inanium Deorum veneratione ad talis tantique Domini cultum esse traductos. Reliquis vero diebus actum de caelesti beatitudine, poenis inferorum, aliisque rebus ejusmodi, quas maxime neophytis initio proponere consuevimus. Et sane talibus egere monitis visa est mihi Barptolomaei familia: nam ipsius quidem Regis in fide constantia plane vicit expectationem meam. Quae laus hominis eo major est, quod nec ita pridem Christiana sacra suscepit, et eo ipso nomine a popularibus suis per summum scelus atque perfidiam [f. 114v] regno spoliatus, finibusque suis exactus est, vix uno sibi relicto puero victus quotidiani adminitros. Quamquam deinde in regnum est divinitus restitutus, rebellibus partim supplicio affectis, partim, cum ad sanitatem redirent, veniamque supplices peterent, in fidem receptis. Haec Almeida».

Llegando a la ciudad de Omura, donde Don Bartolomé reside fuimos de él muy bien recibidos por ser la primera vez que en dos años a esta parte había visto padre o hermano nuestro, por causa de las muchas guerras que por ser cristiano le sobrevinieron. Después de habernos preguntados muchas cosas que deseaba saber, nos dijo que porque sus criados por causa de las persecuciones pasadas y guerras que tuvieron se podían en alguna manera olvidar de las cosas de su salvación quería enviar aquellos que con mayor amor le servían y que él siempre traía consigo, para que en el tiempo que estuviese en esta ciudad de Omura, les declarase lo que eran los dioses que los gentiles adoraban y quien el Dios de los cristianos.

Yo le respondí que se haría, y así informé al hermano japonés que conmigo iba de las cosas que les había de tratar. De manera que después de haber cenado con él (que no quiso que me aposentase en otra casa sino en la suya en todo el tiempo que allí estuvimos) acabada la cena, mandó llamar a los principales cristianos criados suyos, y advirtioles primero a que estuvieran muy atentos a los que tanto les importaba saber. [. . .] Dos cosas les tratamos en este sermón. La primera qué eran los dioses que los gentiles adoraban en Japón, y quién era Dios todopoderoso de los cristianos, mostrándoles por las criaturas con muy claras razones haber Creador. Y así su infinito poder, saber y bondad con muchas otras perfecciones que en él hay, de que todos quedaron muy consolados y maravillados de ver el Señor poderoso a quien adoraban. Y en los demás días les declaró la gloria del Paraíso y penas del Infierno con otras muchas cosas que acá se acostumbran tratar a los que nuevamente se convierten. Y esto hicimos por la necesidad que nos pareció haber en sus criados. Por cierto que no pensé por las cosas que vi que tanta fe hubiese en un señor nuevamente convertido y tan perseguido de sus vasallos que llegó a ser echado de sus tierra y verse con un solo paje que se servía más el Señor por su misericordia lo tornó maravillosamente a su estado con venganza de sus enemigos. Y otros vienen ahora a pedirle misericordia a los cuales recibe benignamente [CA, ff. 197v–198].

Con esta llegada de los navíos a Fucunda se alteró grandemente el[1779] señor de Firando, viendo que los intereses que habían de ser suyos se habían vueltos a Don Bartolomé, su enemigo. Y deseando vengarse y cobrar lo que había perdido con mucha ganancia, emprendió una cosa tan atrevida que desde el tiempo que comenzaron a venir naves de portugueses a Japón hasta ahora ningún otro señor de Japón se atrevió de intentar así, por ser la impresa de su natural dificultosa, como también por ser cosa odiosa para todos los más señores de Japón y peligrosa de se cortar este comercio tan importante para todos los más señores de Japón[1780]. Y esta fue determinarse a hacer una armada y enviarla a aquel puerto de Fucunda de improviso para tomar aquella nave, pareciéndole que así como con facilidad habían muerto en Firando en el año 61 catorce portugués, así también con facilidad les podría, con esta armada, tomar la nave. Y así, ayuntando

---

1779 al *AJ*.
1780 para todos los reinos de Japón *AJ*.

cincuenta y tantas[1781] embarcaciones, las envió al puerto de Fucunda para hacer esta impresa. Fue de esto advertido el[1782] padre que estaba en Firando, y no dejó de lo escribir a los portugueses para que estuviesen apercibidos. Mas ellos se rieron de este aviso, pareciéndoles, por la mucha confianza que tenían de su nave y de sus armas, que ni por pensamiento pasaría semejante cosa al señor de Firando ni a ningún otro.

Y esta demasiada confianza que suele hacer muchas veces mal a los portugueses y a todos los que hacen poco caso[1783] de sus enemigos, puso en mucho peligro de se perder esta nave. Porque estando los portugueses en tierra muy descuidados y[1784] muy pocos de ellos en la nave, y sin ninguna manera de apercibimiento, apareció de improviso la armada de Firando en aquel puerto y fueron derechamente a abordarse algunas embarcaciones grandes con la nave por estar[1785] desapercibida, y con muy pocos portugueses corriera mucho peligro de la rendir si el galeón que estaba algo apartado[1786] en el mismo puerto no comenzara a disparar su[1787] artillería. Y entretanto acudieron también los[1788] portugueses que estaban en tierra y tuvieron una brava pelea con la[1789] armada, metiendo[1790] algunas embarcaciones en el fondo[1791], y matando en las otras mucha gente. De manera que fueron forzados[1792] a recogerse para Firando sin poder hacer nada, con muchos muertos y heridos, quedando [f. 115] bien escarmentados[1793] de su atrevimiento tan grande.

Don Antonio y Don Juan, con todos los más cristianos, se resolvieron a no querer ir[1794] en la dicha armada a pelear contra los portugueses y se quedaron[1795] en sus tierras[1796]. Murieron en aquella armada muchos de ellos, más[1797] principales enemigos de nuestra santa ley, castigándolos nuestro Señor por mano de los portugueses. De lo cual, hablando el padre Baltasar da Costa en una carta que

---

1781 tantos *AJ*.
1782 al *AJ*.
1783 y a todos los que costumbran de hacer poco caso muy *AJ*.
1784 y con *AJ*.
1785 estar ella *AJ*.
1786 apretado *AJ*.
1787 no comenzar a jugar de su artillería *AJ*.
1788 los más *AJ*.
1789 aquella *AJ*.
1790 echándole *AJ*.
1791 al fondo *AJ*.
1792 forzados los de la armada *AJ*.
1793 escarnecidos *AJ*.
1794 venir *AJ*.
1795 quedaron todos».
1796 y tierras *AJ*.
1797 muy *AJ*.

sobre esto escribió de Firando a los mismos portugueses en veinte dos de octubre de este mismo año 65 que anda impresa en portugués y castellano, aunque no trasladada en latín,[1798] dice estas palabras:

> La armada llegó acá toda destrozada, y según los cristianos nos dijeron que lo habían sabido de los gentiles con sesentas y tantos muertos y doscientos y tantos heridos. Y cuando los enemigos esto confiesan, creemos nosotros que es mucho más, porque es costumbre de los japoneses encubrir muchos sus pérdidas. Murieron dos valerosos[1799] capitanes del Miaco y otros dos de Firando. Murió un primo de Don Antonio, gentil grande enemigo de los cristianos y grande padrón de los gentiles y señor de muchos vasallos. Murieron seis parientes de Catandono[1800], que como Vuestras Mercedes saben es el mayor enemigo de la ley de Dios que hay en Japón, porque este es el que los años pasados mandó cortar las cruces en Firando y el año pasado las cruces de Yocuxiura, tierra de Don Bartolomé. Y en esto[s] seis parientes tenía él toda sus esperanza y fuerzas, mas ya le faltaron como él falta[1801] a su verdadero Dios y Señor. Los heridos[1802] van cada día muriendo, y está todo Firando alborotado con grandes llantos. Nuestro Señor, por su misericordia, les dé[1803] a conocer este castigo que él es a quien ofenden y de cuya mano les viene. Una cosa sepan de cierto que ningún cristiano fue en esta armada contra ellos, ni hubo alguno que quisiese ir allá. Y Dios sabe el odio que los gentiles les tienen por esto. Los dos señores cristianos Don Antonio y Don Juan, que son los más poderosos y de más valor después del rey que hay en esta tierra, en extremo se holgaron de no ir allá, y creo que si no fuera por ellos, los gentiles hubieran[1804] tomado ya venganza en[1805] nosotros y en la Iglesia, pero como saben que ellos con toda su gente han de morir sobre esta Iglesia y cristiandad no se atreven a desmandarse.

Esto es lo que escribió este padre, hablando también el padre Figueiredo de su entrada en las tierras de Omura, en una carta que escribió del puerto de Fucunda en octubre de este año 65 que no fue trasladada [f. 115v] en latín, mas anda impresa en portugués y en castellano, dice así:

> Como por esta parte del mar esté todo pacífico, pudo Don Bartolomé dar lugar para yo entrar[1806] en su tierra, y así me envió el padre Cosme de Torres a este puerto donde[1807] estoy. Luego fui visitado de Don Bartolomé por muchas veces y asimismo de muchos caballeros

---

1798 y dice *AJ*.
1799 valiosos *AJ*.
1800 Catandono o «*Catondono*: transcripción equivocada de las ediciones europeas en vez de Naitondono [Naitōdono], como se ve por el contexto. Naitō Okimori usó antes otros nombres, según era costumbre, pero nunca se llamó Katō [Tamura 188]» (DJ1, 235).
1801 faltó *AJ*.
1802 Los heridos se *AJ*.
1803 dio *AJ*.
1804 hubieron *AJ*.
1805 a *AJ*.
1806 para que yo entrase *AJ*.
1807 adonde *AJ*.

cristianos que están por estas fortalezas a la costa del mar y de los más cristianos que pudieron venir a[1808] mostrarme el contentamiento[1809] que tenían[1810] con nuestra entrada en la tierra. Este tiempo que aquí estuve así de los cristianos que en la tierra había, como de los que de fuera se iban llegando se juntaban siempre muchos todos los días a la misa, y los niños a la dotrina y los domingos y fiestas tenían[1811] sermón, aunque Don Bartolomé anda[1812] ocupado en las paces y en guardarse de aquellos con quien aún no las tiene. Y por esto le es necesario estar en su ciudad de Omura, todavía busca tiempo para visitar esta Iglesia, y al capitán y portugueses viniendo con mucho aparato. En llegando, vino a visitar la iglesia que él mandó hacer aquí y hecha[1813] oración lo fui a recibir y díonos las gracias del trabajo que tomamos[1814] por el servicio de Dios, e hizo muchos ofrecimientos y después fue visitar el capitán y portugueses que le vinieron[1815] recibir a la iglesia, y de allí le[1816] llevaron a la nave y a los más navíos y le hicieron mucha fiesta. Pidiome[1817] que quedase en su tierra y después por muchos recados que no deseaba otra cosa sino tenerme consigo en su ciudad de Omura, a la cual me podría muy presto si acabase de apaciguar la tierra. Esto dice en su carta el padre Figueiredo .

En este mismo año pasaron los cristianos de Ximabara otras persecuciones y trabajos, porque los bonzos con el deseo que tenían de echar a perder aquella cristiandad hicieron por veces instancia a Ximabaradono que quisiese obligar a los cristianos de su tierra para que acudiesen como los otros en algunos días solemnes en que ellos celebraban las fiestas de[1818] sus *Camis* y *Fotoques*, diciendo que no podían celebrarlas con la solemnidad que acostumbraban si los cristianos, que eran ya muchos, también no acudiesen a ellas. Y porque Ximabaradono les mandó recado para los querer obligar a eso[1819], respondieron atrevidamente los cristianos que en todo estaban prestes para servir, mas que en aquello que era pecado y contra la orden de su ley no podían en ninguna manera consentir. Y hubo en esto muchos dares y tomares y recado[1820] del *Tono* a instancia de los bonzos para los[1821] obligar, mas como finalmente los cristianos se resolvieron en decir que había primero de morir que hacer tal cosa, desistió Ximabaradono [f.

1808 a acá por *AJ.*
1809 contento *AJ.*
1810 recibían *AJ.*
1811 tenía su *AJ.*
1812 anda muy *AJ.*
1813 hecha su *AJ.*
1814 tomábamos *AJ.*
1815 a visitar al capitán y portugueses que le vinieron a *AJ.*
1816 lo *AJ.*
1817 Pidiéndome *AJ.*
1818 a *AJ.*
1819 ese *AJ.*
1820 recados *AJ.*
1821 los querer *AJ.*

116], así por las buenas razones que los cristianos daban, como también por le parecer[1822] cosa dura querer violentar tantos que estaban ya hechos en un cuerpo con determinación de morir, siendo entonces cerca de ochocientas personas las que eran cristianas en Ximabara, y también porque lo[1823] podría tomar mal el *Yacata* de Arima, su señor. Y así fue disimulando por entonces, mas por quedar en su corazón alterado contra ellos y los bonzos no[1824] cesar de les ir armando diversas calumnias para oprimir los cristianos, se resolvieron más de cincuenta de ellos, que eran como cabezas de los otros, de salirse de Ximabara con sus hijos y mujeres e irse a vivir en Cochinotsu, a do estaba el padre Cosme de Torres. Y dada entre sí secretamente esta orden, se fueron una noche para allá, lo cual sintió en gran[1825] manera Ximabaradono, mas ellos se supieron de tal manera negociar con el *Yacata* de Arima con el favor del padre Cosme de Torres que finalmente se vinieron a concertar con Ximabaradono para que los dejase vivir en su tierra como cristianos sin les dar por eso[1826] ninguna opresión.

En este mismo tiempo, envió otro gentil, señor de las islas del Goto, un recado a los nuestros de Firando en que pedía que algunos de ellos quisiesen ir a su tierra para predicar nuestra santa ley, pues él tenía también ahí[1827] buen puerto y deseaba tener amistad con los padres y con los portugueses. Respondiéronle[1828] con buenas esperanza y que se haría saber su petición al padre Cosme de Torres, el cual en el principio del siguiente año envió para allá[1829] el hermano Luis de Almeida, como veremos en su lugar, abriéndose también la puerta al santo Evangelio en aquellas islas del Goto. Entretanto, los portugueses, después de despachar sus haciendas, se volvieron con sus navíos para Macao y los padres, en las partes a do estaban, celebraron con la mayor solemnidad que pudieron la fiesta de[1830] Natividad, y se acabó el año 65 teniendo los nuestros ya casa en la ciudad de Sacai, aunque vivían en ella como desterrados, y en el reino de Bungo, en Firando, en Cochinotsu y en las tierras de Omura. Y nos también acabaremos este capítulo.

1822 pareció *AJ*.

1823 la *AJ*.

1824 AJ añade «de».

1825 grande *AJ*.

1826 sin darle para eso *AJ*.

1827 ahí muy *AJ*.

1828 Respondiéronle dándoles *AJ*.

1829 ello *AJ*.

1830 de la *AJ*.

Capítulo 23 [116v]
Pasaron los nuestros varios trabajos en diversas partes y abriéronse nuevas puertas a la conversión en las islas del Goto y del Xiqi

En enero del año 66, el hermano Luis de Almeida fue enviado por el padre Cosme de Torres a las islas del Goto para satisfacer al deseo del señor de aquellas islas, que había enviado a pedir que fuese para allá alguno de los nuestros y ver si también ahí se podría abrir alguna puerta para la conversión de aquella gente. Son estas islas de Goto de su natural pobres y estériles, y solo de pescado y sal son abastadas y de estas cosas se proveen algunos reinos de este Ximo, y ellos compran en trueco[1831] el mantenimiento necesario. Hay también en ellas mucha montería de venados, y están en[1832] la mar de Firando y de él no muchas leguas. Estas islas son muchas, mas tres son las principales y es como un pequeño condado, aunque los portugueses y los padres las llamaban en aquellos tiempos «reinos» por las causas que se han dicho y al[1833] señor de ella rey.

Fue allá el hermano Luis de Almeida juntamente con el hermano Lorenzo, que con el destierro de los nuestros había poco que era venido[1834] del Miaco, y fueron muy bien recibidos del señor de aquellas islas. Y se abrió en ella buena puerta[1835] a la conversión, aunque no faltaron en él principio grandes contrastes y embustes del Demonio. Y después de hechos muchos cristianos se siguieron también otros mayores contrastes y persecuciones. Y lo que en principio pasó fue que, comenzando el hermano Lorenzo a predicar al señor de las islas y a sus[1836] criados y soldados principales y mostrando él[1837] y todos de quedar muy movidos y satisfechos con lo que en aquel primer día les platicó el hermano, mostrándole[1838] la vanidad de los *Camis* y *Fotoques*, y de cómo había un solo Dios Creador y señor de todas las cosas a quien todos habían de conocer y adorar para se salvar.

1831 truecos *AJ*.
1832 a *AJ*.
1833 el *AJ*.
1834 había poco que eran *AJ*.
1835 buenas puertas *AJ*.
1836 sus muchos *AJ*.
1837 allí *AJ*.
1838 mostrándoles *AJ*.

https://doi.org/10.1515/9783111617602-025

El día siguiente parece que por obra del enemigo infernal dio una grave enfermedad al señor de aquellas islas que de tal manera le apretaba con calenturas y dolores de cabeza, y de esto el cuerpo que parecía que luego había de morir, siendo el hombre que estuviera hasta entonces siempre muy sano y bien dispuesto. Con que los bonzos comenzaron todos a clamar y alborotar el[1839] pueblo diciendo que esto era manifiesto castigo de los *Camis* y *Fotoques*, acrecentando muchas blasfemias contra nuestra santa ley, y que, [si no] echasen luego a los nuestros de su tierra, había de morir el *Tono* con que de tal manera se alteró él y todos[1840], que creyendo ser verdad lo que los bonzos decían, no había hombre que se llegase a los nuestros, mas antes huían de ellos como de peste[1841], deseando que luego se fuesen de sus tierras con lo cual se hallaron los nuestros tan mortificados y descaídos de la grande esperanza que tuvieron el día primero que no sabían qué se hacer, hasta [f. 117] que el hermano Luis de Almeida, que sabía algo de medicina, se determinó de ofrecerse[1842] a curarle, ya que le no aprovechaban remedios que le daban los médicos de su tierra[1843]. El señor de ella con el temor que tenía de morir y deseo de cobrar salud admitió a su cura al hermano[1844], el cual con unas píldoras y algunos otros remedios que le dio fue nuestro Señor servido que saliese con su intento librando al dicho señor del grande aprieto en que estaba con aquella enfermedad, quedando finalmente libre de ella, con que también quedó el hermano muy acreditado. Volvió el señor de las islas a oír las predicaciones del Catecismo el domingo de la quincuagésima a la tarde, hallándose presente[1845] su mujer con la más gente noble de la tierra, y quedando todos muy[1846] satisfechos y con ánimo de proseguir a oír todas las predicaciones, *eis*, que[1847] inmediatamente el día siguiente por obra parece del mismo Demonio se encendió fuego en una casa y de ella saltó en muchas otras de aquella villa que se quemaron. Y en el mismo punto dio grande dolor en un dedo al mismo señor de la tierra, hinchándosele mucho y juntamente enfermaron sus hijos y una tía que él mucho amaba, lo que fue para todos un nuevo agüero y comprobación que era verdad lo que los bonzos decían de ser nuestra ley destruidora de los reinos y que en castigo de su señor favorecer esta ley, los *Camis* y *Fotoques* le[1848] castiga-

---

1839 al *AJ*.
1840 de tal manera se alborotaron todos *AJ*.
1841 pestes *AJ*.
1842 ofrecer *AJ*.
1843 tierra y *AJ*.
1844 a que cura *AJ*.
1845 hallándole también presente *AJ*.
1846 muy bien *AJ*.
1847 aquí *AJ*.
1848 la *AJ*.

ban con estas enfermedades y trabajos con que todos de nuevo se apartaron de oír más predicación y de conversar con los nuestros hasta que, finalmente, pasándose el dolor que el señor de la tierra tenía en el dedo, y haciendo el hermano otras buenas curas con los hijos del mismo señor y con aquella su tía, y volviéndose[1849] todos a hallar salud con las medicinas del hermano, volvió de nuevo el señor de la tierra a oír él con muchos de sus criados. Y predicando continuamente por catorce días se fueron moviendo muchos para se hacer cristianos y el señor de ellos, aunque mostró de quedar muy contento y capaz de las verdades que les predicaban y dio licencia que se hiciesen[1850] cristianos los que lo quisiesen ser, difirió su conversión no se atreviendo guardar tan santa ley, dando buenas esperanzas que él también a su tiempo se haría cristiano[1851]. Con esto se determinaron veinte y cinco de los más principales de recibir nuestra santa ley, entre los cuales entraba el mismo regidor de aquellas islas, y un consejero y pariente del dicho señor[1852] con un su hijo.

Y, finalmente, después de pasados algunos días, todos ellos se bautizaron y otras ciento y vente personas[1853], entre ellos muchos honrados y nobles, y se abrió grande puerta a la conversión de aquellas islas. Y con el ayuda de los cristianos y del mismo señor de la tierra hicieron también una iglesia con su casa a do pudiesen estar los hermanos, y después [f. 117v] cada día se iban bautizando algunos. Y aunque el Demonio infernal no dejó de procurar otros estorbos, haciendo primero que se levantase en aquellas islas un caballero pariente del *Tono*, haciéndose de la parte de Firando, y después haciendo venir de Firando una armada contra aquellas islas, con todo eso la cristiandad fue siempre adelante hasta que después de estar el hermano Almeida algunos meses ahí, hallándose mal de una enfermedad que le sobrevino, fue llamado por el padre Cosme de Torres, quedándose con los cristianos en aquellas islas el hermano Lorenzo y poco después el padre Cosme de Torres envió para ellas primero al[1854] padre Juan Bautista y después, en el año de 68 el padre[1855] Valeregio que estuvo en ellas algún tiempo. Y de todo esto que pasó en las islas de Goto escribió largamente el mismo hermano en una carta suya hecha a los 20 de octubre de este año 66 que anda impresa en varias lenguas, aunque no está por Maffei trasladada en latín y de

---

1849 volviendo *AJ*.

1850 hiciese *AJ*.

1851 cristiano y *AJ*.

1852 y otro consejero y parientes del mismo señor *AJ*.

1853 y después se bautizaron otras cientos y veinte personas y *AJ*.

1854 el *AJ*.

1855 Alexandre Valaregio *AJ*.

ella saqué los sustancial de lo que está escrito acerca de esta conversión que se hizo la primera vez en estas islas.

En la ciudad de Sacai, a do los padres estaban recogidos después del destierro del[1856] Miaco, aunque no había mucha conversión así por la dureza y soberbia de aquella gente, como también por hacer poca cuenta de los padres por ver que se habían acogido ahí desterrados del Miaco por mandado del *Dayri*, con todo eso siempre se iban convirtiendo algunos y los cristianos del Miaco y de Imori y de otras partes acudían a confesarse y a consolarse con ellos en el Sacai y ahí celebraban sus fiestas como mejor podían, así como lo escribió largamente el padre Luis Fróis en diversas cartas hechas en los meses de enero de junio y de septiembre de este año 66 que andan también impresas en varias lenguas, aunque no se trasladaron en latín. En este tiempo acontecieron dos cosas en aquellas partes que dieron harta tribulación a los nuestros. La primera fue que Sangandono, señor de la fortaleza e isla de Sanga y caballero tan principal y tan bueno cristiano como dijimos arriba, siéndole mandado por Mioxidono que hiciese un juramento de su fidelidad por los *Camis* y *Fotoques* como ellos acostumbran, y entendiendo que no podía hacer tal juramento sin pecado, y que Mioxidono su señor no se había de contentar con el juramento que él haría de buena gana por Dios su verdadero Señor a quien adoraba, se determinó de perder antes su fortaleza[1857], la renta y la gracia de Mioxidono que hacer tal juramento con ofensa de Dios y contra lo que lo dictaba su consciencia [f. 118]. Y así, sacando su mujer e hijos secretamente de la fortaleza, se fue con cuatro o cinco sus criados desterrados para Sacai a do estaban también los nuestros y por ser él persona tan principal, y como cabeza de todo los más cristianos, sintieron ellos todos y los nuestros mucho perder él su estado, aunque holgaron de ver su fortaleza y la causa de tanto su merecimiento y honra por la cual se desterrara. Mas porque todos los demás caballeros de la corte de Mioxidono que estaban con él en la fortaleza de Imori sintieron mucho el destierro de Sangadono por el amor y respeto que le tenían todos, hicieron tanta instancia por diversas vías que fuese restituido en su estado que finalmente lo alcanzaron de Mioxidono, aunque después de restituido por muchos meses no quiso que apareciese delante de él.

La otra cosa que aconteció en el Sacai fue que un mancebo honrado llamado Sosat[1858], hijo de un hombre gentil y muy principal en el Sacai, deseando[1859] casar

---

1856 de los destierros de *AJ*.
1857 fortaleza y *AJ*.
1858 Probablemente Hishiya Sosatsu (しや宗札).
1859 deseando de *AJ*.

con una hija de Rioqei Diego[1860], que era principal cristiano que favorecía a los padres en el Sacai, hizo pedir al padre esta su hija por muchas vías, y porque ella estaba resoluta de no[1861] casar, especialmente con hombre gentil, no dieron nunca orejas a este casamiento. De manera que el[1862] mancebo Sosat, estimulado por una parte de la afición que tenía a esta mujer y, por otra, de la honra que le parecía que perdía siendo de aquella manera desechado, determinó de alcanzar por fuerza lo que no podía por voluntad de la moza. Y así, yendo ella[1863] un día a oír misa a la casa de los nuestros, salió con mano armada[1864] y la tomó por fuerza y llevó para su casa, con lo cual, su padre, hermanos y parientes se pusieron luego en armas determinando de la ir sacar por fuerza de su casa. Y porque el mancebo estaba también con mucha gente dentro y apostado a morir por defenderla por ser en ambas estas personas tan principales en aquella ciudad, se puso luego toda en revuelta y los bonzos y más gentiles daban toda la culpa a los nuestros diciendo que por estar ellos ahí, y decían[1865] que los cristianos no habían de casar con gentiles eran causa de toda aquella discordia y que en toda parte se verificaba que a do entraba esta ley y los nuestros se causaban siempre guerras y discordias, y que por esto bueno era ya que estaban por el *Dayri* y por los que gobernaban la *Tenca* desterrados del Miaco, los echasen[1866] también del[1867] Sacai. De manera que, los pobres padres se habían en grande angustia y no podían aparecer porque todos los de aquella ciudad los[1868] echaban sin [f. 118v] ninguna razón la culpa a ellos de la temeridad y desacato que Sosat había hecho siendo hombre gentil en tomar de aquella manera por fuerza una hija de un hombre tan honrado. Y los mismos padres procuraban con todas las veras de tener a Rioqei para que no fuese a dar con mano armada en aquella casa representándole el grande y cierto peligro que había de suceder con las muertes de muchos[1869], y por esto obligando[1870] a no hacer tal cosa, pues si no podía hacer sin ofensa de nuestro Señor. Y allende de esto, representándole que aunque Sosat hiciera una cosa

---

1860 Con mucha probabilidad se trata de Hibiya Saburozayemon Ryokei Diego. Un un rico comerciante de Sakai, cabeza de una de las calles de la ciudad.
1861 no querer *AJ*.
1862 este *AJ*.
1863 él en *AJ*.
1864 salió con mano a pegarle *AJ*.
1865 decir *AJ*.
1866 lo echase *AJ*.
1867 de *AJ*.
1868 les *AJ*.
1869 que había de suceder con las nuestras, digo con las muertes de muchos *AJ*.
1870 obligándole *AJ*.

tan atrevida, todavía por cuanto lo hiciera con intención[1871] de querer casar con Mónica, y después de la haber llevado para su casa, la tuvo siempre en ella con mucha honra sin tratar de le hacer ninguna fuerza como sabían todos, se podía dar otro mejor corte sin detrimento de su honra, y sin seguir[1872] tantas muertes como se seguirían, queriendo dar en aquella casa[1873].

Estando las cosas en este estado, aconteció salir el padre de Sosat de su casa para un negocio, y sabido por Rioqei lo fueron a tomar con mano armada y le llevaron a su casa. Y de esta manera, habiéndose esta fuerza hecho por una parte y por otra se vinieron[1874] por vía de amigos y parientes a concertar que Mónica casase con Sosat, y él se hizo cristiano con grande contentamiento de los nuestros, y fue después hombre de mucha marca y excelente cristiano, y los dos marido y mujer vinieron[1875] con mucho contentamiento y paz hasta que después de algunos años fue nuestro Señor servido que Mónica falleciese dando en la vida y en la muerte tan grande prendas de su salvación que fue harto consuelo para todos. Y de ahí a muchos años murió injustamente Sosat crucificado por orden de Quambacudono, como por ventura se dirá en su lugar, mas con tanta constancia y paciencia que bien se pudo llamar medio mártir.

En este tiempo el padre Gaspar Vilela no teniendo en este su destierro tanto que hacer en el Sacai por estar ahí también el padre Luís Fróis que ya confesa [ba], y hablaba con todos en su lengua fue por orden del padre Cosme de Torres a confesar los cristianos de Bungo que había ya días que no se habían confesado[1876] por el padre Juan Baptista de Monte que allí estaba no saber aun bien la lengua[1877]. Con la ida del padre Vilela, se confesaron y consolaron todos los cristianos de Bungo[1878]. De ahí, por orden del mismo padre Cosme de Torres con la venida del capitán mayor Simón de Mendonça con su nave al puerto de Fucunda, se pasó el padre Vilela para aquel puerto que está como queda [f. 119] dicho[1879] en las tierras de Don Bartolomé.

En Firando acontecieron en este año otras perturbaciones y disgustos con que corrieron harto riesgo la cristiandad y los nuestros, porque aquel *Tono* de Firando y su hijo mayorazgo, que fueron siempre enemigos de los cristianos, que-

---

1871 con nombre *AJ*.
1872 y significar, digo sin seguir *AJ*.
1873 casa y *AJ*.
1874 vieron *AJ*.
1875 vinieron ambos *AJ*.
1876 confesados *AJ*.
1877 lengua y *AJ*.
1878 Bungo y *AJ*.
1879 como dijimos *AJ*.

daron con el mal suceso de su armada que fue –como dijimos– para tomar la nave de los portugueses más alterados que nunca contra los cristianos y los nuestros. Y aunque por el respeto que tenían a los dos hermanos Don Antonio y Don Juan, que entendían que estaban en nuestra santa fe[1880] muy fuertes, disimulaban con ellos y con los nuestros, todavía no dejaban de dar grandes muestras de la mala intención que tenían. Y así, habiendo enviado algunos navíos de armada por aquella costa, en la cual iba por capitán un caballero hermano de Catandono[1881], grande enemigo de nuestra santa ley y de Don Antonio, encontrando[1882] con una embarcación en que iban muchas cosas de proveimiento para los nuestros que llevaba[1883] a cargo un cristiano criado de Don Antonio, remetieron a ella y tratando mal a los marineros y al criado de Don Antonio, tomaron toda la provisión y cosas que hallaron de los nuestros, y entre ellas una imagen de la Asunción de nuestra Señora que se había enviado de la China de propósito para la iglesia de Firando. La cual, tomando Catandono en desprecio de ella y de nuestra ley santa, le cegó los ojos con tinta e hizo otros desacatos, mandándola guardar en su casa y mostrándola por desprecio a muchos de los que venían a visitarle, y platicar y pasar tiempo con él. Supieron lo que pasaba los dos hermanos Don Antonio y Don Juan, y recibiendo[1884] esta injuria por propia, determinaron de[1885] vengar tan grande desacato hecho a la madre de Dios. Aunque los nuestros le fueron con varios consejos a la mano, exhortándolos a disimular como si no lo supiesen.

En este tiempo, el cristiano criado de Don Antonio, que traía la provisión de los padres a su cargo, encontrando[1886] en la calle con el[1887] gentil que, hallándose con los otros en aquella armada, le había tomado su espada, arremetió a él y quitole la suya que traía ceñida, vengándose de la injuria que recibiera de su mano y dejando al otro afrontado. Era este gentil criado de Catandono, o de su hermano, y por ser el cristiano criado de Don Antonio que él tenía por enemigo, tomó por suya esta afrenta y determinó de vengarse. Y hablando[1888] con el hijo mayorazgo del *Tono* de Firando que no tenía menos odio a Don Antonio y a los nuestros, determinaron que Catandono secretamente ayuntase su gente y ayudado del [f. 119v] mayorazgo hijo del *Tono*, diese de improviso en nuestra Iglesia e junta-

---

1880 ley *AJ*.
1881 Sotadono *AJ*.
1882 encontrándose *AJ*.
1883 llevaban *AJ*.
1884 tomando *AJ*.
1885 de querer *AJ*.
1886 topando *AJ*.
1887 un *AJ*.
1888 hallando *AJ*.

mente en[1889] la casa de Don Antonio para matar a él y a los nuestros. Y como una cosa semejante apenas se puede hacer sin que se venga a saber algo de lo que pasa, fue nuestro Señor servido que un gentil de aquella parte descubriese este trato a un cristiano su pariente, el cual haciendo luego saber a los nuestros y a los hermanos Don Antonio y Don Juan, mandaron luego venir su gente para hacerse[1890] fuertes. Y en anocheciendo, concurrieron más de sesenta cristianos de Firando a nuestras casas con sus armas, dejando sus propias casas y mujeres para morir en defensión de la Iglesia y, en el mismo tiempo, llegó la gente de Don Antonio y Don Juan que la detuvieron disimuladamente en sus casas para salir de través a los enemigos se viniesen cometer nuestra casa[1891], y los padres estaban con grande sobresalto encomendando el negocio a nuestro Señor.

Mas sabiendo el hijo mayorazgo del *Tono* y Catandono lo que pasaba, mandaron volver[1892] su gente disimuladamente a los lugares de do vinieron, y el *Tono* metiendo mano en esto[1893] quietó la discordia que hubo entre los dos criados de Catandono, y de Don Antonio. Y de ahí a cinco o seis días, yendo el padre a visitar[1894] los cristianos de las islas de Don Antonio, apareció una noche arrancada la cruz que estaba delante[1895] de nuestra iglesia, con lo cual se tornaron luego a revolver otra vez los humores de todos, porque Don Antonio y Don Juan comenzaron luego a *ferver*[1896]. Mas[1897], el día siguiente, sin se saber la certeza de cómo este negocio pasó[1898], tornó a aparecer la cruz en el mismo lugar a do primero estaba, sin se haber cortado ni quebrado nada de ella, y lo que se sospechó fue que la cruz se había arrancado por orden del hijo del *Tono*. Mas que sabiendo[1899] después el *Tono*, su padre, lo que pasaba, y entendiendo que se podría[1900] seguir de ahí nueva desorden, la mandara disimuladamente tornar a poner en su lugar, y con esto quedaron todos en paz[1901].

1889 a *AJ*.
1890 hacer *AJ*.
1891 se viesen para acometer nuestra iglesia *AJ*.
1892 volver a *AJ*.
1893 en este negocio *AJ*.
1894 visitar a *AJ*.
1895 adelante *AJ*.
1896 Es un lusismo que significa ‹hervir› o mejor en este caso ‹estar furioso›, ‹calentarse›, ‹caldear los ánimos›.
1897 en *AJ*.
1898 se pasó *AJ*.
1899 sabiéndolo *AJ*.
1900 podía *AJ*.
1901 paz y *AJ*.

El padre Baltasar da Costa, que ya sabía la lengua, fue este año confesando todos aquellos cristianos que había también días que no estaban confesados, por falta de no haber quien los[1902] pudiese oír en su lengua, como todo esto lo escribe muy difusamente el hermano Juan Hernández que entonces estaba en Firando en una carta hecha en 15 de septiembre de este año 66 que, aunque no se trasladó en latín por Maffei, anda también impresa en varias lenguas.

En este tiempo –como dijimos– era venida la nave de los portugueses al puerto de Fucunda y en ella hubieran de venir el padre Ramiro, por superior [f. 120] de Japón, juntamente con el padre Alcaráz, que eran ambos hombres doctos y de grandes partes, que haciendo en España mucho fruto pidieron con tanta[1903] instancia la misión de Japón que el padre Laínez, nuestro señor General, se resolvió de enviarlos. Mas viniendo de Malaca para Macao en una nave de Don Diogo de Meneses, desapareció de tal manera con un temporal que nunca se supo nueva cierta de ella, aunque después de algunos años un japonés que entonces vivía con los chinos por la tierra dentro, dijo que estaba nave desbaratada del temporal[1904] dio con una armada de chinos[1905] que la tomó, matando a todos los que iban en ella para que se no supiese su tomada. Afirmando el japonés que él[1906] se halló en aquella armada, mas pareció dicho sin fundamento porque parece cosa imposible si aconteciera tal cosa no se haber luego sabido entre los chinos y también entre los portugueses.

Basta que finalmente estos dos padres que eran de tanto ser y habían de llegar este año a Japón abreviaron su viaje pasando[1907] de la mar da la China para el cielo, como se puede creer con razón por ser ellos hombres religiosos y de tanta virtud como fueron. De cuya perdición, hablando el padre Organtino en una carta que escribió de Goa en el año 68 que anda entre las cuartas[1908] de Maffei, dice así:

> Illud igitur primum: Patres duos, Ramirem et Alcaram e vita migrasse (quos ignota quapiam in regione vivere putabamus) hoc anno denique pro certo cognovimus. Ii, ante biennum Japoni insula petituri, onerariam quandam in urbe Cocino conscenderant, sane inviti, vel quod navicularius vir potens nimia lucri cupiditate, mercatores in suam unius navem merces imponere per vim et injuriam cogeret: vel quod ob idipsum navis injusto pondere praegravata pressaque interitum haud obscure denuntiaret. Verum, ut aeque clemens ac justus

---

1902 les *AJ*.
1903 bastante *AJ*.
1904 dijo que esta nave desbarata del tiempo *AJ*.
1905 de China *AJ*.
1906 él mismo *AJ*.
1907 pasándose *AJ*.
1908 cartas *AJ*.

est Dominus, sacerdotes hosce duos permisit in eodem versari discrimine, quorum officium ac pia sedulitas tot mortalibus per confessionem sacram expiandis, confirmandisque in extremo spiritu non deesset. Secunda navigatione Malacam usque delati, atque inde cursu in Sinas directo, cum jam in Sionis pervenissent sinum; atrox repente procella coorintur, eo vento excitata quem Typhonem appellant. Is, ex Occidentali ferme plaga violentus erumpens, et rapida vertigine circa orizontem rotatus, assiduis incrementis horarum circiter viginti spatio circulum conficit; impetu horribili saevisque turbinibus vasta illa aequora vehementissime commovens, agitansque, decumanis undique fluctibus insurgentibus, qui inter [f. 120v] sese velut arietantes, atque collisi, omne salutis spem navigantibus adimunt. Ad hanc igitur tempestatem adeo periculosa cum ingens etiam oneris iniqui pondus accederet, solutis carinae compagibus totam navem aestus absorsit, sic, ut nullae planae reliquiae superfuerint. Erat in eodem cursu juncus (onerariae Sinensis est genus) qui singulari Dei beneficio portum tenuit. Ex eo deinde cognitum est navem cum imminentis exitii signum aeneo tormento frustra dedisset Sinis, proprio metu laborantibus atque solicitis, paullo post haustam fluctibus apparere desiisse. Haec ille[1909].

Luego en llegando la nave al puerto de Fucunda, envió allá el padre Cosme de Torres al padre Juan Cabral y al padre Gaspar Vilela, y Don Bartolomé, en sabiendo que los padres eran llegados, fue con buena compañía de los suyos a visitarlos y a Simón de Mendonça, capitán de los portugueses, de los cuales fue recibido con mucha fiesta. Mas porque estaban aun de guerra con sus enemigos, y no los pudiera de todo hasta ahora echar de sus tierras, no pudo hasta entonces tratar de la conversión de los suyos como en su corazón deseaba. Y habiendo tratado de esto[1910] con los padres, pidió que de ahí algunos días fuese el uno de ellos a Omura, porque deseaba[1911] de hacer bautizar su mujer e hijos con muchos de sus criados. Mas antes de poder él enviar a llamar el padre, sucedió que sus enemigos, con tratos secretos que tuvieron con los de la fortaleza de Sonongui[1912], que entonces eran gentiles, se apoderaron de aquella fortaleza, que era[1913] entonces cosa importante, y que teniéndola ellos, corría Don Bartolomé nuevo peligro de quedar en breve tiempo destruido[1914]. Y parece que el Demonio infernal iba urdiendo esto para tentar más la fe de Don Bartolomé, pues, encomenzando a respirar y tratar de bautizar su mujer e hijos, le aconteció verse casi de nuevo perdido con la tomada de esta fortaleza, con que no faltaban los bonzos y otros[1915] de

---

1909 Parece ser que esta carta de Organtino Gnecchi Soldo no se tradujo en otra lengua.
1910 esta *AJ*.
1911 determinaba *AJ*.
1912 La fortaleza de Sonogi se localizaba al norte de Ōmura.
1913 aquellas fortalezas que eran *AJ*.
1914 destricado *AJ*.
1915 otros gentiles *AJ*.

decir que eran castigos[1916] de los *Camis* y *Fotoques*, blasfemando de nuestra santa Ley.

Mas Don Bartolomé, viéndose en tal peligro[1917], no perdió el ánimo; mas antes hizo una cosa de muy experto[1918] y valeroso capitán, porque, entendiendo cuánto le importaba tornar a cobrar la dicha fortaleza, determinó de lo hacer así aunque se pusiese a riesgo de perder la vida[1919], y porque la mayor parte de la gente de aquella tierra, con la tomada de esta fortaleza estaba de nuevo echada[1920] con sus enemigos, se resolvió con la gente que tenía en Omura de dar una noche de grande lluvia y viento de improviso en la dicha fortaleza. Y así, mandando marchar[1921] su gente en tiempo que parecía[1922] imposible, y que por eso [f. 121] estaban sus enemigos durmiendo descuidados y fuera de semejante pensamiento, Don Bartolomé se adelantó con hasta treinta criados suyos, de los más escogidos y valientes que tenía, mandando que la más gente fuese tras de él y, pasando por una población que estaba el pie del monte de la dicha fortaleza sin ser de ellos sentidos por la oscuridad de la noche y tormenta de vientos y lluvia que hubo en aquella misma noche, fue él con sus criados subiendo el monte hasta llegar a la fortaleza y, entrando por una parte de ella en que estaban sus enemigos más descuidados, manifestando su nombre a altas voces y llamando sus criados por su nombre. Escasamente fue sentido de los contrarios cuando él estaba ya hecho señor de la fortaleza, porque despavoridos sus enemigos y entiendo[1923] que estaba Don Bartolomé dentro de la fortaleza, y pareciéndoles que tuviera[1924] traición en ella y que venía él con toda su gente, sin saber dar acuerdo de sí ni echar manos a las armas, se pusieron todos en huida, quedando muertos muchos de ellos, y los que[1925] escaparon dando nuevas a la población que estaba al pie del monte se recogieron todos huyendo a grande priesa. De manera que, cuando después llegó la más gente de Don Bartolomé, lo hallaron todo rendido sin que ellos tuviesen más que hacer, y de esta manera, por la misericordia de Dios, tornó Don Bartolomé con grande esfuerzo y honra suya a cobrar esta fortaleza, por lo cual sus enemigos, entendiendo que ya quedarían perdidos si de prisa no proveyesen y procurasen darle batalla, se resolvieron todos juntos a hacerlo

---

1916 que eran estos castigados *AJ*.
1917 peligros *AJ*.
1918 espíritu *AJ*.
1919 de morir *AJ*.
1920 estaban de nuevo echados *AJ*.
1921 marchar a *AJ*.
1922 parecía cosa *AJ*.
1923 entendiendo *AJ*.
1924 había *AJ*.
1925 que se *AJ*.

así. Lo cual, sabido[1926] por los portugueses y movidos también por los nuestros, determinó el capitán mayor Simón de Mendonça de mandar muchos de ellos a ofrecer a Don Bartolomé su ayuda, enviándole también muchos arcabuces y municiones para quedar más apercibido[1927] contra sus enemigos. Lo cual, entendiendo ellos, mudaron el parecer y se volvieron a recoger sin querer[1928] la ventura de la batalla. Y con esto, Don Bartolomé quedó más fuerte en su fe, y más agradecido a los portugueses y a los nuestros, como todo esto lo escribió largamente el padre Juan Cabral, que estaba entonces en aquel puerto, en una carta hecha a los 15 de diciembre de este año 66, la cual anda también impresa en varias lenguas, aunque se no trasladó en latín.

En este mismo tiempo, se abrió otra puerta a la cristiandad en la isla de Amacusa[1929], y de Xiqi[1930] que es una tierra que está de frente de Arima, y pertenece al reino de Fingo. Es esta tierra de islas que están entre el reino de Fingo y las tierras de Arima, las cuales estaban entonces repartidas entre cinco *Tonos*, y la isla mayor y más [f. 121v] principal contiene en sí[1931] las tierras de Amacusa y de Xiqi. Y el *Tono* de Xiqi, que era después del de Amacusa el más principal, aunque era gentil en los huesos y dado a varias supersticiones gentílicas, todavía con el deseo que tenía que[1932] los portugueses fuesen con sus navíos a su puerto, determinó también de hacer instancia que fuesen padres a su tierra e hiciesen cristianos en ella. Y así, el padre Cosme de Torres, en volviendo el hermano Luis de Almeida de las islas de Goto, después de haber convalecido por algunos días de Cochinotsu, le envió al dicho lugar de Xiqi, a do fue muy bien recibido del señor de aquella tierra, y fue nuestro Señor servido que en el mismo año entrase un navío de portugueses[1933] en aquel puerto, con el cual, quedando el dicho *Tono* de Xiqi en grande manera contento, para contentar mucho más a los portugueses y a los nuestros, quiso él oír las predicaciones del Catecismo con todos los suyos. Y como no trataba más que de engañar a los nuestros para salir con sus intereses, mostró luego de quedar muy satisfecho de las cosas que oía de nuestra santa ley, y dio licencia que se bautizasen todos los que quisiesen, y él mismo pidió con instancia el bautismo. De manera que, en breve tiempo, él se bautizó y se hicieron cristianos cerca de quinientos de

---

1926 sabiendo *AJ*.

1927 apercibidos *AJ*.

1928 querer probar *AJ*.

1929 Amakusa (天草) es un archipiélago en la región de Kyūshū, que comprende las islas de Amakusa y otras menores.

1930 Xeqi *AJ*.

1931 contiene con *AJ*.

1932 de *AJ*.

1933 del portugués *AJ*.

sus criados y vasallos, como lo escribió el hermano Luis de Almeida en su carta escrita de esta isla de Xiqi a los 28 de octubre desde mismo año 66, que anda también impresa en varias lenguas, puesto que no se trasladó en latín. Y aunque el dicho *Tono* después descubrió la maldad que tenía en su pecho volviendo a hacerse gentil, todavía los cristianos de su tierra quedaron firmes, como veremos adelante en esta misma carta que el hermano Luis de Almeida escribe.

Otra perturbación que de nuevo aconteció a los cristianos de Ximabara en el mismo tiempo, y por la misma causa por la cual padecieron la que ya se escribió en el capítulo pasado, y porque el hermano la escribe largamente, la cortaremos aquí por sus palabras, que dice así:

En estos 20 días que aquí estuve sucedió una cosa que no dejaré de contarla para gloria y honra de Dios nuestro Señor. Siete leguas de aquí está[1934] un lugar que se llama Ximabara, el señor del cual trabó amistad con nosotros y dio licencia para manifestar la ley de Dios en su tierra, e hiciéronse en ella cerca de mil y trescientos cristianos de tres años a esta parte. Acertó en el[1935] tiempo que yo aquí estaba de enviar allá el padre Cosme de Torres al hermano Aires Sánchez porque tenemos allá una iglesia. Llegábase una fiesta en la cual se hallan todos los principales de la [f. 122] tierra –como dijimos– en esa tierra día de *Corpus Christi*, que van los oficiales con muchas invenciones a esta fiesta de un ídolo. Los cristianos no quisieron ir por ser contra [la] ley de Dios, por lo[1936] cual se conmovió todo el pueblo gentílico y los bonzos y la madre y parientes del señor de la tierra. Y fuéronse a él y dijéronle mil males de la ley de Dios y le pedían y rogaban que no hubiesen[1937] cristianos en su tierra, pues se causaban tantas disensiones como continuamente había con ellos.

El señor de la tierra, como era también ministro del Demonio, echó luego al hermano de su tierra y mandó que ninguno fuese cristiano de allí adelante y que en señal de renunciar la ley de Dios le enviasen los cristianos sus cuentas. Juntáronse todos los principales cristianos y en un parecer determinaron[1938] de morir todos antes que renunciar la ley de Dios, ni enviarle las cuentas; y enviaron a decir al señor que ellos se hicieron cristianos con su parecer y que si por serlo los quería ahora matar que bien lo podía hacer. Él se enojó porque no le quisieron obedecer y envioles otro recaudo que luego enviasen las cuentas, sino que mirasen por sí. A este recaudo no les respondieron más que lo que le habían ya dicho que estaban aparejados para morir. Tornole[1939] a enviar otros recados por el regidor de la tierra con muchas amenazas, mas siempre se refirieron a la primera respuesta. Viendo él que no le aprovechaban[1940] sus amenazas, determinó de los traer a lo que él quería con blandura, y ordenó que su madre con los bonzos y parientes de los mismos cristianos que aun eran gentiles, persuadiesen a los cristianos que dejasen esta ley. Y ellos le procuraron

---

1934 a do está *AJ*.

1935 el mismo *AJ*.

1936 la *AJ*.

1937 que hiciese *AJ*.

1938 en uno parecer determinó *AJ*.

1939 tornoles *AJ*.

1940 les aprovechaba *AJ*.

por todas las vías de ruegos y halagos que pudieron[1941], pero la conclusión del negocio fue mostrarse firme[s] en su ley. Viendo el señor de la tierra que por ninguna vía podía acabar con ellos que diesen las cuentas, ni[1942] mudar sus corazones para dejar la ley de Dios, y que no podía matar a tantos, disimuló y desistió de los perseguir y en quince días que duró esta contienda me contaban que cada hora estaban esperando la muerte y con este temor ni dormían[1943] con sosiego ni tenían más cuidado[1944] que de encomendarse a Dios y consolarse con las cartas que del padre Cosme de Torres les venían en que los animaba[1945] a perseverar y alcanzar tan grande corona de gloria. Algunos de los[1946] más principales pasada la tormenta, vinieron[1947] visitar al padre Cosme de Torres a los cuales yo vi llorar como niños al pie del padre, diciendo que no eran dignos de llamarse cristianos, pues no merecieron acabar la vida por [f. 122v] amor de Jesucristo Señor nuestro. El padre los abrazó y comenzó a llorar con ellos y recibimos todos mucha alegría con la constancia de estos cristianos. Esto dice en su carta Almeida.

Este era el estado en que estaban las cosas de Japón, en este año 66, quedando la cristiandad más extendida de lo que[1948] nunca fue. De lo cual escribiendo el padre Cosme de Torres una carta para nuestro padre General, hecha de Cochinotsu a los 24 de octubre de este año 66 que también anda impresa en varias lenguas, dice así:

En estos reinos de Japón residimos ocho padres y siete hermanos repartidos todos en diversos reinos. El padre Luís Fróis está obra de doscientas leguas de donde yo resido en una ciudad que se llama Sacai que está quince leguas del[1949] Miaco donde hizo el padre Gaspar Vilela grande número de cristianos y por muerte del *Cubo* fueron echados de allí y aguardamos que[1950] la tierra se apacigüe para volver a ella. El padre Melchor de Figueiredo está en el reino de Bungo donde tenemos la principal casa de Japón con dos hermanos y en ella está un hospital en el cual se han hecho y se hacen muchas curas así de medicina como de cirugía. Y el rey aunque no es cristiano favorece a la cristiandad y a los padres. El padre Baltasar da Costa con el hermano Juan Hernández y otro hermano que acá se recibió están[1951] en las islas de Firando donde hay más cristianos que en otra ninguna parte[1952] y hacen allá mucho fruto. El padre Gaspar Vilela el cual ordené[1953] viniese del Miaco este mes de mayo pasado está en el reino de Don Bartolomé que se hizo cristiano el año de 1563 y está en su

---

1941 pudieren *AJ*.
1942 y *AJ*.
1943 dormían ni comían» *AJ*.
1944 cuidados *AJ*.
1945 que el padre Cosme de Torres le escribían en que los animaban *AJ*.
1946 ellos *AJ*.
1947 vieron a *AJ*.
1948 do que *AJ*.
1949 de *AJ*.
1950 guardamos que los da tierra *AJ*.
1951 estando *AJ*.
1952 en otras partes ninguna *AJ*.
1953 ordenó *AJ*.

compañía el padre Juan Cabral. El padre Juan Bautista y yo y un hermano que acá se recibió estamos en el reino de Arima que es del hermano mayor de Don Bartolomé. Al hermano Luis de Almeida envié este año a dos reinos y en ambos hizo muchos cristianos, y en uno de ellos llamado Goto dejó el hermano Lorenzo que ya ha dieciséis años que está en nuestra Compañía. En el otro lugar que llaman Xiqi a do el mismo señor de él se hizo cristiano, ahora está el hermano Sánchez. Esto es lo que escribió el padre Cosme de Torres.

Y porque el padre Juan Cabral echaba mucha sangre por la boca, y hallaba[1954] muy mal en Japón con los fríos y con la poca comodidad que había en él para le curar, y que iba haciendo tísico, ordenó el padre Cosme de Torres que se volviese para la India en la nave de Simón de Mendonça que partió en el mes de diciembre de este año [f. 123] 66 y diese[1955] también información al padre Provincial de lo que pasaba en Japón. Y con esto se acabó el año 66.

1954 se hallaba *AJ*.
1955 dice *AJ*.

Capítulo 24
Hicieron los nuestros mucho fruto en diversas partes, y se abrió nueva puerta a la cristiandad en las tierras de Amacusa y fueron restituidos a la ciudad de Miaco

En el año de 67 y 68, por las continuas guerras que hubo en diversos lugares a do estaban los nuestros, se pudo entender poco en la conversión de los gentiles, porque en las partes del Miaco se continuaron[1956] las guerras que se levantaron desde la muerte del *Cubo* e iban diversos señores haciendo guerras unos a[1957] otros. Y procurando cada uno de ellos de quedar[1958] señor de la *Tenca*, y ahora señoreaban unos, ahora otros, sin haber cosa estable ni cierta[1959], hasta que en el año 67[1960] vino Nobunaga y se hizo señor de la Tenca y después mató y destruyó todos los otros. Con todo eso, el padre Luís Fróis no dejaba desde el Sacai a do estaba como desterrado de ayudar[1961] los cristianos ya hechos, y convertir[1962] de nuevo algunos otros, y ahora celebraba[1963] las fiestas principales con ellos en la misma ciudad de Sacai, ahora salía secretamente a visitarlos y confesarlos, y celebrar las fiestas en lugares a do ellos estaban. Especialmente celebraba las fiestas en la isla y fortaleza de Sanga, a do Sangadono Sancho con su caridad y cristiandad daba lugar al padre y ayuntaba[1964] los cristianos de aquellas partes, le estima aunque no vieron padres aquel año de 67. Falleció en Firando el hermano Juan Hernández que, habiendo tenido por algunos días una pequeña calentura y pareciendo que estaba ya bien de ella, en el día de San Juan Bautista habiendo comulgado y caminando para casa todo aquel día, la noche siguiente se echó en la cama diciendo a sus hermanos familiarmente ya h[a] llegado su hora y que aquella noche sería la postrera de su vida hablando muy espacio de la muerte y Pasión de nuestro Señor y de la gloria del cielo. Se despidió ellos y la mañana siguiente se halló tan flaco que apenas pudo hablar a celebrar sus fiestas, especialmente las

---

1956 continuaban *AJ*.
1957 con *AJ*.
1958 guarda *AJ*.
1959 carta *AJ*.
1960 69 *AJ*.
1961 ayudar a *AJ*.
1962 convertido *AJ*.
1963 celebraban *AJ*.
1964 ayuntaban *AJ*.

https://doi.org/10.1515/9783111617602-026

del Nacimiento y de Pascua, en las cuales se confesaban y comulgaban e intentaron diversos medios para restituir el padre al Miaco, aunque no lo pudieron[1965] alcanzar hasta que vino Nobunaga en el año de 69 como adelante diremos.

En las partes de Bungo no había menores guerras y revueltas entre Morindono que se había hecho señor de los reinos de Chugocu, y el rey de Bungo que pretendía meter otro en aquel señorío. Iban ambos con ejércitos formados haciéndose grande guerra el[1966] uno al otro, mas entretanto los padres que estaban ahí que ya [f. 123v] sabían la lengua, iban haciendo mucho fruto[1967] con los cristianos y convirtiendo también continuamente algunos de nuevo. En las partes del Ximo también en las tierras de Omura y[1968] Arima había guerras y revueltas porque con los levantamientos pasados no faltaba[1969] a Don Bartolomé quehacer en sus tierras para acabar de echar de ellas a sus enemigos, por lo cual no se podía entender en ellas en la conversión como él y los padres deseaban.

Y en las tierras de Arima daba el *Yacata* poca entrada para se hacer conversión si no era en el puerto de Cochinotsu, a do estaba el padre Cosme de Torres con su casa. Y en el puerto [de Ximabara] a do con harto[1970] trabajo se conservaban[1971] los cristianos ya hechos sin poderse ir adelante en la conversión por la grande contrariedad que los bonzos hacían y también el señor de la tierra. En las tierras e islas del[1972] Goto, aunque la conversión se comenzó con harto buenos principios de la manera que se ha dicho y con la ida ahí del padre Juan Bautista, se fue continuando de manera que se habían hecho hasta setecientos cristianos, y entre ellos se hizo también cristiano un hijo bastardo del *Tono* que se llamó Don Luis. Todavía por la grande contrariedad que hicieron los bonzos[1973] y poco favor que daba el señor de aquellas islas, fue parando por algún tiempo la conversión, y los nuestros que estaban ahí apenas se podían valer para conservar y doctrinar los cristianos.

En la isla de Xiqi también después de la primera conversión en que el mismo señor de la isla[1974] se había hecho cristiano, como él se bautizó más por granjear los portugueses y los nuestros que por deseo de salvación; luego saliendo de ahí el navío de los portugueses, se tornó a declarar por gentil, y procuró también que

---

1965 dieron *AJ*.
1966 haciendo grandes guerras en *AJ*.
1967 muchos frutos *AJ*.
1968 y de *AJ*.
1969 faltaban *AJ*.
1970 alto *AJ*.
1971 conservando *AJ*.
1972 de *AJ*.
1973 por la grande contrariedad de los bonzos hicieron *AJ*.
1974 de las islas *AJ*.

los que se habían bautizado en aquella isla hiciesen lo mismo, mas no lo pudo alcanzar, porque la semilla de Dios había hallado en los otros mejor y más aprovechada tierra que en la suya, y así hizo mejores raíces. Y aunque pretendió Xiqidono de arrancarlas porque las halló fuertes, y no quisieron consentir y también por no quedar enemigos de los portugueses y de los nuestros y perder la esperanza de entrar algún navío de ellos en aquel, dejaba estar los[1975] nuestros ahí para doctrinar y conservar[1976] los cristianos. Y como los padres todos ya sabían la lengua trabajaron en estos dos años grandemente para ayudar y doctrinar bien los cristianos y así se aprovecharon mucho de aquel tiempo[1977].

En el año de 67 vino por capitán mayor con su nave a Japón Tristán Vaz de Vega la primera vez, y entró en el puerto de Cochinotsu que fue de grande [f. 124] consuelo y ayuda para el *Yacata* de Arima, aunque no vinieron padres aquel año. En este año de 67 falleció en Firando el hermano Juan Hernández, que habiendo tenido por algunos días una pequeña calentura y pareciendo que estaba ya bien de ella: el día de San João Bautista habiendo comulgado y caminado por casa todo aquel día, la noche siguiente se echó en la cama diciendo a sus hermanos familiarmente que ya era llegada su hora y que aquella noche sería la postrera de su vida. Y hablando muy despacio de la muerte y Pasión de nuestro Señor y de la gloria del Cielo, se despidió de ellos y la mañana siguiente se halló tan flaco que apenas pudo hablar[1978], y eso era con[1979] Dios encomendándole su alma y con el hombre[1980] de Jesús María [en la] boca falleció a los 26 de junio día de San Juan y Pablo, como lo escribió el hermano Jacome Gonçalves, que se halló presente, en una carta que anda imprimida en varias lenguas de julio de 67, y el hermano Miguel Vaz en otra carta de 2 de noviembre del mismo año.

Fue este hermano natural de Córdoba, hombre de mucha virtud y de grande mortificación, el cual después de venir a la India fue el primero que el padre maestro Francisco escogió para Japón. Y fue hombre de tanta humildad que, queriendo el padre maestro Francisco ordenarlo[1981] sacerdote antes de venir a Japón, le pidió el hermano con tanta instancia y tan de veras que le dejase vivir en estado humilde sin le querer ordenar que el padre se lo concedió. Y estuvo en Japón cerca de dieciocho años continuos aprendiendo con tanta diligencia la lengua que

---

1975 dejaba esta a los *AJ*.
1976 conseguir *AJ*.
1977 AJ añade «y *AJ*.
1978 El motivo de la repetición radica en la inclusión por parte de AJ de este párrafo antes, mientras que BL añade el detalle sobre la muerte de Juan Hernández en este mismo punto.
1979 de *AJ*.
1980 hombre santo *AJ*.
1981 ordénalo *AJ*.

luego desde el primer año comenzó a hablar, e hizo grandísimo fruto en todo este tiempo así en convertir los gentiles a los cuales él predicaba como si fuera japonés, como también en doctrinar los cristianos. Y por ser hombre de mucha penitencia y mortificación, y dado mucho a la oración y grandemente amigo de la pobreza se trató siempre tan mal que[1982] tenía de ordinario su cuerpo muy magro y consumido y con todo eso no dejaba siempre de trabajar de día y de noche, hasta que estando tan extenuado y apocado de fuerzas con una pequeña enfermedad en breves días fue a gozar del premio[1983] de sus trabajos, dejando a los nuestros y a los cristianos muy sentidos con su muerte, aunque muy edificados y consolados con la cierta esperanza de haber pasado a mejor vida, como la escribió largamente el dicho hermano Jacome Gonçalves en la misma carta.

En el año de 68 en abril partió de Goa el padre Francisco Cabral, portugués y profeso de cuatro votos, enviado por el padre Antonio de Quadros provincial para ser Superior de Japón [f. 124v] y librar[1984] de la carga al padre Cosme de Torres que por ser ya muy viejo y enfermo no podía más[1985] con ella y hacía grande instancia de ser descargado. Y con él vino el padre Baltasar López, también portugués, aunque no pudieron llegar a Japón sino en el año de 70 como veremos adelante. En el mismo año de 68 el padre obispo Carnero no pudiendo pasar a Etiopía fue por orden de su Santidad enviado de Malaca a do estaba por obispo de la China y de Japón, haciendo su asiento en Macao, por no estar aun Japón en disposición para poder pasar el obispo a él. Y después de partido el padre Francisco Cabral de Goa, en septiembre del mismo año 68, llegó ahí el padre Gonzalo Álvarez con el padre Manuel López su compañero, enviado por nuestro padre General Francisco de Borja por Visitador de la India y de[1986] Japón, que después de visitar la India, yendo para Japón con algunos compañeros, se perdió con toda la nave junto del Japón con un tifón, como en su lugar diremos. Y este padre, en abril de 69, envió al[1987] padre Organtino italiano para Japón que después en el mismo año de 70 llegó a él juntamente con el padre Francisco Cabral, como adelante diremos. En el mismo año de 68 llegó a Japón el padre Alexandre Valaregio[1988] italiano que vino con la nave de Don Antonio de Sosa al puerto de Fucunda a los 26 de Junio, y poco después de llegado fue enviado a las islas de Goto, holgándose grandemente de hallar en Japón tan buena cristiandad, como el mismo lo escribió en una carta

---

1982 y *AJ*.

1983 primero *AJ*.

1984 delibrar *AJ*.

1985 más ya *AJ*.

1986 del *AJ*.

1987 el *AJ*.

1988 religioso *AJ*.

que anda impresa en varias lenguas hecha de las mismas islas de Goto en septiembre de este mismo año 68.

En el año de 69, tuvieron las cosas de la cristiandad mejor suceso porque[1989] el reino de Bungo, en el principio de enero, se abrió la puerta a la cristiandad en las tierras de Inda[1990] en las cuales moraban cuatro cristianos. Y con el celo que ellos tenían y cosas que decían a sus naturales acerca de la bondad de nuestra santa ley, y que no había otro medio para su salvación, movieron a muchos de ellos. De tal manera que enviaron[1991] pedir al padre Figueiredo, que entonces estaba en Bungo, que les enviase alguna persona[1992] para les predicar nuestra santa ley. Envioles el padre hermano Guillermo con otro japonés muy diestro en predicar el catecismo y[1993] convirtieron muchos de ellos. De manera que, enviando después a llamar al padre, se bautizaron cerca de doscientas personas, y entre ellos dos hombres nobles, criados del rey, con todos los de su casa y familia. Y habiendo[1994] hecho una iglesia, se detuvo ahí hasta la mitad de la Cuaresma para los doctrinar y confirmar en la fe, porque no faltaron [f. 125] bonzos y otros sus parientes que, tomando esto mal, procuraron grandemente de los pervertir y de poner diversos miedos espantosos a los nuestros, echando fama que los habían de matar. De manera que los cristianos acudieron también con sus armas a hacerles guarda.

Pasada parte de la Cuaresma y quedando ellos bien informados, se volvió el padre para Funai a hacer con los cristianos las fiestas de la Semana Santa y de la Pascua, a las cuales acudieron de diversas partes y se celebraron con mucha devoción, confesándose[1995] cuantos pudieron, y comulgando muchos el Jueves Santo, y haciendo universalmente todos sus disciplinas como es costumbres en Japón, ofreciendo muchos de ellos a nuestro Señor sangre por sangre. Y después de celebrar la fiesta de Pascua en Funai, se fue para hacer lo mismo en la ciudad de Usuqi, que era entonces lugar a do el rey estaba, y deteniéndose algunos días ahí. Allende de consolar a los cristianos, se convirtieron algunos gentiles, y entre ellos, diez mujeres honradas y principales y quince criados de un señor de Bungo llamado Cutamidono[1996]. Mas porque en el mismo tiempo pregonó el rey guerra y

---

1989 porque en *AJ*.
1990 India *AJ*. Se refiere a Ida, lugar cerca de Usuki.
1991 enviaron a *AJ*.
1992 algunas personas *AJ*.
1993 y se *AJ*.
1994 viendo *AJ*.
1995 confesándole *AJ*.
1996 Akuyasu Kutami (朽網 鑑康, 1540–1586) fue un destacado guerrero japonés durante el período Sengoku hasta la era Azuchi-Momoyama. Sirvió como vasallo del clan Ōtomo. También conocido por su nombre budista, Sōreki (宗曆).

toda aquella corte se puso en armas, se volvió el padre para la ciudad de Funai, y pasando por el lugar de Facata, le presentaron una hija de un hombre noble que estaba[1997] allí casada y endemoniada. Y después de hacer por su salud sus padres, que eran gentiles, muchas ceremonias por vía de los bonzos para la librar y corrieron[1998] con ellas muchas *romagens*[1999] a los templos de sus *Camis* y *Fotoques*, no hallando ningún remedio, la llevaron por consejo[2000] de una cristiana a nuestra iglesia, encomendándola al padre y aposentándola por su orden en casa de una mujer cristiana. Con los exorcismos que les hicieron y con les[2001] hacer por muchos días oír las predicaciones del catecismo, cuando[2002] el Demonio la dejaba, quedó por los merecimientos de nuestro Señor Jesucristo libre, y su padre, madre, marido con[2003] sus parientes y gente de su familia se hicieron todos cristianos. Así como esto, todo lo escribió más largamente el mismo padre Melchor de Figueiredo en una carta hecha en Bungo a 11 de octubre de este año[2004] 69, que anda impresa en varias lenguas, aunque no se trasladó, que sepamos, hasta ahora en latín.

En las tierras de Omura, hallándose[2005] Don Bartolomé mejorado en la guerra que tenía con sus enemigos, aunque no del[2006] todo libre, no dejó de procurar que se hiciese conversión. Y no se contentando con [f. 125v] el padre Gaspar Vilela, que había llamado primero y estaba en las tierras de Nagasaki, envió también a llamar al padre Cosme de Torres que fuese a Omura, y con su ida hubo mucho fervor en la conversión, porque se bautizaron por el padre Cosme de Torres en este año más de ochocientas almas, y por el padre Gaspar Vilela más de cuatrocientas en las tierras de Nagasaki, a do Don Bartolomé le dio un templo de ídolos[2007] que convirtió el padre en Iglesia con el nombre de «Todos los Santos».

En las tierras de Firando, a do estaba el padre Baltasar da Costa y el hermano Aires Sánchez se hicieron como cien personas cristianas, y en el Goto se convirtieron otros tantos por el padre Alexandro[2008] Regio y el hermano Diogo Gonça-

---

1997 está *AJ*.
1998 concurrieron *AJ*.
1999 Lusismo que significa ‹romería›, ‹peregrinación›. AJ lee «umagens».
2000 consejos *AJ*.
2001 lo *AJ*.
2002 viendo *AJ*.
2003 y *AJ*.
2004 año de *AJ*.
2005 hablándose *AJ*.
2006 aún no de *AJ*.
2007 ídolo *AJ*.
2008 Alexandro *AJ*.

les[2009], que allí estaba, y no se convirtieron más por ser los señores de aquellas tierras contrarios a la conversión, como ya otras veces se ha dicho. En el puerto de Cochinotsu, que está en las tierras de Arima, el padre Juan Bautista, que allí estuvo con algunos japoneses, hizo más de otros cien cristianos; y en las islas de Xiqi, a do estuvo[2010] el hermano Miguel Vaz, se hicieron otros pocos por ser el señor de ellas también contrario a la conversión, aunque sufría ahí los nuestros. Como todo esto escribió el hermano Luis de Almeida al obispo de la China[2011] en una carta hecha a los 22 de octubre de este año de 69, que anda también impresa en varias lenguas.

Junto de las tierras de Xiqi están las tierras de Amacusa que, como dijimos, ambas juntas hacen una isla grande de más de veinte leguas en redondo. Y el señor de Amacusa, que entre los cinco *Tonos* de aquellas islas era el mayor, deseando también de tener amistad con los portugueses para que fuesen a su puerto de Saxinotsu[2012] con sus navíos, hizo por veces instancia al padre Cosme de Torres que quisiese enviar a[2013] su tierra un hermano para predicar también ahí nuestra santa ley. Y en este año 69 envió el padre allá el[2014] hermano Luis de Almeida, y fue muy bien recibido del señor de aquella tierra y comenzando a predicar a él y a muchos de sus criados las predicaciones del catecismo por diez días continuos. Quedó él[2015] satisfecho y con otros conceptos de nuestras cosas, y aunque no se atrevió de bautizarse luego para que no sucediese en su tierra alguna revuelta, dio licencia que se bautizases sus criados, mostrando contentamiento de ello. Y el primero que se bautizó fue su regidor, persona de grande valía y de[2016] buen entendimiento, que gobernaba todo aquel estado, y siendo por Dios movido, recibió el santo bautismo [f. 126] con más de cincuenta criados suyos y se llamó León que[2017] fue después muy perseguido por el celo que mostró siempre que se convirtiese toda aquella tierra. Y tras de él se bautizó su suegro, que se llamó Joaquín y salió un cristiano de tanta devoción y perfección que vivió y murió después de muchos años como santo[2018] en aquella tierra. Y con él se bautizaron hasta ciento y veinte personas, con muchos criados del *Tono*, y con la grande

2009 Gonçalves *AJ*.
2010 estaba *AJ*.
2011 China y *AJ*.
2012 Sashinotsu o mejor Sakitsu (崎津港), un puerto histórico situado en la isla de Amakusa, en la prefectura de Kumamoto.
2013 en *AJ*.
2014 al *AJ*.
2015 él muy *AJ*.
2016 de muy *AJ*.
2017 Él se *AJ*.
2018 está *AJ*.

ayuda que daba el regidor León se bautizaron en pocos días más de cuatrocientas almas, y estaba mucha gente movida para hacer lo mismo.

Mas porque el enemigo de todo bien no podía sufrir que se le quitase el dominio[2019] que tanto tiempo tuvo en aquella tierra, puso en grande furia a los bonzos, que juntándose con dos hermanos del *Tono* y con los principales de aquella tierra enemigos[2020] de nuestra santa ley, se determinaron en todo caso de echar los nuestros de ahí y cortar del[2021] todo el hilo de aquella conversión. Y a vuelta de defender su falsa religión[2022], pretendían los dos hermanos de excluir su hermano mayor del señorío de aquella tierra y quedarse ellos con ella y, para hacer todo esto más a su salvo, determinaron matar al[2023] regidor León, así por se mostrar tan ferviente en la conversión de aquella gente, como también por ser la principal persona que podría[2024] impedirlos y defender el *Tono*. Y con esta resolución, haciendo su trato secretamente, ayuntaron una noche más de setecientos hombres armados con determinación de dar en la casa de León y matar a él[2025] y a su suegro. Y por no querer mostrar que ellos se querían levantar contra su hermano, le enviaron a decir que ellos estaban determinados de ir a dar en la casa de León por entender que era él la causa de la perturbación de aquella tierra, y que esto lo tuviese él por bien, pues lo hacían en su servicio.

Quedó espantado el *Tono* y respondió que s[i] habían de matar a León, matasen también a él, y luego mandó recado a León que en un momento ayuntó sus criados y todos los cristianos acudieron de priesa con sus armas a él, de manera que, antes de venir los enemigos a dar en su casa, él se halló en ella con más de 600 personas. Entretanto, el *Tono*, hallándose perturbado y desapercibido, se recogió a otro lugar hasta ver en qué paraban las cosas. Enviaron los dichos hermanos un [f. 126v] bonzo con un recado a León, diciendo que cortase la barriga conforme a la costumbre de los caballeros japoneses, porque de otra manera habían de dar luego en su casa y matarlo con todos los de su familia sin dar vida a ninguna persona, pareciéndoles que estaría desapercebido y lo podrían hacer fácilmente. Fue el bonzo y, siendo admitido delante de León, quedó espantado por le hallar también apercibido y acompañado de tanta[2026] gente que estaban[2027] allí

2019 Demonio *AJ*.
2020 enemigo *AJ*.
2021 de *AJ*.
2022 a su falsa ley y religión *AJ*.
2023 a mata el *AJ*.
2024 pudiera *AJ*.
2025 matarlo *AJ*.
2026 la *AJ*.
2027 está *AJ*.

para le defender y morir con él. Dio el bonzo el recaudo temiendo, y León con grande ánimo, haciendo burla de ellos, le respondió que dijese a los dos herma- nos que viniesen en[2028] buena hora a[2029] matarle porque lo estaba esperando[2030] y se averiguaría[2031] bien con ellos. Saliose el bonzo y, con tanto miedo, refirió a los contrarios el aparejo con que estaba[2032] León, que no osaron de acome- terle[2033]. Mas volvieron a mandarle[2034] otro recado, diciendo que ellos no hacían esto sino en defensión de la ley de sus dioses, y que si él dejase de ser cristianos y de favorecer esta nueva ley serían amigos como primero y quedarían todos en paz. A esto le respondió León que ni eso había él de hacer, pues se hiciera cris- tiano por entender que esta era la ley verdadera. Enviáronle, entonces, decir que se desterrase de aquella tierra, porque con esto quedaría ella en paz; respondioles que ni eso había él de hacer por su mandado, mas que lo haría si lo mandase el *Tono* su señor. Enviaron luego recado al *Tono*, y los bonzos hicieron grande ins- tancia con él para que mandase desterrar a León y quedase con esto en paz toda la tierra, porque de otra manera se habían necesariamente de seguir muchas muertes y descensiones con la ruina de toda ella. Y porque[2035] la tierra estaba toda revuelta, y el *Tono* no se sintió entonces con fuerzas[2036] para contradecir[2037] a sus contrarios, consintió en ellos enviando[2038] decir a León que para quietar[2039] la tierra se ausentase por algún tiempo y que él le volvería llamar cuanto más de priesa entendiese que lo podía[2040] hacer. Y de esta manera, después de varios re- cados[2041], se ausentó León, embarcándose en un buen navío con su mujer, hijos y criados y con su suegro, y[2042] fueron para el lugar de Cochinotsu como desterra- dos[2043] por amor de Dios para vivir allá con el padre Cosme de Torres.

2028 a *AJ*.
2029 y *AJ*.
2030 aguardando *AJ*.
2031 averiguarían *AJ*.
2032 está *AJ*.
2033 no osan acometer *AJ*.
2034 mandar *AJ*.
2035 por *AJ*.
2036 fuerza *AJ*.
2037 otra decir *AJ*.
2038 enviando de *AJ*.
2039 a *AJ*.
2040 podría *AJ*.
2041 después de varios días, digo recaudos *AJ*.
2042 y se *AJ*.
2043 desterrado *AJ*.

En todo este tiempo que pasaban estas revueltas, estuvo el hermano en Amacusa con asaz de peligro, y bien mortificado, viendo que el Demonio [f. 127] salía con la suya y que impedía el grande fruto de la conversión que se iba haciendo[2044], y que los bonzos con esto verificaban sus mentiras y probaban que nuestra ley era mala, pues a do ella entraba luego se ponía en descensión y en guerra[2045] toda la tierra. Y porque los señores de estas islas estaban todos debajo del rey de Bungo, [y le tenía mucho miedo y respeto, envió el hermano luego un hombre al rey de Bungo], haciéndole saber lo que pasaba en aquella tierra, y pidiéndole que quisiese escribir una carta al *Tono* de ella, en que le encomendase al hermano y le dijese que hiciese manifestar la ley de Dios en su tierra, pues él también había dado esta licencia en Bungo. Hízolo el rey así, y el *Tono* recibió su carta con mucho contentamiento y la mandó mostrar a sus hermanos y vasallos, diciendo que pues el rey mandaba esto, no sabía qué pudiese hacer, pues tomaría muy mal hacerse lo contrario. Quedaron ellos con esta carta algo metidos por dentro, y los nuestros comenzaron de nuevo a predicar y acudían tantos para se hacer cristianos que los bonzos y los hermanos del *Tono* tornaron[2046] otra vez a desasosegarse y, valiéndose de algunos señores de Satsuma, volvieron a mandar recado al *Tono* que en todo caso echase los nuestros de aquella tierra, porque de otra manera no había de haber[2047] ninguna quietación en ella. El *Tono* viendo que por entonces no les podía resistir y no le venía bien hacer lo contrario, trató con mucha cortesía los nuestros, diciendo que por ahora se fuesen para[2048] Cochinotsu, prometiéndoles que él los volvería a llamar a su tiempo y que haría que la cristiandad fuese adelante y que su hijo mayor se hiciese cristiano, y dio un papel firmado de su mano[2049]. Finalmente, los hermanos, para bien de la paz, se volvieron para Cochinotsu, y los hermanos del *Tono* descubrieron después su maldad, procurando echarlo de la tierra, y quedarse ellos con ella, como adelante lo veremos. Y de todo esto que se ha dicho, hay una carta larga del mismo hermano Almeida, hecha a los veintidós de octubre de este año 69, que anda impresa en varias lenguas.

Entretanto que esto pasaba en las partes del Ximo, en las del Miaco fueron los padres sacados de su destierro[2050] y restituidos con mucha honra y favor en la ciudad del Miaco, y la cosa pasó de esta manera. En este año 69, habiendo Vatan-

---

2044 que se había *AJ*.
2045 guerras en *AJ*.
2046 tomaron *AJ*.
2047 hacer *AJ*.
2048 a *AJ*.
2049 mano y *AJ*.
2050 de sus destierros *AJ*.

dono[2051] acabado de concluir con Nobunaga que se encargase de restituir a la dignidad del *Cubo*, al hermano del *Cubo* muerto de quien arriba tratamos, vino con el mismo Vatandono y con el *Cubo* con grueso ejército para pasar a la ciudad del Miaco y darle la posesión de su [f. 127] dignidad. Mas porque los señores[2052] que lo contrariaban eran muchos y era necesario que Nobunaga pasase con su ejército por el reino de Vomi[2053], negándole el señor de él el paso por estar ligado[2054] con sus enemigos, se hubo Nobunaga de tal manera con él que yendo derecho a poner cerco a la fortaleza a do estaba el señor de aquel reino recogido con mucha gente para le impedir el paso, peleó tan valerosamente contra él que en breves días le destruyó y tomó por fuerza de armas la fortaleza, siendo tan fuerte que parecía inexpugnable, con lo que causó tan grande espanto en[2055] todos los más señores de los reinos que están alrededor del Miaco que todos procuraron hacer paces[2056] con él. Y de esta manera, victorioso y con grande triunfo, entró en el Miaco y puso al nuevo *Cubo* en su dignidad y él se quedó por señor de la *Tenca*, aunque como es costumbre, lo mandaba[2057] todo como capitán general del *Cubo*, al cual todavía mostraba en los principios grande sujeción y respeto y le hizo unos palacios muy grandes en el mismo lugar a do su hermano fue muerto y hacía que todos los más señores le obedeciesen.

Y porque Vatandono tenía entonces en su servicio a Tacayamadono Darío, tan excelente cristiano como se ha dicho, del cual hacía Vatandono grande cuenta por ser Tacayamadono Darío caballero de grande esfuerzo y de mucha estima, pidió Darío a Vatandono que se quisiese encargar de favorecer el[2058] padre que estaba desterrado en el Sacai, y restituirlo en el Miaco, por cuanto era su maestro y extranjero y que predicaba una ley santa y ninguna merced le podría hacer Vatandono mayor que tornarle a restituir por ser cosa que importaba tanto a su honra y a su alma. Tenía ya Vatandono alguna noticia de nuestra santa ley, porque en una ocasión que hubo, yendo en otros tiempos con el mismo Darío a nuestra casa, tenía ya oído una predicación del hermano Lorenzo en la cual entendiera que había un solo Creador y Señor y que no había que esperar en los *Camis*

2051 Wada Koremasa.
2052 los suyos *AJ*.
2053 El Reino de Ōmi (近江国, Ōmi no Kuni) fue una antigua provincia de Japón, ubicada en la región de Kansai, que corresponde aproximadamente a la actual prefectura de Shiga. Era una de las provincias históricas de Japón hasta que se reorganizó en las modernas prefecturas en el período Meiji.
2054 el señor del paso por estar ligados *AJ*.
2055 a *AJ*.
2056 *pax AJ*.
2057 la mudanza *AJ*.
2058 al *AJ*.

y *Fotoques* que fueron hombres, y quedó muy contento y aficionado a[2059] nuestras cosas y, aunque no pudo entonces oír más al hermano Lorenzo por ser impedido de algunas graves ocupaciones, siempre quedó con deseo de oír más de vagar[2060] las cosas de nuestra santa ley. Y así por esto, como por contentar a Tacayama Darío, a quien amaba y estimaba mucho, le prometió que se encargaría con buena ocasión de sacar al[2061] padre Luís Fróis del destierro y tornarle a meter en el Miaco.

Aconteció en este tiempo que el *Cubo* y Nobunaga, reconociendo lo mucho que había trabajado Vatandono en servicio de ellos, le hicieron gobernador del Miaco luego que el *Cubo* tomó la posesión de su oficio. Y siendo [f. 128] muy favorecido de ellos ambos, le enviaron también a la ciudad de Sacai con otros capitanes y mucha gente para la pacificar y asegurarla que Nobunaga no le haría ningún mal. Porque estaba entonces tan perturbada, temiéndose que viniese a dar sobre ella que muchos enviaban mujeres e hijos y mucha hacienda fuera de la ciudad. Mas con la llegada de Vatandono y cartas de seguro que trujo del *Cubo* y de Nobunaga, quedó la ciudad del Sacai quieta y sosegada, e hizo grandes honras y recibimiento[2062] a Vatandono y a los más capitanes de Nobunaga. Y porque la providencia de Dios[2063] dispone a tiempo y con suavidad todas las cosas, había también ordenado que poco antes de ellos llegar al Sacai, el padre Cosme de Torres hubiese tornado a enviar para allá al[2064] hermano Lorenzo que había días[2065] estaba en las partes del Ximo para estar en el Sacai con el padre y así, por medio del mismo Tacayama Darío que fuera allá con Vatandono, fueron el padre y el hermano Lorenzo a visitarle. Y estando Vatandono juntamente con Xibatandono[2066], uno de los principales capitanes de Nobunaga, y con otros muchos caballeros y señores, recibió Vatandono al[2067] padre y al hermano Lorenzo con tanta muestra de cortesía y de fiesta[2068] que quedaron todos espantados y dando cuenta a Xibatandono y a los otros de la bondad[2069] de la ley que predicaban los nues-

---

2059 de *AJ*.
2060 despacio *AJ*.
2061 el *AJ*.
2062 recibimientos *AJ*.
2063 divina *AJ*.
2064 el *AJ*.
2065 días que *AJ*.
2066 Xibatadono *AJ*. Shibata Katsuie (柴田勝家, 1522–1583) fue un destacado general y daimio del período Sengoku de Japón. Se destacó como uno de los guerreros más poderosos y astutos de su tiempo, conocido por su lealtad al clan Oda y luego al clan Toyotomi.
2067 el *AJ*.
2068 con tantas muestras de cortesías y fiestas *AJ*.
2069 bondad y *AJ*.

tros, hizo instancia que el hermano Lorenzo les dijese algunas cosas de nuestra santa ley para que oyéndolas Xibatandono que era hombre de tanto ser, y otros caballeros que estaban con ellos quedasen todos aficionados a nuestras cosas.

Comenzó el hermano Lorenzo con mucha gracia y elocuencia que tenía natural a tratar de cómo había un solo Creador[2070] y Señor del universo y que no podía haber otros dioses y que a este Dios y señor de todo habían de reconocer y servir todos los que pretendían ganar su salvación, porque los *Camis* y *Fotoques* que fueron hombres ya muertos no tenían poder ninguno para ellos. Y fue probando[2071] todo con tanta satisfacción de los oyentes que a su instancia fue prolongando el sermón casi por espacio de dos horas y con esto los despidieron diciendo los dos muchos bienes de nuestras cosas. Y el día siguiente tornó Vatandono a llamar el[2072] hermano Lorenzo y le dijo que tenía mucha compasión del padre que había tanto tiempo que estaba[2073] allí desterrado y que quería tomar a su cargo, favorecerle con el *Cubo* y con Nobunaga y hacer que fuese restituido [f. 128v] en el Miaco. Y para que todos los caballeros que estaban con él, y los ciudadanos soberbios del Sacai entendiesen la estima que se debía tener de los padres y de nuestra santa ley, había de ir él en persona a visitarle como lo hizo dos veces en ocho días que estuvo en el Sacai, yendo en él mediodía con tanta gente a la pobreza[2074] casa del padre.

Y tratando con tanta honra[2075], familiaridad y buena conversación con él que todos quedaron espantados[2076]. Y no se contentó con esto, mas sabiendo que Rioqei Diego era cristiano, y había siempre favorecido el padre en tiempo de su destierro, yendo para visitar al padre, y pasando por la puerta de la casa de Rioqei, que entonces no estaba en el Sacai por estar en las partes del Ximo, mandó[2077] visitar su mujer e hijos con un presente. Diciéndoles que por el amor que él tenía al padre holgara mucho de saber que Rioqei, como buen cristiano, le hubiese siempre favorecido en aquel destierro y que en agradecimiento de esto, ya que él[2078] estaba ausente pasando por su puerta enviaba a visitar su mujer e hijos con aquel presente. Y que en las ocasiones que se ofreciesen favorecía siempre aquella casa. Con lo cual no solo dio grande ánimo a la gente de Rioqei y a todos los

---

2070 Creador Dios *AJ.*
2071 procurando *AJ.*
2072 al *AJ.*
2073 está *AJ.*
2074 pobre *AJ.*
2075 honra y *AJ.*
2076 admirados *AJ.*
2077 mandando
2078 él no *AJ.*

cristianos del[2079] Sacai, mas mostró la grande estima que tenía de los nuestros, mandando por amor de ellos semejante recado[2080] a la casa[2081] de Rioqei[2082], siendo entonces Vatandono gobernador del Miaco y de los principales señores que había en la *Tenca* después de Nobunaga.

Volviose Vatandono con los más capitanes del Sacai para Miaco y no se olvidando de lo que había prometido al padre, de ahí a pocos días negoció con Nobunaga y con el *Cubo* la restitución de los nuestros, y hablando a Tacayamadono Darío le dijo que mandase luego al padre. Envió Tacayamadono con grande alegría con este recaudo al padre[2083] algunos criados suyos con gente de caballo y de pie para le acompañar, y al fin del mes de marzo salió el padre del[2084] Sacai dejando los cristianos de allí confesados y comulgados, y aunque sintieron el apartarse de ellos el padre fue tanta la alegría de saber que estaba restituido[2085] que hicieron grande fiesta a la gente que Tacayamadono enviara y acompañaron el padre hasta salir un gran espacio del Sacai.

Finalmente saliéndole[2086] al encuentro el mismo Tacayamadono Darío con muchos caballeros cristianos le llevaron con grande fiesta al Miaco una segunda feria de la semana de Lázaro y luego en llegando fue visitado de Vatandono y de muchos caballeros dándole el parabién de su restitución. Y Vatandono juntamente con Sacumandono[2087], otro principal capitán de Nobunaga, le llevaron de ahí a poco a visitar a Nobunaga y después el mismo Vatandono le llevó [f. 129] a visitar al *Cubo* y fue bien recibido del uno y del otro. Y la patente que alcanzó Vatandono de Nobunaga para el padre decía así: «Doy licencia al padre para estar en el Miaco y no le será tomada su casa de aposento, ni menos tendrá los oficios y obligación de la calle, porque de todo lo he por eximido y desobligado[2088], y en cualquiera de mis reinos que quisiera[2089] estar, no recibirá ninguna molestia y si

---

2079 de *AJ*.
2080 semejantes recaudos *AJ*.
2081 causa *AJ*.
2082 Rioqei fundó *AJ*.
2083 padre y *AJ*.
2084 de *AJ*.
2085 de lo ver que estando restituido *AJ*.
2086 saliendo *AJ*.
2087 Sakuma Nobunori (佐久間信盛, 1527–1582) fue un destacado samurái y daimio durante el tumultuoso período Sengoku de la historia japonesa. Inicialmente sirvió bajo el clan Takeda, donde se destacó como un hábil general. Más tarde, tras la caída del clan Takeda, se unió a Toyotomi Hideyoshi, convirtiéndose en uno de sus generales más confiables.
2088 lo he proeximido y es obligado *AJ*.
2089 quisiese *AJ*.

por ventura hubiere[2090] alguno que le haga alguna sin razón, muy cumplidamente le haré justicia y[2091] daré el castigo conveniente al que le agraviare, hecha en tal era[2092], etc.»; y decía abajo «para el padre de la cristiandad en la Iglesia que se llama camino de la verdadera doctrina». Y de la misma forma alcanzó otra patente del *Cubo* y por medio de Vatandono otras veces que fueron el padre y el hermano Lorenzo visitar a Nobunaga y el *Cubo* le hicieron tantos favores que quedaron los nuestros y nuestra santa ley más acreditada que nunca y Vatandono tomó tan de veras a[2093] cargo de favorecer a los nuestros por todo el tiempo que vivió que hizo cosas extremadas y que no solo nunca ni adelante ni después hicieron otros señores gentiles por grandes amigos nuestros, que fuesen más aun pocos caballeros cristianos le llevaron ventaja en favorecer nuestras cosas.

Y fue muy grande y particular providencia de nuestro Señor dar a los nuestros en este tiempo un hombre gentil tan poderoso que se encargase tan de veras de favorecerlos porque si fuera de menos[2094] poder de lo que él era y menos aficionado a nuestras cosas no pudiera llevar adelante la restitución de los nuestros. Lo primero porque[2095] fueron echados del Miaco por orden y patente del *Dayri* el[2096] cual, aunque no gobierna en Japón, todavía es muy estimado por ser rey natural de todo el y que da las dignidades a los señores japoneses de la manera que queda dicho. Y en este tiempo Nobunaga le puso en grande estado, haciéndole muy ricos palacios[2097] y dándole muy buena renta para su sustentación. Lo segundo porque fue tan grande la contradicción que hicieron los bonzos, especialmente unos[2098] de ellos que tenía grande privanza con el *Dayri*, con el *Cubo* y con[2099] Nobunaga que cualquiera otra persona que fuera de menor poder y que tomara menos a pecho nuestras cosas no pudiera resistir a tan grandes contrarios. Lo tercero[2100] porque por vía de este bonzo tornó el *Dayri* a dar de nuevo otra patente para desterrar los nuestros y mandó acerca de ellos recaudos[2101] al *Cubo*, y a Nobunaga y tomando él tan a pecho el destierro de los nuestros no se

---

2090 viniere *AJ*.
2091 le *AJ*.
2092 hora *AJ*.
2093 el *AJ*.
2094 mejor *AJ*.
2095 que *AJ*.
2096 lo *AJ*.
2097 rico palacio *AJ*.
2098 un *AJ*.
2099 con el *AJ*.
2100 segundo *AJ*.
2101 recaudo *AJ*.

pudiera salir con este negocio si no proveyera nuestro Señor con darles[2102] en aquel tiempo un Vatandono porque fueron tan grandes los [f. 129v] contrastes que por no querer cesar Vatandono de favores[2103] a los nuestros se vio casi del todo perdido y en punto de quedar desterrado y sin estado, porque de tal manera fue acusado y malsinado por este bonzo nuestro perseguidor delante de Nobunaga que llegó a perder su gracia y a raparse[2104] quedando por muchos meses desterrado sin aparecer delante de Nobunaga.

Mas finalmente fue hombre de tanto valor y tan amigo de los nuestros que antes del ser acusado los hizo restituir en el Miaco, de la manera que se ha dicho, y los conservó en él defendiéndolos con[2105] otra muy grande persecución que les levantó el mismo bonzo para hacerlos[2106] desterrar de nuevo. Y después de él quedar en desgracia de Nobunaga se supo negociar de tal manera que se volvió de nuevo en su gracia, cobrando mayor estado y reputación y el bonzo su perseguidor fue desterrado, quedando Vatandono más amigo que nunca de los nuestros. Y el negocio cómo pasó porque este capítulo va siendo muy largo lo dejaremos para contar en el capítulo siguiente.

2102 nuestro Señor mandarles *AJ*.
2103 favorecer *AJ*.
2104 rascarse *AJ*.
2105 en *AJ*.
2106 hacerlo *AJ*.

Capítulo 25
Levantose otra muy grande persecución contra los nuestros en las partes del Miaco y fueron defendidos por Vatandono, y pónese un breve discurso del mal fin que tuvieron todos los que fueron causa del destierro de los nuestros

Después del padre hacer en este año de 69 con los cristianos las fiestas[2107] de la Semana Santa y de Pascua en el Miaco con mucha devoción y regocijo[2108], dando las gracias a nuestro Señor por la restitución tan deseada del padre en aquella iglesia, no se pasaron muchos días que se levantó otra persecución que dio harto quehacer a todos, poniendo a los nuestros y a los cristianos en grandes trabajos. Y la principal causa de ella fue un bonzo llamado Nichijō[2109], el cual, por ser hombre noble y muy elocuente y sagaz, tenía grande entrada con el *Dayri*, con Nobunaga y con el *Cubo*. Y Nobunaga se valía de él en muchas cosas de importancia y entre las otras le había dado el cargo y superintendencia de hacer los nuevos palacios que mandara hacer para el *Dayri*. El cual también negociaba[2110] las cosas pertenecientes a su estado con Nobunaga, por eso tenía mucha privanza con el *Dayri* y también era favorecido de Nobunaga.

Este bonzo era cruel enemigo de nuestra ley santa y de los padres y atizado también de otros bonzos que tomaban[2111] muy mal la restitución de los nuestros, no hacía sino buscar ocasión para los poner en desgracia[2112] de Nobunaga y tomaba muy mal [f. 130] que fuesen tan favorecido de Vatandono. Aconteció que

---

2107 la fiesta *AJ.*
2108 regocijos *AJ.*
2109 Asayama Nichijō (朝山 日乗) fue un monje de la secta Nichiren durante el periodo Sengoku en Japón. Se le otorgó el título de Nichijō Shōnin por el Emperador Go-Nara. En su juventud, sirvió a la familia Amago y, tras un periodo de conflicto, huyó a la protección del clan Mōri. Más tarde, se convirtió en una figura influyente tanto en el ámbito religioso como en el político, interactuando con figuras prominentes como Oda Nobunaga y Toyotomi Hideyoshi. Durante su vida, fue conocido por su elocuencia y habilidades diplomáticas, aunque también se le criticó por su comportamiento controversial y su oposición a los misioneros cristianos.
2110 necesitaba *AJ.*
2111 tomaba *AJ.*
2112 decencia *AJ.*

https://doi.org/10.1515/9783111617602-027

después de Nobunaga haber metido al *Cubo* en su dignidad y haber dado la orden que le pareció al gobierno de la *Tenca*, quiso dar vuelta a sus reinos de Mino y Voari y pareció a Vatandono que antes de su partida fuese de nuevo el padre Luís Fróis a visitarle y darle las gracias de los muchos favores que le había hecho. Llévolo delante de Nobunaga el mismo Vatandono y estaba entonces el bonzo Nichijo con Nobunaga; recibió Nobunaga al padre bien juntamente[2113] con el hermano Lorenzo y como sabía el aborrecimiento que les tenía Nichijo, queriendo pasar tiempo con ellos, comenzó preguntar algunas cosas al hermano Lorenzo acerca de nuestra santa Ley, estando ahí Vatandono y muchos caballeros presentes. Y después de le haber hecho algunas preguntas, volviéndose para Nichijo dijo riendo que respondía él a lo que le hermano Lorenzo decía. Comenzó él con mucha indignación y soberbia a mofar del hermano y a decir que lo mejor que podía hacer Su Alteza era echarlo del Miaco como gente malvada y perniciosa; mas Nobunaga, holgándose de le ver enojado, le incitaba para que viniese a disputa con[2114] los nuestros. Tratándose principalmente, de dos cosas, *scilicet*, que había un solo Dios verdadero a quien todos habían de adorar y que los *Camis* y *Fotoques* no podían ninguna cosa, y juntamente que nuestra alma era inmortal[2115]. Fueron a instancia de Nobunaga prosiguiendo esta[2116] disputa, y porque el hermano Lorenzo apretaba grandemente al bonzo que más disputaba con ira y con gritos que[2117] con buenas razones y Nobunaga mostraba holgarse de verle[2118] apretar del hermano Lorenzo. Vino el bonzo en tanta ira que, remitiendo a una cierta arma que se llama en Japón *nanginata*[2119], que allí estaba, decía que en todo caso había de matar aquel ciego, para ver si después de muerto quedaba viva su alma. Acudieron los caballeros que presentes estaban y Nobunaga tomó la cosa por donaire y quedó el bonzo más furioso viéndose avergonzado y que todos[2120] hacían burla de él, y diciendo muchas palabras enojadas contra los nuestros no hacía sino decir a Nobunaga que en todo caso echase de la *Tenca* tan malos hombres.

2113 justamente *AJ*.
2114 en *AJ*.
2115 nuestras almas eran inmortales *AJ*.
2116 a su *AJ*.
2117 y *AJ*.
2118 verla *AJ*.
2119 *nanguinata AJ*. La naginata (薙刀) es una tradicional arma japonesa similar a una alabarda, compuesta por una larga asta de madera y una hoja curva al final.
2120 y los dos *AJ*.

Finalmente, después de haberse Nobunaga recreado por un espacio[2121] de le ver de aquella manera enojado acabó[2122] la disputa y despidió los nuestros con honra y amorosas palabras. Fuese Nobunaga para Voari y el bonzo, que quedaba más furioso y airado contra los nuestros, se fue al *Dayri*, y díjole que no era sufrible que, habiendo [f. 130v] él echado los padres del Miaco por patente suya los años atrás, ahora volviesen triunfando sin se hacer de su patente ningún caso, y por esto le pedía que volviese a despachar otra[2123] para el *Cubo* de nuevo los[2124] desterrar. Y como él acababa lo que quería con el *Dayri* por le hacer sus palacios y sus negocios, alcanzó luego lo que quiso e hizo que el *Dayri* enviase a él mismo con un *Cungue*, hombre principal de su casa[2125], decir al *Cubo* que en todo caso desterrase los nuestros. Fueron ellos e hizo el bonzo el oficio con la mayor instancia que pudo con el *Cubo*, mas no pudo alcanzar nada porque[2126], sabiendo el *Cubo* cuánto favorecía Vatandono a los nuestros y habiendo a su instancia despachado la patente de la restitución de los padres, y deseando dar todo contentamiento a Vatandono por el mucho amor y respeto que le tenía por lo que había hecho por él, excúsose diciendo[2127] en ninguna manera desterrar los padres, ni había razón para eso pues estaban admitidos por su patente y de Nobunaga, y que no era razón hacerse semejante cosa en su ausencia que lo tomaría muy mal. Y en saliendo el bonzo de ahí con esta respuesta[2128], entró Vatandono a visitar al[2129] *Cubo*, y le dijo lo que había pasado con aquel bonzo y lo que había respondido al *Dayri* por él, diciendo que, pues Vatandono favorecía los padres[2130], él también no dejaría de los favorecer. Diole Vatandono por eso muchas gracias confirmándolo en esta su buena voluntad; el día siguiente tornó el mismo bonzo con el *Cungue* al *Cubo* con otro recado de *Dayri* diciéndole[2131] que, pues no desterraba los padres por causa de tener patente de Nobunaga[2132], le enviase[2133] pedir licencia para que sin embargo de ella los pudiese desterrar a instancia del *Dayri*. Respondió el *Cubo* que no había de enviar tal recaudo a Nobunaga por no haber causa para ello y no saber si tomaría bien tal

---

2121 por un rato *AJ*.
2122 acabó ya *AJ*.
2123 otra patente *AJ*.
2124 le *AJ*.
2125 de *AJ*.
2126 porque en *AJ*.
2127 diciendo no pudieron *AJ*.
2128 estas respuestas *AJ*.
2129 el *AJ*.
2130 favoreció el padre *AJ*.
2131 diciendo *AJ*.
2132 Nobunaga que *AJ*.
2133 le enviase a *AJ*.

recaudo y que si el *Dayri* quisiese enviar semejante recaudo a Nobunaga se lo podría enviar sin meter al *Cubo* en eso.

Supo todo esto Vatandono, y lo supieron también luego todos en aquella corte, y los cristianos se vinieron[2134] todos en grandes angustias y trabajos, temiéndose[2135] grandemente que, pues el *Dayri* tomaba tan a pechos[2136] de desterrar los nuestros y tenía tan fuerte solicitador y de tanta autoridad como era el dicho[2137] bonzo con Nobunaga, fácilmente saldría con su intento sin haber quien le pudiese ir a la mano. Y parecía que Nobunaga, haciéndole[2138] esta instancia el *Dayri*, que toma[2139] esto como cosa que pertenecía a su honra, no había de descontentarle por amor de un padre extranjero que apenas conocía. Y en la verdad el discurso era bueno y sin duda [f. 131] saliera si Vatandono no tomara tanto en caso de[2140] honra de quedar con la victoria contra el bonzo y hacer que en todo caso quedase el padre en el Miaco. Y por[2141] eso usó de diversas y grandes diligencias.

La primera fue mandar mostrar al *Dayri* las patentes[2142] que el *Cubo* y Nobunaga habían dado acerca de la restitución de los nuestros, diciendo que él había alcanzado aquellas patentes y que era grande deshonra[2143] suya tratar ahora el *Dayri* de las hacer revocar, y que, pues él había tratado sus negocios tan bien y con tanta fidelidad con el *Cubo*[2144], con Nobunaga, le pedía ahora que también favoreciese su honra y no[2145] quisiese tratar ninguna cosa contra el padre que él había tomado a su cuenta. Además de esto, envió aconsejar al padre que luego fuese visitar al *Cubo*, llevándole un reloj de ruedas para le dar las gracias, y que él le llevaría delante de él para que todos entendiesen que estaba bien con el *Cubo*. Y así se hizo, presentando el mismo Vatandono el padre con el reloj al *Cubo*, que le recibió con mucha honra y holgó de ver el reloj y llamó[2146] muchos caballeros que estaban entonces allí para verle. Y ofreciéndole el padre el mismo

---

2134 vieron *AJ*.
2135 temiendo *AJ*.
2136 pecho *AJ*.
2137 como el mismo *AJ*.
2138 haciéndolo *AJ*.
2139 tomaba *AJ*.
2140 tanto en caso de su *AJ*.
2141 para *AJ*.
2142 la patente *AJ*.
2143 grandes deshonras *AJ*.
2144 *Cubo* como *AJ*.
2145 no que *AJ*.
2146 y llevó *AJ*.

reloj, no le quiso aceptar, agradeciéndolo[2147] mucho y diciendo que sería perdido en su mano, y que lo guardase bien, loando grandemente el ingenio de los hombres de Europa que hacían semejantes cosas, deteniéndose en esto mucho tiempo que, por ser en presencia de tantos señores y caballeros fue grande favor para el padre en semejante tiempo.

Después de esto, escribió Vatandono una carta al bonzo Nichijo, rogándole por una parte que desistiese de perseguir el padre y, por otra, mostrando mucho sentimiento de lo que hacía, y que lo tomaría como cosa hecha contra sí mismo. A lo cual respondió el bonzo otra carta harto descomedida, diciendo grandes males de los nuestros y que se espantaba que Vatandono favoreciese[2148] tan mala gente contra la voluntad y honra del *Dayri*. Por lo cual, Vatandono aconsejó al padre que fuese luego al reino de Mino visitar a Nobunaga, tomado él a cargo de le favorecer en[2149] todo lo que pudiese. Y por esto escribió a Nobunaga y a su secretario y a otros principales capitanes, encareciéndole cuanto mejor pudo el buen despacho del padre. Y fue tanta la instancia que hizo y tanta su valía que, en llegando el padre al reino de Mino, a do Nobunaga tenía hecha una muy noble y fuerte fortaleza, fue recibido muy bien de Nobunaga, haciéndole[2150] extremados favores[2151] hasta llegar a convidarlo y traerle[2152] de su mano la mesa al uso de Japón [f. 131v] con sus manjares y su hijo, otra al hermano Lorenzo. Y después de le hacer muchos favores delante de todos para que entendiesen cuán bien estaba con ellos, les mandó mostrar su fortaleza por uno de los principales sus capitanes y le despachó muy bien, dándoles palabra[2153] que siempre él los favorecía. Y haciendo responder a Vatandono como él lo deseaba, con que los nuestros y los cristianos quedaron muy contentos, y cesó la persecución del bonzo no pudiendo salir con la suya contra Vatandono, como todo lo escribió muy largamente el mismo padre Luís Fróis en dos cartas, la una hecha en el primero de junio y la otra en doce de julio de este año 69, que andan impresas[2154] en varias lenguas. Y para que mejor se entienda[2155] la grande providencia que tuvo nuestro Señor de los nuestros y el castigo que dio[2156] a todos los que procuraron su destierro.

2147 ofreciéndole *AJ*.
2148 favoreciese de *AJ*.
2149 y *AJ*.
2150 haciéndoles *AJ*.
2151 favores y *AJ*.
2152 tratarle *AJ*.
2153 palabras *AJ*.
2154 anda impresa *AJ*.
2155 entiende *AJ*.
2156 hubo *AJ*.

Primeramente, cuanto a lo que toca a este bonzo, después de ver que no pudo hacer desterrar de nuevo al padre por el favor que le dio[2157] Vatandono, determinó volver su saña contra él y, haciendo con otro hombre malvado de su cualidad unas falsas capitulaciones contra Vatandono, le acusaron de tal manera a Nobunaga que le pusieron en grande sospecha con él. De modo que, queriendo ir Vatandono visitar a Nobunaga, le mandó decir que no fuese y que no pareciese delante de él y le[2158] tomó una buena parte de la renta[2159] que le tenía dado. Y así, Vatandono se recogió como desterrado a un lugar, rapándose con muchos de sus hidalgos en señal de tristeza y de destierro, y de esta manera estuvo cerca de un año, en el cual tiempo trató siempre con tanta familiaridad con los nuestros recibiendo sus visitas, y enviándoles diversas cartas y recados como si no hubiera por ello padecido nada, diciendo abiertamente a muchos y escribiendo al mismo padre que tenía por honra ser perseguido por favorecer a los nuestros y que no dejaría nunca de hacer lo mismo en todo lo que pudiese. Mas al cabo de[2160] este tiempo, entendiendo Nobunaga su inocencia, lo restituyó con grande honra suya, acrecentándole mucho la renta, y diciendo que dejase crecer el cabello porque un capitán tan valeroso como él no había de vivir rapado[2161] a manera de bonzo. Y cabalgando por la ciudad de Miaco, le llevó consigo a caballo a su lado para que entendiesen todos la cuenta que hacía de él. Y pocos días después de restituir a Vatandono, vino el malvado bonzo Nichijo a caer[2162] desgracia de Nobunaga, y le reprehendió y echó de sí tan airadamente por sus demasiadas desenvolturas que, tirándole todos los cargos[2163] que tenía, se recogió en un pobre y triste lugar a do de tristeza murió miserablemente [f. 132] y fue a pagar en el infierno la pena que merecía.

Dajodono, también que fue el que desterró al padre, primeramente antes de[2164] la venida de Nobunaga, fue siempre perdiendo en la guerra hasta venir a estar puesto de cerco más de dos años, siendo excluido del gobierno de la *Tenca* por los tres capitanes de Mioxidono que se hicieron sus enemigos. Y después de la venida de Nobunaga, por alcanzar su amistad y perdón del nuevo *Cubo*, gastó grande parte de sus riquezas[2165], dándoles las mejores y más ricas piezas[2166] que

---

2157 dio el *AJ*.
2158 lo *AJ*.
2159 renta de él *AJ*.
2160 Mas acabado *AJ*.
2161 venir raspado *AJ*.
2162 caer en *AJ*.
2163 tirándoles de todos los encargos *AJ*.
2164 de esa *AJ*.
2165 su riqueza *AJ*.
2166 más joyas *AJ*.

él tenía y quedando su poder y soberbia abatida, sirviendo como criado de ellos. Y después de algún tiempo, tratando de hacer una conjuración[2167] contra Nobunaga, fue por el puesto de cerco en su fortaleza, lo cual, viendo que se no podía sustentar contra el poder de Nobunaga, adjuntando mucha pólvora en la misma fortaleza, mató por su mano mujer e hijos, y después cortó la barriga, poniendo con la otra mano fuego en la pólvora por no venir a las manos de Nobunaga. Y ardiendo en fuego, acabó su miserable vida para ir continuar sus penas en el fuego eterno del infierno.

También los otros[2168] que entonces gobernaban con él y consintieron en el destierro de los padres, perdieron todos sus estados y acabaron miserablemente su vida, porque el[2169] uno de ellos, llamado Ximoteuqidono, que fue[2170] el mayor nuestro enemigo, dio de repente un accidente que en brevísimo espacio de tiempo le sacó miserablemente de esta vida. Y el segundo, llamado Yuanaridono, fue muerto por orden de Nobunaga, perdiendo juntamente el estado y la vida. Y el tercero, llamado Fiogadono, que favoreció en su destierro algo al padre mandándole poner en[2171] salvo por sus criados cuando le[2172] desterraron del Miaco, aunque en parte fue castigado perdiendo él también su estado, todavía murió de su muerte natural siendo ya viejo.

También dos hermanos caballeros muy nobles que fueron los principales que persuadieron a Dajodono Sotay que quisiese desterrar los padres, de los cuales el uno se llamaba Taqenouchi Sami, hombre rico y de grande estima, y el otro se llamaba Ximasadono[2173], que tenía mucha entrada con Sotay. A este Ximasadono, estando en el mejor de su prosperidad, se metió por desastre un espino por el pie y fue tan venenoso que, padeciendo grandísimos dolores y tormentos, murió sin hallar ningún [f. 132v] remedio para sanar, aunque buscó los mejores médicos y remedios que se hallaron en las partes del Miaco. Al otro hermano, teniendo mucha entrada con el *Dayri*, con el *Cubo* y con Nobunaga, y siendo cruel enemigo de nuestra santa ley, vino finalmente a caer en desgracia de Nobunaga que le mandó cortar, acabando[2174] míseramente su vida.

2167 desconjuración *AJ*.
2168 otros tres *AJ*.
2169 al *AJ*.
2170 era *AJ*.
2171 a *AJ*.
2172 les *AJ*.
2173 Ximosandono *AJ*.
2174 acabó *AJ*.

A otro gentil llamado Axinoyama[2175], que moraba cerca de nuestra iglesia, y fue también grande adversario de los nuestros y en el destierro de los padres se entregó de nuestras casas, y en odio y desprecio de los nuestros, destruyó todas las cámeras interiores en que los nuestros moraban e hizo de nuestra iglesia parte caballeriza y parte cocina[2176], le aconteció también que, estando en el reino de Cavachi, entregándose de una contía de arroz, le mataron allí miserablemente, mostrando él de su parte mucha cobardía y flaqueza. Cuanto a lo que toca a los bonzos, que fueron siempre nuestros continuos[2177] adversarios, parece que nuestro Señor tomó a Nobunaga por verdugo de[2178] cruel azote de todos ellos. Porque habiéndose ya descubierto por Japón, con la luz del santo Evangelio, la falsedad de las leyes y sectas de Japón, comenzaron muchos señores a perder la devoción y estima de los bonzos. Y Nobunaga la perdió de tal manera que parece que no buscaba otra cosa que oprimirlos y deshacerlos todos como hizo en todo el proceso de su gobierno. Y así, cuando quiso hacer los palacios del *Cubo* para abreviar las obras, deshizo[2179] uno de los más nobles monasterio de bonzos que había en el Miaco llamado Rocujo[2180], que era de bonzos *Focqexus*[2181] y tenía muy ricas cámeras y aposentos, los cuales todos mandó Nobunaga meter en los palacios del *Cubo*, no valiendo a los bonzos ni Sotay ni el *Dayri* ni otros señores que intercedieron por ellos, ni dádivas que ofreciesen a Nobunaga para que no deshiciese aquel monasterio. Y porque, como dijimos, hizo otros palacios muy nobles y ricos para el *Dayri*, desarmó también los ricos palacios que Dajondono Sotay había hecho en Nara, llevando las principales cámeras, que era[s] todas cosidas en oro muy lindas y curiosas para los palacios del *Dayri*.

Después destruyó y asoló totalmente los templos, monasterios y universidad de Fiyenoyama[2182], que era la más noble casa y de mayor[2183] autoridad que había en Japón, y abrazó el magnífico templo de Sanno[2184], que estaba junto de Fiyeno-

---

2175 No se ha logrado determinar el nombre japonés de estos seis señores feudales. Por otro lado, todo están citados por Fróis en su *História*.

2176 caballerizas y fuerte con siñale *AJ*.

2177 contrarios *AJ*.

2178 Y *AJ*.

2179 deshicieron *AJ*.

2180 El Templo Honkoku-ji (本圀寺) es un templo de la escuela Nichiren ubicado en Oryō Ōiwa, distrito de Yamashina, ciudad de Kioto y exactamente en la calle Rokujō Hongan-ji (六条本圀寺). Es considerado el templo principal (santuario espiritual) de esta escuela

2181 Focquxos *AJ*.

2182 Fienoyama *AJ*. Es decir, Fienoyama

2183 dignidad o autoridad *AJ*.

2184 El Santuario Sannō (山王神社, Sannō Jinja), es un santuario sintoísta ubicado en Nagasaki, en el suroeste de Japón.

yama situado en una sierra que era de grande veneración y romería en todo Japón, y tenía al pie de la sierra un fresco valle con veinte y dos monasterios y templos de *Camis* muy ricos en que se hacía una solemnísima fiesta por lo bonzos de Fiyenoyama cada año, los cuales todos por día de San Micael quedaron quemados y hechos ceniza[2185], matando en este templo [f. 133] de Sanno mil y ciento y tantos bonzos que se habían hecho fuertes en él con sus armas. Y toda la renta de Fiyenoyama que era muy gruesa la repartió entre los soldados.

También en la guerra que después tuvo con el mismo *Cubo* que había metido en la posesión de su estado, quemó[2186] la ciudad de Miaco con obra de cincuenta lugares alrededor de él, en que se quemaron[2187] muy grande cuantidad de templos y monasterios de bonzos. Tuvo también reñida guerra con el gran bonzo de Osaca[2188] que había llegado a ser uno de los mayores señores que habían en Japón y el más venerado y rico de todos porque tenía ya tres reinos. Y la secta de este bonzo que era de *Ycoxus*, estaba[2189] tan extendida entre toda la gente común y labradores de Japón, que le adoraban y le llamaban[2190] cada día a ofrecer grande cuantidad de plata y oro y de otras ricas piezas, porque se persuadían todos los de su secta que en el mismo bonzo estaba Amida y que en verle y adorarle ganaban grandes tesoros para sus almas.

A este bonzo tuvo Nobunaga de cerco muchos años en[2191] la fortaleza de Osaca, hasta que finalmente se la tomó, juntamente con sus reinos. Y la fortaleza, con los[2192] templos que en ella había, con los palacios muy ricos y nobles del bonzo, fueron todos abrasados y hechos[2193] ceniza. Y en el tiempo del mismo cerco, mandó también asolar y quemar otro famoso templo y monasterio que estaba media legua de Osaca llamado Tennoij[2194], que edificó un grande príncipe y

---

2185 hecho en ceniza *AJ.*

2186 estado mismo *AJ.*

2187 armaron *AJ.*

2188 Ōsaka (大阪).

2189 está *AJ.*

2190 llevaban *AJ.*

2191 a *AJ.*

2192 sus *AJ.*

2193 hecho en *AJ.*

2194 Tennoji (天王寺), conocido oficialmente como Shitennō-ji (四天王寺), es uno de los templos budistas más antiguos de Japón, ubicado en Ōsaka. Fundado en el año 593 por el Príncipe Shō-toku, este templo es célebre por su historia y su arquitectura, que refleja el estilo budista temprano en Japón. A lo largo de los siglos, Shitennō-ji ha sido reconstruido varias veces debido a incendios y guerras, pero sigue siendo un importante lugar de peregrinación y culto.

era muy famoso en Japón y de continua romería. Mandó también asolar y quemar una cantidad grande de templos dedicados a los *Camis* que estaban[2195] media legua del Sacai que se llamaba Sumiyoxi[2196], y mandó también asolar el templo que los *Ycoxus* tenía[2197] dentro de la ciudad del Sacai. También mandó quemar y destruir la ciudad de Fiogo[2198], que está en los confines de los reinos de Farima[2199] y de Tsunocuni, en que estaba muy grande cuantidad de templos de *Camis* [y] *Fotoques* con sus monasterios muy esplendidos y suntuosos que eran uno de los grandes ornamentos que Japón tenía.

Mandó también destruir en el reino de Farima otro lugar de muchos templos de *Camis* y *Fotoques* llamado Xososan[2200] que era también de grande nombre y romería en Japón. También mandó asolar y quemar otro lugar en el reino de Omi, llamado Facusay[2201], que tenía muchos templos de *Camis* y *Fotoques* de grande veneración. También en el reino de Ixe[2202], en una reñida guerra que tuvo contra los bonzos *Ycoxus*, mató en un día muchos millares de personas que los seguían y, tomando la fortaleza, mandó matar los bonzos y envió [f. 133v] las cabezas de los principales de ellos al Miaco en señal de la vitoria.

2195 está *AJ*.
2196 Sumiyoshi Taisha (住吉大社) es un santuario shintō localizado en el barrio de Sumiyoshi-ku en la ciudad de Ōsaka. Fundado en el siglo III, es uno de los santuarios más antiguos de Japón y se dedica a las deidades protectoras de los viajeros marítimos y pescadores.
2197 tenían *AJ*.
2198 La prefectura de Hyōgo (兵庫県 Hyōgo-ken) está ubicada en la región de Kansai en la isla de Honshū, Japón. La capital de la prefectura es Kōbe.
2199 Arima *AJ*. Se trata de Harima (播磨), una región histórica en Japón, que corresponde aproximadamente a la actual prefectura de Hyōgo.
2200 El templo Shoshazan Engyo-ji (書寫山 圓教寺) es un destacado templo budista de la secta Tendai situado en el monte Shosha en Himeji, prefectura de Hyōgo, Japón. Fundado en el año 966 por el monje Shoku, Engyo-ji es conocido por su entorno natural tranquilo y su arquitectura histórica.
2201 Hyakusai-ji (百済寺) es un templo budista ubicado en el barrio de Hyakusaiji en la ciudad de Higashiōmi, Prefectura de Shiga. Pertenece a la escuela Tendai del budismo japonés, y junto con Kongōrin-ji y Saimyō-ji es considerado uno de los «Tres Grandes Templos» al este del lago Biwa.
2202 Ise-no-Kuni (伊勢国) fue una provincia histórica de Japón, ubicada en la región central de la isla de Honshū, conocida hoy como la prefectura de Mie.

También en la ciudad de Anzuchiyama[2203], su principal fortaleza que edificó siendo señor de la *Tenca*, mandó cortar la cabeza a[2204] un bonzo principal de la secta de los *Focqexus* por quedar vencido[2205] en una disputa que tuvo contra otro bonzo *Jendoxu*[2206] por se haber[2207] soberbiamente obligado a morir si no quedaba vencedor, mostrando[2208] la falsedad de su secta y mandó destruir todos los templos y monasterio de los bonzos[2209] *Focqexus* por haber sido vencidos en esta disputa, aunque después con muchos ruegos y grandes dádivas, les vino a perdonar. Y en otra indignación que tuvo en Anzuchiyama, mandó quemar un monasterio de bonzos que estaba allí y[2210] matar los bonzos todos[2211] que se hallaron en él. También en el reino de Mino[2212] en la fortaleza que allí tenía en la ciudad de Guifu[2213] mandó crucificar veinte cinco bonzos de la secta de los *Ycoxus*. Y a otro bonzo predicador de grande nombre, que era tenido de todos en grande estima por engañador, le[2214] mandó a cocear y después cortar la cabeza.

En los confines del reino de Cavachi y de Inzumi[2215] mandó también asolar y quemar otro lugar de muchos templos y monasterios de bonzos que se llamaba Maqinovo[2216]. Determinó también de destruir a los bonzos que se llamaban *Nego-*

2203 Azuchi-yama (安土山) se refiere a un monte situado en la actual ciudad de Azuchi, en la prefectura de Shiga. Es famoso por haber sido el sitio donde se construyó el Castillo de Azuchi-yama durante el período Sengoku en Japón, por orden de Oda Nobunaga, uno de los daimios más prominentes de ese tiempo. El Castillo de Azuchi-yama fue una fortaleza innovadora en su época debido a su diseño y estructura avanzada. Fue construido principalmente entre 1576 y 1579 y se destacó por su tamaño imponente y su ubicación estratégica en la cima de Azuchi-yama, desde donde se tenía una vista panorámica de la región circundante, incluido el lago Biwa.
2204 de *AJ*.
2205 vencidos *AJ*.
2206 *Jndoxu AJ*.
2207 ver *AJ*.
2208 mostró *AJ*.
2209 bonzos y *AJ*.
2210 y a *AJ*.
2211 y dos *AJ*.
2212 que se hallaron también en el reino de Mino *AJ*.
2213 Gifu (岐阜市) es la ciudad capital de la prefectura de Gifu, en la región de Chubu, en el centro de Japón.
2214 lo *AJ*.
2215 Enzumi *AJ*. Izumi (出水市) es una ciudad en la prefectura de Kagoshima, localizada al suroeste de la isla de Kyūshū.
2216 Naqinovo *AJ*. Makino-ji (真木尾寺) es un templo budista situado específicamente en la prefectura de Shiga.

ros y la famosa universidad de Coya[2217], y con dádivas y grandes[2218] ruegos que se hicieron, y estar ocupado en otras guerras mayores difirió por entonces este castigo, lo cual después ejecutó Quambacudono, sucesor, matando y destruyendo todos aquellos bonzos *Negoros* y humillando y apocando tanto aquella famosa universidad de Coya, como la vemos humillada ahora.

Finalmente, con las muchas guerras que tuvo Nobunaga en todo el tiempo de su reinado, ahora con diversos señores, ahora con los mismos bonzos, fue tan grande la destrucción que hizo de sus templos y monasterios y tanto el mal que decía cada día de los bonzos, que quedaron grandemente apocados y humillados. Y fue este hombre verdadero flagelo de la justicia de Dios contra todos ellos y lo que él dejó de ejecutar lo hizo cumplidamente después su sucesor Quambacudono, como diremos en su lugar. Y en tiempo de Nobunaga comenzó nuestra santa Ley a subir en muy grande reputación, como adelante diremos.

En este mismo año de 69 se convirtió a nuestra santa fe Juan Naitodono[2219] que era entonces señor de la mayor parte del reino de Tamba[2220] y sobrino de Sotay Dajodono, hijo [f. 134] de su hermano que fue después uno de los mayores cristianos de aquellas partes, con cuya conversión[2221] hubo grande contentamiento en toda la cristiandad de Japón por ser persona de tanta cualidad. Y la ocasión de su conversión fue una mujer honrada llamada Caterina de Tamba que habiendo sido bautizada por el padre Cosme de Torres en Yamaguchi, por varios casos con las guerras y mudanzas que hubo en los reinos de Chungocu, fue para el reino de Tamba y casó allí con un hombre que gobernaba la casa[2222] de Naitodono. Y con el celo que esta buena mujer tenía, no solamente se convirtió su ma-

---

2217 Caya *AJ*. Kōyasan (高野山) es una montaña situada en la prefectura de Wakayama, Japón, que es conocida principalmente por albergar el complejo monástico de Kōyasan, un importante centro del budismo esotérico japonés. Fundado en el siglo IX por el monje Kūkai (también conocido como Kōbō Daishi), Kōyasan es considerado uno de los sitios religiosos más sagrados de Japón.

2218 con *AJ*.

2219 Naitō Yukiyasu (内藤如安), también conocido como Naitō Tadatoshi (内藤忠俊)o Naitō Sadahiro (内藤貞弘), fue un destacado señor japonés convertido al cristianismo Inmortalizado en fuentes jesuitas como Naitō Juan/João (1550–1626), fue representante japonés en la corte Ming durante las negociaciones de paz. Nacido en el clan Naitō en Tanba, Hyōgo, fue bautizado en 1569 por el padre Luís Fróis en Kyoto, junto con más de 250 seguidores. Su familia se unió estrechamente a la Iglesia de Kyoto, destacando su hermana Naitō Julia, monja convertida y predicadora. Su vida ha sido objeto de estudio en la historiografía asiática, aunque rodeada de misterio.

2220 El término Tamba (丹波) se refiere a una región histórica en Japón, ubicada en la actual prefectura de Hyōgo. Esta área fue gobernada por varios clanes a lo largo de la historia, incluido el clan Naitō al cual pertenecía Naitō Yukiyasu.

2221 conservación *AJ*.

2222 causa *AJ*.

rido a[2223] nuestra santa fe con todos los de su casa, mas el mismo Naitodono oyendo hablar algunas veces a ella y a su marido de nuestras cosas, se fue de tal manera aficionando[2224] que hallándose en el Miaco fue un día visitar al padre Luís Fróis con muchos criados suyos, y quiso oír las predicaciones del catecismo y, finalmente, se bautizó él con más de doscientos y cincuentas criados suyos. Y aunque después, con las guerras[2225] que hubo entre el nuevo *Cubo* y Nobunaga, siguiendo él la parte del *Cubo*, vino a perder su estado y a irse como desterrado a los reinos de Chungocu, como fue también el *Cubo*, siempre quedó en nuestra santa fe muy fuerte y vino después a tener mucha cabida con Agustín Tsunocami-dono, dándole muy buena renta en el reino de Fingo, a do aún vive ahora en este mes de julio de este año 1601[2226] que esto se escribe, con sus[2227] hijos muy hon-rado y rico, siendo como cabeza de los cristianos de Fingo y muy familiar y amigo, como fue[2228] siempre de los nuestros.

En este año de 69 no vino nave de los portugueses a Japón porque la que venía con el capitán mayor Manuel Travassos con el padre [Francisco] Cabral y el padre Baltasar López, tuvo en la mar dos tifones tan grandes que estuvo en grande peligro de se perder. Y finalmente, con los mástiles quebrados y medio destrozada, fue forzado a arribar al puerto de Macao, a do quedó esperando la monzón del siguiente año. En noviembre de este año 69, el padre Cosme de Torres envió al padre Juan Bautista para residir en Bungo y con él fue el hermano Luis de Almeida para tratar algunos negocios importantes para bien de la cristiandad con el rey de Bungo y el padre Melchor de Figueiredo, que estaba en Bungo, se vino para Cochinotsu, a do con mucho provecho de[2229] los cristianos, se detuvo confesándolos por todo el tiempo del Adviento, celebrando [f. 134v] con grande solemnidad la fiesta de Natividad. Y el padre Juan Bautista hizo otro tanto en Bungo, a do, porque el rey estaba en la guerra con grande ejercito contra Morin-dono, fue el hermano Almeida a visitarle y con buena respuesta se volvió para Omura al padre Cosme de Torres, y con esto se acabó el discurso de este año 69.

2223 en *AJ*.

2224 aficionado *AJ*.

2225 la guerra *AJ*.

2226 en este mes de julio del año de 1602 *AJ*.

2227 muchos *AJ*.

2228 he *AJ*.

2229 a *AJ*.

Capítulo 26
Llegó el padre Francisco Cabral a Japón, al cual el padre Cosme de Torres entregó el oficio; y él se fue a descansar en el cielo con mucho sentimiento de los cristianos

En el principio de año 1570, los padres todos en los lugares a do estaban fueron haciendo, antes de entrar la Cuaresma, y en todo el tiempo de ella, en las confesiones grande fruto y celebraron, con la mayor solemnidad que pudieron, las fiestas de Pascua, p[e]reciendo[2230] en todo el tiempo de la Cuaresma, especialmente en la Semana Santa, continuas disciplinas y actos de devoción y penitencia. Y porque en este tiempo tuvo[2231] el rey de Bungo una victoria de sus enemigos, envió el padre Cosme de Torres, en el principio de febrero, de nuevo al hermano Luis de Almeida a Bungo, para darle la enhorabuena de esta victoria y pedirle algunas cartas de[2232] favor en ayuda de Amacusadono[2233], porque sus hermanos con achaque de que favorecía[2234] a los nuestros y hacía cristiandad se levantaron contra él, como dijimos en el capítulo precedente; y después de le compeler[2235] a echar de Amacusa a los nuestros, procediendo con su mala intención, le movieron abiertamente[2236] guerra, tomándole la mayor parte de sus tierras y poniéndole en tanto aprieto que apenas se pudo salvar de sus manos, recogiéndose en una fortaleza. Mas a petición[2237] de los nuestros, le ayudó de tal manera el rey de Bungo que en breve tiempo no solo salió del cerco, mas cobrando sus tierras, puso de cerco a sus hermanos y los apretó de tal manera que finalmente fueron forzados a salirse[2238] de su tierra natural y desterrarse, quedando Amacusadono[2239] señor absoluto con sus tierras, y haciendo volver a ella su regidor León, que fue después gran instrumento para la conversión de todo Amacusa; y para se hacer todo esto,

---

2230 precedien *AJ*.
2231 hubo *AJ*.
2232 del *AJ*.
2233 Amacusadono y *AJ*.
2234 favoreciese *AJ*.
2235 cumplir *AJ*.
2236 claramente *AJ*.
2237 provisión *AJ*.
2238 salir *AJ*.
2239 Se trataría de Amakusa Hisatane (天草久種) aunque por la fecha podría ser su padre, es decir Amakusa Shigehisa.

https://doi.org/10.1515/9783111617602-028

pidió el hermano Luis de Almeida algunas cartas de[2240] favor al rey de Bungo. La primera para el rey de Satsuma[2241], en que le[2242] pedía que [f. 135] prohibiese a los suyos que no diesen[2243] ninguna ayuda y favor a los hermanos de Amacusa-dono, pues se habían[2244] injustamente levantado contra su hermano y señor, y Amacusadono era criado y vasallo del rey de Bungo.

Otra carta escribió para un señor de Fingo, vasallo del mismo rey de Bungo en que le mandaba que ayudase con su gente a Amacusadono para cobrar las tie-rras que había perdido y dar el castigo merecido a sus hermanos. La tercera fue para el mismo Amacusadono, en que le daba ánimo, prometiéndole se ayuda hasta cobrar de todo punto sus tierras, las cuales cartas escribió con mucho amor el rey de Bungo de la manera que el hermano se lo pidió. Y de esta manera, vol-viéndose muy contento para Omura, con deseo de llegar allá para el Jueves Santo. El lunes Santo se embarcó en Tacaxe en una embarcación para pasar a Omura, y en él[2245] dio en dos embarcaciones de ladrones que le robaron a él y a sus compa-ñeros, dejándolos[2246] nudos en aquella embarcación, tomando también los remos, velas y áncoras con todos los demás aparejos de la embarcación en que iban[2247], sin le quedar un solo remo con que pudiesen[2248] ir a tierra en la dicha embarca-ción; y siendo en tiempo de grandes fríos y con viento contrario que venía de la tierra, pasaron toda aquella noche con grandísimo trabajo y peligro[2249], muertos de fríos y echados[2250] por la mar por do el viento y las olas querían, sin tener ningún otro remedio ni esperanza, sino que amaneciese el día, el cual amaneció tan nublado y con viento tan recio[2251], que pasaron con la misma pena buena parte de aquel día, hasta que hacia[2252] la tarde se hallaron junto [de la] tierra,

---

2240 del *AJ*.
2241 Se trata de Shimazu Takahisa (島津貴久) que fue un daimio y el decimoquinto líder del clan Shimazu, hijo de Shimazu Tadayoshi. Durante su vida, Takahisa lanzó varias campañas mili-tares con el propósito de conquistar las provincias de Satsuma, Osumi y Hyūga. Aunque logró avances significativos, fue la generación siguiente la que finalmente completaría la unificación de Kyūshū bajo el dominio del clan Shimazu.
2242 la *AJ*.
2243 diese *AJ*.
2244 había *AJ*.
2245 en el camino *AJ*.
2246 dejándoles *AJ*.
2247 iba *AJ*.
2248 pudiese *AJ*.
2249 grandísimos trabajos y peligros *AJ*.
2250 echando *AJ*.
2251 regio *AJ*.
2252 hacia a».

medio muertos y helados de frío, llevándolos[2253] el reflujo de la mar, por[2254] misericordia de Dios nuestro Señor y de la Virgen, a quien en su ayuda llamaban, a un lugar de pescadores que, aunque pobres y gentiles, los recibieron con mucha compasión, haciendo grandes fuegos para los calentar, y cubriéndolos con sus pobres vestidos, y dándoles de comer de lo que tenían[2255], con que tomaron algún esfuerzo, hasta que, habiendo ido la misma noche la nueva de esto a Tacaxe, vinieron algunos cristianos a acudirle con caballos, vestidos y cosas de comer, y pagando muy bien a los pescadores lo que habían gastado con ellos, los llevaron a Tacaxe, a do se recrearon y fueron después a Cochinotsu, y de allí a Omura, al padre Cosme de Torres. Y porque en este tiempo se iban haciendo en Omura muchos cristianos, con grande sentimiento de los bonzos y más caballeros gentiles de aquella [f. 135v] tierra que no podían sufrir estar[2256] allí.

El padre Cosme de Torres, haciendo tanta conversión, se fueron de tal manera alborotando[2257], que dieron harta[2258] señal de se querer volver a levantar de nuevo contra Don Bartolomé[2259], por lo cual pareció necesario, así al padre Cosme de Torres como a mismo Don Bartolomé, de dar lugar a su furor, y quitarles, por algún tiempo, aquella ocasión de amargura y escándalo, interrumpiendo por entonces el hilo de la conversión. Y para esto, pasado la Pascua, se recogió el padre Cosme de Torres con el padre Gaspar Vilela a las tierras de Nagasaki en la Casa de Todos los Santos; y porque por su mucha vejez[2260] se hallaba flaco y mal dispuesto, entendiendo que estaba[2261] ya al cabo de su vida, se confesó generalmente y, día de santa María Magdalena, recibió el santísimo Sacramento. Mas fue nuestro Señor servido de dilatarle la vida por algunos días, hasta venir quien le sucediese, y así comenzó luego a mejorar; y al cabo de tres días después de comulgar, llegó un junco de portugueses al puerto del Xiqi, en que venía el padre Francisco Cabral por superior de Japón, juntamente con el padre Organtino. Y aunque vino también este año la nave de Manuel Travassos, porque partió más tarde que el junco, y el padre Francisco Cabral quedara escarmentado con los dos tifones que tuvo en ella el año antes, se resolvió de embarcarse en el junco, dejando al padre Baltasar López para venir en la nave, la cual vino después a surgir en el

---

2253 tomándolos *AJ*.
2254 por la *AJ*.
2255 tenía *AJ*.
2256 esta *AJ*.
2257 alborotado *AJ*.
2258 hasta *AJ*.
2259 Don Baltasar, digo Don Bartolomé *AJ*.
2260 muchas veces *AJ*.
2261 está *AJ*.

puerto de Fucunda con grande contentamiento de Don Bartolomé y de los nuestros.

Con la venida del padre Francisco Cabral y sus compañeros no se puede decir cuán grande fue la alegría que en Japón tuvieron los nuestros, especialmente el padre Cosme de Torres, el cual, pasando de setenta años de edad, y estando muy gastado de enfermedades y trabajos, no podía ya con la carne[2262]. Y parece que, como otro Simeón, no estaba esperando más para salir de esta vida que ver aquel que le sucediese en su oficio, habiendo dicho ya muchas veces que le parecía que no podría llegar a hacer, con los padres y hermanos, la fiesta de Natividad de este año. Y así le aconteció, porque en el principio[2263] de octubre falleció, poco más de dos meses después de llegar el padre Francisco Cabral; y para su mayor consolación ordenó nuestro Señor que antes de morir se hallase junto con todos los padres y hermanos que entonces estaban en Japón, quitando el padre Luís Fróis y el hermano Lorenzo que estaban en el Miaco. Y la cosa pasó de esta manera.

Llegando[2264] el padre Francisco Cabral al Xiqi, determinó [f. 136] antes de hacer ningún otro movimiento, de adjuntar ahí todos los otros que pudiese[2265], de los nuestros, para tomar información de las cosas de Japón y consultar con ellos diversas cosas que traía encomendadas por el padre Antonio de Cuadros, Provincial de la India. Y así, llamándolos todos, se juntaron en breves días en el puerto de Xiqi a do, dándoles el padre Francisco Cabral cuenta de su venida y de lo que traía encomendado, hicieron sus consultas y al cabo de ellas, queriéndolos volver a enviar para sus lugares y el comenzar a hacer su visita por la cristiandad y por las casas.

El buen viejo Cosme de Torres, sintiéndose ya apretar mucho de sus enfermedades[2266] y flaqueza, no se atrevió a salir de allí. Y después de se haber consolado aquellos días con sus hijos que tanto amaba y despedido con mucho sentimiento de todos ellos con palabras de grande[2267] amor y caridad, se quedó allí por orden del mismo padre Francisco Cabral con el padre Gaspar Vilela y los hermanos Miguel Vaz y Jacome Gonzales. Fue el padre Francisco Cabral con el hermano Luis de Almeida a visitar la cristiandad y las casas[2268], dejando hecho setenta cristia-

---

2262 carga *AJ*.
2263 por el principio *AJ*.
2264 Llegado *AJ*.
2265 pudiese *AJ*.
2266 su enfermedad *AJ*.
2267 mucho *AJ*.
2268 las cosas *AJ*.

nos en el Xiqi. Y pasando por la isla de Cabaxima[2269] y por Fucunda, llegó a Naga-saki. Y en todos estos lugares se bautizaron como ciento y cincuenta personas. Y allí vino Don Bartolomé de Omura a visitarle, dándole el parabién de su[2270] ve-nida, y volviéndose para su fortaleza, luego fue el padre Francisco Cabral con el padre Baltasar da Costa y el padre Baltasar López y el hermano Luis de Almeida.

Y queriendo Don Bartolomé hacerles[2271] alguna fiesta, quiso que él bautizase por su mano su mujer con un hijo niño que tenía y dos hijas que aún no estaban bautizadas, por causa de las guerras y alborotos que hubo en aquella tierra, por se haber Don Bartolomé hecho cristiano. Y a la mujer llamaron Doña María, y a su hijo, que era de cuatro o cinco años llamaron Don Sancho. Y con ellos se bauti-zaron también cerca de otras cien personas. Y acabado el bautismo, recibieron Don Bartolomé y su mujer el sacramento del matrimonio con grande fiesta y con-tentamiento de todos los cristianos de aquellas tierras, aunque con asaz poca sa-tisfacción de los gentiles de Omura.

Después de esto acabado, fue el padre Francisco Cabral a Cochinotus para vi-sitar el rey de Arima, hermano mayor de Don Bartolomé. Y de allí se partió para Bungo, pasando por Ximambara para visitar aquel rey y casas que los nuestros tenían en Usuqi y en Funai [f. 136v]. Y de allí[2272] se partió dentro de pocos días para visitar los cristianos de Firando y Goto, haciendo en breve tiempo este viaje para poder dar información al padre Antonio de Quadros, Provincial, de lo que hallara en Japón. Como[2273] todo esto escribieron el padre Melchor de Figueiredo en una carta que anda impresa en varias lenguas, escrita en el puerto de Fucunda en octubre de este mismo año de 70, y el hermano Luis de Almeida en otra que escribió de Firando a los quince de octubre del mismo año. Y para dar relación al padre Provincial y al padre Visitador de la India de todo lo que pasaba en Japón, envió[2274] el mismo junco en que vino para la India el padre Gaspar Vilela. Y por-que halló también al padre Alexandre Valeregio muy maltratado del estómago y de los fríos de Japón, sin poder retener casi ninguna cosa de lo que comía, enten-diendo que para su mala disposición no le convenía estar en Japón, enviolo tam-bién para la India en el mismo año, en la nave. También envió en el mismo año al padre Organtino para el Miaco, habiendo sabido que el padre Luís Fróis estaba[2275]

2269 Kabashima (樺島), también conocida como Kabajima, es una pequeña isla japonesa ubi-cada frente a la costa sur de la Prefectura de Nagasaki en la isla de Kyūshū.
2270 la *AJ*.
2271 hacerle *AJ*.
2272 ahí *AJ*.
2273 Con *AJ*.
2274 envió en *AJ*.
2275 está *AJ*.

ahí ya tantos años sin se poder confesar por estar solo y no tener comodidad de se poder ver con ningún padre en todo aquel tiempo. Con cuya llegada al Miaco se consolaron grandemente el[2276] padre y el hermano Lorenzo que allí estaban[2277]. y todos los más cristianos.

Entretanto, el padre Cosme de Torres, que estaba en el Xiqi, hallándose cada día más flaco y entendiendo que ya era llegado el tiempo para salir de los[2278] trabajos de esta vida e ir a la otra mejor, quiso para mayor satisfacción suya confesarse de nuevo otra vez, generalmente con el mismo padre Gaspar Vilela, y recibir el santísimo Sacramento del viático. El cual recibió con muchas lágrimas y devoción. No queriendo que el padre se lo llevase a su pobre casa a do estaba, mas haciéndose llevar a la Iglesia, aunque muy debilitado y flaco y prostrado delante de él y haciendo un coloquio con muchas lágrimas y sentimiento[2279] recibió el santísimo sacramento con mucha humildad y afecto[2280] de devoción. De manera que todos los circunstantes se movieron también a llorar muchas lágrimas. Y volviéndolo[2281] para la casa en que moraba, que era pobre[2282], cubierta de paja y harto incómoda, a los dos días del mes de octubre pasó para otra mejor vida[2283], despidiéndose primero con mucho amor del padre Gaspar Vilela que estuvo en[2284] su muerte antes de partir para la India, y de los hermanos que estaban con él, y de otros muchos cristianos que se hallaron ahí, consolándolos[2285] con muchas palabras [f. 137] de edificación y amor, y echando a todos su santa bendición, y mostrando tanta alegría en el rostro al tiempo que espiró, que después de muerto quedó tan hermoso que parecía más vivo que difunto. Y fue su muerte grandemente sentida de los cristianos que luego, al otro día, se ayuntaron de muchos lugares que estaban siete y ocho leguas de allí para se hallar a su enterramiento, al cual vinieron dos padres de los[2286] que estaban allí alrededor, y le hicieron el enterramiento con mucho sentimiento[2287] y lágrimas, de los cristianos

---

2276 al *AJ*.
2277 está *AJ*.
2278 sacrificar los *AJ*.
2279 contentamiento *AJ*.
2280 contentamiento *AJ*.
2281 volviendo *AJ*.
2282 pobre y *AJ*.
2283 para otra parte, digo otra mejor vida *AJ*.
2284 a *AJ*.
2285 consolados *AJ*.
2286 lo *AJ*.
2287 contentamiento *AJ*.

que venían unos a le besar[2288] los pies, otros las manos y otros la vestimenta sacerdotal que llevaba, haciéndose en la misa un sermón sobre su muerte. Y fue tanto el concurso[2289] de la gente que no cabía en la Iglesia ni en el atrio. Y con mucho trabajo podían romper por ellos para le enterrar, y con la devoción que le tenían los cristianos no quedó cosa de las suyas[2290] que pudiesen haber a las manos que no la guardasen por reliquias. Y por voz común de los cristianos y de los nuestros fue tenido en vida y[2291] muerte por hombre santo, así como escribió todo esto largamente el mismo padre Gaspar Vilela que se halló presente a su muerte a los padres y hermanos de Portugal en una carta hecha en Cochin en[2292] febrero de 71.

Fue el buen padre Cosme de Torres después del padre Francisco Xavier como fundador de la cristiandad de Japón, y pasó en veinte años que tuvo cuidado de ella muy grandes trabajos y persecuciones, así como lo hemos visto en todo el discurso de esta *Historia*. Y con su grande caridad y paciencia fue de tal manera abriendo y rozando el espeso matorral de la gentilidad de Japón que a costa de mucho sudor[2293], continuas lágrimas que derramaba delante de nuestro Señor vino finalmente a dejarlo un campo bien labrado y sembrado que iba ya dando grande fruto, porque al tiempo de su muerte. Dejó dos casas de los nuestros hechas en el reino de Bungo en la ciudad de Usuqi y Funai y dejó grandes puertas abiertas[2294] para la cristiandad así en las tierras de Omura, como en las de Arima y en las islas de Firando y de Goto y en las Xiqi y Amacusa, y también en las partes del Miaco, aunque todas las casas de los nuestros eran pequeñas y pobres y la cristiandad nueva y no mucha porque no pasaría toda ella de doce mil almas. Mas dejó el campo abierto al padre Francisco Cabral para se hacer mucha cristiandad, como luego se fue haciendo.

De manera que, con razón se puede decir del que comenzó y gobernó[2295] esta Iglesia de Japón por estos veinte años [f. 137v] con mayores trabajos y dificultades y con menores ayudas de los que tuvieron todos los que vinieron después de él a gobernarla, porque aunque los trabajos fueron siempre creciendo, así como fue creciendo la cristiandad, y no faltaron en lo adelante hasta ahora continuamente aún mayores contrastes y persecuciones como se verá en el discurso de esta *His-*

2288 se le besar a *AJ*.
2289 concierto *AJ*.
2290 la suya *AJ*.
2291 y en *AJ*.
2292 siete *AJ*.
2293 sudor y *AJ*.
2294 grande puerta abierta *AJ*.
2295 de que comenzó el gobierno *AJ*.

toria. Todavía como fueron también creciendo los compañeros y el crédito y repu-tación de los nuestros y la cristiandad fue tomando mayores esperanzas y fuer-zas[2296] se fueron pasando los trabajos mejor de lo que se hacía en el principio en que había grande falta de todas estas cosas. Y se podría decir que los nuestros iban sembrando con lágrimas *et in spem contra spem,* creyendo que con el tiempo se podría coger algún fruto. Y con esto se acabó la vida del padre Cosme de Torres y el año de 70, y nos[2297] con la ayuda de Dios acabaremos también la primera parte de esta *Historia* que contiene lo que pasó en el tiempo de todo su gobierno.

Deo gratias

Fin del primer libro.

Acabose a los 15 de julio del año 1601[2298].

2296 fuerza *AJ.*

2297 unos *AJ.*

2298 1601. Aleixandre Valignano *AJ.*

Index

https://doi.org/10.1515/9783111617602-029